"十三五"国家重点出版物出版规划项目
世界人口经济史

世界古代人口经济史

Population Economy History of Ancient World

李仲生 著

中国人事出版社

图书在版编目(CIP)数据

世界古代人口经济史/李仲生著. —北京：中国人事出版社，2017
（世界人口经济史）
ISBN 978-7-5129-1223-6

Ⅰ.①世… Ⅱ.①李… Ⅲ.①人口经济学-经济思想史-世界-古代 Ⅳ.①C92-05

中国版本图书馆 CIP 数据核字(2017)第 215053 号

中国人事出版社出版发行
（北京市惠新东街 1 号 邮政编码：100029）
*
保定市中画美凯印刷有限公司印刷装订 新华书店经销
787 毫米×1092 毫米 16 开本 23.25 印张 523 千字
2017 年 11 月第 1 版 2017 年 11 月第 1 次印刷
定价：70.00 元

读者服务部电话：（010）64929211/84209103/84626437
营销部电话：（010）84414641
出版社网址：http://www.class.com.cn

前　　言

本书所涉足的科学领域是新兴边缘学科人口经济学的分支——人口经济史，大致以史前时期公元前1.2万年人类活动的起源为开端，论述了从公元前8000年农业革命到公元4世纪期间的世界人口波动和经济发展的历史脉络，探讨了古埃及、古巴比伦、中国、古印度以及古希腊、罗马等国的人口经济问题，并论述了这一时期世界的人口增长及其对经济发展的影响，这是中国乃至世界上的第一部世界古代人口经济史，写法新颖，构思严谨，具有一定的开拓性和创新性，在一定程度上弥补了中国和世界在这一研究领域的空白，具有较高的学术价值和前瞻性。

全书共分为10章，第1章论述了人类的起源与进化、史前时期的人口发展与动态、采集狩猎经济与人口增长以及原始农业经济与人口革命等人口经济问题。第2章和第3章分别阐述了农业革命与所有制形式以及东方国家社会经济的专制制度。第4章至第7章分别探讨了古埃及、古巴比伦、中国以及古印度四大文明古国的经济发展与人口问题。第8章和第9章分别叙说了希腊的经济发展与人口规模以及罗马的经济发展与人口增减问题。第10章则从总论的视角论述了世界工商业的起源、世界的区域贸易和东西方贸易、城市革命与城市人口以及奴隶制经济下的人口增长问题。

本书是系列丛书的第1部，其基本思路是以人类活动的起源为导线，分析了世界的经济发展与人口动态，探讨了当时主要文明古国以及古希腊、罗马等国的经济发展与人口问题。就方法论而言，本书在阐述世界古代人口经济史上采用了从微观到宏观，从静态到动态的经济分析。

本书的创新之处主要是：利用经济发展过程中的人口变动，以及人口增长与经济发展等方面的资料对世界主要国家人口经济史进行分析，以求透过复杂的人口经济现象去深刻地揭示古代人口经济发展过程及其规律性，在一定程度上发展和完善了世界古代人口经济史方面的研究领域。

本书得到国家重点学科劳动经济学专项资金的出版资助，以及首都经济贸易大学冯喜良教授的大力支持，在此表示深深的感谢。在本书的审稿和出版过程中，中国人事出版社的张文春编审提供了帮助和支持，在此特致以最诚挚的谢意。

李仲生

2017年2月12日于北京

目　录

第 1 章　史前时期的人口与经济

1.1　人类的起源与进化

人类起源于动物[①]，是从动物进化而来的，特别是人科[②]的出现意味着人类进化的开始。人类的远祖是腊玛古猿（Ramapithecus）[③]。腊玛古猿是森林古猿（dryopithecus）[④]的一个分支，其生存年代距今为 1 400 万年—700 万年，主要生活在森林地带，森林的边缘、林间的空地是它们的主要活动场所。在上新世时，地球的大气圈普遍冷却，常绿森林面积因季节性变化有所缩减，对腊玛古猿的生活环境有较大的影响。中新世晚期和上新世初期的腊玛古猿开始由森林居住转向比较空旷的地带生活。据考证，非洲的南方古猿是由腊玛古猿进化而来。在这一进化过程中，人科类的脑量增加，使之具有语言和制造工具的嫩能力。

---

① 人类是从一种 3 亿多年前漫游在海洋中的史前鲨鱼进化而来的。根据最新研究，这种名为棘鱼属的原始鱼类是地球上包括人类在内的所有颌类脊椎动物的共同祖先。对一个追溯到 2.9 亿年前的头骨进行的再次分析显示，它是现代有颌类脊椎动物的早期成员，这意味着颌口动物包括数万种健在的从鱼到鸟在内的脊椎动物、爬行动物、哺乳动物和人等。棘鱼属存在于最早的鲨鱼和硬骨鱼类开始各自进化前的时期，这个血统最终延续到人类生命中。科学家已在欧洲、北美洲和澳大利亚发现棘鱼属化石。和其他棘鲨相比，它相对较大，足有 1 英尺长，它们有鳃，而不是牙齿，长着一双大眼睛，以浮游生物为食。

② 据古人类学家分析，中新世的前人科类可能是中等大小的树栖猿类，前肢长度和后肢长度大致相等，前肢的双手适合抓握东西和从事灵巧的操作。后肢的双脚是承担身体重量的支柱，脚和腿协同一致地配合，提供了一副强有力的推进杠杆，且全身保持平衡，能够站立。躯干短壮，胸廓宽阔而纵扁，肩带适合于身体保持悬吊的姿势和作荡臂式的运动。它以果实为食物。最早的人科类可能从树上降到地面，在森林边缘、开阔的林地以及湖泊周围的草地等环境觅食。

③ 腊玛古猿的化石和当时的地层资料告诉我们，腊玛古猿主要生活在森林地带，森林的边缘、林间的空地是它们的主要活动场所。这是一种正向着适于开阔地带生活变化的古猿。野果、嫩草等植物是它们的重要食物。同时，它们也吃一些小的动物，把石头作为工具，用它来砸开兽骨，吮吸骨髓。由于腊玛古猿的肢骨还没有发现过，所以人们只能根据一些有关古猿的知识来判断，推测它们身高约 1 米，体重在 15～20 公斤，能够初步用两足直立行走。从上述化石地点的地理位置来看，腊玛古猿当时分布在非、亚、欧三洲的热带和亚热带地区。它们的生存时代为中新世中期到晚期，距今 700 万—1 500 万年前。栖息地包括从森林到开旷林地的各种环境。

④ 森林古猿是一组种类庞杂的类人猿。化石发现于亚、欧、非三洲广大地区的中新世和上新世地层中，生活于距今 2 000 万—500 万年前。化石遗骸有头骨、上下颌骨、四肢骨和牙齿等。它们的体质特征界于猿类与人类之间，且肢骨尚未特化，既可向现代猿类也可向现代人类的方向发展，因此人们认为，它们可能是现代的大猿（黑猩猩和大猩猩）和人类的共同祖先。森林古猿如何向人的方向发展，曾有过种种推测，其中比较合理的解释是：由于气候变化，使森林地区逐渐稀疏和缩减，树丛间出现了空地，这就为森林古猿提供了到地面上活动的条件，逐渐由树居生活向着地面生活过渡。在此情况下，御敌、觅食等方式也随之发生了改变。在剧烈的生存斗争中，经过长期的自然选择，体质特征发生了重大的变化：下肢更适于直立行走，双手日益灵巧，脑量逐渐增大，终于萌发了意识，产生了语言，促使他们从使用工具到制造工具，完成了从猿到人的过渡。在这段漫长的时间中，劳动起了决定性的作用。

腊玛古猿之后出现了南方古猿（Australopithecus）①，其生存年代距今为 500 万年—150 万年前。南方古猿属于灵长目人科。人科不同于猿科的一个重要特征，它是灵长类中唯一能两足直立行走的动物。它的体质特征和人接近，齿弓呈抛物线形，犬齿不突出，无齿隙；拇指可和其他四指对握，能使用天然工具；头枕骨大孔的位置接近颅底中央，骨盆比猿类宽，能直立行走；脑顶叶扩大，可能有原始的语言能力。根据目前研究，南方古猿至少有三个种，即南方古猿纤细种、南方古猿粗壮种和比粗壮种更为粗壮的南方古猿鲍氏种。纤细型又称非洲南猿，身高在 1.2 m 左右，颅骨比较光滑，没有矢状突起，眉弓明显突出，面骨比较小。粗壮型又分为粗壮南猿和鲍氏南猿两类，身高约 1.5 m，颅骨有明显的矢状脊，面骨相对较大。从它们的牙齿来看，粗壮南猿的门齿、犬齿较小，但臼齿硕大，颌骨也较粗壮，说明它们是以植物性食物为主的，而纤细型的南方古猿则是杂食的。一般认为，纤细型进一步演化成了人，而粗壮型则在距今大约 100 万年前灭绝了。南方古猿中，至少有一些是狩猎者，根据对非洲布须曼人食物分析判断，南方古猿的食物有 1/3 以上是由狩猎所获，其余为植物性食物。与狩猎相适应，出现了第一次分工，女性采集可食植物，男性狩猎。这样就导致了类人猿到人类的进化。

从类人猿腊玛古猿进化到古猿人，大致经历了 2 000 万年的时间。最早的古猿人可能出现在距今 500 万年—400 万年前的南方古猿，又称南猿，这是现今所知最早的人类直接祖先，他们生存于比较温暖的第四纪更新世初期。在南方古猿的漫长进化的过程中，一方面由于吃更多的肉食倾向，出现狩猎，并导致男性和女性的劳动分工；另一方面与习惯于直立两足行走的运动方式相联系，脊椎骨、骨盆和下肢都连续发生了改进。当时的古猿人至少有以下诸特征：最初是食物的改变，从而与此相联系的是牙齿和头骨的变化；狩猎活动的发展，引起男性个体之间的合作和对食物的分享；对恒定的居住基地的构筑；工具制作的进化；语言的发展。

继南方古猿之后发现的是直立人（Homo erectus）②，即猿人。经推断，他们生存于更新世的第一冰期到第二冰期的 180 万年到 20 万年前，从此进入晚期猿人阶段。直立人是生活在非洲、欧洲和亚洲的古人类。一般认为直立人起源于非洲，然后向亚洲和欧洲扩散。直立人的身高约 1.5 m，其骨骼支架和现代人很相似。但颅骨还带有原始的性状，如头骨低矮，有粗壮的眉脊，牙齿比现代人粗大等。直立人能够制造使用工具、用火甚至狩猎。根据 CT 扫描研究，直立人的内耳已经完全是现代人类的类型。从直立人的下

---

① 关于南方古猿的演化，众说纷纭。主要有三种意见：①阿法种是最早的南方古猿，在 200 万—300 万年前分化为两支：一支向人的方向发展；另一支演化为纤细种、粗壮种和鲍氏种，并于 100 多万年前灭绝。②南方古猿最早出现的是阿法种，后来演化为纤细种。约在 250 万年前，其一支在南非演化为粗壮种；另一支在东非演化为鲍氏种；约在 200 万年前，其余的纤细种演化为人属。③阿法种不是南方古猿，实际上已是人属，他们与南方古猿并存。南方古猿化石最早发现于 1924 年，地点是在南非金利伯以北，那是一个幼年古猿的头骨。后来，在南非马卡潘山洞、唐恩等地和东非奥莫、奥杜威等地也有发现。这些化石主要是头骨、下颏骨、髋骨、牙齿、四肢骨等。粗壮型体重平均在 40 公斤以上，脑量大于 500 毫升，身材较高。纤细型身材高 1.20 米到 1.30 米。

② 直立人也称为“猿人”。生存年代距今约 170 万年或 150 万年前至二三十万年前。地质时代属早更新世晚期到中更新世。直立人这一化石人类的物种，最早是根据爪哇人和北京人的化石所确定的。Dubois 发现的爪哇人化石，主要是一个具有猿的性状，而脑量又大于猿的头盖骨和一根与现代人相似的大腿骨。北京人的化石则丰富得多，包括代表几十个个体的化石，大量的石器和用火遗迹，从而使周口店成了猿人阶段的典型地点。

肢骨骼方面来看，他们完全可以像现代人类那样跨步前进和奔跑。

图 1—1 人类的进化过程

猿人之后是古人（Homo sapiens neanderthalensis），即早期智人（Archaic Homo sapiens）①。古人生活于距今 20 万年至 4 万年前。第二冰期末的 20 万年前首先出现前尼安德特智人，以后，在第四冰期初期的 7 万年前出现了以前尼安德特智人为祖先的尼安德特智人，简称尼人，他们形成了旧石器文化。早期智人脑容量达 1 300～1 600 毫升，眉脊发达，面骨相当粗大，下颌骨也很大。躯干和四肢都比较粗短，腰弯背曲。他们制造的工具比直立人制造的更为先进，除石器外还有骨器。从生活遗迹来看，他们不仅会使用天然火，而且会人工取火。他们已能用火熟食，制造更精致的工具和简单的兽皮衣物，并开始有埋葬死者的风俗。

到了第四冰期中期的 4 万年前开始出现晚期智人（Late Homo sapiens）②，也称为现代智人（modern Homo sapiens）或新人（Neoanthropus Homo sapiens）。晚期智人和早期智人在形态上的主要不同在于晚期智人的前部牙齿和颜面都较小，眉脊降低，颅高增大。这些特点在现代人更为明显。他们不仅分布于亚、非、欧洲，也扩展到大洋洲。到了晚期智人阶段，人类文化进入旧石器时代③晚期。他们制造工具的技术更加多样化和专门化。石器更进步，制作方法不仅用直接制作法，还用间接制作法。这个时期石器的特征是用窄长的石叶制作的工具占了很大的比例。石叶可用来制作各种工具和武器，如石

① 早期智人又称古人或尼安德特人。生活于距今二三十万年至四万年前。地质时代属更新世晚期。最早引起人们注意的是 1856 年在德国杜塞尔多夫城附近的尼安德特河谷一个洞穴中发现的一副人类骨架化石。定名为人属尼安德特种，后其学名改为智人尼安德特亚种。早期智人阶段的化石，在亚、非、欧三洲许多地区都有发现。生存年代最早的是德国的斯坦因海姆人和英国的斯旺斯孔布人，定年约为 25 万年前。许多学者认为他们处于直立人和尼安德特人之间的过渡阶段。中国陕西省境内发现的大荔人，也具有这种过渡性质。

② 晚期智人又称新人，在距今约 4 万年前开始出现。晚期智人的前部牙齿和颜面都较小，眉脊降低，颅高增大。最早发现的新人化石为克罗马农人，是在法国克罗马农村发现的，形态非常接近现代人，身高 180 厘米，眉脊不突出，额宽大，脑量与现代人接近，能制作复合工具，并有原始的绘画和雕刻技术。我国境内发现的比较著名的晚期智人有广西的柳江人和周口店的山顶洞人。一般认为山顶洞人代表原始的黄种人。晚期智人和现代的人属于同一种和同一亚种。晚期智人的体质特征：脑颅较高较圆。颅容量为 900～1 300 立方厘米。眉脊中等至缺如，不成连续的条形骨嵴。颅骨最宽处较高（后面观）。面部较扁平（鼻与牙齿更接近与眼窝在一条直线上）。颏部发达。门齿相对较小。无牛齿症。骨骼比尼安德特人纤细。耻骨较窄而粗壮。肩胛骨外侧有腹沟。长骨较直，关节面较小。屈指肌握力较小。晚期智人已开始分化出四大人种，蒙古利亚人种、高加索人种、尼格罗人种和澳大利亚人种。大种之下又分若干小种。人种形成的因素极为复杂，一般认为是自然条件和历史条件长期影响的结果。

③ 旧石器时代（Paleolithic，距今 300 万年—距今约 1.5 万年），以使用打制石器为标志的人类物质文化发展阶段。地质时代属于上新世晚期更新世，从距今约 300 万年前开始，延续到距今 1 万年左右止。其时期划分一般采用三分法，即旧石器时代早期、中期和晚期，大体上分别相当于人类体质进化的能人和直立人阶段、早期智人阶段、晚期智人阶段。旧石器时代的文化在世界范围内分布广泛。由于地域和时代不同，以及发展的不平衡性，各地区的文化面貌存在着相当大的差异。

刀、雕刻器、刮削器等。另外，骨器也有很大发展。用骨制作的工具有矛、标枪、鱼叉、鱼钩和有眼的骨针等。这个时期的人类以狩猎为主。狩猎工具有重大改进。人类除了居住洞穴，还建造人工住所。他们还创造出了原始的艺术。在他们住过的地方，常常能够发现绘画、雕刻和装饰品，绘画的内容多与狩猎活动有关。新人形成后期的旧石器文化，经过冰河后移期的中石器时代①，进而发展到古代的新石器、金属器文化。这一段时间虽然比较短，但现代人的体质形态和特征却得到了不断进化。新人又是最早居住在新大陆的最初人类。由于在南北美洲和大洋洲未发现过猿人的人骨化石，所以一般认为这两个大陆的人类是在较晚的近代从旧大陆移居去的。在美洲发现的最古的人类化石是大约1.5万年前的晚期智人。据推测，是在第四冰期末多次从西伯利亚经由阿留申群岛渡海而去的。另外，从东南亚移居澳大利亚，但移居的时间比美洲要稍晚一些。此外，在晚期智人阶段，不同的人种已经开始分化和形成，并逐步分布到世界各地。这样，人类最晚在1万年前就已经遍居地球的整个大陆。

从古人到新人属于旧石器时期。大约在1万年以前，人类进入了中石器和新石器时期②。在这段时间内，人类的体质没有发生大的变化，统称为现代人。但文化却发生了巨大而深刻的变化。在新石器时期，人类有了磨光石器，而且能制作陶器。制造石器是通过改变石材的形态而制作工具，制造陶器则标志着人类进一步通过改变原材料的性质来制作工具。在这一时期，新的劳动部门——畜牧业和农业开始出现，而人类使用的大多数栽培植物和驯养动物都是新石器时期所驯化的。有了栽培植物和驯养动物，人类开始从采集狩猎者转变为食物生产者。大约在9 000年前人类开始使用金属，先是红铜（纯铜），然后是青铜（铜与锡的合金），最后是铁，史上分别称为红铜时代、青铜时代和铁器时代。到了5 000年前人类又发明了文字，获得了有效工具来推进文化的交流。这时，人类就跨进了文明时代。

作为人类远祖的腊玛古猿姑且不论，从最初的真正人类即南方古猿的出现，至少经历了300万年。其间的进化过程即使不能说是直系延续下来的，但大致应包括猿人、古人、新人三个阶段。到距今约4万年前，新人阶段或晚期智人阶段，也就是现代人阶段，人类才在体质上逐渐从猿转变到人，人类进化基本完成（如图1—1）。

1.2 史前时期的人口发展与动态

史前时期③的人口推算是极其困难的，由于没有历史人口资料和文字的记载，大多是

① 中石器时代（Mesolithic）是旧石器时代和新石器时代之间的人类物质文化发展过渡性阶段。直接取之于自然的攫取性经济高涨，并孕育向生产性经济转化的时期。地质时代属于全新世。此时，更新世最后一次冰期已经消退，气候由严寒转为比较温暖。在世界范围内约开始于距今1.5万年，结束的年代在各地区很不一致。

② 新石器时代（Neolithic）是指在考古学上是石器时代的最后一个阶段，以使用磨制石器为标志的人类物质文化发展阶段。这一名称是英国考古学家卢伯克于1865年首先提出的，这个时代在地质年代上已进入全新世，继旧石器时代之后，或经过中石器时代的过渡而发展起来，属于石器时代的后期。新石器时代大约从1万年前开始，结束时间从距今5 000多年至2 000多年不等。

③ 史前时期包括三个年代，即旧石器时代（公元前300万—前15000年）、中石器时代（公元前15000—前9000年）和新石器时代（公元前9000—前3000年）。其中，旧石器时代又可划分为旧石器时代早期（公元前400万—前30万年）、旧石器时代中期（公元前30万—前5万年）和旧石器时代晚期（公元前5万—前1.5万年）。

由人口学家和经济学家考证、推断和估计而来的。这就是从居住的遗址、贝丘的规模、构造、分布、变动等来推定地区的人口规模和密度；从出土人骨分析年龄、死亡、有无生育经历、人口结构等。还有一种方法是通过现有的原始种族的文化人类学的调查来推算史前时期的人口构造和生活方式。但是这些方法往往是片面的，局限于某一地区的。尽管如此，还是有较高的参考价值的。

表1—1　　史前时期的世界人口推算

年代	文化阶段	居住的人类	居住地区	人口密度/人/平方公里	总人口/100万人	人口增长率/平均百年%
100万年前	旧石器时代前期	南方古猿	非洲	0.004 25	0.125	—
30万年前	旧石器时代中期	猿人	非洲、欧亚大陆	0.012	1.00	0.03
2.5万年前	旧石器时代后期	新人	非洲、欧亚大陆	0.04	3.34	0.04
1万年前	中石器时代	现代人类	整个大陆	0.04	5.32	0.31
6000年前	新石器时代	现代人类	整个大陆	1.00	86.50	7.22

资料来源：Deevey. “The Human Population”，1960；［日］大淵寛、森岡仁：『経済人口学』、東京：新評論，1981.

对史前时期世界人口规模的推算和估计，最早是世界人口形成时公元前100万年的人口数。美国人口学家爱德华·迪维（Edward Deevey）做了大胆而少有的尝试，表1—1是他的推算。迪维引用了根据现代未开化猎民推算出的人口密度。并据此推算出公元前100万年的世界人口以非洲为中心，只有12.5万人，但到了旧石器时代(Paleolithic，距今300万年—距今约1.5万年）的后期，人口已经遍及旧大陆，达到334万人，到了1万年前，人类的居住范围扩大到了新大陆，人口增至532万人。而苏联人口学家德·伊·瓦连捷伊（Д. И. Валентей）等人引证考古学家和古人口学家的推断，估计公元前100万年的世界人口为1万～2万人，到旧石器时代的晚期增至300万人。显然很难对这两个推算做出评价，但值得注目的是，整个旧石器时代的人口增长率平均1世纪不超过0.03%～0.04%，这几乎是一种静止而微弱的增长率。

另据人类学家J. N. 比拉本（Biraben）的推测，整个旧石器时代末期，即公元前3.5万年到公元前1万年居住地区的人口波动幅度在500万人至800万人之间（如图1—1～图1—3)。这一推算值比迪维的稍大一些。但到了新石器时代，世界人口曲线开始上扬，到公元前5000年前人口增至3 000多万人，并有了较快的增长，所谓“第一次人口革命”就是指这次人口上扬而言的。但这次人口增长与以后的人口增长速度相比，还是极其缓慢的。因为远古婴儿死亡率很高，婴儿尸体相对不容易保存，化石很少。因此根据上述的推算，在旧石器时代，猿人和古人阶段出生时的平均预期寿命在15岁左右是比较令人信服的。

从史前时期的人口动态来看，在旧石器时代和中石器时代（距今15 000—距今10 000年至8 000年），人口增长受到制约，主要是极高的死亡率和很短的平均预期寿命等因素。当时正处在整个冰河时期，气候多次发生大的变化，靠狩猎和采集食物生活的人们常为饥饿而烦恼，有时候因捕捉不到动物或采集不到植物，在寻找食物的过程中毙命，而且围绕着食物发生争夺的情况时有发生。在发明能够有效捕杀吃人野兽的武器之前，与野兽搏斗而产生的暴力死亡也是经常发生的。由于人口密度低，传染病并不严重，但疾病却经常威胁着人们的生存。在疾病制约中，特别是疟疾的流行是世界很多地方死亡率高的主要原因，尤其是婴儿死亡率很高。疟疾还使妇女生育率下降。

在这样严酷的条件下，人们显然不能长寿，但要用统计来说明是困难的。根据日本人口经济学家大渊宽利用出土人骨的推算，猿人和古人阶段出生时的平均预期寿命在10～15岁之间[1]。另据考古学家 H. V. 瓦拉伊斯（H. V. Vallois）对挖掘的187具史前时期原始人的骨骼化石考证，判断1/3以上的人死于20岁以前，余下的大多数死于20岁到40岁之间，平均的预期寿命只有20岁左右，活到40岁以上的寥寥无几[2]。

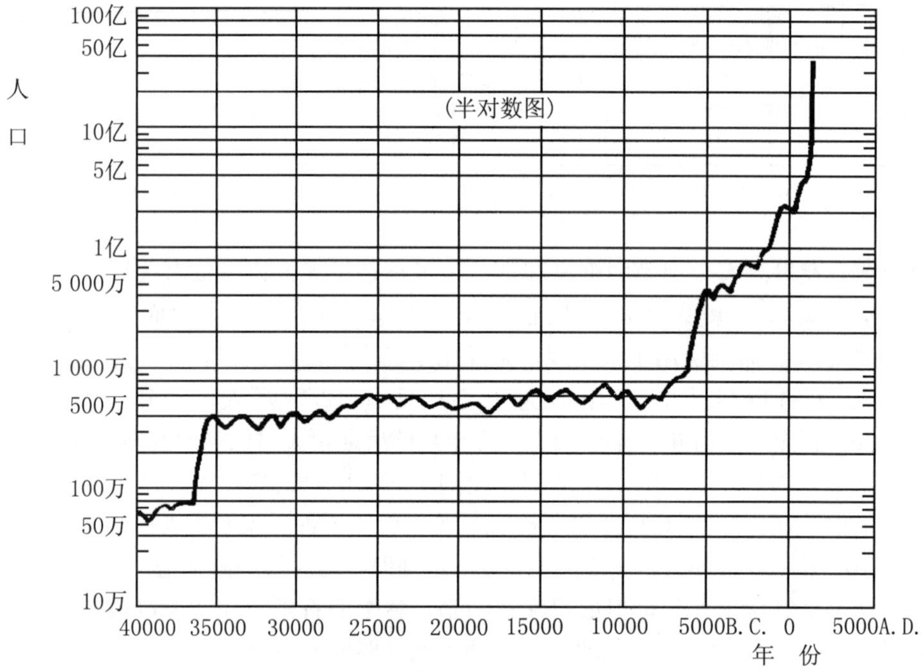

图 1—2　公元前4万年以后的人口变动

资料来源：转引自［日］大淵寛、森岡仁：『経済人口学』、東京：新評論，1981.

古人类学家弗兰兹·威登雷奇（F. Weidenreich）对北京猿人遗址中发掘出的38个个体骨骼化石进行研究，进一步证实了瓦拉伊斯的分析结果。他以科学方法测定出其中22人（其余16人无法测出）死亡时的大致年龄。在这些遗骸化石的寿命分析中，14岁以下的15人，30岁以下的3人，40岁至50岁的3人，50岁至60岁的1人[3]。估算其平均值为18.6岁。这个结果应该有高估的嫌疑。

尽管那时人的平均预期寿命很低，而死亡率又很高，据美国人口学家菲利普·豪瑟（P. M. Hauser）在《世界人口与发展》一书中的估计，原始社会的人口死亡率约为50‰，甚至更高。但人类作为一个整体还是生存下来，这意味着史前时期的出生率要略高于死亡率，因为这是人口极其缓慢增长的基础。美国人口经济学家安斯利·科尔（Ansley J. Coale）为此制作了模型。图1—3中的曲线是表示为保持静止人口所需的生育

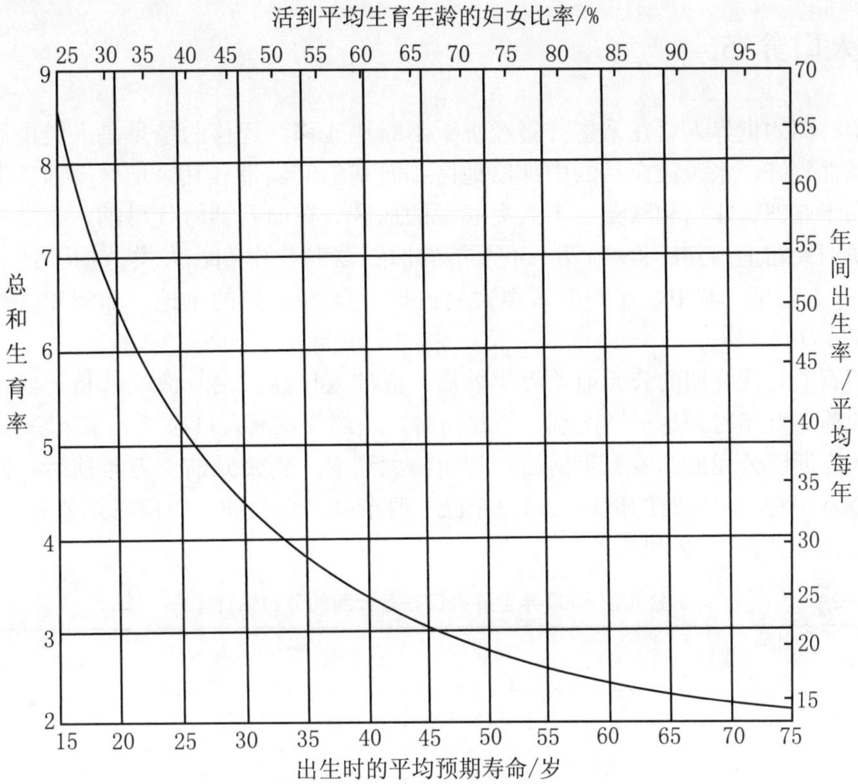

图 1—3　维持静止人口所需的生育率和死亡率水平

资料来源：Coale，A，J.，“The History of the Human Population，” *S. A.*，1974.

率与死亡率的可能组合，根据这个图，在出生时的平均预期寿命为15岁时，大约4个妇女中有一人能活到平均生育年龄，在整个育龄期应生育8.6个孩子，否则就不能保证人口的规模，因而，这时的一般生育率在65‰以上。

旧石器时代人出生时的平均预期寿命如不满15岁的话，相应的生育率就必须更高。当然，这种高生育率并不是一成不变的，而是根据情况不断发生时相应的变化。但是在短期中，由于每次发生的饥馑和战争都会使大量的人口死亡，因而死亡率往往是波动的，而生育率却相对稳定。这样旧石器时代人口模式的特征是具有比较稳定的高生育率和变动较大的死亡率。

在迎来新石器时代（Neolithic Period，距今15 000—5 000年至距今2 000年）以后，世界人口继续保持高出生率高死亡率的状态，人口增长较快。不过，对于史前末期出生率和死亡率是否都高达50‰左右是有争议的。安斯利·科尔认为，农业的出现使人口增长率略有提高，而这时的死亡率不但没有下降，反而有可能提高。这是因为随着村落生活的过渡，人口密度逐渐增大，从而使农民的发病率上升。农耕能稳定地提供粮食，但定居生活也容易受到歉收的影响，其结果死亡率上升。另外，因营养的改善出生率也有所提高，这样，新石器革命带来了出生率和死亡率的同时上升，而人口增长率则略有提高。

1.3 人口分布

史前时期的世界人口在采集狩猎经济下不断地迁移，迁移的结果是人类由原来居住的气温条件较好、水源较充足的中纬度地区，向其他气候带和其余地区不断扩散。人类最早分布于亚洲、非洲和欧洲三个人类起源的地区。在旧石器时代早期，人类一直居住在这三块旧大陆上。到距今 10 万—4 万年的旧石器时代中期，人类占据了这三大洲的 4 750 万平方公里，其中，亚洲的人类大约占据了全洲 45%的土地，非洲和欧洲则分别占据了 75%和 55%。[4]

从旧石器时代晚期的公元前 4 万年前后，亚洲人口经过白令海峡陆桥，到达阿拉斯加。公元前 1 万年时到达美洲南端。与此同时，一部分亚洲人口通过马来半岛和爪哇岛，扩散到大洋洲。公元前 2.5 万年前后，到达澳大利亚。到公元前 1 万年前后，世界人口达到 400 万左右[5]，这时的世界人口分布已经遍布世界六大洲。史前时期公元前 5000 年的世界人口（见表 1—2 和表 1—3）。

表 1—2　　公元前 5000 年世界人口在各大洲的分布估计Ⅰ

指标	世界	亚洲	欧洲	非洲	北美洲	拉丁美洲	大洋洲
人口数/万人	2 000	1 310	260	330	10	60	30
人口分布/%	100.0	65.7	13.1	16.3	0.2	3.1	1.6

资料来源：［英］C. 麦克伊夫迪，R. 琼斯. 世界人口历史图集［M］. 北京：东方出版社，1992.

表 1—3　　公元前 5000 年世界人口在各大洲的分布估计Ⅱ

指标	世界	俄国	欧洲	亚洲	非洲	美洲	大洋洲
人口数/万人	3 050	100	300	2 000	500	100	50
人口分布/%	100.0	3.27	9.84	65.57	16.40	3.27	1.64

资料来源：［苏］鲍利斯・采扎列维奇・乌尔拉尼斯主编. 世界各国人口手册［M］. 成都：四川人民出版社，1982.

表 1—2 和表 1—3 虽然估算世界人口的口径不同，但反映的人口分布态势是基本相似的。在公元前 5000 年的新石器时代，世界各大洲人口分布，以亚洲人口最多，占世界总人口的 2/3；其次是非洲，占 16%强，然后是欧洲，占 10%左右，其余是美洲和大洋洲。世界人口分布的不均衡性在这时已经是十分明显的，这充分反映了史前时期世界人口与自然地理环境的相适应性。

1.4 采集狩猎经济与人口增长

人口增长往往与一定的生产方式是密切相关的。对于史前时期来说，世界人口的增长是与采集经济（Collecting economy）[①]、狩猎经济（Hunting Economy）[②] 以及新石器时代的原始农业经济相适应的。极端低下的生产力水平和高出生率高死亡率的人口模式是导致史前时期人口极端缓慢增长的主要原因。

在采集狩猎时期，人类的生产工具异常简陋，除了稍经修整的木棒，就是用手工磨制的石器。最初的石器只是砾石打制的砍砸器，制作方法十分简单，仅在砾石的一端打出几个锋利的缺口。此外也有一些粗糙的无定形的石片。这种石器在非洲的埃塞俄比亚、奥杜瓦伊、肯尼亚和南非都有发现。到了旧石器时代中期的直立人阶段，这时石器形状更为规整和多样，制作的技术也有进步，发明了利用石砧打制石器的方法。在欧洲，典型的石器是穆斯特文化的小型尖状器和刮削器，而在中国的丁村文化则以大型的砍砸器为主。骨器的使用还比较少。旧石器时代晚期相当于晚期智人阶段。石器制作技术有了新的发展，形状更加精确美观，用狭长的石叶制作的工具占了很大的比例。这种石叶是在石片上进行琢削和压削等第二次加工制成的，使用这种技术可以制造各式各样的工具和武器，如切割器、刮削器、雕刻器、石矛、石刀等。磨制石器的方法也在这时出现，但磨制部位仅仅在锋刃。骨角器如鱼叉、鱼钩、骨针等已大量使用。还出现了投矛器。在旧石器时代和中石器时代，人类正是利用这些简陋的生产工具去谋取食物的。根据考古学家和人类学家的研究，当时的食物来源主要是采集植物食物和捕捉陆地的动物及水中的鱼类。食物结构上侧重于植物类，主要是叶子、嫩芽、根、水果、坚果、昆虫和小动物，后来也猎食大动物。从原始人化石提供的考古资料表明，在原始人类的食物中，植物类始终占据主导地位，而肉类则处于从属地位。从地区来看，在中纬度地区，种类繁多的可食用植物构成了人类食物的主体，只是在靠近北冰洋和南极洲的地区，由于光合作用弱植物类成分不足，动物和海洋食物才主导了人类的饮食结构。

这一时期，采集一直是人类谋取生活资料的主要生产活动，原始人长期地结合在一起，共同采集、狩猎。随着石器工具的进步及其种类的增多，特别是弓箭的发明，狩猎经济获得显著发展，食物的范围逐渐扩大。即使这样，单靠狩猎仍不能经常获得生活资料，狩猎仍然是时多时少，不能经常有保证，所以采集经济仍比狩猎经济占更重要的地位。因为狩猎的成功带有偶然的因素，而采集则可提供相对稳定的食物来源。进入母系

---

① 狩猎经济（Hunting Economy）大约 200 万年前或 300 万年前开始至大约 1 万年前或 2 万年前为止，人类过着以狩猎为主导产业的经济生活，他们学会了使用和制造石器，学会了用火，活动地域扩大到了全球范围，树上生活逐渐改为洞穴定居生活。共同的狩猎活动促使他们组织起来实行集体经营，集体劳动，财产公有，平均分配个人生活消费品。与此同时，由于狩猎活动导致年龄分工，两性关系趋于同辈群婚，上下辈之间的性行为逐渐受到禁止，这样就形成了人类历史上第一个社会经济组织——血缘家族公社。此外，语言的产生很可能也在这个时期。因为，狩猎是一种集体活动，需要统一组织，统一指挥，人与人之间需要交流的信息日益增多。客观上需要语言，并为人类尝试用语言交流提供了大量机会。但这一点恐怕很难找到确切的实证依据。

② 采集经济（Collecting economy）大约 1 400 万年前开始至大约 200 万年前或 300 万年前为止，刚刚脱离动物界的早期原始人类，在亚洲和非洲的亚热带山林地区，过着以采集为主的生活。采集是这一时期的根本特征和主要特征，其他社会经济特征都是由采集派生和决定的。采集经济时代的基本特征是：早期原始人类以群为单位，分散活动于亚洲和非洲的亚热带山地疏林中，从事采集经济活动。他们使用木棒为主的天然工具，自由经营、自由劳动、自取所需，实行物质资料共有制。人与人之间完全平等、自由，不存在管理与被管理的关系，更谈不上阶级差别与阶级压迫。两性关系也完全自由，不存在任何社会规范约束。这是一个十分松散、尚未分化的原始人群。

氏族社会以后，这种情况并没有很大改变。在氏族社会里，存在自然分工，男子从事狩猎，妇女从事采集，妇女的采集比男子的狩猎较有稳定性，是可靠的生活来源。

狩猎也是人类谋取生活资料的主要生产活动，由于狩猎要求集体经营，集体劳动，采集时代那种非常松散的原始人群，便开始组织起来，形成某种明确的管理组织体系。共同的狩猎活动促使他们组织起来共同行动，实行财产公有，平均分配个人生活消费品。有的人类学者通过古化石分析勾画出采集狩猎部落的生活情况，认为旧石器时代的远古人类往往用围猎的方法来猎取大动物。这种方法是用石头、木矛、火把、喊叫来惊吓野兽，使它们不断奔跑，得不到喘息的机会，最后力竭倒下。或者把野兽赶向悬崖，让它们摔死，用这种方法甚至可以猎取到成群的大动物。在欧洲旧石器时代一些大崖壁下的遗址中曾经发现成百成千的大动物遗骨，这显然是当时的狩猎者围猎的结果。利用陷阱来捕捉野兽的办法大约到旧石器时代晚期才开始，这在法国方哥默的洞穴壁画中得到了证实。狩猎是原始人最大的肉食来源，它使人们得到蛋白质、脂肪和碳水化合物等重要的营养物质，促进了大脑和体质的发展。

采集狩猎经济决定了当时的人口增长。尽管史前时期采集狩猎的人大多居住在土壤肥沃、气候温和的地方，可以保证一定时期内有规律地采集到足够的食物，但是采集狩猎的地区范围以及食物量是受到自然环境限制的，而且人口增长到一定程度可能对食物来源产生压力，形成危机。为了生存和避免挨饿，他们在食物来源减少时或人口增长过多时，往往采取改变饮食结构、迁移、控制生育、改变技术等应对措施。正因为人类采用这些方法积极地适应自然环境，才使人类在极端低下的生产力条件下有所增长，从而避免灭亡。在旧石器时代晚期和中石器时代，原始人类的饮食结构已经包括许多物品了，分类上被称为“广泛范围采食”时期。饮食的食品种类的增加，在一定程度上减缓了人类面对生存的危机。

由于人口增长和食物来源相对减少，人类通常通过迁移来扩大采集狩猎的范围，这种方法是史前时期的人类适应自然环境最常用的方法。人类由原来居住的水、气温条件较好的中纬度地区，向其他气候带和其余地区扩散。人们迁移到一个新气候带或新的地区时，往往可能发现新的食物品种，这样为人类改变饮食结构提供了基础。

在采集狩猎经济时期（大约始于200万年或300万年前，终于大约1万年或2万年前），当食物来源不足时，人口规模的扩大会加剧人类生存的危机。为了生存，他们往往利用溺婴和堕胎等方式来限制家庭人数，虽然控制生育抑制了人口增长，是史前时期人口增长极端缓慢的一个原因，但它却是使人类得以生存和发展的一个手段。因为，在采集经济条件下，如果不适当地控制人口数量，就有可能使人类因为人口增长过速而导致生存危机。

值得注意的是，在采集狩猎经济时期技术的发展是使人类得以生存和发展的事实。特别是对旧石器时代的采集狩猎者来说，火的发现和使用是旧石器时代原始的人的一项特别重大的成就。对于火的使用，他们经历了一个从利用自然取火到人工取火①的漫长过

① 在旧石器时代早期，人类已能用火。最早的用火遗迹发现于非洲肯尼亚的切萨瓦尼亚，有40块烧过的黏土小碎块，可能是篝火的遗迹，其年代约为142万年前。欧洲最早的用火遗迹是法国马赛附近的埃斯卡尔洞穴，在这里发现了75万年前的木炭和灰烬。中国的北京猿人已知用火，洞穴中留下了大量用火的遗迹。

程。火山爆发、电闪雷击引起森林起火，对于原始人来说都是恐惧和可怕的。但是人们在同险恶的自然条件做斗争中，逐渐了解到烈火附近比较暖和，被烧死的野兽可以充饥。于是，他们尝试取回火种，把燃烧的树枝带到山洞里去，用火作为战胜寒冷防止野兽侵袭的武器。在长期的劳动过程中，他们还发现了摩擦生火的现象。例如，打击燧石或石器相碰会产生火花；刮木、钻木时会生热，甚至冒烟起火。经过若干万年的摸索、尝试，他们终于在实践中掌握了打击、磨、钻等人工取火的方法。火的使用不但可以用来猎取大动物，变生食为熟食，还可以用来照明，用来取暖，使人类能够到寒冷的地区生活，从而扩大了人们的活动范围。最早使用的火是天然火，人工取火的发明始于何时还没有定论。但人工取火的发明无疑对人口规模增长有着较大影响。因为火可以对食物进行加工，从而扩大人类采集的品种和范围。甚至，火的使用可能也是后来从采集狩猎经济过渡到原始农业经济的契机。可以推测，有些种子遗留在人类用过的火堆灰烬中，经过一段时间，发现焚烧过的土地又生长出新生的植物。因而，当他们感到采集野生植物困难时，可能会有意识地种植采来的种子和薯类块根，从而可能出现最简单的长期休闲轮耕农业制。

此外，人类在采集狩猎过程中还改进了捕捉野生动物包括鸟类和鱼类的工具和方法。由于狩猎技术的改进会促使过度猎取猎物而使肉类性食物不足，于是人类又发明了驯养食草动物。这样随着原始畜牧业的发展，使人类能够较长时期地保持肉食类食物的来源。

尽管人类采用了各种办法来适应自然环境，但是，在原始农业经济出现之前，人类常常面临着毁灭的威胁。一方面为了生存必须不断地迁移，另一方面又必须与食物来源地保持一定的关系。可以说，在采集狩猎经济时期，人类的生存与发展是异常艰难的。因此，这一时期的人口增长，在很大程度上受采集狩猎经济和自然环境的影响。当采集狩猎经济状况较好且环境良好时，人口增长较多；当采集狩猎经济不景气且环境恶劣时，人口则明显减少，甚至导致一个部落或一个地区的人口近于灭绝的边缘。这样，使人口增长曲线呈现较大幅度升降的波浪状，而下降的趋势往往比较急剧，恢复则相对缓慢。

1.5　原始农业经济与人口革命

最后一次大陆冰川期大约于1万年至1.2万年前消退，辽阔的北半球覆盖着的冰河开始慢慢后移，这时地球上出现了一段地理和气候发生巨大变化的时期，特别是气候变暖，对人类历史产生了巨大影响。公元前9000年左右，人类从旧石器时代转向新石器时代，从采集狩猎经济转向种植和畜牧经济，这种划时代的转变称为农业革命。原始的农业由采集经济发展而来。人们在长期的实践中发现，在土地、水分和气候适宜的条件下，有些植物的种子可以发芽、开花、结果，有些还能易地移植，重新生长。相对定居的生活使植物的种植与栽培成为可能，而农业的出现又导致了定居生活的巩固与发展。于是，在长期居住的山洞附近，人们用刀、斧披荆斩棘，放火烧荒，开辟出一块块适于栽种的土地，年复一年地播种收获。随着农业的产生，在许多河流两岸的山坡台地上，出现了一些规模不大的氏族聚落营地。最初的农业生产是分散、不稳定的，主要在山谷的营地附近和野生植物密集的地方进行。当时的种植方法也很原始。后来人类逐步观察和熟悉了某些植物的生长规律，慢慢懂得了如何栽培作物，从而产生了原始农业。早在中石器时代，人类就开始驯养犬，但直到新石器时代，人类才开始驯养捕捉动物，逐渐产生了原始畜牧业。

世界各地区的人民，在采集经济的基础上，积累了经验，各自独立地发明了原始农业。由于各地经济发展的差异，农业出现的时间很不一致，大约为从公元前 8000 年到公元前 3500 年。有些氏族和部落在新石器时代仍长期以采集和渔猎为生。最早的农耕者使用的工具极其简单，最初是原始镰刀或收割刀。最早的农耕器具是简陋的用来挖掘的棍子和简单的锄头。这种以后传播到世界各地的农业形式被称为“刀耕文化”。

农业革命最早发生在西亚的两河①流域。两河流域的中下游地区地势平坦。由于春季融雪，两河定期泛滥，形成大片冲积平原，土地肥沃，适用于种植业的发展。在幼发拉底河中游，叙利亚的穆赖拜特（Mureybet）发现了公元前 8000 年初的谷物花粉，比野生小麦和大麦的花粉大两倍，这可以看作是一项农业耕种的迹象。人们还发现了在形态上与野生种子十分相似的碳化种子，但培育野生植物的最初证据尚不明确。某些植物和野草——车前草、荨麻、矢车菊，只能在耕种过的土地上生长。最早的种植谷物是种在两河流域谷物野生的地方，首先是在“新月沃地”，而叙利亚和巴勒斯坦又比其他地方更早，大约在公元前 8000 年初。大麦和两种小麦品种（双穗小麦和单穗小麦）先于优种小麦出现，豌豆和扁豆是在公元前 7000 年才出现的。人们最初在台地上耕作，后来转移到平原上来，当时的整个西亚全面开始农业活动。

尼罗河流域是原始农业革命的发源地之一。尼罗河流域的东西两面都是大沙漠，北部是尼罗河三角洲沼泽地，南面则是难以通行的尼罗河险滩，因此，古代埃及实际上是与周围世界隔绝的大块绿洲。古代埃及的降雨量较少，尼罗河是唯一的水源。尼罗河定期泛滥，不仅灌溉了土地，并且用肥沃的淤泥给土地定期施肥。但这并不能给农业足够的水分，因此，埃及人早在远古时代就建成了复杂的灌溉体系，包括沟渠、水闸以及蓄水和泄水的水池。在长期治水过程中逐渐建成了一系列灌溉盆地，洪水到来，淹没整个盆地，洪水退去，再把盆地的积水排干，进行耕地播种。种植的农作物包括小麦、大麦、亚麻、水果，以及洋葱、大蒜、色拉菜、豌豆、小扁豆及菜豆等蔬菜。早在古代埃及，人们开始使用锄，并使用原始的犁，用牛和驴作为耕畜。后来，随着水利灌溉体系的更加完善，梯形犁的推广提高了农业效率，这种技术在埃及持续了很长时间，使尼罗河流域的农业生产发展较快，主要的农作物大麦、小麦等粮食产量和亚麻等其他作物的产量都有所提高。与此同时，埃及的蔬菜、园林种植业也都有一定的发展。他们还利用尼罗河谷的自然坡度开凿了一系列运河，把上游的水引向下游，灌溉农田，保证了农业生产的丰收，产量不断提高，自给有余。据考证，当时的小麦产量每亩可达数百斤，产量如此之高，为古代世界农业经济所罕见，他们的农业耕作技术在当时处于领先地位。

中国黄河流域也是原始农业经济的重要发源地之一。通过考古发现表明，中国黄河

① 两河是指发源于土耳其亚美尼亚高原托罗斯山脉的底格里斯河与幼发拉底河。

流域是最早进行农业耕种的地区之一，大约略晚于西亚。约公元前 6200 年，在河南新郑的裴李岗遗址已经有大量粟的发现，在重要遗址北首岭、泉护村、下孟村、王湾，也都发现了或多或少的粟壳。临潼的姜寨遗址，还发现了另一种耐旱作物黍。靠近长江北岸的河南淅川下王岗遗址，发现了稻谷痕迹。此外，在洛阳孙旗屯、郑州林山砦、淅川下集等遗址，也都发现了粮食遗迹。同时，人们还掌握了蔬菜种植技术，半坡遗址的一座房子内，一个陶罐里装满了已经炭化的白菜或芥菜之类的菜籽。

黄河流域处于原始的锄耕农业阶段，采用刀耕火种的方法和土地轮休的耕作方式，生产水平仍比较低下。早期阶段可能有尖木棒等木质工具及石铲、石锄等挖掘土地。这时的石斧大多形体厚重，横断面呈椭圆形，适于砍伐林木以开垦荒地。在仰韶①地区，各遗址都出土了数量较多的石铲、石镰、石磨盘、石磨棒和零星发现的纺轮、骨器等，铲为双刃舌状，采集镰的刃部有细密的锯齿，磨盘则底附四足，形制很有特色。这类工具都磨制很精，光滑实用，表现出石器制造者熟练的加工技巧。在农业生产中，从翻土、播种到收割和谷物加工，已构成系列化，足以说明农业生产已脱离了最初的发生期。收割农作物则用两侧有缺口的长方形石刀和陶刀。加工粮食使用石磨盘、石磨棒和木杵、石杵等。中晚期的庙底沟、大河村类型，出现了大量舌形或心形的石铲，磨制得比较平整光滑。在临汝大张村、郑州大河村等遗址，还出土一种大型、通体磨光的长条形石铲或有肩石铲。这一时期收割谷穗改用磨光的长方形石刀，有的还带穿孔。这些农用工具都比早期的半坡类型有所进步，农业生产效率也因此得到较大提高。

美洲的原始农业经济发展较晚，耕种技术的发展可追溯至公元前 4500 年左右，由于农业技术的稳定进步导致公元前 2000 年前后建立农业经济社会。在农业方面，种植的农作物主要是玉米。玉米是包括水稻、小麦在内的世界三大粮食作物之一，是由美洲的印第安人培育出来的，而后在全世界传播开来。据考古资料证实，早在公元前 3000 年前印第安人就已经将野生玉米培育成为人工栽培的农作物，这是一件了不起的农业试验。植物学家们认为，把野生玉米植物培育成农作物是农业经济史上最困难的试验。印第安人培育出来的玉米有 20 多个品种，生长期长短不一。玉米丰富的营养、较高的产量和对各种环境的较强的适应性，使它成为印第安文明的物质基础。因而，美洲印第安文明也被称为“玉米文明”。由于它的适应性强、产量高、播种和收获季节早，很快便在世界各地种植起来。特别是在高原、干旱和阳光充足的地区，玉米是主产作物。

---

① 约公元前 6200 年前后到公元前 5500 年前，经历了 700 年的发展而进入新石器时代中期的仰韶文化。在各遗址中都发现了盛水和贮谷的深腹陶罐、炊煮的三足钵和鼎、汲水的壶等陶器，器形小，火候低，种类也不多，都是手制的，大量采用贴塑的方法，容易剥落和破碎。在这种文化的后期，出现了圈足碗和形体较大的罐，但与后来仰韶文化常见的敛口钵和大型瓮、罐类储藏器还是不能比拟的。从氏族营地和公共墓地的发掘表明，裴李岗人的定居生活时间还不很长，农业经济也不够发达。部落的面积普遍较小，文化堆积很薄，除了在墓葬中有少量随葬品外，营地的房址中遗物很少。各个遗址发现的房屋遗迹，多是首先在地面上挖出一个直径 2～3 米的坑穴，周围埋上几根木柱以搭盖草棚。面积很小的营地和构造非常简陋的窝棚，反映出生产力水平较低，生活是艰苦和不稳定的。仰韶文化各个部落继承了前仰韶时期各种文化的传统生产方式，农业生产仍以种植粟类作物为主。粟的遗存在各重要遗址中经常发现，如西安半坡一座房子内的罐、瓮中都盛放着粟，另一座房子的小窖穴中也发现了粟壳遗存，特别是有一个窖穴中粟壳堆积达数斗之多。上述情况表明，仰韶文化范围内的农业生产比较发达，粮食作物品种不仅是一种粟。

在原始农业经济发展的初期，农业发展程度较高的地区为墨西哥、美洲中部和南美洲北部，北美洲的西南部和东部林区也有农业。主要农作物除了玉米外，其他农作物有马铃薯、倭瓜、南瓜、西红柿和土豆等。后来，随着农业的发展，印第安人又培养出花生、黄瓜、西葫芦、辣椒、菠萝、鳄梨、草莓、可可等经济作物，而当时的科学技术就是刀耕文化。

农作物和农业生产技术的传播，引发了世界性的农业革命。使人类的经济以旧石器时代以采集、狩猎为基础的攫取性经济转变为以农业、畜牧业为基础的生产性经济。人类从事农耕和畜牧后，才可能比较稳定地获得较丰富的食物来源，而且第一次有可能生产出超过维持劳动力所需的食物并储存它。这就使人口得以较大增长，并可使一部分人去从事维持生存以外的活动，从而产生新的社会分工和物品的交换。尽管农业革命是人类发展史上的一个重要分界，但它并非突变，而是一个经历众多世纪的漫长演变过程。在农业生产出现后的数千年中，世界上许多地区开始了原始农业经济时代。其结果伴随着人类历史上第一次农业革命，出现了“人口革命”。

原始农业生产是在人口密度达到一定程度而野生植物减少时才采用的一种生产方式。换句话说，不断增长的人口密度促进了食物供应技术的改变。因此可以假定，农业革命首先是在人口增长较快，而且人口密度较高的地区开始的，人口增长促进了农业革命。在公元前5000年之前，农业传播到了尼罗河流域、黄河流域，在以后的1 000年又传播到了印度河流域，约公元前3000年，农业渗透到多瑙河流域、地中海西部、俄罗斯南部等地区，随着农业生产技术的进步，导致了农业生产发展。当农业生产扩大到其他地区后，引起了大范围的所谓“农业革命”。当然，原始农业经济下的人口增长，之所以称为第一次“人口革命”，是相对于史前漫长的人口增长而言的。世界人口到这时第一次有了较快的增长，从而摆脱了原始静止状态。但总的来看，这次“人口革命”增长的速度仍然相当缓慢的，每年世界人口增加的人数仅为4 000～5 000人。由此可见，采集渔猎时期制约人口增长的因素仍然在很大程度上存在，只是造成人口死亡的原因有所减轻。在原始农业经济时代，由于居住地点比较固定，又有了比较充足的食物来源，从而使死亡现象有所减少。

注释

［1］［日］大淵寛，森岡仁．経済人口学．東京：新評論，1981.

［2］［3］［意］卡洛·M. 奇波拉．世界人口经济史［M］．北京：商务印书馆，1993.

［4］潘纪一，朱国宏．世界人口通论［M］．北京：中国人口出版社，1991.

［5］［苏］德·伊·瓦连捷夫．马克思列宁主义人口理论［M］．北京：商务印书馆，1978.

第2章　农业革命与所有制形式

2.1　农业革命的发生

在大约15 000年前，旧石器时代开始向新石器时代过渡。这一过渡时期称为中石器时代。从这时起，人类的经济活动又有了进一步发展。在中石器时代，全球气候和生态环境发生显著变化。随着第四纪最后一次冰期（北欧为魏舍尔冰期，阿尔卑斯山区为伏尔姆冰期，北美大陆为威斯康星冰期）的结束，冰河开始溶化、冰川后撤、全球气候转暖。欧亚两洲的冰原地区被森林和草原所取代，在非洲，全球冰期时的多雨气候转为干旱气候。植被和动物群也发生变化。旧石器时代的不少大型动物灭绝，数量大为减少，适于森林草原地区生活的中小动物和鸟类增多。这时，不仅人类狩猎的对象发生变化，而且经济活动的内容扩大，江河湖海地区，渔猎经济有了发展。

旧石器时代晚期，因自然环境的变异所导致的食物匮乏，使人类在大约10 000年前发明了农业，这一划时代的变革被称为“农业革命”。在旧石器时代采集食物的劳动中，人类就已经注意到了植物的种子掉落在地上，第二年还会长出新的植物，并可以收获比种子更多的植物果实。但由于那时人类的食物还能满足生存的基本需要，所以当时的人类并没有开始进行以种植为主的农业生产。进入新石器时代以后，人类在寻找新的食物来源时，第一次通过种植植物，有目的地生产出自己的食物，从此，人类与自然的关系、人与人之间的关系都发生了新的变化，在人类历史上出现了第一次农业革命。

在这个时期，旧石器时代过渡到新石器时代。经济活动的变化促使生产工具发生变革。石器制作技术提高，普遍出现细小石器，如石箭头、石刀、雕刻器等。这些细小石器通常镶嵌在复合工具上使用。在渔叉、投掷尖矛、标枪等复合工具广泛使用的基础上，人类发明了可供远射的弓箭。弓箭是携带方便、命中率较高的远射程武器。它的制造，促进了狩猎经济的发展，这是原始社会技术显著进步的一个标志。德国北部汉堡附近的斯坦尔莫，发现人类最早使用弓箭的证据，时代大约为公元前8500年。与此同时，在欧洲南部以法国、西班牙的阿齐尔文化为代表，居民使用带双尖的石叶，带倒刺的渔叉。北部以则马格尔莫斯文化为代表，其分布范围是从波罗的海向西跨西北欧到英国。居民以渔猎采集为生，制造的细石器以斜钝边尖状器最为常见，单列排刺的骨制渔叉是典型的渔猎工具。在非洲、北美都出现过以细小石器和弓箭为特征的石器。

这一时期的石器，经过磨制而变得更加锋利，这为以后的农耕准备了劳动工具。其中，最重要的新石器是在巴勒斯坦纳土芬发现的石镰、长柄锯齿镰、磨盘、杵等。这一时期还出现了陶器，陶器既可以用来盛物，也可用来浇水，也为农业生产创造了条件。工具的进步使人类生产和生活方式发生了巨大的变化。在这一时期，原始农业和原始畜牧业分别从采集经济和狩猎经济发展而来。人们在长期采集活动中通过观察，逐渐掌握了植物的性能和生长规律，并掌握了栽培方法，从而产生了原始农业。到了新石器时代，人类开始驯养捕捉到的动物，从此产生了原始畜牧业。[1]

农业，包括畜牧业是人类第一个真正的生产活动，其目的是要利用土地和其他自然资源，生产维持人类生活必需但又不能完全自然提供的产品。它标志着人类通过自己的生产活动，优化了农作物品种，提高了单位面积产量，并通过种植冬季作物和夏季作物以及储藏的办法，保证一年四季食品供应的稳定。因生产劳动而日益增强的社会关系，推动了语言乃至文字的产生。农业和畜牧业的兴起，对人类最终摆脱野蛮蒙昧状态起了决定性的作用。

农业、畜牧业的出现，不仅使人类第一次摆脱了对自然产物的依赖，而且带动了科学技术和知识领域的发展。整个人类文明可以说都是伴随着农业而生的。人类从农业生产中获得的第一项经验，是了解季节时令，这导致了最早天文历法的产生，科学很可能就是从这里开始萌芽的。此后才逐渐出现了数学、医学、动物学和植物学等。随着狩猎经济向农业经济过渡，还出现了许多技术。例如，陶器最初是用来打水、煮食和储粮的，因此，陶器常常总是紧随着农业的兴起而来。与陶器差不多同时出现的，还有纺织、木船和轮车等[2]，它们的发明标志着机械制造技术的诞生，这不仅是人类征服自然的成果，也导致了人类航海和军事活动的演变。

农耕和畜牧业的产生和农业村落的形成差不多同时出现。农业和畜牧业的出现，使人类的生产能力迅速提高，突破了采集和狩猎经济的生产可能性边界，人类得到比较可靠的食物供应，从而使定居成为可能。同时，农业生产从播种到收获要经历一段相当长的时间，在这段时间里需要田间管理，这样就必然要求耕作者定居，从而产生了原始的农业村落。到公元前7000—前6000年，西亚已经出现一些较发达的农业村落。[3]这样，人类从旧石器时代的迁移生活逐渐转变为定居生活。由于定居生活方式的确立，自旧石器时代中后期形成的氏族制度得以巩固和发展，产生了社会分工和交换，部落和农村结合为国家和城市等。农业革命促进了人类文明的产生。

2.2 财产制度的起源

农业革命的一个重要影响，就是产权制度的产生。史前人类把劳动与自然资源结合起来得以谋生，自然资源不论是狩猎的动物还是采集的植物，开始都是作为公共资源而被占用的。随着人口的增加和生产力的提高，资源变得越来越稀缺起来。为了保证资源利用的效率，也是为了保证人类的自身存续，必须建立排他性产权。[4]

从历史上看，自然状态初期，人类共同据有一切，每个人都有权从上帝提供的条件中取得生计，没有人对于处在自然状态中的东西原来就具有排斥其余人类的私人所有权。不过，这并不意味着每个人对自然所提供的任一物品都有权取得他应分享的一份，而是每个人都可以从共有的东西中取出这一或那一部分，无须得到其他一切共有人的同意。这也意味着，最初人类任何人对于上帝提供的物品的任一部分都没有明确的权利，也就无所谓私有财产。

人类要动用各种资源，要从中得到用处或者好处，就必须通过某种方式“拨归私用”，使之脱离自然为之安置的状态，这就是私有财产的产生。也许“拨归私用”仅仅是从树上摘下苹果，仅仅是从地上捡起橡实，但只要这一方式足以改变公共财产的原初状态并使个人从中得到好处，那么他就有足够的权利声称他对这一物品的所有权。这意味着自然状态下财产共有不过是指个人对自然所提供的共有物品没有提出明确的界限划分和私人权利，每个人都可以从中取走这一部分或那一部分，而其他共有人并不会提出异议或主张权利，而当其中某个人将没有明确所有权划分的物品“拨归私用”时这一物品就由共有转为私有了。[5]

“拨归私用”的方式之所以成为声称私有权利的原因，是因为在上帝赐予人类共有的一切东西中有一个明显的例外，就是“每人对他自己的人身享有一种所有权”。既然每个人拥有自身，那么也理所当然地拥有作为自身延伸的劳动。劳动是自然状态下唯一属于个人所有的东西，它理所当然地就成为个人财产的“基本基础”。个人对劳动的所有权之所以成为个人声称私有财产权利的基础是因为劳动增添了事物的价值，而劳动增添的价值是明显属于个人所有的。所以，只要个人使任何东西脱离自然状态，他就已经掺进他的劳动，因而使那个东西成为他的财产，并排斥了其他人的共同权利。这一“拨归私用”的方式是极其自然的过程，并无须他人的让与或同意。当一个人把橡树下拾得的橡实或树上摘下的苹果果腹时私有财产就产生了。谁都不能否认，橡实或苹果在他掺入他的劳动之前是属于人类共有的，同样，谁也不能否认，通过劳动“拨归私用”的橡实或苹果是完全应该由他消受的。[6]

人类通过劳动将共有物“拨归私用”，确立了私有财产的最初来源。私有财产就是增加了私人劳动从而改变了自然状态的共有财产。虽然私有财产由两部分——足以改变共有物的自然状态的私人劳动和赋予私有财产有用性形态的共有物——构成，但决定其性质的只是私人劳动，因为劳动使一切东西具有不同的价值。在私有财产的归属上构成财产有用性形态的共有物几乎毫无作用，一件物品的所有权性质只取决于私人所有的劳动。任何人都不能对别人“拨归私用”的东西声称任何权利，因为他所声称的并不是构成私有财产有用性形态的公共部分，而是构成财产私人性质的劳动，而劳动是劳动者无可争议的所有物，除他之外，没有人能够享有任何权利。[7]

不过，个人所有权的起源和发展，并不是简单地从动产到不动产。在动产产权基本确定下来以后，产权关系又从不动产向动产发展。原始社会后期动产产权的出现，仍与农业社会中劳动的特点有关。在农业社会中，由于绝大多数产品中都包含了个人的劳动，所有权观念的范围和内涵便有了新的发展。在存在剩余产品的前提下，所有权的外延由土地不动产又扩大到了工具、生活品和其他人为不动产，如房屋等。动产的出现和发展，表明以个体形式投入经济的作用和意义越来越大，个体的地位上升，最终导致个人所有权的出现。

更重要的是，农业革命提供了财产制度产生的生产力基础。马克思认为，私有制的出现是生产力发展到一定阶段，特别是剩余产品出现的必然结果。在农业革命以前，由于生产力水平低下，产品没有剩余，因此没有可供私有的财产，也很难形成私有观念。农业革命以后，生产力的提高产生了剩余产品，这就为私有制的产生提供了客观条件。剩余产品是积累的源泉，有了剩余就有了积累，从而也就有了剩余和积累的分配问题，这就出现了私有制。[8]

分工和交换也促进了私有产权的出现和发展。分工从最初起就包含着劳动条件、劳动工具和材料的分配，因而也包含着积累起来的资本在各个私有者之间的分配，从而也包含着资本和劳动之间的分裂以及所有制本身的不同形式。交换的需要也是促进产权发展的重要因素。最初的交换是部落之间的交换，随着剩余产品归属个人，交换就成了单个人之间的交换。交换进一步强化了财产权，加快了氏族社会的瓦解。随着商品生产的发展，出现了个人单独经营的土地耕作制，以后不久又出现了个人的土地所有制。

私有产权的出现，刺激了人的私有观念的产生，诱发了对财产的争夺。氏族部落的首领和家族长利用自己对公有财产的管理权和分配权，或利用对外交换产品的方便，把一些集体的财富据为己有，于是出现了最早的“富人”。后来这些富人逐渐演变为氏族最早的“贵族”，这些氏族贵族凭借权势和财力，将战争中的俘虏和沦落的一般氏族成员变成自己的奴隶，于是出现了阶级差别。从此，人类丧失了已享有百万年的平等，开始步入充满种种剥削与压迫，却又是“文明”的阶级社会。[9]

2.3 氏族社会的解体

母系社会是按母系计算世系血统和继承财产的氏族制度，它是在人类生产力获得初步发展，能够维持群体生存基础上形成的，是氏族社会的第一阶段。在母系氏族制后期，也就是新石器早期，这一阶段的打制工具有较大改进，并发明了弓箭。其生产部门主要是采集和狩猎。人们学会缝制兽皮衣服，产生了原始的审美观念和宗教。同时，出现了族外婚，形成以一个老祖母为核心的氏族制。当时，一个母系氏族公社有一个共同的祖先。由于全体成员只能确认各自的生母，所以成年的妇女都一代一代地成为确定本氏族世系的主体。由于女子在采集生产中的重要地位，因此便决定了以女性为中心的母系氏族制。

在母系氏族制形成时是禁止内婚的，氏族成员进行族外群婚。因为实行族外婚制，子女跟随母亲，因此是无父无夫的国度。在原始社会下，氏族是人们赖以生存的基础，血缘关系是维系氏族成员的纽带，互相保护，并按性别和年龄进行分工。青壮年男子担任狩猎、捕鱼和防御野兽等任务；女性担任采集食物、烧烤食品、缝制衣服，养育老幼等繁重任务；老人和小孩从事辅助性的劳动。从简单的分工中，不难看出，女子从事的职责比男子从事的狩猎有比较稳定的性质，是可靠的生活来源，具有重要的意义。她们是氏族组织中的重要成员，她们的活动是为了氏族集体的利益，对维系氏族的生存和繁衍都起着极为重要的作用，因此，妇女在氏族公社里占有重要的地位，普遍受到重视。

母系氏族[①]社会经历它的全盛期，社会生产力的发展日渐加速。农业革命以后，当生产发展到犁耕农业和较大规模的畜牧业阶段时，男子凭借强壮的体力，在生产中占据了主导地位，女子劳动的作用降到次要地位。由于男子在社会生产和生活中占据了主导地位，于是他们必然要求按照男系计算世系、继承财产，母权制的婚姻秩序逐渐被打破。这时，母系氏族开始过渡到父系氏族。

父系氏族社会是一种新的社会体系，这种变革是同当时生产力的发展相适应的。由于农业和手工业的进一步发展，男子在生产中的地位和作用越来越大，社会中心自然发生偏移，因此，从母系氏族社会发展到父系氏族社会，是社会生产力发展的必然结果。随着生产个体化趋势的加强，父系氏族从它产生之日就出现了变化。氏族不再成为生产和经济的基本单位，而代之以父亲的大家族。这时，男子逐渐从渔猎活动中转入农牧业生产领域，特别是犁耕，劳动强度大，一般只有男子才能胜任，从而加强了男子在农业生产中的地位。同时，制陶等手工业中工艺变得复杂，技术性强，劳动强度大，身强力壮又无生育、家务之累的男子，成为主要承担者，这样，取代了妇女在生产领域中的主导地位，而妇女则主要从事纺织、炊煮和生育儿女等家务劳动，正是这一变化成为导致父系氏族取代母系氏族的社会原因。人们在生产中所处地位的不同，决定了他们在分配社会产品中的不同地位，男子成了社会生产的主要力量、财富的重要创造者，按着当时谁生产的物品归谁所有的原则，男子支配财务的权力逐渐增大，增强了他们在家庭中的经济地位。在父系氏族社会中，男性的财产权和社会地位高于女性，家庭婚姻关系也由母系氏族社会的“从妻居”改变为“从夫居”，子女改为从父系氏族的姓氏，妻子和子女成为丈夫家庭的成员，妻子对丈夫忠贞，这样，保证能生育男子确凿无误的子女，保证父系血统的纯洁，为实行父权制创造了条件，并达到保存自己财务的目的。因此，男子逐渐成为家长，并由妻子作为管理的助手，利用妻子来夺取掌握在母系手中的家庭经济、生活管理的大权，这样，就逐步确立了一夫一妻制，取代了对偶婚制，一夫一妻制不再仅是性的需要、没有共同经济的脆弱的结合，而是有经济保障，比较稳定的婚姻形态。子女自然不再属于母系氏族的成员而成为父系氏族的成员，成为父亲财产的继承者。在父系氏族社会中，随着社会生产力的发展和劳动成果的有所剩余，一些人能够占有他人的劳动成果，并利用已占有的劳动财富役使他人，于是，贫富现象出现，私有财产开始萌芽。贫富悬殊的变化是阶级产生的基础，到父系氏族社会的后期，氏族社会开始走向瓦解，阶级社会开始出现。

男子在农业、畜牧业和手工业等主要的生产部门中逐渐占据主导的地位，于是母权制自然过渡为父权制。父系氏族公社逐渐形成了。从此，以父权为中心的个体家庭成为与氏族对抗的力量，原始社会逐渐趋于解体。男子依靠经济上的优势，在社会生产和生

---

① 母系氏族社会在成文史出现之前已大部消逝，但其残余在阶级社会中尚存。在近现代部落民族中，只有少数处于母系氏族阶段，如北美印第安人的易洛魁部落。在母系氏族阶段，妇女从事采集和原始农业，制备日常衣食并主持家务，在社会经济生活中起有重要作用。女男群婚尔后是对偶婚，妻夫各居自己母亲家里，或是夫居妻家，结合不稳定。氏族中设有议事会，是氏族的最高权力机构，决定一切重大事务，选举产生氏族长。氏族中的全体成年女男都可参加议事会。担任族长的一般是年长的妇女。

活中占据了统治地位。

经济地位决定社会地位。男子是经济生产的中坚，成为社会财富的主要创造者，因而他们在财产的分配上就具有较前为大的发言权。但是，在母系氏族制度下，子女的世系按女方计算，男子无子女可言。他们无论投入多么巨大的劳动，创造多少财富，也仍由母系成员继承。所以，男子必须确认自己的子女，并改变世系的女性血缘传统，最终按男性世系，将财产传给自己的亲生儿子。男女在生产中所处地位的变化，直接引发了男系与女系财产继承权的矛盾，乃是导致父权制取代母权制的社会原因。

私有制的产生加速了母系氏族社会过渡到父系氏族社会的历史进程。在原始人群和母系氏族社会的初期，社会生产力极端低下，人们必须集体协作，才能勉强维持最低的生活水平。当时，既没有剩余产品，也无私有观念。人们过着生产资料公有，集体劳动，平均分配产品的生活。自母系氏族社会的繁盛时期开始，农业、畜牧业、制陶业、纺织业的产生，以及缝纫、皮革加工业的发展，使人类的生活条件大为改善。人们劳动所获的产品，除维持自身基本的生活需求之外，已略有剩余。当时属于个人私有的物品，已不限于简单的生产工具和一般的装饰品，而是包括粮食、牲畜等。剩余产品开始属于母系氏族或亲族集体所有，但是随着对偶婚逐渐向比较稳定的一夫一妻制婚姻转化，剩余产品最终成为家庭的私有财产。此外，氏族、部落的首领也利用职权，将集体的剩余产品占为己有。可见，剩余产品是私有制出现的物质基础。

由于生产力发展，剩余产品出现，剥削成为可能，私有制遂由一般产品的占有进入生产资料领域。一旦拥有较多的生产资料，如土地、畜群、作坊等，原始社会末期的氏族首领、神庙及其祭司，就可以使用奴隶和雇工劳动，不劳而获地占据越来越多的产品。这样一来，私有财产和财富的概念就不同于以前的个人财产。大致来说，这种私有制在原始社会起源，经历了分工、交换、私有观念、私有财务、私有土地这一系列发展过程，而私有土地确立之日，也就是原始公社彻底瓦解之时。当然，最早的私有制采取了各种各样的形式，如公社所有、神庙所有、国家所有、国王所有等，但就其本质而言，都是用来剥削劳动者的私有制。

私有制在原始社会发展的必然结果就是阶级的产生，社会分为主人和奴隶、剥削者和被剥削者。在当时，一方面，因为社会有了剩余产品，从而有了可供剥削他人劳动的物质条件；另一方面，是因为社会发展需要增加劳动力，以减轻生产者本身的劳动量。于是奴隶不再被杀害，而是成为可供剥削的奴隶。开始，奴隶在集体劳动中只起辅助作用，他们是集体财产，生活待遇和主人相差不很大。第二次社会大分工出现以后，随着劳动生产率的提高和劳动力价值的提高，奴隶在生产中的地位上升，成了劳动力的重要组成部分。[10]

代替原始社会的第一个阶级社会是奴隶制社会，最早建立的国家也是奴隶制国家，例如埃及和巴比伦等文明古国。自从社会分为两大阶级，即奴隶主和奴隶以后，社会充满了矛盾，一个阶级要压迫另外一个阶级，就必须借助于国家机器。另外，在当时的生产力条件下，也只有通过奴隶制这样的压迫方式，才能将社会产品集中起来，用于供养一部分脱离社会生产的人员从事其他活动，社会才能发展。所以，恩格斯指出，在当时情况下，采用奴隶制是一个巨大的进步。[11]

2.4　亚细亚的所有制

亚细亚的所有制与古典古代的、日耳曼的所有制都属于原始的所有制，代表了三种不同所有制的起源。当人类进入文明时代，东方的奴隶制国家表现出“亚细亚的”性质，这是就古埃及、巴比伦、印度、中国以及苏美尔、亚述、波斯、腓尼基等古代东方国家的奴隶制而言的。但从所形成的时间来看，亚细亚的奴隶制社会的出现远远早于古典的奴隶制社会。

卡尔·亨利希·马克思（Karl Heinrich Marx，1818—1883年）对“亚细亚的所有制形式”作了集中论述，并把它和古代的、日耳曼的所有制形式作了区别。其特征是：土地是自然形成的共同体的共同财产，个人作为共同体的成员才能把自己看成所有者或占有者；凌驾于所有小共同体之上的总合统一体表现为更高的所有者或唯一的所有者，公社为世袭的占有者；个人的财产是间接的，是统一总体的体现者专制君主通过单一的公社赐予他的；公社的一部分剩余产品以贡赋形式贡给最高统一体以颂扬君主，修建公共工程；公社内通过手工业和农业相结合创造财产，具有再生产和扩大再生产的一切条件，能够独立存在；公社内部，单个的人同自己的家庭一起，独立地在分配给他的份地上从事劳动，这种劳动必须有一定的量，以支付公共储备和共同体用于战争等的费用，这里奠定了向徭役制过渡的基础；统一体能够使劳动过程本身具有共同性并成为整套制度，代表统一体共同性的或是部落中一个家庭的首领，或是各个家长彼此间发生联系，共同体的形式或是较为专制的或是较为民主的。因此，通过劳动而实际占有的公共条件，如灌溉渠道和交通工具等，就表现为更高的统一体即专制政府的事业；城市在特别适宜于外贸之地才形成起来，或在国家首脑及其地方总督把自己的收入同劳动相交换，把收入作为劳动基金花费的地方形成起来。由于单个人对公社不是独立的，生产限于自给自足，农业和手工业相结合，亚细亚形式必然保持得最顽强也最长久。[12]

由于亚细亚的地理环境和历史环境比较优越，东方奴隶制的形成和发展与古典奴隶制有很大的差异，亚细亚的所有制形式也就不同于古典的所有制形式。在古代东方，尼罗河流域、两河流域、恒河和印度河流域以及黄河流域，土地肥沃，土质疏松，有充分的水源灌溉，便于农田耕作，所以，农业生产发展较早。可以说，东方农业文明在没有铜器和铁器工具的情况下，就由石器和木器创造出来了。这样，剩余价值的生产以及私有制、阶级和国家，在较低的生产力水平下也就早早地出现了。大约在公元前4000年，世界上最早的奴隶制国家在尼罗河流域出现了。在公元前3000年，两河流域的苏美尔地区出现了奴隶制国家。公元前2000年左右，古印度王国和中国的夏代也先后进入奴隶制社会，较优越的地理环境对古代东方社会历史所起的加速作用是不容否认的。也正因为如此，在这些古代东方国家里，长期地保存着氏族制度的残迹，甚至具有氏族公社的形态，而家长制家庭公社也牢固地保存下来。东方奴隶制就是建立在这种保持家长制家庭公社的早期农村公社的基础上的。[13]

马克思指出，在亚细亚的所有制形式中，“第一个前提首先是自然形成的共同体：家庭和扩大成为部落的家庭，或通过家庭之间互相通婚，或部落的联合”。[14]很显然，这些自然形成的共同体在还没有完全进到私有制时代就进入阶级社会了。也就是说，在东方畜牧民族、农业民族中，自然形成的部落共同体家庭公社、氏族公社、农村公社并没有随着文明时代的到来而迅速退出历史舞台；相反，它们以顽强的生命力挣扎着、发展着。只不过在这一切小的共同体之上出现了一个凌驾于它的所谓的“总合的统一体”，即国家组织。在经济基础还没有较大变革的条件下，上层建筑已发生了历史的飞跃。当然，在古代东方各国，财产占有和私有制的出现，阶级的分化都不是那么赤裸裸地进行的，家庭公社成员变成家内奴隶，氏族公社成员变成大家长的奴隶，农村公社成员变成最高统治者国王的奴隶，都是在温情脉脉的虚伪形式下进行的。所以，从表面上看，古代东方各国奴隶数量很少，而且仅仅担负些家庭杂役的辅助劳动，没有成为生产的基础。作为生产的基本担负者仍是广大公社成员，而这些广大公社成员，已不是原始公社中具有公社权利不受压迫剥削的公社成员了，而是负荷着重的实物贡纳和徭役劳动的专制君主“个人的奴隶”了。所以马克思把古代东方的这种奴隶制称为“普遍奴隶制”。

土地是亚细亚所有制的基础，因为财产主要是依赖土地而创造的。对于共同体的成员来说，他们总是“素朴天真地把土地看作共同体的财产，而且是在活劳动中生产并再生产自身的共同体的财产”。[15]所以，土地的归属问题是理解亚细亚的所有制的关键。

马克思认为国家是唯一的所有者。他说：“在大多数亚细亚的基本形式中，凌驾于所有这一切小的共同体之上的总合的统一体表现为更高的所有者或唯一的所有者，实际的公社却只不过表现为世袭的占有者。因为这种统一体是实际的所有者，并且是公共财产的真正前提，所以统一体本身能够表现为一种凌驾于这许多实际的单个共同体之上的特殊东西，而在这些单个的共同体中，每一个单个的人在事实上失去了财产，或者说，财产对这单个的人来说是间接的财产，因为这种财产，是由作为这许多共同体之父的专制君主所体现的统一总体，通过这些单个的公社而赐予他的。”[16]这充分反映了亚细亚所有制的特点：国家成为“最高的所有者或唯一的所有者”，公社则“表现为世袭的占有者”，作为单个的人公社成员则“失去了财产”。

国家虽然掌握着土地的所有权，但是，实际的土地公配组织和实际的管理权力不得不交给公社。在这里，公社财产是一个实体，土地是它的基础，对于公社成员来说，只有当他作为共同体的一个成员的时候，才能把自己看成占有者。因为在亚细亚的所有制形式中，并不存在个人所有，只有个人占有。可见，古代东方国家的所有制状况：私有制并不发达，个人私有权在法律上是不存在的；这样，东方的土地所有制则表现为集体的土地所有制。这集体，一般地说是指公社和高居于一切公社之上的“最高统一体”，即国家，而实质上，公社对土地并无当作商品那样有“出售”的权力，公社的土地，分配给各家族使用，是不能出让和继承的。究其原因，主要是东方的农业是灌溉农业，需要公社乃至更宽地区的公社联合的集体的力量从事灌溉耕作，因此，土地的分配和组织方式，也就适应着这种需要而为公社或国家集体所有，不为公社的各个家族或国家的贵族僧侣们个人所私有。

在古代东方国家中，这种公社完全能够独立存在，它自身就包含着再生产和扩大生产的一切条件。公社的生产采取手工业和农业相结合的形式。一般情况下，各个小公社彼此独立地勉强度日，而在公社内部，单个的人则同自己家庭一起，独立地在分配给他的分地上从事劳动。[17]公社成员在属于公社占有的小范围土地上过着自给自足的生活。但是，他们必须为国家尽义务，必须把一部分剩余劳动以贡赋的形式上缴国家，还必须出劳役为完成一些公共工程流血流汗。公社成员不得不认识到在他生活的小公社之上还有专制政府的存在，他们已不是原始公社制下的自由的成员，而是奴隶制下国王的臣民了。国王设立各级行政机构管理公社，通过公社来管理广大的公社成员。公社实质上已经成为社会的和生产的基层组织单位。

在亚细亚的所有制形式下，私有制发达不起来，公社集体所有制发展受到束缚，直接原因就是国家是唯一的所有者。国家所有的形式限制了土地的出让和买卖，公社占有土地，从事耕种，其实只获得土地的使用权，国王作为国家的代表和最高独裁者，事实上掌握着一切土地的最高所有权。但是，并不能说亚细亚的所有制就是国王个人所有制或私有制。

马克思指出："土地所有权的正当性和一定生产方式下的一切其他所有权形式的正当性一样，要由生产方式本身具有的历史的暂时的必然性来说明，因而也要由那些由此产生的生产关系和交换关系具有的历史的暂时的必然性来说明。"[18]古代亚细亚社会的生产方式的特点决定了在亚细亚所有制形式下，缺乏欧洲那种自由的土地私有权的法律观念，土地不能像商品一样去处理。弗里德里希·冯·恩格斯（Friedrich Von Engels，1820—1895 年）说："完全的、自由的土地所有权不仅意味着毫无阻碍和毫无限制地占有土地的可能性，而且也意味着把它出让的可能性。"[19]可见，"占有"土地而不能"出售"土地，或能"支配"土地，但不能如商品似的进行买卖，还不能构成"完全的、自由的"土地私有权的法律观念。所以，土地的"占有"和"私有"或"所有"的概念是不能混淆的，而东方各国表现为国家集体所有的形式，也就不能看作国王个人私有，而是"总合的统一体"表现为更高的所有者。

在古代东方国家中，私有制虽不发达，但也不是没有由公有制向私有制发展，是人类历史上的一项巨大的变革，也是奴隶制社会发生的重要前提。由于亚细亚社会选择了"改良"的道路进入人类文明时代，明目张胆地掠夺土地在专制制度确立以后就变得比较隐蔽了，国王依靠强大的官僚机构和军事组织在名义上把土地收归国家所有，但是，有些土地则已向私有制转化。例如，在汉谟拉比以前的文件中，就已有土地买卖的事例，然而这些私有土地在古巴比伦王国的经济里，是不起主导作用的，而且面积很小，全部私有地的总面积，仅占当时巴比伦全部已耕地的 1%至 2%，80%到 90%土地还是为公社所占有，而真正属于国王所支配的土地则很少，国王对一切土地拥有最高所有权，这是事实，但仅是名义上的，究其实质，则是国家或公社去支配和使用土地，国王实际去支配的土地并不多，至于土地买卖的不发达，就是因个人私有制不发达所致。所以东方国家的土地国家所有制，不应理解为国王个人所有制，而应理解为国家集体所有制，东方的专制国王就是在这种集体所有制的名义下，对公社和公社成员施行残酷的剥削。

国家集体所有制也是开发和利用农业水利灌溉工程的需要。因为规模小的共同体，只能担任部分地区的水利治理工作，必须把毗连的各个共同体有效地动员起来，有组织有领导地兴修全面的系统的工程，才能更好地防御水灾和旱灾。所以，这种工程在古代不是各个地区所能独自担负的，只有高居在一切小共同体之上的更高的统一体才能担负起来；所以，开凿河道，建筑堤防等事业，便成为古代东方各个国家的重大措施。正如马克思所说："在亚细亚各民族中起过非常重要作用的灌溉渠道，以及交通工具等，就表现为更高的统一体，即高居于各小公社之上的专制政府的事业。"[20]古代东方的首要的社会职能，就是农业灌溉事务的经营，因为在东方"如果没有灌溉，农业是不可能进行的"。所以，古代东方大多数国家，都是"河谷灌溉的总的经营者"[21]，亚细亚的国家所有制形式在某种情况下影响到以后东方经济的发展。

2.5 欧洲古典的所有制

当人类进入文明时，希腊、罗马的奴隶制国家表现出古典的性质。希腊、罗马古典奴隶制与古代东方不发达的奴隶制相比，显示出巨大的差异性。它比东方奴隶制国晚二三千年，但发展得比较典型。十分明显地在这里彻底消灭了古代的原始公社制残余。奴隶制建立是依靠革命的手段。

奴隶主对奴隶的统治具有极严重的残酷性。奴隶在法律上和日常生活上的地位极端恶化，并被列入"另一种牲畜"和"会说话的工具"。可以说，希腊、罗马奴隶制更符合社会形态理论中的奴隶制阶段的社会状况，而不像亚细亚社会那样采取比较隐蔽的形式。如果就所有制形式而言，则表现出古典社会的性质，与亚细亚的奴隶制相比，古典奴隶制表现得更为典型。

马克思指出：古典的所有制形式"也要以共同体作为第一个前提"[22]，但这种共同体已不同于亚细亚所有制形式下的共同体。它"不是把土地作为自己的基础，而是把城市即已经建立起来的农村居民的居住地作为自己的基础"。[23]在这里，耕地已经变成城市的领地，不像在亚细亚所有制形式下那样村庄表现为土地的单纯附属物。所以说，这里的共同体实际上是指希腊、罗马时代的城邦或城邦公社，已不是亚细亚社会的农村公社了。

那么，原有的农村公社结果怎样呢？随着小自由土地所有者不断地被大土地所有者大奴隶主吞灭，原有的公社分地制被消灭了，农村公社解体了。这里，私田相当盛行，公田仍然保留着，但已非农村公社所共有，而是为国家所有。公社财产已经成为国有财产的一部分，公有地因共同的需要仍然保存着。因为在古典社会，土地财产所有制是以公社为前提的。个人以公社成员身份而分有土地以从事耕种，保证个人的生存，必须保证共同体的生存。共同体的重要职责也就是保护已经占领了的土地，并防止其他共同体前来骚扰。因此，"战争就或是为了占领生存的客观条件，或是为了保护并永久保持这种占领所要求的巨大的共同任务，巨大的共同工作。因此，这种由家庭组成的公社首先是按军事方式组织起来的，是军事组织或军队组织，而这是公社以所有者的资格而存在的条件之一”。[24]从而这就揭示了古典社会共同体的特点：它不是社会的基层组织和生产单位，而是军事组织，其职能是保护和扩大领地。

军事组织的需要使住宅集中于城市，城市周围领地的耕作是由城市居民担负的。对于城市公社来说，一般不可能像亚细亚的农村公社那样做到自给自足。例如在雅典，因平原少而山地多，土壤贫瘠，生产技术低下，当初农民仍用休耕法，没有轮种法和人工施肥。因此农产品不多，不能满足人民生活上的需要。梭伦（Solon，公元前 638 年—前 559 年）曾禁止粮食出口。庇西特拉图虽把贵族土地没收分与农民，而粮食问题仍然严重。在公元前 5 世纪，雅典国内每年粮食产量约 41 万麦斗，而从黑海区域每年输入约 40 万麦斗，从埃及与西西里岛等处输入约 80 万麦斗。这样，雅典只生产所需食粮的四分之一。食粮问题是希腊国家共有的最严重的问题，雅典的历代统治者皆重视这一问题。在庇西特拉图（Peisistratus，约公元前 600 年—前 527 年）时，雅典即在赫靳斯滂海峡两旁建立殖民地，以控制黑海的粮食运输，伯里克利（Περικλῆs，约公元前 495 年—前 429 年）也以解决粮食问题为他的最重要的对外政策。

土地缺乏和粮食紧张这两大问题直接决定了古典社会的所有制的形式：商品经济和私有制蓬勃发展起来了。考古学成果和文献记载告诉我们，大规模的侵略战争使商业贸易以及货币经济获得显著发展，以至于农业商品化，不论希腊的城邦国家，还是罗马的各个行省，都达到了空前的繁荣。农业生产不断改进，农具开始出现鹤嘴镐、镰刀、铲等，人们在耕地时，已经使用双牛牵引的犁等，手工业种类有造车、造船、制造油酒业、陶业、雕刻业、青铜制造业及家庭消费品制造业等，手工作坊往往设在家庭内，作坊主、学徒、工匠和奴隶一起劳作。同行企业往往集中在同一区域内，资金缺少，常常由包销商人供给资金或原料，制造出成品后供给商人贩卖，国内商业都在城内市场上进行，同行商业往往集中在一个区域内，奴隶与其他商品一齐陈列出卖。由于很多商人往往兼船主，用自己的船只经营海上贸易，所以国外贸易范围很广。[25]

商品生产是瓦解旧时的农村公社的决定性要素，私有制是刺激商品经济的动因。当奴隶制高度发展起来，闭塞的自给自足的农村公社抵制不住发达的商品经济的强力分解而趋于溃灭。恩格斯对此曾作过明确的分析，他说：“在一切文明民族的古代的自发的公社中，私有财产已经存在了，虽然只限于某几种物品。早在这种公社的内部，最初是在同外地人进行交换时，它就发展成商品的形式。公社的产品愈是采取商品的形式，就是说，产品中为自己消费的部分愈小，为交换目的而生产的部分愈大，在公社内部，原始的自发的分工被交换排挤得愈多，公社各个成员的财产状况就愈加不平等，旧的土地公有制就被埋葬得愈深，公社迅速地瓦解为小农的乡村。”[26]古代希腊、罗马农村公社的情况，就是如此。在希腊，土地是完全由独立农民耕种的，显贵的氏族王公所有的较大邑地是个例外，但很快就消灭了。罗马是土地私有制发展得最充分的古代国家，到公元 2 世纪末，罗马全部土地就成为公民的个人私产。这就是说，罗马人在古典奴隶制社会土地私有制已经普通建立起来了。

在这里，应该注意到古典社会公社所固有的二重性的矛盾。一方面要维持公有地，另一方面要发展私有制。前者成为公社强韧的生命的根源，后者则变成瓦解公社的因素。

所以，作为古典社会的统治者都必须采取措施限制大土地所有者的掠夺和侵吞行为，保护公有地和小土地所有者，以维护公社的存在。马克思引用尼布尔《罗马史》的资料阐明了这一点：所有古代的立法者，“都是建立在让尽可能多的公民取得土地所有权的基础上，或者，至少要保证尽可能多的公民有世袭的土地占有权”。[27]由此，可以联想到马克思曾把古代东方社会称作“普遍的奴隶制”，这里，可以把古典希腊、罗马社会称作“普遍的私有制”，当然这仅限于自由民或国家公民，奴隶本身被视为私有物。

土地已经私有了，各家庭仍然需要继续去维护公社的生存，而且仍然要保持其公社成员的身份，才有资格成为土地私有者。这种公社共同体继续存在下去，必须具备两个条件，一是“组成共同体的那些自由而自给自足的农民之间保持平等”，二是“作为他们财产继续存在的条件的本人劳动”[28]，可是，这个小的军事共同体的发展趋向，又促使它越出这些范围。因为日益发达的商品经济和货币经济，正在摧毁这种共同体。虽然有些统治者想维持共同体的存在，但是抵挡不住经济力量的冲击。土地买卖和奴隶买卖一样的盛行，很多小自由土地所有者不断失去土地；贵族在较高的程度上代表共同体，他们占有着公有地，通过自己的被保护民等来利用公有地，后来则逐渐地据为己有。这样，共同体就难以维护了。对此，恩格斯曾精辟地阐述道：“随着商业和工业的发展，发生了财富积累和集中于少数人手中以及大批自由公民贫困化的现象；摆在自由公民面前的只有两条道路：或者从事手工业去跟奴隶劳动竞争，而这被认为是可耻的、卑贱的职业，并且不会有什么成功；或者变成穷光蛋。他们在当时条件下必不可免地走上了后一条道路；由于他们数量很大，于是就把整个雅典国家引向了灭亡。”[29]罗马的情况也是这样。罗马“共和国的贵族与平民为了担任官职以及分享国有土地而进行种种斗争，最后贵族溶化在大土地所有者和金钱巨头的新阶级中，这种大土地所有者和金钱巨头逐渐吞并了因兵役而破产的农民的一切地产，并使用奴隶来耕种由此产生的广大庄园，把意大利弄到十室九空的地步，从而不仅给帝政而且也给帝政的后继者德意志野蛮人开辟了道路”。[30]

希腊、罗马古典社会的农村公社的瓦解，自由土地私有制和商品货币经济的发展，就是具备这种外界条件，而古代东方各国的外界条件和发展途径与此相反。关于人类的自然习性，马克思曾明确地是指“商业民族”和“农业民族”而言的希腊、罗马主要是商业民族，他们的公社组织是按军事编制的，自由土地和私有制的发展，商业的发达和军事征服，结果农村公社瓦解，城市公社兴起。东方各国，则是农业民族，是由纯粹自然形成的部落，商业不发达，集体劳动，灌溉农业，对农村公社乃至家庭公社不是消解，而是加强。同样，对土地的公社集体所有制也不是消解，而是加强。这就是说，西方古典所有制是沿着摧毁农村公社的道路发展的，而亚细亚所有者则是沿着利用和保护农村公社的道路发展的。[31]

从亚细亚的生产方式与西方古典的生产方式比较来看，古代东方不发达的奴隶制经济与古典的奴隶制经济不同，它没有完全掌握最锐利的铁制工具，而只是在木石器或铜器生产工具的基础上建立起来的。所以总的来说生产力水平低，只能维持最低水准的生活。自然条件给予东方奴隶制社会以优厚的待遇，而由于奴隶主贵族的残酷剥削，公社成员和广大奴隶缺乏积极的劳动热情。这样，农业生产力不易提高，剩余生产物被搜刮殆尽，商品经济并不广泛。农村公社和公社成员依然存在，并受着国王贵族们的残暴剥削而陷于贫苦境地。由此可见，东西方社会在进入奴隶制阶段时因种种客观因素作用的结果，表现出巨大的差异性。亚细亚所有制形式和西方古典所有制形式在一定程度上反映了东西方奴隶制的不同特征，事实上，这一直影响到东西方社会以后的发展。

2.6　日耳曼的所有制

西欧的封建经济形态，起源于日耳曼所有制。关于日耳曼所有制，马克思把它与亚细亚所有制、古典古代所有制并列的所有制形态。在历史发展的过程中，日耳曼所有制与古代所有制结合，最终演变成西欧封建所有制，成为西欧封建经济形态的基础。

日耳曼人是对生活在欧洲中部和北部的古代人群的总称（如图2—1）。这些民族从公元前两千年到约公元4世纪生活在欧洲北部和中部。日耳曼人不称自己为日耳曼人。在他们的漫长历史中他们可能也没有将自己看作是同一个民族。民族大迁徙后从日耳曼人中演化出北欧的斯堪的纳维亚民族、德国人、奥地利人、英格兰人和弗里斯人。日耳曼人分布在莱茵河以东，维斯瓦河以西，多瑙河以北地区，从事游猎、畜牧为主，长期处于原始氏族社会阶段，其语系属于印欧语系日耳曼语族。在公元前数世纪中，他们居住在欧洲中部日耳曼尼亚的广阔土地上。由于自公元前2世纪开始的南迁西移运动，日耳曼人差不多成为一个覆盖整个欧洲的人种概念。当罗马军团在恺撒时代首次与日耳曼人部落遭遇时，日耳曼人是定居的农民，畜牧业经济占主要地位。一种原始的公社方式在他们中间流行，没有听说过私人所有制。每年，一个部落的领导人都要决定公有土地的哪个部分要耕种，并将它划分和分配给各部族，他们集体耕作和占有这片田地。[32]日耳曼人的一生，基本上是在狩猎和军务中度过的。

图2—1　日耳曼人

罗马历史学家普布里乌斯·克奈里乌斯·塔西佗（Publius Cornelius Tacitus，约55—120年）记述了公元1世纪末期的日耳曼社会。[33]当时的日耳曼社会已经发生了一些重要的变化：已经使用铁器，开始过定居生活，以农业为主，住的是木屋；开始个体耕种自己的份地，份地定期在公社社员间分配，期限一年，期满仍归公有，住宅和住宅周围的那块土地是唯一可以世代相传的家业；而畜群是他们可以夸耀的财富。尽管土地仍然是部落所有，但在分配上已经出现差别，氏族贵族比普通氏族成员可以分到较好和较多的土地。可见，耕地已经不是平均分配了。贵族和部落首领经常得到普通成员送来的礼物，还占有奴隶。不过，日耳曼人的奴隶与古代希腊罗马的奴隶不同。奴隶数量很小，他们有田产，有家庭，耕种从主人那里领来的份地，并向主人缴纳一定分量的谷物、牛和衣服。奴隶制从未成为日耳曼社会生活的基础。这一时期，部分日耳曼人由游牧生活转向农业生活，出现了土地分配不均的现象，少数军事贵族往往占有更多土地，军事首领及其亲兵以征战为职业，战利品通过抽签方式来分配，首领分到的战利品常常多于亲兵。此时的日耳曼人已处于原始社会末期的军事民主制阶段。

日耳曼的王是民众大会从具有王族血统的贵族中选出的，但权力有限。由成年男子参加的部落大会是政治权力中心，凡大事都由部落首领们商议后提交部落大会表决。部落大会还行使司法职权，它提出控诉或宣判死刑，并选举出一些长官到各部落或村社去处理诉讼事务。

日耳曼在进入西罗马境内时，开始建立自己的国家。社会经济制度发生了根本的变化。这些变化可以从早期的日耳曼法典中得到反映。古代日耳曼人的法律是习惯法，口耳相传，没有文字记载。公元 4 世纪末期，日耳曼统治者颁布成文法时，只是将它看作远古就存在的人民习俗的记录。因而在日耳曼法律体系中，包含着一些新的观念，即法律属于民众，人民的同意是法律有效的重要因素，法律超越王权，国王也要受到法律约束。[34]日耳曼统治者还规定氏族全体成员无论居住何地，都必须遵守本氏族的法律，而不必遵守所在地的法律，即所谓“属人主义”。蛮族国家建立以后，各国王在适用法律方面因沿袭固有的习惯，因人而异，对日耳曼人适用日耳曼人的法律，对罗马人适用罗马人的法律，两种法律发生冲突的时候以日耳曼法律优先。针对日耳曼人各个地区的法律冲突，制定有相应的法律适用规则。

日耳曼制度的最重要特点，是农民作为土地的实际所有者和占有者。在这里，个人土地财产既不表现为同公社土地财产相对立的形式，也不表现为以公社财产为媒介，而是相反，公社只是在这些个人土地所有者本身的关系中存在着，只是存在于公社成员每次集会的形式中。个人所有制是公社所有制的基础。在这里，公有地只是个人财产的补充；不是个人财产表现为以公社为媒介，而是公社的存在和公社财产的存在表现为以他物为媒介，也就是说，表现为独立主体相互之间的联系。实质上，每一个单独的家庭就是一个经济整体，它本身单独地构成一个独立的生产中心。而公社仅仅是一种联合，而不是联合体，是以土地所有者为独立主体的一种统一，而不是统一体。这种公有地“实际上是个人所有者的公共财产，而不是在城市中另有其特殊存在方式而与单个人相区别的那种个人所有者联合体的公共财产”。[35]因而，个人劳动成果全部归自己，不需要向别的个人或实体服劳役或交贡赋，因为不存在这样的个人或实体。这个制度特点预示着这种实际的生产方式将是一种以家庭为中心但又严重依赖于共同体的生产方式。

日耳曼人定居中欧以后，保持着氏族组织。随着生产和生活方式的演进，群体人口的不断扩增，更为复杂的事务决定了建立一种核心权力的需要。部落酋长、军事首领和扈从队长的地位和作用显著提高。他们开始脱离生产，占有优良土地，获取更多的财富。

于是，高踞于部落成员之上的特权人物、贫富分配等不平等现象便逐渐产生。这预示着日耳曼氏族制度正走向解体；而罗马帝国对日耳曼部落的征战则大大加速了这个过程。

日耳曼所有制与亚细亚所有制和古典古代的所有制有着重要的区别。在亚细亚所有制的形式中，不存在个人所有，只有个人占有；在西方古典的所有制的形式中，存在的是国家土地财产和私人土地财产相对立的双重形式；而在日耳曼所有制形式中，公社财产只表现为每个个人所占土地的公共附属物，公社只是在这些个人土地所有者本身的相互关系中存在着。正因为这个原因，日耳曼所有制没有经过发达的奴隶制而直接进入封建制。[36]

注释

[1] [2] 高德步，王珏. 世界经济史（第二版）[M]. 北京：中国人民大学出版社，2005.

[3] [4] [8] [9] [10] [34] [36] 高德步. 世界经济通史（上卷）[M]. 北京：高等教育出版社，2005.

[5] [6] [7] 李新田. 洛克论私有财产的起源 [J]. 全国商情（理论研究），2010 (17).

[11] [德] 马克思，恩格斯. 马克思恩格斯选集（第3卷）[M]. 北京：人民出版社，1995.

[12] [14] [15] [16] [17] [20] [22] [23] [24] [27] [28] [35] [德] 马克思，恩格斯. 马克思恩格斯全集（第46卷）（上）[M]. 北京：人民出版社，1979.

[13] 臧世俊. 马克思、恩格斯论亚细亚的、古典的所有制形式与东西方古代社会发展问题 [J]. 淮北师范大学学报（哲学社会科学版），1995 (2).

[17] [德] 马克思，恩格斯. 马克思恩格斯全集（第25卷）[M]. 北京：人民出版社，1974.

[19] [德] 恩格斯. 家庭、私有制和国家的起源. 马克思，恩格斯. 马克思恩格斯全集（第25卷）[M]. 北京：人民出版社，1965.

[21] [德] 恩格斯. 反杜林论. 马克思，恩格斯. 马克思恩格斯全集（第20卷）[M]. 北京：人民出版社，1971.

[25] [31] 臧世俊. 马克思、恩格斯论亚细亚的、古典的所有制形式与东西方古代社会发展问题 [J]. 淮北师范大学学报（哲学社会科学版），1995 (2).

[26] [德] 恩格斯. 反杜林论. 马克思，恩格斯. 马克思恩格斯全集（第20卷）[M]. 北京：人民出版社，1971.

[29] [30] [德] 恩格斯. 家庭、私有制和国家的起源. 马克思，恩格斯. 马克思恩格斯全集（第25卷）[M]. 北京：人民出版社，1965.

[32] [英] 佩里·安德森. 从古代到封建主义的过渡 [M]. 上海：上海人民出版社，2001.

[33] [古罗马] 塔西佗. 阿西利克拉传·日耳曼尼亚志 [M]. 北京：商务印书馆，1985.

第3章　东方国家社会经济的专制制度

3.1　东方专制制度的经济基础

东方国家的一个重要特点，就是专制主义统治的长期延续，例如埃及、巴比伦、中国和印度等文明古国的历史最为典型，普遍存在专制制度，并且在很大程度上影响着东方国家的经济发展，甚至成为东方文明的重要组成部分。专制主义是国家体制和国家管理的一种形式。在专制主义制度下，君主具有绝对的权力。他们往往以自己的意志为转移，在一定程度上不为法律和规范所制约。例如，法老作为古埃及专制统治的君主，具有法律、行政和财政等方面的无限权力，实行以个人意志为转移的绝对统治。而自然经济占统治地位的奴隶占有制社会，专制制度的存在是一种普遍现象。

弗里德里希·冯·恩格斯（Friedrich Von Engels，1820—1895年）指出："古代的公社，有它继续存在的地方，从印度到俄国，在数千年中曾经是最野蛮的国家形式即东方专制制度的基础。"[1]在东方国家，土地私有制没有得到充分的发展，国王或皇帝是土地的最高所有者。但是，在实际的土地占有制和使用过程中，国王的土地所有制只能通过农村公社来实现。具体说，就是农村公社作为一个组织，共同占有属于国王的土地，并承担向国王缴纳贡赋的义务。亚当·斯密（Adam Smith，1723—1790年）从经济学的角度对东方专制制度进行了阐释。他认为，东方专制君主国家的收入来源主要靠地租和地税，地租和地税合一是东方国家的经济体制特点。统治者为增加收入，特别注意农业和水利、交通等公共工程，因此，亚细亚国家与欧洲农业国家不同的主要标志，就是专制国家直接干预社会经济。[2]

农村公社的农民，既不是奴隶，也不是自由民，而是"普通奴隶"。他们在土地国有和公社制度下，没有具体的"主人"，既为国王劳作，也为自己劳动。在他们之上是国王和各级国家官吏。在这种条件下，国王是统治中心，只有国王对这些普遍奴隶拥有生杀大权。所以，国王的权力被推向到最高峰。正因如此，东方国家的国王和皇帝，都主张"君权神授"，国王和皇帝是"天子"[3]，是国君，其他人都是臣民。

东方专制主义的另一经济基础是东方社会生产的组织形式。卡尔·亨利希·马克思（Karl Heinrich Marx，1818—1883年）认为，气候和土地条件，特别是从撒哈拉沙漠经过阿拉伯、波斯、印度和鞑靼区直至最高的亚洲高原的一片广大的沙漠地带，使利用渠道和水利工程的人工灌溉设施成了东方农业的基础。无论在埃及和印度，或是在美索不达米亚和波斯以及其他国家，都是利用河水的泛滥来肥田，利用河流的涨水来充注灌溉区。节省用水和共同用水是基本的要求，这种要求，在西方，如在佛兰德斯和意大利，曾使私人企业家结成自愿的联合，但在东方，由于文明程度太低，幅员辽阔，不能产生自愿的联合，所以就迫切需要中央集权的政府来干预。因此，亚洲的一切政府都不能不执行一种经济职能，即举办公共工程的职能。这种用人工方法提高土地肥沃程度的设施靠中央政府办理，中央政府如果忽略灌溉或排水，这种设施立即就会荒废。这就可能说明一件否则无法解释的事实，即大片先前耕种得很好的地区现在都荒芜了，如巴尔米拉、彼特拉、也门废墟以及埃及、波斯和印度斯坦的广大地区。同时这也可以说明为什么一个国家在几百年人烟稀少，并且使它失去自己的全部文明。[4]

道格拉斯·C. 诺思（Douglass C. North，1920—）的观点与马克思近似。他指出："萨尔贡和法老都依靠灌溉系统进行统治，因为灌溉系统需要对策进行统一和协调。这类系统的不可分性促使国家规模的扩大，但在各种情况下，水利系统的有效规模是不同的。在美索不达米亚地区，规模经济无疑促使超越单个城市范围的国家的统一，但这些规模经济要比埃及的规模经济有限得多。在埃及，第一个瀑布以下的尼罗河流域就是一个自然单位。其他主要的地理差异在于，埃及通过沙漠和水域阻挡了入侵者，一直到第12朝末期希克索斯人入侵之前没有受到骚扰。相反，美索不达米亚反复受到印欧人和闪米特人的入侵和骚扰，结果，相继出现了许多个统治者和各种规模的帝国。"[5]他还指出："由于农业总产出依赖每年对尼罗河洪水泛滥的控制，所以，灌溉系统的建设、维修和有效运行不仅在某些季节占用了总劳动力的很大一部分，而且使相当一部分官僚忙于监视灌溉系统的有效运行。"[6]

中国古代的专制制度的起源也与灌溉系统有联系。中国自尧、舜、禹以来，国家在黄河流域的建立，都与治水有关。"禹贡九州"，奠定疆域，发展农业，确立政治统治，都与治理黄河有关。据历史记载，尧帝时，洪水泛滥，用鲧治水，九年而水不息，舜改由其子禹治水。禹"劳身焦虑，居外十三年，过家门不敢入"。"开九州，通九道，陂九泽"[7]，导诸流入海，定九州贡赋，于是国家疆域以及政治经济规制得以确立。

马克思还认为，东方专制主义与军队组织和军事扩张有着密切的联系。国王是全国土地的最高所有者，国王或皇帝是至高无上的统治着。为了维护这种统治，为了组织社会生产和生活，国家必须供养一个庞大的军队组织和国家政权组织。所以，社会生产的所有剩余产品，都用来支持这架国家机器。[8]中国古代也是这种情况，城市，特别是作为国都的城市，基本上被国王及其各级统治机构占据着，城市的生产和消费，完全是为了满足官僚机构和军队上的各种需求。事实上，这是一切专制社会的共同特点。[9]

3.2　古埃及的专制制度

古代埃及是东方的中央集权君主专制制度的国家。约公元前4000年末，埃及出现了奴隶制城邦，埃及人称之为"塞普"。这些城邦面积很小，人口不多，埃及和下埃及各约有20个州。州长也就是国王既是军事首领，又是祭司长和最高法官。约公元前3100年，上埃及统治者美尼斯[①]（Menes，？—约公元前3100年）征服下埃及，建立第一王朝，埃及进入早王朝时代。到第三王朝即古王国时代（约公元前2686年—前2181年）起，埃及正式形成统一的奴隶制中央集权国家。随着奴隶制的发展，阶级斗争尖锐化和对外征服掠夺，中央集权君主专制逐渐加强，至新王国时代（约公元前1567年—前1085年）臻于鼎盛，可以看出，古埃及的君主专制制度在逐渐加强。埃及的君主叫“法老”，具有绝对的权力，包揽全国的政治、军事、财政及宗教大权，法老的意志就是法律。他视全国土地为其私产，随意把土地赏赐给官吏、神庙及所宠信的人。法老之下设有庞大的官僚统治机构，国王通过宰相控制朝政。在古王国前期，宰相多为王子，宰相之下又分设财政、司法、军事、祭祀和水利等中央部门。一切高级官吏包括宰相均由法老任免，各地方长官由法老随意调动。高级官吏大多由皇室成员或亲信贵族担任，并完全听命于法老。国王也控制司法权。古代埃及没有法典之类传世，国王的话就是法律，国王颁布的敕令也具法律效力。宰相是最高法官，但国王可越过宰相直接命人审理案件。地方行政受其控制，上、下埃及官邸的设立，其用意显然是为了加强对日益强大的地方势力的控制。军队是法老专制政权的物质支柱。法老亲自统率全国军队，凭借军队对内加强统治，对外发动侵略战争。法老还借助宗教神化王权。法老被奉为神，自称是太阳神的化身，“拉神之子”。古王国建筑庞大的金字塔就是君主专制统治的象征。

在公元前3100年左右，前王朝时代结束，埃及由城市国家向王国时代过渡。经历了大约400年之久的早王朝时期的分离与统一的斗争过程，到公元前2686年古王国的建立，最终建立了一个中央集权的专制统治的统一王国。在专制统治下，君主具有法律、行政、财政等一切方面的无限权力，实行以个人意志为转移的绝对统治，而不为任何法律和规范所限制。此后，又经过了第一中间期的地方分裂割据和中王国的再统一，恢复了中央集权的统治。在埃及的统一王国时代，奴隶制经济、政治和文化全面发展起来，为埃及文明的更高发展和繁荣昌盛奠定了深厚的基础。

第三到第六王朝法老当政时期（公元前3000年—前2400年）是古王国时期，这一时期是在埃及形成了第一个中央集权的强大奴隶制国家的时期，是埃及国家的文化和军事政治实力第一次获得显著繁荣的时期，是以国王的无限权力为基础的古代埃及专制制度形成的时期。国王既是这个奴隶主阶级社会的代表，又是全埃及的最高统治者，国家的行政、司法、经济、军事和宗教等大权都集于他一人手中，早王朝时期的王权逐渐变成了专制王权。

古王国时期是埃及社会经济获得重大发展的时期，国家的统一、经济文化交流越出小国范围而在全埃及范围内进行，水利灌溉系统的扩大等都促进了社会的稳定和经济的发展。古王国时期农业、手工业和商业等都获得急速发展，王朝经济实力越来越强大。

---

① 美尼斯是埃及第一王朝的开国国王。他统一了埃及，开启了法老统治时代，建立了在人类文明史上具有长期而辉煌影响的王国，约在公元前3100年，他征服下埃及，使整个埃及初步统一成一个国家，开创了古埃及的第一王朝。他在尼罗河三角洲南端（今开罗附近）修建了新都白城，即后来的孟菲斯城，作为埃及的首都。在留下赫赫有名的上古时代帝王中，古埃及的美尼斯恐怕是年代最早的一个了。他是古埃及第一王朝的建立者，是古埃及国家统一的奠基者。古埃及是世界古国中的古国，而美尼斯正是站在这一切开端处的特殊人物。

在这种和平而繁荣的社会环境下，国王吸取早王朝时期的教训，不仅直接占有大量土地、劳动力和其他财富，组成了庞大的王室经济，而且控制了国家的土地和劳动力，灌溉系统和对外贸易也控制在他手中。

古王国之后，埃及进入第一中间期（约公元前2181年—前2040年），它是由古王国向中王国的过渡阶段。软弱的中央行政机关、半自治的行省、敌对的王朝、国内的战争等现象给埃及造成了一片混乱，这一混乱局面使君主放慢了专制统治的步伐。第一中间期的政治上的特征就是地方贵族分立割据和相互争霸的无政府状态，埃及同时出现了几个并存的王国，虽然国王仍实行君主专制，但中央集权的专制统治被分裂割据的地方专制统治所替代，国王失去了对整个埃及人民的监督和控制的能力。

在第十一王朝第五王孟图霍特普二世（Nebhotepre Mentuhotep II，公元前2046年—前1995年在位）统治时，重新统一了埃及王朝，结束了历史上混乱的第一中间期，开创了中王国时代（公元前2133年—前1786年），它包括第十一、第十二王朝。国王孟图霍特普二世吸取第一中间期的经验教训，面对部分地方贵族势力的强大，采取一系列的措施恢复和加强中央集权专制主义的统治。首先，派钦差大臣直接监督地方的政治体制，实现了地方势力控制在国王的手中；其次，中央政府的要职，如维西尔①、财政大臣等往往由底比斯人及其亲信担任。这样整个中央大权紧紧围绕在王权的周围；此外，政府机关中新设“下埃及总督”职务，与古王国时代末期设立的“上埃及总督”相对应。负责远离首都的下埃及的贡赋徭役以及土木工程，削减其他官员的权力。通过这些措施，君主专制逐渐加强，到第十二王朝塞索斯特里斯三世（Senusret Ⅲ，公元前1878年—前1843年在位）统治后半期，建立了有利于王权强化的共治制度，国王重新控制了整个埃及的公共权力。

国家对经济生活实行绝对控制。尼罗河庞大而复杂的水利灌溉系统，需要国家的统一管理。国家不仅控制了农业和手工业的大部分生产，而且还负责产品的分配。巨大的国库和粮仓装满了征收来的实物税：谷物、牲畜、布匹和各种金属，用来支付国家的支出，也作为荒年时的备用物。据说，所有人的食物供给都由国王负责。除了缴纳赋税外，每个村社还得派男子服徭役，或从事其他强制性劳役，其中最重要的劳役就是为国王建造陵墓。这些劳工还被派去采石、开矿和修筑水利工程。[10]

埃及人的经济体系始终是集体性的。人民的各种经济活动一开始就被纳入社会化的轨道，个人利益和社会利益被视为一致。整个民族的生产活动都围绕着大规模的国家企业运转，政府是劳工的最大雇主。埃及也存在私有财产和企业。商人们经营自己的商业，许多手工业者也都有自己的作坊，随着时间的推移，越来越多的农民获得独立地位。政府则继续经营采石场和矿藏，建造金字塔和神庙，以及管理租佃出去的村庄。

---

① 维西尔，又译作维齐尔。是现代埃及学者引用阿拉伯语对古埃及宰相的称呼。古王国时期掌管行政、司法、经济、神庙等事务，也担任世俗法庭在中央的最高法官。该职位在新王国时被一分为二，其中之一主管上埃及和努比亚的事务，另一个分管下埃及和西亚的事务。前者权力较大，国王不在时可代行朝政。其职责范围包括行政、经济、司法、宗教、土地诉讼、分家析产、灌溉、遗嘱、农事、赋税等。但其主要使命仍是执行法老的指令，是法老专制统治的工具。

在中王国时代的末期，王室统治衰微，社会严重分化，各种矛盾尖锐，导致了中王国的崩溃。此后，古埃及进入了第二中间期（约公元前 1786—前 1567 年），统一的王权瓦解，出现了地方王权的割据分裂和人民起义，而且遭到了外族人喜克索斯人的入侵。外来人在埃及建立了王朝，但其统治者仍采取了埃及传统的王家头衔，基本上维持了埃及原有的政治制度，只不过国王不再拥有全埃及的公共权力了，没有形成中央集权的专制统治。经过第一中间期和第二中间期动乱的考验与磨炼，君主的专制统治越发“成熟”和完善。

新王国时期（公元前 1567—前 1085 年），第十八王朝（约公元前 1575—约前 1308 年）的建立者阿赫摩斯一世（Ahmose Ⅰ，？—公元前 1525 年）驱逐了喜克索斯人，重新统一了埃及，并发动了对巴勒斯坦和叙利亚等国家的大规模战争，其后国王图特摩斯三世（Thutmose Ⅲ，公元前 1514—前 1425 年）更是进行大规模的军师远征，从而形成了古代近东史上空前的大帝国。

从图特摩斯三世建立庞大帝国开始，直到阿蒙霍特普三世（Amenhotep Ⅲ，约公元前 1391 年—前 1353 年在位）时期，埃及维持了一个军事霸主国的地位。当时不仅帝国的政治权利达到高峰，而且经济迅速发展，农业、手工业、对外贸易都达到了前所未有的发展。随着政治经济实力的增长，中央集权的专制统治进一步强化。埃及帝国的君主专制的强化主要表现在专制君主权威的增大，以及政府组织机构的复杂化和“二元化”。

新王国时期的专制君主，同样继承了先辈诸王的传统，除了为自己加封 5 个头衔外，还为自己采用了“法老”的尊称。在古王国时代，“法老”一词仅仅与王宫或宫廷有关，并不涉及国王个人。到了新王国时代阿蒙霍特普四世（Akhenaten Ⅳ，公元前 1379 年—前 1362 年在位）时，开始把“法老”一词用于国王身上，从第十九王朝（公元前 1320 年—前 1200 年）起让人们看到了“法老出征”“法老说”等术语。至此，“法老”一词演变成对国王的尊称，最后发展到附加在国王头衔上的又一个固有的名字。此外，“陛下”的尊称也开始流行起来。“法老”“陛下”都是臣民对专制君主尊敬的表示，也是法老至高无上权威的体现。但是，法老的权威更重要是体现在他对专制政府机构的控制和指挥上。

法老掌握了行政、立法、司法、军事和文化上的最高权力，其具体现在：在中央设立两个维西尔，在维西尔之下还有一个庞大的官僚政府机构，以达到互相牵制的目的；在古王国和中王国时代，一般只设一名维西尔，行使对国家行政各部门的监督和管理的职能，但到了第十八王朝从图特摩斯三世起，维西尔的职务被分割，设置了上下埃及两名维西尔，分别负责上下埃及的司法和行政工作；除了完善中央和地方的官僚体系外，更具体了中央部门，在古王国的行政部门基础上又设立了库什总督和阿蒙第一先知两个职务；国家机器进一步强化，有了警察和常备军，埃及的军事力量迅速发展；埃及法老把特别重要的任务委托给军事将领，任命他们担任各个部门的首长，在和平时期军队分成两个大的部队，出征时军队分成几个军团，但是无论军队还是军团从遗留的铭文中都可以看出军权都紧紧掌握在国王手中；专制君主为了维持和加强其统治权力，利用僧侣为他服务，借助神庙和僧侣宣扬它的神圣性，并用大量的财富、土地和奴隶充实神庙，使之成为一个特殊的富有的奴隶主集团。

随着新王朝的建立，国家对经济的控制进一步加强。专制主义的加强和频繁的战争需要大量的物资和金钱，为了满足这种需要，政府扩大了对各个经济部门的控制。几乎全部农业土地都成为法老的财产。虽然许多土地被赐予法老的宠臣，但多数土地均由王室农奴和奴隶耕种。自由的中间阶层大部分消失了。手工业者被征来修建宏伟的建筑物和制造各种兵器，而对外贸易则完全为国家所垄断。埃及经济体系的特点，使法老政府能集中大量人力、物力修建金字塔和神庙等宏伟建筑，但同时也造成人力、物力资源的极大浪费，导致经济和社会的衰落。[11]

新王国时期的国王与古王国时期相比统治地位更加巩固，身份更加至高无上，成为整个埃及帝国的领导人，拥有了更加强大的经济和军事实力，从而也拥有了更强大的统治权力；两位维西尔的设立，加强了国王的行政和司法权力。随着各种权力的加强，新王国时期国王的专制也步入了前所未有的鼎盛阶段。

新王国从第十九王朝末期，特别是第二十王朝以来，帝国王权受到来自内部和外部的种种威胁和打击而动摇。随着阿蒙僧侣集团势力的增长，国王看到日益膨胀的僧侣势力想巩固自己的地位，但享有丰厚利益的僧侣不可能放弃自己的权益，所以王权与神权的斗争逐渐尖锐化，在拉美西斯十一世（Ramesses Ⅺ，公元前1104年—前1075年）去世后，新王国也就崩溃了。埃及进入了后帝国时代，它一般被分成两个阶段，即第三中间期（第二十至二十五王朝）和后埃及时代（第二十六至三十一王朝）。在后帝国时代，法老仍然实行专制统治，但随着中央集权的瓦解又复兴和地方的独立化，政局不稳定，国王的实力被削弱，法老虽一直控制着公共权力，但其专制统治再也不像新王国时期那么强大，国家政治和经济也逐渐呈现了衰退的趋势。

3.3　巴比伦的专制制度

古代美索不达米亚形成的一些彼此更替的国家也可以作为古代东方的典型，特别是古巴比伦。早在公元前4000年，巴比伦的居民就已经过着定居生活了。手工业发展起来，铜器和青铜器逐渐取代了石器。由于需要排除沼泽地的水和建立统一的灌溉网，因此，巴比伦国家建立起专制主义统治。经乌尔第三王朝（公元前2113年—前2006年）到巴比伦国王汉谟拉比（Ammurāpi，约公元前1792年—前1750年）时，中央集权的君主专制政治达到全盛时期。国王名义上是全国土地的最高所有者，总揽全国的立法、司法、行政、军事和宗教大权；任命中央各部大臣，委派地方各级官吏；依靠一支强大的常备军队维护自己的统治。他还把自己神化，自称为伟大的天神马尔都克的后裔。《汉谟拉比法典》① 是中央集权君主专制的具体体现。法典规定，一切臣民都必须听命于国王，向他顶礼膜拜，

① 《汉谟拉比法典》(The Code of Hammurabi)，是古巴比伦第六代国王汉谟拉比颁布的一部法律，被认为是世界上最早的一部比较系统的法典，约公元前1790年颁布。法典刻在一根高225米，上周长165米，底部周长190米的黑色玄武岩柱上，共3500行，由序言、条则（282条）和结语三部门组成，正文用阿卡德语写成，内容包括诉讼轨范、盗窃措置、甲士份地、租佃、雇佣、商业高利贷、婚姻、担任、危险、债务、奴隶等。这就是历史上著名的《汉谟拉比法典》，也是世界上最早的一部比较系统的法典。

成为他的奴隶（如图 3—1）。汉谟拉比时代的巴比伦是东方古代典型的原始奴隶制国家。

汉谟拉比执政期间在巴比伦建立了君权神授的中央集权制度，设立了庞大的中央政府机构，全国大小官员都由汉谟拉比亲自任命，他还派总督管理较大的地区，城市和较远的地区则派行政长官管理。从汉谟拉比给手下官员的许多书信中，反映出他直接控制着国家一切重要事务。事实证明，汉谟拉比严密控制和监督着中央和地方政府，甚至低级官吏都中的战士拥有世袭的份地，他给予士兵以份地，提高士兵的地位，规定士兵服役义务。他严禁军官侵吞士兵财物，违者要被处以死刑。汉谟拉比从经济方面保证士兵的地位，使国家有一支随时可征召的军队。他直接掌管军队的调动，并独揽了军事大权。村社农民在必要的时候也被征召组成军队，由汉谟拉比国王任命地方行政系统中的各级官吏，并将军权牢牢掌握在自己手里。

汉谟拉比的专制统治还表现在对经济方面的控制。国家对地方征收各种赋税，并将水利系统置于统一管理之下。他在位时，重视水利工程的兴修，在基什和波斯湾之间开凿了一条运河。泥版文书记载，这条运河的开凿，不但使大片荒地变成良田，而且使南部许多城市永绝水患之灾。他在位第 8、9、24、33 年的年名都是开凿河渠之年。这些措施他的前任萨尔贡（SargonI，公元前 2371—前 2316 年）、乌尔纳木都曾经实行过。但汉谟拉比做得更加完善，他的国家被认为已经是一个成熟的奴隶制中央集权国家。汉谟拉比还亲自处理地方上呈送的经济案件。在国家进行公共工程建筑时，汉谟拉比经常从各地征调劳力。汉谟拉比还经常审查地方神庙账目，他控制了地方神庙经济。汉谟拉比时期，在货币、高利贷、债务奴役、雇佣关系方面也获得很大的发展。白银这时已经成为通用的价值尺度，除了买卖货物外，还用于支付工资、借贷等。在汉谟拉比时代，豪华雄伟的宫殿，巍峨壮丽的神庙，横跨幼发拉底河的大桥，跨海运输的商船等，这一切都无不显示巴比伦经济的辉煌与兴盛。两河流域在公元前 18 世纪又一次统一在一位帝王手里，这个时代被认为是上古两河流域文明的全盛时代。汉谟拉比的影响应高于萨尔贡、乌尔纳木。

图 3—1　汉谟拉比法典

汉谟拉比法典的制定也是古巴比伦王国奴隶制中央集权强大的标志之一，它消除了原来各城邦的立法，把全国法令统一起来。古巴比伦王国时灌溉系统进一步发展，改善了扬水工具。耕犁有所改进，附设有播种漏斗。青铜工具普遍使用，手工业生产力提高。制砖、缝纫、宝石匠、冶金、刻印工、皮革工、木匠、造船工和建筑工等，可见手工业的分工已经相当细。随着农业和手工业的发展，国内外的商业贸易也有了发展。巴比伦、西帕尔等城都是重要的商业中心，王室经济的商业代理人垄断着国内外的大宗贸易，经理国家税收，并进行高利贷活动和土地经营。此外还有许多奴隶主私人经营商业。

汉谟拉比在统一两河流域的过程中，建立起强大的中央集权国家，在他继位的第二年，即着手制定一部国家总体化法典，并特此把这一年命名为“制定国法之年”。法典历经30年的编修工作，在汉谟拉比执政后期，约公元前1762年，才完整地刻石公布于世。法典贯穿着私有财产或宫廷神庙财产神圣不可侵犯的原则，对于盗窃行为予以严惩，处死刑或30倍的罚金。法典所保护的物权，主要是动产，其中包括金银、牲畜、船舶、祭器，宫廷的奴婢、私人奴隶以及自由民的子女也属于财产之类。不动产包括房屋、田园和牧场等。法典规定依法保护牧场和田园，如未经主人允许，在邻人田园、牧场放羊，损坏了草地或庄稼，或私自砍伐他人田园中的树木，均负赔偿实物或银之责任。[12]

3.4　波斯的中央集权制度

在亚述帝国灭亡后，米底王国与新巴比伦王国一跃而成为西亚两大强国。但为时不久，这两个强国先后被伊朗高原另一个新兴的国家——波斯帝国征服。直到公元前6世纪中后期，波斯人建立起第一个横跨亚洲、非洲和欧洲三大洲的世界性大帝国波斯帝国。

古代波斯是东方专制政体的典型，实行的是中央集权制度。大流士一世（Darius I the Great，公元前558年—前486年）把全国划分为20个行省，每省设总督治理。总督不管军事，只管地方行政、司法、征税，直接对国王负责。总督之外设将军一人，统领一省驻军，也是直接对国王负责。波斯国王掌握着所有官职的任免权和帝国的税收，以及据此建立的一整套从中央到地方的机关。对于波斯帝国中央一级的官职，从名称上看，系从国王的仆从发展而来。千夫长是国王卫队的统帅，凡觐见国王者，一般需要通过他的引见。此外，围绕在他身边的有“持杯者”“持矛者”“执弓者”“搬运王凳者”“持标枪者”“战车驭手”“信使”等，从其名称来看，都是他个人的仆从。波斯帝国后期，宦官似乎开始扮演重要角色，而他们显然是照顾国王日常生活的下人。所有这些官员是否能够继续享有地位，至少从法律上说，基本取决于国王个人的意志。行省总督和驻军指挥官大多由国王直接任命，并听命于国王。国王保持这些人忠诚的基本方法，是根据不同的情况，不断给予不同程度的赏赐，对破坏规定者，则予以罢黜甚至处死。[13]此外，国王有权指定自己的继承人。

为了巩固波斯帝国，大流士采取了一系列措施，这在历史上称作大流士改革。他加强王权，确立了君主专制的统治形式。他神化自己的权力，说是阿胡拉马兹达恩赐于他。他控制了行政权、军权、司法权，建立起王室经济。国王之下设有办公厅，内有通晓帝国内各种语言的人，以了解情况。这样，从中央到地方，从波斯地区到其他地区，形成了一个严密的统治网络，大大加强了中央政权。[14]大流士明确了各省的贡赋数额，每省均须向中央缴纳一定的金银和实物。各省的贡赋，根据各省的资源而定，统一交国库，每省除缴纳一定数量的现金外，还有各种土贡，如谷物、家畜等，以供宫廷的需要和各地驻军的军需。波斯的国库收入则主要来自被征服地区的贡赋和各种苛捐杂税。

大流士一世不仅从全国各行省搜刮大量的白银和其他贡赋，而且有自己直辖的王室奴隶制大庄园。据帕赛波里斯泥版文献，在大流士统治的第二十二年（公元前 500 年），王室大庄园发给奴隶的粮食总数为 16 212.7 勃尔（1 勃尔等于 10 公升），每月平均为 1 351 勃尔；留用的大麦种子为 1 707 勃尔；发给作牲畜和禽鸟饲料用的大麦共 3 818 勃尔；发给官吏的面粉为 2 211 勃尔。从这些已发现和公布的关于王室大庄园开支的情况可以看到，王室大庄园的奴隶数量、耕地面积、牲畜头数和管理官吏是相当多的。这里的劳动者大都是被波斯征服的各族人民，他们没有人身自由，没有财产，靠领取给养生活，但他们大都有自己的家庭。波斯统治者可随意将劳动者从一个地方调到另一个地方去劳动。除了王室大庄园外，还有贵族官僚奴隶制大庄园，它们也剥削劳动者的劳动。王室和贵族官僚所拥有的大庄园遍布全国各地，构成帝国经济结构中的一个重要组成部分。[15]

大流士根据当时西亚、北非经济贸易关系发展的情况，在历史上第一次制定了统一铸币的制度。他规定中央政府有铸造金币的特权，行省总督只允许铸造银币，各自治城市可铸造铜币。金币称为“大流克”，每枚重 8.4 克，含纯金 98%，银币叫作“舍克勒”，重 5.6 克，20 个舍克勒等于 1 个大流克。大流克通行帝国全境。统一币制和度量衡加强了中央政府在经济上的集权，促进了商品经济的发展。

为了加强军队的控制，大流士自任最高统帅，并参照亚述的兵制，建立一支由波斯人组成的近卫军，并把全国划分为五个大军区，每个军区下辖若干省军区。军事长官和总督互不相属，使其互相牵制。波斯军队由步兵、骑兵、战车兵、象兵、海军、工兵等组成。战时还可从各省和各部落征集到一支相当庞大的军队。军队的指挥官多为波斯人。军队中战斗力最强的是由 1 万名波斯人组成的所谓“不死队”。国王每年要对军队进行检查，边远地区则由国王派人检查。由大流士开始的军事改革，有助于波斯帝国军事威力的增长。

大流士为了加强管理，利用四通八达的驿道网，把国内最重要的经济、行政和文化中心联系起来。此外，他还开通了尼罗河至红海间的运河；又于公元前 518 年派斯基拉克调查印度河口，斯基拉克率船队从印度河口西行到达红海，历时 30 个月，从而建立了印度和帝国的海上联系，通过开辟航道，加强了对整个帝国的控制。

波斯帝国是一个民族混杂的不稳固的军事性国家，缺少稳定而密切的经济联系。公元前 5 世纪大流士一世及其后继者发动希波战争，这是波斯帝国由盛转衰的转折点。希波战争历时半个世纪，强大的波斯帝国被希腊城邦击败。统治阶级内部也不断发生争夺王位的宫廷政变，中央集权制变得有名无实。公元前 366—前 359 年西部各省总督联兵叛乱，这是帝国危机的预兆。公元前 330 年大流士三世（Darius Ⅲ Codomannus，公元前 336 年—前 331 年在位）的军队被马其顿亚历山大大帝①（Alexander the great，公元前

① 亚历山大大帝（公元前 356 年—前 323 年），古马其顿帝国国王，亚历山大帝国皇帝，世界历史上著名的军事家和政治家。是欧洲历史上最伟大的四大军事统帅之首（亚历山大大帝，汉尼拔，恺撒大帝，拿破仑）。20 岁刚一继位，就发动隆隆战车，以其雄才大略，先后统一希腊全境，进而横扫中亚，荡平波斯帝国，大军开到印度河流域，不费一兵一卒而占领埃及全境。世界四大文明古国占据其三。征服全境约 500 万平方公里。公元前 323 年的亚历山大大帝国是当时世界上领土面积最大的国家，超过东方七国领土总和，亚历山大大帝在短短的 13 年时间里创下了前无古人的辉煌业绩，他促进了古希腊文化的繁荣发展和东西方文化的交流与经济，融合东西文化，并且鼓励民族间通婚，倡导民族间地位平等，对人类社会文化的进展产生了重大的影响。

356年—前323年）所击败，维持了200多年的波斯帝国遂告崩溃。

波斯帝国是位于西亚伊朗高原地区以古波斯人为中心形成的君主制帝国，地跨亚洲、非洲和欧洲，全盛时期领土东起印度河平原、帕米尔高原，南抵埃及、利比亚，西至小亚细亚、巴尔干半岛，北达高加索山脉、咸海。从大流士一世时起，帝国的首都共有苏撒、爱克巴坦那、巴比伦和帕赛波里斯4个。波斯国王及其宫廷一年四季轮流驻守于各个都城。为了加强统治，大流士采取了一系列统一的措施，这就扩大了帝国范围内的经济与文化交流。帝国将印度流域文明、西亚文明、埃及文明和爱琴—小亚希腊文明都聚集在它的版图之内，各种经济和文化交往空前繁荣起来。不仅如此，通过商人的活动，波斯人与中国也发生了一定的经济和文化的往来。因此，全世界的五大文明出现了首次沟通并汇合。这是波斯帝国对世界文明的伟大贡献。[16]正如格奥尔格·威廉·弗里德里希·黑格尔（Georg Wilhelm Friedrich Hegel，1770—1831年）所说："波斯历史的开始，便是世界历史真正的开始"。[17]

3.5　印度的专制和等级制度

早在公元前2350—前1750年，在哈拉帕和摩亨佐·达罗已建立城邦国家，创造了相当高的印度河文明，但不久就衰落了。大约公元前20世纪中期，印欧语系的雅利安人从中亚南下侵入印度。公元前10世纪初，雅利安人在印度河和恒河流域建立了许多小国家。国王最初从贵族中选举产生，后来逐渐变为世袭，权力也不断扩大。但是国王的权力还要受名为"萨巴"的长老议事会和名为"萨米提"的民众会的限制。公元前5世纪初，摩揭陀国王频毗娑罗（Bimbisara）之子阿阇世（Ajatasatru）弑父即位后，继续对外扩张，称霸列国，君主专制制度初步形成。

孔雀王朝时期（公元前323年—前185年），中央集权君主专制制度达到全盛。国王集军事、行政、司法大权于一身，并将自己神圣化，阿育王①（Asoka，公元前273年—前232年在位）在铭文敕令中自称是"诸神的宠爱者"。国王之下设有庞大的官僚机构。中央有掌管各个部门的众多大臣和长官，还设有供咨询的大臣会议。地方划分为许多省，设总督统治。军队是专制帝国的统治支柱，有步兵、骑兵、象兵、战车兵4种，此外还有海军。旃陀罗笈多王的常备军达60多万人，驻守京城和全国各地。作为专制帝国统治者耳目的密探分布全国各地，监视中央和地方官员的行为。

这一时期，土地国有制以国王所有的形式出现，但并非国王个人私有，而是氏族贵族共有。从村社征收的贡赋虽然成为国王的份额，但它既用于国王与王室的消费，又用于政府的开支，也在氏族贵族中再分配。中央政府的官吏得到俸禄，地方官员及婆罗门

---

① 阿育王，佛教护法名王。古代印度摩揭陀国孔雀王朝的第三代国王，早年好战杀戮，统一了整个南亚次大陆和今阿富汗的一部分地区，晚年笃信佛教，放下屠刀，又被称为"无忧王"。阿育王在全国各地兴建佛教建筑，据说总共兴建了84 000座奉祀佛骨的佛舍利塔。为了消除佛教不同教派的争议，为佛教在印度的发展做出了巨大的贡献。阿育王的知名度在古印度帝王之中是无与伦比的。阿育王的前半生被称作"黑阿育王"时代。后来他信奉佛教，停止武力扩张，后半生被称作"白阿育王"时代。他的统治时期是古印度史上空前强盛的时代，也是印度历史上最伟大的国王。

等僧侣则得到免税地。前者可称为食禄贵族，后者可称为食租贵族。食租贵族对某块土地或某个村社拥有收益权。孔雀王王朝通过村社来占有土地和劳动者。国家设有管理农业的官员，他们视察河道、丈量土地、管理露天渠道，注意让每个耕种者得到相等的水量，还要监督农事，管理樵夫、粗木匠和矿工，征收租税等。[18]

在古代印度专制制度下，普遍存在典型的、森严的等级制度。等级制度最初产生于雅利安人由部落向阶级社会过渡的过程中。白肤色的雅利安人有强烈的种族优越感，认为自己是品质高贵的种族，而深色皮肤的达罗毗荼族和其他土著民族是品质低贱的种族。为了把自己和黑肤色的土著区别开来，他们就把自己称为“雅利安瓦尔那”（意为“出身高贵的肤色”），把被征服的达罗毗荼人称为“达萨瓦尔那”（意为“敌人肤色”），这样就产生了最初的种姓。后来，随着雅利安人职业分工的发展，内部出现了分化，逐渐产生了从事不同职业的集团，即祭祀集团的婆罗门、武士集团的刹帝利和从事农牧商业的吠舍集团，这三种按职业划分的集团就逐渐形成了三个“瓦尔那”，“瓦尔那”的概念也由最初的“肤色”衍化为“等级”。原来的达萨瓦尔那为第四种姓（首陀罗），这样印度就形成了一个森严的等级制度，即种姓制度。[19]

第一等级为婆罗门，是祭司贵族，在社会中地位是最高的。它主要掌握神权，拥有垄断解释宗教经典和祭神的特权，并通过这些特权得到大量的布施。有的婆罗门僧侣还充当国王的顾问，直接参与政务，从而得到大量赏赐。第二等级为刹帝利，是军事行政贵族集团（含国王），掌握国家的除神权之外的一切权力。第三等级为吠舍，包括自由平民大众，包括农民、牧民、手工业者和商人，政治上没有任何特权，但必须以布施和纳税的方式供养前两个等级。第四等级首陀罗是指那些被征服的达罗毗荼人和少数沦落的雅利安人，实际上处于奴隶的地位。他们从事农、牧、渔、猎，以及当时被认为最低贱的职业。其中少数是奴隶，多数是地位接近于奴隶的平民阶层。[20]首陀罗尽管也是自由人，但对于公社财产是没有权利的，奴隶则在瓦尔那之外，他们不被当作人。《摩奴法典》规定，高级种性的私有财产神圣不可侵犯。法律对一般平民阶层的私有权也予以保护，规定真正物主对其动产或不动产的买卖或赠予是允许和有效的，不动产持有法定文献也可以转让。奴隶通常有自己的住所、家庭和个人财物。奴隶占有制关系的萌芽形式与原始公社制度的浓厚残余交织在一起，这就是古印度社会制度的基本特点。[21]

古印度和古埃及以及两河流域的其他古代国家一样，建立了专制主义的集权国家。僧侣和武士两个高级瓦尔那共同组成专制统治的支柱。国王独揽军事、政治、立法和司法大权，外交内政诸多事务由国王裁决。国王集权之下，中央设有专门事务的文武大臣，地方则有省长总督，而且多由王族成员和国王亲信担任。国王从统治阶层选拔官员，主要包括三类：第一类是地方官吏，主管修治河渠、丈量土地、监督灌溉用水的分配，同时管理渔猎、林木、采矿等产业；第二类是城市官员，主管工商业、外侨外商、人口登记、市场交易、产品检查、征收城市的什一税等；第三类是军事长官，分别掌管海陆部队，以及骑兵、象兵①和后勤辎重等。[22]

① 自古各国的兵家就十分注重利用本地的特有动物冲锋陷阵，这样做也常常收到出乎人们意料的战绩。借此在某些特殊环境下产生了以“象”为基础的兵种，即“象兵”。象兵，就是骑着大象作战的士兵。

3.6　中国的中央集权制度

约公元前21世纪后期，在黄河流域形成了中国第一个奴隶制王朝——夏朝（约公元前2070年—前1600年）。约公元前16世纪，夏朝被商朝（约公元前1600年—前1046年）取代。约公元前11世纪中期，商朝又被西周（约公元前1046年—前771年）取代。这三个奴隶制王朝都实行以君主为核心的王权专制和以贵族分封为主的政体。公元前221年秦统一六国后，中央集权君主专制制度才正式建立起来，它在2 000余年的漫长历史发展过程中，总的发展趋势是日渐强化和完备的。

专制制度的一个重要表现，便是君权高于神权，这是中国古代社会政治生活区别于西欧大陆的一个显著特征。在古代中国，既不存在贵族分权执政的共和制，也没有神权凌驾于皇权至上的教皇制。这是因为，一方面，中国古代社会是建立在以宗法血缘为纽带的家族关系基础之上的，据考古证明中国早期国家的形成并没有像古希腊、古罗马那样建立在氏族血缘关系瓦解的基础上，而是在氏族血缘关系保留的情况下直接进入文明阶段，因此，国家关系、君臣关系只是家族关系、父子关系的扩大和延伸，在君父权威以及家族伦理教化环境下成长起来的历代中国人，陶然于伦理亲情，注重对现实人际关系的把握，视天下如家庭，并通过自然经济陶冶出来的君臣伦理亲情与臣民沟通，直接干预臣民的生活，使自己的权利和威势渗透于社会机体的每一个角落。他们所强调的是“普天之下，莫非王土；率土之滨，莫非王臣”（《诗经·小雅·谷风之什·北山》），决不容许妨碍皇权专断的政治因素横置其间，更不能容忍神权凌驾于皇权之上。因此，专制主义中央集权制度是中国封建社会的基本政治制度。它是指君主掌握国家最高权力，并通过军政官僚机关管理、控制国家的政体。包括皇帝制、官僚政治和中央集权等方面，其基本特征是皇权至高无上和不可分割，皇权不可转让，皇位实行世袭，君尊臣卑等。皇权愈来愈尊，臣民愈来愈卑，是古代专制主义中央集权发展的总趋势。

战国时期（公元前475年—前221年）封建经济的发展、新兴地主阶级力量的增长、国家局部统一局面的出现，为中央集权制度的形成创造了社会条件。为适应新兴地主加强专政和保护封建经济发展的需要，初步确立起君主集权的政治体制。这为秦国建立专制主义中央集权制度提供了成功的经验。法家的重要代表人物韩非子（约公元前280—前233年）提出的中央集权和以法治国的思想，形成了一套系统的中央集权理论。

秦始皇（嬴政，公元前259年—前210年）统一中国后，继承了商鞅（约公元前395年—前338年）变法①的成果并实践了韩非子的理论，创立专制主义中央集权的政治制度。它既包括皇帝对中央百官的控制，又包括对地方及各级官吏及百姓的控制，从而把

---

①　战国时期秦国的秦孝公即位以后，决心图强改革，便下令招贤。商鞅自魏国入秦，并提出了废井田、重农桑、奖军功、实行统一度量和建立县制等一整套变法求新的发展策略，深得秦孝公的信任，任他为左庶长，在公元前356年和公元前350年，先后两次实行以“废井田、开阡陌，实行郡县制，奖励耕织和战斗，实行连坐之法”为主要内容的变法。经过商鞅变法，秦国的经济得到发展，军队战斗力不断加强，发展成为战国后期最富强的封建国家。

专制主义的决策方式和中央集权的政治制度有机地结合在了一起，正式确立了专制主义中央集权的政治制度。这对战国前的分封制来说是一大进步；对于巩固国家统一、维护封建统治基础有十分重要的作用。

西汉（公元前 202 年—公元 8 年）建立后，实行郡国并行制，导致了王国问题的出现，使专制主义中央集权的政治制度面临严峻的挑战。为解决王国问题，汉景帝（刘启，公元前 188 年—前 141 年）在削藩的基础上，平定七国之乱①，收回王国官吏任免权。汉武帝（刘彻，公元前 156—前 87 年）时，又颁布了推恩令及其他举措，解除了王国的威胁。汉武帝又接受了董仲舒（公元前 179 年—前 104 年）的建议，实行“罢黜百家，独尊儒术”②，终于找到了一种最适合封建专制主义中央集权政治制度所需要的理论基础。从此，封建政治制度的政体基本定型，专制主义中央集权的制度得以巩固。

注释

[1]［德］马克思，恩格斯. 马克思恩格斯选集（第 3 卷）[M]. 北京：人民出版社，1995.

[2]［英］亚当·斯密. 国民财富的性质和原因的研究（上卷）[M]. 郭大力，等，译. 北京：商务印书馆，1972.

[3][9][12][21][22] 高德步，王珏. 世界经济史（第二版）[M]. 北京：中国人民大学出版社，2005.

[4]［德］马克思，恩格斯. 马克思恩格斯全集（第 9 卷）[M]. 北京：人民出版社，1961.

[5][6]［美］道格拉斯·C. 诺思. 经济史中的结构与变迁 [M]. 上海：上海三联书店，1991.

[7] 司马迁. 史记·夏本纪 [M]. 北京：中华书局，1983.

[8]［德］马克思，恩格斯. 马克思恩格斯全集（第 28 卷）[M]. 北京：人民出版社，1973.

[10][11][16] 高德步. 世界经济通史（上卷）[M]. 北京：高等教育出版社，2005.

[13][15] 晏绍祥. 波斯帝国的“专制”与“集权”[J]. 古代文明，2014 (3).

① 七国之乱是发生在汉景帝时期的一次诸侯国叛乱，参与叛乱的是七个刘姓宗室诸侯王：吴王刘濞、楚王刘戊、赵王刘遂、济南王刘辟光、淄川王刘贤、胶西王刘昂、胶东王刘雄渠，故又称七王之乱。汉景帝二年（前 155 年），御史大夫晁错上疏《削藩策》，提议削弱诸侯王势力、加强中央集权。汉景帝采用晁错的建议，于次年冬天下诏削夺吴、楚等诸侯王的封地。以吴王刘濞为首的七个刘姓宗室诸侯王由于不满朝廷削减他们的权力，以“清君侧”为名联兵反叛，后因战略失当，被汉廷和梁国联手平定。七国之乱的根源是强大的诸侯王势力与专制皇权的矛盾，七国之乱的平定，标志着西汉诸侯王势力的威胁基本被清除，中央集权进一步得到加强。

② “罢黜百家，独尊儒术”是西汉武帝实行的封建思想统治政策，也是儒学在中国文化中居于统治地位的标志。汉武帝罢黜百家，独尊儒术，有其时代的特点。他推崇的儒术，已吸收了法家、道家、阴阳家等各种不同学派的一些思想，与孔孟为代表的先秦儒家思想有所不同。汉武帝把儒术与刑名法术相糅合，形成了“霸王道杂之”的统治手段，对后世影响极为深远。

[14] 谢玉珊，徐虎. 大流士一世改革与波斯帝国的全盛 [J]. 天中学刊，1996 (2).
[17] 黑格尔. 历史哲学 [M]. 上海：上海人民出版社，1999.
[18] 吕昭义. 印度古代土地所有制的演变 [J]. 思想战线，1996 (6).
[19] [20] 张永秀. 论古印度文明的特性 [J]. 潍坊学院学报，2011 (2).

第 4 章　埃及的经济发展与人口变动

4.1　古埃及文明的创建与早期经济

公元前 5000 年—前 4000 年左右，尼罗河上游流域的上埃及和下游流域的下埃及正处于新石器时代末期到铜石并用时代的拜达里文化（Badari culture）① 时期。其后的涅伽达一期文化②即阿姆拉文化，约在公元前 4000 年—前 3500 年盛行于尼罗河流域，埃及出现了私有制的萌芽，而农业，辅助以农业和手工业之间的分工，即第二次社会大分工则是古代社会经济发展的必然现象。手工业是原始社会生产力的重要方面之一。涅伽达文化一期时代，燧石矿业和剥成厚片的技术发展起来。在这个时期埃及的燧石工业，已不像先前的那样利用现成的地表面上的岩球，而是开凿悬岩采掘优质的燧石生产双面刃口的大刀以及鱼尾状大刀或矛，有的大刀达 35 厘米长而仅仅几毫米厚。这些燧石先是把它薄成一定的形式，然后从两边再压剥成薄片。这些作品显然不是临时劳动者之所为，而是高度熟练的劳动者的产品。

大约在公元前 3500 年—前 3100 年的涅伽达二期文化③，也称格尔塞文化阶段，这一时期，由于对外贸易发展，铜器逐步增多，人工灌溉逐渐发达。这时村落转变为市镇，最后出现了最早的埃及文字、王族墓葬及国王权标，表明国家形成。与此同时，埃及确立了私有制，阶级正在形成，各地已纷纷脱离了原始氏族公社制度而成立了许多小型城邦国家，开始进入奴隶制文明社会。埃及的第一王朝（约公元前 3100 年—前 2890 年）④

---

① 拜达里文化（Badari culture）是上埃及早期的文化之一（约公元前 4000 年），典型遗址为尼罗河东岸的拜达里。该文化通过 20 世纪 20 年代英国人的考古发掘而为人所知，为塔西文化的延续，该文化以从村落以及墓地所发掘出的复杂的陶器和石器加工用品为其代表。

② 埃及史前文化时期，又称古埃及前王朝时期。其共分为两个时期，其中涅伽达文化 I 期又称为阿姆拉特时期（公元前 4000 年—前 3500 年），涅伽达文化处于埃及由原始社会向阶级社会过渡的时期，属原始社会末期，农业，辅助以农业和手工业之间的分工，即第二次社会大分工则是古代社会经济发展的必然现象。手工业是原始社会生产力的重要方面之一。从猿转变成人，就是以石器工具的制造作为标志。人类社会的最初发展又是以手工的石器工业的进步，划分不同的阶段。但是，手工业作为独立的行业却是出现在生产力的一定发展阶段上。在阿姆拉特时期，埃及出现了私有制的萌芽。

③ 涅伽达文化 II 期又称为格尔塞时期（公元前 3500 年—前 3100 年）。而在格尔塞时期，埃及确立了私有制，阶级正在形成，国家也正式出现。公元前 3100 年，埃及进入早王朝时期。涅伽达文化 II 期的最伟大的成就之一，就是文字的创造发明和应用。埃及的文字是在埃及绘画文字的基础上，在西亚文字的影响下，在涅伽达文化 II 时代发展成为真正的文字，形成了埃及象形文字的体系。象形文字汇集了图画文字、表意文字和表音文字。埃及的绘画文字最早可以追溯到涅伽达文化 I，甚至巴达里文化时代。

④ 在今天留下赫赫大名的上古时代帝王中，古埃及的美尼斯恐怕是年代最早的一个了。他是古埃及第一王朝的建立者，是古埃及国家统一的奠基者。古埃及是世界古国中的古国，而美尼斯正是站在这一切开端处的特殊人物。

就是在许多小国的基础上走向统一的奴隶制王朝，其奴隶制经济尚处于萌芽阶段。

拜达里文化后期，埃及的古代先民已开始使用少量铜器，如铜刀、铜锥等，表明尼罗河谷地的居民已开始进入铜石并用时代。不过这时的铜器是用天然铜矿锤打而成的，未经冶炼，其发展水平比同一时期的西亚偏低。由于拜达里文化各部落处于农业生产条件很好的尼罗河两岸，他们已有较发达的农业技术和制陶工业。烧制的陶器火候均匀，器壁很薄。其他手工业如纺织、编织、石器加工等也有相当水平，可知当时手工业经济领域已有了明确的专业分工。

继拜达里文化之后，城堡到处发展起来，埃及中部形成了一个重要的经济文化中心城市涅伽达。考古发掘表明，涅伽达文化分为两个不同发展阶段：一期文化即阿姆拉文化的城堡建筑有雉堞墙，是以军事防御为主的城堡；二期文化时，埃及已出现了最早的国家。此时在涅伽达以南约百余公里出现了一个更大的经济文化中心城市希拉康波里。

大约在公元前3200年以希拉康波里为首府的国家兼并了以涅伽达为中心的国家，并征服了周围其他一些小国。希拉康波里的最后一代国王被后代称为“蝎王”，在他的统治时期，埃及各地已普遍使用象形文字，已经掌握了冶炼金属的技术，用铜铸造了刀、斧、锛、钻等工具和匕首、矛头等武器，并且有了更多的金银器加工作坊。这时，尼罗河流域的农业生产已初具规模，反映在涅伽达二期的陶器上经常可以看到舟船在河上行驶、田地里水渠纵横的图案，生动地表现出人们非常重视尼罗河这条母亲河在交通和农业生产上的重大作用。前王朝时期的经济从涅伽达和希拉康波里等城市的建筑上也可以进一步得到说明。这些城市的内部建筑虽然早已毁灭，但当年都有高大的城墙环绕，城内有宫室和神庙。希拉康波里的神庙区出土了大批重要的文物，包括燧石刀、燧石分叉长矛、石纺轮、铜剑、铜凿等工具和武器，还有石瓮、陶罐、陶钵等日用器皿，其中一批红底黑顶彩色陶瓮是前王朝时期的典型器物。由于出土文物十分丰富，此地被称为“大宝藏”。在一些石瓮和其他石制容器上，刻画着有蝎子的王权象征和何鲁斯鹰神的图案，并附有蝎王的名字和头衔的铭文。一件保存较完整的代表王权的王杖头，是中心钻孔的球状石块，原插于王权的顶端，上面刻有蝎王主持开渠仪式和征伐异邦的浮雕，其中大部分表现的是这位声名显赫的国王手持木锄立于水边，与随从扬箕运土和奴隶们在田间劳动的场面，反映出国王十分重视利用尼罗河兴修水利、发展农业生产的历史事实。[1]

4.2　早期王国时期的经济

公元前3100年前后，蝎王的继位者那尔迈（Narmer）① 大体上完成了统一上下埃及的功业，创建了第一王朝，实现了中央集权。但是，有些诺姆国家并没有被彻底征服，那尔迈的王权只是领导各国的霸主地位，尚未能将各诺姆国家完全变成中央政府统辖之下的州。

第一王朝和第二王朝（公元前2890年—前2686年）的早期王国时期（公元前3100

① 那尔迈（Narmer），古埃及第一王朝的首位法老，被希罗多德称为“美尼斯”。传说他以武力统一上下埃及，并建都孟菲斯。曾被认为是第一个统一埃及的国王，但根据已发现的有关蝎子王的文物（主要是蝎王权标）来看，蝎子王可能更早地做到了这点。有关那尔迈的重要文物有那尔迈调色板和所谓那尔迈大权标头。

年—前 2686 年），也称“古朴时代”，埃及的农业和手工业生产比新石器时代末期和铜石并用时代有了显著的提高。这一时期铜器的应用更广泛，许多墓葬中都出土了大量红铜工具锯、镰、凿和武器锤斧、匕首等。由于天文学知识日见丰富，数学和几何学也发展起来，使测量土地、兴修水利的经验不断增加，对气候、物候的利用也十分普遍。农产品的大量增加使经济空前发展，王室和贵族聚敛了数不清的财富。尼罗河西岸拜勒耶纳附近的阿拜多斯遗址，早在阿姆拉文化时期就是一个农业聚落，很快发展成为早期王朝的重要城镇。在这里发掘出第一王朝的神庙、第二王朝的泥砖建筑，附近还有第一王朝的诸王墓及奴隶陪葬墓。在著名的古埃及首都孟菲斯城萨卡拉墓地，考古学者清理出许多国王的陵墓。当时帝王和贵族的墓葬都是用砖砌筑的，称为“马斯塔巴”。其中最早的马斯塔巴之一的阿哈墓，墓室内有木制的屋顶，用十字墙分隔成几个房间，各房间又分隔成小室计 27 个，分别堆放着酒瓮、盛食物的陶器、狩猎工具及其他生活用品。第一王朝一位国王杰特的墓，地面建筑为 1 346.65 平方米，高 13 米，内部有 45 个贮藏祭品的小房间，墓室旁尚有 4 个侧室及 16 个放置随葬品的贮藏室，陵墓围墙一周有 62 个式样相同的奴婢陪葬冢。虽然此墓的贵重物品早已被盗掘殆尽，但各贮藏室仍遗留数千件陶罐和石制器皿，由此可以想见当时的奢华程度。附近的第一王朝另外两个国王的陵墓，比杰特墓还要高大，由于破坏更为严重，随葬品已荡然一空了。许多遗址都发现了前王朝末期到早期王朝时代的陶器、石器、家具、雕像、装饰品及纺织品等，反映了手工业经济已发展到相当高的水平。[2]

第一、二王朝时期，农业也有所发展，特别是尼罗河的灌溉和它提供的沃土，使得古埃及农业的发展有了得天独厚的条件。灌溉和肥沃的土地促进了埃及农业的发展。当时埃及的农作物品种主要有小麦、大麦和亚麻等。谷物主要用于食物和酿造饮料。亚麻则是古代埃及人制造衣物的主要原料。不同时间收获的亚麻所提供的纤维有所不同。在亚麻成熟变硬之前割下的茎秆所制造的精细的亚麻纤维，主要用于制造贵族的衣物。已经成熟的亚麻所提取的粗纤维，主要用于制绳和编织垫席。除粮食作物外，古埃及的主要作物还有需要经常灌溉的葡萄、瓜果、蔬菜和豆类等。葡萄有直接食用、晒干、酿酒等多种用途。在根部围成一个井形的凹地，内置湿泥以保持根部的水肥吸收。其中特别需要注意的是在葡萄成熟后要用手而不是用刀剪采摘。采摘葡萄之后，经过一系列复杂的程序，最终酿制成酒。虽然葡萄是最早用于酿酒的作物，但是古埃及人经常饮用的却是啤酒。这是一种由大麦酿造的饮料，先将大麦做成块状烤至半熟，加入酵母，与麦芽和水混合，经发酵过滤后形成的液体，制成了啤酒。[3]

这一时期，王室对农业生产的管理比前王朝时期更为规范化，沟渠配套，水利排灌功能日益完善。尼罗河每年泛滥所淤积的沃土不断成为能盛产粮食的耕地。在各地的庄园中，农民和奴隶虽然仍用很简陋的工具劳动，但由于比较普遍地使用牛拉的木犁耕作，凭借集体的力量可以收获更多的粮食，这些情况从许多文献史料中都可以了解，不少贵族墓葬中的壁画也有一定反映，浮雕在享堂墙上的图画，最常见的是挑夫挑着给已故主人献祭的食物和饮料的场面，此外便是农业丰收、手工艺品制作、墓主人视察领地、狩猎以及与墓主人生前其他活动有密切关系的画面。

有的文献和壁画描写得十分具体，有农民和奴隶们在汛期过后平整土地，开垄成畦，播种耕耘等情况，有时还驱赶着成群的猪羊将种子踩进松软而肥沃的田地里。一般情况下，播种之后只需注意排涝、遇旱情灌田和简单的田间管理，即可获得较大的丰收。农业收成的好坏，在很大程度上取决于灌溉是否充分和及时。

而手工业的发展促进了商品交换的发展，统一的埃及对商业贸易十分有利，水陆交通也为商业经济创造了条件。古代埃及的水上运输比陆上运输更为重要，尼罗河两岸的居民普遍掌握了造船和航运方面的知识与技术。

相比之下，埃及人当时尚未使用轮车，国王和贵族在陆上出行仅靠轿子和驴、牛驮送，搬运重物则用滑橇。埃及的造船业发展很快，前王朝时期多是用芦苇编织的船只，形制与西亚两河流域的芦苇船很相似。但第一王朝后已产生了木船制造技术，许多大大小小的木船在尼罗河上航行，国王乘坐的大木船更显得高大精美。在希拉康波里遗址的前王朝时期壁画墓中，有绘有外形不同的白船和黑船。萨卡拉墓地的杰特王陵发掘出一艘长达 50 英尺的木船，木料是用黎巴嫩特产的云杉或经红海运来的东非木材，船体轻便而又牢固。当时的货船已使用风帆。在地中海、红海上的远程航运更需要使用风帆和较高的航海技术。[4]

4.3　古王国时期经济的繁荣

古埃及是继古希腊和罗马之后的奴隶占有制国家。公元前 4500 年左右，埃及人除了使用新石器外，发明了铜器，进入铜石并用时代。与此同时，埃及的奴隶制萌芽逐渐产生。埃及全国统一的专制王权从第三王朝（公元前 2686 年—前 2613 年）① 开始，至第六王朝（公元前 2323 年—前 2181 年）结束，称为古王国时期，大约从公元前 2686 年至前 2181 年，历经 500 年左右的发展过程。在这一阶段，埃及的奴隶制经济繁荣兴旺，对世界古代经济产生着重大影响。由于保持了较长时期的统一局面，农业、手工业、商业呈现全面发展的形势，著名的金字塔就是从这一时期开始建造的。

4.3.1　奴隶制经济

从古王国时代（约公元前 2686 年—前 2181 年）开始，埃及形成统一的专制主义奴隶制国家。全国土地的最高所有者是专制君主——法老②。但是，除法老控制的由王室派

---

① 埃及第三王朝为公元前 2686—前 2613 年。从纳特里克特—吉塞（Neteriknet—Djeser）到胡尼（Houni），共有五位国王。焦瑟统治时代是权力和胜利的开始，此时出现了以沙卡拉的阶梯金字塔建筑群为代表的恢宏壮观的石头建筑。该建筑群的设计师、作家兼学者的伊姆荷泰普成为史书上首批出现的伟人之一。这一时代是强而有力的中央集权君主制得以发展的时期，君主坐于孟菲斯，分派各省总督统治全国。

② 法老是古埃及国王的尊称，也是一个神秘的名字，它是埃及语的希伯来文音译，其象形文字，意为大房屋，在古王国时代（约公元前 2686 年—前 2181 年）仅指王宫，并不涉及国王本身。新王国第十八王朝图特摩斯三世起，开始用于国王自身，并逐渐演变成对国王的一种尊称。第二十二王朝（公元前 945 年—前 730 年）以后，成为国王的正式头衔。习惯上把古埃及的国王通称为法老。法老作为奴隶制专制君主，掌握全国的军政、司法、宗教大权，其意志就是法律，是古埃及的最高统治者。

人经营的一部分“王庄”外，大部分土地实际上为神庙、贵族、公社所有或占有。公社占有的土地，由公社农民使用，通过公社向国王缴纳租税，承担劳役等。还有一种农民称为“麦尔特”，是丧失土地沦为佃农和雇农的人，受法老专制政权的控制，法老可以把他们随同耕作的土地分封给神庙和贵族。村社的农民是国王的世袭耕种者，农民将自己收入的大部分以赋税的形式交给国库和神庙。在贵族的农庄里，有专门从事耕田、园艺和放牧的人，他们在监工监督下从事繁重的劳动。在这类农庄中还设有制陶、锻冶、木作、织布以及珠宝等作坊和各种工匠。奴隶的主要来源是战争俘虏，奴隶多为国家所有，用于采石场、灌溉工程、建筑等，也用于王庄或官营手工作坊。有些战俘奴隶由法老赐给神庙和贵族，作为他们农庄的劳动力。奴隶除从事生产外，还有一部分为法老建造宫殿、神庙和兴建工程浩大的金字塔。另外，统一的专制国家的建立，对经济的发展，特别是对灌溉农业的发展提供了有利条件。有的法老为了充实国库，在一些地区兴办巨大的水利工程，以提高农业生产。

古王国时期，埃及经济较为发达，出现了很多剩余的产品，以物易物的商业模式产生。当时埃及对外的贸易对象主要有努比亚、黎巴嫩、蓬特等地，也不时伴随有军事掠夺，不完全是平等交易。农业生产的发展为手工业的发展提供了重要条件。建筑、采矿、冶金和金属加工等都比较发达。古王国时期的手工业水平很高，可能这时埃及已进入青铜时代。金字塔及其附属建筑物不仅说明了这时建筑业的高超水平，而且说明了采矿业和运输业的发展。

4.3.2 经济制度

古王国时期的经济制度是奴隶制度的重要组成部分。高踞于王权之巅的法老视国家为其私有财产，贵族的财产与神庙的财产也常由法老的赏赐来决定。政府高级官员和神庙的祭司组成了统治阶级的上层，都是奴婢成群、农庄遍布全国的大奴隶主、农庄主；社会的中层是由中小官吏、下层祭司、书吏、管家、建筑师、医生、中下级军官和一些有特殊技能的匠师组成，他们可以从奴隶主那里领取津贴，有自己的家庭和部分财产，包括少量土地、房屋、牲畜等；构成社会底层的是大量农民、手工业者和奴隶，其中奴隶处于最底层。奴隶的主要来源是战俘或被抢掠的外族人，其中战俘的数量最多，比如第四王朝（公元前 2575 年—前 2465 年）的第一个法老斯奈夫鲁（Snefere，公元前 2575 年—前 2551 年在位），在一次战争中曾俘获 7 000 多名南方努比亚人，这些被俘者在当时的铭文中是和牲畜一起并列计算的，显然都充做了奴隶。埃及古代经济生产中创造的大量财富，主要出自奴隶的双手。

古王国时期，全国的土地名义上归法老所有，从氏族公社因袭而来的农村公社的公有土地已受到国王或国家的控制，实际上神庙和贵族的私有土地已迅速发展起来，原属氏族公有的土地已逐渐成为贵族的私有财产。虽然法老每两年都要对全国土地进行一次大清查，以体现他对土地的最高所有权，但这种普查也意味着国家对各地的神庙、贵族和其他中小奴隶主对私有土地实际控制的法律承认，现存的历史文献记载了许多土地自由买卖的情况。因此，古王国时期法老拥有全国土地的概念只是一种形式。实际上，国有土地和私有土地是混合存在的，而且私有土地的数量在日益增加。

大奴隶主梅腾，父亲是一位法官和书吏，梅腾继承了父亲遗留的财产“人和小牲畜”，他自己则从食品仓库的首席书吏、财产监督逐渐升迁为所有王家亚麻业的监督和一些州府的首长。在此期间，第四王朝的法老不断赐予他土地、奴隶、房屋、果园等财产，其中仅一座葡萄园就占据了 2 000 斯塔特土地，国有土地就这样变成了私人的财产。

古王国时期的土地所有制，仅是国家利用国有的名义向农民索取类似地租的重赋和摊派各种劳役的制度。当时的国有土地是从氏族公社的公有土地按传统因袭而来的，由土地上的农民世代耕种而形成实际占有，这些农民在史料上称为“尼苏提乌”，意为“国王之民”。尼苏提乌的土地名属国有，实际上也是可以部分买卖的；还有许多土地完全属于私有财产，分别为法老、王室成员、神庙、贵族或其他一些有一定社会地位的人所占有。法老是全国最大的土地占有者，归他所有的农庄遍布尼罗河两岸肥沃的土地。神庙和贵族除了从法老的赏赐中得到土地外，也从尼苏提乌手中以各种手段得到土地。在神庙和贵族的农庄中，主要依靠奴隶来劳动，也有一些丧失了土地而沦为佃户或农奴的人，称为“麦尔特”。很显然，麦尔特的身份是比尼苏提乌更卑贱的，是一种备受压榨的依附劳动者，他们也生活在社会的底层，与奴隶的地位差不多。[5]

4.3.3　农业与手工业

埃及奴隶制王朝初期，尼罗河两岸的农业经济发展较快。当时埃及已进入铜器时代，铜制工具的使用相当普遍，逐渐取代了一部分古老的石制工具。不过，由于还缺乏青铜器、没有铁器，用红铜制作的生产工具总的看来数量还不很多，特别是在下层平民和奴隶之中，日常使用的农具仍以镶嵌燧石刃的镰、石锄和木犁为主。

第三王朝时期以后，农业生产发展较快。尼罗河两岸已出现灌溉农业，使用的农具已有牛拉的原始木犁，可用来碎土整地的木耙及收割用的金属镰刀等。种植的农作物有大麦、小麦、稗、亚麻和各种蔬菜；种植的葡萄和橄榄已用来酿酒榨油；饲养的役畜有能拉车的牛和可驮运的驴。法老经常派人清查全国人口、土地、牲畜等财产，编制成册，用以确定应征税额。土地税是国库的主要收入，农民除在王室与贵族的农庄劳动，还要服繁重的徭役，修建各种浩大公共工程。为加强对尼罗河水的利用，经常征调人力兴修水利，派专人长年观测管理。

在农业生产中，冬春干旱季节的劳动最为繁重，这时为了保证土地的墒情，全部依靠沟渠灌溉和人力提水。埃及每年的降雨量极少，因而各地农庄需要劳动力最多的农活是整修往年的沟渠并开挖新渠，这种繁重劳动受到统治者的重视，乃至王杖的标头和陵墓的壁画都有生动的表现。埃及的农作物品种较多，主要是小麦、大麦、黍、粟和亚麻等，园艺作物则以葡萄为主。人们已经学会了用小麦磨面制成面包和用葡萄酿酒，梅腾墓葬中出土的文书用象形文字记述了这种情况。国王在全国各地神庙为诸位天神奉献的祭品往往是以面包和酒按照份数来计算的，有的神庙每日可享祭品数千份，可见当时农产品是十分丰富的。

尼罗河流域的畜牧业也比较发达，古王国时期畜养的家畜主要是驴、山羊、绵羊、牛和猪。第四王朝的哈佛拉安在他的墓铭中记载他拥有835头有角大牲畜、220头无角大牲畜、760头驴、2 235头山羊、974头绵羊；第五王朝（公元前2494年—前2345年）的萨布在墓铭中记录他有406头公牛和乳牛、1 237头牡牛，小牲畜则在10 000头以上。在希拉康波里等遗址一些贵族的墓葬壁画中，还绘有畜牧活动的图景，都表明了当时畜牧业的发达。

古王国时期的手工业生产在社会经济中占有很大比例，发展很快，不仅各行业的分工已相当精细，每个行业中工匠的技术水平也都有所提高，其中玉石器制作、木器制作和金银工艺、纺织、皮革、纸草加工、造船等行业的成就尤为突出，建筑业更为世人瞩目。

玉石器制造业的成就，除了大量生产常用的工具和器皿外，主要表现在墓葬和建筑构件的石雕工艺方面。古王国时期对早期王国马斯塔巴的两个重要改革，其一就是设置墓主的雕像，分别用涂上颜色的石灰石或木头雕刻，其二就是在享堂的石壁上雕刻或绘画墓主人在世时的生活情景。有些墓内还有近侍奴仆的小雕像。第三王朝时期，石像的雕刻已完全按照人体的自然形态把握塑造，第四王朝时各种雕像更加细致精美、栩栩如生。古王国的石雕艺术品遗存较多，其中石灰岩雕制的拉荷太普王子及妻尼费雷特公主，表现出完美的造型艺术。

拉荷太普王子体格强壮，皮肤为棕褐色，围白色短裙，脖子上挂着护身符，嘴上短髭历历可见，目光直视前方，给人以威严的感觉。妻子尼费雷特的形象相比之下更加生动传神，皮肤为淡黄色，体态丰满，线条柔和。[6]。她身上穿的紧身衣前面微敞，她的双肩、胸部和全身的形体透过紧身衣雕塑得极其秀美，圆而丰满的脸蛋周围是丛丛秀丽的黑发，上束一根装饰很漂亮的发带，显得十分雍容华贵、仪态大方，脖子上戴着绚丽多彩的项饰。第五王朝的石灰岩涂彩雕塑书吏像，盘腿席地而坐，胸部挺直，右手执芦秆笔，双腿上叠放着书写中的纸草，全身肌肉丰满，表情认真严肃，镂空的眼窝嵌入黑白相间的珐琊，眼睑的边缘用青铜镶成，是古王国时期石匠的杰出作品。

木器制作的遗物在20世纪40年代清理法老胡夫的母后陵墓中有许多发现。在希太普赫雷斯王后的陵墓中，放着她生前用过的华盖、卧床、扶椅、坐舆、首饰盒、柜等家具什物，还有用金、铜、雪花石膏制作的日用器皿和精美的陶器。其中精工细做的木器使我们充分了解到当时木制工艺水平的高超。由于埃及本土不生产高质木材，许多木器都是用从海外运来的非洲乌木制成的，并镶以象牙、金、贝等，造型华美而典雅，构件的接榫也异常坚固。此外，一些墓葬中的木雕像，也表现出木器加工技术的精良。

这一时期的金银器制作与加工工艺，在四大文明古国中居于突出的地位。在各个遗址中普遍发掘出当时的金、银、红铜制作的装饰品，胡夫母后墓中的许多器物都镶嵌着金银珠玉。自第四王朝起，法老墓中雕像的眼睛常常是镶嵌上去的，最好的镶嵌眼睛是以铜做眼睑边缘，用白石英做眼球，用水晶做角膜，用黑树胶或颜料做瞳孔，十分精美传神。一些金字塔中法老的木乃伊是用金棺装殓的。第六王朝法老斐比一世的铜像不是浇铸，而是以木为底，用锤子把铜片锤贴上去的。金属加工成为手工业领域中的重要部门。

古埃及人的基本生产工具主要是铜制作刀、斧子、凿子、锛、锯等。他们就是用这些生产工具建造出了包括金字塔在内的许多堪称奇迹的建筑，雕琢的痕迹依旧保留在这些建筑身上。从第五王朝和第六王朝的壁画中可以看到，古埃及人掌握了对铜器的熔炼和锻造的手工工艺。除了铜器，古埃及人加工的金属还有铅、金、银和铁。

这一时期建筑业的成就十分巨大，出现了规模宏伟的金字塔[①]（如图 4—1），所以人们也称古王国时期为金字塔时代。在这一时期，除了贵族大臣的墓葬仍沿袭马斯塔巴外，国王的陵墓已发展成为金字塔。埃及最早的金字塔即是第三王朝左塞王在萨卡拉墓地建筑的阶梯形金字塔，实际是按马斯塔巴墓的形式自下而上逐层缩小而成，高约 60 米，底边东西长约 140 米，南北长 118 米，塔内有深约 28 米的墓室，并附有走廊和墓道，塔周有石灰石围墙，墙内有庭院、祭殿和厅堂等建筑。到第四王朝，斯涅弗鲁王在迈杜姆把第三王朝末代法老胡尼的阶梯金字塔用石块填补，成为底边方形、立面三角形的金字塔，高 92 米，底边各长 114 米。后来斯涅弗鲁又为自己建造了更为高大的同样四角尖锥形金字塔。

图 4—1　世界古代七大奇迹之一金字塔

古王国时期最著名的金字塔是斯涅弗鲁继承者胡夫的大金字塔，它是世界上最大的金字塔，是第四王朝第二个国王胡夫的陵墓，建于公元前 2690 年左右。原高 146.5 米，因年久风化，顶端剥落 10 米，现高 136.5 米；底座每边长 230 多米，现长 220 米，三角面斜度 52 度，塔底面积 52 900 平方米；塔身由 230 万块石头砌成，每块石头平均重 2.5 吨，最大的重达 160 吨。入口位于塔身北侧中心，高出地面约 20 米，在塔内地下 30 米处有一墓室，以斜坡墓道与入口相通，而由入口不远处另一墓道向上通行则可到达第 2 墓室即王后墓室，并继续向上达最高处的国王墓室，里面安置着胡夫的花岗岩石棺。国王墓室高约 6 米，用一块重 400 吨的大石板覆盖，其上筑有 5 层空间结构，以减轻大石板的承重，最上则用巨石筑成三角形尖顶。据说，10 万人用了 30 年的时间才得以建成。该金字塔内部的通道对外开放，该通道设计精巧，计算精密，令世人赞叹。胡夫大金字塔以其形体的雄伟、设计的科学、结构的严密复杂而成为世界奇迹。

这座金字塔除了以其规模的巨大而令人惊叹以外，还以其高度的建筑技巧而得名，它在 14 世纪之前是世界上最高的建筑，也是仅存的世界七大奇迹。塔身的石块之间，没有任何水泥之类的黏着物，而是一块石头叠在另一块石头上面的。每块石头都磨得很平，

① 金字塔是古代埃及国王的坟墓，因其形似汉字的“金”字，中国人称之为“金字塔”。金字塔的建造始于第三王朝第一个国王乔赛尔。第四王朝第一个国王斯涅弗鲁时，建造了三个金字塔。他的第一座金字塔在麦杜门，原为一个层级金字塔。后来将各层阶梯填平，成为一个角锥体的金字塔；其后，他又命人在达淑尔为其建造一座真正角锥体的金字塔，但由于设计上的误差，建到一半时发现角度太大，不得不改变角度，从而成了一座菱形金字塔，或称弯曲形金字塔。

至今已历时数千年，就算这样，人们也很难用一把锋利的刀刃插入石块之间的缝隙，所以能历数千年而不倒，这不能不说是建筑史上的奇迹，让人们叹为观止。

在胡夫大金字塔不远处的哈夫拉金字塔①，是埃及第四王朝法老哈夫拉建造的，以宏伟壮观的附属建筑物著名，塔壁倾斜度为 52°20′，比胡夫金字塔更陡，且它处在吉萨的最高处，因此看上去它比胡夫金字塔要高。塔东有长方形的祭庙，称为上庙，庙内有高大的圆柱宽厅和长厅，庭院中设祭坛，庭院后有国王的 5 个小礼拜堂，最后是神殿和库房。靠近尼罗河谷处建有下庙，平面呈方形，内置 23 座国王雕像，入口处有一座坚硬的闪绿岩雕像，上庙和下庙之间有长达 496 米的通道，著名的狮身人面像就是位于下庙的西北方。除狮爪是用石块砌成之外，整个狮身人面像是在一块巨大的天然岩石上凿成的。在古埃及神话里，狮子乃是各种神秘地方的守护者，也是地下世界大门的守护者。因为法老死后要成为太阳神，所以就造了这样一个狮身人面像为法老守护门户。在胡夫、哈夫拉金字塔附近，还有一些国王和王妃的小金字塔，形成了古王国时期金字塔建筑群，显示当时建筑艺术的辉煌。

纺织业在古王国时期是手工业经济的基本产业之一。当时的服装主要是亚麻织品缝制的。部分出土遗物的残片表明，埃及的妇女及裁缝工匠已能用亚麻缝织和裁作美观得体的各式衣裙、长袍等，也可以织出很薄的轻纱，精美程度不亚于以后各王朝的产品。大量雕塑作品中各类人物的服饰，都形象地再现了当时的风貌，也反映出纺织业的发达。

手工业生产中进步特别显著的还有造船业。当时尼罗河上和沿海的航运已普遍使用帆船，这些船只大多以双杆并列竖起桅杆，一般为单桅船，也有一些双桅和三桅的大船。船的桅杆前后用索绳加固，船身也有中央大索将首尾连接，并且利用绞紧法使全部索具达到高度的紧固状态，这是一项很先进的技术。船上有许多船夫操桨，船尾还有长桨为舵，掌握方向。古王国时期的先进造船和航行技术成为后来地中海周围各国学习的榜样。据史料记载，斯涅弗鲁法老为了从黎巴嫩运输木材建造金字塔，组建了一支有 40 只海船的商队，其中有的大船长 52.3 米，这个船队运来的极其昂贵的杉木，今天还很坚固地保存在达舒尔南部的金字塔里。1954 年，在胡夫金字塔旁石槽内发现的两只大船，长 32.5 米，船上 1 200 多件构件均标明号码依次捆束存放，井然有序。按照所编的号码，复原出了完整如初的大型木船。这种船全部用黎巴嫩产的杉木制成，船首与船尾高昂，中间设有舱房，榫卯结构严谨，造型华美实用，由几十人共驾一船，在尼罗河上航行时气宇轩昂。类似的船只在萨卡拉墓地的第五王朝浮雕、绘画中都有表现，而且还有造船工匠制造船体各部分的劳动场面。第五王朝萨胡拉金字塔的下庙有两个船坞，一个向东、一个向西，与运河和尼罗河相通。东船坞有门廊，地板用磨光的黑玄武岩造成，天花板则用石灰岩铺设，上面涂画蓝色象征天空，并饰以浮雕的金星。门廊的 8 块独立石柱用花

① 哈夫拉金字塔是埃及第四王朝法老哈夫拉建造的金字塔。在它初建成时，即公元前约 26 世纪中叶，它有 143.5 米高，只比胡夫金字塔矮 3.2 米，它现在高 136.5 米，与胡夫金字塔一样高。当初它的边长是 215.3 米，现在是 210.5 米。哈夫拉金字塔内部只有两处墓室和两个北坡入口，其中一个约位于 15 米高处，另一个在它下方，与基础同在一个平面上。从上面的入口，顺着甬道进入塔内，可以直达墓室，该甬道在基础以下转为水平，下方入口的甬道起初下降到十米深处，接着一小段水平甬道，再上升，与上面甬道相连，壁上凿有一分支，通向一个未完工的小室。墓室是在岩石中开凿而成的，大体上处在塔的中轴线上，只是拱顶同砌金字塔的石块相连。

岗岩雕成，柱头仿棕榈树叶状。南船坞也有一个类似的门廊。这两个船坞都有过道与一个 T 字形小厅相接，并与上庙相连。1953—1954 年冬季，埃及考古学家们在清除齐阿普斯金字塔南侧附近的小沙丘时，发现了一座墓葬，内有一只保存完好的木船。出土的船体已成碎片，但全部碎片均未丢失，船上桥楼的茅草棚盖也在，船体约长 40 米，亦用黎巴嫩杉木制成，木材的香味在出土时仍可飘散。据测定，船的年代为公元前 2700 年。正当早期王国结束、古王国开始的时期。[7]

4.3.4　商业贸易

经济的发展使古王国的商业迅速发展起来，造船业和航海技术的进步更促进了海上贸易往来，并成为埃及经济收入的重要来源。当时的商业活动主要由法老的宫廷和政府的官商管理经营，并且海上贸易往往配合军事上的征伐，掠夺与贸易共同进行。文献和考古资料表明，埃及古王国时期的海外贸易范围，向东到达阿拉伯海及波斯湾，向北遍及地中海东部沿岸各地，向南则达非洲的东海岸各地。在黎巴嫩、腓尼基、叙利亚、小亚细亚、塞浦路斯和希腊等地都发现了埃及古王国时期贸易往来的踪迹。和这些地区开展的贸易活动为埃及带来许多珍贵原料和各地特产，埃及以自己的工艺产品运销海外，两方面都有助于埃及的经济发展。

在海外物产中，埃及需求的主要有黎巴嫩的木材、塞浦路斯的铜、努比亚的黄金、阿拉伯的香料和东非的象牙。[8]

法老斯奈夫鲁曾派遣一支远征军到南方，一方面阻止叛乱和恢复南部边疆的秩序，另一方面也促进了南北之间的通商。为了保障与西奈半岛和西亚地区的贸易，他也派军队占领了西奈半岛，在那里留下的纪念碑记述了军队征服阿拉伯游牧的培杜因人的情况，这些人曾威胁了运输矿产的商队。

古埃及的商业活动往往是和征服和掠夺结合在一起的。在古王国时期，埃及人组建了带有军事掠夺性质的商业远征队，依仗强大的军事武力，保护自己的商业活动。例如，西奈半岛的铜矿，起初仅是埃及掠夺的对象，后来埃及法老把西奈半岛并入自己的版图。西奈半岛铜矿的并入是埃及历史上十分重大的政治和经济意义的事件。从许多大臣的碑传中，也可以看到类似商业活动的记载。有的大臣自己的铭文中详细地叙述着他率领军队出征并带领许多大船到努比亚等地采办巨石等货物的情景。在同一时期，法老还指派大臣率领数百头驴子的商队，驮运谷物、香料到努比亚进行掠夺性交换，不但运回无数珍宝，还带回会舞蹈的矮人。[9]

除了海上贸易，陆路有两条南北畅通的商道，南至努比亚，北达巴勒斯坦。上述地区在贸易活动中为埃及带来大量珍贵原料和地方特产，埃及则把自己的工艺品远销域外。这些活动大大促进了埃及经济的发展。黎巴嫩的木材，塞浦路斯的铜，阿拉伯的香料，东非的象牙等，对埃及的经济发展产生了巨大的影响，也带来了十分可观的效益。

在国内贸易方面，上下埃及之间的商业往来有了新的发展，谷物、食品、蔬菜以及手工业品、装饰品都可以作为商品进行交换。[10]以物易物是当时商品交换的主要形式。从萨卡拉萨彩色浮雕中可以看到许多物物交换的场面。[11]不过，随着商业的发展，商品交换的等价物已经出现，作为等价物的商品有谷物、牲畜和铜块。[12]

在农业、手工业、商业蓬勃发展的同时，狩猎活动虽然早已从生产领域退居于以娱乐和体育为主的局面，但在民间仍然具有强烈的经济色彩。古王国时期一些陵墓中的浮雕，多次出现帝王和贵族用飞镖捕鸟、捕鱼或用长矛捕获河马的画面，还有在沙漠中猎取野兽、捕鳄鱼的惊险场面，这些狩猎活动无疑为肉食和皮革制造业提供了重要的原料。

总之，古王国时期是埃及奴隶制早期经济发展的繁荣时期，其中农业生产制度的完善、金字塔的建造和海上贸易的发展都为社会经济的繁荣提供了条件。古王国时期的经济制度奠定了中王国以后社会发展的基础，也是世界古代经济史上一个辉煌的阶段。

4.4　中王国时期的经济

第六王朝之末，埃及的政局处于混乱状态，从第七王朝到第十王朝的 100 多年里（约公元前 2181 年—前 2040 年），埃及始终处于分裂割据的局面，政治黑暗，经济受到破坏，这一动荡时期史称第一中间期。当时各地奴隶与贫民不断举行大规模起义，各地的奴隶主专制受到严重的打击。根据萨卡拉墓地发现的贵族伊浦味对社会状况的记述，即著名的《伊浦味陈辞》中的描写，起义者捣毁了王公贵族的粮仓，使“埃及的谷”那本来没有财产的人，现在已变成财富的所有主了，那本是受人驱遣的人，现在却来驱遣他人了，乃至从前住不起茅屋的人，现在住进了好房子；从前连一片面包也没有的人，现在变成了一个大仓库的主人；从前没有公牛耕种田地的庄稼人，现在有了成群的牲畜，总之，贵族陷于悲哀，而庶人则感到喜悦。在人民起义的打击下，古王国形成的中央集权专制体系逐渐瓦解了，各州纷纷割据自立，州长成为世袭领主，有自己的军队，甚至自立年号与中央王朝分庭抗礼。直至第九、十王朝（约公元前 2139 年—前 2040 年）之际，各州才重新形成南北两个军事力量联盟的对峙局面，双方斗争数十年，最后南方的底比斯取得胜利，安太夫家族使南北统一，建立起第十一王朝（约公元前 2133 年—前 1991 年），才使埃及的经济重新走向复兴与再度繁荣。十一王朝和十二王朝，约公元前 2133 年至前 1786 年，为埃及的中王国时期。[13]

第十一王朝首府底比斯位于尼罗河中游的下埃及中心地带，向南可通努比亚等其他民族地区，东可至红海，既是一处战略要地，也是商业的中心，以后长达 2 000 年的岁月里一直是埃及的政治、经济、军事和交通的中枢。由于十一王朝时期各地割据势力仍未彻底消除，时有摩擦，对经济生产的恢复尚有一定影响，所以中王国时期经济真正日趋繁荣的景象是在十二王朝（约公元前 1991 年—前 1786 年）统治的 200 年间出现的。

第十二王朝在全国政局基本稳定的形势下，全面恢复了兴修水利的工程，使灌溉农业进一步发展，尤其是赫拉克列奥波里治下的法尤姆地区，在中王国得到进一步的治理。该地区修建了大量的排水渠，扩大了耕地面积，从而使埃及的经济基础得以巩固。青铜器在这一时期开始使用，取代了一些红铜器，成为埃及进入青铜时代的标志，也意味着整个生产领域出现重大革新。除了青铜器应用在农业生产和手工业作坊中外，其他生产工具也有不同程度的改进。为了将尼罗河水送达河谷两旁的高地以扩大灌溉面积，这时普遍出现了以能提高灌溉效益的桔槔汲水浇灌，并掌握了用排水筑堤扩大耕地的技术；当时还推广了装有把手的新型木犁，可将犁头较深地压入土中以利深耕，后来又改进为有梯形把手的耕犁，使耕种有效率大幅提高。

中王国时期农业经济中的一次重大成就，是在尼罗河流域灌溉系统不断恢复和改进过程中对孟菲斯西南发雍地区的开发。发雍地区原是尼罗河西岸沙漠谷地中的一块绿洲，后来由于地势较低洼，河水泛滥而逐渐形成一片湖泊和沼泽。第十二王朝的第一任国王阿门内姆哈特一世（AmenemhatⅠ，公元前1991年—前1962年）开始了对发雍地区的改造工程，历经6代，至阿门内姆哈特三世（AmenemhatⅢ，公元前1842年—前1797年）才告竣工。在近200年的时间里，埃及中央政府频繁征调大批奴隶和民工在这片湖泊沼泽地区修堤坝、挖沟渠，排泄积水，开垦土地，终于使这一地区2 500公顷的沼泽变成沃野。湖泊修成了水库与尼罗河相连，河湖之间建有水闸以调节水量和排灌。对发雍地区的治理，是埃及古代人民水利建设的巨大成就，也是对世界古代文明的贡献。随着工程建设的进展，发雍也逐渐变成一个新的经济发展中心，湖岸一带城镇密布，法老也在此建立起豪华的行宫。在发雍的卡呼恩曾发掘出一座当年的古城遗址，笔直的街道十字交叉，各类建筑物井然有序，全城有高大的砖墙环绕。城区内不同规模和样式的建筑反映出社会各阶层的生活状况。在这座新兴城市内，东部是许多贵族的房屋，有的占地300多平方米，有几十间房子，包括餐厅、卧室、厨房和仓库；西部则是贫民区，在200米长、100米宽的面积上拥挤着几十间简陋的棚舍。城中也有不少中等类型的房屋，宅内一般有一个小庭院，居室在院子里沿着围墙两边或三面排列，间有小楼穿插其间，显然是商人、中下级官吏、医生和书吏等人的住宅。这些人的存在，一方面表明了在农业经济不断发展的背景下城市经济也在稳定地发展和走向繁荣；另一方面也表明中产阶级、中小奴隶主在这一时期的政治和经济生活中起着越来越大的作用。

农业的发展促进了手工业生产的繁荣。当时的纺织业已普遍使用立式织机，并开始出现平式织机，能织出质量很高的亚麻布。由于不易保存，遗物至今发现较少，保存下来的通常是用于包裹木乃伊和随葬品的织物；玻璃制造业是中王国时期兴起的一个重要的手工行业，主要用于制作各类器皿和装饰品，不少产品是王宫和贵族宅第中的装饰物，有些则长时期成为埃及远销国外的珍贵工艺品；金属制造工业有明显进步，西奈半岛的铜矿和绿松石得到进一步开采，铜锡合金的青铜器冶铸技术这时从西亚传到埃及，开始受到人们越来越多的重视，但青铜器制造还没有做到普及，各地农业生产中石器、骨角器和木器仍在继续使用；木器制作和造船业、制革业也都有了相应的发展，萨卡拉墓地、底比斯遗址等地出土的第十一王朝着色木俑成为木刻艺术的珍品。在许多贵族墓葬中，都随葬着一批木制的模型（明器），有的表现各种劳动人物，包括一些手工业劳动的场景，也有牛羊群、房屋、船只等模型。这些木制品比古王国时期的浮雕更形象、具体地表现出当时的社会生活和经济生产状况。[14]

中王国时期的建筑业比古王国时期有一定发展。这一时期虽然金字塔已不再流行，王国首都从沙漠边沿的孟菲斯迁到悬崖、峡谷附近的底比斯。这里的自然环境不适于建造金字塔，但代之而起的岩窟墓形制复杂，也体现出建筑技术的提高。有些法老的金字塔从设计建筑都在承袭古王国时期传统的基础上表现出更高的水平。第十一王朝法老蒙托荷太普的金字塔群是突出的代表。享殿建筑设计比过去有许多改进，高墙通道两侧每隔几十米就设置一个国王的雕像；上庙建筑在前庭台地上，两边绿树成荫，台地斜道两边的 8 棵大树下各有一座国王雕像。金字塔内部用粗大的石块砌筑，外面再包以石灰岩。整个金字塔群内，大厅、回廊、享殿、壁龛、墓室等结构十分紧密，既继承了古王国时期的风格，又有一定创新。而陵墓形式变成了石窟陵墓，陵墓的外部是依山而建的梯形享殿。如门图普太享殿，由两层平台相叠而成，顶上是一座金字塔形建筑。平台有柱廊环绕，开放的柱廊使建筑使周围环境和谐地结合起来。

从中王国开始，庙宇享殿入口处两侧出现了方尖碑。方尖碑是太阳光芒的象征，它为正方形。顶端为尖锥形。它的造型像一把朝天宝剑，矗立在建筑群中，直刺苍穹，上面刻有国王的名讳、封号。法老放谢努塞尔特一世的方尖碑最为有名。

中王国时期的卡洪恩遗址位于今开罗以南约 100 公里处，是当时的一座普通城镇，厚厚的城墙内房屋和街道排列有序，城内由围墙分隔成卫城、东区和西区三个部分。东区有各式庭院组成的官邸，多至 70～80 个房间为一套；西区则有标准比较一致的民居，以 4～12 个房间为一套，全部建筑显示出强烈的民族风格，即不用万世永存的坚固材料，而仅使用泥墙或砖墙，这种建筑适于埃及的炎热气候和宗教信仰。

造船业的进一步发展使水上运输得以恢复和发展，同地中海东部各地的贸易联系不断加强了，尼罗河两岸城乡的交换随着经济的发展繁荣而日益频繁。农民们把一些农产品运到城市中，换取农具、食盐、皮革制品及其他日用品。这一时期的海外贸易已远达巴比伦。考古学家曾在十二王朝的神庙遗址中发现 4 个铜箱子，其中装有西亚两河流域的泥版文书，可见尼罗河流域的古埃及人与美索不达米亚平原之间的往来是比较多的。

埃及的商业在此时也有所发展，据埃及的一部文献《一个能言善辩的农夫》提供的资料可知，在埃及，早在第一中间期时期，尼罗河流域同西部绿洲之间的贸易就已发展起来。在法尤姆地区的卡胡恩地区遗址中出土了不少的商业文书，证明这个时期的商品货币关系的发达。

在古王国时期，埃及人继续组建了带有军事掠夺性质的商业远征队，当时阿门内姆哈特三世曾派商业远征队侵入叙利亚，深入到神秘地带，到遥远的地方开展掠夺性贸易。由于受东非富饶金矿的吸引，埃及法老经常去努比亚进行军事远征。法老森乌塞尔特一世（SenwosretI，公元前 1917 年—前 1872 年）在远征努比亚时曾获得巨大的胜利，他在神前夸耀战功说："我曾把努比亚的全部国土打落在你脚下，善良的神。"他的指挥官为了记录远征的胜利，在努比亚土地上建立起一座夸耀侵略的石柱，石柱上有一组刻画被缚俘虏的浮雕，这些俘虏的头部和两肩下面各有一个椭圆形标记，标明被占领地方的名称，意思是把努比亚地方献给法老。为了进行商业掠夺，中王国时期还修筑了许多商业通道，还开通了尼罗河和海上航线。[15]在水、陆商道上往来的接连不断的庞大商业远征队和运输队，曾使古代的非洲呈现一片繁荣景象。而埃及人则通过掠夺性贸易把大批黄金、铜和各种瓷器物品源源不断地输入国内。

中王国时期，埃及社会的经济生活中活跃着商人阶层。商人是随着早期王朝奴隶制的发展而崛起的中小奴隶主，他们与城镇中的手工业作坊主、中下层军官、政府官吏及农村中的中小奴隶主一起被称为“涅捷斯”，原意为“庶民”或“小人”，指不同于贵族的普通平民。但在经济不断发展的形势下，他们中的一些人逐渐聚敛起越来越多的财富，一般可拥有二三十名奴隶供其驱役，遂被称为“豪强涅捷斯”，他们成为法老专制政权的一个支柱。

中王国时期，商人经常到集市上和城镇中买卖货物，对商业经济和城市的发展建设起着重要作用。在商人阶层中，大商人是少数，在集市上出售剩余农产品和手工业制品的农夫是商业经济不可忽视的组成部分，而长期从事集市贸易活动的坐商和少量远途贩运的行商是构成商人阶层的主体。

中王国时期的经济发展，与奴隶制的强化有必然联系。十一、十二王朝的奴隶制度比古王国时期有所发展。在庄园中私人奴隶显著增加了，有些新兴的奴隶主往往占有几十名奴隶，有的甚至以百计。十二王朝一个法老的卫队长，一次就受赏奴隶百名。这个王朝末期的纸草文献《布鲁克林纸草》中记载，南方城市的一个长官给予其妻95名奴隶，在纸草上残存的83名奴隶名字中，有33名埃及人，49名是从亚洲俘获的，还有1人籍属不明。这批奴隶的劳动分工为农夫、纺织工、厨师、酿酒者、面包师、家内仆役、梳妆侍女等，几乎被驱使于各个劳动领域，奴隶劳动是社会经济发展的主要动力。

经济史的发展总是波浪式推进的，经过古王国时期的经济繁荣和第一中间期的低谷，中王国时期的奴隶制经济再度繁荣，并且取得了前所未有的成就。

青铜器的出现，生产工具和生产技术的改进，促进了中王国时期经济的发展和繁荣。但是，由于十二王朝末期统治集团的内讧，导致了政局的混乱，外族乘机入侵，尼罗河两岸再一次陷入群雄割据的形势，中王国时期就在这样一种动荡不安中结束了。

4.5　新王国时期经济的发展

公元前18世纪，埃及第十二王朝的法老政权渐趋衰微。在动乱中建立起来的第十三王朝（约公元前1802年—前1649年），无力控制全国的政局，尼罗河流域重新产生了许多割据政权。这种局面一直到第十七王朝，上埃及的底比斯势力恢复与下埃及对抗，并经数十年的征战而攻克三角洲东部下埃及希克索斯人的首府阿瓦里斯，把原来从叙利亚、巴勒斯坦一带侵入的希克索斯人驱出埃及，才最终结束了割据和战乱的局面。从十三王朝到十七王朝（公元前1786年—前1567年），史称埃及的第二中间期。公元前1507年，原十七王朝法老的继承人雅赫摩斯一世（Ahmose Ⅰ，? —前1525年，约公元前1570年—前1546年在位）统一全国后建立了第十八王朝，开创了奴隶制帝国统治的新局面，史称“新王国时期”。这一时期直到公元前10世纪拉美西斯王朝结束，历经 500 年的经济持续发展阶段。

希克索斯人[①]是西亚游牧部落比较混杂的民族，文化落后，他们入主埃及后对尼罗河流域的农业生产破坏很大，甚至“无情地焚毁城市，夷平神庙，残酷地对待一切本地居民，把一些人杀死，把另一些人的妻子儿女掳掠为奴”，希克索斯人在下埃及建立的第十五、十六王朝实行暴虐统治，埃及社会的经济很难稳定发展，尤其是广大农民和奴隶更处于水深火热之中。

随着希克索斯人的被驱逐，十八王朝的中央政权开展了剪除地方割据势力的斗争，雅赫摩斯一世凭借一支强大的军队南征北战，为埃及新王国开辟了比古王国更为辽阔的疆域。经过图特摩斯一世（Thutmose Ⅰ，公元前 1504 年—前 1492 年）、二世（Thutmose Ⅱ，？—前 1479 年）的进一步攻伐，到图特摩斯三世[②]（Thutmose Ⅲ，公元前 1514 年—前 1425 年）统治时期，十八王朝的国力已相当强盛。他不仅牢固地控制了王权和对尼罗河两岸的统治，而且数次远征叙利亚、巴勒斯坦，直至进逼幼发拉底河畔，并几度南侵努比亚，形成南北 5 000 里的西亚北非势力范围。无数胜利为埃及帝国提供了源源不断的奴隶和巨大的财富，使新王国进入奴隶制经济发展的新高峰。

新王国时期（约公元前 1567 年—前 1085 年），由于频繁发动大规模的对外侵略战争，掠夺了大量的金银财宝和奴隶，奴隶制空前发展起来。据埃及古代铭文记载，阿蒙霍特普二世国王一次远征叙利亚就获得俘虏 10 万余人。作为战利品的奴隶源源不断流入埃及。掠夺性的战争也使奴隶市场空前繁荣，占有和使用奴隶的现象更加普遍，即使中等阶层的人如中下级官吏、军官、商人、普通祭司等，也能占有几个或几十个奴隶。大批奴隶为奴隶主耕种土地，在各种作坊里制作日常用品，从事营建工程，充当仆役。有的奴隶从奴隶主那里领取一块份地耕种，向他交租；还有的被主人租给其他奴隶主去使用。在努比亚和西奈半岛的金矿、铜矿，也主要使用奴隶劳动。奴隶固然处在社会的最底层，但是农民的境况也和奴隶相近似。他们耕种奴隶主的土地，租税很重。许多农民连种子、牲畜也没有。春播时由官吏丈量土地，发给种子，然后监督劳动，登记收获。农民往往因为交不起租而不得不把土地转给别人租种。农民名义上是自由人，实际上同样处在被奴役的地位。

新王国的农业经济仍是埃及社会生产发展的基础。土地制度表现为在法老专制统治下，全国大部分土地仍集中在王室和神庙手中。法老王室是埃及社会最大的奴隶主，也是军事、财政最高权力的集团。每逢战争胜利或国家庆典，法老就要向神庙和贵族赏赐

---

① 希克索斯一词，来源于埃及赫卡哈斯威特（heka Khaswt）的希腊语翻译，意为“外国的统治者”。这一术语最早出现于古王国，是指埃及以外的统治者。埃及进入第二中间期以后，统一王国分裂，来自迦南的希克索斯人以阿瓦利斯为中心建立了自己的王朝，这是埃及历史上第一个外族政权。希克索斯人在埃及的统治是自身在政治、经济和文化等各方面埃及化的过程。虽然他们在埃及有些破坏活动，但没有造成毁灭性的灾难，反而在吸收埃及传统文化的同时，对埃及历史的发展产生了一些积极影响。从某种角度来讲，希克索斯人的统治是对埃及文化的继承和发展。

② 图特摩斯三世是埃及第十八王朝法老，在古埃及的 31 个王朝中，第十八王朝是延续时间最长、版图最大、国力最鼎盛的一个朝代，而图特摩斯三世则是这个王朝的集大成者。通常认为，是图特摩斯使埃及完成了从一个地域性王国向洲际大帝国的质变。图特摩斯三世被认为是古埃及最伟大的法老之一，被称为“古代世界之拿破仑”。

土地、奴隶和财宝，图特摩斯三世有一次赐予阿蒙神庙奴隶 1 578 人，另一次赐予土地 2 800 斯塔特。在一份重要的文件《哈利斯纸草书》中，记载了阿蒙神庙拥有的巨大财产，包括土地、村镇、花园、葡萄园、果园、船坞、船只、牲畜、家禽、粮食、金、银、铜、宝石、金银器皿、精工编织的长袍、香料、蜂蜜、油、酒等的数量，还有各种手工业作坊和牧场中的木匠、铜匠、石匠、涂香料工、牧牛人、水手、养蜂工、书记员等的人数。到了二十王朝时，阿蒙神庙已拥有奴隶劳工 86 486 人，土地 864 186 斯塔特，大小牲畜 421 362 头。相反，农民则普遍土地不足，甚或根本没有土地，许多农民只能租种王室、神庙和一些奴隶主贵族的土地，其生活处境几乎与奴隶一样。不过，各地的土地实际上基本控制在奴隶主贵族手中，私有土地和土地买卖现象比过去更为发展了。有一份《牧人摩塞档案》记录了一份买地契约，提到这个牧人以一牛买得了 3 斯塔特耕地，可见土地买卖在一般平民中也是比较流行的。尤其是到后期埃及阶段，土地买卖更为普遍。二十三王朝的一份材料提到阿蒙神庙的最高祭司一次从 15 个人手中分 16 回购进土地 556 斯塔特，其中卖地最多的是一位祭司，也有的是普通农民仅出卖几斯塔特土地。[16]

新王国时期的土地关系，就总的格局而言，同古王国时期没有太大的变化，国王、神庙和官僚贵族奴隶主仍是生产资料的主要占有者。不过，随着社会经济的发展，特别是商品货币关系的发展，在新王国时期，在生产资料的占有方面也起了某些变化，这就是中下层居民对生产资料的占有，私有制，其中也包括生产资料的私有制逐渐普及到中下层居民之中，如有的牧人可以占有土地，并可出卖，甚至奴隶也占有土地并可买卖。

奴隶主的土地基本上是采用租佃形式经营，这从《维勒布尔纸草》及若干其他资料中可以看出。《维勒布尔纸草》本身就是一份神庙和王室土地的丈量和租佃清册，它记载了每块土地的所有者，地块的位置、面积，以及租佃者的姓名、职业、应缴纳的租税额等。从该纸草的资料可以看出，租佃者的成分是很复杂的，有女市民、奴隶、农民、沙尔丹及其仆人、养蜂人、马厩长官、牧人、小祭司等。每人租佃的土地数量不等，多的可能有 200 多斯塔特，少的只有 3～5 斯塔特，甚至更少。有的人租佃的土地显然不是自己耕种，而可能是由奴隶或其他人耕种。

新王国时期的土地制度渐趋完善，土地占有形式主要有三种：①农民份地。份地已成私产，且允许买卖。买卖土地的契约手续须在法庭办理，并在土地登记册上更改业主的姓名。②大农庄。归王室及官僚贵族直接占有，驱使奴隶与破产农民为之耕种，产品上缴后，再向劳动者分配口粮。高级官僚领受的封赐土地，地方各级官吏分得的服役份地，都是以法老的名义给予的，因而须向法老缴纳少量贡赋，赐给官僚的土地可以世袭与转让。③神庙农庄。这类土地约占全埃及可耕地的 15%，其经营形式与王室农庄相似，但可免交赋税。战俘奴隶经常作为献礼而成为神庙的依附农民。

这一时期，已开始采用农田管理的轮作制，并普遍使用了新式的梯形犁和骡、马等畜力，骡、马的耕地效率要比过去的牛、驴高；引水灌溉则已采用多层桔槔，可以连续提水把河水扬到高程，明显增加了灌溉的功效，对农业生产起了促进作用。此外，青铜制作的农具也有一定增加，又从赫梯运来了铁，开始使用铁器的农具。在这些大的改革中，埃及的农业生产达到了古代最高水平，奴隶制经济已到了充分发达的阶段。

在萨卡拉的墓地中，一些墓室墙壁上还遗留着一系列反映新王国时期埃及农村生活的图景，包括翻松土地、播种、收割、打谷、簸扬、称谷、储藏的各个场面和谷仓。在河岸的花园和贵族宅院中，种植着棕榈树、无花果树、石榴树、苹果树、橄榄树，以及蔬菜、花卉等，也有一些浮雕反映的是葡萄园和手工业作坊中酿酒、制蜜的过程。这些画面是当时农业经济在人们生活中的真实反映。

建筑业也十分发达。新王国时期建造了大量的神殿、享殿、方尖碑等纪念性的建筑，其中最杰出的代表是哈特谢普苏特女王享殿。这座享殿是埃及为数众多的伟大建筑之一，位于底比斯附近的代尔巴哈山下。享殿沿代尔·埃里·巴哈利山脚地势的高低分成3层，各层前面有柱廊，中间有斜向通道连接各层，一条由低向高铺设的通道把各个建筑连在一起，通道两侧，耸立着两条柱廊。最上面的一层凿在山里，里面有阿蒙神庙。整个建筑庄严肃穆，宏大的气势与群山相应，垂直的山崖与白石构成的柱廊相互映衬，形成统一的整体。

卢克索神庙和卡纳克神庙是新王国时期的著名建筑，神庙的外形均为长方形，沿一条中轴线建成。卡纳克神庙最惊人的部分是大圆柱厅，这是世界上最大的圆柱厅，它占地5 000多平方米。厅内共有134根石柱，分16行排列，中央两排特别粗大，每根高达21米，直径3.57米，柱头是绽开的纸草花形，柱顶圆盘上可以站立100人。圆柱、天花板、梁、墙面上刻满了象形文字和浮雕，内容是记载神庙的历史和供奉的神名，以及当时重大的历史事件。在这大厅里，无法看到中心轴的对角线，大厅里的柱子像原始森林一样密集，中央高柱盛开的纸草花柱头遮住了上面的横梁。外面的光线透过高侧窗，在横梁与柱头的遮挡下渐次稀微，天花板在这种光线照射下好像是悬浮在高空。殿内光线阴暗，具有神庙所需要的幽深、神秘的气氛。

第十九王朝时期的阿布—辛姆贝勒神庙建于拉美西斯二世时期。它的宏伟无与伦比，正面有四尊与山体相连的拉美西斯二世像，高达21米，神庙内的柱子雕成人形，石壁上刻满了象形文字，描述拉美西斯二世的生活与功绩。这一神庙是王权神化的集中体现。

新王国时期，雕刻又重新出现新的繁荣，出现了真人大小的雕像和巨型雕像。肖像在技巧上更为成熟，肌肉表现优美，嘴角稍露微笑。埃赫纳顿时期的雕刻以其强烈的生活气息和深远的意境为特色表现了法老的日常生活。《埃赫纳顿肖像》是埃及历史上第一次出现的并不俊美的王者像，它真实地表现了这位法老的外貌：长脸、大头、小细脖、细腰、大肚子，这种写实的表现显然得到了法老的支持。法老面部的表现极富有个性，他的脸部清瘦，嘴唇线条柔和，眼睛流露出梦幻般的目光，表现出一种哲学家的精神气质和神经质，显示出一个改革者的急躁和狂热性格。[17]

这一时期，壁画也出现了前所未有的繁荣。它主要用来装饰宫殿、庙宇和陵墓，其中保存最多的是墓室壁画。它的内容多表现墓主生前奢侈豪华的生活以及仆人们从事耕牧劳动的场面，具有明显的世俗性。在形式上，它继承了古王国、中王国的传统，但处理手法上更纯熟、大胆、自由多样。在常见的军事、狩猎、乐舞、宴饮等场面上，对人物姿势的描绘更为生动自如，大多具有鲜明的享乐倾向。如底比斯的纳赫特墓中的宴乐场院面，其中有3个女乐师是埃及壁画中最美的形象。艺术家透过轻盈透明的衣裳把3个妙龄少女的躯体画得若隐若现，娇憨动人的姿态、华丽的色彩、流畅的线条达到了极为和谐的境界。底比斯尼巴姆墓室中的《舞乐图》以同样的手法表现了贵族的享乐生活，充满了喜悦的气氛和轻歌曼舞的情调。[18]

新王国时期，手工业经济也比过去有了明显的发展。在十八王朝，青铜工具在各个生产领域的数量都增加了。过去冶炼金属仅靠口吹筒管来鼓风加温，这时已使用脚踏鼓风机，并且用皮革制成风箱来连续操作，大大提高了工作效率。铸造法广为使用，青铜和铁的冶炼速度也大幅提高。当时所制的金属板材最长可达2米，有几十公斤重。青铜器制作的手工作坊规模也有明显增大，在图特摩斯三世时期的一位宰相墓中，壁画上可见阿蒙神庙的大作坊包括各类工匠150人之多；另有史料提到有12名工匠的一间作坊能生产出斧、锯、锄、锤、剑、小刀、匕首、长矛和弓箭等各类器物，还可以制作出许多祭神用的器皿，甚至能冶炼6种合金的质量上乘青铜器。

木制品既是平民百姓的日常生活中的必需品，也是王公贵族们追求豪华的工艺品。著名的图坦阿蒙陵墓①中，出土了许多精美绝伦的工艺品，其中就包含着一批木制家具和武器、王杖、雕像、战车等。家具中有法老的宝座，椅背用金银贴面、宝石镶嵌的浮雕来表现少年法老和王后在一起的情景；许多箱、柜装饰着狩猎、山林、花鸟等图案；墓室内的棺椁共有7层，内棺的最外层和中间层都是在木质上贴金的。

新王国时期的纺织业较多使用立式织布机，纺织工匠每人可同时照管两枚悬式纺锭，比过去的平式织布机大有进步。以亚麻和羊毛为原料的纺织业也很发达。从图特摩斯四世和图坦哈蒙墓中发现的一些亚麻织物残品来看，纺织技术有很高的水平。新王国时期的纺织机械也有所改进，以垂式织布机取代了中王国时期的卧式织布机，用一人即可操作，而且可以织出较宽的布幅。

玻璃制造业也达到很高的水平，已能生产各式的彩色玻璃器皿。作为法老宫廷御用品的一些高级玻璃制品不仅造型别致，工艺也十分精良。在底比斯发掘出好几座属于第十八王朝时期的玻璃制造厂。这时生产的玻璃品种很多，有紫水晶、黑色、蓝色、白色、红色、棕色、黄色，以及无色透明的玻璃等。

在造船业方面，出红海到东非沿岸的远航所使用的帆船，已达到古代世界的一流水平。尼罗河上法老的御船极其豪华壮观。

手工业经济和狩猎活动在法老和贵族陵墓的壁画、雕刻中都有反映。有的墓中描绘出宽广的牧场、丰美的牧草和牧畜繁殖、挤奶、饲养、医病的画面；也有在沙漠中猎获牡鹿、狮、豹、羚羊和在河中捕获河马、鳄鱼和其他鱼类以及在沼泽中捕鸟的场面；有砍劈石料、雕刻石像、制作方尖石碑、石柱、祭桌、石门、石梆和一些石制器皿的场面；

---

① 图坦卡蒙陵墓，驰名世界的“帝王之谷”，位于尼罗河西岸的沙漠中，这里是古代埃及首都底比斯的所在地，距今开罗市西100多公里。图坦卡蒙是3300多年前的一个年轻埃及法老，他曾在金雕御座上管理着庞大帝国。他的统治是短暂的，在18岁时突然死去。这是3300年来唯一一个完好无缺的法老陵墓，也是埃及最豪华的陵寝，更是埃及考古史乃至世界考古史上最伟大的发现。自从埃及第十八王朝法老图特摩斯一世在这里建造了第一个隐蔽的地下墓室后，他的后继者们竞相仿效，经历了约5个世纪的漫长岁月，共修建了30多座法老的陵墓。

有木匠制造车、家具、壁龛、门、床、枕、椅、桌、盆的场面；还有一些金属制作、制陶、烤面包、制作香料、纺织和染织、造船和水上航运的图景，这一切都再现了当时社会经济的蓬勃发展局面。

新王国时期的商业伴随关农业和手工业经济的繁荣而出现兴旺景象。城市经济的发展和中小奴隶主在经济上的日益活跃，与商业的发展有密切关系。在农业和手工业产品种类不断增加、数量迅速增多的形势下，大量产品流入市场，尤其是一些青铜器、亚麻织品、纺织品、皮革制品、装饰品和玻璃器皿，不仅在国内的中上层社会中成为交换的产品，而且成为远销中亚、西亚和南亚次大陆的名贵商品。与此同时，伴随着军事征服，埃及的商业迅速发展，发展起范围更大的贸易活动。埃及同小亚细亚、红海南岸、希腊、爱琴海的岛屿都有贸易往来，而以地中海东岸为主要对象。埃及的出口产品以谷物、麻布、皮革、纸草等为大宗，进口物品除小亚细亚和黎巴嫩木材外，还有叙利亚酒、油类树脂，克里特的精美陶瓶、金属武器以及饰物等。为了保持军事实力，埃及很大的贸易比重与武器制造有关，从其他地方进口原料，然后制造武器和战车出口，埃及制造的战车甚至出口到战车发明地美索不达米亚平原。

这时的商人，多已成为非贵族出身却拥有一定资财和奴隶的人，他们与各级军政官吏、宫廷侍从、技师、艺匠等被统称为“涅木呼”，意思虽然与中王国时期的“涅杰斯”差不多，但其社会地位有了提高，这批人成为奴隶制王朝统治下举足轻重的、越来越强大的势力。

这一时期，埃及还积极从事掠夺性对外贸易。在强大战斧的保护下，埃及商业远征队从叙利亚、塞浦路斯、巴勒斯坦、埃塞俄比亚等地运回法老所需要的各种商品。其中最有影响的是第十八王朝中期，女王哈特谢普苏特对彭特国的远征，当时，她派遣了一支由帆船组成的庞大商船队开往红海沿岸的彭特国。在这次贸易活动中，埃及人带去的商品有指环、项链、战斧、匕首等，带回的则是各种芳香树脂、香木、没药树、肉桂树、乌木、象牙、黄金、化妆品以及长尾猴、狗、血豹皮，还有男女土人奴隶和奴隶的子女。为了纪念这次远征，在埃及当时的首府底比斯附近修建了一座饰以很多石柱的半石窟神庙。在神庙墙壁上画着这次出征的详细情节，包括船队的规模、黑人地区的风景以及抢掠的珍贵的财物等。[19]埃及人通过商业往来，沟通了与外界的联系，丰富了自己的经济生活，从而打下了坚实的物质基础。

新王国时期生产力的巨大增长、对外战争中掠夺回来的大批财富、对外联系的加强和发展，大大促进了埃及商品货币关系的发展。金属作为流通手段的情况增多了，主要用铜、青铜、白银和黄金来履行其货币职能，但铸币仍未出现。用银作为价值尺度的情况比较常见。商品货币关系发展的一个重要表现是借贷关系的发展。资料表明，借债要立字据，保证偿还，还要有证人签字方为有效。但是，新王国时期商品货币关系发展仍然很不充分。最突出的表现是，物物交换的情况还很普遍，衣服、牛、谷物、各种器皿等都可作为交换物。租用和买卖奴隶、买卖土地等都以实物进行交易，只是要注明值多少银子。

新王国时期埃及商品货币关系发展的主要障碍，仍然是大部分生产资料控制在王室、神庙和贵族奴隶主手中，而他们的经济也仍然是封闭型的，与市场不发生什么关系。金、银等贵金属大多控制在国家和各类奴隶主手中，并且主要不是用作货币，加入流通，而是用于制作各种装饰品。官吏、手工业者的报酬也都是实物，而不是货币。对外贸易仍控制在国家和王室手中。

4.6　后王国时期的经济与奴隶制

后王国时期（约公元前1085年—前525年），随着铁器使用的逐渐普遍，商品货币关系空前发展，并出现了铸币。随着商品货币关系的发展，高利贷剥削也猖獗起来，土地兼并与债务奴隶制盛行。为此，在利比亚族于下埃及建立起第二十四王朝（约公元前730—前715年）法老波克霍利斯（Bocchoris）制定法律，以限制高利贷盘剥，废除债务奴隶制，但并没有真正实行。与此同时，努比亚人建立起第二十五王朝（约公元前730年—前656年）。后来埃及帝国分裂，贸易不再受国家控制，走私行为普遍，人们更多地利用政府发行的金属圆环，埃及步入货币时代。

在这几百年的混乱政局下，虽然从北方亚述地区传入了铁器制造技术，使生产工具得到了较多改进，但仍没有从根本上扭转经济上的凋敝和停滞状况。善于使用铁制武器的亚述军队从北方长驱直入，在二十五王朝后期占领了尼罗河三角洲一带，并与努比亚人在孟菲斯、底比斯之间反复争夺。利比亚人后裔普萨姆提克（Psamtik，公元前664—前610年在位）。在混战中扩大了自己的势力，驱逐了亚述人，建立起独立的二十六王朝（公元前664年—前525年），并征服了南方，在百余年间恢复了埃及的统一，正当埃及的经济开始复兴的时期，强大的波斯帝国在东方兴起并占领了埃及，以后的二十七至三十一王朝都是在动荡的政治条件下不断兴衰更替的。所以公元前525年第二十六王朝的结束，即意味着埃及古代文明的结束。

从新王朝的瓦解到埃及古代文明结束的这段历史，习惯上称为后王国时期，或后期埃及。这一时期埃及的商业仍然不断地发展。其中突出的表现是城镇明显增多，对外贸易十分活跃，特别是和小亚细亚、希腊之间的贸易尤为繁荣。埃及的纺织品、陶瓷器以及金银装饰品等大量输往西亚和爱琴海一带。希腊和腓尼基商人纷纷来到埃及做生意，当时很多外国商人移民埃及，埃及还给这些移民以土地，埃及北部的诺克拉底斯就是由希腊移民建立的。在第二十六王朝法老尼科二世（Necho Ⅱ，约公元前609年—前593年在位）统治时期出于交通、贸易的需要，动员大量的人力和物力来开凿尼罗河至红海之间的运河。不过他未完成这一巨大而有意义的工程。据西罗多德记载，尼科二世还曾雇用腓尼基水手组成了一支探险非洲的船队，此举也有开辟航道发展贸易的目的。[20]

从公元前525年波斯征服埃及起，埃及先后处于波斯、希腊、罗马侵略者的统治下。波斯统治时期，埃及对外贸易几乎停滞，后来马其顿统治，贸易逐渐恢复并达到巅峰，亚历山大港成为当时最重要的商业城市。

后王国时期的奴隶制度也有了较大发展：奴隶人数大大增加。由于没有关于这个时期奴隶人数的统计资料，所以不知道奴隶的总数，也不知道各类奴隶主占有奴隶的数量。但奴隶人数比以往各时期要多是毫无疑问的。长期的大规模的对外战争，提供了奴隶的主要来源。

奴隶制发展的第二个表现是，奴隶主阶级的构成的变化，拥有奴隶的人增多了，奴隶主的面扩大了。古王国时期及其以前，奴隶基本上控制在贵族手中，一般人拥有奴隶的情况绝少。中王国时期出现了中小奴隶主阶层涅杰斯①，打破了贵族对奴隶的垄断，但涅杰斯本身占有奴隶的人数并不多；新王国时期，除了上层仍然拥有大量奴隶以外，不少中层居民都拥有奴隶；到了后王国时期，除了奴隶主阶级拥有大量奴隶以外，不少中下层居民，看门人、牧人、商人、手工业者、雇佣兵、理发师、市民等都可能拥有奴隶。这时形成的一个名叫涅木虎②的中小奴隶主阶层也可证明这一点。

奴隶是主人的财产，他们可被买卖、转让、继承、出租和雇佣，也可作为财产而被没收。显然这一时期奴隶的地位是很低的。

当然，在后王国时期，奴隶的状况也不完全一样；有的奴隶可能被释放为自由民或被收为养子，有的可能独立租种土地，有自己的家庭和经济，甚至有的还占有土地。但即使这些奴隶，真实境况也不一定好。如开罗一石碑所记的奴隶在出卖所占土地时就说是因为“度着穷困的生活”。租种神庙土地的奴隶，其所租土地也很少，还要交很重的租，要养家活口大概也是很艰难的。因此，奴隶采用了各种办法进行反抗，力图改善自己的状况，甚至改变自己的地位。

4.7 托勒密王朝的埃及经济

古埃及是个有着独特文明和古老传统的民族，在肥沃而又较为闭塞的尼罗河流域不断创造着自己的历史。到法老时代的后期，埃及开始衰落，不断遭到外族入侵，公元前332年马其顿王亚历山大大帝（Alexander，公元前356年—前323年）几乎没有遇到任何较大的抵抗，迅速地占领了古埃及的整个国土，古埃及人把亚历山大视为自己的解放者[21]。这对于征服者来说可以算是莫大的欣慰。此后，埃及处于希腊—马其顿人的统治之下。亚历山大死后由其大将托勒密（Πτολεμαios ο Σωτηρ，公元前367年—前282年）掌握埃及统治权，于公元前305年建立托勒密王朝③（Πτολεμαϊκη βασιλεια，公元前305

① 涅杰斯意为“小人”，最早见于埃及古王国时期，是与氏族贵族对立的平民阶层。但随着社会的发展，他们发生了分化，一部分成为中小奴隶主、僧侣，甚至高级官吏和州长，他们占有奴隶和土地。为数众多的涅杰斯则日益贫困化。在第一中间期，涅杰斯成为一个小私有者阶层。中王国时期出现分化，一部分成为土地所有者、奴隶主，即“强有力的涅杰斯”，成为一支独立的政治力量，为各诺姆所倚重；另一部分则沦为靠施舍过日。

② 涅木虎出现于中王国后期的社会阶层，成分复杂；到古埃及新王国时期兴起并登上政治舞台，逐渐发展为中小奴隶主阶层。属于该阶层的人可以经营王室土地，称为王室土地的涅木虎。他们享有世袭租佃权，向法律缴纳租税，也服务于军队，或为法老提供其他服务。他们可以占有奴隶、担任官职，逐渐成为王权的社会支柱。埃赫那吞改革时曾提拔了一大批涅木虎担任中央和地方的官吏。改革失败后，这个阶层受到打击、迫害，其财产也被没收。

③ 托勒密王朝（希腊语：Πτολεμαϊκη βασιλεια，公元前305年—前30年），或称托勒密埃及。是在马其顿君主亚历山大大帝死后，其将军托勒密一世所开创的一个王朝，统治埃及和周围地区。王国建立者托勒密一世在公元前305年自立为国王并宣称自己是埃及法老。托勒密王朝统治埃及直到公元前30年埃及女王克利奥帕特拉七世（埃及艳后）兵败自杀为止，历经275年。亚历山大港是托勒密王国的首都，也是当时是希腊化世界的重要文明中心以及贸易枢纽。托勒密王朝的诸位君主都被埃及历史上认为是法老。

年—前 30 年），称埃及国王，直到公元前 30 年罗马帝国征服埃及，托勒密王朝结束。

托勒密王朝在埃及史上留下了许多辉煌的印记，被誉为“世界七大奇观之一”的法罗斯灯塔①、有着地中海贸易中心地位的亚历山大里亚等都不同侧面体现了托勒密王朝经济的繁荣，为渐趋衰落的埃及带来了新的生机。

鉴于古埃及文明的特殊性，亚历山大本人对埃及采取了征服与怀柔相结合的政策，他不去触动当地传统的政治制度和宗教信仰[22]。因此，亚历山大征服埃及后曾不畏艰难险阻到锡瓦绿洲拜谒太阳神，因此得到了“太阳神之子”的称号，成为古埃及合法的统治者，法老的继承人。他通过祭拜阿蒙神庙得到了僧侣阶级的支持，基本的行政职权还是由埃及人掌握，但是最高统治权和军事大权却转到了希腊人手中。托勒密诸王继承了亚历山大的管理思想，在恢复埃及法老机构的同时对其不合适的地方进行了修改、补充和扩展，建立了一套更完备的官僚和管理体系。托勒密王控制着全国的领土，下设许多州，其行政机构是层层分散的，下层行政官员不管是希腊人或者埃及人都要绝对服从托勒密王的旨意，自下而上形成了一个“金字塔”状的国家管理机器。但征服者与被征服者的差别是不会消失的，埃及人处于受剥削受压迫的社会最底层。到了托勒密王朝晚期，由于国王们加速了埃及本土化，埃及本地人的社会地位有所上升，希腊人和埃及本地人通婚的现象也增多了。

托勒密王朝的政治制度对经济的影响是很明显的。在土地制度上沿袭了古埃及传统的经济模式，使农业生产稳定，奴隶制没有受到大的影响，继续向前发展。农业经济是在一定的历史条件和基础上发展起来的，统治者在古埃及传统文化的基础上，再加上有效的管理，大规模的法尤姆开发工程和复杂的灌溉网系统的工程建设，从而形成了托勒密王朝农业经济发展模式。托勒密王朝在埃及原有的经济结构中融入了希腊人的管理和技术，形成了一种新的复合式的经济制度。先进技术和新生产工具的推广与应用提高了农业生产力，相对开放的经济政策促进了商业贸易的繁荣，寺庙经济在这一时期也得到了很大发展。

托勒密王朝时期的埃及，不仅因农业的发展而成为粮仓，而且手工业也很发达，特别是纺织业，这是埃及的传统产业。埃及的纺织业包括三大部门，即毛纺织业、亚麻纺织业和大麻纺织业。其中，亚麻纺织业很早就有盛名，其次是毛纺织品。至于大麻纺织品，则主要用于制造船具，如绳索、网等。由于亚麻布行销甚广，又同广大人民的需求有关，所以受到政府的管治。[23]毛纺织业是一个古老的行业，在托勒密王朝时期依旧兴盛，尤其是亚历山大里亚，毛纺织业十分发达。不过，在那里，“很少制造普通的毛织品，多半制造以神秘景物作装饰的毛织品”。[24]此外，在亚历山大里亚还有金线织的毛织品以及丝织品，丝线可能是从中亚细亚和远东输入的。[25]

造纸业是埃及最享有盛名的手工业。埃及生产的草纸历史悠久，距今已经有 4 000—

① 亚历山大灯塔是世界著名的七大奇观之一。遗址在埃及亚历山大城边的法罗斯岛上。灯塔约在公元前 280—前 278 年建成，巍然屹立在亚历山大港外 1500 年，但因在两次地震中极度受损，最终于 1480 年完全沉入海底。当亚历山大灯塔建成后，它以 400 英尺的高度当之无愧为当时世界上最高的建筑物。它的设计者是希腊的建筑师索斯查图斯。

5 000 年了。“纸莎草的原料现在只有尼罗河上游才有。这种原料和芦苇差不多。造纸时，先把纸莎草的秆割开，切平，沿着纤维纵向摊平成条状，然后把多条纸莎草并在一起，再上下挤压，等水分挤干，纤维就黏结在一起，形成一个纤维平面。”[26]上面就可以写字、作画。“所以严格讲，纸莎草并不是纸，只是一个纤维平面。”[27]但是，埃及的草纸毕竟是世界上最早的、被称为“纸”的东西。当时，尼罗河一带，包括尼罗河三角洲，都生产这种纸的原料，它成为埃及的重要出口商品之一。

埃及的另一个出色的手工业行业是生产各种珠宝、首饰、装饰品和艺术性较高的玻璃制品的制造业。西亚、北非、意大利半岛、西西里以及希腊本土的一些城市，都是埃及珠宝首饰业和装饰品制造业的行销地。[28]

埃及的制造业也很发达。造船技术在托勒密王朝时期有所突破。例如，托勒密二世曾下令建造四十桨的大型战舰，足见造船技术已超过希腊古典时期的水平。此外，埃及的铁器生产也有较大进步，铁犁开始广泛使用，农业生产率提高了。[29]其他手工业，如木器、马车、染料、家庭生活用品的制造都有发展。

在托勒密王朝时期，商业的发展是很不均衡的。在乡村地区，尤其是上埃及，仍保持着古老的交易方式，即以物易物。对乡村中的佃户们，有这样的规定：由于佃户是王室土地上的佃户，他们购买“啤酒、油、鱼、蜂蜜、布匹、苏打、砖、木料、纸张以及日常生活所需的几乎所有其他物品时，只能从国王那里购买，因为国王是唯一的生产者和卖主”。[30]佃户们也可以从私商那里购买，但问题在于：“为了取得护照，私商要缴纳的费用很多，以致他们产品的价格不可能比国王低。”[31]

埃及城市中商业是发达的。除了有各类商店销售商品，以及各类手工业作坊可以自产自销外，出售商品的其他人还可以通过经纪人代办买卖业务。尼罗河及其支流上的货运，有私人船只，但国王船队占优势。王家的货船在尼罗河上来往不绝，它们把王家作坊的产品销往各地，再卖给私商和居民。

托勒密王朝的经济结构既有古埃及的传统又有新的特点。国家土地仍属于托勒密王所有，但在使用方式上有所改变，全国土地分为“王田”和“授田”，“授田”又根据经营群体不同，分为“庙田”“屯田”“赐田”和“私田”，劳动者们在各自的土地上辛勤地劳作着。这种土地制度为托勒密王朝时期的埃及带来了大量新开垦的土地，扩大了农业经济基础。税收和垄断是托勒密王朝的主要财政手段，也是国王所有制的重申与体现。国家大多手工业生产和商业活动都要缴税，而且税负很重，同时，国家还实行严格的垄断以控制全国的经济，特别是对油料的垄断，播种、生产、榨油等各个环节都由国家严格监视，从中获取高额利润。托勒密政府每年通过这两项聚敛大量钱财来维持国家各个方面的消费。

托勒密诸王利用民族混居的优势进行了一些经济改革，促进了埃及经济的发展。为了巩固政权、维护社会秩序，给予僧侣集团和军队很大的特权，赐予其大量土地还免征赋税，军事力量增强，神庙经济发展。希腊人来到埃及同时也把他们先进的农业生产技术和新的农作物品种带到了埃及，不断提高产量，调整农业生产结构，农业经济得到了极大发展。随着手工业和农业的发展，商品交换频繁，托勒密王朝时期的埃及实行货币标准制，这些都为商品经济的繁荣创造了条件。

托勒密王朝建立后，大量希腊人移民埃及建立了自己的城市，商品经济也随之嵌入了埃及传统经济结构中，借助埃及优越的地理位置不断发展对外贸易。都城亚历山大里亚成了地中海世界的贸易纽带，并在亚历山大港建了一座法罗斯灯塔为来往的船只引航；托勒密二世时凿通了连接尼罗河与红海的涅克索运河，大大缩短了东西方贸易的航程，被称作"海上丝绸之路"，东方大量的奇珍异宝就是通过这条水路运抵埃及的。来自世界各地的商品大多经过亚历山大里亚运往其他国家，每天这里都会云集大量的商人，亚历山大里亚成了地中海世界贸易的集散地，托勒密政府从中获利丰厚。此时，埃及的商业势力扩展到了整个爱琴海和小亚细亚等地。这一时期经济的发展达到了埃及史上的又一高峰，通过历史遗迹——宏伟的亚历山大里亚和奇特的法罗斯灯塔依稀可见昔日的辉煌。

4.8　罗马统治时期的埃及经济

公元前 30 年，盖乌斯·尤里乌斯·恺撒·奥古斯都（屋大维，Gaius Julius Caesar Augustus，公元前 63 年—前 14 年）征服了埃及，克利奥帕特拉（Κλεοπατρα Z，约公元前 70 年—前 30 年）女王被奥古斯都囚禁，自杀身亡。托勒密王朝寿终正寝，从此埃及变成罗马帝国的一部分。奥古斯都把号称"东地中海谷仓"的埃及据为自己的私人领地，作为元首私人收入的主要来源。为了巩固在埃及的统治和重新振兴埃及经济，基本上保留了托勒密王朝埃及的土地制度、税收制度、经济组织和财政机构，并且有所加强和发展。埃及的全部土地名义上归奥古斯都所有，原托勒密王室所占有的大量肥沃土地被收归为"公有地"，托勒密王朝时期的赐田和军人份地也被没收，埃及神庙的大量土地也被没收殆尽。这些土地仍然租给托勒密王朝时期的王田农民耕种，后者向国家缴纳实物税和货币税，税收仍由国家官吏或包税人征收。

奥古斯都注重水利灌溉工程的修建，促进农业生产的发展。他还奖励工商业的发展，仍然把亚历山大里亚当成国际贸易的中心，中国的丝绸、漆器、铁器，印度的象牙、香料，阿拉伯的宝石等，依然运送到亚历山大里亚，然后再转销到罗马和其他地区。

罗马帝国征服埃及后，一心要把埃及变成帝国最大的粮仓。帝国盛期，由罗马迁入埃及的人口，有一部分是罗马的商人，他们在埃及从事贸易活动，把埃及的商品，特别是粮食通过海路或陆路运往各地；另一部分是罗马的权贵和富户，他们在埃及投资于土地的购买，或者通过当地官员勾结，设法租到大片廉价的公用土地，建设田庄，生产粮食。田庄使用的劳动力中，大多数是埃及当地土著的佃户。他们对土地，也就是对田庄主有一定的依附性，不能自由迁移。[32]

埃及的手工业比较发达，著名的产品有苇纸、亚麻织品和手工艺品。生产手工业品的作坊主中，有希腊移民后裔、土著居民，也有新迁来的罗马人。有的作坊雇佣工人，受雇佣的主要是土著居民。但政府对工业管理很严。同以往一样，业主必须领到当局颁发的营业证才能出售商品。埃及的手工业多数集中在亚历山大里亚，其他散布于小镇和村的集市上，因为埃及直到马库斯·奥雷利乌斯·塞维鲁·亚历山大（Marcus Aurelius Severus Alexander）（208—235 年，222—235 年在位）时期，"除了亚历山大里亚外几乎没有任何城市”。[33]

罗马统治时期，罗马帝国对埃及收重税，货币税和实物税都与土地挂钩，此外还有名目繁多的以货币缴付的蝇头小税，以及贸易税等。巨量的埃及谷物则被装船顺尼罗河而下，运至亚历山大港，其中一部分喂养了城市中的人口，其余的大部分则出口至罗马。尽管纳税人时常抱怨收税人的压迫和勒索行为，但是当时官方的税率并未达到一个很高的水平。事实上，罗马政府积极鼓励土地的私有化和私人手工业、商业和贸易的繁荣，而低税率则会受到私人业主的欢迎。穷人则靠作为国有土地、皇帝所有产业或富人的私有土地的佃户营生，相对而言，他们负担了重得多的租税——在相当长的一段时期内，租税都维持在较高的水平上。

公元 2 世纪中叶，“派差”制度的推行使债奴的数量与日俱增。罗马皇室把收税作为义务加在埃及地方官吏的身上，规定如果收不足税收，所欠税额则由地方官吏本人负责补足。这样一来，被“派差”的地方官吏在收税时对纳税人更加残酷无情，威逼拷打无所不用，直至把纳税人变为债奴为止。公元 3 世纪后，许多官吏用野蛮的收税办法也无法收足税额，只好自己将所欠税额补足，不少官吏因此而破产，沦落为普通老百姓。实行“派差”制的同时，还实行纳税人的集体联保制，即把邻里、乡党、同业行会的成员都包括进去，如果谁交不清赋税，大家都要受到株连。

除了繁重的赋税之外，埃及人还要为罗马统治者负担各种各样的劳役，如向罗马统治者提供车、船和牛，运送人员和货物，还要义务修建水利工程、公共建筑物、道路和军营等。城市中的手工业者和商人也不能幸免，要在国家管理人员的指挥和监督下，为罗马统治者效劳。

罗马统治者为了保证税赋的征收，采取了许多新的强制办法，如强迫埃及农民开垦荒地，扩大耕地面积，强迫农民代耕逃亡者的土地等。但是收效甚微，结果又促进了“庇护”制的发展。农民不仅要代耕逃亡者的土地，而且要代付逃亡者的赋税，还代他们服劳役，农民的负担成倍地增加。负担不起的农民不得不把自己的土地交给大田庄主，求得田庄主的“庇护”，“庇护”制迅速流行起来。

罗马统治时期的埃及，甚至在乡村一级，经济的货币化程度和复杂程度都在与日俱增。以硬币为媒介，货物得以大规模的流通。在城镇和较大的农村，随着大型谷物产地的开发，较高层次的工业和商业活动也被激活。埃及的国内和国外贸易总量，在公元 1 世纪和公元 2 世纪间达到峰值。但是在公元 3 世纪末，严重的问题开始浮现。帝国发行硬币成色的多次降低损害了货币的信用，而政府征收的名目越来越繁多的实物税则使经济状况雪上加霜。地方政府越来越疏失、顽固和无效率，至盖尤斯·奥勒留·瓦莱利乌斯·戴克里先（Gaius Aurelius Valerius Diocletianus，250—312 年，284—305 年在位）和君士坦丁一世君士坦丁大帝，（Constantinus I Magnus，272—337 年，306—337 年在位）统治时期，埃及已经迫切需要进行深入而有目的性的经济改革了。

4.9 古王国时期以后的人口变动

从埃及自身人口发展的角度来看，在古王国第四王朝时期（公元前 2575 年—前 2465

年），光修建一个胡夫金字塔就动用了10万人的劳动力。而且事实上按规定每位农民每年只需服役3个月。粗略计算，全国青壮年劳动力就有40万之多，全国人口至少200万人。这是在公元前2500年左右。

历史学者托马斯·汉瑞·霍林斯沃思（Thomas Henry Hollingsworth）在片断的史料上再加上推测，追溯到了公元前664年，描绘了长期人口变动的趋势。根据他的推测，公元前664年，埃及的人口为220万人左右。[34]

公元前663年，埃及将亚述军队驱逐出境，成立了第二十六王朝（公元前672年—前525年）。这时古代埃及的经济繁荣期已过，正在逐步步入老化期，但舍易斯王朝修改的政策发挥了作用，带来了暂时的复兴和较大的人口增长；然而公元前525年埃及被波斯帝国征服，成为他们的属州，据推测，公元400年，埃及人口应保持在280万人左右。

公元前332年，埃及被马其顿王亚历山大大帝征服，法老时代结束。公元前305年，托勒密在埃及建立托勒密王朝，以后的300年间埃及在希腊人的统治之下。这一时期，由于经济有所恢复，人口呈现增长的趋势，到公元前200年，人口增殖到400万人左右，随后的200年埃及人口大体上保持在这一水平上。

公元前30年，盖乌斯·尤里乌斯·恺撒·奥古斯都（Gaius Julius Caesar Augustus，公元前63年—前14年）征服了埃及。为了确保税收，奥古斯都在埃及城市设立了人口普查系统，使人口普查趋于系统化和制度化。公元前28年，奥古斯都亲自举办了全国第一次人口普查，埃及行省总人口为750万人，其中埃及人口为450万人左右。随后伴随着罗马统治下的埃及经济发展，埃及人口到公元200年增至475万人左右，这一时期人口增长的速度是缓慢的。

罗马在公元3世纪发生了经济危机，这一时期还发生了瘟疫。瘟疫使埃及人口骤减，对埃及灌溉农业经济产生了显著的影响。虽然大部分土地荒芜，没人耕作，地租逐年下降，农作物生产成本降低，但劳动力和制成品的价格上涨使物价出现了巨大波动，而长期的人口下降对经济发展也是不利的。进入4世纪以后，罗马的埃及行省经济有所恢复，人口又恢复到4世纪末的475万人左右。总的来看，埃及的人口变动趋势自古王国以来是比较平稳的，人口规模在世界古代人口史上始终保持在世界前八位的水平。

注释

[1]［2］［4］百度文库. 古代埃及的经济发展，2010－11.

［3］谢振玲. 论尼罗河对古代埃及经济的影响［J］. 农业考古，2010（1）.

［5］［7］［13］［14］［16］百度快照. 古代埃及的经济发展，2010－11.

［6］［意］克罗齐. 美学原理［M］. 上海：上海人民出版社，2007.

［8］朱龙华. 世界历史·上古部分［M］. 北京：北京大学出版社，1991.

［9］［12］［15］［19］马月禾. 世界古代史选编［M］. 哈尔滨：黑龙江人民出版社，1980.

［10］朱寰主编. 世界上古中古史》（上）［M］. 北京：高等教育出版社，1986.

[11] 吴于廑，齐世荣主编. 世界史·古代史 [M]. 北京：高等教育出版社，1994.

[17] [18] 百度快照. 人类史前美术专题——武陵老君的博客，2014－3.

[20] 袁德忠. 古代埃及商业发展述略 [J]. 赤峰教育学院学报，2001 (2).

[21] Lloyd，J. G.，*Alexander the Great*，Cambridge：Cambridge University Press，1981.

[22] [古希腊] 阿里安. 亚历山大远征记 [M]. 北京：商务印书馆，1979.

[23] Rostovtzeff，M.，*The Social and Economic History of the Hellenistic World*，Vol. I，The Clarendon press，Oxford，1941.

[24] [25] [法] 杜丹. 古代世界经济生活 [M]. 志扬，译. 北京：商务印书馆，1963.

[26] [27] 葛剑雄. 纸的起源与传播 [N]. 文汇报，2011－08－15.

[28] 厉以宁. 希腊古代经济史（下编）[M]. 北京：商务印书馆，2013.

[29] 陈恒. 希腊化研究 [M]. 北京：商务印书馆，2006.

[30] [31] [美] 威廉·弗格森. 希腊帝国主义 [M]. 晏绍祥，译，上海：上海三联书店，2005.

[32] 厉以宁. 罗马—拜占庭经济史（上卷）[M]. 北京：商务印书馆，2006.

[33] [英] H. J. 哈巴库克，M. M. 波斯坦. 剑桥欧洲经济史（第一卷）[M]. 北京：经济科学出版社，2002.

[34] [日] 大淵寛，森岡仁. 経済人口学，東京：新評論，1981.

第 5 章　古巴比伦的经济发展

5.1　世界最早的灌溉农业与水渠开建

5.1.1　灌溉农业

古代两河流域是世界上最早诞生文明的地区，该地区最先发明了原始农业，最早种植大麦、小麦等农作物，形成了世界上第一个农业区。古代两河流域的农业类型根据调节农业供水类型的不同，大致可以分为两种类型：旱作农业①和灌溉农业。旱作农业主要分布在降水量较丰富的北部亚述地区，而灌溉农业则主要分布在南方降水较少而又具有天然河道的冲积平原上。就两河流域的自然环境而言，只有北部地区季节性的降水比较丰富，可以不用人工灌溉而发展农业。因此两河流域地区最早的农业定居点出现在底格里斯河中游丘陵地带的雅尔莫，时间大约为公元前 7000 年，这也是世界上最早的农业定居点之一。[1]此后，在两河流域北部地区相继或共生了三个史前文化，分别以考古发掘地命名为哈孙那文化、萨马腊文化和哈夫拉文化，时间从公元前 6000 年延续到公元前 5000 年下半叶。现存的考古资料显示，在公元前 5000 年之前，两河流域南部干旱、缺水的苏美尔地区并没有形成大的农业定居点。但在公元前 5000 年之后，随着生产力的发展、生产技术的改进，南部干旱的苏美尔地区人们开始可以有效引用幼发拉底河和底格里斯河的河水，逐渐掌握了人工灌溉技术，该地区终于后来居上逐渐步入了灌溉农业的新时代。随着苏美尔文明的迅速发展及文明圈的不断扩大，源于苏美尔地区的灌溉农业逐渐在整个两河流域地区迅速发展起来，灌溉农业逐步取代了旱作农业，成为两河流域地区最基本、最重要、最有效的一种农业形式。[2]

旱作农业主要依靠自然降水，而灌溉农业除了依靠自然降水外，则主要依靠复杂的灌溉系统，进行大规模的人工灌溉。两河流域地区最初的人工灌溉技术比较简单，人们通常就是开挖一些小沟渠，把幼发拉底河和底格里斯河的河水引到田里，就完成了简单的人工灌溉。但到了古巴比伦时期，两河流域则发展形成了比较复杂的灌溉技术，国王主持修建密布田间的水利系统，并定期维护，形成了较发达的灌溉农业。灌溉用水通过各种运河、主渠、支渠、沟渠、水道等进入田地。[3]古巴比伦时期的居民用修拦河坝的方法来提高主渠的水位，修筑堤岸来防止水的外溢，裂缝用芦苇束和泥来修补。在主渠的重要部分，为了防止河堤的腐蚀，用沥青和烧制的泥砖筑墙来加固。用鹅卵石和石块作

---

①　旱作是在没有灌溉的旱地上实施的一种耕作方式，主要靠栽种抗旱作物和维护地表细耕及覆盖物以防止土壤自然水分的蒸发。

主渠的河床，来防止水的下渗。两河流域的气候条件决定了降水量的变化较大，一场大的暴风雨也可能引起灾难性的洪水暴发，因此往往需要不断对运河系统进行加固和维护，这项工作被认为是国王的一件重要事情和职责，支渠内淤泥的清理等事务则是当地政府的职责。[4]

与埃及的尼罗河不同，两河流域的幼发拉底河和底格里斯河的泛滥时间并不固定，并且河水的变化较大，河水决堤和改道的事情时有发生。河水的泛滥也给人工开挖的运河和水渠造成了巨大的隐患。因此，加固河堤、防止河水泛滥被认为是一项关系到自己与他人的重大事件，以至于国王通过法律予以规定。在《汉谟拉比法典》中有 4 个条款，涉及了对灌溉失责的惩罚。每个人都负有加固自己沟渠的责任，同时在进行人工灌溉时要尽心尽职，不能让自己的失误给别人带来损失，否则要加倍赔偿。如果没有足够的财产进行赔偿，那么则要被卖为奴隶，彻底失去人身自由。卖身为奴是一种非常严厉的惩罚，足见政府对人工灌溉的高度重视。

5.1.2 古巴比伦国王的水渠开建活动

古巴比伦时期留下来的年名资料，使人们得知古巴比伦时期国王的兴建水利工程活动。年名纪年法是古代两河流域一种特殊的纪年方法，国王把本年内发生的最重要的一件事情记录下来，用这个事件来为下一年命名，即是下一年的年名。[5]年名通常是对某件重大事情的记载，一般由一两句话构成，因此年名成为研究古代两河流域历史非常重要的一类原始资料。由于年名都是对某一年最重大事件的记载，因此，通过年名可以知晓每一年发生的重大事情。通过对古巴比伦王朝近 300 个年名的分析，发现有 27 条涉及了灌溉农业和水渠修建，占总数的 9.5％，并且有的国王第一年的年名就是有关灌溉农业和水渠修建，如第二王苏穆拉艾勒第一年的年名为：“国王苏穆拉艾勒开凿了名为‘太阳是充足’的运河。”[6]在人工灌溉中，国王发挥着不可替代的作用。修建运河和沟渠，作为一种国家大型公共建设，再加上古代物质水平和技术能力的限制，这就需要由强有力的集权力量去主持该项活动。因此，修建运河和水渠是国王肩负的一项重要职责，国王自己也认为这是一件关乎国计民生的大事。他们把修建运河和沟渠当作重大事件记录下来，作为年名进行宣传，其中虽不乏对自己在修建水利工程方面成就的炫耀之词，但不可否认的是国王们对修筑运河和沟渠的高度重视。通过对古巴比伦时期 11 位国王的年名进行分析，可以看出有关修建运河和沟渠的年名在 11 个国王中分布较均匀，除第一个国王苏穆阿布（公元前 1883 年—前 1881 年）和最后一个国王萨姆苏蒂塔纳（公元前 1625 年—前 1595 年）外①，大多数国王的年名中都有包含了三四个开渠的年名，这说明了这些国王在位期间至少开凿了三四条运河。

---

① 第一个国王和最后一个国王所面临的主要任务是对外征服或保家卫国等军事活动，开渠并不是最重要的事情，因此开渠事件并没有作为年名，但这并不能说明国王对开渠事情的不够重视。

表 5—1　　　　国王以开渠作为年名情况一览表

国王名称	苏穆阿布	苏穆拉艾勒	萨比乌姆	阿皮勒辛	辛穆巴里忒	汉穆拉比
年名数 开渠的个数	14 0	36 5	14 3	18 3	19 4	43 3
国王名称	叁苏伊鲁那	阿比艾舒赫	阿米迪塔那	阿米察杜卡	萨姆苏蒂塔纳	
年名数 开渠的个数	38 4	28 3	37 1	21 1	31 0	

注：开渠的个数是指以开渠为年名的个数。
资料来源：宋娇、李海峰. 从年名看古巴比伦时期的灌溉农业与水渠开建 [J]. 农业考古，2014 (6).

从表 5—1 可以看出，古巴比伦时期的国王都非常重视水利工程的建设。无论是王朝的初建时期或濒临灭亡时期，无论是战功赫赫的英雄国王还是碌碌无为的平庸国王，修建运河和水渠都被视为是国家的大事，兴修水利、发展农业都被国王们认为是自己的重要职责。

以强有力的第 6 位国王汉谟拉比（Ammurāpi，约公元前 1792 年—前 1750 年）为例，从他的年名中可以看出，他统治的前期主要是征伐和平定四方为主，但在统治后期他的主要精力则是维护国家的稳定与发展，为了促进农业生产，他把自己很大一部分精力放在了开挖和维修沟渠和运河方面。如他第 24 年的年名为：“挖掘了名为恩利尔的沟渠。”[7]第 33 年的年名为：“作为安神和恩利尔神宠儿的汉穆拉比挖掘了一条沟渠，命名为‘汉谟拉比是人民的丰收’，并为尼普尔、埃瑞都、乌尔拉尔萨、乌鲁克和伊新修建了一条丰富的永恒的水域。”[8]古巴比伦的第二个国王苏穆拉艾勒统治时期，属于王朝的开创时期，此时古巴比伦四周强敌环绕，王朝随时都有被强敌征服的危险。但是在这一时期，国王并没有把所有的精力都放在军事活动中，而是开挖 4 条河渠。如他第 32 年的年名为：“苏穆拉艾勒在山的背面深挖了一条运河，命名为‘苏穆拉艾勒带来丰收’。”[9]

从有关灌溉农业和水渠修建的年名中，可以看出古巴比伦国王主持修建的水利工程主要有：开凿运河，挖凿灌溉水渠和修筑水坝等。如国王苏穆拉艾勒第 32 年的年名为：“苏穆拉艾勒使在大山背面的灌溉沟渠变得更深并且新开凿了一条名为‘苏穆拉艾勒带来丰收’的运河。”[10]古巴比伦王朝时期，为了较好地发展灌溉农业，水利工程的种类在不断增多，并且其功能也在不断加强，正是水利工程技术的不断进步，为农业的发展提供了有力的保证。古巴比伦王朝的国王除了建造新的水利工程外，还注重对年久或者荒弃的水利工程的修葺，使其重新发挥功能。

古代两河流域文明素以发达的灌溉农业闻名，两河流域发达的灌溉农业不仅仅因为其具有天然的发展灌溉农业的自然条件，更归功于古代两河流域国王对水利工程的大力建设和对农业活动的高度重视。遗留下来的资料证明，古巴比伦时期的国王把修建运河、水渠作为自己一项神圣的职责，热心于水利建设，把开渠当作一件国家大事来处理，并作为年名进行宣传。这一时期出现了水渠买卖契约，虽然契约数量不多，但也从另一个侧面说明了这一时期水渠修建的广泛，普通大众可以拥有自己的水渠，并且可以进行买卖和租赁。古巴比伦时期农业的兴盛终于造就了古代两河流域文明的一个辉煌时代，也形成了古代灌溉农业文明发展的一个顶峰。[11]

5.2 早期的奴隶制经济发展

古巴比伦是历史最悠久的古代东方奴隶占有制国家之一。公元前19世纪初期，阿摩利人以巴比伦为都城，建立了一个国家，史称古巴比伦王国（约公元前19世纪初—前16世纪中叶）。巴比伦建立初期尚为弱小，但由于位于两河流域商路的枢纽地带，境内水源丰富，土地肥沃，政治和经济力量不断增强。此后巴比伦的地位日渐重要，以至于古代的整个南部两河流域称为巴比伦尼亚。巴比伦将两河流域南北两部统一为奴隶制的中央集权王国，是在它的第6代国王汉谟拉比时完成的。汉谟拉比在位时期，先后征服伊新、乌鲁克、拉尔沙等国，并占据亚述南部，建立起从波斯湾至地中海沿岸的中央集权制奴隶制帝国。为维护奴隶主阶级的利益，汉谟拉比制定了世界上现存的古代第一部成文法典，史称《汉谟拉比法典》。是用楔形文字刻成的。法典比较全面地反映了古巴比伦时期的社会情况。[12]巴比伦城垣雄伟①、宫殿壮丽，充分显示了古代两河流域的建筑水平（如图5—1）。尼布甲尼撒二世（Nebuchadnezzar Ⅱ）对巴比伦城进行了大规模建设，使巴比伦城成为当时世界上最繁华的城市，也是中东最重要的工商业城市。

图5—1 巴比伦城

古巴比伦初期，奴隶制社会小农占优势，主要粮食作物是大麦，农业工具已趋复杂，灌溉系统进一步发展，改善了扬水工具。耕犁有所改进，附设有播种漏斗。国王汉谟拉比设置了管理灌溉网的官吏“河流管理人”。当时，古巴比伦的土地全部属于国王，也就是属于国家，并且大部分归村社使用，由自由农民耕种。在侵略战争后，一切被侵占的土地都纳入国王财产范围。奴隶在国王的土地上劳动，王室的一部分土地租给农民耕种，以分成形式征收实物地租。

古巴比伦的奴隶制相对发达。巴比伦的奴隶来源于战俘和债务者。奴隶被用于农业、手工业、家内服役以及公共工程等各个领域。国家为保证公社社员人数和公社制度，采

① 巴比伦城以两道围墙围绕，外墙以外，还有一道注满了水的壕沟及一道土堤。城内的主干道中央以白色及玫瑰色石板铺成，另外有八个城门。其中的北门就是著名的伊丝达尔门，表面用青色琉璃砖装饰，砖上有许多公牛和神话中的怪物等浮雕。巴比伦城被建设得宏伟壮丽，直到100多年后，希腊历史学家，被称为“历史之父”的希罗多德来到巴比伦城时，仍称它为世界上最壮丽的城市。

取各种措施限制债务奴隶制的扩展。战争俘虏，一般都变卖为奴隶。为了提高生产效益，调动奴隶的积极性，许多奴隶主采用租佃和承包方式，把土地或某些工商部门交给奴隶经营，并向他们贷款，然后收取高额年贡、利息和地租。此外，奴隶还要交一种数额不定的人身租。奴隶所承担的租税是沉重的，但这种灵活的经营方式仍使一些勤劳、精明的奴隶获得了可观的利润，有的奴隶成为钱庄老板。但奴隶无论怎样富有，却不能拥有真正的财产。他不仅要随奴隶主的意愿交出自己所得的大部分作为人身租，奴隶主还有权将其所得全部没收归己。在法律上，他只能以手中的现金作抵押，而无权以人身作押，因为他的人身属于主人。[13]

《汉谟拉比法典》是一部典型的奴隶制法典。根据法典，奴隶主可以任意处置奴隶，可以买卖、赠予、继承，甚至屠杀和充作殉葬品。主人杀伤奴隶，不仅不负任何法律责任，而且是奴隶制法所确认和保障的重要权力。如果他人杀死或伤害奴隶，也不认为是犯罪，不用负刑事责任，只需对其主人负责赔偿财产上的损失。如果盗窃或藏匿奴隶，协助奴隶逃跑，或者去掉他人奴隶身上的标志，则被认为是犯罪，要被处以重刑，甚至可能被处死。除奴隶外，奴隶主的其他私有财产，如土地、房屋、牲畜等，法典也都有严格的保护条款。如果奴隶侵犯奴隶主的财产则要处以极刑。[14]

5.3　汉谟拉比时期的经济

汉谟拉比时期，农业经济发生明显的变化，随着私有制逐渐扩大，农村公社的份地实际上已经私有，可以买卖、转让、抵押和分割继承，公社只保留一部分公地。占有村社份地的人必须向国库缴纳实物租税，其数额约占收获量的1/10至1/4不等，而且还要服劳役和兵役。根据习惯法，凡三年不纳租税和不服役者，丧失份地的占有权。绝户、逃亡户或三年不纳租税者的份地，都没归公社另行分配。国王拥有巨大的王室经济，全国各地的神庙经济均从属于王室经济。王室直接支配的土地数量是可观的。王室经济的基本部分，包括土地、畜群和手工业作坊等主要集中在苏美尔地区。而古巴比伦时代王室地产的经营方式，已不同于乌尔第三王朝时代的大规模集中经营，它是将土地划分成3公顷至15公顷不等的份地，分配给王室服务的各类人，如王室商业代理人、军人、手工业者和中小官吏等，但主要是分配给所谓“纳贡人”。“纳贡人”从王室领得份地、种子、耕畜和农具后，自行进行经营，每年须向王室缴纳相当的收获农产品。他们不得出卖或抵押份地，但可以世袭占有。

这一时期，汉谟拉比对水利工程的兴修十分关注，下令在基什和波斯湾之间开凿了一条运河，有效地改善了巴比伦的农业环境，增加了全国的可耕地面积，增大了粮食产量的同时，促进了农业的发展。

与此同时，汉谟拉比时期巴比伦的手工业也有较大的发展，青铜工具已普遍使用，在一定程度上提高了手工业生产力。《汉谟拉比法典》中提及的手工业工匠达10种以上，有制砖工、织麻工、刻石工、珠宝工、冶金工、皮革工、木工、建筑师以及铭文不详者一二种。实际上，据其他文献所载，手工业行业不下二三十种，可见手工业的分工已经相当细。主要产品是金、银、铜器和羊毛、亚麻制品。此外，值得注目的是纺织品的原料为棉花、羊毛，染色及刺绣技术已很高明。当商人把巴比伦的布匹、呢绒转运到希腊罗马人之手时，希腊罗马人赞不绝口。在美索不达米亚，人们开始使用机器，那就是织布的布机及制陶的转盘。砖是巴比伦的主要建筑材料。用黏土和稻草做成的砖，最初是用太阳晒干，后来才进步到用火烘烤。自发明用火烘烤的方法之后，制砖在巴比伦即发展成一大手工行业。

古巴比伦的建筑业也很发达。汉谟拉比统治时期，成千上万的工匠被征召来修建各种各样的宏伟建筑，显示了极其高超的建筑技术，其代表作是巴比伦城内的主要建筑埃萨吉纳大庙及所属的埃特梅兰基塔庙，高达 91 米，上有 7 层，每层都以不同色彩的釉砖砌成，塔顶有一座用釉砖建成、供奉玛克笃克神金像的神庙。城内古建筑精华之一的女神门，高 12 米、宽近 20 米，门墙镶嵌着形象生动的釉彩动物图案。尼布甲尼撒时期重建的巴别通天塔共有 7 层，总高 90 米，塔基的长度和宽度各为 91 米左右。在高耸入云塔顶上，还建有壮观的供奉马都克主神的神殿。在 5 000 多年前，巴比伦人能建起这样一座如此巍峨雄伟的通天塔，实在是人世间的一大奇迹。此外，还有被称为世界七大奇迹之一的巴比伦“空中花园[①]”，引人注目的人与狮子搏斗的石刻雕像。随着农业和手工业的发展，国内外的商业贸易也有了发展。巴比伦、西帕尔等城都是重要的商业中心，主要出口商品包括金属器、纺织品、椰枣和谷物，进口产品包括贵重原料如金、银、铜、象牙等来自东方。巴比伦商队往返于各城市间，远到幼发拉底河上游，可见商业比较发达。王室经济的商业代理人垄断着国内外的大宗贸易，经理国家税收，并进行高利贷活动和土地经营。此外，还有许多奴隶主私人经营商业。

5.4 等级制与土地制度

古巴比伦王国的社会阶级关系通过等级制度表现出来。据《汉谟拉比法典》所载，古巴比伦居民分为自由民和奴隶两大类，不同的社会阶层分为三个等级：第一，阿维鲁，全权自由民，包括僧侣、贵族、高级官吏和商业高利贷者，也包括自耕农、佃农、独立手工业者等；第二，穆什钦努，无权自由民，包括依附王室经济的纳贡人及其后代、充当常备军的士兵等；第三个阶层就是奴隶。

古巴比伦王国土地制度已较复杂。除大量的王室土地外，还有城市、寺庙以及私人土地所有制。王室直接控制的土地分为三类。即“供养宫廷之田”；以供职为条件授予的份地；以纳贡为条件授予的份地。以供职为条件的份地领有者包括列都（士兵）和巴依鲁、官吏、塔木卡尔及负有其他义务者，包括书吏、占卜者、歌手、工匠、轿夫、牧人、

① 被列为古代世界七大奇迹之一的巴比伦“空中花园”，亦称“悬苑”，它依偎在幼发拉底河畔，新巴比伦王国国王尼布甲尼撒二世（公元前 604 年—前 562 年）曾以兴建宏伟的城市和宫殿建筑闻名于世，他在位时主持建造了这座名园。相传，他娶波斯国公主塞米拉米斯为妃。公主日夜思念花木繁茂的故土，郁郁寡欢。国王为取悦爱妃，即下令在都城巴比伦兴建了高达 25 米的花园。此园采用立体叠园手法，在高高的平台上，分层重叠，层层遍植奇花异草，并埋设了灌溉用的水源和水管，花园由镶嵌着许多彩色狮子的高墙环绕。王妃见后大悦。因从远处望去，此园如悬空中，故又称“空中花园”。

渔夫、厨师等。一般地方官吏领有份地在6～10布耳（1布耳约合6.3公顷）之间；士兵、工匠等领有份地在1～2布耳之间。士兵份地，包括田园、居屋、牲畜不得买卖或遗授女继承人。以纳贡为条件授予的份地占王室土地相当大的部分，此类份地的领有者被称为“纳贡人”。他们受王室的严格控制，其份地亦不得买卖、抵押或遗授女继承人。[15]

汉谟拉比时期，社会经济发生明显的变化；私有制逐渐扩大，公社的可耕地基本上已经成为各农户的私有土地，可以买卖、转让、抵押和分割继承，公社只保留着一部分公地。但公社成员的土地所有制是以纳税、服徭役为前提。离弃公社逃亡或三年不纳税的公社成员则从公社除籍而失去土地和房屋的所有权。土地的租佃和雇佣关系已普遍流行。地租一般是收成的1/2或1/3，果园、菜园的地租是收成的2/3，供应灌溉用水的园圃的地租高达3/4。

高利贷业甚为活跃。《汉谟拉比法典》规定，谷物的利率达33%，白银达22%。神庙和卖酒店同时经营高利贷业。高利贷业促进了债务奴役制的发展。

古巴比伦奴隶瓦尔都同牲畜一样被视为一种财产。至今已发现许多关于奴隶买卖、转让、交换、赠予或借用的契约文书。《汉谟拉比法典》在维护奴隶主对奴隶的所有权方面较以往任何法典都更严峻。奴隶大多数属于宫廷、神庙、官吏和大商人。一般自由民占有奴隶的数量不多。奴隶来源除战争俘虏外，多从外地买来。债务奴役制也甚流行。为了缓和债务人的反抗，《汉谟拉比法典》规定阿维鲁等级沦为债奴者，以三年为限，第四年应恢复其自由。在个别情况下，奴隶通过收养、婚姻或交纳赎金等方式可获得解放。

5.5　商业与贸易

古巴比伦王国的商业不论对内贸易还是对外贸易都比较发达。国内市场上交易的商品以食品、油类、羊毛等农牧业和手工业产品为主，此外，土地、房产、债务奴隶的买卖也很盛行。[16]在对外贸易活动中，从国外输入的物品主要有金、银、铜、锡以及宝石、石材、象牙和奴隶等，出口物品以农产品、纺织品、油类为主，也有陶器、金属制品和染料等[17]，其中，农产品和陶器是本地产品，而金属制品、纺织品等则是来料加工型产品。随着对外贸易的发展，古巴比伦王国成了当时连接埃及、印度、伊朗和地中海沿岸地区商业贸易的中心。当时，古巴比伦王国通向外地的陆路商道主要有两条，一条是从幼发拉底河出发向西经叙利亚草原到地中海沿岸，又经巴勒斯坦至埃及；另一条是经底格里斯河到苏萨古城，穿越伊朗高原到达印度河流域。古巴比伦王国海上贸易通道也有两条，一条是到地中海沿岸的毕布勒后，或沿南地中海东岸到达埃及，或向西经塞浦路斯抵克里特岛再通往希腊半岛；另一条是过波斯湾经阿拉伯海到印度河口，或沿阿拉伯东部海岸经红海到埃及和蓬特[18]。在古巴比伦王国繁忙的内外贸易商路上，形成了以乌尔、拉尔萨、尼普尔、巴比伦和西巴尔等城市为主的商业中心，在这些城市中，由店铺和货摊组成了众多的交易市场，南来北往的商人进行着频繁的贸易活动。古巴比伦王国的商业活动已经不局限于物品交换，以借贷、抵押、租赁、代理、信托等形式出现的商业行为也很流行。[19]

在古巴比伦王国从事商业活动的人员成分比较复杂，除专职商人外，神庙祭司、王室成员甚至国王本人都亲自洽谈大规模的交易。[20]专职商人分两类，大商人叫达木卡，小商人叫沙马鲁。达木卡又分官商和私商两类，官商是为国家或国王服务的，是国家或国王的代理商，他们将国家征收的大量大麦、芝麻油、枣、皮革、羊毛等物品输往国外，换回木材、石材、金属、宝石、发油、葡萄酒、奴隶等。达木卡中的官商由国王授予特权和供职份地，而私商则是相对独立的经营者，他们除了从事一般的商业活动外，经国家允许才能从事对外贸易、贩卖奴隶、放高利贷。私商是要向国家交税的。小商人沙马鲁的经营范围远不及达木卡，但他们的商业活动多与达木卡有关，从史料记载看，沙马鲁与达木卡存在着契约关系，沙马鲁与达木卡可以签订商业代理契约，根据代理契约沙马鲁是达木卡的商业代理人，达木卡是沙马鲁的雇主，沙马鲁或者以达木卡提供的资金到远方为达木卡做买卖，或者为达木卡推销商品。沙马鲁有时也与达木卡合伙做生意。不管怎样，可以说沙马鲁是依赖达木卡的，其地位要低于达木卡。[21]

发达的商业推动了货币关系的发展，古巴比伦王国时期，虽然没有出现铸币，但是，白银已经具有了货币职能，成了一般商品的媒介物。当时，一舍克勒白银等于 8.416 克，长期受雇的手工业者和农业佣工，除粮食外也接受白银为工资，借贷白银的利息低于借贷谷物的利息，这说明白银并不缺乏，有足够的数量在市场上流通。[22]

古巴比伦王国时期商业与贸易发达的原因是多方面的，两河流域自然地理状况的差异是促进商业经济发展的重要因素之一。两河流域的北部为丘陵地带，山峦重叠，雨量稍多，盛产矿砂、石料和木材；两河流域南部为淤积平原，地势低平，两河相距较近，有的地方还不 20 英里。河水泛滥时，南部大部分地区被水浸灌。其中，较低部分因洪水滞积成为沼泽地带，较高部分因烈日蒸晒很快又成为旱地。因此南部的农耕条件虽然比北部要好些，但是必须依靠排涝和蓄水灌溉。南部的天然资源主要是黏土、芦苇和鱼类，主要农作物是大麦和椰枣。南北资源的差异使两河流域的居民很早就开始了互通有无，各取所需的商业活动。[23]对外贸易方面，处于亚、欧、非三洲交通要道上的古代两河流域很早就与外界存在商贸活动。特别是由于整个两河流域的矿产资源十分贫乏，金属奇缺，所以通过开展对外贸易获取重要的资源，就成了古巴比伦王国的必然选择。通过对外贸易，他们从波斯湾南面的阿曼获得了铜，从小亚细亚的托鲁斯山脉获得了银和铅；从伊朗的札格罗斯山脉和地中海沿岸的黎巴嫩获得了木材。[24]

农业的进步为商业经济和贸易的发展奠定了基础。古巴比伦王国时期，两河流域的生产力有了相当的发展。青铜器已经广泛使用。汉谟拉比曾兴修纳尔——汉谟拉比渠，使农业灌溉系统有了扩大和改善，在高地灌溉方面，这时已使用了较完善的扬水装置。农业工具也有了较大的改进，带播种漏斗的改良犁已经使用。园艺业已经发展成为独立的经济部门，椰枣的种植占据了主要地位。农业的进步为手工业、商业的发展提供了必要的生产资料和生活资料，为商业的发达奠定了基础。

古巴比伦时期手工业也进步很大，手工行业种类已经有制砖、织布、冶金、木作、刻石、制革、造船、建筑等 20 多种。城市中出现了拥有自己店铺的独立手工业者。手工业发展水平的不断提高，进一步促进了商业的繁荣。[25]

此外，古巴比伦王国的法律对商业经济和贸易的发展起到了保护作用。古巴比伦王国对商业活动采取了鼓励和保护政策。大宗贸易虽然由国家和寺庙垄断，但对独立的私人商业也给予了充分的保护。古巴比伦王国第六代国王汉谟拉比在位时颁布的《汉谟拉比法典》对当时存在的商业活动做出了很多专门的规定，使古巴比伦王国的商业形成了鲜明的法律规范特点。在《汉谟拉比法典》中，被强调的商业原则主要有诚实信用、默示担保、明示保证和鼓励交易等。[26]而《汉谟拉比法典》中有关调整手工业和商业的规范，有关财产、契约的规定就几乎占了全部条文的一半。法典对商业活动中一些行为的规定是非常具体的，例如法典108条规定“倘卖酒妇不受谷以为西克拉之费，而超重的砝码收银，而西克拉之定率量比之谷物之定率量为低，则此卖酒妇应被检举，投之于水”。这条规定主要是维护商业活动中的正常秩序，防止出现随意增加砝码、短斤少两的不正当竞争行为。法典第91条规定：“倘达木卡不遵守规定，在谷一库鲁取利一百卡，银一舍克勒取利六分之一舍克勒又六塞之外，又提高利息而取之，则彼应丧失其所贷付之物。”这条规定是说达木卡在原来法律规定的范围内提取了利息，现在又提高利息，则会受到丧失其所贷之物的处罚，这实际是对商业交往中不诚信行为的惩处，是对诚实守信准则的保护。法典还对商业活动中哪些是可以免除责任，哪些是不能免除责任的行为进行了界定，法典第65条规定，租佃果园的自由民未将果园培植，而收入减少，则应按照邻居之例交付果园的佃金，这是对不能免责行为的规定。相反，法典103条规定，倘所运之一切于中途被运人劫去，则沙马鲁应指神为誓，并免偿还责任。这是对因为不能预见的外因造成损失可以免责的规定。[27]古巴比伦王国这些有利于商业发展的法律规定，对商业经济发展的保护作用是非常明显的。

5.6　新巴比伦王朝的经济

新巴比伦王国时期（Neo－Babylonian Empire，公元前626年—前539年），巴比伦成为西亚最大的城市。手工业得到进一步发展，普遍使用金、银、铜、铁制作雕像、家具和装饰品。考古学家发现玻璃碎片，甚至小玻璃瓶。质地优良的毡毯上，编织着各种怪兽图案。这些产品远近驰名，行销国外。除了巴比伦外，尼普尔、乌鲁克、西帕尔、波尔西帕等城市也都是十分发达的手工业和商业中心。这时的铭文中提到了多种手工业部门，如制革、服装、糕点、烤面包、纺织、建筑等。这些城市在国家经济生活中起了重要作用，并因而在政治生活中也起了重要作用。它们享有免税特权，有自己的自治组织。在商业贸易中，作为商品的，除手工业产品外，还有农产品。

这一时期，商品货币关系发达的一个重要标志是大商家的出现。在新巴比伦王国时期活动的有一个著名的大商家，这就是埃吉贝商家。该商家的活动虽开始于亚述帝国时代，但只是在新巴比伦王国时期才活跃起来。从该家族的档案①可知，其经济活动的地区很广：巴比伦、西帕尔、基什、乌鲁克，甚至延伸到了国外。在波斯帝国征服巴比伦尼

① 埃吉贝家族的档案现存于世界各博物馆中的有1 000多块泥板。埃吉贝家族的几个奴隶代理人的铭文也保存了下来。

亚之后，其角触伸展到了伊朗高原。该家族的业务活动包括银钱借贷、商业活动、土地、房屋的买卖、租赁、奴隶的买卖和出租等。其商业经营的品种包括枣柳子、谷物、金属、金银项链、宝石、啤酒等。埃吉贝商家不仅自己直接经营各种业务，而且还由奴隶代理人去经营。

在尼布甲尼撒二世统治时期（公元前 604 年—前 562 年），新巴比伦王国臻于鼎盛，政治相对稳定，而奴隶制经济也有较大发展。这时的奴隶制度起了很大的变化，奴隶被广泛用于农业、手工业、家庭服役以及公共工程等各个领域。剥削奴隶的方式有新的变化，奴隶可代主人经商，可以租种主人或第三者的土地，甚至可以同自由民订立契约，但其人身隶属关系并未改变，所得的利益大多归于主人。神庙则拥有大量土地，大量使用奴隶，并经营商业和手工业。

新巴比伦王国最后一个国王伯沙撒（Belshazzar）时期（公元前 555 年—前 539 年），巴比伦尼亚的商品货币关系仍然非常活跃，国内形势似乎是很稳定的。但伯沙撒与马尔杜克神庙的祭司发生冲突，试图另立新神，引起了巴比伦祭司集团的不满。此外，当时波斯人灭了米底王国和小亚细亚的吕底亚王国，这不仅使巴比伦尼亚同小亚希腊人的贸易受阻，而且使巴比伦尼亚处于半被包围的状态，使新巴比伦王国在国际上处于孤立地位。因此，巴比伦尼亚的工商业奴隶主同伯沙撒的矛盾逐渐尖锐化。公元前 539 年，巴比伦城内的祭司在波斯王居鲁士二世入侵时打开城门，放波斯军队入城，新巴比伦王国存在了不到一百年便走向灭亡。新巴比伦王国虽然为时短暂，但它存在的时期却是两河流域历史上奴隶制经济最繁荣的时期，它在两河流域历史上留下了深深的印记。新巴比伦王国的灭亡，标志着两河流域历史是独立发展的。

注释

[1] [2] [4] [9] [11] 宋娇，李海峰. 从年名看古巴比伦时期的灌溉农业与水渠开建 [J]. 农业考古，2014 (6).

[3] K. R. Nemet－Nejat，Daily Life in Ancient Mesopotamia. Hendrickson Publisher Inc.，2002.

[5] 吴宇虹. 古代两河流域文明史年代学研究的历史与现状 [J]. 历史研究，2002 (4).

[6] [7] [8] [10] M. Sigrist and P. Damerow，Mesopotamian Year Names：Neo－Sumerian and Old Babylonian Date Formale. http：//cdli. ucla. edu/tools/yearnames/yearn ames. htm.

[12] [15]《世界上古史纲》编写组. 世界上古史纲（上册）[M]. 北京：人民出版社，1979.

[13] [14] 高德步. 世界经济通史（上卷）[M]. 北京：高等教育出版社，2005.

[16] [17] 朱寰. 世界上古中古史（上册）[M]. 北京：高等教育出版社，1986.

[18] 杨海军. 论跨文化传播背景下世界商业文化传播 [J]. 河南大学学报（社会科

学版），2007（6）.

［19］［26］魏琼. 巴比伦商事规范论考［J］. 华东政法大学学报，2007（1）.

［20］吴高君. 奴隶制工商经济比较研究［J］. 北方论丛，2004（3）.

［21］［22］［23］［25］周一良，吴于屋. 世界通史（上古部分）［M］. 北京：人民出版社，1962.

［24］［美］斯塔夫里阿诺斯. 全球通史［M］. 上海：上海社会科学院出版社，1999.

［27］张伟坚. 古巴比伦王国对商务活动的法律调整［J］. 中山大学研究生学刊（社会科学版），1994（2）.

第 6 章　中国的经济发展与人口变动

6.1　农业的产生与发展

中国原始农业的产生，大约在 1 万年以前，即中国进入新石器时代的初期。古史记载中，最初是“神农乃始教民播种五谷”。“神农”是古代传说中的一位人物，被尊为农业的始祖。《易・系辞》《世本》《淮南子・修务训》等，说是神农发明了农业。《左传》《国语・鲁语》说是烈山氏之子明柱发明了农业。而《诗・大雅・生民》《史记・周本纪》则说是周人的始祖后稷发明了农业。这些关于农业起源的说法虽属神话传说性质，但蕴含着一定的史实。中国人的祖先发明了农业，而不是外界传入的。中国境内发现的大量原始农业遗存已充分证明，中国是农业的重要起源地。“在全世界少数几个农业起源中心中，中国独具其二”；[1]黄河中下游是旱地农业起源的核心地区，长江中下游是稻作农业起源的一个重要的中心。

在原始社会初期，中国原始人类多以采集和渔猎为生，人们在采集植物过程中摸索并发现了植物的生长规律，开始有意识地进行农作物的栽培，形成了中国早期农业产业经济结构形态的雏形。中国北方成为粟、黍等旱作农业的主要起源地，中国南方成为稻作农业起源地之一，从而往后的发展各具特色，在史前时期就形成了南北两大农业经济文化区和两种农业体系。

大体相当于黄河中下游的中原，属于温带半干旱季风气候，年雨量为 500～800 毫米，不算充足，只是集中于夏季，春秋冬三季干旱。这个地区普遍存在的黄土，土壤结构均匀、松散，具有良好的毛细作用、良好的保水与供水功能。这样的自然条件，适宜种植对水、肥要求不高，在幼苗期特别能耐旱，在速生期又需要高温多雨的作物，而粟和黍正是这样的农作物。粟和黍的野生组本，在中国北方又大量存在，分布广泛。于是中国新石器时代早期的人们因地制宜，普遍选择了粟和黍这两种作物进行培植，使得它们长期以来一直是北方地区特别是华北地区的主要农作物。[2]

大约在公元前 7000 年—前 5000 年，中国北方已经出现了一系列比较发达的新石器文化，其中有不少遗址，如河北武安磁山遗址、河南新郑裴李岗遗址、山东藤县北辛遗址等，发现了栽培谷物遗存。

磁山遗址又称磁山文化遗址，位于河北省南部武安市磁山村东约 1 公里处的南洺河北岸台地上，东北依鼓山，距武安城 17 公里，是中国最初发现的一种新的新石器时代早期文化遗址，出土了石器、骨器、蚌器、动物骨骸、植物标本等 6 000 余种，为寻找中国更早的农业、畜牧业的文明起源，提供了可贵的线索。如果说，在 7000 多年前，地球上许多地方还是鸿蒙未开的话，而这里的人们已经种植谷物，饲养家禽，制作生产、生活用具，烧制陶器，进入了人类最早的文明。遗址内农业生产工具和粮食加工工具的使用，与粮食堆积的大量发现，可见当时农业生产的规模和农业劳动的生产率已很可观，证明磁山人已经摆脱了蒙昧状态，已经有了比较发达的农业，并种植粟类作物，农业在当时居民的经济生活中已占有主导地位。农业的发展，为饲养家畜提供了物质条件，而遗址内出土的狗、猪、羊、鸡等家畜骨骼，又是当时人们以农业生产为主要生活来源的佐证。在这里发现的鸡是已知发现的中国最早的家鸡，也是世界上发现最早的家鸡。

裴李岗遗址，位于河南省新郑市西北约8公里的裴李岗村西，面积2万平方米。发掘墓葬114座、陶窑1座、灰坑10多个，还有几处残破的穴居房基。出土各种器物400多件。其中典型器物有锯齿石镰、两端有刃的条形石铲、石磨盘、石磨棒等，数量最多的是石铲，其次是石镰。裴李岗遗址中发现的粮食虽少，但遗址中很少渔猎工具而以农业工具为主表明，粮食作物的种植已经成为当时当地居民的主要经济活动。由此证明早在8 000年前，中国的先民们已开始定居，从事以原始农业、手工业和家畜饲养业为主的氏族经济生产活动。

仰韶文化各个部落继承了前仰韶时期各种文化的传统生产方式，农业生产仍以种植粟类作物为主。粟的遗存在各重要遗址中经常被发现，如西安半坡一座房子内的罐、瓮中都盛放着粟，另一座房子的小窖穴中也发现了粟壳遗存，特别是有一个窖穴中粟壳堆积达数斗之多。在重要遗址北首岭、泉护村、下孟村、王湾，也都发现了或多或少的粟壳。临潼的姜寨遗址，还发现了另一种耐旱作物黍。靠近长江北岸的河南淅川下王岗遗址，发现了稻谷痕迹。此外，在洛阳孙旗屯、郑州林山砦、淅川下集等遗址，也都发现了粮食遗迹。上述情况表明，仰韶文化范围内的农业生产比较发达，粮食作物品种不仅是一种粟。同时，人们还掌握了蔬菜种植技术，半坡遗址的一座房子内，一个陶罐里装满了已经炭化的白菜或芥菜之类的菜籽。

仰韶文化处于原始的锄耕农业阶段，采用刀耕火种的方法和土地轮休的耕作方式，生产水平仍比较低下。早期阶段可能有尖木棒等木质工具及石铲、石锄等挖掘土地。这时的石斧大多形体厚重，横断面呈椭圆形，适于砍伐林木以开垦荒地。收割农作物则用两侧有缺口的长方形石刀和陶刀。加工粮食使用石磨盘、石磨棒和木杵、石杵等。中晚期的庙底沟、大河村类型，出现了大量舌形或心形的石铲，磨制得比较平整光滑。在临汝大张村、郑州大河村等遗址，还出土一种大型、通体磨光的长条形石铲或有肩石铲。这一时期收割谷穗改用磨光的长方形石刀，有的还带穿孔。这些工具都比早期的半坡类型有所进步，生产效率也因此得到提高。家畜饲养业比新石器时代早期也有一定进步，饲养的家畜有猪、狗和羊，马的骨头也有少量发现。鸡骨发现较多，可能已经驯化为家禽了。

同裴李岗、磁山文化时期相比，仰韶文化时期的农业村落遗址显著增加，规模扩大。种植谷物除了粟、黍外，还从南方引进了水稻。翻地用的农具仍然是石铲，但形态明显地复杂化了，有舌形、心形、梯形、双肩形和鞋底形等。后者主要分布于燕山及以北的红山文化范围内。收割用农具大量增加，但形态变为两侧带缺口的或长方形的爪镰。到龙山文化①时期，作物种类和家畜品种虽无多大变化，但农具有明显的进步。翻地农具已规范化为梯形或有肩石铲。收割用农具主要是石质或蚌质的镰和爪镰，质量较差的陶质或打制石爪镰均被淘汰。用碳 13 方法测定古代人的食谱，得知仰韶文化时期粟、黍类食物只占 50%，龙山文化时期则上升到 70%，说明此时粟作农业得到了进一步发展。[3]

中国南方是世界上稻作农业起源的中心之一，而中国南方稻作农业最早的起源地是长江中游，在长江中游的澧县彭头山遗址发现了水稻遗存，就是最好的明证。彭头山遗址位于湖南省澧县澧阳平原中部。主要文化堆积为彭头山文化②时期遗存，是长江流域最早的新石器时代文化，在彭头山遗址中发现了世界上最早的稻作农业痕迹——稻壳与谷粒，为确立长江中游地区在中国乃至世界稻作农业起源与发展中的历史地位奠定了基础。

以长江中下游为核心的华中、华南水田农业经济文化区一直是以稻作农业为主，迄今已发现本区新石器时代稻谷遗存 30 余处，包括籼稻和粳稻两种，以籼稻为主，不过稍晚则粳稻的比例加大。早在距今 8 000～9 000 年的彭头山文化和距今 7 000 多年的河姆渡文化中已经栽培水稻，这无论在世界范围内还是在中国范围内都属于最早的稻作遗存。到石家河文化时期，农业有较大发展，除了种稻外，有的地方还种粟、黍等旱地作物作为补充。

黄河流域和长江中下游是新石器时代农业相当发达的两个地区。随着农业的产生和发展，人类定居生活也就更加稳固，于是形成了大规模的聚落，一般都定居在河岸湖畔或有天然泉水的地方。为了适合生产，农耕需要肥沃的土质适合农作物生长的环境，于是华北的黄土地带成为耐旱作物粟、黍的主要播种区，而长江中下游则以稻为主。

新石器时代农业的出现，是人类经济史上划时代的重大事件，堪称“新石器时代革命”。中国新石器时代的农业自成体系，并对邻近地区产生了深远的影响。中国原始公社制社会的发展和繁荣，中国国家的产生及原始公社制与奴隶制两种社会制度的交替，都以农业为其经济基础。[4]

6.2　劳动分工和手工业的发展

劳动分工，即各种社会劳动的划分和独立化。整个社会内部的分工，是由创造使用

---

① 龙山文化泛指中国黄河中、下游地区约新石器时代晚期的一类文化遗存。属铜石并用时代文化，因发现于山东章丘龙山镇而得名，距今 3 950～4 350 年。分布于黄河中下游的山东、河南、山西、陕西等省。大汶口文化出现的快轮制陶技术在这一时期得到普遍采用，磨光黑陶数量更多，质量更精，烧出了薄如蛋壳的器物，表面光亮如漆，是中国制陶史上的顶峰时期。自龙山遗址发现以来，考古学家分别在河南、陕西、山西、湖北等地发现了这一时期的文化遗存。但因其文化面貌不尽相同，所以又分别命名为河南龙山文化、陕西龙山文化、湖北石家河文化、山西陶寺类型龙山文化，通称为龙山时代文化。

② 彭头山文化时期遗存，是长江流域最早的新石器时代文化，年代距今 7 800～8 200 年。考古发现遗迹有地面式、浅地穴式建筑遗迹和以小坑二次葬为主的墓葬。出土遗物中石器大多数都是打制石器，既有大型砾石石器，也有黑色细小燧石器，与本地旧石器时代晚期传统区别不大。陶器制造古朴简单，全部为原始的贴塑法制成，胎厚而不匀，大部分陶器的胎泥中夹有炭屑，一般呈红褐色或灰褐色。

价值的各种不同性质的有用劳动发展而来的，具体地说，劳动分工是人们在经济活动过程中技术上的联合方式，即劳动的联合方式。随着生产力的发展，农业和畜牧业的发展，促进了手工业的发展，各种手工技艺越来越复杂，因而促使手工业脱离了农业，这就是社会的劳动分工。劳动分工是从不同的起点发展而来的。作为生产力重要因素之一的分工，随着整个社会生产力的发展而发展，同时又是社会生产力发展水平高低的重要标志。

最初，农业劳动和手工业劳动不是分开的。“农业氏族、家庭公社或家庭的剩余劳动和剩余产品，既包括农业劳动，也包括工业劳动。两者是同时并行的。狩猎、捕鱼、耕种，没有相应的工具是不行的。织和纺等等当初是农业中的副业。”[5]而最早的分工，是各族内部根据性别和年龄的差别而产生的自然分工。成年男子外出作战、打猎、捕鱼，并制作为此所必需的工具。妇女采集果实，从事原始农业，制作食物，管理家务。这就决定了当采集果实和原始农业在经济中占主导地位时，妇女在家庭和社会中也占主导地位。

随着农业技术的更新，生产部门的增多以及家务劳动范围的扩大，最终导致作为人类社会分工起点的根本变革：男子占据了农业以及从农业分离出来的手工业等主要领域，并在家庭中占统治地位；而妇女则被排除在社会的生产劳动之外，成为专门从事或主要从事家务的劳动力。这一质变，经历了一个错综复杂的渐变过程。[6]

考古发掘资料表明，中国新石器时代和铜石并用的时代农业发展的过程，同时也是手工业逐渐从农业分离出来成为独立生产部门的过程。迄今发现的农、工之间以及手工业内部分工过程的诸阶段的墓葬中，部分使用锛、凿随葬的男性墓，往往同时也陪葬了刀、铲等农业工具，表明这部分手工业匠人还同时是农民。与此同时，当时已有相当数量的完全脱离农业的手工业匠人出现。例如：在大汶口文化①的若干墓葬中，遗址内涵丰富，发现墓葬用具。陶器主要包括红陶、彩陶、灰陶、黑陶和白陶几种，特别是彩陶器皿，花纹精细匀称，几何形图案规整。山东省曲阜西夏侯等许多遗址都出土了轮作陶器，而使用陶车是制作陶器工艺的一次革命。随着陶车的发明和运用，“扩大了生产规模、出现了专门从事制作陶器的家庭。制陶业随之也逐渐成为独立的生产行业之一，男子成了这一生产的主要承担者”[7]。大汶口文化晚期出现的制陶业的专业化，到了龙山文化又得到了进一步发展。龙山文化中的蛋壳黑陶杯是这个时期制陶技术的最高成就。这种蛋壳黑陶，胎质十分轻，制作精致，造型优美。“要制作这样薄如蛋壳的精品，不仅需要有长期的丰富经验，还得有熟练的技术才行。这也说明当时的制陶业已经非常专业化了，并

---

① 大汶口文化是中国黄河下游地区的新石器文化，因发现于山东泰安大汶口遗址而得名，主要分布在山东省及江苏省淮北地区，包括北辛文化和龙山文化，主要分布区是山东、苏北、皖北和豫东的汶河、泗河、沂河、淄河、淮河下游的广大地区，是本区新石器时代中期具有代表性的一种文化。已发掘的典型遗址有泰安大汶口、滕县岗上、曲阜西夏侯、邹县野店、兖州王因、邳县刘林、大墩子、诸城县呈子、日照县东海峪和胶县三里河等遗址。大汶口文化的年代大约公元前4040年—前2240年，延续时间约2000年。根据地层叠压关系和遗物特征，可以区分为早、中、晚3期。有泥质、加砂陶，早期以红陶为主，晚期灰、黑比例上升，并出现白陶、蛋壳陶。手制为主，晚期发展为轮制陶器，烧成温度900～1 000℃。器型有鼎、鬶、盉、豆、尊、单耳杯、觚形杯、高领罐、背水壶等。许多陶器表面膜光，纹饰有划纹、弦纹、篮纹、圆圈纹、三角印纹、镂孔等。

且为某些富有经验的家族所掌握。”[8]

当时中国原始制陶业已发展到了登峰造极的地步。快轮制陶技艺的普及，使陶器的产量得到极大提高。在仰韶文化时期，制陶坯主要使用泥条盘筑法，在其晚期有了慢轮制陶法，而龙山文化时期，在慢轮制陶的基础上，改进了轮盘和轮轴的结构，使之能迅速平稳地旋转，利用轮盘旋转时的离心力，配合以双手灵巧的动作，就能迅速地将陶土提拉成型，这种快轮制陶技艺，不但大大提高了效率，而且使器形规则精细。其他如陶窑的改进和密封饮窑技艺的出现，都是当时制陶技艺提高进步的反映。[9]因此龙山文化时期，从陶器生产上就可反映出手工业生产已经专业化。

在龙山时代的诸考古学文化中，发现了大量的铜器，其中包括黄铜器和青铜器。铜器生产区域的扩大，铜器数量的增加，以及锡青铜、铅青铜器物的出现，表明冶铜业以超越它的最初发展阶段而进入了铜石并用时代的晚期，接近青铜时代。“冶金生产比从事其他生产困难，它包括了开采矿石、冶炼铸造、加工修整等多道工序；工艺复杂，专业性强，生产规模较大，需要的劳动力多；要求生产者具有一定专业知识，掌握一定工艺技术，并且比较固定地从事这一工作。而且，全部的生产过程也要有简单的协作。于是，冶铜手工业越出了家庭副业的范畴，逐渐成为独立的手工业部门。”[10]

骨器制造在新石器时代的早中期，就达到了全盛的阶段，具有了相当的规模，在半坡遗址中，共出土骨器 1 468 件，在各种质料的工具中，骨器数量超过了石器，种类仅次于石器。南方的河姆渡遗址第四文化层出土的骨角器共 1 500 余件，比之石器，无论种类和数量都占绝对优势。这些骨器被广泛应用于农业、渔猎、手工业和日常生活的各个方面。这一时期，骨器制造技艺也获得了新的提高，这时的骨器制作一般都经过选料、裁割、修削、砥磨等技艺过程，由于技艺的提高，蚌刀、蚌镰在农业中被广泛使用。骨雕、牙雕等专业化生产出现。[11]所有这一切都表明了这一时期制骨技艺进入了一个新阶段。

不仅制陶的生产规模较旧石器时代扩大，即使是木器制作、玉器制作方面，其规模也显然得到了发展，虽然没有直接的材料加以说明，但从其出土数量之多也似可证明。例如玉器生产，在新石器时代的晚期达到了相当发达的程度。在山东龙山文化遗址中，发现了成坑的半成品玉材。尤其在浙江良渚文化遗址一处氏族社会显贵墓地出土了数百件器身高大、光滑，纹饰、造型优美的玉琮、玉。[12]由此推测，玉器业也达到了一定的规模。

在新石器时代的末期，出现了一些专业的手工业者和手工业部门，例如在木器制作、纺织、冶炼等手工业部门，无不出现新的技艺。由于这些部门广泛地采用新技艺，就制造出了许多精美的手工业产品。这些手工业部门技艺水平已相当高，非一般农人所能为，这些生产者都是掌握有专门、较高手工业技艺的人。从以上几个方面可说明，在新石器时代，从其早期开始，手工业生产就达到了一定的规模。对原有的手工业来说，其规模得到了扩大，而新兴的手工业部门，也都处在发展扩大生产规模之中，程度有所不同，但连续性是存在的。因而，才为夏朝的大规模发展准备了基础。

6.3 夏朝的经济

6.3.1 奴隶制经济

中国从夏朝[①]（约公元前2070年—前1600年）已开始进入奴隶制形成和早期发展阶段，与同期的巴比伦水平大致相当。根据历史的传说和考古发掘，夏朝作为奴隶制国家建立于公元前2100年，是由著名的氏族首领禹开始的。由于战争和经济方面的需要，以夏部落为首的十几个部落组成了部落联盟，经常对外发动战争，征服和吞并周围那些发展较为落后的原始的部落，掠夺大量的人口和土地，源源不断地补充着日益扩大的生产上对奴隶的需求及对外战争的人力、财力需要，因此，在夏朝建立初期，黄河流域诸部落的奴隶制萌芽逐渐产生。当时随着劳动生产力提高，商品交换逐渐产生和发展起来，由于要吸收新的劳动力，于是带来了奴隶制，而不断进行的战争推动和刺激了奴隶制的加速发展，扩大了氏族首领占有财富的数量和在氏族组织中的特权地位，也使部落的平民遭到更严重的剥削和奴役而日益贫困化。

夏朝的奴隶制统治，历经400余年的时间，到最后一个国王桀时期，势力北及黄河北岸，南达长江流域，成为一个面积广大的国家。这一时期，夏朝的社会阶层由奴隶主、奴隶以及平民三部分人组成。奴隶主包括以夏国王及其家族为首的王室贵族奴隶主和各级地方的部族奴隶主贵族组成；奴隶主要来源于战俘，有时，也把整氏族的被征服者变为奴隶，这些奴隶携带家口，成为夏王及其奴隶主贵族的世代相袭的种姓奴隶；平民是夏和其他原有的居于征服者地位部落中的一般氏族成员，随着贫富分化的加剧和剥削的发展，一些平民也因负债或获罪而变为奴隶，使平民的数量逐渐减少，从而也逐渐动摇了夏朝的统治基础。

6.3.2 农业

从很早的古代起，聚居在黄河两岸的夏部族，就已经以农业生产作为生活资料的主要来源之一。到了夏朝，农业有了明显的进步。水利是农业的基础。鲧和禹曾相继治水，其治水区域大致在当时夏部族聚居的中原地区。禹治水以导为主，依据地势高低排除积水和疏浚滞淤，使原来的沼泽“渥地”改变成“桑土”良田。结合河南豫西地区的考古发掘材料来看，原始氏族社会末期的仰韶文化和龙山文化早期的人们聚落遗址，还多分布在浅山区和丘陵地区河谷两岸的台地上，而龙山文化中期与晚期的聚落遗址，不但数量较前显著增多，而且在靠近河岸两侧地势比较低的地带，特别是在河南豫东大平原地区，也多有分布。这很可能和禹治理水患，使农业生产发展有关。《论语·太伯》说禹

---

① 夏朝是中国历史上的第一个朝代。《史记·夏本纪》注引《集解》等书说，夏代“从禹至桀十七君，十四世”，共471年，为商朝所灭。禹死后，他的儿子启夺得王位，启改变了原始部落的禅让制，开创中国近四千年世袭王位之先河。《汉书·律历志》引《帝系》说，夏朝历432年。大约从公元前21世纪到公元前17世纪，共450年左右。夏朝的主要活动地区在河南西部颍水上游和伊河、洛河下游及山西晋南地区。这一地区夏代的文化遗址，有豫西偃师二里头文化与晋南夏县东下冯文化遗址。二里头文化遗址在河南、山西南部、陕西发现的达100余处。

“尽力乎沟洫”，变水灾为水利，服务农耕①，追述夏禹的治水，不仅减少了洪水泛滥的灾害，而且又引水灌溉农田，使夏朝的农业有了很大的发展。农业的发展，为巩固夏王朝的统治，奠定了物质基础。

从出土的文物和文献记载来看，夏朝的农业生产已经比较发达，夏朝农业生产工具以木石工具为主，兼有一部分骨器与蚌器。农具种类有石镰、石铲、骨铲、蚌镰、蚌刀以及蚌铲等。[13]出土的石制农业生产工具中，石铲和石刀的数量为多。石铲皆为扁长方形，多在中部钻有一个或两个圆孔。这种带孔石铲安上直柄可作掘地翻土的石锸，绑在前端带有钩状的木柄上，就可作为松地锄草的石锄。锄耕用于农业生产，无疑是提高农业生产水平的重大变革与改进。用于收割农作物使用的工具中，以石刀数量最多，石刀较以前的改进之处也是在石刀中部钻出一个或两个系绑木柄用的圆孔。当时翻地的工具主要是木耒和石铲。在二里头遗址②的房基、灰坑和墓葬的壁土上能看出木耒留下的痕迹。耒是木质的，从壁土上遗留的痕迹来看，它的形状大体是在木柄的一端分成双叉，主要用来掘土。锤李的石铲是磨制的。在黄土平原比较疏松的土地上，这种木耒和石铲就担负起翻地掘土的主要任务。二里头遗址还出土了一些弯月形的石镰和蚌镰，这也是那个时候的主要收割工具，石镰和蚌镰不仅能收割谷穗，而且连谷物的秆也可以收回来，可见那时的农业已脱离了原始状态。工具的改进，使夏代的农业生产得到明显的提高。

考古发现在夏朝已经有谷、稻、麦、瓜等多种农产品。在二里头文化③早期遗址的发掘中，还发现有些草拌泥中夹杂有黍壳和稻壳的遗存，说明夏朝已有黍和稻等粮食作物。另外，麻、菽也已出现，《史记·周本纪》载，尧时作农师的周祖后稷小时“好种树麻、菽，麻菽美”。麻是食用、油用和作纤维用的植物。夏朝畜牧业也有一定发展。有一大批奴隶从事畜牧工作，还有一些专门从事畜牧业的氏族部落。马的饲养得到很大重视。夏实行“五十而贡”的税收制度，各部落都要按收入的一定比例向中央政府纳税。后世的井田制在夏朝已经存在，只是还没有大规模推广而已。

农业生产的发展还表现在水井的使用。水力的出现可能在夏朝以前。在河北邯郸涧沟的龙山文化遗址中就发现过水井。到了夏朝，水井的使用肯定比以前有所增多。在洛阳锤李、偃师二里头都发现了水井，锤李的水井是圆形的，口径 1.6 米，深 6 米多，在这口古井中发现有高领罐、直领罐等遗物，可能是当时汲水落井遗留的器物。二里头的一口井是长方形的，长 1.95 米，宽 1.5 米，井深 4 米以上，井筒是光滑的直壁，证明它

---

① 其实水利技术的应用是黄河流域人民在劳动实践过程中慢慢积累开发出来的，并非大禹一人所为。

② 二里头遗址，全国重点文物保护单位，中华文明探源工程首批重点六大都邑之一。遗址位于洛阳盆地东部的偃师市境内，遗址上最为丰富的文化遗存属二里头文化，其年代距今 3 500～3 800 年，相当于古代文献中的夏、商王朝时期。该遗址南临古洛河、北依邙山、背靠黄河，范围包括二里头、圪垱头和四角楼三个自然村，面积不少于 3 平方公里。二里头遗址对研究华夏文明的渊源、国家的兴起、城市的起源、王都建设、王宫定制等重大问题具有重要的参考价值，它是中国最引人瞩目的古文化遗址之一。

③ 二里头文化是指以洛阳偃师二里头遗址一至四期所代表的一类考古学文化遗存，是介于中原龙山文化和二里岗文化的一种考古学文化。该考古文化主要集中分布于晋南、豫西，首先发现于洛达庙遗址，但尤其以二里头遗址发现的该类文化遗存最具代表性和典型性，故以此命名。二里头遗址是一处夏朝晚期的都城遗址，总面积约 3 平方公里，遗存可划分为四个时期。遗址内发现有宫殿、居民区、制陶作坊、铸铜作坊、窖穴、墓葬等遗迹。出土有大量石器、陶器、玉器、铜器、骨角器及蚌器等遗物，其中的青铜爵是目前所知中国最早的青铜容器。

不是窑穴。壁上有对称的脚窝，那是为了淘井和捞拾落井器具而挖的。水井的使用可以改变那种追逐水源、迁徙不定的生活，使人们有可能长期定居在一个地方，而定居生活又是农业发展的一个重要条件。水井还可以浇地，不过，当时的条件不可能出现大面积的水浇地。这个时期出现了大型的陶制容器。例如在二里头遗址出土的大口尊、瓮以及大陶罐等，与龙山文化早期、中期的器物相比，它们确实成了庞然大物。这些大型器物，有一些应是储存食物的用具。只有农业的相当发展，制作大型容器才成为必要。

据传说夏朝已开始酿造酒。河南豫西龙山文化中晚期出土的陶器中，有较多制作精致的斝、鬶、盉、觚、杯、小壶等酒器。在二里头遗址的一些墓葬中发现有细长的觚、有带管状流的盉，还有那种三个空足、有耳有流的鬶等专用酒器，足见当时饮酒风气十分盛行。文献中也多有贵族饮酒成风的记载。传说禹的大臣仪狄开始酿造酒，夏后少康又发明了秫酒的酿造方法。新石器时代后期中原文化中的龙山文化就有了酿酒的习惯，到了生产力更强的夏朝，酿好酒、饮好酒变成了一种权力和财力的象征。夏朝的酒为度数不高的粮食酒，并不浓烈。酒在中国古代向来都是用谷物酿造的。只有在农业生产不断发展与提高的基础上，才能用剩余的谷物进行酿酒。

为了适应农业生产的需要，探索出农事季节的规律，夏朝还发明了历法。这是中国最早的历法。当时已能依据北斗星旋转斗柄所指的方位来确定月份，夏历就是以斗柄指在正东偏北所谓“建寅”之月为岁首。保存在《大戴礼记》中的《夏小正》[①]，就是已知的有关“夏历”的重要文献。它按夏历十二个月的顺序，分别记述每个月中的星象、气象、物象以及所应从事的农事和政事。它在一定程度上反映了夏代农业生产的发展水平。

夏朝的中心地区位于黄河中游，气候适宜。谷是当时的主要农作物之一。夏朝在中原地区农业经济发展的同时，其他地区农业经济也在发展之中，如分布在黄河上流及其支流渭河、湟水流域，时间上大约与夏朝同时的是齐家文化[②]，在公元前2000年左右，其主要遗址有甘肃武威皇娘娘台、永靖大何庄和秦魏家等350多处。齐家文化的经济生活也以农业为主，部落、氏族居民过着较稳定的定居生活，主要农作物是粟，大何庄遗址出土的陶罐中就发现了粟。生产工具为石器、骨角器，挖土工具为石铲、骨铲，有的石铲用硬度强的玉石做成。收割谷物多用磨光穿孔的石刀、石镰。加工谷物用石磨盘、

---

① 《夏小正》对一年12个月的农事已有全面安排，颇似后世《月令》。如《夏小正》载每年正月要视察田器，准备农具，准备春耕；二月要在黍田春耕；三月要为麦祈实；五月要种黍、菽、糜；七月粟熟；九月种麦，准备冬衣等。值得注意的是《夏小正》中除了农业之外，还有家畜饲养、其他副业的安排，如正月有孵小鸡、菜园见韭菜，二月有饲养小羊、采白蒿，三月有整理桑树枝条、养蚕，十一月有狩猎，十二月有捕鱼等活动的记载。总之，《夏小正》是一部以安排农事活动为主的中国最早的历法，其中一些内容是夏代从事农业活动的反映，因此在探讨夏代农业活动时对此应予以重视。《夏小正》的出现，正是夏代农业经济显著发展的重要表现。

② 齐家文化是以中国甘肃为中心地区的新石器时代晚期文化，已经进入铜石并用阶段，其名称来自于其主要遗址齐家坪遗址。时间跨度约公元前2200年至公元前1600年的齐家文化，是黄河上游地区一支重要的考古学文化，其主要分布于甘肃东部向西至张掖、青海湖一带东西近千公里范围内，地跨甘肃、宁夏、青海、内蒙古4省区。随着齐家文化研究的不断深入，齐家文化已成为探索中华文明形成与早期发展的重要研究对象之一。齐家文化距今4 000年左右。齐家文化的制陶业比较发达，当时已掌握了复杂的烧窑技术。在墓葬中发现的红铜制品，反映了当时生产力水平的提高，为后来青铜文化的发展奠定了基础。齐家文化的房屋多为半地穴式建筑，居室铺一层白灰面，既坚固美观，又防潮湿。

石磨棒、石杵。家畜饲养以猪为主，还有羊、狗、牛、马等，据皇娘娘台、大何庄、秦魏家三处遗址统计，即发现猪的下颚骨 800 多件，说明养猪在经济生活中有重要作用。[14]

夏朝的北方，分布着一种发现于内蒙古赤峰夏家店村遗址的夏家店下层文化①，在公元前 2300 年—前 1600 年，恰在夏朝统治时期。考古资料说明，夏家店下层文化的部族先民以农业生产为主，过着定居生活。使用的农业生产工具有打制石锄、磨制石铲、磨制石刀，谷物加工有石磨盘、石磨棒等工具。[15]

长江中游、汉水流域在新石器时代末期和青铜时代早期，约相当于中原龙山文化晚期和夏朝前期，在屈家岭文化②的基础上进入了石家河文化③阶段。石家河文化主要遗址有湖北郧县青龙泉、房县七县河、天门石家河等，因后者更具代表性，故称之为石家河文化。这一文化的先民在农业方面以生产水稻为主，在遗址中发现大片红烧土夹着大量稻壳和茎叶就是明证。发现的农业生产工具有长方形无孔石铲、打制双肩石锄、长方形带孔石刀、蚌镰等。家畜饲养业也有所发展，湖北郧县青龙泉与大寺遗址④发现了猪、狗、羊、鹿的遗骨。各地发现的动物遗骨以猪骨为最多，在墓葬中大量随葬，说明以家畜为私有财产的现象在发展之中。

在夏朝的部落组织，除了利用古黄河流域优越的自然条件，从事以农耕为主的生产外，同时也兼营部分畜牧业作为农业经济上的补充，还进行捕鱼和狩猎等活动。在二里头文化遗址中发现的捕鱼工具有：骨鱼叉、骨鱼钩和陶网坠等；狩猎工具有：骨镞、石

---

① 夏家店下层文化是中国北方地区的青铜时代文化。因最初发现于内蒙古自治区赤峰市夏家店遗址下层而得名。主要分布在燕山山地和辽西及内蒙古东南部地区。夏家店下层文化所表现的居民主要从事农业，工具有磨制的石铲、石刀和打制的石锄等。饲养牛、马、猪、狗等家畜。居址多位于沿河两岸的高地上。较大的聚落周围有石砌或夯土筑成的城墙及壕沟，聚落内的房屋从数十至百余座不等。居室有半地穴式的，也有土坯、石块垒砌成的地面房。聚落附近有墓地，大甸子墓地埋有墓近千座，排列密集而有规律。该文化的青铜器主要是耳环、指环、杖首等小件物品，但已掌握用内外范铸造薄壁铜器的技术。另有金耳环等。居民盛行占卜习俗。

② 屈家岭文化年代约为公元前 3300—前 2600 年。屈家岭文化因 1955－1957 年发现于湖北京山屈家岭而得名。主要分布在湖北，北抵河南省西南部，南界到湖南澧县梦溪三元宫，西面在四川巫山大溪文化遗址也发现了个别屈家岭文化的典型器高圈足杯碎片。其分为早、晚两大时期，早期有斧、锛、凿和穿孔石耜等器，磨制一般比较粗糙。黑陶多，灰陶次之，黄陶和红陶较少。陶器表面多数为素面磨光。晚期磨光石器增加，双肩石锄是屈家岭文化常用农具之一，以种植水稻为主，家畜以猪和狗为主，出现了彩陶丝轮。

③ 石家河文化是青铜时代文化，距今 4 000～4 600 年。因发现于湖北省天门市石河镇而得名。此地有一个规模很大的遗址群，多达五十余处。该文化已经发现有青铜铜块、玉器、祭祀遗迹、类似于文字的刻画符号和城址，表明它已经进入文明时代。陶器大部分为黑色，不过也有不少红色的陶杯和陶塑，是该文化的一大特色。当时的经济生活以稻作农业为主。在邓家湾遗址发现了青铜铜块和炼铜原料孔雀石，标志着冶铜业的出现。琢玉工艺崛起，特色鲜明，玉器有人面雕像、兽面雕像、玉蝉、玉鸟、玦、璜形器等，都属于小型玉器。邓家湾遗址的个别地段，集中出土了大批小型陶塑，有的一座坑中竟达数千件之多。所塑有鸟、鸡、猪、狗、羊、虎、象、猴、龟、鳖以及抱鱼跪坐的人物等。

④ 青龙泉与大寺遗址地处汉江中上游的郧县，是 1959 年—1962 年配合丹江口水库工程重点发掘的两外古文化遗址。它们包含有新石器时代中期偏晚至末期的仰韶、屈家岭、青龙泉三期和龙山四种文化遗存，相对年代比较清楚，具有明显的地区特点。青龙泉与大寺遗址共发掘出土完整和复原的文物 2 800 余件，其中青龙泉遗物 2 140 余件，大寺遗物 660 余件。按出土遗存的类别分，陶器遗物 840 余件，石器遗物 1 530 余件，骨、角、牙、蚌等遗物 430 余件。各个时代古文化遗址和古墓葬的内涵十分丰富，为研究丹江口库区原始社会、先秦时代的历史和文化提供了大量的具有较高价值的实物资料。

镞、蚌镞和石矛等，因而农业经济发展水平已经比较发达。从农业生产工具来看，石器、木器、骨器和蚌器占主要地位，还没有发现铁器。

6.3.3　手工业

夏朝的手工业也比较发达，随着夏朝农业生产的发展和生产部门的分工，烧制陶器，琢磨石器，制作骨器、蚌器，冶铸青铜器和制作木器等各种手工业，也有了新的发展和分工。

在烧制陶器方面，当时不仅广泛使用了快轮制造技术，而且在烧造方法上，又多采用陶器出窑前的施水法，使陶器多呈灰黑色、灰色或黑色，且又质地坚硬。陶器表面除多施用篮纹、方格纹与绳纹等装饰外，还有精美而细致的指甲纹、羽毛纹、划纹、圆圈纹和镂刻等装饰。器形品种如炊器、饮器、食器和盛储器等达三十多种。特别是有些造型美观，制作精湛，胎质细腻、薄如蛋壳、器表漆黑发亮的磨光黑陶器，只有具备烧陶丰富经验和高超技术的人才能烧制出来，故制陶业大概已成为独立的手工业生产部门。

在石器制造方面，以钻孔石铲与石刀为主。各种石器磨制精致，几乎没有钻孔损毁或重钻的现象，表明制作石器的技术已相当成熟。少数靠近山区的遗址中，有较多的石器成品出土。而在远离山区的地方半成品和打下来的石片则不多见，说明这些地方出土的石器都是由制造石器的地方交换而来，还说明当时石器的专门加工和交换已经出现。

夏朝的青铜冶铸业也得到了迅速发展，《左传》宣公三年载“昔夏之方有德也，远方图物，贡金九枚，铸鼎象物”。这是中国用地方上贡的金属铸鼎的第一次记载。考古发现了大量夏代用青铜铸造的器物。如中原地区二里头文化遗址发现的青铜器有爵、刀、锛、凿、锥、铃、戈、镞、戚、鱼钩等。二里头文化第三期的出土文物中有中国最早的青铜兵器，与“禹穴之时，以铜为兵”的记载一致。铜器种类繁多，有戈、刀、锛、凿、锥、鱼钩等多种青铜工具和武器。此外还发现如木炭、红铜渣、陶范片、坩埚片等青铜制造的痕迹。在文献中，有夏代冶铸青铜器记载。如“禹铸九鼎”和夏后启命人在昆吾铸鼎，出土的铸造铜器的遗存可以为证。如在临汝县煤山龙山文化中晚期遗址中，出土了炼铜坩埚残块，其中最大的一块长 5.3 厘米、宽 4.1 厘米、厚 2 厘米，上面保存有六层冶铜痕迹。郑州牛砦龙山文化晚期遗址中，也出土过一块炼铜坩埚残块，残块上还黏附有铜碴与铜锈，经化验是属于铜锡合金的青铜遗存。夏朝青铜器的形式非常接近陶器，它铸造青铜的历史不长，所以青铜器没有形成一个好的规范，所以它有点像陶器的样子，跟夏代出土的陶器一模一样，比较原始，它没有好多花纹，有小圆点，刻画简单的线条。夏朝时期山东地区的岳石文化遗址①也出土了少量青铜锥形器。内蒙古赤峰夏家店文化等遗址发现的青铜冶铸技术已使用了合范和内范等比较复杂的技术，出土的铜容器系采用复合范铸成，反映当时的铸铜工艺已有一定规模和水平。这些事实说明，以二里头文化

① 岳石文化遗址位于大泽山东岳石村附近，因最早发现于大泽山镇东岳石村而得名。1959 年修淄阳水库时，在岸边发现该遗址。1960 年中科院考古所发掘并认定。它与龙山文化分布范围大致相同，时间约在公元前 1900 年—前 1500 年。这是平度悠久历史有力佐证，是我们最具历史价值的文化宝藏。考古工作者在此发掘出大量的石器、陶器、骨器和蚌器，经考证为东夷族创造的一种古老文化。

为代表的中原夏代文化已进入了青铜时代，其他地区也正在向青铜时代发展。

制陶业仍是当时的主要手工业。二里头遗址发现烧陶的陶窑虽残损，但可看出直径为一米左右，火门、火膛、窑箅一般保存完好，火膛为直壁圆筒形，中设长方形土柱支撑窑箅，箅面有若干圆孔，陶窑附近有陶拍等制陶工具。在二里头文化遗址发现的大批陶器中，以砂质、泥质灰陶、灰褐陶为多，还有黑陶白陶等。炊器有鼎、鬲、圆腹罐、深腹罐等；食器和容器有三足盘、平底盆、深腹盆、钵、大口缸、小口高领罐；酒器有觚、爵等。各地的陶器也有差异，如晋南地区有豫西所没有的三足蛋形瓮，却没有豫西有的三足盘。从制陶技术来讲，全国各地发展不平衡，常常是手制泥条盘筑法、慢轮修整、快轮制陶同时并存。夏朝黄河中上游齐家文化遗址所发现的制陶技术就以手制泥条盘筑法为主，一部分陶器如陶罐的口、颈留有慢轮整修的痕迹。齐家文化的陶器主要是泥质红陶和夹砂红褐陶，有少量彩陶绘有菱形或网格、三角、水波、蝶形花纹，线条简化而流畅。齐家文化的陶工还用黏土捏制各种人头与动物塑像。还有陶制的鼓形铃，铃内有小石球，可叮当作响。这些都是工艺品。夏代时山东地区的岳石文化遗址发现的陶器多数为泥质灰胎黑皮陶和夹砂红褐陶。泥质陶种类少、胎壁厚，一般均采用了先进的轮制方法，烧制的火候也较高。有的泥质陶器上还绘有朱色图案，也有红、白、黄多彩兼用的云纹彩绘陶。[16]

夏朝玉、石器的制造也得到很大发展，二里头文化遗址出土了不少玉制琮、圭、璋、销和一些小型装饰品、随葬品。二里头遗址发现的一种玉装饰品，上面雕琢着上、中、下三组规整的兽面纹等，工艺水平很高。还发现一件用 200 多块绿松石镶嵌而成的中国最早的铜镶玉石制品，艺术价值也很高。在晋南陶寺①和东下冯遗址②都出土了中国最早的石磬，虽是打琢而成未经磨制，其社会意义显然不可低估。黄河上游齐家文化遗址发现玉器尤其丰富，武威皇娘娘台男女合葬墓中发现大量璧、璜之类的玉器，个别男性玉璧达 80 多件。该遗址附近发现了一处玉器作坊，发现了玉璧 37 件，玉制工具锛凿斧刀等 8 件，石制工具近百件，以及遗存的原料、半成品 161 件。[17]夏朝玉器制造已有相当的水平，《左传》记载周初分封鲁国公伯禽时，赐予传世宝玉“夏后氏之璜”。二里头遗址出土玉器有玉戈、玉刀、玉圭、玉琮、玉板、玉钺等多种。这些玉器用于礼仪形式的装饰物品，并非实用工具。

木器制造也得到前所未有的发展，山西襄汾县陶寺龙山文化晚期到夏代的遗址发现

---

① 陶寺遗址是中国黄河中游地区以龙山文化陶寺类型为主的遗址，还包括庙底沟二期文化和少量的战国、汉代及金、元时期的遗存。它位于山西省襄汾县陶寺村南，东西约 2 000 米，南北约 1 500 米，面积 280 万平方米。是中原地区龙山文化遗址中规模最大的一处之一。经过研究，确立了中原地区龙山文化的陶寺类型；据放射性碳素断代并经校正，其年代约为公元前 2500—前 1900 年。同类遗址在晋西南汾河下游和浍河流域已发现 70 余处。陶寺遗址对复原中国古代阶级、国家产生的历史及探索夏文化，具有重要的学术价值。

② 东下冯遗址位于中国北部山西省的夏县，是夏商时期二里头文化东下冯类型的典型遗址，总面积约 25 万平方米。遗址内发现有灰坑、房屋、墓葬、水井、沟槽、陶窑等遗迹。出土物包括陶器、骨器、蚌器、铜器、石器、卜骨等。此外，还发现有二里岗时期的城址，城址南部呈曲尺状，城墙保存较好，城外还环有护城壕。二里岗时期城墙等遗迹的发现，显示出东下冯遗址具有的特殊意义。该遗址的二里头文化与豫西地区的同类遗存有一定差异，被称为二里头文化东下冯类型。其年代经放射性碳素断代，为公元前 1900 年—前 1500 年。

了数十件木制家具及为生产工具、兵器安装的柄杆，不少木器表面有彩绘图案装饰。陶寺墓地随葬品中，有木案、木觚、木杯、木耒、木俎、木盘、木豆、木匣及木仓形器，制作精巧美观。在这批木器中有几个大小不一的“鼍鼓”。这种鼓是中国最早的木鼓，为竖桶形，成对存放，高约 1 米，直径 0.4～0.5 米，用整段树干挖成后加工制作，外着红彩和彩色图案。从鼓腔内散落的鳄鱼骨板得知，最初是以鳄鱼皮蒙鼓，就是古代文献记载的“鼍鼓”。这种木鼓在山东地区岳石文化的遗址中也有发现。与此同时，漆器也开始迅速发展起来。相传尧舜时期已经使用漆器，夏禹时作为祭器使用，“墨染其外，而朱画其内”。二里头遗址出土的几件漆器的木胎都已腐去，但仍可辨出器形。从器形研究，有漆筒、漆鼓、漆钵、漆豆、平底漆盒、漆制棺材等多种。

夏朝制造骨角器已成为一种独立的手工业。二里头遗址发现有切割的骨料，半成品和簪、针、锥、凿、铲、匕、镞、鱼叉等骨、角制品，还发现了磨制骨器的砺石等遗物。山西夏县东下冯遗址出土有刻花骨器，用骨、角、蚌做原料制成的生产工具、生活装饰品等器物。[18]

夏朝纺织业也有显著进步，中原各地区的丝织、麻织有了进一步发展，边缘地区的纺织业也有很大进步，如黄河上游齐家文化遗址、墓葬中普遍发现大量陶纺轮、石纺轮及骨针等纺织工具，甘肃永靖大何庄遗址①罐上布纹保存完好，布似为麻布，有粗细两种。当时人们主要是用麻布缝制衣服的。[19]

夏朝手工业比较发达的主要原因还在于制陶业、石器制造和其他手工业技术在各种类型的氏族经济生产中普遍得到推广和传播，一些先进技术已影响到长江流域和东北、西南地区，其主要表现是一些手工业部门日益专业化，并从农业中分离了出去。这种手工业生产的专业化、多样化促进了分工的发展。制陶技术最能代表当时手工业经济发展的水平。从考古发现看，很多部落都掌握了相当成熟的经验，包括选用陶土、塑坯造型、烧制火候等一系列技术和绘画、贴塑装饰的工艺。不过，制坯还停留在手制阶段，不少小件器物仍采用直接捏塑的简易方法。青铜器的出现，对夏朝的奴隶制经济来说是巨大的进步。夏朝早期，出土的青铜器多半是一些小的青铜器。青铜器是用铜锡合金铸造的器物。到了夏朝晚期，青铜器的铸造比夏朝早期多，除了小型工具外，还有稍大的工具和武器。青铜器的铸造需要一定的专门技术，较多的青铜器出现，意味着一部分人已经脱离了农业，而专门从事手工业生产。

6.4　商朝的经济与人口迁移

6.4.1　奴隶制经济的社会结构

在商朝时期（约公元前 1600 年—前 1046 年），中国的奴隶制得到进一步发展和扩

① 中国黄河上游新石器时代晚期至青铜时代早期齐家文化的遗址，位于甘肃省永靖县莲花城的西南部，与秦魏家遗址隔沟相望。1959 年中国科学院考古研究所两次进行发掘。据放射性碳素断代并经校正，年代为公元前 2000 年左右。该遗址的 7 座房基，大都是长方形硬土居住面遗迹，可能是地面建筑。保存最好、结构新颖的 7 号房基，是一座方形半地穴、室内四周留有宽平台的建筑，总面积约 36 平方米。遗址中还发现有窖穴。

大。商朝的社会结构和夏朝基本类似，由王族贵族和地方诸侯等组成奴隶主阶级的最上层，地方诸侯分同姓诸侯和异姓诸侯两部分人，同姓诸侯是商王家族中分封到地方去形成的诸侯，异姓诸侯是商王家族以外的贵族势力，是商王赐予的功勋和贵戚的封侯，还有一些是夏朝的旧贵族，以及一些和商朝有着隶属关系的属国的封侯，这种属国，称为方国。而商王是贵族的总代表，名义上也是全国土地的最高所有者。商朝实行亲贵合一的制度，即所有政府官员都由贵族担任。

平民称为“众”。《尚书·盘庚篇》中的“民”“畜民”和“万民”等，其身份都是平民。他们是原始社会末期出现的公社农民，既是主要的生产者，也是战争、戍卫的主要担当者。此外，还有掌握一定生活资料的“工”或“百工”，即手工业者。贵族的统治依仗平民的支持，所以商王对平民阶级给予比较优惠的待遇。《盘庚篇》说“我王来，既爰宅于兹，重我民，无尽刘”，“殷降大虐，先王不怀厥攸作，视民利用迁”。[20]

在商朝，奴隶数量比夏朝大大增多。特别是商朝后期，奴隶制发展到兴盛时期，大量的奴隶来源于战争中的俘虏。他们除部分被杀害以外，大都成为商王和各级贵族奴隶主的奴隶。《左传·昭公二十四年》说：“纣有亿兆夷人，亦有离德，”说明商纣王在对东夷的战争中获得大量的奴隶，这些人大都沦为奴隶。殷人与羌人之间发生的战争较多，有时甲骨文中常有“执羌”“获羌”的记载，还记载一次战争所俘获的俘虏达“千五百七十”。在战争中俘获的羌人，除部分用于作祭祀的牺牲品外，还用作生产奴隶，例如驱使奴隶开垦土地从事农业耕作。奴隶分为生产奴隶和家内奴隶。管理农业奴隶的小头目称“小众人臣”，管理家内奴隶和手工业奴隶的头目称“宰”，管理畜牧业奴隶的称“牧臣”。奴隶的地位十分低下，被称为“蓄众”或“蓄民”，从事繁重的劳役。奴隶除来源于战俘外，也有一些平民因犯罪而沦为“罪奴”。奴隶所生的子女也是奴隶。[21]奴隶主贵族利用他们的权力将广大奴隶束缚在奴隶制的生产方式下，奴隶一部分在贵族家内服役，如臣、妾、奚、仆等，其他大多数被投入到各个生产领域。

6.4.2 农业

商朝最重要的社会生产部门是农业，在农业生产中采用的制度是井田制。农业经济的主要生产方式是较大规模的奴隶集体劳动。自由民虽然人数不少，但由于受到土地、农具的限制，又要随时受到国家的调遣与征发，并且无力抗拒自然灾害的袭击，所以分散的、小规模的私田经营收获很少，生产力比较低下。

石器和骨角器制作技术的提高，使农业生产工具种类和数量都显著增加了。在此基础上，耕作技术也得到了逐步改进。总的看来，商朝前期的耕作技术还比较粗放，处于耜耕农业的第一阶段，即一块土地连续耕种几年后便抛荒休耕了，等若干年后再重新种这块土地。如果一个地区的土地都已轮流耕种过，地力已表现出耗竭的迹象，即举行一定规模的迁徙。这种农业生产方式便是盘庚以前多次迁都的重要原因。盘庚迁殷后，开始懂得轮流休耕方法，一块土地耕种一年，然后休耕一至二年以保持地力，再继续耕种。从此耜耕农业进入了一个新阶段，从定都在殷，人们得以有较长的时间不必大规模地迁徙了。

商朝以农业为主要生产，奴隶制生产关系在农业上的广泛推行是商代农业得以发展的重要原因。卜辞中关于农事的记载很多，主要农作物是禾、黍、麦、稻等，此外还种植较多的桑、麻和一些瓜果蔬菜。由于农业生产的收获直接关系到国家经济的发展和王室财富的盈亏，所以商王和贵族集团都十分重视农业。甲骨文中经常记载着商王和宗室贵族为农业生产的各个环节而占卜、祈祷的活动。各代商王还多次亲自外出巡视，或传呼臣下督促查看各地农业生产情况。卜辞中多次出现求禾、求黍、求麦、求雨、省黍、观籍、相田的记录，可见农业生产这种重要的部门是受到高度重视的。

商朝人比较重视农业生产，比如《盘庚》中就说："若农服田啬，乃亦有秋。"在盘庚迁殷后，更是留下了大量关于农业的占卜记录。当时发展农业生产的努力主要体现在种植面积的扩大和单位产量的增加。在卜辞中关于垦田的记录有很多。由于当时宜农空地还很多，所以垦田是当时发展农业的主要措施。

商朝人使用的农具已经很多，虽然有些还不一定用金属制造，但种类是齐备的。从考古发掘看，在农业生产方面，商代使用的生产农具有斧、镢、铲、臿、耒、耜、锄、镰、刀、铚等多种，其质地有石、骨、蚌、木等，青铜农具①也出现了，但数量较少。这是因为青铜农具质量较软，不如铁质坚硬耐用，而价值又比较昂贵的缘故。在殷墟发掘出许多储藏粮食的窖穴。粮食除了食用外，还大量用来酿酒，这就使得从龙山文化时期出现的饮酒风气，成为商代奴隶主贵族追求享受的盛事。许多商代的遗址都曾出土各种各样的酒器。河北藁城台西商代中晚期遗址中，发现了一处当时的酿酒作坊。这座酒坊建筑在高出周围地面 1 米的台基上，平面呈阶梯形，是一座斜坡式屋顶的房屋，没有前墙，只有密排的柱穴。进门处有台阶，屋内堆积着大量烧过的灰烬和陶容器，还有很多桃、李、枣等酿酒原料的种仁及重 8.5 公斤的人工培植酵母。作坊附近发现了两眼水井，井内均有木质井盘。井底遗有木桶、陶罐等汲水工具。

庄园是商朝农业经济的基础结构，在黄河流域，庄园分布十分密集，这是农业经济不断发展和人口不断增加的结果。河南内乡县黄龙庙岗的商代遗址，是商代晚期的一处庄园，坐落在汉水支流湍河西岸的平坦岗地上，面积约 3 万平方米。在庄园中发掘了 7 座较完整的房屋，还清理了 18 个储存谷物的窖穴及灰坑。这个庄园中的房子有些仍保留着新石器时代半地穴式的建筑风格。出土的遗物中除数十件陶器外，还有石器、骨器、蚌器和铜器等，共一百多件。当时的生产工具完全使用石斧、石镰、石刀、蚌镰和骨锥等，狩猎用的箭镞也完全是石制或骨制的，可见生产力仍比较低下。

对于非游牧民族而言，畜牧业的发展是与农业的发展相联系的。如果没有农业的发展，畜牧业要达到比较充分的发展是很困难的。考古发掘证明，商朝人很早就是一个农业畜牧业并重的民族。《世本·作篇》说"相土作乘马"，"王亥作服牛"。商人入主中原后，农业畜牧业都更加兴旺发达。这在甲骨文中有不少反映。从甲骨文中可以看到，商

① 长久以来争论比较多的是青铜工具的问题。因为在商代所发现的青铜器中很少有农具。1989 年、1990 年前后，关于青铜器是否在农业生产中被广泛使用的问题在学术界引发了争论。其中一种观点认为，青铜器并没有被广泛使用，理由是在考古发掘中发现的实用的农具并不多，而且这少量的农具还多发现于都市、贵族的墓葬和铜矿的周围。青铜农具在社会中不带有普遍的意义，始终没有成为农业生产的主要工具。也有人说旧的青铜农具都被回炉了，所以没有能够被大量发现。不过多数人认为，直到铁器被广泛使用，石器、木器才被取代。青铜器大都是礼器、兵器、贵族用器。

人对各种家畜的饲养根据其特点分别采用圈养和放牧的方式进行的。在甲骨文中还有众多的家畜象形兼会意的字。分别反映出家畜的不同性别、年龄和阉割①的特征。随着农业的发展，畜牧业也在家畜饲养的基础上日渐繁盛。马、牛、羊、狗、猪的数量比夏朝有了巨大的增长。在各地发现的商代墓葬和遗址中，往往有数量较多的马、牛和羊，而且这些动物从小到老都有，这充分证明它们是被人饲养的。[22]商朝的黄河流域，人们已经掌握了服牛驾马的技术，王室和贵族成员的墓葬中常见羊、猪、狗做祭祀时的牺牲，卜辞中有许多记载，其数量达惊人的程度，墓葬旁还有规模较大的车马坑。据文献记载，贵族们常宰杀数十头甚至数百头牲畜来祭祀天地、祖宗和神灵。河南辉县琉璃阁商代中、晚期墓群中，40%以上的墓中有殉犬，最多的 3 只；殷墟的一些大墓附近都有车马坑，坑内多埋 1 人 2 马；安阳西北冈的祭祀坑，埋葬动物最多的是马，也有许多狗、猪、牛、羊和其他动物。在畜牧业比较发达的地区，采集和渔猎只作为农业生产的一种补充活动，卜辞中有许多文字都是渔猎工具的象形，打猎捕获的野兽有鹿、豕、獐、虎、象等，在一些边鄙地区，还有一定数量的氏族部落主要依靠渔猎生产维持生活。

商朝的农业比刀耕火种的原始农业提高了许多。当时的人们已经知道整治土地、挖掘沟洫、引水灌溉、培土除草等一系列的技术措施。甲骨文中保存了不少象形字，其中与农田整治有关的字有田、囿、疆、畂、男等。从字形中可以看出当时的田地多是被整治成了方块状的。田地被开垦出来后并不是直接耕种的，还要经过翻耕，甲骨文中写作畴或耤。播种后还要进行田间管理。甲骨文中已经有与除草有关的字，比如芟。相传在商汤王②（约公元前 1670 年—前 1587 年）时代就已经懂得了为土地施肥。卜辞中也有为土地施肥的记录，比如“屎有足乃垦田”。当时还已经懂得了防治病虫害。当时的办法是用火来驱虫保苗。

商朝虽然有了比较发达的青铜铸造业，但由于铜的原料有限，奴隶制的大规模生产劳动很难使用不易制作的青铜农具，所以商代的农业生产基本上还停留在石器时代的技术水平上。考古发现表明，由于南方的铜器冶铸业比较发达，青铜农具的使用比黄河流域更为普遍，从而使稻作农业生产发展很快。江西新干商墓中出土了 10 类 137 件青铜生产工具，其中有青铜臿、镬、镰、犁等十余件农具。这些农具上多铸有花纹，显然不是实用器，不过这批农具的出土，反映出当地制造青铜农具和实际使用是比北方更多的。

6.4.3 土地制度

在夏朝，原始的土地公有制度还没有解体，到了商朝，这种土地制度转化成以商王为代表的奴隶主贵族的土地国有制度。商朝的土地归王所有，一部分土地由商王分赐给

① 商人已经掌握了家畜阉割术。家畜阉割术不仅可以得到膘肥体壮的家畜，而且可以人工控制家畜的生长和繁殖，有利于选择培养出优良的家畜。这在畜牧发展史上是具有非常重大意义的创举，它反映了商代畜牧养殖已经相当发达。

② 商汤即成汤，子姓名履，又名天乙，商丘人，汤是契的第十四代孙，主癸之子，商朝开国君主。商汤原是夏朝方国商国的君主，在伊尹、仲虺等人的辅助下陆续灭掉邻近的葛国以及夏朝的方国韦、顾、昆吾等，十一征而无敌于天下，成为当时的强国，而后作《汤誓》，与桀大战于鸣条，最终灭夏。经过三千诸侯大会，汤被推举为天子，定都南亳，定国号为“商”，成为商朝的开国君主。

其他奴隶主作“封邑”，供臣下享用，还有一部分分散在各地的土地，即农村公社的土地。商王自己直接掌握着许多土地作为王室的田庄，直接派遣官吏进行经营，役使大批奴隶，并征发很多平民从事大规模的集体劳动。农业生产中采用的制度是井田制。

井田制在长期实行过程中，从内容到形式均有发展和变化。井田制大致可分为八家为井而有公田与九夫为井而无公田两个系统。记其八家为井而有公田者，如《孟子·滕文公上》载：“方里而井，井九百亩。其中为公田，八家皆私百亩，同养公田。公事毕，然后敢治私事。”记其九夫为井而无公田者，如《周礼·地官·小司徒》载：“乃经土地，而井牧其田野，九夫为井，四井为邑，四邑为丘，四丘为甸，四甸为县，四县为都。”[23]由此可见，井田即由比较规整的沟洫灌溉系统把土地大体划分成方块田，井田中的每一块都代表着一定的面积，是便于管理奴隶在田间耕作的基本单位。由于灌溉技术的发展，井田制有助于提高土地利用率和农作物的产量，也有利于抛荒休耕的管理。

在商王的最高权力统治下，井田主要在奴隶主贵族之间分配，奴隶和土地都是奴隶主个人的财富。在甲骨卜辞中，留下了不少从商王到各级贵族、王室小臣乃至贵族妇女监督奴隶大众耕作的记录。以商王为首的贵族集团，还不断驱使奴隶大众到荒僻的地方开垦土地，扩大井田的面积，增加他们无偿占有的农作物的产量。

分散在各地的土地，主要是农村公社的土地。这些土地，商王并不直接控制，而是委派官吏进行管理和监督。这些官吏在他们的管辖地区内，有权代表商王进行统治。不过，土地形式的最高所有权仍然属于商王。

由于商朝的疆域十分辽阔，实际上商王并不能有效地控制全国的土地和山林川泽，一些邦国所占有的土地也并非皆为商王所授。商王仅是土地所有者在权力上的象征。在各个方国内，邦伯、师长、百执事等驱使奴隶从事繁重的田间劳动。在井田上劳动的主要是奴隶，卜辞中屡见记载获人、获众、获羌、执讯，这些都是奴隶的来源，即主要是战争的俘虏，也有买卖或交换得到的。这些奴隶，可以被奴隶主任意杀戮，奴隶都是奴隶主的财产，杀死也不算犯罪，所以建立在奴隶与奴隶主互相对立这种人身关系上的生产方式，必然是对奴隶的监督劳动。这种监督劳动在商代达到了最高峰。

考古发掘表明，商朝实行人殉制度，大量屠杀奴隶，甚至动辄数十、数百，显示出商王朝的统治集团对作为主要劳动力的奴隶并不重视。这与农业生产中抛荒休耕方法及许多地区仍旧实行放火烧荒的落后生产方式有密切关系，这种生产方式对农业劳动力的需要是有限的。

商朝的平民也有自己少量的土地，成为自给自足的自然经济的基础。他们在奴隶制生产关系的经济环境中生活，辛勤劳动，在艰难中勉强度日。利用农闲季节努力从事一些小规模的手工业劳动，做一些以物易物的交换以获得生活必需品。平民的土地在奴隶制度下是不稳定的财产，经常在战争、疫病、自然灾害或其他意外事故影响下发生变化。所以，商朝由王室和奴隶主贵族按照等级占有公田，使用奴隶进行农业生产，奴隶劳动成为社会经济的基础，这就是商朝奴隶制度下形成的土地制度。

6.4.4 手工业

随着农牧业生产的发展，商朝的手工业也迅速发达起来，有青铜器制造、制陶、骨器制造以及玉器制造和丝麻纺织等，此外，还有漆器制造等。

在手工业的各部门中，集中反映商代手工业技术和工艺水平的是青铜铸造业，考古材料表明从辽宁东部到长江流域，从陕甘至江浙沿海这纵横千里的范围内都有青铜器的发现。就已经出土的青铜器看，主要有礼器、用具、乐器以及兵器等，生产工具很少。所谓礼器就是贵族在祭祀、宴享、朝会及会盟等各种礼仪过程中使用的器物，也可称为彝器。其中有用于烹煮的鼎、鬲、甗，用于盛储的簋、豆、盘、盂，有用于行乐的铜铙，最多的是酒器，有爵、觚、觯、斝、角、尊、卣、盉、觥、瓿、罍、壶等。从殷墟①发掘及传世的铜器看，其种类繁多，主要有鼎、尊、钟、铃、斧、弓、盔、矛、刀、铲以及车饰、马饰等。商朝青铜器的表面一般都有瑰丽多彩的花纹。前期主要是动物纹、几何纹，后期则日渐繁缛，主要有饕餮纹、夔龙纹、云雷纹、蟠龙纹等。其中云雷纹是常见的底纹。张光直推测这些神话中动物的功能是沟通了人的世界与祖先和神灵的世界。到了晚期，开始出现铭文，最多的达到了四十多字。商代青铜制造的规模是很惊人的，到现在总计出土有数万件，其中最大的一件铜器就是著名的司母戊大方鼎重 875 公斤。形制雄伟，在世界青铜文化中也是仅见的。铜工作坊规模的宏大，冶炼技术的高超，铜器制作的精美，种类的繁多，花纹的繁杂以及铜范技术的纯熟，都已表明商朝才是青铜器的极盛时代。

商朝的青铜器制造业，主要从事兵器和礼器的生产，同时也制作一些如铜镜、酒器、装饰品等供贵族和平民使用的生活用品。此外，还以部分青铜制造砍伐、刮削、雕刻等生产劳动中使用的小型工具和斧、锛、凿、刀、锯、锥、钻等手工工具。这些青铜工具的应用，对土地、森林的开发，对木器、石器、骨角器等产品的制作起到了积极的作用，是先进生产力的体现，也是促进社会生产发展的重要因素。不过，由于当时青铜器的原料来之不易，冶炼和铸造也要耗费大量人力、物力，所以青铜工具的生产还不多，青铜农具则更少。奴隶主宁肯让奴隶们使用木、石、骨、角、蚌来制作工具和农具，也不愿发展青铜工具。

图 6—1　商朝最大的青铜器——司母戊鼎

商朝的青铜制造工艺也十分完备，每一件器物的制作都要经过一套复杂的工艺。青铜合金的比例也日趋合理。从地域上青铜铸造技术也已经普及，在各地都有发现。商朝青铜器的制作技术很高，尤其是礼器，造型美观，纹饰精巧，是水平极高的工艺品。兵

① 殷墟是中国商朝晚期都城遗址，古称“北蒙”，甲骨卜辞中又称为“商邑”“大邑商”，是中国历史上第一个有文献可考，并为考古学和甲骨文所证实的都城遗址，位于河南安阳市西北殷都区小屯村周围，由殷墟王陵遗址、殷墟宫殿宗庙遗址、洹北商城遗址等构成。自 1928 年科学发掘以来，殷墟出土了大量都城建筑遗址和以甲骨文、青铜器为代表的丰富的文化遗存，系统展现了中国商代晚期辉煌灿烂的青铜文明。

器和工具大都质坚刃利，使用方便。据有关部门对部分青铜器的分析认为，其铜、锡合金比例基本上符合科学要求。如在安阳殷墟发现的司母戊鼎（如图6—1），含铜84.77%，锡11.64%，铅2.79%，锡铅合计14.43%。这个比例是符合铸造青铜容器硬度的要求的。硬度要求高的工具和兵器，锡的比例要更大些。铸造青铜器时，要有制模、翻范、熔铸等工序，需要有大量的人力进行分工合作。

在各种官营的手工业作坊里，工匠们的青铜铸造工艺水平已达到相当纯熟的地步。王都和各地贵族统治的大邑中都设有不同规模、各种专业分工的青铜器作坊，能制造出各种精美的青铜器皿和实用的生产工具、武器。考古发现的商代青铜作坊，其面积有数万平方米的，也有10余万平方米的。作坊遗址内都出土了为数可观的陶范、坩埚块、木炭、铜锭、铜渣、小件青铜器，以及与铸造有关的其他遗存。这些作坊遗址的发现，说明商王室与诸侯所用的青铜器，主要是当地生产的，尤其是南方，各地铸造青铜器的原料多取自附近的含铜矿脉。如镇江附近商墓和窖藏铜块，含有较大比重的铅和微量的锑，与中原地区青铜器不含锑及含铅量低有明显的不同。陕西汉中地区城固县发现的商代铜器窖藏，出土了400多件青铜礼器和兵器等，其中4件青铜尊的肩部有3个牛头突饰，最大的高44.5厘米。一件兽面具为牛头形，为其他地区所不见，是当地铸造的极富特色的作品。在河南偃师二里头、郑州二里岗和南关外、郑州北郊紫荆山，以及安阳殷墟等地，都发现了商朝各个时期的铸铜作坊。这些遗址的现象还表明，当时的青铜冶铸手工业中已经出现了专业技术的分工，也反映了当时铸造技术已具有很高水平。

商朝的青铜器冶铸业所取得的成就与铜、锡矿石的开采和运输是密切相关的。铸造青铜器，必须以大量铜矿石和锡矿石为原料。铜主要产于江西、安徽、湖北、湖南等地，北方的河南、山西虽有几处出产，但数量不多。锡主要产于长江上游一带和华南、云贵地区，黄河流域并不出产。要想大量地、源源不断地获得这些矿石原料，就必须依靠交换和战争才能实现。由于商王朝的势力范围已达到江南地区，所以交换是获得原料的主要途径，水陆交通的发展和车船大批生产使长途运输成为可能。正是商业和交通运输业的发展，才使王室和各地贵族的青铜作坊能够维持生产。

铜器是重器，即便是贵族在日常生活中一般也不使用。在人们日常生活中主要使用的是陶器。所以制陶业仍是一个十分重要的手工业部门。商朝的制陶业很发达，除大量生产一般的灰陶器外，也生产一些红陶、黑陶，最能代表商代制陶工艺水平的是白陶。① 在商朝遗址中多次发现质地坚硬细腻，刻纹美观规整的白陶，这些白陶是供奴隶主贵族使用的，是用高岭土烧成，色泽光洁，有的仿青铜器的形制和纹饰。而大量生产的陶器是灰色的，也有少量红陶和黑陶，这些主要供一般平民和公社成员使用。在江南地区，

---

① 其实白陶已经是一种原始的瓷器。关于陶器和瓷器的区别，目前并无定论。一般认为它们有以下区别：瓷器是用高岭土制成，陶器是用黏土制成；瓷器的烧成温度比较高，一般在1 200℃以上，陶器则在850～950℃，最高1 000℃，超过这个温度就要软化变形；瓷器不吸水，或吸水性很小，扣之有金石之声，陶器则有吸水性，扣之音浊；瓷器有经高温烧制下的玻璃釉质，陶器一般无釉。按这个标准商代已经有原始瓷器了。白陶以瓷土或高岭土为原料，器表和胎质均呈白色。商代的白陶有粗细两种，前者在新石器时代中晚期的一些遗址中已略有发现，如仰韶文化时期的大汶口、河姆渡等氏族部落和龙山文化时期的一些氏族营地均有出土；后者表面磨光，纹饰多很精细，到商代才出现胎质纯净洁白的作品。

普遍生产一种压印各种花纹图案的硬陶和涂上一层石灰釉的釉陶，这种釉陶是青瓷的前身，也称原始瓷器。殷墟出土的白陶，有壶、簋、豆、瓿、斝、尊、觯、带盖罐和罍等，普遍装饰着乳丁纹、蕉叶纹、饕餮纹、云雷纹，十分精美。南方流行的硬陶，表面大都拍印几何形图案纹饰，考古界习称之为印纹硬陶。这种陶器是由含铁量较高的陶土烧制的，温度达 1 150℃左右，胎质细腻，有的胎体已经烧结，扣之清脆有声，硬度为陶器之冠。这种陶器盛行于长江中下游地区，以江西、福建、浙江居多。釉陶的质量很高，所用陶土和硬陶基本相同，只是含铁量较低，烧成温度在 1 200℃左右，胎质烧结呈灰白色，吸水性很弱，击之有金石之声，是商朝制陶业的一大创造，也是中国古代制陶业的一个转折点。由于这种陶器分布地域广阔，各地文化的发展也不平衡，所以各处遗存的内涵很不一致，福建地区以印纹硬陶为主要特征的遗存较多，在浙江南部、福建和广东有不少遗址发现印纹陶和釉陶共存的现象。目前，原始瓷器年代最早的属商代中期，郑州和湖北黄陂盘龙城等遗址都有发现。商代晚期的原始瓷器在河南安阳、辉县，河北藁城、山东益都、江西清江等地的居址和墓葬中均有发现，而以江西清江吴城遗址①为最多。吴城遗址发掘清理出十几座陶窑，其中有 4 座龙窑。这些龙窑的窑床并非直接建筑在生土上，而是利用坡地，挖高补低，平整夯实成“垫层”，上面再铺一层细砂作为窑底，已烧成红色硬面。龙窑头低尾高的倾斜是为了保证空气的流通，便于柴火的燃烧和升温。吴城龙窑的头尾倾斜度较小，表明这种陶窑仍具有原始性，只是比新石器时代的陶窑有较大进步，考古发现这种陶窑的遗存也很少。

商朝王室的制陶作坊规模很大，也有一些贵族的制陶作坊主要从事制作商品陶器。在郑州铭功路西侧发掘的一处属商代的作坊，有 14 座陶窑，清理出大约几十万件陶器的残片，其品种主要是盆、甑之类。这种大规模的、品种单调的生产，显然不仅仅是为了奴隶主本身的需要，而是有相当多的产品是向外出售的商品。另外，质量很高的白陶器和釉陶器，并非到处都可以生产，能够制作这些陶器的作坊，也就成了向外推销产品的基地。在吴城遗址发现的制陶基地，一些陶窑内堆积着许多釉陶罐、尊和印纹硬陶器皿。这种地域性的土特产品，成为当时交换的重要货物。

从各地发现的陶器看，当时陶器的种类可大致分为生活用陶和建筑用陶，此外有少数生产活动中使用的纺轮、网坠、弹丸之类小件器物。生活用陶除日常用的器皿外，也包括墓葬中的随葬陶器。后者既有实用器，也有专门为随葬制作的明器。常见的生活用品有炊器鬲、甑、鼎、釜，食器有簋、豆、盂、钵，饮酒器有盉、觚、爵、斝、尊、壶，盛储器有罐、盆、瓮、缸、大口尊及器盖等。一些陶器在各个不同的发展阶段有一定形制变化，如商代早期的鬲多卷沿，深腹，高尖锥袋状足；中期以后多折沿，腹部变浅，鬲裆变矮，足尖渐短。商朝的建筑用陶主要是水管，早期的排水管一端大，一端小，有的长达 42 厘米；晚期的水管两端较一致，且出现了三通管。

---

① 吴城遗址是中国南方一处规模较大的商代中晚期都邑遗址，总面积约 4 平方公里。遗址内发现有陶窑区、冶炼区、居住区、墓葬区、祭祀广场等遗迹。出土陶器、原始瓷器、铜器、石器等遗物数千件。其中烧造考究的原始青瓷器的发现，证明了这一地区即是青瓷器的发源地之一。许多陶瓷器物上还带有刻画的文字符号。吴城遗址出土文物既有自身浓厚的地方特色，又受到中原商殷青铜文化的深刻影响，奠定了吴城文化研究的基础。

纺织业是商朝手工业生产中的一项重要内容，与农业经济有直接的密切关系。农业生产的发展促进了养蚕业和纺织业。甲骨文中已多次发现桑、丝、帛、屯等字。商朝的墓葬中还发现了玉蚕，青铜器上也有蚕的纹饰。由于纺织品不易保存，所以商代的丝麻织物很难发现实物遗存，但上述情况已清楚表明当时纺织业发展的程度。在安阳殷墟发掘的一些中小型墓葬中，有一些规模较大，有棺有椁的墓，在棺椁上面常发现有席子或以彩绘的画幔一类织物覆盖的痕迹。由于养蚕业在商朝比较盛行，宫廷中设有女官来专门管理养蚕业。河北藁城台西村的商代中晚期遗址中，一些墓葬的随葬青铜器上粘有纺织品的痕迹，其中有纨、纱、绫罗、縠等，这些纺织品中最重要的发现是縠，它是目前中国出土最早的縠的实物，年代在公元前1300年左右。在殷墟发现的丝绸残片，有平纹、花纹。平纹组织的经纬线大致相等，每厘米有30～50根。从花纹组织来看，当时可能已有了简单的提花装置。另外，在居住址中还发现一些已经断裂的麻布残片，经鉴定可以确认为大麻纤维。这些麻布是平纹组织，其中一块经纱密度为每厘米内14～16根，纬纱密度为每厘米内9～10根，同以后西汉时期湖南长沙马王堆墓葬出土的麻布非常接近，由此可见商朝丝麻纺织技术先进，纺织品在社会经济生活中占有重要的地位。[24]

商朝的制骨业也比较发达，骨器制作，与制造石器一样，是人类最古老的一种手工业劳动。在金属工具和器物还很稀少的商朝，制骨业比夏朝以前更为发达。规模较大的制骨作坊，成为奴隶集中劳动的重要部门，工艺技术已达到十分成熟的地步。在郑州商代遗址，紫荆山北的铸铜作坊附近有一处制骨作坊。在一座房基旁的窖穴中出土了不少骨料、骨制品和磨制加工骨器的砺石等遗物。在安阳殷墟的北辛庄，有一处规模很大的制骨作坊。作坊的房基为半地穴式，建在生土之上，四周以生土为壁。房子为长方形，东西长2.8米，南北宽1.95米，壁高1.05米。房子的西南角设有七级阶梯形通道，在东北角则有一个烧火的灶址。房子的地面上，发现了很多骨器，屋外有一个骨料坑，坑内堆有骨料、骨器的半成品、成品，还发现一些制作加工骨器的青铜刀、锯、钻和砺石等。在这个制骨作坊250平方米的范围内，出土的骨料和半成品多达5 110件。骨料主要是牛、猪、马、羊、狗等家畜的肢骨，半成品和成品以笄、笄帽和锥的数量最多。制骨业中包括用角、牙、蚌壳为原料制作各种器物，主要为工具、艺术品和装饰品几类，其中以工具类最多。骨锥、骨镞、蚌刀、蚌镰是各遗址常见的器物，鹿角、象牙及野猪牙制品则相对较少。

商朝的玉器制造业是在夏朝的基础上，充分吸收各地的先进经验，特别是东部沿海地区良渚文化的工艺技术而发展起来的，因此，中原一带发现的商朝玉器，往往带有东方一些部族传统的特点。商代早期的河南偃师二里头遗址，历年来出土了许多玉器，有圭、戈、刀、琮、钺、铲、板、柄形器等，造型与纹饰的设计合理美观，雕琢的线条清晰流畅，工艺相当精巧，同新石器时代晚期和夏朝的玉器相比，技术有了明显的进展。有一件柄形玉器，四周雕琢的兽面纹样精细和谐，光洁明亮，是商朝早期玉器的代表性作品。中期以后，玉器大量增加，郑州商城、湖北黄陂盘龙城、河北藁城台西、北京平谷刘家河、江西新干商墓等都出土过精美的玉器。到商朝晚期的殷墟，出土的玉器已达到数量最多，形制最多，工艺最精的水平。其中妇好墓出土玉器达700多件，包括琮、璧、瑗、璜、环、玦、圭、斧、钺、戈、矛、刀、戚、锛、凿、铲、镰、臼、杵、盘、簋、勺、匕等，大都是礼器或与礼制有关的器具。这些玉器形制规矩匀称，花纹线条流畅，制作难度很大。妇好墓中还出土了十多件玉雕人像和人头像，运用写实手法，把不同阶层、不同性别的人物及其服饰、发饰都做了细腻的刻画，具有一定艺术价值。妇好墓和殷墟一些居址中还出土了一批玉雕的动物，有20多种现实生活中常见的飞禽、走兽、鱼鳖、虫豸等动物以及龙、凤、怪兽、神鸟等反映当时社会宗教意识的制品。在出土的商代玉器中，以浅雕、浮雕等平面雕居多，每件作品都体现了工匠的成熟技法。在各类玉器中，圆雕也占有一定的比重，表明雕刻者不但具有立体造型的能力，而且对雕琢的对象及玉材的选样和运用取舍，都有比较丰富的知识。蹲坐的猴子，直立的大象，爬动的乌龟，升腾的神龙，生动传神，有强烈的艺术效果。

商朝玉器的原料，有的出自河南南阳，有的来自辽宁和新疆，从这里可以看出商朝的交换情况；有些玉器属中原产品，也有不少玉器为四邻方国所贡纳，同样反映出物资交流或商品交易的情况。商朝大量玉器的出土和玉器制造业所取得的成就，在一定程度上说明了商朝的经济发展和社会生产分工的状况。

由于竹木器、漆器不易保存，在考古发现中实物极少，但从各地出土的遗迹和遗物，仍可看到商朝的竹木器和漆器制造业是相当发达的，许多大、中型墓葬，墓底往往铺垫着朱砂，并以木质的棺椁为葬具；大型木构建筑和一般民居，梁、柱、门、窗等结构都很精确严谨；一些聚落中发现的水井、窖穴常常有木作遗迹；大批生产工具、兵器、车马具等也都有竹木器构件，所有这一切都显示出商朝竹木器手工业发展的程度。在河北藁城台西遗址，发现的一些商代漆器残片，红地黑花，色彩鲜明。有的雕花，或镶有绿松石，是精美的工艺品。台西出土的漆盘和漆盒，都是在木胎上先雕花纹，再涂朱、髹漆，有的还镶嵌绿松石或贴有金箔，工艺相当精巧。显而易见，竹木器和漆器制造业与雕刻、绘画、镶嵌等工艺有机结合，成为商朝手工业中的一项重要劳动。

商朝的手工业劳动者大都为奴隶身份，都是从农业生产中分离出来的专业技术队伍，因此技术提高很快。代表性手工业为青铜铸造业，此外还有制陶业、制骨器业、纺织业、木工、石工、玉工、漆工、酿酒等业。

商朝的手工业是在农业经济发展的基础上得到发展的。陶器制造、青铜器冶铸、丝麻纺织、骨角器制作、玉石雕琢、竹木器和漆器的生产、土木营建技术等都比夏朝有了更大的进步。农业和手工业的发展，使奴隶制经济呈现出前所未有的新局面，为王室和各地贵族积累了大量财富，也为中小奴隶主更多地涌现创造了条件。手工业经济的发展促进了社会的分工，一些新兴的社会力量开始产生。黄河流域青铜文化的高度发展，对周围地区产生了巨大的影响，东方沿海一些经济比较发达地区的先进生产技术在各地得到了广泛传播。商代成为中国奴隶制经济的鼎盛时期。

6.4.5 商业与货币制度

商朝对商业活动是很重视的。自新石器时代晚期逐渐产生的城堡，随着交换的发展而越来越多，并日益成为商业发展的中心。夏朝的城市，既是奴隶主贵族居住和进行政治统治的中心，又是手工业作坊集中的所在地和产品进行交换的主要场所。但那时的城市除了规模较大的王都外，一般规模较小，且仍随着农业经济的变化而常有迁移，这种状况一直持续到商代盘庚迁殷之前。迁殷后，一些城市才开始稳定发展，规模也进一步扩大。在城市的布局中，商代君主和方国统治者都很重视交易市场的建设。《六韬》上记载："殷君善治宫室，大者百里，中有九市。"都邑中的市、肆，是商人往来聚散之处。商朝城市里的市肆不但有饭铺，而且有肉肆、酒肆等，曾协助周武王克商的吕尚，就曾在肉肆、酒肆上做过买卖。商代城市中的市肆，已不同于夏代以前那种"日中为市"的自发形成的集市，而是常设的特定交易场所。[25]

根据文献记载和考古发现，商朝的势力范围大致东到渤海、黄海之滨，西到陕西中部，南至湖北、湖南、江西、四川一带，北到河北北部及内蒙古中部地区，东北已延伸到辽宁西部，统治区域远远超过夏朝。如此广袤的地域，为政治统一、交通方便的商业活动创造了良好的社会环境。商朝的生产力也比夏朝有了新的发展，农业、畜牧业、手工业都比以前创造出更多的物质财富，使许多产品得以转化为商品。商朝的商业活动主要是由奴隶主贵族操纵的，由于有经商传统的商族对各地的影响日益加深，人们对商业活动更为重视，商王朝也从不断发展的商业活动中获得很大利益。商朝对商业的重视主要表现在城市发展中的作用。

商业依赖于城市的发展，城市的发展也要以商业的发展作为重要的条件。从新石器时代晚期，中国就陆续出现一些有一定规模的城市，成为商品交换的中心。此后，随着交通的发展和经济的发展，城市建设越来越多，并且成为商品交换发展的一个标志。在龙山文化晚期，山东、河南等地出现的城市既是氏族首领居住和氏族成员进行各种活动的中心，也是各种手工业作坊的所在地和进行交换的场所。不过，早期的城市在龙山文化晚期和夏朝常常迁移。到商朝盘庚迁殷后，城市经济才开始稳定地发展，城市建设规模也进一步扩大。在城市建设中，都有交易市场的规划与设置，可见商朝统治者对商业的作用有足够的重视。

在商朝，人们已普遍认识到不同地区间土特产品的贩运贸易活动能够调剂余缺，促进生产的发展。商朝统治者对商业的重视，使商族从总体上看就是一个重视贩运贸易的部族。当时的交通运输的发展在各地贩运活动中起到至关重要的作用，陆上用的车及内河航运的船只，构造都比较完善，并越来越广泛地应用在日常生产和生活中。商代的一个青铜鼎内，刻着似一人荷贝立在船里，旁边还有人以手划船的形象，一个人挑着货币，坐着船出门远行，显然是去做买卖。这个青铜鼎中的图案，就是商朝重视贸易的证明。

商朝统治者能够较多地获得西方的玉石、东方的珠贝、南国的铜锡、北地的筋角，主要靠长途辗转贩运，其前提则是交通的发展。商朝的交通比夏朝有明显的发展，战争和大规模的人口迁移促进了交通的发展，从而为远距离的物资交流奠定了基础。商朝推翻夏的统治之后，为了巩固自己的地位，仲丁、河亶甲、祖乙、武丁、廪辛、康丁、帝乙各个时期都不断用兵，战火燃遍黄淮平原、山西、陕北及河套一带，并"奋伐荆楚"。这一切战争行动，没有一定水陆交通条件是不能进行军队调集和行动的。除了战争之外，由于严重的自然灾害迫使一些部族背井离乡，向地广人稀、较易生存的地方流动，或由于大面积的抛荒休耕，使人们向别处迁移，都是大规模人口移动的原因。上述人口流动，无疑也是与水陆交通的发展密切相关的。

从甲骨文和考古发现来看，商朝的交通工具比夏朝有较多改进。早在王亥之时，商族人已开始利用牛负重远行，后来更较普遍地用马驾车。商朝的车子已很讲究，由轮、舆、辕、轴等构成，不但有两马驾的，而且有四马驾的，这些车在安阳殷墟都有发现。车字在甲骨文中是象形字，有可以装货、载人的车厢，使商人出外交通更加方便了。当然，当时的马车主要服务于王室和军队，更多的商业运输仍然是以牛负重。在水路，船的制造有了改进，并被广泛地使用。商朝甲骨文中屡见“凡”“舟”二字，皆像船帆和木板船。四川、福建、江西、贵州、云南等地发现数量相当多的悬棺葬，其中许多悬棺是用独木舟做成的，最早可以追溯到商代；辽宁省大凌河畔出土的商代窖藏铜器有“舟”字铭文，可知木船从北方到江南的内河已成为常见的航运工具。正是依靠车、船这样一些工具，商人才能到远方进行贸易活动。

在商朝，商品交换日益频繁，交换物资的种类、范围扩大，交换地区也显著增加了。物资的大量需求和各地物产的特点、质量的差异，不可能使交换平衡发展，也不可能使产销都直接见面，于是一些人从社会上独立出来专门从事买卖事物，组织产品交换，成为社会生活中的一种经常性的、为人们所公认的职业，这就是商业。商业是从商朝才正式出现的，最初从事商业活动的都是奴隶主贵族及其驱使的奴隶，很少有以经商为职业的平民。随着物资交流的数量与地区日益扩大，交换的距离也越来越远，外出从事商品交易的人往往离家数日数月，甚至出门经年的情况都有。在交换的过程中，奴隶主再也不像过去的部落首领那样亲自参与远距离的交易活动了，专门进行交换的由奴隶管家“小臣”来具体进行，“小臣”是奴隶主牢牢控制的商业奴隶，其身份带有掌握政权的贵族直接任命的因素。在这种社会背景下，商代的商品交易从它开始成为社会上的一种专门行业时起，就具有“官家买卖”的性质。这种“官商”，就是各地大大小小的贵族。

社会生产的发展促进了商业的发展，商业的发展也给社会经济带来了更大的繁荣。由贵族操纵的商品交换中介人，在商代社会里表现得十分活跃。王室和各方国的奴隶主都从大量的交换活动中获得了很多利益，因此一些奴隶主把商业活动当成一种重要事业，通过手下的“小臣”，驱使着大批奴隶来担任实际的运输和货物买卖各方面所需的劳动。交通运输与商业的发展是同步进行的，顺着商王朝建立驿传制度所开辟的驿路，这些商业奴隶由内地到海滨，从这个城市到那个城市，往来贩运各地的土特产品，也开辟了不少新的道路。这些商旅常常是成群结队地在驿路或江河上贩运，人多不仅可以携带货物多、获利多，而且便于应付风雨的侵袭、旅途中的病患和盗寇的抢劫。商族先人王亥就曾在有易氏被抢劫，这类事件屡有发生并在各地传播，告诫那些出去做买卖的“小臣”们要日夜警惕和严加防范。

商朝的农业、手工业和交通运输都是奴隶劳动，参加贩运交易的奴隶即使逃亡到别的地方，仍然摆脱不了当农业奴隶或手工业奴隶的命运。因此，在严密监督控制之下，商业奴隶不得不干贩运、买卖这一行当。长期在各地经商，奴隶们免不了在外面风餐露宿，四处奔走跋涉，奴隶主贵族则在家中坐享其成，从交换中牟取大利。由于贩运有利可图，在商朝的上层统治者中这一行业比较受重视。

商朝的平民中也有一些做小买卖的，都是自产自销一类的经营活动，如有些人煮盐、捕鱼，自己到市上出售；也有些人编竹筐、打草鞋、制作弓箭到市上叫卖；还有些人在市上屠宰、卖酒；等等。《尚书·酒诰》中记载了一个自耕农在农闲时牵着牛外出做生意，获利回家后，父母高高兴兴地为他摆酒煮肉庆贺的情景。在一个相当长的时间内从事商品交易，有的人不断获利，也难免会有人赔了钱。在参与交易的平民日益增加的情况下，交换已开始成为平民之间贫富两极分化的重要原因。不过，总的看来平民跑买卖的人数仍比较少，经营的规模也不大，而且多数并不脱离生产，所以商人还没有成为社会上有影响的独立阶层。资本丰厚的奴隶主贵族千方百计占领市场，中小贵族和经商的平民没有平等竞争的条件，从各方面都要受到排挤和压制，所以在“官商”的背景下，商业经济的幼苗一出现就畸形发展起来。

商朝的商品交换比夏朝发达，不少手工业产品和一些农产品已成为商品，并出现了商品货币关系和专业从事买卖的商人阶层，但大量交换还停留在一般等价物交换或以物易物的阶段上。只有商王和少量大贵族，得以从交换中获得极为丰富的消费品。据《逸周书》记载，周武王（约公元前1087年—前1043年）攻陷商纣王都城朝歌时，在王宫和贵族的府邸中搜出了宝玉14 000块、佩玉18万块之多，这些财宝和商业活动有一定的联系是显而易见的。商品交换虽然比较发达，但各种商品的交换主要还是为大小奴隶主服务的。比较频繁的交换活动是在奴隶主之间、商王朝和诸方国之间进行的，主要交换物品有奇珍异宝、牛马、奴隶等。交换地点主要集中在城市中。考古发现表明，商朝的城市不仅在黄河流域比较多，而且在长江流域也有越来越多的发现。在各城市的商业活动中，买主和卖主主要都是贵族的奴仆。平民出售自己有限的一点剩余产品，或以当地的土特产品换取一些自己需要的生活或生产上的物品，这种情况在整个社会的交换活动中不占多大比重。尽管商朝的青铜制造比较发达，但是大众的日常生活器皿、农业和手工业工具等还极少有青铜制作的。平民中流通的手工业品，主要是普通的陶器、石器和木器、骨角器，其他能够时而购买的东西，则是粮食、蔬菜及少量的牲畜和畜产品之类。当时社会最下层的奴隶，几乎一无所有，连其本身都是奴隶主的私有财产，当然也就没有独立、自由地和别人进行商品交换的权利了。奴隶主随意支付给奴隶的极其菲薄的生产资料和生活必需品，就是他们维持生产劳动和自己生命的全部物质内容。在各种手工业作坊中从事生产劳动的有一定技术专长的奴隶，虽然可以得到一些生产和生活用品，也没有多少能力进入交换市场。他们生前为奴隶主驱使，死后仅能以少量生产工具和平常使用的陶器随葬。

商朝的生产资料归奴隶主国家和各级代理人即贵族所占有，交换活动同样也由官府所垄断。以从事交换为主业的王室和一批贵族，从长期的交换活动中获得很大利益，所以他们很重视经商谋划，农业经济和手工业经济，始终是商朝经济的基础，但是许多奴隶主可以通过奴隶的奔波，通过不同形式的交换而坐享其成，不劳而获，往往牟取超乎预料的厚利，这一行当必然在商代的上流社会里引起重视。在甲骨文和铜器铭文中经常出现“得贝”“朋来”之类的记录，正反映了贵族们对商业活动的重视。经商言利，经商重利，这是商代统治者的一个重要商业观。当随着商品交换的发展而使货币形态日益完善、货币制度逐渐成熟的情况下，货币作为一种财富的象征而变成奴隶主们争先追逐的目标，奴隶主对商业的重视就进一步加强了。

商朝已广泛使用货币作为交换媒介。当时在进行商品交换时主要是以贝币①来支付的。最初，海贝因其色泽光洁美丽，被人们用作装饰品，戴在项下或身上，不仅可以增添美丽，也有象征吉祥之意。由于它的装饰性和难以得到的珍奇神秘性都很吸引人，后来就逐渐与珠玉一起成为交换的媒介。又因其自身有易于收藏、易于计数的功用，并兼有坚固耐久、便于携带和保存、体积小、不易得到等优点和特点，在各部落的物资交换中逐渐被选择作为货币。

商族人长期生活在黄河下游，通过交换、贡献、俘获几种途径，可以从渤海、黄海沿岸地区运进海贝，路途不算很遥远。有的海贝也可能通过相邻的淮夷从东南运到黄河流域。因此，商朝中后期用作货币的海贝数量就大大超过了夏朝。在交换发展的过程中，从外地传入的最重要的自然物品，被当作社会的一般等价物而获得货币形态，贝币的出现符合早期货币产生的规律。

商朝人非常重视贝，盘庚把“贝玉”称为“货宝”，贝和玉曾同样具有货币功能。卜辞有“赐贝”“取贝”“囚贝”“赏贝”等记载。[26]贝的价值很高，商代铜器铭文中对有功大臣赐贝一次也不过十朋。当时，贝、朋已完全具备了货币的各种职能。《易·益六二》载：“或益之十朋之龟”，清楚表明贝是价值尺度。甲骨文“买”字从网从贝，买，是交换的过程，以贝为货币，网贝有市利之意，贝显然有一定流通意义；当然，网贝也意味着贝自水中网出。至于“贮”字，其义是藏贝于器。“宝”字，则是把贝与玉一起珍藏在室内，贝是贮藏的手段。甲骨文中也出现过“贷”字，贝可贷付于人，是明确的支付手段，把贝朋赏赐给属下，同样也是一种支付手段。总之，当时从贝的字比较多，都与财产的交换、积累、支付有关，这一切都说明贝玉成为财富的象征，是真正的货币了。它已基本上脱离了美丽的装饰品功用，成为市场上流通的手段。

作为货币使用的货贝，在各地考古发掘中出土很多。这些海贝美观的背面已被磨平，不再是装饰品了。贝的背面并钻有小孔以便贯穿成朋。在郑州一带和安阳殷墟的历次发掘中，都有大批海贝出土。如郑州白家庄的一个早商墓里，就有 460 多个海贝；殷墟的晚商墓中殉贝更多，在安阳小屯村发掘了一个公元前 12 世纪中叶的王室墓，虽然形制较小，却有 6 000 余枚贝币出土。此外，山东益都苏埠屯的一个大型商墓中，也曾发现 3 790 枚海贝。

到商朝晚期，贝不像玉那样只适用于上层社会较窄的范围内，而是比较广泛地在各

① 商朝人非常重视贝。商代铜器铭文除“赐贝”外，还有关于“赏贝”的记事。甲骨文“贝”字，都象其形。另外，甲骨文中还有许多字，如买、贮、宝等都从贝字。还有的字像货贝成堆，或像一个人拜倒在贝前。有一个青铜殷（旧名荷鼎）上铸有一个字，正似一个人挑着许多贝出去做买卖的样子。作为货币单位，贝通常按“朋”来计算。五个贝串成一索，两索分挂左右，各为一“朋”，一朋就是五贝。

阶层中使用。贝币比较广泛地使用，标志着商业活动和商品经济已经达到了一个新的阶段。不过，贝从海上运到内陆，几经辗转，数量仍不算太充裕，价值也很高，所以在民间仍很难得到。在各地的市场上，用牲畜、布帛、生产工具等当作暂时性的交换媒介，乃至继续进行以物易物的交换方式，在商代社会还普遍存在着。总的看来，商代的货币制度还很不稳定，很不完善，从这种意义上来讲，商品经济还仅仅处于萌芽状态。

商朝晚期已经出现了金属货币，这是早期出现冶铸的铜块在特定条件下权当交换媒介的发展结果。《竹书纪年》载："殷商成汤二十一年大旱，铸金制。"这种记载是一种传说。即使有以铜赎身的事实，当时所冶之铜也不能当作真正的货币。安阳大司空村晚商墓中曾出土三枚铜贝；后来在山西保德林遮峪相当于商代晚期的墓葬中曾发现铜贝 109 枚、海贝 112 枚。这些铜贝虽然发现的数量还不算多，地区也不广，但毕竟是商代晚期已出现金属货币的明证。

商品经济的发展使商朝的货币形态日趋完善，并且在各地的交换过程中越来越充分地显示出其重要的媒介功能。在经商盈利的经济背景下，货币已开始作为一种财富的象征，成为奴隶主贵族追逐的目标。在奴隶主贵族的心中，积累财富的重要方式之一就是经商谋利。到了商代晚期，越来越多的中小奴隶主不再从事农业和手工业的生产经营，而专门进行商业贸易活动，甚至常年不辞辛苦地参与交换和长途贩运，其目的就是盈利。史载这些贵族"不耕获，不菑畲，则利有攸往"。他们逐渐成为社会上一支有一定影响的力量。商人及商业作为新的生产力，对奴隶社会的经济发展起到了很大的促进作用。

6.4.6 城市的发展

城市是随着经济的发展而产生并发展的，城市发展的两个重要标志是商品交换的发展和交通运输的发展。在商朝统治的广阔地域内，中国的早期城市主要分布在黄河中下游流域，也有一些城市疏落出现在长江两岸。黄河流域的著名城市有商、殷、亳、蕃、雇、霍、孟等。这些城市既是商王或各属国贵族、官吏及军队居住的地方，又是许多行业的手工业作坊的所在地和进行交换的场所。虽然从新石器时代晚期的龙山文化已经出现一些原始的城堡，但是直到商代盘庚时期为止，人们还总是"不常厥邑"，过几十年就要迁移一次。当时的经济发展水平决定了城市不可能有很大的规模。盘庚①迁都至殷以后，就不再经常迁邑了，城市也随之比较稳定地繁荣发展起来。

商代城市的发展，是商代社会经济发展的一个缩影。城市建设不仅体现出建筑业的革新与发展，而且比较全面地反映出制陶、青铜铸造、竹木器加工、玉石制造业等各方

---

① 中国商代早期都城遗址，为商朝开国君主商汤所建的亳都；位于郑州市管城区和二七区一带，占地约 25 平方公里，是公元前 16 世纪世界最大的城市，也是中国八大古都中市区内最早的都城遗址。该遗址分宫城、内城和外城，出土大量青铜器，至今保存几段约 7 公里长的商代城墙。遗址发现于 1950 年。1952 年 10 月至 1953 年，第一届考古工作人员训练班和河南省文物考古工作者在二里岗一带先后两次发掘，发现了很多重要的商代遗迹和遗物，并命名为商代二里岗期文化。1955 年秋在商代遗址中部的白家庄，发现商代夯土层。经沿着夯土的走向钻探调查，在今郑州老城及北关一带，发现了长方形的商代城垣，一般称为郑州商城。此后，河南省文物部门多次进行发掘。经考古发掘证明，该城早于安阳殷墟。

面取得的成就，同时标志着商品交换的规模和交通运输的水平。越来越多的考古资料显示出商代城市的发展在世界城市发展史上也占有极其重要的地位，是中国成为世界几个主要文明发源地的标志。

河南偃师尸乡沟发掘[①]的商朝早期城址表明，这座城市具有都城的规模和建筑群。高大的城墙用红褐色土筑成，质地坚硬且纯净。墙体厚达17～18米，基槽深近1米。城墙的基槽从生土层即开始起夯，夯层厚约10厘米，夯打平整，夯窝密集，建筑得非常坚固。城中的宫城与拱卫城组合配置，南部中央为一组宫殿建筑群[②]，有正殿、附殿、庭院、祭祀坑等遗迹，都建筑在夯土台基上。周围有800米长的夯土围墙，形成宫城。宫城的东北和西南各发现一座拱卫城，城内的建筑分布与宫城内有明显区别，布满了排房式建筑，可能是仓廪和守城兵士的营房。城墙上设置的城门很狭窄，宽厚的墙体和狭窄的门洞，显然是为了军事防御的需要。出于军事上的考虑，城南有各自用夯土墙设围的三座小城，两侧城门旁边修筑着一条3米多宽的路，这条路一端与城墙垂直相交接，另一端与城内的大道相通。这条路的铺设是为了使兵士迅速地登上城墙，守卫城市。另外两座小城位于宫城的东北和西南，均为长方形，内有成排建筑，可能是武库、粮仓或屯兵防卫的城堡。在城外，挖有又宽又深的护城壕。宫城和城内许多地方发现了工程浩大的排水系统，包括石、木结构的水道和完全用石块垒砌的水道，都呈暗沟形式。对这座著名商城的发掘还表明，这一带早在仰韶文化时期就曾是氏族聚居的营地，商朝的城墙所经历的时间也很长，曾有多次修缮和改建。另外，偃师商城内的排水设施完备，排水沟、大渠、支渠一应俱全。在大城的北部，发现有制陶作坊、青铜器铸造作坊、小型平房和地穴式建筑，可见，当时的偃师商城应为“前朝后市”的布局结构。偃师商城出土大量商代前期遗物，主要有陶器、骨器、石器、蚌器、铜器、玉器等，有相当多的器物是同时代、同类器物中的精品。从已发现的遗迹来看，偃师商城内既有大型宫殿建筑，又有军事防御设施，具备了早期都城的规模和特点。偃师尸乡沟的商朝早期城市，表现出4000年前中国的城市建设已达到当时世界的先进水平。

---

① 尸乡沟商城是商代早期的都城遗址。位于河南省偃师县城西1公里处，北靠邙山，南临洛水。城址覆盖在地面下1～4米。1983年春在配合基建工程中发现，中国社会科学院考古研究所进行多次发掘。该遗址的发现，为探讨夏文化和确认汤都西亳城址具有重要意义。城址平面略呈长方形，南北长1 700余米，北部宽1 215米，中部宽约1 120米，南部宽740米。城墙夯筑。南城墙已被洛河冲毁。已发现城门7座，其中北面1座，东西各3座。在城内发现有东西向大路5条，南北向大路6条，路面宽6～10米，其中一些道路与城门方位基本对应。城内南半部有3座小城，宫城居中，为正方形，内有成组的大型宫殿基址；另外两座小城位于宫城的东北和西南，均为长方形，内有成排建筑，可能是武库、粮仓或屯兵防卫的城堡。偃师商城既有大型宫殿建筑，又有军事防御设施，具有早期都城的规模和特点，有人认为这里就是汤都西亳，也有人认为应是太甲所放处的桐宫。尸乡沟商城是作为商朝早期的都城遗址为复原中国早期历史提供了宝贵实物资料。

② 宫城的中南部为宫殿建筑遗址，大约占据了宫城的三分之二；大体分为东西两区：东区大概主要为宗庙建筑；西区为一座互相联通的三进院落组成的宫殿建筑群，它应是商王施政、处理国家大事的宫殿建筑，即所谓“朝”，朝堂后面的建筑则为“寝”。这种宫庙分离、前“朝”后“寝”的布局，对后世有深远影响；宫城的北半部为御苑，是商王休闲游乐的地方，御苑内有人工挖掘并用自然石块砌成的大型池塘，系我国考古发现的最早的引水造景工程。

山西省垣曲商城①坐落在垣曲县古城镇境内，是考古学家们发掘出的比较完整的又一座商代早期城市遗址。垣曲商代古城位于黄河北岸陡起的高台地上，北、东、南三面分别有亳清河、沇河、黄河环绕，另一面背倚山岭。此城与举世瞩目的仰韶文化发现地——渑池县仰韶村仅一河之隔。城墙平面略呈平行四边形，周长1 470米，总面积约12.5万平方米。城垣内东南一带分布着密集的灰坑遗迹，是当时人们主要的居住和活动地点。因三面环河，在这座城市的西墙外大约8米处挖有一条与城墙平行的壕沟，宽6～10米，深4米，是护城的重要设施。城址中部有一组规模较大的建筑群，由6座高大台基构成，其中最大的一座建筑长约50米，宽20米，在商代的早期建筑中令人瞩目。城内铺设排水沟，清理出的南墙内侧排水沟形制规整，斜壁平底，与南城墙平行。

这座商城的城墙分内外两道，平行走向，相距7米。内墙为主墙，基槽呈斗形，上口宽近8米，深约6米；外墙基槽宽仅4米，深6.5米；为中国发现的商城中所罕见。西墙外有护城壕1条，全长446米。城墙的夯土均为棕红色，夯层厚0.1～0.3米，结构十分坚固。城内东南角的居民区，除较多灰坑外还有一些房址和墓葬、壕沟、陶窑，从中发现了商朝前期的城市居民使用的工具和陶器，石制工具有斧、铲、凿、刀、镞等；骨器有针、笄、匕、锥；此外还有卜骨、制铜镬的石范和许多铜镞。居民日常使用的陶器包括鬲、尊、豆、罐、盆、簋、爵、甑、瓮、缸、罍等多种。烧制这些陶器的窑址经清理，是圆形竖穴窑，火膛由隔墙分成两个空间，保存完好的窑箅上有33个箅孔。

从偃师、垣曲这两座商朝早期城市可以看出，当时城市的建筑规模、宫城的出现、设施的完整都比龙山文化时期至夏朝的城堡更加进步，城市经济从商朝开始逐渐形成。商朝中期，手工业和商业的发展进一步促进了城市的发展，城市的规模更大了。在河南省郑州市区偏东部的郑县旧城及北关一带商代遗址中，发掘出一座商代中期的都城，根据城墙夯土层中夹杂的木炭所做的测定，这座城市最早建于公元前1620年前后，使用至公元前1420年左右，大约经历了200年的沿革兴衰。[27]

郑州商城②平面基本为长方形，城垣周长计6 960米，其中南墙与东墙各长1 700米，西墙长约1 870米，北墙长约1 690米，墙基最宽处达32米，发掘时地面上残留最高5

① 垣曲商城位于黄河北岸的高台地上，东靠沇河，四周为崇山峻岭包围，是人类早期理想的聚集地。靠着其占有肥沃的河流谷地与便利的交通，尤其是这里比其他地区享有更多的水资源和有色金属矿产等经济资源。商城成为当时垣曲盆地的经济发展中心，此地气候温和湿润，众多水系交汇的冲积扇上土地肥沃，极宜发展农业。发掘出土的农业生产工具数量众多，主要有砍伐工具石斧，翻土工具石铲，收割工具石刀、石镰等。另外还有陶镰、骨镰、蚌镰等。表明当时的农作物有了较高的收获量。农业的发展促进人口的增加，城址中密集分布的灰坑、窑穴、房址等遗迹反映了人口的密集程度。同时，家畜饲养也相当普遍，城址中出土了大量牛、羊、猪、狗等家畜遗骨，尤其以猪骨数量最多，半数以上的灰坑中均有猪骨出土。

② 郑州商城是商代早中期的都城遗址，位于郑州市，坐落在郑州管城区内，即今河南省郑州市区偏东部的郑县旧城及北关一带。郑州商城外城墙始筑于商代中期的二里岗期下层一期，使用到二里岗期上层二期，总面积达25平方公里，是先周时期仅次于殷墟的庞大都城遗址。据中国考古学院的最新碳14数据显示，郑州商城外城墙的始建年代为前1500年左右，可以推算内城和宫城的时间年代不晚于公元前1500年，根据文献记载与考证，大部分学者认为是“汤始居亳”的亳都，属商代早中期；不过也有很多学者认为它是商代中期“仲丁迁隞”的隞都，属商代中期。无论如何，郑州商城的发掘，对于研究商代历史和古代城市发展史都具有重要价值。郑州商城内出土数以万计的文物，其中最珍贵者如玉戈、玉铲、玉璋、玛瑙等玉器，反映了制玉工艺有相当高的水平。

米左右。城周共有11个缺口，有的可能就是当时的城门，城内东北部有宫殿区，发现宫殿基址多处，其中心有用石板砌筑的人工蓄水设施。城中还有小型房址和水井遗址。城墙的建筑采用分段版筑法逐渐夯筑而成，每段长3.8米左右。夯层较薄，夯窝排列十分密集，构筑相当坚固。在城墙的内侧和外侧，往往发现有夯土结构的护墙坡。城内分布着大面积的商代文化堆积，包括房址、水井等遗迹。城内东北部近40万平方米的较高地带，发现有大、中型红土与黄土夯筑的台基遗存，可能是当时王室居住的宫殿区。台基表面有排列整齐的柱穴，柱穴底部往往有柱础石。有的台基表面还有坚硬的白灰面或黄泥地坪。在这些基址的附近，出土了青铜簪、玉簪、玉片等其他地点极少见的器物。城内还发现许多农业生产工作，由此推测，在郑州商城内可能有若干空地进行农业种植，这正是早期城市的特点。中部偏南处，发现一处商代夯土建筑基址，应是奴隶主居住的地方。在城区内还发现一些形制较小的房基建筑，可能是平民居住区。城址外有同时期的居民区和铸铜、制陶和制骨等手工业作坊遗址，也发现了一些中、小型墓地。考古学家根据发掘资料和文献记载，多数认为这座商代中期的都城，就是“仲丁迁于隞”的隞都。

河南安阳殷墟，是商代后期的都城，也是名闻中外的中国早期城市，与灿烂的青铜文化紧密联系在一起。殷墟是商代后期君主盘庚至纣统治期间的王都所在地（公元前1395年—前1123年)，是当时的政治、经济、军事、文化的中心。城市遗址在安阳市西北郊，横跨洹河两岸，总面积在24平方公里以上。因为殷是商朝后期较长时期的都邑，所以商朝被后人称为殷朝，商人也被称为殷人。殷经过几代统治者的经营，规模不断扩大。城内版筑的房屋栉比成巷，到了商纣王时期，城市的规模最大，史载其“南去朝歌城百四十六里”，商纣王常到朝歌的离宫居住。

商朝兴起的城市经济，在整个社会经济中占有越来越重要的地位，一方面作为农业、畜牧业和手工业经济的补充，另一方面也在农业、畜牧业和手工业产品的交换过程中协调并促进了这些经济领域的发展。城市作为商业经济的枢纽，在整个社会生产和经济发展中发挥着巨大的作用，商业逐渐成为城市经济的主要支柱，商业的经营者商人也因之逐渐成为城市居民中一种有影响的力量。

在黄河流域城市相继出现的时期，中央王朝周围各方国的都城大邑也在不断发展，其中长江流域的城市规模越来越大，在经济生产领域起着重要作用。湖北黄陂县叶店的盘龙城，是商代前期偏晚的一座城市遗址。这座城市位于江北的滠水支流府河北岸高地上，城墙的夯筑技术近于郑州商城，是以每层厚8～10厘米的夯土筑成墙体，墙体内侧另有斜行夯土以支撑城墙主体。发掘表明，当时还没有出现用立柱加夹棍、以绳索固定模型板的夯筑技术。城墙外有宽约14米、深约4米的护城壕，壕沟底发现了架桥的柱穴，可知人们进出这座城市要通过架设在护城壕上的木桥。城内东北部高地上有宫殿基址，遗迹显示出当时宫殿的房顶苫以茅草呈出檐形式。殿堂与檐柱之间形成一周宽敞的外廊。宫城内也发现了用陶管相接的排水设施。在这座城市的外面，四周分布着一般居民区和一些手工业作坊。[28]

综观商朝各地发现的城市遗址可以看出，尽管地域不同、文化面貌也有一定差别，但城市的建筑技术、布局结构和防御、排水设施等都有很大程度的一致性。随着时间的推移，城市的建筑技术和规模都有显著的发展。商朝的城市虽然主要功能仍然是防御外来的侵扰，但以城市为中心的各种手工业却发展迅速，也为商品交换和水陆交通的发展提供了便利条件。商代城市遗址的发掘充分表明，一个以殷商帝国为核心的文化共同体已在黄河、长江中下游的广大地区确立，这种情况是中国大地自新石器时代农业经济产生以来前所未有的，也为以后以汉族为中心的多民族的华夏文化统一体奠定了坚实的基础。商王朝强大的奴隶制以其经济和军事的实力，已经牢固地控制了黄河流域和长江流域的大部分地区。商王朝各代君主对四周方国和尚处于原始氏族制度下一些部落的征伐，成为中国古代军事史最早的篇章，这些频繁发动的战争是中国早期城市产生的一个主要原因。商朝统治集团在农业、手工业生产稳定发展的基础上，十分重视商业贸易活动，这是促进由集市转变为城市的又一个重要原因。商代城市的建设与发展，为城市经济的出现准备了条件。

6.4.7　人口迁移

古代部族经常迁移，史称夏后氏十迁，殷人“不常厥邑”，这种情况在商朝早期还没有得到改变。商族早期经常迁移。《尚书·序》和《史记·殷本纪》都指出：“自契至于成汤八迁”，这八迁都是在建国之前，地点大约在今之河南、山东境内。成汤以后，殷人仍然进行迁移，大概迁移了六次。商族的迁徙，见于记载的前后达十三次。《尚书·盘庚篇》说：“视民利用迁”，“今我民用荡析离居，罔有定极”等。直到商代盘庚时期为止，人们还总是“不常厥邑”，过几十年就要迁移一次。当时的经济发展水平决定了城市不可能有很大的规模。这种人口迁移情况在商朝中期得到改变，盘庚自奄迁都至殷，从此安定下来，直至商朝灭亡。

商族早期迁移的原因说法很多。一般认为是为了避犬戎之祸和避河患，也有人认为是贵族内部斗争加剧了族群矛盾而不得不迁移。这些看法都有一定的道理。但总的来说还是由当时的生产力和生产方式所决定的。当人们还停留在半农半牧阶段，一方面游牧的习性尚未改变，另一方面农业技术还很原始，当在一个地区的土地都已轮流耕种过，地力已表现出耗竭的迹象，即举行一定规模的迁徙，不得不迁居到新的地区耕作。当然，由于严重的自然灾害迫使一些部族背井离乡，向地广人稀、较易生存的地方流动；或由于大面积的抛荒休耕，使人们向别处迁移，也是大规模人口移动的原因。

然而，对于一个部族来说，每次的举族迁移都是决定生死存亡的重大决策，所以就不可避免地发生分歧。盘庚的这次迁移，不仅遭到部族贵族们的反对，广大部众也存在很大疑虑。盘庚面对强大的反对势力，并没有动摇迁都的决心。他树起“天命”和“先王”两面大旗，宣称为人民打算来争取民心。在当时，“天命”和“先王”无疑是有威力的，因此盘庚得以迁殷。他把反对迁都的贵族找来，说明搬迁就是为了寻求安定的生活：“朕及笃敬，恭承民命，用永地于新邑”，是要“绍复先王大业，底绥四方”，即继承恢复先王的伟大事业，使天下安定。他还号召人们“往哉，生生！今予将试以汝迁，永建乃家”。[29]盘庚迁殷后，开始懂得轮流休耕方法，一块土地耕种一年，然后休耕一至二年以保持地力，再继续耕种。由于农业耕作技术的不断进步，人们的迁移习惯才逐渐改变，从此农业进入了一个新阶段，定都在殷，人们得以有较长的时间不必大规模地迁徙了。

6.5 西周的经济

公元前11世纪，周武王[①]（约公元前1087年—前1043年）灭商，建立西周[②]王朝（约公元前1046年—前771年），历时200余年。西周的社会结构和商朝差不多，有奴隶主阶级和奴隶阶级以及平民等，西周的平民为周人原氏族部落的同姓居民，称为"国人"，他的大部分为不属于贵族阶层的普通群众，少数为下层的小贵族。由于经济的发展和人口增加，平民人数随着周朝社会经济的发展而不断增多，西周的奴隶也有种姓奴隶和战俘奴隶之分。对于西周的种姓奴隶采取小块土地上的贡税形式进行剥削，有些类似于农奴，但没有土地所有权，而是根据农耕的需要，按奴隶主的旨意，不断被从一块土地转移到另一块土地从事农业劳动，所以实际仍为奴隶。这种奴隶制方式，是由于周人采用自己祖先较原始氏族制的参与方式对农业奴隶的一种方便的控制方法。

到西周晚期，中国奴隶制经济开始衰落，周朝自周成王（姬诵，公元前1055年—前1021年）、周康王（姬钊，? —前996年）之后，不断发动对外战争，实力减弱。周厉王（姬胡，? —前828年）为了维护奴隶制土地国有制的垄断地位，限制私人土地的开垦，不断采取加强以奴隶制国有制为基础的专营、专利制度，借以垄断财源和加重税收，使平民和工商业有产者大量破产，无以为生。公元前841年，发生了国人暴动，周厉王被逐。14年后，周宣王（姬静，? —前782年）即位，宣布废除周厉王时制定的各种不合理的专营制度，对大块的私人土地开垦不再限制，并实施了"不籍千亩"的措施，奴隶制国家的垄断社会经济的地位开始逐步解体，井田制日益瓦解，自此以后，中国奴隶制经济体制开始向封建经济体制转变。

6.5.1 封建经济制度的确立

公元前11世纪，周族在古公亶父的率领下向东迁徙，摆脱了长期从事的采集和狩猎生活，逐渐熟练地掌握了农业生产技术，并向东继续发展，终于成为西北诸部族中一支势力强大的军事集团，并以武力战胜了商王朝，建立了周朝，史称西周，成为世界东方最为强盛的奴隶制王国。这一时期，中国的经济发展随着政治制度的变革而出现许多新的变化，农业经济、手工业经济和商品货币关系呈现出欣欣向荣的局面，各种经济制度

① 周武王，姬姓，名发，谥武，日名为珷帝日丁，西周时代青铜器铭文常称其为珷。是西伯昌与太姒的嫡次子，其正妻为邑姜，西周的创建者。在位13年，西周王朝开国君主，周文王次子。因其兄伯邑考被商纣王所杀，故得以继位。继承父亲遗志，于公元前11世纪消灭商朝，夺取全国政权，建立了西周王朝。表现出卓越的军事、政治才能，成为中国历史上的一代明君。死后谥号"武"，史称周武王，葬于陕西咸阳周陵。

② 西周（公元前1046年—前771年）是由周文王之子周武王灭商后所建立，至公元前771年周幽王被申侯和犬戎所杀为止，共经历11代12王，大约历经275年。定都于镐京和丰京，成王五年营建东都成周洛邑。历史上将东迁之前那一时期的周朝称为西周。周朝是中国远古社会的鼎盛时期。从西周开始，进行境内各个民族与部落不断融合的过程，在这期间，华夏族逐步形成，成为汉族的前身，其他还有夷、蛮、越、戎狄、肃慎、东胡等诸多少数民族。西周国野之制最为典型，到春秋时期国野之制开始瓦解，到战国则普遍为郡县。西周后期社会矛盾包括统治集团内部矛盾日趋激化，对土地以及政权的争夺，加速了西周的灭亡。国人暴动动摇了西周统治的基础，公元前771年，周幽王被犬戎杀死，西周从此灭亡。

也日趋完善，使中国奴隶制进入全盛时期。

中国汉文史籍中的“封建”一词源于西周，最早见于《诗经》，《左传》以及后来的史书中屡有记载。西周时期曾实行一种“封诸侯，建同姓”的社会制度，中国历史上称之为“分封制”。分封制在周朝时期不仅是政治制度，也是周王室把疆域土地划分给诸侯的一种经济制度。这种土地国有制的建立，对各诸侯国有效控制，为土地的分封创造了前提。

周族来商以后，在中原地区建立周朝，周族的族长即成为王朝的最高政治首领，称为“天子”。为巩固政治统治，周武王把全国土地以封地形式分封给姬姓家族、异性亲属、功臣以及商朝投降的贵族和各部落酋长，按公、侯、伯、子、男的爵位各分封给不同数量的土地，这就是所谓的“列土封国”。分封到各地去做诸侯，建立诸侯国。在周朝时期是周王室把疆域土地划分给诸侯的一种制度。在“分封制”下，国家土地不完全是周王室的，而是分别由获得封地的诸侯所有，他们拥有分封土地的所有资源和收益，并对其臣民有世袭的统治权，诸侯王对天子有随时服从命令、定期朝贡和提供军赋、劳役等责任。

西周分封制的目的主要是为了巩固政治统治。统治者以为骨肉亲属总比异姓官僚值得信赖和依靠，正如《左传》中所说：“封建亲戚，以蕃屏周”，“捍御侮者，莫如亲亲，故以亲屏周”。因此，西周分封制主要是以宗法制为核心、以血缘关系为纽带的族制系统。受封的大部分是周天子的同姓贵族，异姓功臣只占少数，而且其中有些与天子有密切的亲缘关系。所以西周封建制的建立是由天子不断向外扩张的宗法制国家的统治网络，西周的宗法制是君统与宗统的结合，尊尊和亲亲结合，由此产生了“氏所以别贵贱”以及“刑不上大夫，礼不下庶人”的礼制。在这种制度中，本质特征是宗法关系不是相互制约的契约关系。西周分封所主与封臣相互间的契约关系。《左传·昭公七年》：“天有十日，人有十等。下所以事上，上所以共神也。故王臣公，大夫臣士，士臣皁，皁臣舆，舆臣隶，隶臣僚，僚臣仆，仆臣台。”这里所说的“臣”，就是指统治和役使。上层对下层拥有统治和役使的权力，而没有对下层的保护义务。同样，下层只有对上层服从的义务，却没有向上层要求相应报酬的权利。

依照宗法制规定，分封的这些土地世代相传，使被封赐的土地成为各级封建领主的世袭所有。于是，土地所有的等级结构形成以天子为首的封建土地所有者阶级。土地上的人民成为附庸，即成为固定在土地上的依附农民，也就是农奴。通过这种分封，建立起由天子、诸侯、卿大夫①、庶民等一系列阶层构成的封建等级财产制度。

---

① 在西周有两类卿大夫，一种是直属周天子的官吏和家臣，另一种是隶属于诸侯的官吏和家臣。他们由天子及诸侯直接任命，并听从天子、诸侯的指挥，为其服务。这种性质与职能已与后世的官僚无异。唯一的区别是西周的卿大夫是以“亲亲”的原则选用的，后来的官僚是从“任贤”的角度，很多是从异姓中选拔的。所以，战国时的政治改革只需要改变选拔官吏的原则就可以从宗族国家向官僚国家过渡。此外，卿大夫最大的特点是与土地没有直接的关系，这种情况与欧洲贵族大不一样。欧洲贵族以接受封土作为承担义务的报酬，并由此建立起与封君的契约关系。原因是欧洲的封臣对封土可以世袭，拥有对封土实际的占有权，并在拥有土地的基础上树立起了个人的独立地位。但西周的卿大夫对采田没有所有权和占有权，而只有使用权。他们既不能把采田传给子孙，也不能将其进一步分封。他们享受的只是采田上的产品。

为了获得农奴的无偿劳动，领主将受封的采邑土地，分割出一部分给农奴耕种，并把他们编制在一个共耕一定公田的单位中。[30]另外领主保留一部分土地直属于自己，叫作公田，作为实现无偿劳役的场所，并由这种公田的剩余劳动生产物以及农奴的其他贡赋来建立领主制经济。① 周天子则在自己的“王畿”之内，除了直接保有的田地即所谓“大田”或“籍田”外，将其余的田地也当作“禄田”或“采邑”分封给直接为天子服务的各级官吏和亲属。而各级官吏和亲属又根据不同情况，除自己直接保有的田地外，将其余田地分配给周围的农奴和自由民身份的农民耕种。在王畿之外的各诸侯也以同样的方法将土地层层分给下层领主直至最底层的农奴和农民。这些农奴和农民，除了耕种自己领得的一份“私田”外，还要集体种植各级领主自己保留的“公田”，并服其他各种劳役。在这种制度下，每层领主都对上层封建主有隶属关系，有镇守疆土、缴纳贡赋的职责，而土地上的人民成为附庸，即成为固定在土地上的依附农民，也就是农奴。[31]

显而易见，西周封建制②以宗族为单位而不像欧洲封建制以个人为单位。③ 所以名义上是层层分封，实际上只有天子和诸侯王有权将土地分给其子孙，到卿大夫以下就不能随便分封土地了。据孔颖达注《礼记正义》所说，因为卿大夫地位低，即“位卑”，因此不能分封土地给子孙，只有将封土上的产物用来养家。这是为了防止进一步分割土地导致宗族的退化，实际上是要维护天子和诸侯对土地的权力。

6.5.2 井田制

井田制是奴隶社会国家的经济基础，体现了中国封建社会生产关系的主要部分。井田制作为西周时期较为普及的土地制度，字义为：因土地划分为许多方块，且形似“井”

---

① 领主制经济是由领主经济与农奴经济两种经济成分合成的。这两者原是互相对立的，是一种剥削与被剥削的关系；但是两者又是互相依存的。一方面，如没有领主经济就不可能有农奴经济，因农奴的份地是领主给予的；另一方面，如没有农奴经济的存在，领主经济就失去了存在依据，因领主的公田完全是靠农奴的无偿劳役来经营的。这样的土地制度是领主制经济的核心，一切封建关系特别是人身依附关系及与之相关的各种意识形态，都是从这里派生出来的。农奴之所以对领主有人身依附关系，是由于农奴的主要生产资料土地是领主赐给的，故不得不服劳役、纳贡赋以为报偿。

② 西周封建制不具有欧洲封建制中的那种严格划分界限及权利与义务范围的特点，而是注重国与家的统一。以宗族为国家单位实质上是公私不分，将国家这种本应是公共利益的代表当作了统治者个人利益的工具。由于周天子与诸侯之间没有明确的契约关系，对诸侯的管辖只能靠血缘关系和实力来维持，也就意味着它根本就不可能产生类似于西欧中世纪的《自由大宪章》那样具有对后世有着重大影响的宪法性文献。另外值得指出的是，周天子自己直接统辖的领地是很小的，基本没有经济的和军事的实力，世代的更替又使得他们之间的血缘关系越来越远。因此，随着岁月的流逝，周天子对诸侯的控制力也越来越微弱。于是各诸侯王各自为政，从春秋无义战到战国争雄，都凭借实力互相争霸于天下，终于形成了集权专制的统治形式。秦朝统一中国之后所建立起来的皇帝官僚统治的国家，就是西周封建制的必然结局。

③ 这种分封的结果不会形成像欧洲中世纪社会中的独立的、分散的个人权力和个人间的相互关系，而是在周天子的王权之下建立起了一个个以宗族为单位的政治实体，即诸侯国。这种政治单位已初步具备了后来皇权专制国家的雏形。首先，各个诸侯王在他的封国里既是宗族的首领，即宗主，也是封国中的最高统治者。他封国中的所有成员既是他的宗族成员也是他的臣民。他就是后世专制君主的前身。其次，西周的主要统治阶级是具有官僚性质的卿大夫，而不是像欧洲的那种独立的贵族等级。

字形，故曰井田制①。实则是周天子京畿之土地制度，有公田私田之分。而周礼中的井田，似乎是理想的土地制度，可行性不强，同时难以考证。“井田”一词，最早见于《谷梁传·宣公十五年》：“古者三百步为里，名曰井田。”夏朝和商朝曾实行过井田制，它与宗法制度紧密相连，在西周时期，得到进一步的发展。周天子在名义上是全国土地和人民的最高主宰者。所谓“普天之下，莫非王土；率土之滨，莫非王臣”，是指周王作为天下共主的政治地位而言的，实际上只有王畿内的土地属于王有。[32]他以天下宗主身份，将土地和依附在土地上的人民分封给新旧诸侯，诸侯国的国君在封地范围内又有最高的权力。由于生产力发展水平的限制，古代封建制国家的垦田是有限度的，主要集中在一些都邑的周围。特别是王都和诸侯国都的近郊，比较好的熟田大都集中在这里。这些良田，都是经过精心的疆理，按正南北和正东西的方向，有纵横交错的大小道路和灌溉沟渠，整治成十分方正的大小相连的方块田，这就是标准的井田。

无论是王畿、封国还是封邑内的土地，其面积都是以井田为单位进行计算的，即以方里而井作为一个计算单位，耕地与非耕地统算，井田②的疆理，一般是以每一方块为一百亩（合今 31 亩多），作为一个耕作的单位，称为一田。纵横相连的九田合为一井，面积约为一平方里。十井称为一成，百井称为一同。也有以一田为一夫，十夫为一井，再以百夫、千夫作为计算大田的单位的。由此计算出封土地总面积，从中除去山林川泽、道路邑居的井数，其余则为耕地。二者的比例通常为 1∶2，即山林川泽和道路邑居占 1/3，耕地占 2/3。山林川泽属于国有，不能分配，只有耕地才分给农民或农奴耕种。这种以井田为单位计算国土面积的方法，就是所谓的井田制。

在井田的田与田、里与里、成与成、同与同之间，分别有大小不同的灌溉渠道，叫遂、沟、洫、浍；与渠道平行，还有纵横的通行道，叫径、畛、途、道。各种渠道的大小、深浅和通道的宽窄，都有一定的规格。

周王把土地层层分封给诸侯，诸侯将受封土地分赐给卿大夫，卿大夫把土地再分赐其子弟和臣属。在贵族受封的土地上，奴隶和庶民集体耕种。使用奴隶集体耕作是奴隶制经济繁荣的主要原因。西周时期，土地被划分成“井”字形方块，耕地阡陌纵横，形同井字，称为井田。

这种土地的国有不是一般意义上的土地公有制，它是国王代表整个奴隶主阶级占有全国所有土地，然后分配给大小奴隶主使用，占人口绝大多数的奴隶和庶民则完全被排

---

① 井田制在长期实行过程中，从内容到形式均有发展和变化。井田制大致可分为八家为井而有公田与九夫为井而无公田两个系统。记其八家为井而有公田者，如《孟子·滕文公上》载：“方里而井，井九百亩。其中为公田，八家皆私百亩，同养公田。公事毕，然后敢治私事。”记其九夫为井而无公田者，如《周礼·地官·小司徒》载：“乃经土地而井牧其田野，九夫为井，四井为邑，四邑为丘，四丘为甸，四甸为县，四县为都，以任地事而令贡赋，凡税敛之事。”当时的赋役制度为贡、助、彻。皆为服劳役于公田，其收入全部为领主所有，而其私亩收入全部为个人所有是一种“劳役租税”。

② 井田制是把耕地划分为多块一定面积的方田，周围有经界，中间有水沟，阡陌纵横，像一个井字。一人耕种大约 100 亩。100 亩为一个方块，称为“一田”。甲骨文中的“田”字也是由此而来。一井分为 9 个方块，周围的 8 块田由 8 户耕种，谓之私田，私田收成全部归耕户所有；中间是公田，由 8 户共耕，收入全归封邑贵族所有。但实际上并不是每块井田都是 900 亩，还存在诸如 800 亩，1 000 亩这样的特殊情况。

除在外。因此，奴隶制国家以及周王，代表的是少数人利益，奴隶制的土地国有制实质上也就是一种土地私有制。

西周的各级统治者把井田分为三类。他们各自把其中最好的部分，即位于河流附近、背山向阳的平展土地成千块、上万块地留给自己，叫“公田”。因为公田的面积很大，所以也叫“大田”，驱使奴隶集体耕种。把距城市较近的郊区土地，以田为单位分给和统治者同族的普通劳动者耕种。这部分人因为住在城市里，被称为“国人”。国人不负担租税，只负担军赋和兵役。他们平时每年向国家缴纳一小罐米和一捆牧草，作为军费。战时当兵，自己准备武器、粮食和军需。国人有当兵和受教育的权利，所以也叫“武夫”或“士”。他们受到的教育主要是军事训练和礼仪学习。这部分人是社会里的普通平民。他们表面上不受剥削，是自食其力的劳动者，但是，当时战争十分频繁，他们经常被征调去打仗，打了胜仗，掠夺来的土地和财富归统治者所有，打了败仗，还有被俘沦为奴隶的危险，如此之下，土地荒废，破产者也很多。因此，国人的地位是动荡的。

封建领主把距离城市较远、土质瘠薄的坏田，分给住在野外的庶人。庶人住在野外，所以也叫“野人”，领主阶级认为他们最愚蠢，所以也管他们叫“氓”。庶人没有任何权利，只有给领主耕种井田和服杂役的义务。他们每年要先在领主的大田上劳作，然后才准许去耕种自己作为维持最低生活的那一小块土地。因此西周时期“国人”和“野人”是对立的。

早在西周中期，就有个别贵族为了额外榨取庶民的剩余劳动，强迫庶民开垦井田以外的空地。这样开垦出来的田地，不可能是方方正正的，也不可能有一定的亩积，是瞒着公室，不纳税的私有物，叫私田。周恭王（姬繄扈，？—前900年，公元前922年—前900年在位）时的格伯簋铭文记载格伯用四匹马换倗生三十亩田，就是明证，因为公田是不允许用来交换的。到西周末期，私田的存在已相当显著。争夺田邑、交换土地的记载也多起来了。周厉王（公元前878年—前841年在位）时期的散氏盘铭文记述：夨人侵犯散国城邑，被打败了，便用两块田地向散国赔偿。周厉王时还有两个铜器，一个是鬲攸从鼎，另一个是鬲从盨。前者叙述鬲攸从分田地给攸卫牧，而攸卫牧没给报酬，遂成讼事；后者叙述章氏用八邑去向鬲换田，又有良氏用五邑换，结果都顺利成交。贵族们土地私有的欲望不断增长，到周幽王（姬宫涅，公元前795年—前771年，公元前782年—前771年在位）时期，连公田都企图据为己有。周王像原先那样从贵族手里收公田，就引起贵族们强烈的不满。《诗经·大雅·瞻卬》记录了当时贵族们的牢骚：“人有土田，汝反有之；人有民人，汝复夺之。”到春秋时期，铁器的使用和牛耕的推广使私田急剧增加。诸侯、大夫们富起来。周王便不能任意侵夺他们的田地了。公元前712年，周桓王（姬林，？—前697年，公元前719年—前697年在位）取郑国田地，就得王畿内苏仇忿生之田作为交换条件。贵族之间为田地争斗、诉讼也层出不穷了。公元前580年，晋大夫郤至与周争鄇田，公元前574年晋郤锜夺夷阳五田，郤犨与长鱼矫争田；公元前533年，周甘人与晋阎嘉争阎田；公元前528年，晋邢侯与雍子争鄐田；等等。这些事件，都表明土地制度在发生着深刻的变化。

开辟和耕种大量私田，需要大批劳动力，而用奴隶制的办法已不能调动生产者的劳动积极性。《公羊传》何休注说：当时“民不肯尽力于公田”。于是，一些顺应新形势的贵族为了招揽劳动人手，改变剥削方式，如齐国田氏向民众征赋税使小斗，把粮食贷给民众用大斗；晋国韩氏、魏氏、赵氏采取扩大地亩，而不增税额的办法，收买民心。这样，奴隶们纷纷从公室逃往私门，“归之如流水”。封建依附关系产生了。这些逃来的奴隶，虽然他们身份还不是自由的，但却不同于庶民。他们可以占有少量的生产资料，独立经营农业和与农业有关的家庭副业。他们已经是封建农民的前驱了。奴隶的逃亡，使一些国家的公田成了荒原。

西周末年到春秋战国时代，随着社会生产力的发展，井田制逐渐遭到破坏，表现为奴隶主贵族的大田经营的没落。如《诗经·齐风·甫田》所咏：“无田甫田，维莠骄骄。”大田里长满了茂草，再也收不到昔日那样“千斯仓”的粮食了。同样是甫田，而荒芜到这种程度。其主要原因是在春秋时代，随着铁农具的广泛使用和牛耕的推广，个人可独立耕作，使一家一户的个体小农生产成为可能，原来的九夫为井、十夫为沟的共耕制也随之瓦解。

6.5.3 农业

西周时代农业经济中的重要生产资料是土地，全国土地在名义上都属于周王，虽然名义上是土地国有制，但实际上大量土地成为诸侯百官的财产。周王取代商王成了土地国有制的代表，只不过收取一定数量的贡赋而已。井田制是西周土地国有制的主干，在井田上劳动的农业生产奴隶称为“庶人”，也有别的奴隶。所谓井田制，就是以纵横的灌溉渠道分割成的方块田地，由周王赐给诸侯或百官。赐田也有以里计算的，同样也可以折合成若干单位的井田。随着时间的推移，诸侯和贵族在各自的统辖范围内越来越多、越来越公开地将土地吞并为私有。周初的井田制和周王籍田，逐渐成为一种徒有其名的形式。

西周早期的农业发展水平不高，铁已经开始使用，并开始有了冶炼铁的历史，但周朝的农具仍以木器和骨器为主，当时的主要农具是木制的耒、耜、铲、铚。耒、耜是耕地的工具，铲是锄地除草的工具，铚是收割用的工具。

耒是从人类最早使用的工具之一尖头木棒发展而来，后来人们在长期的农业生产实践过程中，不断有所改进和完善。[33]从甲骨文和金文等字形来看，“耒下歧头”，为仿效树枝式的农具。耒是下端歧出而锐利的木叉，在分叉处缚一小横木，为耦耕时足踏用力处。耕作时用足踏横木，推耒端刺入土中，这叫作“推”。耒既深入土中后再向后斜压柄端以起土，这叫作“发”，一推一发所起的土叫作“坺”。这同现在使用铁锹掘地的动作是一样的，古代耕作就是这样反复向后移动的一推一发。木耒的遗迹，在考古挖掘中已有发现。在属于早期龙山文化时期的河南三门峡庙底沟遗址中，“发现了使用双齿木耒所留下来的痕迹”。在属于殷墟的“一些窑穴现壁上常常发现有双齿木耒痕迹”。[34]

耜是由耒发展而来，这是像在耒的下端改装半圆形的石或蚌制的刀铲状锋刃，后来或发展为金属，就更为锐利耐用。它的用法与耒相同。耒耜虽是很简单的农具，效率不高，但却可用以深耕，不仅远胜于原始的鹤嘴锄，比起初期的浅耕犁在效益上也有其优越之处。

此外，还有骨铲、石铲、石犁、斧、石刀、蚌镰等。考古发现很多各类质料的铲，仅剩头部，器柄均已朽毁无存，器身经修整，刃部经打磨，并留有使用痕迹。这种工具可能用于翻土。铲在长安沣西西周都城遗址发掘出土多，仅在张家坡和客省庄出土石铲23件、骨铲143件、蚌铲9件。还有一种小铲，可能用于松土、除草，以铜质者最典型。一些斧可能也用于农业生产，只因它与手工业工具的斧、锛等相比除形体一般略大、装柄方式不同外，头部没有太大区别，所以尽归入斧类，这种器类在西周遗址中也是常见的。刀，典型形制为矩形或半月形，横刃，近背有孔，以双孔为多，一般认为是收割工具。

总的来看，西周时期的农业工具，以质料而论有青铜器、石器、蚌器、骨器、木器等。考古发现者以石器数量最多，其次为蚌、骨器，铜、木质者少。需要说明的是，已出土的青铜农具数量较少，并引起商周时期是否大量使用青铜农具的讨论。结合文献记载和考古发现来看，在当时的实际生产活动中，青铜农具所占的比例应比实际发现者大一些。因为青铜在当时是贵重的金属，工具废弃之后可以回炉铸造新的工具或改铸它器，所以青铜生产工具出土比较少。从考古发现看，河南郑州市商代早期铸铜基址出土的各类陶范，以镬、斧、刀、锥刀等工具类范最多，可见当时铸造的包括青铜农具在内的工具在已占有相当大的比例。那么，西周时期的青铜农具不会比商代早期更少。至于其他质料的工具，因一旦废弃就无法回收利用，所以发现反倒多一些。

在西周社会中，青铜农具的应用比商朝略有增加，考古发现有铲、镈、铻、铚和收割用的青铜刀等。从考古发现看，河南郑州市商代早期铸铜基址出土的各类陶范，以镬、斧、刀、锥刀等工具类范最多，可见当时铸造的包括青铜农具在内的工具在已占较大的比例。由于青铜农具制作不易，而奴隶本身价值低微，所以奴隶主不愿推广更为先进的青铜农具，各地的农业生产工具仍然以石器、木器、骨蚌器为主，其中骨、蚌制农具大大增加了。集体奴隶身份的庶人，生活极其贫困，受到很重的剥削，本身无力使用先进的青铜农具，即使一般平民也缺乏这个条件。因此，锋利实用的青铜农具有时在王公贵族的公田上使用，用毕即收回集中保管起来。在大多数情况下，奴隶们只能以木耒、石耜、骨铲、蚌刀这样一些石器时代的工具进行劳动。从这个角度上来说，农业生产的发展速度是不可能很快的。

西周的主要农作物有稻、粟、麦、谷、粱、黍、稷、穈、芑、秬、秠、稌等。种植最多的是黍、稷。《诗·生民》说“诞降嘉种，维秬维秠，维穈维芑”，据说秬、秠是黍的两种嘉种，穈、芑则是粟的两种嘉种。《诗·周颂·思文》说：“贻我来牟”，来是小麦，牟是大麦，在北方流行较广。另外在《诗·周颂·丰年》中还记载“丰年多黍多稌”，稌是稻的一种。当时桑、麻的种植也很普遍，豆类和一些瓜果、蔬菜多栽种在特殊的园中。专门的苗圃已经出现，“圃”就是周围用栅栏围起来的菜园和果园。

西周后期，农业中利用水利灌溉比较普遍，周人已基本掌握了修筑排水和引水设施、除草、雍土、施肥、治虫等农业生产技术，并且经验越来越丰富。《诗·小雅·白华》说："彪池北流，浸彼稻田"，说明人们已经知道应用人工灌溉技术，不过在很大程度上他们仍然是依靠天然的雨水。《诗·小雅·田》记载"琴瑟击鼓，以御田祖，以祈甘雨，以介我稷黍"。说明了当时要向大自然祈求降雨、祈望恩惠的情况。在长江流域，水网密集，可能已懂得利用沟渠排水、灌溉的方法。当时人们不仅能进行深耕、熟耘，而且也能使用绿肥和制造堆肥。"荼蓼朽止，黍稷茂止"，就是把田间耨锄的荼蓼和杂草沤作绿肥，使黍稷等作物生长得更为茂盛。用火化、土化等方法制成的堆肥，也是常用的肥料。此外，对防治虫害也非常注意。这在一定程度上提高了农业生产力的同时，促进了农作物产量的增长。

耕作井田的农夫，仍然笼统地称为"庶人"或者"庶民"。民，也作氓。奠是管理耕作的人，氓和庶人都是耕作人。这些耕作的人都以夫计，周王在分封诸侯和赏赐臣下时，是把这种耕作的人成批地作为物品赐予的。属于那些卿大夫之家的采邑，规模比王室或公室的"国中"当然要小得多。为他们所有的"庶民"，长年在田间劳作，到秋收完毕，才能与妻儿一同过冬。在过冬时，他们还要为主人田猎，剥制兽皮，酿造春酒，收藏冰块以及从事其他各种劳役。西周时期也有不少的自耕农民。他们多数是各级贵族的疏远宗族成员，大都在所属宗子的居邑附近，拥有一小块耕地，过着比较独立的经济生活。但是他们也要向宗子缴纳一定的贡物和服一定的劳役。

西周的农业经济在商朝的基础上有较大的发展。一方面由于生产工具的改进和耕作经验的增加使粮食产量有所提高，另一方面是因为天文、历法等科学知识和技术在农业上的应用，使生产有了更快的发展。粮食品种增加了，单位面积产量也增加了，农业成为整个社会经济的基础和主要部门。畜牧业也有了相应的发展。

周族在其先祖生活在戎狄之间的时期，经济生产是以畜牧业为主的，农业生产很落后。在周族先祖长期居住的陕西长武县碾子坡遗址，出土了大量食后的牛、马、羊、猪的残骸，其中以牛骨最多，约占全部兽骨的一半以上，说明周人当时以养牛为主的畜牧业比较发达，农业生产虽然已经出现，但生产工具的种类和数量都很少。迁岐以后，周族的农业生产有了很快的发展；灭商之后，各地的先进生产经验得到了更为广泛的交流，农业成为社会经济的主要部门，发展得更快了。

在黄河流域和长江流域农业比较发达的地区，人们已经初步掌握了根据自然现象预测天气的知识。《诗·小雅·渐渐之石》有"月离于毕，俾滂沱矣"的记载；《诗·小雅·信南山》记录道："上天同云，雨雪雰雰"；等等。这些天象知识，对农业生产很有好处。物候知识也比夏商两朝更进一步用来指导农时，在农业生产中人们特别注意观察熟悉的植物、动物的习性和生长变化规律，并与风、雨、干旱、冰冻等气象现象结合起来，指导适时播种与收获。在《尚书》的一些篇章中，记载了雨、旸、寒、燠、风等气象因素对农业生产的影响；在《诗·大雅·公刘》中记录了人们根据田地的地理位置和墒情种植谷物的经验。所有这些农业科学知识，都对农业的发展产生很大影响。

在西周社会，采集和渔猎经济仍占相当大的比重。各地考古发现证明了这一点，一些古代文献也有这方面的真实记录。《诗》三百篇是从西周开始流传、积累和逐渐丰富起来的一部最古老的诗歌集，虽成书较晚，但其中也有许多诗歌反映了西周时期农业、手工业和采集、渔猎生产活动的情况。在《黍离》《君子于役》《伐檀》《鸨羽》《无羊》等诗中，描述了砍伐树木、修整农具、种植黍稷、收割稻粱、为农夫送饭、放牧牛羊等劳动过程和场面；在《关雎》《卷耳》《芣苢》《摽有梅》和《北山》等诗中，描述了妇女们采集荇菜、卷耳、芣苢、梅子、萝菔、蔓青、芥菜、苦菜、香蒿、野麦、木瓜、野桃、野李等的情景与心情，可知采集活动仍是妇女们经常性的繁重的劳动；在《野有死麕》《新台》《硕人》《兔爰》《叔于田》等诗篇中，记述了猎人们捕获獐、鹿、雉、鹑、兔、獾，渔夫们设网捕获鳣、鲔等的情况。

由于西周的土地属奴隶制国家所有，大批农奴实行田间集体劳动；一部分个体奴隶直接在国王和诸侯的大田上耕作。他们都生活在邑、里、社等农村基层组织中，社会地位卑贱，生活极其困苦，劳动工具简陋，劳动强度很大，所以生产的热情很低，效率也不高，因此总的看来，西周的农业生产发展是比较缓慢的。中期以后，私人土地和自由民都迅速增加，人身依附关系有了改变，人们对土地的投入多了起来，农业生产发展的速度比早期加快了。

在农业发展的同时，畜牧业和家庭饲养业也有相应的发展，根据《诗经》等文献记载，西周时期的畜牧业包括马、牛、羊、猪、犬、鸡、鹅、鸭等家畜家禽的饲养，而主要是马、牛、羊、猪的饲养。[35]西周时期的城市遗址、聚落遗址和墓地中，普遍出土了数量很多的牛、羊、马、猪、狗、鸡的骨骸。据文献记载，祭祀用牲，牛为太牢，羊为少牢，重大庆典最多要宰杀用牲三百头，由于各种祭祀活动频繁不断，可知当时畜牧业的发展已相当可观。畜牧业在西周农业经济中同样占有重要的地位。

北方地区牛羊的饲养放牧十分兴旺，其中养羊业尤为突出。《诗经》三百篇中有十几篇说到羊，其中《无羊》篇即是赞颂周宣王倡导恢复畜牧业得到成功的记录。北方各地已熟悉对羊群的管理和饲养技术，并积累了不少防治牛羊疾病的经验。当时每一群羊可过三百头，但放牧的每群的数量不宜过多，三百头算是大群。在草原上辽阔的牧区，牛羊的数量很大，农业聚落则利用荒山与河滩放牧。从《礼记·王制》等文献中可以看到，西周时期对饲养牛羊都特别重视繁育增殖，明文规定“大夫无故不杀羊”，除祭祀、庆典和节日外，不能随意杀羊以为食。市井屠宰贩卖的肉类主要是猪与狗；屠羊卖肉是春秋时期才逐渐出现的。商品羊在西周尚未出现，体现了社会上商业活动还有一定局限性，养羊业还未脱离自然经济的阶段。

牛的饲养也很发达。新石器时代晚期至夏商两朝，牛的数量日益增多，殷墟发现的卜骨，大多是牛胛骨，仅在小屯南地就出土牛胛骨 4 442 片，可见养牛业的兴旺。西周遗址和墓地出土的牛骨更为丰富，同时出现了许多以牛为装饰的陶器、青铜器造型艺术品。陕西岐山董家村发现的一件青铜匜，有铭文 157 字，基本内容是一篇完整的判决词，被告人的名字叫牧牛，可能与管理养牛业有一定关系。

西周时期，官府畜牧业生产部门的劳动者大多为奴隶，他们是因为亡国亡族而沦为奴隶者。马、牛、羊的放牧，是在郊野水草丰盛的地区。《小雅·无羊》所谓“或降于阿，或饮于池”，正是这样的地方。西周时期未开垦的荒地尚多，可用作牧场的地方不少。《周礼·地官·载师》“以官田、牛田、赏田、牧田任远郊之地”，所谓“牛田”“牧田”就是放牧牲畜的地区。[36]

6.5.4　手工业

周族灭殷后曾经俘虏了大批商族手工业奴隶。周王朝对这些手工业奴隶非常重视，除了大部分留在镐京、成周外，也把他们赏赐给受封的诸侯。当周武王克商后，曾将殷民六族分给鲁公，并使其率其宗氏，以法则周；分殷民七族给康叔。这些殷民当中就有许多手工业者，如索氏为绳工，长勺氏、尾勺氏为酒器工、陶氏为制陶工，樊氏为篱笆工等。所以西周初年无论王都或者是诸侯中的手工业都主要是由商朝的工奴创建起来的，西周的手工业，基本上承袭了商朝晚期的手工业。[37]

西周的重要手工业生产仍沿袭商朝的“工商食官”制度，都是官营的，即归王室和诸贵族所控制，所谓“工商食官”就是这种情况的反映。《国语·晋语四》载晋文公时，“工商食官”。《周礼》：“府藏皆有贾忍，以知物价。食官，官廪之。”所谓西周的官营手工业由百官直接掌管。他们统辖各种行业的手工业奴隶进行生产。

西周手工业分工很细，手工业的种类很多，手工业中最重要的是青铜工业。西周时期是中国青铜时代的重要发展阶段，前期是青铜铸造的鼎盛时期，青铜器种类繁多，制作精美，后期有了一些新的变化，制作趋于简化，但出现了很多带有长篇铭文的器物。整个西周一代，青铜器的数量之大，远超于前代，铸造技术也有新的发展，并趋于规范，反映出代表当时最高技术水平的青铜冶铸业不断发展的状况。青铜冶铸业，包括铜矿的开采、冶炼、器范制作、铸造等多个环节，每个阶段需要相应的技术、工艺。

西周时期的铜矿采冶遗址现在发现不少，从分布情况看，以长江中游、下游两岸的沿江铜矿带最为集中。长江中游的铜矿采冶遗址有湖北大冶铜绿山①、阳新丰山洞、江西瑞昌铜岭等，以这三个遗址为代表的一批遗址，相互距离不远，组成长江中游巨大的铜矿采冶基地。长江下游的铜矿采冶遗址②基本分布于安徽省安庆至马鞍山的长江沿岸地区，即位于长江中下游铜铁矿成矿带的中部。此外，内蒙古林西县还发现大井矿冶遗址，古矿区面积 2.5 平方公里，露天采坑 7 处，最长 195 米，深 20 米，发现有炉壁、炼渣、矿石以及石锤、石球等工具。在已发现的铜矿采冶遗址中，铜陵、铜绿山遗址的发掘面积较大，所展示的铜矿采冶情况最为清晰，成为了解西周时期铜矿采冶的主要对象。对

---

①　铜绿山位于湖北大冶县境、长江南岸的幕阜山北麓。遗址位于现代矿区，面积 1 平方公里。在 12 个矿体中，至少有 9 个被古人开采，1975—1985 年间，发掘了 6 个矿体的部分遗存，包括地下采区 7 处，井巷近 500 条，炼铜遗址 3 处，冶炼炉多座，出土井巷构件、天然铜块以及各类质料的采矿工具和生活用具等。

②　长江下游的铜矿采冶遗址在 20 世纪 50 年代，发现过古代的采矿遗迹和工具，1984 年以来，对有关地区的铜矿采冶遗址进行了全面调查和试掘，对其分布、年代等问题有了初步认识。这个地区的古代铜矿采冶遗址，根据分布区域大体可归为皖南、枞庐、滁马三大区域，其中皖南区发现矿冶遗址近百处。从时代看，遗址早到西周，晚至宋朝。从地形看，矿冶遗址分布于丘陵地区，矿冶遗址有相当规模，如铜陵铜官山、凤凰山、南陵小破山头、大元岭等地，在方圆数平方公里的范围内，凡有铜矿体的地点都发现有采矿遗迹。采矿遗址附近有冶炼遗址，小者数千平方米，大者 10 万平方米以上，废渣和炼炉残块堆积厚度可达数米。南陵江木冲、铜陵狮子山、凤凰山、铜官山等地发现大型冶炼遗址，每个地点的炼铜废渣分布范围大 1 平方公里以上，废渣的估算量在 20 万～30 万吨。在一些矿冶遗址中发现有成堆的矿石、坑木以及采冶工具、陶瓷类用器等，有的冶炼点还发现炼铜炉或铜锭。

这些遗址的综合研究可知，当时铜矿的采冶包括探矿①、开采②、选矿③、冶炼④等多个环节。

青铜器铸造仍然是手工业生产的重要部门。西周初年铸造的青铜器，其形制、纹饰和品种和商末大致相似。可确定为西周早期各王室的重器很多，周武王时代有利簋、天亡簋，周成王（姬诵，公元前1055年—前1021年，公元前1041年—前1021年在位）时代有何尊、保卣、保尊、德方鼎、献侯鼎、康侯鼎等，周康王（姬钊，？—前996，公元前1020年—前996年在位）时代有盂鼎、旅鼎、小臣速簋等，周昭王（姬瑕，？—前977，公元前996年—前977年在位）时代有旂尊、旂觥、旂方彝、厚趠方鼎、令方彝、召尊、召卣、小臣宅簋等。西周早期常见的青铜礼器、食器有鼎、方鼎、鬲、甗、簋、簠；酒器有觚、爵、觯、角、觥、斝、盉、尊、卣方彝、罍、盉、壶；水器有盘、匜等；其他器类有陈器用的禁；乐器有钟等。周康王以后，才逐渐推陈出新，表现出一些新的风格和特色。鼎基本保持口沿立耳、浅腹、柱足的商代式样，但方鼎的柱足已向细长发展，方座的双耳或四耳簋为本期特有的形式。卣广泛流行，成组相配的定式也比商晚期稳定。纹饰仍尚繁缛，兽面纹、龙纹、不分尾的凤鸟纹、乳钉纹都较商朝有新的发展，附加装饰的棱脊和立体的带角兽首形装饰很流行，也很发达。铸造通用合范法，器壁及外观普遍较厚重。西周青铜器铸造的地域分布，比商代要广泛得多。周王室和诸侯公室，乃至一般贵族，都拥有规模大小不等的铜器铸造作坊，乃至影响到比较边远的少数民族地区。因此，这个时期的青铜器，既有共同的风格，又在一定程度上显示出某些地方性的特色。

西周中期周穆王（姬满，？—前922年，公元前976年—前922年在位）时期的重器有长由盉、遹簋、丰尊、丰卣、刺鼎、班簋、静簋等，恭、懿之际有裘卫诸器、墙盘、

---

① 西周探矿方法仍然使用商朝常用的探槽法，即根据出露的矿脉开挖地槽找矿，但主要采用小型矿井探矿法。这类小型井，断面小，宽度不到50厘米，如铜岭铜矿的J10，边长46厘米，与那些断面较大的矿井有很大差别，应该是找矿的探井。

② 西周时期除有商代单一的竖井开采外，出现联合开采法，即多个竖井下部与平巷接通，以方便开采，提高效率。竖井大多为正方形，支护形式采用间隔式框架，框木以榫卯相接，母卯端为三棱形，嵌入岩体。框外用木板封堵，以防框外岩体掉入井内，如铜岭铜矿J20。平巷的支护的制作类似于竖井的支护。西周晚期出现采矿主井，用于人员出入和矿料的运出，如铜岭铜矿J37，现存井深11米，井口南北长2.59米，东西178米，井上部仍残留木梯，井下南面有一个小井通至采矿场。开采和装运工具在铜绿山、铜陵有发现，开采工具有木斧、木质或铜质的锛、凿、钺等，装运工具有木铲、锹竹篓、竹筐等。

③ 选矿有手选和水选两种，主要使用水选工艺。铜岭铜矿发现的破碎矿石的工具有木槌、杵、臼，淘洗工具有木勺、勺形木盘、竹盘、船形木斗、溜槽。发现西周选矿区面积百余平方米，发现一整套水选溜槽选矿设施，有木溜槽、尾砂池和滤水台等遗迹。据此所做的模拟实验证明，这种设施设计合理，大大提高了选矿效率。

④ 在铜矿采冶遗址附近，一般都发现有冶炼遗址，说明当时铜矿的冶炼就地进行。冶炼成品为铜锭，在铜陵木鱼山、万迎山、南陵江木冲发现有铜锭，呈菱形。这些铜锭出土时多呈铁锈色，铜锭成分以铜铁为主，夹杂有硅、硫、铅、锡等多种微量元素。多数铜锭的含铁量较高，可能为硫铜矿焙烧和还原熔炼不充分而形成的；有的铜锭含铁量低，可能是再次提炼而成的粗铜或纯铜。铜锭和炼渣中锡的含量较高，可能是有意加入的，也可能是矿物本来为铜锡共生矿。对皖南矿冶遗址出土铜锭和炼渣的检测和研究证明，至少在西周时期，中国已经掌握了硫化矿炼铜技术，这是矿冶史上的一件大事。在对浅层的、较易熔炼的氧化铜矿资源开采以后，必然要开采深层的原生矿床，硫化矿炼铜技术的出现，解决了原生矿物的焙烧、熔炼问题，从而保证了矿冶生产的持续发展，生产出更加充足的铜料，使商周时期的冶铸业得以保持长盛不衰。

师遽簋、师遽方彝、永盂、曶鼎、效卣等。孝夷之际有师晨簋、克组器群、师兑簋、盠方彝、谏簋等。周穆王以后，青铜器的发展进入了一个新的时期，铜器种类有较明显的淘汰和更新趋势，酒器的觚、爵、角、斝、觯、觥等趋于减少和退化，同时出现了自铭"饮壶"的新型饮酒器。食器和水器在器物组合中的比重增大，乐器备受重视，列鼎制度最迟在本期形成。鼎的形制出现蹄形足，鼎腹发展成扁长方形的变化趋势，簋的发展也很快，不仅在制度上与列鼎相配，而且形制也出现敛口有盖，圈足下承三短足的新型式。簠、匜等新器种开始出现。编钟也在此期普遍形成。花纹趋于简朴，早期流行的花纹或已淘汰，或变形简化。常见的花纹有兽面纹、花冠顾首龙纹、分尾的鸟纹及新出现的直条纹、瓦纹、波曲纹、环带纹和鳞带纹等，开铜器花纹装饰的一代新风。青铜器这些变化脱去了殷代器具的遗风，形成了周人创造的新风格，因而可以称作创造发明的时期。

西周晚期的重器，周厉王时期有簋、钟、郑季、簋、攸从鼎、从、散盘、禹鼎、鄂侯驭方鼎、敔簋等，周宣王（姬静，？—前 782，公元前 827 年—前 782 年在位）时期有颂鼎、兮甲盘、虢季子白盘、毛公鼎、南宫乎钟等。西周晚期的铜礼器，延续了中期形制和纹饰简朴化的变化，淘汰了中期保留的早期因素。常见器种有鼎、簋、鬲、簠、壶、尊、盘、匜等，品种明显减少。鼎除沿用中期的垂腹鼎外，还有圜底鼎，都是兽蹄足。周厉王以后青铜器明显地呈现衰落趋势，像大小克鼎、毛公鼎、兮甲盘等那样铸造精湛、造型凝重、铭文内容充实、字体秀丽、渔具优美的铜器为数有限，大多数器物只注重实用效果，不再见古朴典雅的气质。构图复杂的纹饰已属凤毛麟角，普遍流行前期产生的窃曲纹、重环纹、垂麟纹、瓦纹等制作工艺简便的花纹，绝少见繁缛的动物纹，即如簋一类王室重器也是直线纹。铭文套语连篇，加上制作粗糙，质量低劣，徒有虚名的名器增多。[38]

青铜器铸造技术继承了商朝而有所发展。器形和数量都比商代增多，主要青铜器有礼器、兵器、手工工具、饰物、生活用具和车马饰等，数以千计，更有成批的出土。在考古工作中发现有西周青铜器出土的省份很多，如陕西、河南、山东、山西、河北、辽宁、江苏、安徽、湖北、湖南等省都有发现，不少铜器铸有铭文。如在陕西临潼出土一批青铜器，达 60 件，其中的利簋的铭文载录了周武王伐纣的事，是发现最早的西周青铜器。西周前期的大盂鼎高约 1 米，重 153.5 公斤，有铭文 291 字，记载了周康王二十三年策命其臣盂并赏赐给他奴隶和其他财物的情况。西周后期，铜器的数量大增，带铭文的铜器更多。周宣王时的毛公鼎有铭文 497 字，记载了宣王告诫和赏赐其臣毛公的情况。有些铜器的铭文，记载着封建贵族赏赐、赠送、交换、赔偿土地、奴隶或其他财物的情况，也有记载战争的。这些铭文从不同角度反映了当时的政治和社会的一些重要情况。

西周的陶器制造也是重要的手工业部门。陶器作为西周时期的基本用器，也是出土最多的器物，大致可分日用器具、生产工具、建筑构件以及艺术品等多类，其中最常见的是日用器具以及与之相同的墓葬随葬陶器。具体到器物的种类则更为繁多，就西周文化来说，常见日用陶器有鬲、甗、甑、鼎、盂、豆、簋、勺、盘、碗、盆、壶、罐、瓮、器盖等；墓葬随葬陶器由日常用器简化而来，种类明显较少，以鬲、盆、豆、罐最为常见，或为实用器，或为明器。西周时期建筑用陶明显增多，有地下水管、板瓦、筒瓦、砖。其他还有乐器如埙、制陶工具陶拍、陶垫、纺轮等以及铸造青铜器的陶范、陶芯等。

西周仍以泥质灰陶和夹砂灰陶为最多，也有少量夹砂红陶和泥质红陶。泥质黑陶和白陶，到西周后期已经不见了。西周陶器的器形，作炊器主要有鬲、甑，作饮器的主要有爵、觚等，但已经很少，作食器用的主要有豆和簋，作盛器用的主要有罋、罐瓮、盆、盂等。在造型上，西周陶器以袋状足、圈足、平底为主要特征。纹饰仍以纹理较粗的绳纹为主，其他还有几何形划纹、篦纹、弦纹、刻画三角纹等以及仿自铜器纹饰的云雷纹、重圈纹等。这时附加堆纹已很少使用。制作主要为手制，普遍使用慢轮修整。部分器物采用模制或手模合制。彩绘图案是在钵的口沿外绘画一周紫色、红色宽带纹、盆的内外绘画人面、鱼、鹿、植物等像生性花纹和三角形、圆点组成的几何形图案，表现了当时制陶工匠的高超技术。

大量陶器的存在说明，制陶手工业是当时社会经济生活的重要组成部分。《左传·定公四年》记载周王曾赏给卫康叔“殷民七族”，其中就有烧制陶器的陶氏，说明在当时制陶手工业已专业化。但是，与出土的大量陶器相比，有关的制陶作坊和陶窑现在发现还较少。西周时期烧造陶器的窑炉主要还是馒头窑，龙窑的使用还是相当少。

西周时期的原始瓷器①较商朝也有所增多。所见基本属于生活用器，常见器类有甗、豆、簋、瓿、碗、盖、罐、壶、罍、尊、瓮等。在中原及北方地区，原始瓷器主要出于丰镐、成周等西周都邑遗址以及各诸侯国的都邑所在。出土原始瓷器数量较多的是属于成周的洛阳北窑西周墓地，在数十座墓中共出土 398 件。器类主要是豆，其他器类数量很少。这种器物多见于大中型墓葬，说明它们在当时属于比较贵重的器物。

西周原始瓷器多为泥条盘筑而成，原料为高岭土，加工不精，质地比较粗糙，但胎质坚硬，颜色多呈灰白、灰色。釉为石灰釉，以氧化铁为着色剂，釉色以青绿为主，还有淡黄、褐和紫褐色，色调不稳定，釉层厚薄不均，流釉现象比较普遍。纹饰多为几何形印纹，如云雷纹、方格纹、席纹、网纹，其他还有叶脉纹、绳纹等。

从分布地点看，在陕西岐山②、长安，河南浚县、洛阳，甘肃灵台，山东济阳和江苏丹徒等地的西周遗址和墓葬中，都发现了原始瓷器，有簋、豆、罐等，其中以丰镐都城遗址最为集中。特别值得注意的是在安徽屯溪西周墓出土的原始瓷器，有碗、盂、豆、尊、盘等，数量和种类都超过前代。这些原始瓷器中较大者用泥条盘筑法塑形，再经轮旋修正；小型器物轮制成形，个别器物也有用手制而成，故许多器物的形态美观实用，

---

① 瓷器的早期作品，一般被称为原始瓷器。这样的产品具有瓷的特征，但又比成熟时期的青瓷逊色，故称之为原始瓷器。原始瓷器的产地也是学界在不断讨论的问题。从器类及其形制看，大部分器类如碗、盖、罐、尊等与长江中、下游地区考古学文化的日用陶器相同，当地还有丰富的原料。浙江上虞县还李家山清理了 5 座以烧制原始瓷器和印纹硬陶的商代龙窑，说明早在商朝，当地就已经烧制原始瓷器。因而可以肯定，这类器物应大多是在长江中下游地区生产的。另有罍等器类的形制多与以中原为中心的西周文化的同类陶器相同，很少见于长江中下游地区，由此推测它们极有可能是在中原地区烧制的。实际上，有的研究者认为，早在商朝，中原地区就可烧制原始瓷器。但由于中原地区的有关资料较少，现在还无法作比较全面的说明。

② 陕西岐山赵家台发现保存完好的陶窑 Y14，窑室底部为圆形，顶、壁较直，底径 2.4 米，高 1 米，顶部封口 0.65 米。火膛开口呈椭圆形，长径 14 米、短径 0.85 米、深 0.4 米。窑顶一边有一出烟孔，直径 0.15 米。陶窑中既出有日用陶器残片，还有空心砖和实心砖，说明这里不仅烧制日用陶器，还用于烧制建筑构件。

基本上达到了成熟的程度，是中国瓷器史上的一个重大发展。

玉器制造和骨器制造在西周也有较大发展。西周玉器①出土地域广阔，在周文化的分布区以及外围的其他考古学文化中多有发现。其中以西周都邑、诸侯国的高级贵族墓葬中出土玉器数量最多，质量最好，等级也最高。如在丰镐西周都城遗址范围的张家坡墓地、宝鸡市茹家庄国墓地、山西曲沃县北赵晋侯墓地、河南三门峡市上村岭虢国墓地、北京房山区琉琉璃河燕国墓地出土大量代表西周制玉最高水平的玉器。

从出土情况看，各地出土玉器的种类、质量的好坏与有关遗迹的规格有密切关系。在张家坡西周墓地，较大的墓葬所出的玉器不仅数量较多，而且玉质较好，制作较精。在上村岭虢国墓地，较大的墓葬所出的玉器种类不仅较少，尤其是玉礼器更少，如璧、璜类很少，圭、璋类几乎不见，而且制作较粗粗糙，纹饰简单，质地普遍较差。

西周玉器的颜色主要以绿色以及近似于绿色的青色和褐色为主，其他还有黄、灰、白、黑色等。玉器的种类和样式繁多，器类以单体论有琮、璧、圭、璜、环、珩、刀、珠、管、钺、锛、戈、柄形器等，其他还有人像以及大量动物形饰品等。在数量众多的玉制品中，最能代表当时制玉水平的是制作精细的人和动物形饰品。如仅在上村岭墓地出土的玉雕可见有龙、虎、鹿、牛、猪、兔、鹰、龟、蛇、鹦鹉、小鸟、蚕、蝉、蜘蛛、老鼠等四十余种动物。

西周早期的玉器因袭商朝的风格，在动物形和人形玉雕上表现得尤为突出。宝鸡竹园沟成康时期墓葬出土的玉鱼、玉鸟、玉蚕、玉龟、玉蝉，灵台白草坡和洛阳的玉人等，都不乏这样的写实性较强，未见运用抽象夸张手法表现雕琢对象的作品。西周中期以后，形成了有时代特色的玉雕艺术产品。首先，玉器花纹与青铜器花纹同步发展，都盛行凤鸟纹。其次，表现在写实性玉雕的形态更加逼真，制作精细。如浮雕玉虎、玉兔、玉牛等各具神态，栩栩如生。最后，玉雕技术在写实的基础上，发展起夸张和抽象的艺术风格。总之，这一时期琢玉技术比商末周初大为进步，手法多样，造型精巧逼真，纹饰繁简适度，题材广泛，产品增多，反映出从事琢玉生产的工匠规模逐渐扩大，工匠技术熟练，创造出丰富多彩的玉雕作品，为把这项手工业生产推向一个新的发展阶段准备了条件。[39]

西周时期，还有相当数量的骨、蚌、牙、角制品等。其中骨、蚌器广泛涉及社会生活的各个方面，尤以农业、手工业和渔业生产工具为多，牙、角制品则多为日常生活用器类。考古发现所见骨器，有凿、刀、鱼钩、铲等工具，有针、匕、梳、勺等生活用具，有镞、矛头等兵器。此外，还有一些骨制的饰件。在长安沣河岸的丰镐旧都遗址，最先挖掘出制骨工匠的住所、储存骨料的窖穴和制骨的作坊，并有磨石和骨角箭镞、针、锥等成品和半成品伴出。后来又在沣河东岸的白家庄以北发现制骨作坊遗迹，出土的牛骨、

---

①　西周玉器中，由多类单体玉饰组成的组合饰如组玉佩、缀玉面罩等最为精致，这在高级贵族墓葬中多有发现。陕西扶风齐家16号墓出土的玉面罩，用17件小玉饰连缀而成。上村岭M2001中，缀玉面罩、组玉佩佩保存完整，前者由58件不同玉饰组成，后者以7块玉璜为核心，从小到大依次相连，其间又串以左右对称的两排两行玛瑙与琉璃串珠。上村岭M2009、M2012分别出有6件、5件玉璜组成的组玉佩。北赵晋侯墓地出土组玉佩有六璜连珠、五璜连珠、四璜四珩、四璜连珠、三璜连珠双玦等各式组玉佩。北赵晋侯墓地出土缀玉面罩多组，有的用多达79件不同形状的玉、石片组合而成，甚至还有双层的面罩。

鹿角和其他兽骨多为锯迹、锉迹和削迹，骨器的成品和半成品很多，主要有铲、锥、镞等。

蚌制品有镰、刀等工具，其他还有蚌质的动物工艺饰品如蚌鱼、牛首、鸟等。蚌制品中最具特点的是周原遗址①召陈建筑基址出土的雕有人头像的 2 枚笄帽，为人头形，长脸，高鼻深目，头戴高尖帽，帽尖被削平，为仿真人形象雕刻而成，一般认为属于中亚人种，这反映了西周时期中原与新疆乃至中亚地区交往的情况。角质制品的数量少，种类与骨器相近，但以日用品为多。蚌雕在西周遗址和墓葬中也屡有发现，蚌鸟和蚌鱼是最常见的。

牙器多为生活用具和装饰品，有匕、锥、杖首等，纹饰基本与青铜器上的纹饰接近，常以兽面纹或夔龙纹、鸟纹为主体纹饰，以云雷纹为地纹，显示了工匠们的高超技艺。牙器的数量虽然较少，但因其制作往往集多种工艺于一身，融实用与观赏于一体，本身成为艺术珍品。陕西长安县马王镇张家坡井叔墓出土 1 件虎头形象牙杖首，长 8 厘米、銎径 1.8 厘米，其设计的匠心和雕刻技术的纯熟显而易见。虎头的口、眼、鼻、眉、耳等很清晰，体上阴线刻槽内还镶嵌绿松石，以象牙本色为地，配以绿色花纹，色彩斑斓绚丽，为稀见珍品。这种雕刻和镶嵌相结合的象牙作品，代表了当时刻骨技术的最高水平，非能工巧匠是难以制作出如此精细的艺术品的。

西周遗址发现有骨器、骨器半成品以及铜、石、蚌、角器，后来还出土了大量骨料，可能是当地以制骨为核心的手工业作坊遗址。在云塘制骨遗址②发现两处石板路面、一处石砌台阶、墙基和活动地面。清理灰坑 19 个，开口为长方形、椭圆形，部分灰坑可能就是当时的制骨作坊有关。出土遗物石质者有刀、斧、铲、砾石，铜器有刀、锯、钻、镞，骨制品有铲、凿、锯、刀、笄、锥、针、镞、雕花骨片，角器有锥、铲，蚌器有刀。以骨器最多，主要是骨笄、锥、骨镞，有的骨笄顶镶嵌绿松石。

研究者通过对有关遗址的发现和骨器、半成品上的痕迹分析认为，西周骨器制造包括选材、切割、削锉、钻孔、磨光、镶嵌等多道工序。大量骨料的集中出土说明制骨手工业已是当时社会的独立的生产门类，它是当时社会生产的重要组成部分。

西周时期漆器的发展，主要集中在黄河中下游地区，漆器的数量明显增加，出土漆器的地点较多，分布范围扩大，说明制漆手工业作较以前有了新的发展。就器类看，西周漆器有觚、簋、壶、罍、豆、碗、杯、盘、尊、盒、俎、案等，在岐山贺家、琉璃河西周墓葬还出有髹漆的武器——盾；诸种器物中以饮食器和容器的品类多，质量好。在琉璃河墓地中，出土了漆簋、觚、罍等，这在西周时期的中原、北方地区是少有的发现。由于这些器类在西周文化中均属于礼器，它们当属于漆器中的礼器一类，与青铜器共同组成一套完整的西周文化礼器组合，并与青铜礼器有着同样的地位和功用。

---

① 周原遗址位于今陕西省宝鸡市扶风、岐山一带，东西长达 70 公里，南北宽约 20 公里，总面积约 33 平方公里，是公元前 11 世纪到前 8 世纪的大型古遗址，出土了大量卜骨、卜甲，以及大量珍贵的国宝青铜器。周原是周文化的发祥地和灭商之前周人的聚居地，素有“青铜器之乡”的美誉。

② 云塘制骨遗址发现填土中有大量骨料、半成品、骨、蚌器和陶片，仅骨料达 2 万多斤，通过对骨骼鉴定可知，动物种类有牛、羊、马、猪、狗、鹿、骆驼，其中以牛骨数量最多，马骨较少，其他动物骨骼数量更少。

由于漆器不易保存，出土时多已朽毁，通过对一些西周漆器的考察，对其制作工艺和水平也有了基本的了解。制作漆器，制胎是第一步。据观察，西周漆器以木胎占绝对数量。小型器物如觚、簋、豆、杯、盘、碗等先挖出木胎，然后经刮削、打磨。较大的器物先分段制作，然后再用黏合的办法形成一个整体。在修饰方面，同以前一样，最常用的是髹漆技法。漆色有褐、黑、红色，以一色为底色，再以他色绘制花纹。主体花纹与同时期青铜器上的花纹基本相同，有饕餮纹、夔纹、蕉叶纹、圆涡纹、云雷纹等。有的地方如百草坡墓出土漆器上花纹为草叶、云纹和几何纹，具有本地特色。

最能反映西周漆器制作工艺进步的是多种工艺的综合运用，首先是漆绘、雕花、镶嵌、贴金等工艺的综合使用。很多地点出土的西周漆器遗痕上，往往连有蚌泡、圆、方形蚌片、绿松石片、珠等附饰，有的漆器上还贴有带状金箔，说明漆器的制作不单以髹漆为限，而是又采用了镶嵌、贴金等工艺，使镶嵌的主纹与贴金条带、器物底色相互映衬，器物上纹样立体化，从而使器物更为美观。

西周的丝麻纺织业也较商朝有所发展。中国麻纺织起源较早，早在商朝，黄河中下游地区的丝织品生产已相当发达，近代多次发现这个时代的丝织品残迹，北起河北藁城南至河南信阳，东抵山东益都，西达河南偃师等地的重要商朝遗址都有出土，尤其以后期王都安阳最为丰富，其种类有绢、纹、纱、縠、罗、嫌、绮等平纹和斜纹织物，这些都是当时世界上最先进的织造技术的产物。西周的丝织业正是在这样的基础上继续发展的，黄河流域仍是此项手工业生产的中心，但分布范围有所扩大。周人发祥地关中的栽桑养蚕和丝织加工也有了长足的进步。《诗·豳风·七月》里年轻姑娘手提箩筐在桑田的小路上穿行，采摘鲜嫩的桑叶，描述的就是周人老家春天繁忙的养蚕场面。地处晋南的魏国也是桑田片片，人们甚至把桑蚕作为青铜礼器的装饰花纹，显示出桑蚕在社会生活中的重要地位。淮河、长江流域的夷人定期向王朝贡献“帛贝”，说明这一地区的丝织业生产也比较发达。[40]

在西周遗址内，常见纺轮、骨锥、骨针等纺织、缝纫工具。其中纺轮数量较多，质地有陶、石、骨等，重量不一，形状也比较复杂，可能是为了满足不同的纺织原料和规格的需要。当时的纺织品种类有棉麻和丝织品两种，丝织品花纹有平纹组织和提花组织，说明当时不仅有了专门的织机，而且其结构也比较复杂，可以调整织机而织出不同的花纹。在陕西宝鸡和岐山出土了色彩鲜艳的绢和提花织物的痕迹，反映出西周前期在继承商朝丝织技术的基础上又有新的发展。

丝织品的生产已形成一套比较合理的工序，缫丝和脱胶是利用蚕丝纺织的关键，前者在商朝已经掌握，后者也有了科学依据，从岐山出土的丝织品残迹鉴定结果知道，蚕丝已不是原生的成对生丝，而是经过精涑的单根熟丝[41]，表明至迟在西周前期蚕丝已进行脱胶处理。这项工艺用温水加栏灰渍生丝数日，脱去丝胶和杂质，使蚕丝光泽、柔软、便于染色。

穿综上机是进入纺织的中心环节，这是一项复杂而又细致的劳动，丰富多彩的花纹图案设计在这个环节中实现。

西周的纺织业还有麻纺织生产。中国麻纺织品比丝织物的历史更古老，夏商时期的麻纺织品已经相当考究，麻纤维曾经过脱胶处理，有的经线为双股加捻成S形，经纬的密度达到十升布的水平，与汉朝代的大麻布相差无几。[42]近年发掘出土的周朝代纺织工具和麻纺织品的残迹与商朝的相仿，纺轮的形式多样，有扁圆形、圆锥形、锥台形、算盘珠形等，最大直径在4至5厘米之间，中心有孔便于穿柄旋转。麻布的等级体依用途和穿戴者的身份差别有所不同，目前见到的麻布经纬线每平方厘米6根至10根，有的达到13根左右[43]。周朝对于麻布的粗细和宽狭有严格的限制，《礼记·王制》云："布帛精粗不中数，幅宽狭不中量，不粥于市。"明确规定凡不合法度的"精粗"和"广狭"的布匹都不能销于市。

麻纺织业的原料取自大麻、葛等韧皮部分，利用池水沤制的微生物脱胶处理法，或煮沸方法脱胶，使韧皮成为白色柔软的纤维，以便于纺纱织布。中国黄河流域是大麻的原产地，因而西周和春秋初期的人们经常把它作为诗歌诵唱的题材，如《诗经》里有"丘中有麻""禾麻菽麦"等。这些诗反映出黄河中下游地区对麻的种植很重视，其中以河南和山东一带大麻的产量最为驰名。[44]

值得一提的是车辆制造。车辆是战争工具也是交通工具，更是各级贵族身份的象征。西周时期的车，种类更为增多，形制也更为精巧。《周礼·考工记》对车辆的制作有比较详细的记载，它提出只有把车轮正圆，才能使轮与地面的接触"微至"，从而减少阻力保证车辆行驶"戚速"，还规定制造平地的"大车"和行山地的"柏车"的幅长。由此可见，当时的车辆制造已达到较高的水平。车辆的制造过程，需要木工、金工、漆工和皮革等多种工匠的合作，从而构成综合性手工业。[45]

6.5.5 城市发展与布局

中国城市大量兴起是从西周开始的。《吕氏春秋》中说：古之王者，择天下之中而立国。西周王朝建立以前，其都邑在周原。周文王时期在沣水西岸建立了沣邑，周武王又在沣水的东岸建立了镐京①，灭商后镐京成为西周王朝的国都，也是中国历史上第一个有严格规划的都城。《诗·大雅》称："文王受命，有此武功。既伐于崇，作邑于丰。……筑城伊淢，作丰伊匹"；"维丰之垣，四方攸同"；"考卜维王，宅是镐京，维龟正之，武王成之"。这里，不仅记述了周文王伐崇胜利后营建沣邑并自岐邑迁都沣邑以及周武王宅镐的史实，而且表明沣邑是有坚固的城垣和护城河的。周成王即位后在周公和召公的主持下修建雒邑。关于雒邑的建置，《逸周书·作雒解》有详细记载。

周原来是一个文化比较落后，力量比较小的部落，灭殷后，面对着极为复杂的阶级矛盾和民族矛盾，周天子将全国划分为一个个区域实行统治，即"封邦建国"。诸侯的封地，有的是被征服的旧部族的土地，有的则是蛮荒之地，需要自行开荒垦殖。诸侯在到

---

① 镐京在今西安市长安区西北，和丰京一起并称为"丰镐两京"，是西周时代的首都，京城，也是中国古代最早称京的都城，作为西周首都沿用近三百年，又称宗周（公元前1046年—前771年）。周武王即位后，由丰迁都镐京，《诗·大雅·文王有声》篇有："考卜维王，宅是镐京"。西周末年，犬戎攻破镐京，标志着西周的灭亡。近年的考古已经基本确定了丰镐的城址和遗址面积，通过多学科的精确定位，确定了丰镐两京的遗址面积总计近17平方公里，是一个巨型都城遗址。1933年调查发现，1951年起开始发掘。镐京是中国历史上第一个有严格规划的都城，是中国真正意义上的第一座城市。

达封地以后，首要的任务就是建立城堡，当时都以周公营建雒邑王城的建筑布局为范例修建各诸侯国的都城，用坚固的城郭来保障自己的安全。所以，封建统治者都把筑城作为立国的根本大计。

周人以礼治国，建立城市也需要按照等级规制。按照周礼的规定，第一级是天子的王城；第二级是各诸侯封国的国都；第三级则是宗室和卿大夫的采邑。这三级城市在其范围大小、城墙高低等方面，都有严格的限制而不可逾越。如《周礼·考工记·匠人》中“匠人营国”记载了王城的规模：“王宫门阿之制五雉，宫隅之制七雉，城隅之制九雉。”“门阿之制，以为都城之制。宫隅之制，以为诸侯之城制。环涂以为诸侯经涂，野涂以为都经涂。”这是说，诸侯之国城的制度，都要低于王室，并且还要按照各自的等级差别下去。[46]

西周还规定了王城的建筑内部格局。据《周礼·考工记》记载：“匠人营国，方九里，旁三门，国中九经九纬，经涂九轨，左祖右社，面朝后市。”这就是说都城的营建，作正方形，其总体布局为城的每面有3个城门，即都城12门。有南北向的街道9条，东西向的街道9条，即九经九纬。也就是说，通向每个城门的有3条平行的街道，构成左出右入，车从中央的街道格局。在城内的左方建筑太祖，右方建筑楼坛，前面是朝廷，后面是商业中心。这样一个城市布局设计思想，强调了城市布局的方正和规整。并把“朝廷”即“宫城”布置在全城最重要的部位上。其次在宫城的东西两方分别配置了太庙和社稷坛。还特别规定了“面朝后市”和“市朝一夫”的整体规划，即市场只能建造在宫廷的北边，面积只能有“一夫”（即一百亩地）的大小。由此可见，当时的这种以宫室为主体的城市建筑规划思想，充分体现了为统治者服务的原则，更限制了城市经济、商业活动的发展。

6.5.6　商业与商品交换

西周王朝以农业立国，但在很大程度上继承了商朝的重商传统，在强调农业生产时，也鼓励经营商业的活动。西周政府继续实行“工商食官”政策，即政府名义掌管全部工商业者，指挥他们在生产商品的同时进行商业活动，并把生产和买卖都限制在社会和政府需要的范围内。从《周书》所记载的“农不出则乏其食，工不出则乏其事，商不出则三宝绝”，可以想见周是十分重视商业的。在周人眼中，经商致富是令人羡慕和向往的。政府对工商业的导向是：“工匠役工以攻其材，商贾趣市以合其用。”政府认为对商业应该施以轻税：“关市平，商贾归之”；“关夷市平，财无郁废，商不乏资”。虽然政府鼓励商业，对有身份的、受有爵命的人还是有所要求，那就是不能直接参加交易，只能派手下人进入市场，否则有失身份，即所谓“命士以上不入市”，也就是说，只有庶人与商人才可入市。对于自由商人，政府规定他们不能随便转业。

在特殊情况下，还有一些特殊政策促进商业活动。荒旱之年，周文王曾发布告四方旅游的文书，据《逸周书·大匡》记载：“津济道宿，所至如归，币粗轻，乃作母以行其子，易资贵贱，以均游旅。无使滞，无粥熟，无室市，权内外以立均。”要商人们放心前来，这里将提供食宿方便；禁止损害商旅利益的伪劣货币，使用质量高的货币；通有无而禁止囤积居奇，以保证交换的正常进行，保护商贾的正当利益。又鼓励县鄙商旅迁来城邑，《逸周书·大聚》说："能来三室者，与之一室之禄"，迁来三家，其中一家生活所需由公家提供。国家扶助工商业，工商业者帮助国家和灾区渡过灾荒。特殊商业政策取得了应有效果。

对市场的严格管理也是促进商业发展的措施之一。周人设立了市场管理机构和管理人员。市场总管为司市，还有处理聚颂纠风、捕盗贼，往来巡查，列肆买卖，平抑物价的胥司、司武虎、司稽、肆长、贾师等。市场管理的主要内容有：稽查违禁商品，交易秩序管理，物价管理以及财货保护。周之法令规定，盗窃、抢劫牛马、器物、货财都是犯罪行为，工商业者的财产同其他人一样受到法律保护。

西周商业发展的表现之一是商品种类明显增多。大型商品有车、马、奴隶、木材、器用等，还有布、帛、丝、麻、衣、履、寇、带；五谷果蔬；禽兽鱼鳖、锦纹珠玉等。除了奢侈品、戎器，标志等级礼制的挂璧金璋、祭祀用牲，一般物品都可入市交换。

周人意识到："凡治市之货贿，六畜珍异，亡者使有，利者使阜，害者使亡，靡者使微。"因此扶植定期和不定期市场的形成和发展。天子所在的王都既是全国政治、文化中心，又是全国最大的商品交易中心。各诸侯国都邑为次一等商品市场。在交通要道也设有一些固定市场。凡国野之道，"五十里有市，市有候馆，候馆有积"。似乎过于正规，但也不会是虚构。临时集市，或为诸侯会同而设，或因军旅征伐需要而设，或利用原有集市加以发展。凡军旅征伐往往随带司市、贾师，以便在驻地临时立市贸易，或参与当地市场交易。这在客观上促进了商品交换的发展，其本身也要以商品经济一定程度的发展作为前提条件。[47]

西周的市场分为固定市场与临时市场，主要分布于王都和诸侯国都邑，其次是交通要道等处。这些市场，按不同的交易对象而分时间进行。《周礼·地官·司市》记载："大市，日昃而市，百族为主；朝市，朝时而市，商贾为主；夕市，夕时而市，贩夫贩妇为主。"说明不同的阶层在市场上交易的时间也不同，贵族在日中，商贾在清晨，小生产者和商贩在傍晚。市场上交换奴隶、牛马、兵器、珍玩、布帛、锦文珠玉、衣服、粮食、木材、果实、禽兽鱼鳖等。国都所在地的市，每天三次。有贵族、商贾、小生产者和商贩不同阶层交易的市场。这样的市场只能在镐京才有。临时设置的市场，系为诸侯会同或兴师征伐所设立的市集。凡师旅征伐均随带"市司"及"贾师"以便在各地临时立市。西周官府对市场进行管理，就是指这些由国家直接控制的较大的市场而言，至于农村中农民间的物物交易就简单得多了。大、中、小型固定市场和非固定市场的并存和发展，也在一定程度上促进了商业的发展。

在设立固定市场的同时，还设置了主管市场的专职官吏，据《周礼》记载的市有之长叫作"司市"，负责"市之治教政刑，量度禁令"，掌握该全部工作。货财之出入市场，须有"司市"所发给的玺节，即凭证方可通行。其下分设：管出租市场地皮的叫"载师"，管理市场物价的叫"贾师"，征收商税的称"廛人"，主管各种货物供求、买卖成交后验证的称"质人"，维持市场秩序和治安的称"司疏"，惩治伪劣商品进入市场的称"胥司"，检查形迹诡异之人、掩捕盗贼的称"司稽"，调节供求、处理赊欠事务的称"泉府"。市内有官吏巡行，以防止盗窃处理纠纷。

通商国外，还有管理出入境、关口和存放货物邸店的“司门”“司关”“司货”等官职。商人出入国界，必有玺节，以资证明。通商互市，必有条例，以期共守。凡本国的货物要输出的，则必须刻竹为节，加玺于上由司市付给，沿途司门、司关验证，然后运至国外。外货输入，先由司关按其玺节通之国门，司门查验后，通知司市，然后才能在市场上出售。

“工商官”是工商业的主要形式。但随着交换的发展也出现了若干自由商人。“肇牵牛，远服贾”，用孝养厥父母的，不应是替别人经商的人，而是为自己经商的人。《易·旅卦》说的“旅即次，怀其资，得童仆贞”，应为自由商人。以贩卖为主的贩夫贩妇也为自由商人。除此以外，农、牧、手工业者等不同职业的人，他们是各自产品的持有者，也部分地参加了商品交换。

随着商业的进一步发展，城市的性质也逐渐有了变化，它已不仅是保卫奴隶主贵族的城堡，而逐渐成了政治文化、经济中心，在“国”“都”中便有了市场。王国、侯国的各城市里，都设有市场。这时城市建筑有了简略的规划，要区分官衙区、商业区。《周礼·考工记》说：“面朝后市。”可见商业区已成了城市的必要组成部分。

根据商业发展的需要，西周的道路分为五等，《周礼》郑玄注：“广狭有定数，径容牛马，畛容大车，深容乘一轨，道容二轨，路容三轨。”王都周围五百里路的范围内也有固定的市，各交通要道上也设有固定的市。《周礼·地官·遣人》载：“凡国野之道，十里有庐，庐有饮食。三十里有宿，宿有路室，路室有委。五十里有市，市有候馆，候馆有积。”委积就是储备的谷物，“郊里之委积以待宾客，野鄙之委积以待羁旅”。二市之间有三庐一宿。这种市是适应驿站的要求而设立的。一般地区和驿站所在地固定市集有很多。《诗经·陈风·东门之枌》说：“不绩其麻，市也婆娑”，就是说的这一类市。[48]

西周的商业操纵在官府之手，担任经营商业，售卖或者贩运的仍是小臣，是由官府指派的，不少是原来被征服的商人及其后人，他们供官府驱使。据《吕氏春秋·上农》记载：“凡民自七尺以上属诸三官，农攻粟，工攻器，贾攻货。”牵牛驾马运走四方，为贵族们贩运土特产品的较大商人也有，他们经营的都是大买卖，由于贵族们有权有势并拥有较多财产，因而，雇佣较多的人为他们经营贩运。这些被雇佣的人是贵族们手下的管事。贵族经营的商业，是以交换奴隶、牛马、兵器和珍宝异物为主。奴隶的价格很低，五名奴隶才换得“匹马束丝”，就是五名奴隶才换得一匹马十把丝。《左传·昭公十六年》记载，西周末年郑国从西方迁到东方，郑桓公曾和商人立过盟誓。一方面说明西周已出现不属于官府的商人；另一方面又说明商人能和国君“盟誓”，可见商人的地位不低。[49]

民间的贸易活动，也在城邑内展开，但一般数量较少。商品交换只能在官府允许的范围内在某种程度上作有限度的经营。一般平民只有在农闲的时候，才能抽出身来出售自己的产品，大都以物易物，相互交换一些日用必需品。“氓之蚩蚩，抱布贸丝”的诗句，反映了一般自由民以家庭手工业产品相交换的情景。他们都是制作如“檿弧箕服”之类的小生产者，从事一些山桑做的弓、箕，木做的箭囊，以及其他种类产品的小买卖，即所谓的“贩夫贩妇”。如《诗·卫风·氓》说：“氓之蚩蚩，抱布贸丝。”写一个农村妇女以布换丝的情况，反映了一般自由民以家庭手工业产品相交换的现象。

《史记·秦本纪》说周穆王“西巡狩乐而忘归，徐偃王作乱”，秦人“造父为穆王御，长驱归周以救乱”。《穆天子传》上也传说周穆王曾在昆仑丘会见西王母的故事，从中可看到当时丰镐和西方联系的影子，这是以后咸阳、长安和西域各国密切往来的先河。据《礼记·月令》记载：“是月也，易关市，来商旅，纳货贿，以便民事。”这是按农业的季节安排地区间贸易的情况，也反映了西周时期，地区贸易往来增多。

西周实行鼓励外来商的政策。如周文王在荒年需要粮食入境时，即曾运用商业政策来解决困难，他在《逸周书·大匡》“告四方游旅”书中说：“四方游旅，旁生忻通。津济道宿，所至如归。币租轻，乃作母以行其子，易资贵贱，以均游旅，使无滞。无粥熟，无室市，权内外以主均。”昭告四方商旅，许诺在交通、食宿、供给等方面予以便利；如认为币轻，可发行重币，轻重并用，不让商旅蒙受损失；货物随到随卖，不耽误，不分当地外地商人，一律对待。并在《逸周书·大聚》中规定：“能来三室者与之一室之禄。”为了繁荣市邑，鼓励都鄙商旅迁居城镇，能迁来三户的，则由政府与之一户的俸禄。[50]

西周商业中占主要地位的，仍然是地区之间土特产品的交流。中原地区和沿海各地各诸侯国之间以及各族之间的贸易关系日趋频繁，东南的海产物更多地运到西北各地，今西安、宝鸡等地都曾有大量海产物出土。贝的来源主要是东夷，龟币来源是江汉流域，玉产地则是西北，说明这些地区彼此都有贸易关系。

商业发展也推动了货币的发展。货币是商品交换发展到一定阶段的产物，又是媒介商品交换的特殊商品。西周的主要货币主要是贝币，《易·损》有“或益之十朋”的记载，以朋为单位之贝是货币。币材有海贝、蚌贝、龟贝、玉贝等，贝币以朋为单位。周中期金文中赐贝有三十朋、五十朋乃至百朋的。沣西发掘的120座西周墓中，共殉贝千枚以上，殉葬有贝的墓超过半数。西安丰西张家坡客省庄发掘的11座西周墓出土贝700多枚，蚌贝163枚。[51]浚县辛村古残墓殉贝达3 472枚。[52]可以推测周朝贝的使用较商朝多。

西周金属货币以铜为币材，锊等为单位。铜也被用作交换手段，铜已广泛地被用作货币，同时担负着货币的职能，后来就发展为铸造铜币。铜仿贝的流通数量增多，抚叔敦盖铭文“益贝十朋”中的“益贝”即为铜贝。铜贝以律为单位。青铜器记载牧牛因五个奴隶同其上司打官司，被处以鞭笞，罚铜300锊。《居后敦》铭云：“货余一斧，舍余一斧。”《易·旅》有“得其斧资”。西周墓曾一次出土铜斧10柄者。铜不再是生铜块，而有了一定的重量单位和一定的形制，能流通使用，主要在奴隶主贵族与大商人之间流通。平民之间，自然会用农具、兽皮、帛粟等生产、生活用品作为货币替代品来流通。《诗》中的钱、搏镈也曾充当货币，一直延续到战国，只是形制比原实物小巧得多。

这些货币在交换中作媒介，多在贵族或较富有的商人中使用。因其价值甚高，所以金文、文献记载多见于赏赐，随葬，或富人之间的交换，至于一般人交换，则往往是以物易物。但不管怎么说，货币大量贮存、赏赐，并被用于交换，也是商业发展的一个表现。

珠玉、布帛等宝物也起着交换手段的作用。铜器铭文中有关于用玉器等物和贝交换的事，海贝在当时也起一般等价物的作用。西周墓有大量玉出土，《卫益》铭载，矩伯以土地交换裘卫之玉器和皮衣，并折算成贝，以珏单位之玉亦为货币。西周很多墓葬中都发现有玉、石骨、陶贝，除部分作装饰品外，其他应是作为货币象征——冥币来随葬的。以后为满足流通上的需要。《毛传》说："布，币也。"《管子·国蓄》上说："以珠玉为上币，以黄金为中币，以刀布为下币。"奴隶、牛马、生产工具等也充当货币，其中自然物占有相当比例，反映了媒介商品交换的货币具有多样化的特点，这种情况一直延续到春秋战国时期。西周时期货币复杂，天然币和铸币并行，是商品流通扩大的反映。货币作用的日见充分发挥，货币使用范围的逐渐扩大，可以作为西周商业发展的一个佐证。

6.5.7　财政

西周的财政是建立在分封制的政治经济基础之上的。公元前11世纪，周武王伐纣，推翻了商朝的奴隶制政权，建立周朝，实行领主封建的统治方式。分封是按等级制度进行的，而这种等级是通过宗法制度来规定的。宗法制度的基本精神是以嫡长子为中心，根据血缘关系的远近来决定亲疏贵贱。宗法同分封制相结合，就形成了封建的等级制度。西周的分封制度，由土地的层层分封，是按血缘关系的远近规定的等级进行的以土地分配为中心的权力分配制度。

西周的财政权力也同其他权力的分配一样，按等级规定与土地相辅而行。凡有封地则有独立的财政收入，亲者必其贵者，《读通鉴论》说："其贵者必其富者。"西周的财政是建立在农业基础上的，各级领主的主要财政收入是他们所实际掌握的土地的租税收入。土地层层分封，但各级领主都留下一部分，即所谓实际掌握部分。"普天之下，莫非王土"，与"封略之内，何非君土"只是分配的权利，并不是取得全部土地收入的权利。留下的部分，划为井田，交给庶民耕种，并以此取得租税收入。

同西周的分封制政治、经济制度相联系，西周的财政体制同土地分配制度极为密切。这同地主封建时期和资本主义时期不同，在这两种社会形态中，实行土地私有制度，土地的分配同财政权利的划分没有直接的联系。地租归土地所有者，税收归国家，土地收入和财政收入分为两项。而在西周土地的分配是分封的中心环节，土地的大小反映着领主的等级和财政收入的多少。这是因为各级领主以政权的代表和土地所有者的双重身份取得土地剥削收入。这种情况下，租税不分。因此土地收入和财政收入完全混在一起，土地的收入取决于土地制度，所以财政体制同土地分配制度密切结合，财政体制的变化离不开土地制度的变化。[53]

西周的财政，就其收支规模来说，属于宫廷财政。收入主要是王畿之内的井田收入，诸侯的贡献数量很少。贡献所反映的关系不是完整意义上的财政关系，正如司马相如《子虚赋》中所云："夫使诸侯纳贡者，非为财币，所以述职也。"支出的数量也很少，况且有好些支出并没有通过财政反映出来。如宫室城垣的建筑，其中的一些费用是以力役形式征集的，不反映在财政支出上。还有官俸支出本该是很大一项，但在分封制的等级授田制度下"分田制禄"，土地的分配包括了俸禄的支出。因此，西周的财政支出主要有三项：祭祀①费用、军事费用和王室费用。在当时的经济条件下王室消费的数量和品种都不会太多，主要由王畿之内税收解决。

西周的财政思想也具有时代所赋予的特色，这些对西周的财政影响很大。西周取得了政权，他们从夏、商两朝代灭亡的教训中知道了"惟命不于常"。周之所以能取商而代之，那是因"皇天上帝，改厥元子"。而民心乃天心之所自出，"民之所欲，天必从之"，"天视自我民视，天听自我民听"。因而周统治者讲敬天保民。要保民就要裕民，不能诛求无已。他们还认识到聚敛财富同民心相背的关系，《礼记》中说："财聚则民散，财散则民聚。"这些都反映出西周的统治思想对财政有一定的影响，主观上不主张取于民过多。

西周的财政体制是分权的。既没有集中统一的国家财政，也没有统一的地方财政，各级财政组织是分立的。财政权力的大小通过封地的大小来划分，而不是通过财政收支的项目和数量。封地之内不存在上下级之间财政收支权限的划分问题，一切收入归自己全权处理，一切支出自己解决。各级财政组织之间除一点贡献算是财政关系外，再没有别的联系。整个财政体制关系中王室财政同诸侯财政之间的矛盾是主要矛盾。王室作为最高一级的财政组织，其收支权力也仅在王畿之内，对于诸侯的生产和消费，王室财政没有直接支出的必要。王室财政既不能深入到全国范围内的生产领域进行直接的分配，也不能对诸侯的财政收入进行再分配，使之集中成为国家的财政收入。诸侯同卿大夫的关系也与此相同。因此西周的财政体制是分权的。[54]

分权的财政体制显然存在着缺欠。各级财政有完全独立的财政权力，王室不能进行再分配，这就不利于全国范围内国民经济体系的形成，不利于王室运用财政分配手段对全国的经济进行调整。随国家形态的发展，它将不利于国家组织生产，营办公共事业和应付对外战争，这就影响到国家职能的发挥。更重要的是在这种体制下，存在着诸侯经济的独立发展，最后脱离王室控制的隐患。

西周分权财政体制的特点，是同西周分封制的政治经济体制相联系的。在当时的交通运输条件下，天地之大，商品货币经济不发达，财政的分配主要是以实物形式进行，王室不可能直接或间接地参与全国的社会产品的分配，实行财政的统治。西周财政的分权是当时社会政治经济条件决定的。因此在西周的大部分时间里它的体制也是稳定的。

6.6 春秋时期的经济与人口

春秋时期（公元前 770 年—前 476 年）是中国奴隶制经济向封建制经济转变时期，在这一时期，奴隶制经济体制逐渐解体，封建制经济关系逐步确立，奴隶制的土地国有制逐渐被新出现的私人土地所有制所替代，平民和奴隶的反抗，加速了井田制的瓦解和

---

① 祭祀是一项较大的支出。天子自命为上天的元子，是天下的大宗，由他来祭祀上天和祖宗。诸侯要为此贡献一些方物，如苞茅之类，但这些东西主要用于祭祀，并不形成天子的财力。其真正意义在于以尊祖敬宗为号召，以此维系政治和宗法统治。"假威鬼神，以欺远方。"在宗法观念很强的情况下，祭祀有一定的等级规定，诸侯用一点方物来祭天祭祖不但不会觉得是一种负担，反而觉得享有一种权利，是一种荣耀。

奴隶主贵族势力的衰落。这一过程，使新兴的地主阶级逐步取代了奴隶主贵族阶级的特权地位，成为新的统治阶级，而奴隶和下层平民摆脱了奴隶制的束缚，成为依附农民或半依附农民和自耕农，从而使中国封建制经济体制逐渐形成和扩大。

6.6.1 土地所有制形式的演变

春秋时期的土地制度是由西周封建土地所有制的基础上发展而来的。春秋时期，周天子对土地的控制力已几乎完全丧失，诸侯们对他们封国内的土地理所当然地认为是属于他们的，对于人民的占有权也是这样。所谓“溥天之下，莫非王土；率土之滨，莫非王臣”这一原则已经过时，取而代之的新的原则是“封略之内，何非君土；食土之毛，谁非君臣”。这一原则的改变是私有土地所有制的出现和土地国有制逐渐破坏的标志。从此，天子不能控制“天下”的土地，诸侯也不能控封国内的土地，贵族们也无力经营管理他们所分到的井田，表现出奴隶主贵族的大田经营的没落。如《诗经·齐风·甫田》所咏：“无田甫田，维莠骄骄”；“无田甫田，维莠桀桀”。大田里野草茂盛，再也收不到昔日那样“千斯仓”的粮食了。同样是甫田，而荒芜到这种程度，其主要原因是：春秋时代，随着铁农具的使用和牛耕的推广，个人可独立耕作，使一家一户的个体小农生产成为可能，原有的九夫为井、十夫为沟的共耕制也随之瓦解。铁犁、牛耕的使用，使野人有可能自己开垦荒地，成为自己的“私田”。而农业生产效率的提高，使野人的剩余劳动越来越多。奴隶主贵族在大田上的农作物收获是有限的，他们不得不改变井田制的土地制度。于是，春秋年间，各国诸侯进行了大规模的田制与税制改革，以适应农业形势的变化。

由于各地区社会经济发展的不平衡，这种土地制度的变化是先后陆续完成的。就西周全国范围来说，周王畿完成得较早，而诸侯国变化得较晚。春秋初年，管仲[①]（公元前719年—前645年）率先在齐国进行改革。据《国语·齐语》记载，首先实行“履亩而税”[②]的是齐国的“相地而衰征”。齐国的这种“相地而衰征”，是用井田的计算方法，测量出全国土地总面积，再根据土质好坏、产量差别，将井田区分为不同的等级，再按不同比例折合成良田井数。征税时即以井为单位。一井征税数额是固定的，耕劣地者多授土地，以土地数量补充其质量的不足，使粮食总量与良田等，从而收到“井田畴均”之效果。

继齐国改革之后，公元前645年，秦晋韩原之战后，战败的晋国为了挽回局势，把田地赏赐给人民，名曰“作爰田”。“爰田”，《国语·晋语三》作“辕田”，韦昭注引贾逵说：“辕，易也，为易田之法，赏众以田，易疆界也。”晋国的爰田，既称曰“作”，当为一种新制，公社农民把公社分配的土地变为永久占有，表明农民对土地的使用权开始向

---

① 管仲是中国古代重要的政治家、军事家、思想家，也是先秦诸子中法家的代表人物。著有《管子》一书。管仲在任内大兴改革，即管仲改革，富国强兵，重视商业，并因开创国营娼妓制度而曾被中国性服务业供奉为保护神。《战国策》《国语·齐语》《史记·管晏列传》《管子》《左传》等都有记载他的生活传记，《论语》《管仲论》对管仲的事迹做出了分析和评价。

② 韦昭注云：“相，视也；衰，差也；视土地之美恶及所从生出，以差征赋之轻重也。”这种按土地之美恶及所生出的征税办法，显然是一种“履亩而税”制度。

占有权转化。获得赏田的不仅有居于都内身份较高的国人，而且也有身份卑微的州人。州人原属于野人，既无当兵资格，对分得土地也无法稳定的占有权。因晋国韩原之役，国人不足以满足军队的需要，于是征用州人服兵役。此制实为以军功授田之先河，也正是国家授田制的写照。

公元前548年，楚国也改革了赋税制度，其方法与齐国的“相地而衰征”相同。《左传·襄公二十五年》云：“甲午，蔿掩书土田，度山林，鸠薮泽，辨京陵，表淳卤，数疆潦，规偃猪，町原防，牧隰皋，井衍沃，量入修赋。”上文列举了山林、薮泽、京陵等9种土地，土地的种类不同，收益自然各不相同。“蔿掩书土田”的方法，就是以良田为标准，以方里而井为基本单位，把各种土地都折合成良田而后征税。蔿掩制赋的意义不在于赋率的多少，而在于它把不同土地以井为单位折合成良田以定军赋，打破了传统的井田制，也打破了国野的区别，野人和国人都成为国家的臣民，成为个体生产者。[55]

在春秋时期的变革中，影响最大的是鲁国的初税亩。公元前594年，鲁国实行初税亩。《左传·宣公十五年》云“初税亩，非礼也，谷出不过籍，以丰财也”。《榖梁传》解释说：“初税亩者，非公之去公田而履亩十取一也。”可见，鲁国从此以后也开始了“履亩而税”，其后楚国在鲁襄公二十五年，把土地区别平原、山地、低洼、沼泽、盐碱等地区，规定出产量标准，“量入修赋，赋车籍马，赋车兵、徒兵、甲楯之数”。楚国的整理土地既然是为了“量入修赋”，如果还是过去的那种《礼记·王制》所记载的“公田籍而不税”制，也就无法进行。可见，楚国整理土地后，以前的“爰田易居”的爰田制必然要为“自爰其处”的爰田制所代替，否则就不可能“履亩而税”。

公元前543年，郑国子产①（？—前522年），也曾对公社土地进行了改革。《左传》襄公三十年所说的“田有封洫”是在整理土地经界沟洫，“庐井有伍”是把原来井田中公社农民的土地庐舍加以调整。他的主要措施是整顿田制，划定公卿士庶的土地疆界，将交一定的军赋，丘中人各按所耕田数分摊。这种改革措施，削弱公田与私田的界限，将公田与私田同等对待，逐渐将公田变为私田。

综观春秋各诸侯国的土地制度改革，与西周相比发生了较大的变化，国家面向全体臣民征税，无论是国人还是野人在承担赋税方面的差别日益缩小。不过，由于各诸侯国的国情不完全相同，土地制度改革的方式也不完全不同，土地制度改革的方式和内容也有一定的差别。晋作爰田，是在一定范围内进行的一次土地所有制的改革，可以说它是当时土地制度改革的典型，因为它直接涉及了土地制度的核心。而其他一些诸侯国土地制度的其他方面，即直接生产者和土地相结合的方式、土地的经营方式以及产品的分配等方面进行的。例如，早在晋国“作爰田”之前，齐国公室已开始“相地而衰征”，鲁国公室也在宣公十五年“初税亩”。这些改革属于直接生产者和土地二者相结合的方式、土地经营方式以及产品的分配形式方面的改革。虽然这一改革并未触及原来的土地所有制，

① 子产是春秋时期政治家、思想家。子产执政，既维护公室的利益，又限制贵族的特权，进行了自上而下的改革。主要措施是整顿田制，划定公卿士庶的土地疆界，将农户按什伍加以编制，对私田按地亩课税；作丘赋，依土地人口数量交纳军赋；铸刑书，修订并公布了成文法；实行学而后入政、择能而使之的用人制度；不毁乡校，愿闻庶人议政，有控制地开放言路。

税亩制下的农民所耕的土地仍属于公室所有，但是，农民从此不在田官的直接强制和监督下劳动，而是以一家一户为单位独立耕作；农民向公室缴纳的田亩税具有地租性质，而他们自己则从农业奴隶演变成为含有封建性因素的农民。从而，这部分土地的所有制发生了相应的变化，以非原来意义上的国有制或君主制。[56]

6.6.2　农业

春秋时期，由于铁农具的出现和牛耕开始在农业中使用，生产力大大提高，农业生产有一定程度的发展，城郊附近的土地得到广泛开发，促使种植业进一步发展，各国的赋税改革都是根据农田生产力的变化进行调整的，如齐国的“相地而衰征”，鲁国的“初税亩”，秦国的“初租禾”等。这些改革在不同程度上促进了以家庭为基本生产单位的个体农户的发展，导致小农经济的确立。小农经济的生产结构是以种植业为主导而兼营牧副业，所以家畜家禽的饲养是从属于种植业的。[57]

根据考古发现和文献资料，可知春秋时期的谷物主要有黍、稷、麦、稻、菽、麻等，而以粟、菽为重点。黍的生育期短，50～90天，抗旱力极强，特别适合西北地区种植，甲骨文中黍字出现100多次，殷商时代就是主要的粮食作物，是粮食作物中所见次数最多的一种。而且常常和稷连用，是种植最普遍的种类。稷字在甲骨文中也出现40多次，《诗经》中提得最多的谷物也是黍稷，如“黍稷方华”“黍稷茂止”“黍稷稻粱，农夫之庆”等，也是春秋时期的主要谷物。

稷又名粟，是古代中国北方最普遍的谷类。粟历来是黄河流域的主要粮食作物，至西周以后才有较大的发展。春秋时期已上升到五谷之首。如晋国闹饥荒就向秦国借粮，秦国就拨粟接济。鲁昭公一次拨调粮食赠人就多达粟米五千庾。粟在黄河流域广泛种植，主要是因为它有适应黄土地带干旱的气候，生长期较短，管理简单，易于保存等优点。稷是谷名，而周人又以稷为始祖，还以稷为谷神，以社稷为国家政权的象征，可见周族与稷关系密切。

麦在商周已有种植，到了春秋，小麦的种植有了较大发展。《礼记·月令》仲秋之月，“乃劝种麦”，孟夏之月，“农乃登麦”。《左传·隐公三年》“四月，郑祭仲帅师取温之麦”。可见，麦已经成为主粮。不过，在石磨发明之前，人们只是将麦粒煮成麦饭，不利于消化，只有春秋末期到战国时期，石磨的发明和普及，小麦的优越性才得以发挥出来，其种植才能够大面积推广。

稻原产于长江流域，属于南方的作物。西周春秋时期，北方许多地区也先后种植水稻。《诗经》也常常提到稻，如“黍稷稻粱”“有稻有秬”“十月获稻”等，《小雅·白华》还提到“滮池北流，侵彼稻田”，说明陕西一带也早有水稻种植。《周礼·职方氏》除了记载扬州、荆州“其谷宜稻”外，还提到青州、幽州、豫州、徐州等地亦兼宜稻。可见春秋时期的水稻种植在黄河流域已经有了较大的发展。但由于北方缺水，种稻的面积不可能很大。

菽即大豆，大约在商周时期从东北传入中原地区。《管子·戒》说：“北伐山戎，出冬葱及戎叔，布之天下。”《诗经》中多次提到菽。当时是将豆子煮成豆饭，将豆苗叶子煮成菜羹而已，只有石磨推广以后，才能将它磨成豆粉和豆浆便于食用，所以在战国之后就得到很快的发展。菽是豆科类的大名，是指一切豆类。最初以原始型的籽粒较小的大豆为标准的豆，后来把子粒更小的豆如绿豆、赤小豆、白小豆、鸡眼豆、镜豆等也包括在内了。豆的蛋白质含量高而且质量好，也是重要谷类之一。

大麻为雌雄异株植物。雄株称为枲，纤维细柔，可作为纺织原料。雌株叫苴，籽实可以食用，古代也被列为五谷之中。如郑玄在注《周礼》“五谷”时就说是“麻黍稷麦豆”，王逸注《楚辞》“五谷”时也说是“黍稷麦豆麻”。《诗经》虽然有7次提到麻，但大多是指作为纤维作物的雄麻。因此，麻籽在春秋粮食作物中所占的比重不会很大。[58]

春秋时期，桑麻等经济作物的种植也很普遍，主要有桑、麻、葛等。春秋时，桑树种植很普遍。《诗经》中风、雅、颂三部分中都有关于桑的记载。而《国风》中、卫、齐、魏、秦、曹等风中都有关于桑的记载。可见当时养蚕种桑地区之普遍了。《魏风·十亩之间》：“十亩之间兮，桑者闲闲兮。十亩之外兮，桑者泄泄兮。”说明桑树已大面积种植，而不仅在地边、路旁等空间地段种植。[59]因为当时的丝织业相当发达，养蚕业兴盛，自然需要大量的桑叶来喂养。《诗经》中涉及蚕桑的地方有秦、豳、魏、唐、郑、卫、曹、鲁等地。《诗经·豳风·七月》中的诗句：“春日载阳，有鸣仓庚。女执懿筐，尊彼微行，爰求柔桑。”则是直接描写妇女们在春天的桑园中采桑的情形。

蓝是古代种植最多的染料作物，其叶可制作蓝色染料，即靛青，叶子形似蓼，故又称蓼蓝。《礼记·月令》记载“仲夏令民勿刈蓝以染”。因为蓝蓼的成熟期在7—9月，5—6月间割取明显过早，故制止百姓割取。《周礼·司徒》中就有“掌染草”一职，“掌春秋敛染草之物”。虽未明言何物，但既以“染草”总称之，其草当不止一种，蓼蓝之外，应还有茜草、紫草之类的多种颜色的染草，可见当时染草作物的种植也颇为发达。[60]

春秋时期，畜牧业在社会经济中占有重要地位。当时蓄养的畜、禽，主要是马、牛、羊、鸡、犬、猪。这六种畜禽在生产、生活中都占有重要地位。马、牛、羊、犬、猪、鸡等六畜禽在这一时期都有很大程度的发展。

六畜开始都是作为食用的。不过从商朝开始，马、牛等大牲畜已开始作为交通运输的动力使用，所谓王亥作服牛、相土作乘马的传说可作为旁证。殷墟也出土很多车马坑，除很少数为一车四马外，大多数都为一车二马，大部分为乘车，小部分为战车。表明马已开始成为六畜之首了。

《诗经》中有很多描写牧马、养马的诗句，反映西周春秋时期养马业的兴盛。《周礼·夏官·司马》中有“校人”一职，“掌王马之政”，“辨六马之属”，对养马业非常重视。特别是春秋以后，盛行车战和骑兵，各国诸侯都普遍养马，并且将自己的优良马种视为珍品。马已成为军事上的动力，它在六畜中的地位就更显突出了。由于马匹珍贵，春秋时期也经常用它作为馈赠的礼品和行贿的财物。如《左传·僖公二年》：“晋荀息请以屈产之乘与垂棘之璧，假道于虞以伐虢。”同书，宣公二年，宋郑之战，宋执政华元被俘，“宋人以兵车百乘、文马百驷以赎华元”。各地的春秋时期的遗址和墓葬中也时常有马的遗骸出土，如山西省侯马市呈王路、太原市金胜村、陕西省凤翔县西沟道和大辛村、宁夏固原县彭堡、山东省淄博市齐故城、甘肃省永昌县蛤蟆墩等都出土过春秋时期的马骨架，有的数量还很大，如淄博市齐故城一次就出土了83匹马骨架，反映了春秋时期养马业的兴盛。

《诗经·小雅·无羊》描写西周时期的养牛情况："谁谓尔无牛，九十其犉。"《周礼·地官·司徒》中有"牛人"一职，"掌养国之公牛，以待国之政令"。其中记载了牛的各种用途，有"享牛""求牛""积膳之牛""膳羞之牛""犒牛""奠牛"以及"兵车之牛"，也反映社会对牛的需要量很大。春秋时期，牛用来驾车。《吕氏春秋·举难》："宁戚欲干齐桓公，贫困无以自进，于是为商旅，将任车以至齐。"宁戚最初也是赶牛车经商的。而牛车的最大用处还在于战争，即"会同军旅行役，共其兵车之牛"。《孙子兵法·作战篇》："凡用兵之法，驰车千驷，革车千乘。"曹操注："驰车，轻车也，驾四马，千乘。革车，重车也，言万骑之重也。"兵马未动，粮草先行，大军出发，大量的武器粮草衣装，需要用牛车来载运。牛也用来耕田。《国语·晋语九》记载"夫范、中行氏不恤庶难，欲擅晋国。今其子孙，将耕于齐，宗庙之牺，为畎亩之勤"。牛耕的推广，无疑极大地提高了牛在六畜禽中的地位，养牛业在春秋时期出现了繁荣局面。山西侯马，陕西凤翔八旗屯和大辛村、雍城，内蒙古宁城南山根等春秋墓葬遗址中都出土过牛骨。特别是山西浑源出土春秋铜牛尊，其牛鼻上穿有一环，这与《庄子·秋水》中"落马首，穿牛鼻，是谓人"的记载相印证，说明春秋时期发明了穿牛鼻子技术，这是驾驭耕牛技术的一大进步，牛耕在春秋时期推广开来不是偶然的。

《小雅·无羊》："谁谓尔无羊？三百维群。"一次牧羊有三百只，反映当时牧羊业的规模不小。《周礼·夏官·司马》中有"羊人"一职，专"掌羊牲"，有专门机构和人员负责饲养羊群。羊肉可食，主要用于祭祀和宾客宴享。《周礼·羊人》："凡祭祀饰羊"，"凡祈珥，共其羊牲；宾客，共其法羊"。陕西凤翔雍城、大辛村，甘肃永昌蛤蟆墩，宁夏固原彭堡等地春秋墓葬和遗址中都出土有许多羊骨。

猪是人类最早饲养的家畜之一，作为杂食动物，它和羊都是主要的肉食对象。如《孟子·梁惠王上》所说："鸡豚狗彘之畜，无失其时，七十者可以食肉矣。"因此猪在春秋时期为人们普遍饲养。在考古中发现，内蒙古赤峰夏家店、宁城南山根、凉县窑子，陕西凤翔大辛庄和八旗屯，吉林西团山等地都出土猪骨或幼猪骨架。

犬也是人类最早驯养的动物之一。距今8 000年前的河北武安磁山遗址，已开始驯养家犬。春秋时，驯养的犬，可分为守犬、田犬、食犬三种。《礼记·少仪》记载犬在当时有三种用途："一曰守犬，守御田宅舍也：二曰田犬，田猎所用也；三曰食犬，充庖厨庶羞用也。"《周礼·秋官·司寇》专设"犬人"一职，专门掌犬牲供祭祀，并主相犬和牵犬。犬的主要功能是充当人们狩猎的助手。田猎时，一般都带上猎犬，即田犬。社会上也出现专业屠狗的行业，如春秋时期的朱亥就是历史上以屠狗卖肉出身的历史名人。春秋战国时期经常"犬彘""狗彘"或"鸡豚狗彘"并提，都表明狗也是当时的重要肉食对象之一。陕西凤翔西道沟、八旗屯，山西侯马呈王路，河南郑韩故城，北京延庆军都山等地都出土过春秋时期的狗骨。

春秋时期，养鸡业也很发达。鸡的功用，除了食肉吃卵之外，雄鸡报晓，又有着特殊的意义。当时没有时钟，在日出而作、日入而息的农事活动中，主要靠鸡叫的遍数来开始一天的劳动。《郑风·女曰鸡鸣》：“女曰鸡鸣，士曰昧旦。”是说妻子用鸡鸣来催促丈夫起床。百官上朝，也靠鸡鸣。《齐风·鸡鸣》：“鸡既鸣矣，朝既盈矣。”是说鸡鸣之后，百官都上朝了。[61]《诗经·王风·君子于役》中有“鸡栖于埘”“鸡栖于桀”的诗句。《周礼·春官·鸡人》：“掌共鸡牲，辨其物。凡国事为期，则告之时。”专门负责掌管祭祀和报晓。鸡是唯一能够身列“六畜”之中的家禽，可见其在饲养业中的重要地位。

甲骨文中没有鸭、鹅等字，但河南省辉县琉璃阁殷墓中已有铜鸭出土，安阳市小屯商墓中出土过玉鸭和石鸭，可见商朝确已饲养家鸭。西周青铜器中也常有鸭形尊出土，反映当时鸭的饲养已较普遍。河南省安阳市妇好墓中也出现3件玉鹅。山东省济阳县刘台子出土过西周玉鹅。说明鹅鸭在商代已经驯养成功。鸭是从野鸭驯化来的，鹅是从野雁驯化来的。在《尔雅·释鸟》《左传》等先秦古籍中，鸭称作鹜、家凫或舒凫，鹅称作舒雁。《尔雅·释鸟》：“野曰雁，家曰鹅。”鹅字首见于《左传·昭公二十一年》：“宋公子与华氏战于赭丘，郑翩愿为鹳，其御愿为鹅。”《吴地志》载：“吴王筑城以养鸭，周围数十里。”反映春秋时期江南水乡养鸭业已有很大的发展。[62]

春秋时期，农业生产力有一定的发展。其重要的标志是铁制农具的出现和牛耕的使用。《管子·海王》记载管仲的话：“今铁官之数曰：一女必有一针、一刀，若其事立。耕者必有一耒、一耜、一铫，若其事立。”可见春秋时期，铁器已经在农业生产中使用。考古材料也证明春秋时期已经使用铁农具。① 不过，春秋时期铁工具的使用还是很有限的，无论是江南或中原地区，青铜工具及石、骨、蚌等工具还普遍存在。在春秋中晚期的生产工具中，铁工具不仅没有代替青铜工具，也没有排挤掉石、骨、蚌等工具。

除了铁器的开始使用外，在农业中牛耕也普遍使用起来，用牛拉铁犁的发明，是农业生产的一大变革。节省人力，提高效率，便于深翻，充分利用地力，特别是有利于大面积开垦荒地，大大促进了农业生产的发展。

春秋时期，许多荒地被开垦为良田，耕作技术由粗放转向精耕细作，农业产量大增。私田增加，井田制崩溃，土地关系向私有化发展。诸侯们不得不陆续实行改革，承认土地私有，允许土地买卖，而向土地所有者征收田税，自耕农的生产积极性高涨。这一时期的农业已经摆脱了原始农业那种刀耕火种的粗放状态，建立起较均衡的农牧业生产结构，田间生产技术有较明显的进步，突出表现在一整套农业工具的齐备，能够满足大田作业各个环节的技术要求，尤其是牛耕和铁农具的出现，极大地促进了农业生产的发展。

6.6.3 列国手工业

春秋时期官营手工业比较发达，各诸侯国的手工生产有了进一步的发展。这里所说

① 从考古材料看春秋时期已经使用铁农具。甘肃省永昌县三角城出土铁锸1件，凤翔县纸坊乡马家庄出土铁锸1件，山西省侯马市北西庄出土残铁犁铧1件，湖南省长沙市识字岭出土铁锸1件，湖南省长沙市一期楚墓出土铁铲1件，长沙市丝茅冲出土铁口锄1件，湖北省大冶县铜绿山铜矿出土铁锄1件。此外湖北省宜昌市白庙子出土过1件东周时期的铁锸。湖北省宜城县郭家岗出土春秋铁锸4件，湖北省宜昌市上磨齿也出土春秋铁锸多件。以此推测，铁农具的历史可能上溯至西周晚期，到春秋已有所发展。

的官营手工业，即列国政府经营的手工业，也就是当时的国营手工业。各诸侯国普遍建立了官营手工业管理机构，大凡礼器、兵器、车器之属的生产，国家设有工正、工师、工尹等官吏管理，各种手工业仍由官府控制，当时的官府手工业，基本上与西周时期相同，但其制度更为完整，种类更为繁多，对工匠的技术要求和对他们的各种管制办法也更为严格了。

各诸侯国普遍建立了官营手工业管理机构，有名叫“工正”的工官。齐国田敬仲完、楚国蔿贾，都曾任“工正”一职。《左传·庄公二十二年》杜注云：“工正，掌百工。”作为工官的“百工”乃是分别主管各手工业部门的工官的统称，为“掌百工”的“工正”属官。工师则是官府工业中各种工业制造的主管人。《荀子·王制》：“论百工，审时事，辨功苦，尚完利，便备用，使雕琢文采不敢专造于家，工师之事也。”《左传·定公十年》：“叔孙谓郈工师驷赤曰：‘郈非唯叔孙氏之忧，社稷之患也。将若之何?’”杜注：“工师，掌工匠之官。”而《管子·立政》则记载：“论百工：审时事，辨功苦，上完利，监一五乡，以时钧修焉，使刻镂文采毋敢造于乡，工师之事也。”

官府手工业是直接为奴隶主贵族阶级服务的，由于统治阶级的消费欲望越来越增多，所以官府手工业的经营范围和质量要求也就越来越扩大和提高。因此，一切具有专业技术的公社农民，无不被官府网罗在官府工业的有关部门中，而成为“在官之工”，亦即《国语·齐语》所说的“处工就官府”。所有在官府手工业中服役的工匠，不但具有专门技能，世代相传，而且具有由于长期经验积累而成为家传的秘方绝技。据《国语·齐语》和《管子·小匡》中的记载看来，他们的训练途径和方法是：“令夫工群萃而州处，相宾材，审其四时，辨其功苦，权节其用，论比协制断器，尚完利。相语以事，相示以功，相陈以巧，相高以知，旦夕从事于此，以教其子弟，少而习焉，其心安焉，不见异物而迁焉。是故其父兄之教，不肃而成；其子弟之学，不当而能。夫是，故工之子常为工。”关于这种技术传授和业务训练的主要途径，在战国时期的文献中讲得更为明确。例如《周礼·考工记》说：“巧者，述之，守之世，谓之工”；《荀子·儒效》也说：“工匠之子，莫不继事。”这种父子相传的传授技术的方法主要是建立在学徒制基础之上，而学徒制度在春秋以后，已是一个很普遍的现象。例如，《庄子·人间世》云：匠石之齐，至于曲辕，见栎社树。其大蔽牛，絜之百围，其高临山十仞而后有枝，其可以为舟者旁十数。观者如市，匠伯不顾，遂行不辍。弟子厌观之，走及匠石，曰：“自吾执斧斤以随夫子，未尝见材如此其美也。先生不肯视，行不辍，何邪?”从这段故事中，可以看出古代手工匠都有学徒制度，而又可以看出当时的师傅传授给学徒的只是一般技术，而这个师傅能够看出这棵栎树正如《庄子·人间世》所说：“散木也。以为舟则沉，以为棺椁则速腐，以为器则速毁，以为门户则液，以为柱则蠹。”其家传秘密是不传给学徒的。

春秋时期的官府手工业者除了以有技术的公社农民为奴隶主贵族服务外，还有奴隶担当其事。所以《左传》隐公五年说：“器用之资，皂隶之事。”被征集在官府工业中的各种工匠，是在工师的直接领导和监督之下进行工作的。例如《吕氏春秋·季春纪》：“是月也，命工师令百工，审五库之量，金铁、皮革、筋角、齿羽、箭幹、脂胶、丹漆，无或不良，百工咸理，监工日号，无悖于时，无或作为淫巧以荡上心。”《吕氏春秋·季秋》："是月也，霜始降，则百工休。"高诱注云："霜降天寒，朱漆不坚，故百工休，不复作器"；《吕氏春秋·孟冬》说："是月也，工师效功，陈祭器，按度程，无或作为淫巧以荡上心，必功致为上。物勒工名，以考其诚，工有不当，必行其罪，以穷其情。"由此可见，当时的官府手工业，既有完整的制度，又有严密的管理方法和监工的考核和检查。如果发现"工有不当"，即产品的质量不合格时，则"必行其罪，以穷其情"。每年从三月到八月，是官府工匠被征调在各种官府工业中服劳役的时间；九月霜降之后，至第二年三月解冻之前，官作停止。工匠结束了官府的劳役之后，才是为自己工作或经营的时间。如果官府有额外需求，就连这点时间也不能保证。可见，官府工业的长期存在并不断扩张和发展，既缩小了商品交换，又剥夺了手工业者自己的经营时间，所以官府工业的存在使商品生产不能得到充分发展。

春秋时期除了官府工业外，还有民间手工业。《吕氏春秋·召类》载司城子罕曰："南家工人也，为鞔着也，吾将徙之。"其父曰："吾侍为鞔以食三世矣。今徙之，宋国之求鞔者，不知吾处也，吾将不食。愿相国之优吾不食也。为是，故吾弗徒也。"这个南家工人，以自己的家庭为作坊，从事手工业生产，并有迁徙的自由。他们把制成的产品，在家或在市上出卖。古代市场是在官府直接管制之下的，在市中陈列出售的货物和在市内开设的作坊店铺，都不是随便散置，杂然并存，而是在市内划分为若干区域，以类相从，名之曰"肆"。《周礼·天官·内宰》曰："凡建国，佐后立市，设其次，置其叙，正其肆，陈其货贿。"这里的"次"和"叙"是市官处理事物的处所，"肆"是陈列货物和设立作坊店铺的地点。一些日常生活用品，则由所谓"工肆之人"（《墨子·尚贤上》）、"百工居肆，以成其事"（《论语·子张》）的民间手工业者自产自销。

春秋时期，冶铜业、冶铁业、纺织业等手工业都得到了迅速的发展。青铜冶铸业在商朝、西周时期已很发达，其生产规模之大、冶铸造诣之高，都是惊人的。春秋时期，铜的采炼、铸造又有进一步发展。这时的青铜器，一般以器形大、制作精、种类繁多为特点。青铜器的用途几乎涉及社会生活的各个方面，反映了青铜工业在社会生活仍居于重要地位。湖北大冶铜绿山古矿遗址和山西侯马铸铜遗址的发现，使人们对这时期从采矿、冶铜到青铜器的铸造有了新的认识。

湖北大冶铜绿山古矿遗址，包括铜绿山、大岩阴山、柯西太村等处，南北长 2 公里，东西宽 1 公里。在柯锡太村，保存有大小不同的数座炼炉，在螺蛳塘边上，出土了 10 余个饼状铜锭，并发现古井支架，出土木料上千方。在上述范围内堆积大量古代矿渣，有 40 万吨左右，有的地方厚达数米，说明规模大，时间长。化验表明，炉渣中含铁品位很高，而含铜量很低，当是炼铜后弃置的炉渣。[63]古代矿井有竖井、斜井、平巷、斜巷。考古发掘证明：古代工匠们用木材制成的方形框架作为井巷支护，已能承受井巷外的压力，保证竖井和平巷的通畅，使古代矿工从距离地表 40～50 米深的矿体中掘取矿石。在采掘过程中已经较好地解决了通风、排水、提升等技术。排水一般是用木制水槽将矿下水引入储水坑内，再用木桶将水经由竖井提升到地面。当水槽不可避免地穿过提升矿石用的竖井和巷道专门用于排水的巷道。古矿井的提升工作主要依靠人力。当时，从盲井至平巷，再由平巷经竖井而提至地面，采用分段提升的办法。同时，还利用井口高低不同产生的气压差所形成的自然风流，促使空气流向采掘方向。总之，从古矿井的竖井、斜井、平巷所采用的支护技术、排水、提升、通风等措施看，已达到很高的水平。而且规模大，开凿的竖井、斜井多，没有大量的生产资料和众多的工匠，是无法办到的。古矿井附近发现的春秋时期的炼炉为炼铜竖炉，经实验证明这种竖炉可以用木炭进行熔炼，而且可以连续加料、连续排渣、连续放铜。

考古发现的春秋时期山西侯马的铸铜遗址，出土了 3 万多块陶范，能够配合成套，复原器形的约百件，可以辨认器形的有鼎、豆、壶、簋、匜、鉴、舟、敦、匕、匙、铲、䦆、斧、锛、刀、剑、镞、镈、钟、镜、带钩、空首布和车马饰等礼器、工具、兵器、乐器、货币、车马器和日用装饰品等各种器物。3 万多块陶范中有三分之一刻有花纹，花纹有夔龙、夔凤、绹索、蟠螭、蟠虺、云纹、雷纹、饕餮、环带、垂叶、贝纹、涡纹等。这说明铸造青铜器时注意用花纹装饰而使其美观。

春秋时期，各诸侯国都各有铸造青铜器的手工业作坊，其中，晋国都城的铸铜作坊具有典型性和一定的代表性。各诸侯国普遍铸造青铜器。吴、越、楚、徐、齐、鲁、郑、晋、秦等诸侯国，都有铜器流传至今。铜器数量巨大，种类繁多。铸造工艺有显著的发展，出现了分铸法、失蜡法等先进工艺技术。开始盛行金属镶嵌等工艺，青铜器上的雕镂纹饰趋向细致工整，造型轻巧灵便，出现了错金铭文。存世的吴、越青铜剑，其冶铸淬炼之精，合金技术之巧，外镀之精良，花纹之铸造，皆世所罕见，艺术价值很高。春秋战国时期青铜工艺技术的进步，突出表现在金银错技术的使用上，所谓金银错技术就是在铜器表面上镶嵌金银丝，制成图案或文字。这项技术，春秋中期已出现，当时楚、宋等国的兵器上有错金的美术字。

中国铁器的使用大体上是从春秋中期开始的，但炼铁、铸铁差不多是同时出现的。中国当时已发明了生铁冶炼技术。生铁是在 1 150～1 300℃的条件下冶炼出来的，出炉时呈液态，可以连续生产，可以浇铸成型，含碳量高，质地比较硬。这就使冶炼和成型效率以及产品的产量和质量都大为提高。所以由块炼铁到生铁，是炼铁技术史上一次飞跃。从出土文物看，江苏六合程桥春秋晚期吴国墓、湖南常德德山楚国墓以及山西侯马北西庄遗址等出土的铁器，都是春秋晚期的遗物。计有铁块、铁条、铁削、铁铧、钢剑等。这些铁器，有的是用块炼法炼出的熟铁锻造的，有的是用生铁铸造的。春秋晚期铁农具已在相当范围内得到使用。虽然铁器的使用在春秋时期还处于初期阶段，但它却标志着农业生产力的发展水平已进入一个新的阶段。

春秋时期，铁制农具开始使用，但未普及，春秋时期除使用块炼铁外，还掌握了冶炼生铁的先进技术。铁器的使用使大规模开垦荒地成为可能，促进了私田的发展，同时也为手工业提供了锐利的工具，牛耕渐趋普遍起来，牛耕技术的发展，只有与铁器的使用相配合，方可发挥出它的功能。

春秋时期，纺织业比较发达，主要有丝织、麻织以及葛织等。中国的蚕丝历史是很悠久的。《诗经》中有关桑的记载就很多，有些诗可能反映春秋初期和中期的情况。从《诗经》中可以看到，桑不仅在房前屋后种，而且有大片的桑林，如“十亩之间兮，桑者闲闲兮。十亩之外兮，桑者泄泄兮”。这首诗说明“十亩之间”和“十亩之外”都种着桑树，桑林的面积是很大的。从当时丝织业看有官府丝织业和民间个体丝织业。当时，齐国以丝织业发达著称。《史记·货殖列传》载："齐带山海，膏壤千里，宜桑麻，人民多文彩布帛鱼盐。"《尚书·禹贡》云，兖州"厥贡漆丝，厥篚织文"；徐州"厥篚玄纤缟"，说明兖州东南、徐州都是丝织业发达的地区。春秋时期的丝织品，各诸侯国的名目繁多，丰富多彩。《左传》等古书中提到的"锦"，即是当时用彩色经纬丝织出各种图案花纹的丝织品。

《左传》襄公二十九年（公元前549年）吴公子季札"聘于郑，见子产如旧相识，与之缟带，子产献纻（麻布）衣焉"。这说明春秋时期吴、郑两国丝、麻织物已有相当高的水平。《左传》哀公二十五年（公元前476年）卫国爆发了织、染、缝纫三种工匠起义，这说明春秋末卫国纺织、染色，缝纫手工业已有相当可观的规模。

春秋时期，麻织和葛织也比较发达。麻主要有两种：一种称枲，是生产纤维的主要原料，产于黄河流域的北部、西部；另一种叫纻，纻生长于南方。枲、纻收获后，必先在水中浸泡，叫作沤麻，而后才能剥取纤维，制作麻布。麻之外的，另一种主要纤维作物叫葛，葛是一种野生植物，多生于潮湿的河边与沼泽之处。葛的纤维可织为絺、绤以作夏服。麻、葛的生产在春秋时期，已有规模性的生产。《吴越春秋》勾践归国外传等记载，春秋末年越王勾践献"弱于罗兮轻霏霏"的高级葛布10万给吴王夫差，说明那时越国的葛布织造已有较大规模，并有相当高的织造水平。

春秋时期染色业的水平已很发达。《尚书·益稷》载："以五采彰施于五色，作服。"注解云："采者，青、黄、赤、白、黑也。"这说明春秋以前就会把织物染成五颜六色了。《周礼·考工记》载，周代设叫"染人"的官，"掌染丝帛"。要把丝绸染成五颜六色并不容易，因为要经过脱胶处理，丝纤维才能染上色。生丝脱胶主要是因草木灰等炮制的碱性液汁浸泡，计七天七夜，日晒夜露，直到把丝纤维上的丝胶和其他杂质去掉，使丝纤维柔软并易于染色。据《周礼·考工记》记载，把楝木灰和蜃蛤烧成的灰等碱性更强的物质，和水成浓浆，用来浸渍绸坯，也是反复浸晒七昼夜才完成，以便脱胶，利于染色。这说明春秋时已出现了化学脱胶练丝的方法。染色时如用一种染料染色，织物浸染一次，色光就会加深一些，每染一次，色就变一次。另外，已能利用红、黄、蓝三原色，套染出五光十色来。在织染时，工匠已能掌握各种颜料的性能和配合比例，这说明当时的染色技术已相当高超。

除上述几种主要手工业外，其他手工业部门也取得了一定的发展。如皮革工业，皮制品一般用牛皮、羊皮、狐皮，甲则用犀皮、兕皮、鲛鱼皮制。皮制品缝的线要藏在皮革里，使之结实。皮革在洗濯后要搽油脂，使之柔滑美观。煮盐业的规模有所扩大，木工与漆器制造业、制陶业、酿酒业也有突出的发展。总之，春秋时期手工业的进步是巨大的，为以后战国时期的手工业发展奠定了坚实的基础。

6.6.4 商业

春秋时期的商业发展，继续保持"工商食官"制度的特点，周王室、诸侯国的国都以及地方都邑都设有官方管理的市场。周王室直辖洛阳地区分为成周与王城两座城市。

据周宣王时期《兮甲盘》铭文记载，当时的成周是四方贡纳和交易的中心，那里有大量诸侯国的商人，周王派兮甲专门管理四方的纳贡和成周的商业，规定商品的交易必须在指定的市场进行，可见，成周市场在西周时期就已经很发达。春秋时期，都城迁往王城，其商业更加繁荣。

春秋时期诸侯国地方都邑也普遍设立市场。《左传》昭公二十五年记载，鲁国贵族藏会从国都逃到郈邑，郈邑大夫“使为贾正”。杜注：“贾正，掌货物，使有常价，若市吏。”孔疏：“贾正，如《周礼》之贾师也。此郈邑大夫使为郈市之贾正。”这是鲁国都邑设市的证明。《国语·越语》说越国的商人“夏则资皮，冬则资郈，旱则资舟，水则资车”，也可作为春秋晚期越国地方都邑普遍设立市场的旁证。另外，《左传》昭公三年载，齐国贵族田氏采邑内的市场上“山木如市，弗加于山；鱼盐蜃蛤，弗加于海”，这表明春秋时期卿大夫采邑也设有市场。[64]

春秋时期，各诸侯国对商业发展都很重视，相继制定了有利于本国商业发展的政策，其中齐国最显著。春秋前期著名政治家管仲（公元前725年—前645年）年轻时经过商。他使齐国强大起来的一条重要经济政策就是《史记·管晏列传》记载的“通货积财”，发展商业。管仲认为，要增强国家的经济势力，必须把百姓划分为士、农、工、商“四民”，按“四民分业定居”的原则安排社会职业，组织社会经济生活，分业定居。这样可以使百姓生产、经管技能专业化，从而促进农、工、商的发展，使国家富强。齐国当时地处现在的山东地区，东临大海，鱼、盐是齐国的特产。管仲利用齐国这一自然优势，大力发展鱼盐生产和鱼盐贸易，通过和其他诸侯国之间的鱼盐买卖，既获得齐国所需商品，又为国家赚取巨大赢利。为了促进同诸侯国之间的贸易，商人来往齐国关卡和市场，国家只检查而不征税，受到诸侯国的欢迎，正如《国语·齐语》所说：“使关市讥而不征，以为诸侯利，诸侯称广禹。”管仲在中国历史上第一个把奴隶社会以来所形成的社会分工概括为四民，明确地把商业作为社会基本经济部门之一，从而确定了商业在经济中的重要地位。管仲“通货积财，富国强兵”（《史记·管晏列传》）的经济政策，对齐国影响十分深远，整个春秋战国时期，齐国一直是一个重视商业活动的国家。

晋文公（公元前636年—前628年在位）在晋国也实行促进商业发展措施。他提出的重要经济政策之一是发展晋国的商业，实行“轻关、易道、通商、宽农”（《国语·晋语四》）的政策。所谓“轻关”，是减轻关税，为商人的买卖活动减少障碍。“易道”是修治道路，为商人往来各地提供便利的交通条件。“通商”就是促进商品流通和商业的发展。晋文公认为商业交换中要讲究诚信，是百姓得到教化的表现，可见其对商业的重视。商业发展，繁荣了晋国经济，为晋国的强大奠定了物质基础。

郑国在子产执政时期（公元前543年—前522年在位）尽管是小国，但能立足于列强之中，其重要原因之一，是子产推行了保护商人利益的正确经济政策。子产指出，商人是郑国的早期开发者之一，与郑国有着休戚与共的关系。国家要求商人不背叛郑国，同时政府也保护商人利益，不勒索商人的财宝，不强买商人的商品，不干预市场价格，任商、民自由买卖。子产认为，正是实行了这样一些政策，郑国才与商人相保持密切的关系，要维持郑国的富强，就不能破坏国家与商人这种相依为命的关系。晋卿韩起有一只玉环，而另一只相同玉环却在郑国商人手里，为了凑成一双，韩起请求郑国国君把另一只玉环从郑商手里要来，子产拒绝了韩起的要求，坚持官府不侵夺商人利益的原则。子产的惠商政策赢得了商人的拥护[65]，并促进了郑国商业经济的发展。

春秋时期，越王勾践（公元前 497 年—前 465 年在位）使越国强大起来的一个重要原因，是实行了大夫范蠡的经济政策。范蠡认为，国家要富强，必须掌握市场价格运动规律，懂得经商之道，积蓄财货，平抑物价，使货流畅通，市场繁荣，粮食和各种商品价格稳定，以利农业与工商业的发展。他认为，商品价格是由供求决定的，所以，“论其有余不足，则知贵贱”，物价总是不断地上下波动；“贵上极则反贱，贱下极则反贵”。经商要看清市场形势，了解商品需求情况。妥善于“逐时”，抓住价格变化时机，贱时快买，贵时快销。要经管优质商品，加速商业资本的周转，正如《史记·货殖列传》所指出，货币欲其行如流水。越国正是实行了范蠡这套经商理论，经过十年经营，迅速强大起来。[66]

春秋时期，由于生产力发展，投入流通的商品增多，春秋时期的商业比西周时有了更大的发展。自由商人大量增加，他们往来贩卖于各诸侯国，许多大商人家累千金，在经济上有很大势力。各国出现了许多繁华的商业城市。

春秋时期的商业以齐国、郑国最为发达，晋国与楚国也有一定规模。这些国家的商人“服牛轺马，以周四方，以其所有，易其所无”（《国语·晋语》），做着跨国生意。齐国商人将盐销往梁、赵、宋、卫等国，晋国商人从楚国贩回木材和皮革。齐、郑两国商人的地位较高，《左传》中记载的郑国商人弦高假借郑国君命秦师以退敌的故事，说明了当时的大商人与执政者之间有着密切联系。在各国商人中，晋国的商人地位较低，虽然他们比较富有，乘着镶有金玉的马车，穿着绣有花纹的衣服，但经过朝市时必须用简陋的皮帷木檐遮盖起来。

春秋后期，商人地位逐渐提高，不仅出现了闻名全国的巨富，而且出现了论述经商的专著。大富豪子贡家累千金，他采取贱买贵卖的方式，与统治阶层的达官贵人做大宗买卖，以至于达到与诸侯“分庭抗礼”的地步。越国的大夫范蠡不仅“致赀累巨万”，而且根据自己的经商实践，提出了一些经商致富的理论。范蠡以其成功的经商实践和精辟的经商理论而被后世奉为商人祖师。

春秋初期的工商业掌握在官府手里，各项工艺品，都由官吏管辖的奴隶从事生产。到春秋中叶以后，随着土地私有制的逐渐建立和封建关系的产生，工商业开始脱离官家，向私营发展，出现了独立个体手工业者。与此同时，官商不能再垄断贸易，私商的势力日益强大。随着商业的发展，出现了金属货币，促进了都市的兴起，如齐国的临淄。总的来说，商业逐渐摆脱奴隶制的束缚，封建关系新因素在日益增长。

6.6.5 城市的发展

城市建设的根本动力是社会经济基础。春秋时期，在黄河流域由使用木石工具的锄耕农业飞速发展为使用铁木工具的犁耕农业。农业生产的飞速发展，带动了工商业尤其是私营工商业的蓬勃发展，这就为城市的兴起提供了基本条件。

春秋早期，“耦国”现象出现，国君逾制赐封，一国之中出现了一个或多个与国都相匹敌的大都。春秋时代，“耦国”已成为一股潮流。例如郑伯封段，超过“先王之制”的规定。后来，段又擅自号令邻邑，完城郭，聚人民。春秋后期，楚国的范无宇曾历数郑之京邑、栎城，卫之蒲、戚二邑，宋之萧、蒙二城，齐之梁丘城，晋之曲沃城，秦之徽、衙二邑等耦国大都引起内乱的事例，认为“大都耦国”对国君是不利的。“耦国”现象的实质是城市开始突破等级宗法制的束缚，显示出多元化的发展趋势。但是，这种多元发展只是政治中心的多元化，只是春秋城市大发展的前奏。从春秋中期开始，才真正出现了城市建设高潮。[67]

当时，诸侯国不断增筑城市，新城市大量涌现。据《左传》记载，春秋时期，鲁国就增筑了中丘、祝丘等19座城市。与此同时，一部分诸侯国随着国力上升、人口增加和工商业发展，城市规模急剧扩大。小城市的规模有1至5平方公里，大城市则有10至30平方公里。楚为子爵封国，按先王之制，国都“方三里”，不足1.15平方公里，考古勘查发现：春秋时期的楚郢都的实际面积约为16平方公里，是“方三里”的14倍。显然，不少城市已大大超过王都之制的面积。据考古材料提供的数据看，超过10平方公里的东周故城有：秦都雍城、鲁都曲阜、秦都咸阳宫城、魏都安邑、齐都临菑、楚都郢、赵都邯郸、郑韩故城、燕下都等。根据《左传》的材料所绘春秋时代城邑分布图，有466个分布点，比西周城邑图多出375个，反映了春秋的城市在先前西周的基础上成四倍的增加。

从城市的类型来看，诸侯国的都城一般政治功能突出，规模巨大，功能较为齐全，并处在四通八达的交通线上。在诸侯争霸的时代，国都既是国君的大本营，也是敌人进攻的重点。因此，统治者“必先立城郭设守备”，以“安君治民兴霸称王”（《吴越春秋·阖闾内传》）。加以中央集权制的庞大机构，官吏、军队、仆役和城市居民人数的不断增加，国都建设的规模势必扩大，从而突破了礼制的束缚。鲁、郑、韩、秦、楚、吴、齐、燕、赵、魏等故都遗址规模都在10平方公里以上，其中燕下都故城遗址面积达32平方公里，为诸城之冠。它们的规模都超过了东周洛阳王城。[68]

国都内统治者的巨大消费能力和不断膨胀的消费欲望对工商业者有很大的吸引力。在战火纷飞的年代，国都的高城深池给工商业者提供了一个较为安全的庇护所。多数国君为了获得战争物资和财政收入，程度不同地采取了惠商政策。所有这些，吸引了大量的工商业者，形成了国都工商业的畸形繁荣。齐都临淄即为当时天下最繁荣的国都之一，城内外出土的齐刀币及钱范不计其数。大城遗址内密集分布着各种冶铁、铸铜、制骨、铸钱等手工业遗址，当时人们盛赞它的繁荣。其他如楚之郢都、秦之雍都、赵之邯郸、东周王城洛阳等，也大都如此。

大手工业城市则主要集中采矿、冶铸、煮盐、造币等生产部门，无论是官营或私营手工业，手工工人大多上千人，其中相当数量的是有一定依附关系的“自由”劳动者。都市型的工商业城市多处于关中、山东或江淮间的水陆交通枢纽，以发达的工商业为基本特色，都市型城市发展的基本动力是当时社会经济的大发展。但是数百年间诸侯割据争霸的政治局面也给了它一定的发展条件。因为官营工商业制度和抑商政策不可能在全中国推行，诸侯国的君主、卿大夫为了自强，不得不倚重私营工商业，容忍与鼓励这类工商业城市的发展。而中小工商城市远离内河通商大道，也没有大型的矿冶手工业，于是与大量的贸易往来无缘，自然经济的色彩较为浓厚。自春秋晚期，城市多元发展“别邑”等中小城市兴起，私人手工业者增多，许多人在市场作坊中自产自销。

春秋时期，在君主集权制取代宗法分封制和从分裂割据到地区性统一的过程中，西周的等级宗法城市，逐步变为中央集权制下的郡县城市。县城出现于春秋初期。楚、晋、秦等大国，为了加强对新兼并的领土控制，将它们改建为县，直属国君统治，对原为小国国都、别邑的则改为县治。此时的县具有国君直属边地军镇的性质，其主要职能是军事性的。

春秋时期，各城市基本上是各级政府机关的所在地，因而在很大程度上受统治者权力的支配，甚至决定着城市发展的方向。较大的经济都会多为列国的政治中心，居住着庞大的统治阶级寄生人口，致使各种工商业都在不同程度上被纳入其奢侈性消费轨道。大量纯消费人口涌入城市，是不利于城市发展为生产型的经济都会的。而大多数中小工商城市商品经济不太发达，工商业与农业尚未完全分离开来。

6.6.6 交通

春秋时代的交通相当发达。这种情形由列国之间会盟的频繁和战争的不时发生就可见一斑。当时列国之间的交涉最注重会盟。既为会盟，当然参加的不只是一两个国家，会盟的地方也一定要经过选择，确定最适当的处所，注意到交通的条件。即以齐桓公来说，其所聚会的地方有的在济水以北，也有的在淮水中游，所涉及的地区相当广大。齐桓公本人在会盟之外，还曾经亲自南伐过楚国，他渡过汝水，越过方城。方城为楚北约阳塞，这是说他已经快要到楚地了。他还北伐过山戎，征过令支和孤竹。这些都是燕国邻近的部落，曾经不断骚扰过燕国。他还为了征伐白狄，到过西河，也还曾经越过太行、辟耳诸山，到过流沙、西吴。他所到的地方已经不算是很近。晋文公称霸以后，以晋国为主会盟有数十次之多，其会盟的地方几乎遍于中原各国。当然这只是列国中会盟的一部分。仅这一部分的记载，就可以看到国际间往来是频繁的，更可以看到当时的交通已比较发达。[69]

交通是社会经济发展的标尺，也是社会经济发展的条件，春秋时期交通的发展与改善，集中表现在有四通八达的交通网，既有陆路交通的通畅，又有海路的开辟。这对当时各国之间的经济活动、商业贸易有极大的促进作用。当时各国为了发展经济，都非常注意修筑道路，并建立了相关的制度。从西周时期，周王室及各诸侯国就修有笔直而平坦、将周王室所在地镐京、洛阳与各诸侯国相连接的“周道”，所谓的“周道如砥，其直如矢”（《小雅·大东》），即指此而言。在《诗经》中，赞美周道的诗句随处可见。即便是春秋时期，周道也还发挥着不小的作用。在此基础上，春秋时期，各国都修建了不少的道路，使陆路交通得到极大的改善。如秦国所修的驰道，当时建造的道路相当宽广，以便于车行。其他各国修筑的道路，虽没有秦国那样宽广，也比“周道”要好。《战国策·魏策一》说：“魏地方不至千里”，“诸侯四通，条达辐辏，无有名山大川之阻。从郑至梁，不过百里，从陈至梁，二百余里，马驰人趋不待倦而至梁”。是说魏国的交通四通八达，非常方便于商业贸易。当时砖石还未用于修建桥梁方面，多以夯土与木架为主，因此，构架桥梁还非常困难。所以，仅桥梁的修建就耗费了木工们不少的心血。并且各国在道路旁还设置了驿馆、旅舍，以方便过往行人，这也就极大地方便了商业贸易活动。

由于水道交通的便利，春秋时人不仅利用自然河流，还进一步开凿运河，谋求交通有更多的发展。最早开凿运河的是楚国。楚庄王时，孙叔敖就已经在云梦泽畔激沮水作云梦大泽之池。楚灵王也在郢都附近开渠通漕。后来，伍子胥也在云梦泽畔开渠，就是所谓子胥渎。伍子胥不仅在云梦泽畔开渠，还开渠于吴国的境内。吴国地处三江五湖之间，和云梦泽畔相仿佛，都是便于开渠引水的。不过这些渠道都很短，虽有一定的作用，却都不十分显著。吴王夫差所开凿的邗沟，其影响就不是那些小渠道所可比拟的。邗沟由邗城修起，沟通江淮之间。邗城在今江苏扬州市。这条运河中间经过射阳湖至末口入淮。末口在今江苏淮安县北。邗沟的开凿使长江和淮水两大水系能够沟通，这是值得称道的大事。吴王夫差为了争霸中原，开凿邗沟之后，进而又开凿菏水，这是当时所谓商鲁之间的深沟。所谓商鲁之间，其实就是宋国和鲁国之间。这条菏水是由陶引济水东流，合于沂水，沂水也就是泗水。济水本是和黄河有关的，可以说是从黄河分流出来的。泗水为淮水支流，下游入于淮水。由于邗沟的开凿，江淮二水有所联系。菏水的开凿，不仅联系了济水和淮水，实际上是使当时所谓四渎，即江、淮、河、济，都能够联系在一起，其意义是十分重大的，吴国这两条运河的开凿，充分说明了当时人民对于地理环境的善于利用，也应该是交通道路的历史上的一个新纪元。

水路交通尤其是海路交通的开辟对商业贸易具有重要影响，当时具有重要影响的水道一是邗沟，二是鸿沟，这两条水路开通，使当时南北交流更变得十分容易。如鸿沟开通后，其流域及连接之处的陶、睢阳、彭城、寿春等城市都发展为新兴的工商业城市，极大地方便了商业贸易等经济活动的开展。尤其是海路的开通，对于向周边国家的贸易更具有十分重要的意义。海路的开通就使得中国与他国的贸易往来成为可能，许多珍异手工业品输送到中国进行贸易。道路、水路的开通离不开车船等交通工具的生产发展，没有交通工具，商品就不可能周转四方。而当时发达的车船制造业就为商业贸易提供了较多、较先进的车船。这也是手工业对商业影响的一个方面。例如，孔子的弟子子贡“结驷连骑”，在列国之间进行商业贸易而致富，“所至，国君无不分庭与之抗礼”。(《货殖列传》)其所运输货物的主要工具为马拉的“驷车”，从“结驷连骑”可知其商队车辆之多。又如，鄂君启也是一个以贵族身份靠特权而经商者，他既要以船队在海路进行货物运输与贸易，又用大量车队进行贸易。鄂君启表明，他的货物贸易船队不能超过50只大船的规模；陆上车辆运输货物的车队车数不得超过50辆。当时像鄂君启这样的大商人已有很多，其装备的车船数就相当多，非有车船制造业的生产显然是不可能的。当时还由于车船制造业的发展，个体的商人都具有自己的车船，他们往往赶着自己的牛车或马车，去市场进行交易活动。因此，每逢交易之时，市场的外面，“甚众牛车”，使道路“仅可行耳”。(《内储说上》)为此，战国时期出现了专门用来运货、载客的车行，也从商人那里分取一些利益。《吕氏春秋·举难》记春秋时宁戚为了到齐国谋取一职，因贫穷而加入运载货物的车队，替人赶车。其车队“爝火甚盛，从者甚众”。这是一只专替商人运货的车队，受雇于商人，往来四方，其运输工具主要为牛车一类。正由于手工业的发展，才使得车载船运成为商人贸易列国之间成为可能。当时车载船运的货物在市场上应有尽有、种类繁多、琳琅满目。可是商品不会自己到市场上去，不能自己去交换，交通运输的确在此发挥了一个重要的作用。

6.6.7 赋税制度改革

春秋时期，随着财政需要的增加，在生产发展的同时，奴隶主贵族对奴隶和平民的剥削和压迫日益苛重；而在奴隶主的高压下，庶民起义，奴隶暴动也时有发生。各国奴隶的大量逃亡，又严重打击了奴隶主贵族的统治。这些变化，包括井田制开始遭到破坏，私营工商业的出现，诸侯、卿大夫势力开始扩张和对国家财政提出了新的要求，这一切使统治者不能不正视现实情况，即如要维系自己的统治，就必须对原有的一套制度进行改革。

春秋时期的财政改革，首先在齐国进行。齐国是东方的一个大国。周庄王十二年（公元前 685 年），齐桓公即位，任用管仲改革内政。其中，属于田制、田赋方面的改革是实行相地而衰征。即根据土地好坏或远近分成若干等级，按等级征收田赋。由于税负大体均等，从而调动了生产积极性，也有利于缓和阶级矛盾。

在齐国改革财政的同时，晋国也进行了改革。晋惠公六年（周襄王七年，前 645 年）秦晋之间发生战争，晋惠公被浮。晋国在大臣的主持下“作爰田”，即把休耕地卖给大家，以获得民众的欢心，争取有更多的人服军役。这种办法，开创了以后按军功给田宅的先例。

鲁宣公十五年（公元前 594 年），鲁国正式推翻过去按井田征收赋税的旧制度，改行“初税亩”。即不分公田、私田，凡占有土地者均须按亩交纳土地税。井田之外的私田，从此也开始纳税。这是三代以来第一次承认私田的合法性，是一个很大的变化。春秋战国之际，地税的征收已很普遍。鲁成公元年（公元前 590 年），鲁国对军赋的征收也作了相应的改革，行“作丘甲”。即确定一丘出一定数量的军赋，丘中之人各按所耕田数分摊，它不同于公田制，农民皆出同等的军赋。也有人认为是加征军赋。即把征收军赋时以甸为单位，改为以丘为单位，也就是说，这时的一丘之田（十六井）要出过去一甸之田（六十四井）的军赋，意味着军赋增加了三倍。

楚康王十二年（周灵王二十四年，公元前 548 年），楚国令尹子木对田制和军赋进行了整顿。“量入修赋，赋车籍马，赋车兵、徒兵、甲之数。”即根据收入的多少征集军赋，这就破坏了奴隶社会旧军赋的限制。鲁昭公四年（公元前 538 年），郑国“作丘赋”，即按田亩征发军赋，丘出马一匹、牛三头。鲁哀公十二年（公元前 483 年）季康子“用田赋”军赋全部按土地征发。上述这些改革充分说明奴隶社会的赋税制度，已不适应社会生产力发展的需要，它在各国已经开始崩溃。随着新的封建生产关系的形成，一种新的适合封建生产关系需要的国家赋税制度开始形成。

春秋时期的专卖是指国家对于某种或某几种关系国计民生的重要物资，从生产到运销，采取由国家经营的办法，不允许民产民销。春秋时期，实行专卖的原因是随着农业的发展，手工业生产得到进一步扩大，也促进了商业的繁荣。据记载，郑商的足迹，南到楚，北到晋，东到齐，即是说，活动的范围包括黄河、长江流域。越国有大夫范蠡弃官经商，号称“陶朱公”。这时，商人的财力，能和诸侯分庭抗礼。春秋时期，奴隶主贵族为满足其奢侈腐化生活的需要，不仅依持特权，侵占国家资财，还加紧了对奴隶和平民的剥削和压迫，阶级矛盾十分尖锐。各国为了稳固统治，有必要限制贵族特权，平衡负担，减轻税负，主要目的还在于集中财力，富国强兵，以成霸业。所以在对田制、田赋征收进行改革的同时，一些重要物资的生产和经营也由国家控制起来。

春秋时期的专卖政策，以齐国管仲施行最彻底、最有效。他通过推行“官山海”的政策，即设官管理山海及其他重要物资，使国家掌握了人们生活的必需品，使财政收入有了稳定、可靠的来源；同时，国家掌握了具有战略意义的粮食和盐、铁，不仅打击了富商大贾投机兼并活动，维护了统治阶级的利益；同时为齐国加强军备、称霸诸侯奠定了物质基础。总之，春秋时期的各国变法，具有十分重大的意义，它直接的目的是增加财政收入，维护奴隶主贵族阶级的利益。但是，统治者承认土地私有，新的生产关系的形成，井田制的开始崩溃，意味着在奴隶制度上打开了一个缺口。从财政发展史上看，春秋时期的税收制度有了一个新的变化，主要表现在对土地征税和对工商业征税已经分开；国家对重要物质资源的控制，以及保护新兴地主阶级合法权益的措施逐渐施行，这都说明，一种新的赋税制度正在形成。

6.6.8　人口

人是生产力也是战斗力。在科学技术不甚发达的古代社会，人口的数目就是一个国家经济实力、军事实力和综合国力的具体体现。特别是对于经济发展来说，人口的数量往往具有举足轻重的作用。西周末年，周宣王丧南国之师后，不顾大臣们的激烈反对，坚持“料民于太原”。料民就是清查人口，这件事充分反映了统治者对人口数量的重视程度。

春秋时期，各诸侯国的统治者为了增强自己的实力，无不想尽各种办法来增加自己的人口，这些办法概括起来大致有两条：一条是对外侵略扩张，掠夺俘获他国人口；另一条是在国内实行奖励早婚、早育、多生、优生的人口政策。

据《春秋》所载，242 年中，各国之间战争不断，这些频繁的战争，在掠夺土地财物的同时，无疑也将人口掠为己有。特别是齐、晋、秦、楚、吴、越等霸主国家，表现尤为突出。如《史记·秦本记》记载，秦穆公“益国十二，开地千里”。《韩非子·有度》：“荆庄王并国二十六，开地三千里。”《韩非子·难二》则说：“晋献公并国十七，服国三十八。”有些国家的人口，增加得更为迅速，如晋国僖公二十八年（公元前 632 年）城濮之战时，还只能出动兵车 700 乘；到昭公十三年（公元前 529 年）已有“甲车四千乘”，103 年的期间兵车数量增加了将近 5 倍。兵车数量的增加，即反映人口也有了相应的增长。[70]

增加人口的另一条途径，是在国内实行奖励生育的政策。这一点对无力对外扩张的弱小国家来说，显得更加重要。如越王勾践在会稽之战返国之后，如《国语・越语上》所载："令壮者无取老妇，令老者无取壮妻。女子十七不嫁，其父母有罪；丈夫二十不娶，其父母有罪。将免者以告，公令医守之。生丈夫，二壶酒一犬；生女子，二壶酒一豚。生三人，公与之母；生二人，公与之饩。当室者死，三年释其政；支子死，三月释其政，必哭泣葬埋之，如其子。令孤子、寡妇、疾疹、贫病者，纳宦其子。"此外，优生问题当时已开始重视了。如《左传・昭公元年》："内官不及同姓，其生不殖。"《礼记・曲礼》上也说："取妻不娶同姓，故买妾不知其姓则卜之。"[71]

虽然，从周宣王"料民于太原"起，统治者就开始重视人口统计，以后，晋国的"作州兵""作爰田"；鲁国的"作丘田"，"用田赋"也都与人口统计有关，但都没留下记载。《左传》中唯一比较确切的人口统计数字是闵公二年（公元前 660 年），卫国被狄攻灭之后，迁于楚丘时的情况："卫之遗民，男女七百有三十人，益之以共、滕之民为五千人。""卫文公元年（公元前 659 年），革车三十乘；季年乃三百乘。"这是一条非常珍贵的人口统计数字，它的珍贵之处，不仅在于它为人们提供了卫文元年（公元前 660 年）卫国人口的统计数字，而且，提供了国、野之民的比例 730∶5 000；兵、民之数的比例为 30 乘、5 000 人两个重要参数。根据这两个参数，可以对春秋末期的人口作一大致推测。首先，根据 5 000 人口与革车 30 乘的比例来推测。春秋时期，兼并战争激烈，各国统治者都在自己人力、财力所允许的范围内，不遗余力地扩军备战，因此代表一个国家战车数量的"千乘之国"，就是一个国家经济实力、战斗实力等综合国力的具体标志。甚至，春秋末年中小国家对晋、吴等霸主的贡赋，也是以兵车数量来计算的。如《左传・哀公七年》："鲁赋八百乘""邾赋六百乘"。哀公十三年（公元前 482 年）："鲁赋于吴八百乘"等。所以，各国兵车的数目和其人口的总数之间是有其相应的比例关系的。当时卫国 5 000 人有 30 乘兵车，大约是 170 人一乘兵车，按此比例参数，《左传・昭公十三》，晋国"治兵于邾南，甲车四千乘"，则应有民众 70 万人左右。齐、楚、秦、吴、越等国与晋国实力相差不多，人口数目也应大致相同，六个霸主共有人口 420 万人左右。[72]

鲁国在对晋、吴等霸主国家进贡时，故意少报数量，以减轻负担，自称"鲁赋八百乘"，其实它隐瞒了二百乘，实有兵车数目是一千乘。《左传・昭公八年》："秋，大蒐于红，自根牟至于商、卫，革车千乘。"按上述比例，鲁国的人口总数应是 17 万人左右。邾国，哀公七年（公元前 488 年），"邾赋六百乘"应有人口 10 万人左右。

吴、越等国地处水乡，不利水战，通常使用甲兵。僖公二十八年（公元前 632 年），晋文公献楚俘于王："驷介百乘，徒兵千。"一车徒兵亦 10 人。西周时期，禹鼎铭文："遣禹率公戎百乘，斯驭二百，徒千。"是一车徒兵 10 人。若按一乘车 10 名士兵计算，卫国的士兵与人口之比是 300∶5 000，即士兵占总人口的十七分之一。黄池之会时，勾践伐吴，夫差"为带甲三万以势攻"（《国语・吴语》），家中尚留部分兵力由大子友、王子地、王孙弥庸、於姚等人防守越国。王孙弥庸见姑蔑之旗曰："吾父之旌也，不可以见仇而弗杀也。"于是率"属徒五千"首先冲入越军。既然王孙弥庸有"属徒五千"，大子友、王子地等人所属队伍也不会少于此数，那么 4 人合计所率留守部队在 2 万人左右，合计吴国约有士兵5万人。5万士兵相当于5 000乘兵车，所以吴国此时实力略超过晋国。按300士兵与5 000民众之比，此时吴国应有85万人口。[73]越国实力，一般认为不如吴强大。哀公元年（公元前494年），吴入越时，勾践仅“以甲五千保于会稽”，实际情况并不如一般人想象那么简单。童书业说：“吴、越交兵，吴只一胜，一入越；而越则数胜，三入吴，卒灭吴国。越强于吴，于此可见”。[74]特别是后期，黄池之会时，其实力已和吴国不相上下了。《史记·越王勾践世家》载：哀公十三年（公元前482年），勾践乘黄池之会，吴国内空虚之机，“乃发习流二千，教士四万人，君子六千人，诸御千人伐吴”。共计出动4.9万人，仅此徒兵之数，按300士兵与5 000民众之比，越国此时也有民众81.5万人了。

依据国、野居民的比例来推测，卫之遗民男女700余人，当然都是都城中的国人；而“共、滕之民”当然是郊野之人。国人与全部居民之比是730∶5 000即1∶7。按此比例，可以考察一下齐国的人口。

据《齐语》载：“管子于是制国，以为二十一乡。”韦昭注曰：“二千家为一乡，二十一乡凡肆万二千家。”按一家五口计，临淄城共有21万人。又按1∶7的比例，齐国全境应有人口147万人。这个数字略高一些。一来，韦昭是三国时人，估计未免偏高；二来，临淄是春秋时期工商业最繁荣的都会，齐国的城市人口所占比重也略高于一般国家。实际春秋末期，齐国的国力远不如晋、吴、越诸国，其人口总数也不会超过他们。

综合以上分析，大致可以作以下推论：齐、晋、秦、楚、吴、越六个霸主国家，其国力相当，兵力相差不多，人口总数也相差无几，每个国家有70万～80万人，六国合计约450万人口。鲁、郑、卫、郑、宋、杞、滕、薛、小邾等国的兵车之数，有的一千乘，相当于晋国的四分之一；有的五百乘，相当于晋国的八分之一。十余个中小国家人数的总和不超过晋国人口的二倍，约150万人。中原华夏族人口总计在600万人左右。应该说明的是这还仅限于黄河及长江中下游地区；广大的周边戎狄等族并未计算在内。[75]如果将周边地区都计算在内，春秋末年人口总数大约超过1 200万人。

6.7　战国时期的经济与人口变动

中国封建制经济是从公元前475年春秋战国之交开始的，到公元前5世纪末，就形成了较为成熟的封建经济形态。这是由于生产力的不断提高，以致封建土地私有制最终代替奴隶主土地国有制的结果，战国时期（公元前475年—前221年）是中国奴隶制经济解体和封建制经济产生时期，这一过程大体上是从战国开始到秦始皇统一中国完成。

6.7.1　土地所有制形式的演变

战国时期封建制度逐步确立，社会生产力在新的封建生产关系的推动下得到迅速发展，而生产力的发展主要表现在铁器的出现和牛耕的推广在生产中的普遍使用上，在新的生产力的作用之下封建土地国有制随着井田制的彻底破坏而趋于衰落，战国后期封建土地所有制的主要形式逐渐向地主土地所有制演变。

战国初期，经过了长时期的剧烈的土地兼并，土地和权力的再分配，下一级对上一级土地支配权的剥夺，奴隶主贵族国家土地所有制破坏了。这时，随着封建生产关系不断发展，封建土地国有制日趋扩大完善，成为封建土地所有制的主要形式。

通过垦荒也扩大了封建土地国有制。战国时代各封建政权为了富国强兵都在采取措施，尽力开垦荒地。如商鞅在秦国曾提出二十种方法督民垦荒，并以“利田宅而复之三世”的优惠待遇诱三晋之民入秦垦种。魏国则利用移粟移民的办法诱邻国之民入境垦种。这样在新的生产力条件下有大量荒田被开垦，直接控制在封建国家手里，封建土地国有制因此不断得到扩大。

战国时期的封建土地国有制从其占有的情况看主要是封建国家把国有制土地以份地的形式授予农民，直接进行封建剥削。这种授田方式在各诸侯国名称各异。就秦国的“授田”方式而言，据《睡虎地秦墓竹简》载：“入顷刍稿，以其受田之数，无垦不垦，顷入刍三石，稿二石。”是说封建国家把国有土地授予农民之后，农民须按受田顷数不论其开垦与否如数缴纳刍稿。《汉书·地理志》载“孝公用商君，制辕田，开仟佰”。据孟康注是商鞅较复立爰田，把土地分成上中下三等以份地形式授予农民“爰自在其田”。由此可见商鞅“制辕田，开仟佰”的实质是秦国家对农民实行“授田”。齐国的“均地”，也是一种“授田”的方式。《管子·乘马篇》载：“均地分力，使民知时”，《尉缭子·原官篇》载：“均地分”都是指齐国的“均地”形式。孟子向齐宣王讲“制民之产”，要国君“制”民以田产，也是指这种“均地”形式。[76]

授田的数量，各诸侯国普遍是一户百亩，土壤瘠薄或土广人稀处二三百亩。“授田”的土地所有权完全属于封建国家，受田农民只有相对稳定的占有权和使用权。封建国家对授田直接委派官吏管理。封建国家以“授田”为根据向农民征收田租赋税和征发徭役。田租和赋税是合一的。受田农民则是封建国家赋役的主要承担者，各诸侯国都利用户籍和法律严格控制受田农民。受田农民的人身完全依附于封建国家，被牢牢地束缚在封建国有制土地上，成为封建国家的依附农民。此外，封君占有的土地、官吏禄田及山林川泽未垦荒地都属于封建国有制土地。

对于封建国家来说控制劳动力的多寡直接关系到剥削量的大小。战国时期各诸侯国封建政权实行封建土地国有制的目的是通过国家直接控制土地，利用“授田”把农民牢固地束缚在土地上，以保证赋役剥削。

商朝和西周的奴隶主贵族土地国有制是在部落土地公有制的基础上形成的，而战国封建土地国有制又是直接从西周奴隶主贵族国家土地所有制蜕变来的，因此它的瓦解具有部落公有制瓦解的特征。战国时期铁工具已经广泛使用，尤其是生铁柔化技术的发明，创造出全新的韧性铸铁工具，使大面积的垦荒真正成为可能。《文献通考·田赋考》载：“秦废井田之后，任民所耕，不计多少，已无所稽考以为赋敛之薄，其后遂舍地而税人。”反映出荒地普遍开垦的情况。荒田的不断垦辟就使建国家所掌握的在当时生产力条件下可利用的剩余土地越来越少，随着人口的增殖，授田制已难于实行，这样封建土地国有制就必然地走向衰落。战国时期农民小土地所有制很大成分是由垦辟荒地经过长期占有逐渐转化为私有的。[77]

在新的生产力推动之下，战国时期的商品经济突出地发展起来，商品生产、货币交换都已达到了相当高的水平，工商业城市兴起，交换关系已经渗入到社会经济领域的各个方面。在商品经济的刺激下，原来的自然经济必然要发生分解，导致土地买卖关系的发生。《史记·赵奢传》载赵将赵括把“王所赐金帛，归藏于家，而日视便利田宅可买者买之”。这种把钱财存放家里，时时都注意哪里有适合自己心意的田宅以便买取的情形，说明战国后期土地买卖已经普遍发生。土地买卖是土地所有权的一个重要标志。土地买卖的发生就成为瓦解土地国有制促使土地私有制产生的重要因素。

战国时期封建制完全确立，社会的发展打破了西周以来宗法世袭制对土地的垄断特权。随着宗法分封制、世卿世禄制的废除，井田制遭到彻底破坏，直接生产者从奴隶制关系中解放出来，不需要作为土地的附属物定固在土地之上，这样土地所有权便逐渐地与政治权力相分离。在封建统治中土地所有权不再完全作为政治权力相授受，交换关系进入了政治领域。过去那种“制土分民”的统治方式，已经不适应新的社会现实。在战国时代出现的“选贤任能”的官僚政治制度下，封建统治者可以体禄制、上计制等手段换取臣下的效忠。所说的“主卖官爵、臣卖智力”，就是这种统治关系的说明。由于土地所有权与政治权力相分离，打破了国家对土地所有权的垄断，这样就使土地所有权有了很大的灵活性，成为社会上一种重要的经济关系。土地占有者取得土地所有权不一定非靠政治权力不可，土地可以买卖，可以通过继承、让渡、赠送等各种关系取得土地所有权。这就使地主土地所有制和农民小土地所有制的产生成为可能。[78]

战国时代各国的封建土地国有制、封建地主土地所有制、自耕农小土地所有制三者是随着时间的推移而或消或长的。如果说封建土地国有制在当时各国的土地关系中曾一度占有较大比重的话，那么，随着军功赏田及授田制度的推行，封建土地国有制的比重已逐步缩小，基于这些原因，战国后期封建土地国有制衰落下去，封建地主土地所有制和农民小土地所有制发展起来。特别是封建地主土地所有制，成为战国时代最基本的，具有发展前途的一种封建土地所有制形式。

战国时代各国君主，既是各国政治上的最高统治者，又是各国最大的封建地主。这里所说的封建地主土地所有制下的封建地主则是指由原来奴隶主贵族转化而来的旧贵族地主；新兴贵族、官僚地主。这几种封建地主所有的土地来源不同或完全不同。[79]

战国时代由于土地已从原来的世官贵族的垄断下解放出来，因此获得土地的途径也就增多。这一时期，封建地主中的多数，是当时新兴贵族、官僚地主和“庶民”中的地主。他们所有的土地，是通过军功事功赏田、土地兼并、土地买卖等途径而获得的。其中国家对有军功者赏田土的事例大量存在。各国封建政权常以土地赏赐军功，如魏惠王一次赏公叔痤一百万亩，秦将王蔚出征前请秦王赏田宅“为子孙业”，魏国以“复其户，利其田宅”为条件选拔武卒，商鞅制定二十级军功爵，“按军功行田宅”。这种封建的土地赏赐培植了军功地主和官僚地主，产生了地主土地所有制，使封建国有制土地不断地转为地主的私有土地。到了战国后期土地买卖出现之后地主土地所有制得到了充分发展。恩格斯指出：“当自由地一旦变为可以自由出让的土地财产，变成商品的土地财产，从那一瞬间起大土地所有制的产生便仅仅是一个时间问题了。”[80]通过土地买卖和土地兼并，封建地主所有制迅速地发展起来。上述引证的赵括藏重金常买利田宅的材料，说明土地私有已经成为普遍的社会现象了。《汉书・食货志》记载的秦“用商鞅之法，改帝王之制，除井田，民得卖买，富者田连仟佰，贫者无立锥之地”，正是反映了战国后期秦国井田彻底破坏，土地买卖普遍发生，地主土地私有制蒸蒸日上的历史状况。战国后期官僚、贵族、地主以及各类货币财富所有者都往往以“购买”土地为手段，竞相兼并自耕农的土地。《商君书・徕民篇》言三晋之民“上无通名，下无田宅，而恃奸务末作以处”。三晋即使是土狭民众，但在战国时代还不至于“其土之不足以生其民”。也是由于土地被兼并的缘故。土地买卖和土地兼并成为地主土地所有制发展的加速器，在这个加速器的推进之下，国有制土地和自耕农土地迅速地向地主手里集中，因而地主土地所有制得到了迅速发展。

战国时代的自耕农，是在中国奴隶制社会解体和封建制社会确立过程中陆续产生的。有相当一部分战国自耕农的前身，是原来所谓“国人”中的自由农民以及耕种卿大夫等旧贵族土地的隶属农民；他们是在春秋晚期各国的政治斗争中，随着部分贵族家族的灭亡或衰败而成为自耕农的。有一部分则是战国时代通过变法改革培植的自耕农。[81]这些自耕农的大量出现，使战国后期农民小土地所有制也得到了相应的发展。由于封建土地国有制衰落，土地所有权逐渐与政治权力相分离，封建政权利用土地对农民控制相对松弛，因此个体农民通过垦辟得到的田地越来越多地变为农民的私有土地。随着封建土地国有制的衰落，受田农民对所领受的份地经过长期的占有和使用，到后来也逐渐从相对稳定的占有权和使用权转为对土地拥有所有权。另外一些军吏卒取得少量的军功赏田也不断地转为自耕农。农民小土地所有制在地主土地所有制的作用之下，经常处于分化之中。其中少数上升到一定程度转为地主土地所有制，大部分则迫于地主阶级的土地兼并而日趋萎缩。封建政权的横征暴敛，高利贷的逼索也是造成自耕农破产的重要原因。自耕农民失去土地或耕“豪民之田，见税什五”成为租佃农民，或“卖庸而播耕”。因此说农民小土地所有制的一度发展为地主土地所有制的兼并扩张提供了土壤和条件。而地主土地所有制在不断侵蚀国有制土地和兼并自耕农土地的过程中迅速发展起来。战国末期由于土地兼并盛行，已经造成了土地占有关系的明显两极分化。地主土地所有制遂上升为支配地位的封建土地所有制形式，而封建土地国有制和农民小土地所有制则降为地主土地所有制的附属和补充形式。[82]

6.7.2 农业生产的发展

战国农业的发展有着极其深刻的政治的和经济的原因，而农业生产发展之后，在促进整个社会经济文化高涨，从而巩固和发展封建所有制。战国时期，农业发展的重要标志之一是铁器代替木、石、骨、蚌器，成为生产者的重要工具，农业劳动者的生产手段发生了重大变化。春秋时期，铁器已作为一种新的劳动资料进入了生产领域。考古工作者已在陕西、河南、山东、湖南、江苏等省发现春秋时期的铁器，其中有铁制农具锄和铲等[83]。不过，考古学证明，那时的铁器还是稀世珍品。到了战国时期，随着冶铁业的发展和冶铸技术的精进，铁在各诸侯国都有冶铸，在已出土的战国时期铁器中，铁器已成为农业劳动者重要的生产工具，并占有主要地位，成为一种新的劳动手段用来进行农业生产了。见表6—1，农业生产工具在铁器中所占比重之大，说明铁器出现之后，最重要的使用方面是在农业生产上。铁器广泛运用于农业生产，立即使农业生产出现一个新面貌，特别是使更大面积的耕垦农田和实行精耕细作成为可能，使一家一户的小农耕作成为可能，从而成为战国时期农业生产力发展的一大标志。

表6—1 部分地区出土战国时期铁器生产工具和铁农具所占比例

铁器出土地点	总件数	生产工具		铁农具	
		件数	所占比重	件数	所占比重
辽宁抚顺莲花堡	80余	77	96.2	68	88.3
山西长治分水岭	36	31	86.1	21	67.7
河北兴隆古洞沟	87	85	97.7	52	61.2
河南辉县固围村	93	约69	74.0	58	58.4
湖南长沙衡阳61号楚墓	70余	21	30.0	17	80.9
广西平乐银山岭	181	约170	93.0	91	53.3

资料来源：雷从云. 战国时期农业发展的标志、原因与作用浅析 [J]. 农业考古，1986 (2).

当时的铁制农具品种多，式样全。在已发现的战国铁农具即有犁铧、镢、锄、铲、锸、耙、镰、掐刀等，同一器类的农具又有不同的形式，如铁镢，有长方板楔形和长条椭孔形；锄有梯形锄、六角梯形锄和凹字形铁口锄等。而且在同一地区还经常出土有多种类型的铁农具，如河南辉县固围村出土有铁犁铧、镢、锄、铲、镰。河北易县燕下都出土有铁犁铧、镢、锄、铲、五齿耙和镰。抚顺莲花堡、敖汉旗老虎山和临淄齐国故城内，铁器出土的情形也多如此。这有力地说明，当时农业生产的各个环节，诸如垦地、翻土、开沟、整地、中耕、除草和收获，都已经用上了铁制工具。而且，犁铧、镢、梯形锄、耙、镰五种主要农具，其形制趋于规范化。

铁犁铧，无论是出自河北易县，还是出自河南辉县、山西侯马、陕西西安、蓝田、山东滕县、临淄，均作“V”形。它当时是加套在木制犁床上使用的，呈等腰的“V”形，外侧为刃。虽然结构还比较原始，但已具备了后世犁铧的基本形态。

铁镢，一般都比较厚重坚实。辉县、临淄、抚顺等地出土的长条椭孔铁镢，是掘土工具的重要改进。这种铁镢犹如近世还用的镢头一般，用时手执镢把，挥动双臂，用力由上向下掘，入土后由前向后拉，用来开垦荒地，挖掘沟洫。近代铁镢的基本形制，同战国这种铁镢相比，并无明显的变化。

铁耙，以河北易县出土者为例，肩背略呈半圆形，耙体高宽比例适度，五齿耙疏朗锐利，便于用作整地、起肥等，是南北各地农村至今还在使用的农具。

梯形铁锄，在各地多有发现，其形态基本一致。它们具有板状锄体，上部较厚，下部渐薄，做出锋利的锋刃，便于中耕和除草。

铁镰，是重要的收割工具。辽宁、河北、河南、浙江等地出土的铁镰，形制一般都做成略带弧形的扁长条状，脊厚、刃薄，前端略尖，安装木柄的部位有格。这些特征已同后世使用的铁镰无大的差异。

仅上述五种铁农具的形制特征即已表明，战国时期的铁制农具，在造型设计和工艺技术已经达到了较高水平。农具的进步，一定程度上反映了农业的进步。许多战国铁农具同后世乃至近代的铁农具，已无多大差别。

战国时期铁农具的成型工艺，有锻，有铸，以铸件为多。战国早期已经出现了可锻铸铁制造的农具，如长沙识字岭 314 号墓的凹字形铁口锄和洛阳水泥制品厂工地出土的铁铲即是。战国中期以后，已普遍采用白口铁铸件，经控制脱碳热处理的方法来制造铁农具。这样的铁农具，在使用中表面层磨耗露出中间层作为刃口，解决了某些农具中要求有坚硬锋利耐磨的刃口而又具有韧性的矛盾。当时，虽然还有不少取材于块炼铁制造的农具，如辉县固围村出土具铁铲、西安半坡出土的铁锸。但由于经过了比较仔细的锻造和柔化处理，因此仍然具有较为良好的性能。铸铁技术的应用，为大规模的批量生产提供了可靠的保证。

战国农业技术的进步和在农作实践基础上出现的农学理论，奠定了中国古代农业精耕细作的基础。先秦文献，如先秦诸子著作中有不可胜数的记载。如《国语·齐语》："及耕，深耕而疾如入耨之，以待时雨。"《庄子·则阳》："昔予为禾，耕而鲁莽之，则其实亦鲁莽而报予。芸而灭裂之，其实亦灭裂而报予。予来年变齐，深其耕而熟油耨之，其禾繁以滋。"《韩非子·外储说》："如是耕者且深，耨者熟耘也。"由于认识了精耕细作的好处，所以"农精于田"已成了对当时农作的要求。至于在农作时令、辨土、轮作、栽培、施肥、管理和消灭病虫害等方面，战国时期也都有了比较明确的认识，积累了比较丰富的经验。这不能不说是战国农业进步的又一重要标志。

当时的农业，首要的还是粮食作物。粮食作物的种类，有"五谷""六谷""九谷"的称谓。据《礼记·月令》载，主要的粮食作物是麦、菽、稷、麻、黍 5 种；据《吕氏春秋·审时》是禾、黍、稻、麻、菽、麦 6 种。大体上和西周、春秋时期差不多。但粮食作物的单位面积产量已比较高了。其变化是，较之以前的时代来，除了多种谷物之外，其他经济作物已经有了显著的发展。

在林木方面，大约时至战国，中国的经济林、果木林，已经在农业经济中占有相当地位了，"植树造林"已经有了相当的发展。从文献中可知当时有桑、漆、栗、橘、枣、柚等经济果木林的种植。《禹贡》记载：兖州、徐州、豫州、青州和荆州，有桑蚕丝麻；兖州、豫州有漆；扬州有橘柚。在《考工记》《战国策》《吕氏春秋》等书中，也见到类似的记述。《商君书·境内》还提供了种植一般树木的信息："小夫死，以上至大夫，其官级一等，其墓树，级一树。"是说在墓前植树，按死者身份等级，每一等级种树一棵。[84]

当时已经设立了管理经济园林的官吏，庄子游曾作过"漆园吏"。战国考古提供了许多与经济林木有关的实例，如在战国青铜器中不止一次地发现采桑的图像，桑树可分为地桑和树桑两种。

战国时代，北方的匈奴、东胡等民族，以畜牧业为主，兼营农业；中原广大地区以农业为主，兼之以"养桑麻，育六畜"。马、牛、羊、鸡、犬、猪等家畜家禽有了一个较大的发展，六畜的遗骸在战国考古发掘中屡见不鲜。

农民经营的小手工业，据《孟子·滕文公》《墨子·节用》等记载，有制陶、冶金、木器制作、皮革加工等。农民将自己生产的农副产品和手工业品，投入市场，换取自己所需要的东西。农业发展了，农民不仅仅是生产粮食，而且进行多种经营，这是战国时代农业经济的一个显著变化。[85]

战国时期，农业生产工具的进步是农业发展的重要条件，铁农具的使用极大地提高了劳动生产率，并推进了荒地的开垦，带来了生产关系的变革。与铁农具一起发展的还有牛耕的推广，挽牛与铁犁的结合使农业劳动生产率成倍地提高，而连续大面积的翻土和深耕，提高了土地的利用率。秦以牛耕田以水运粮而富强诸侯（《战国策·秦策》）。

由于封建主义专制中央集权在战国业已建立，诸侯国政府掌握着各国的经济命脉，有条件组织大量人力兴修水利，因此战国的农田水利事业较前代有较大发展，兴建了许多规模很大的农田灌溉设施。魏国在惠王十年凿鸿沟，沟通济汝淮泗和长江，以利灌溉和航运，魏文侯以后又引漳灌邺，至魏襄王时《吕氏春秋·任地》载："以史起为邺令，堰漳水以溉邺田，咸成沃壤，百姓歌之。"水利事业最出色而且成就最大的是秦国，秦昭王（公元前306年—前251年）以李冰为蜀郡守，主持修建了都江堰①工程。在渠系水利工程中，以都江堰工程最大，技术水平最高，受益面最广，而且持续时间长，李冰父子修都江堰使成都平原变成天府之国的伟业千古流传，国民至今受益匪浅。而郑国②渠的开凿，使秦国关中之地得以灌溉。此外，其他各国各地区如齐、楚、吴也都程度不等地修建了一些水利工程，特别是沿大河的人民在同大自然的艰苦斗争中，摸索河水的规律，提高了"起堤防""排水泽"的防泛能力和利用河水的能力。其他中小灌溉工程不计其数。此外，还发展了破塘蓄水和凿井灌溉。这时的灌溉方法，已较为普遍地采取桔槔提水的简单机械灌溉，大大提高了灌溉效率，从而也增加了农田、园圃的灌溉能力。适应防涝、排灌的需要，已经注意运用沟渠来调节水量，在河渠"修堤梁、通沟浍、行水潦、安水藏，以时决塞"[86]（《荀子·王制》）。战国各国领土除楚一部分外，多处北方中原大地，北方雨量集中于夏季，冬春则干寒，水利灌溉事业的兴建使北方的农业生产得以一定保障，使农业有一个较稳定的收入，改变了以前听天由命的原始农业局面，促进了农业的发展。

耕作技术的进步是战国农业发展的又一个重要原因。由于长期的耕种，农民积累了

---

① 都江堰是世界文化遗产。都江堰位于四川省都江堰市城西，坐落在成都平原西部的岷江上，始建于秦昭王末年（约公元前256年—前251年），是蜀郡太守李冰父子在前人鳖灵开凿的基础上组织修建的大型水利工程，由分水鱼嘴、飞沙堰、宝瓶口等部分组成，两千多年来一直发挥着防洪灌溉的作用，使成都平原成为水旱从人、沃野千里的"天府之国"，至今灌区已达30余县市、面积近千万亩，是全世界迄今为止，年代最久、唯一留存、仍在一直使用，以无坝引水为特征的宏大水利工程，凝聚着中国古代汉族劳动人民勤劳、勇敢、智慧的结晶。

② 郑国渠是公元前237年，秦王政采纳韩国水利家郑国的建议开凿的。灌溉面积达18万公顷，成为我国古代最大的一条灌溉渠道。按照《史记》记载，郑国渠流经今天陕西省的泾阳、三原、高陵、临潼、阎良等县，绵延300余里，相当于124公里，灌田4万余顷（4万秦顷合现代2.8万顷，即280万亩）。郑国渠自秦国开凿以来，历经各个王朝的建设，先后有白渠、郑白渠、丰利渠、王御使渠、广惠渠、泾惠渠，至今造益当地。引泾渠首除历代故渠外，还有大量的碑刻文献，堪称蕴藏丰富的中国水利断代史博物馆。

大量生产经验，到战国时期，中国农业开始由原始粗放经营进步到初步的精耕细作阶段，其主要表现为农时的合理安排、土地的改良和施肥、选种等。

在农时的合理安排方面，《吕氏春秋》把农事操作结合到二十四节气，用物候的方法较准确地测定气温，以定农作时间，如："冬至后七日，菖始生……于是始耕。"战国知道不违农时的重要性，《荀子·王制》载："春耕、夏耘、秋收、冬藏，四者不失时，故五谷不绝而民有余食也。"

在土地的改良和施肥方面，《吕氏春秋·任地》总结了改良土地的五项原则，其文云："力者欲柔，柔者欲力；息者欲劳，劳者欲息；棘者欲肥，肥者欲棘；急者欲缓，缓者欲急；湿者欲燥，燥者欲湿。"针对土地的不同特点，进行针对性改良，以适应栽培农作物的需要。另外，战国已知道对农田进行施肥的技术，如焚烧草木和动物骨头以其灰肥田。《孟子》中有"粪其田"的记载。《荀子·富国》亦云："掩地表亩，刺中殖谷，多粪肥田，是农夫众庶之事也。"过去土地的肥力依靠土地自然恢复，所以土地常要休耕，战国的施肥技术改变了这种落后状况，提高了土地利用率，增加了单位面积产量。[87]

战国时期已经重视选择优良品种。人们已开始对土壤进行研究，主张先分辨土性，挑选适宜种植在某种土壤里的农作物来播种。农业的显著进步，开创了中国农业精耕细作的传统。当时农民们已经知道用人力来改变土壤的现状，通过精耕细作使单位面积产量有所提高。在播种方法上，农民在农业生产中也逐渐摸索出经验。保证农作物通风、吸收阳光、促进农作物茁壮生长的先进耕作方法。

精耕细作大大促进了农业生产的发展，这些耕作技术的推行，其本身就说明战国农业发展已达到一定的高度。战国农业发展另一个重要的客观条件是生产关系的变革。奴隶制经济下因获得小块赏赐地的士兵变成军功小农，他们有了自己的土地，生产的积极性空前提高。生产关系的变革，更有利劳动生产力的发展。封建制的采用在当时是一个巨大进步，从而促进了战国经济的发展，农业也因此达到一个新水平。[88]

6.7.3 手工业发展

战国初期，手工业已经比较发达。从《周礼·冬官·考工记》记载看，战国时期，制车业的手工场较大，其分工更加精细，有所谓的"一器而工聚焉者，车为多"的记载。当时，各个大规模的制车手工厂不仅生产大量的兵车，而且制造了大量的用于交通运输及载货的车辆，用来进行商品贸易。此时的舟船制造业也相当发达，各国普遍建有大规模的造船厂，不仅能够建造数量众多而坚固的战船，而且能够建造载重量极大的运输商船。

战国时期，由于冶铁技术的进一步发展和铁矿的开发，使冶铁和铁器制造业崛起，是这一时期手工业飞跃发展的标志之一。当时冶铁和铁器制造业的蓬勃发展，主要表现在冶铁工艺的进步上，除了已能进行生铁冶铸和毛铁锻造外，还能够对生铁铸件进行柔化处理，并出现了白口铁与灰口铁混合的麻口铁，其耐磨、滑润和耐腐的性能比一般铸铁要高。炼铁所用高炉，虽无完整的实物发现，但从出土的薄铁铸件推断，可知当时的高炉已经超过了初级阶段。这时，铁器制造业的产品，已经有犁铧、铲、镰、锸、锄、斧、锯、锤、刀等农具和手工工具。正是在铁器制造业所达到的发展水平之上，铁制工具对战国经济的飞跃发展起到了决定性的作用。[89]

铁制手工工具出现后，首先在采矿业中得到了迅速的普遍使用。湖北大冶铜矿山战国铜矿遗址，共发现14件采掘工具。除了1件木器外其余13件均为铁器。但是，同一地区另一个春秋时期的铜矿遗址，却只有铜斧、铜锛，而完全没有铁器。至于在其他手工业部门，《管子·海王》所记："金铁官之数曰，一女必有一针一刀。"可见，战国时的妇女手工工具和木工、车工的工具，主要是铁器。辉县战国魏墓出土的铁制斧、凿、削小刀等手工工具证实了《管子》一书的上述记载。

铁制手工工具广泛使用之后，战国手工业各部门获得了巨大的发展。在采矿业方面，湖北大冶铜绿山战国铜矿遗址不仅发现了大量铁制采掘工具，而且矿井深达50米以上，发掘面积120平方米，包括5个竖井、1条斜巷和10条平巷。[90]该遗址采用竖井、斜井、平巷、斜巷相结合多中段的开拓方式，初步解决了井下的通风、排水、运载、提升、照明和巷道支护等一系列复杂的技术问题。同这一地区另一座春秋时期铜矿遗址相比，在开采工具和开采技术方面均有重大的进步。

在青铜器制造业方面，同春秋相比，战国时期的制品更为精致，造型精巧，文饰工丽，花纹细致繁复。青铜器上普遍采用"金银错"工艺，即在铜器表面镶嵌金银丝，构成文字或图案。战国中晚期，这种工艺高度发展，金银错施用的范围空前扩大，"不只是在兵器、礼器和用器上，而车器、符节、玺印、铜镜、带钩和漆器铜口、铜耳等，也多有精细的金、银纹饰"。[91]固围村一号战国墓出土的衡木饰、棺饰、盖弓冒都是用细如毫发的金银丝和不同颜色的金属对比衬托，构成和器形相适应的图案花纹。这些都反映了当时金银错工艺的新水平。[92]当时，一些新工艺如镂刻以及金银错的出现，就和铁工具的使用有一定的关系。

在兵器制造业方面，战国的兵器比春秋更为锋利，坚韧、精美。特别是在楚、韩等国，铁兵器在整个兵器中已占有不小的比重。长沙、衡阳的64座战国楚墓出土的70多件铁器中，就有33件是铁制兵器。

在造车业方面，由于生产发展的需要，木车则成了陆路交通的主要运载工具。《韩非子》书上的宋国"市南门之外，甚众牛车"(《韩非子·内储说上》)以及临淄市内沿途的"车毂击，人肩摩"(《战国策·齐策一》)，都说明木车已是当时必不可少的主要运输工具。孟轲（约公元前372年—前289年）在阐述他的"通功易事"理论时，把"梓匠轮舆"作为手工业者的代称，也可以说明造车业在战国时有了的发展。

在造船业方面，出现了巨大的木船和战船。据张仪所说："秦西有巴蜀，大船积粟，起于汶山，船载五十人与三月之食，下水而浮，一日行三百余里。"已出土的战国时的"水路攻战铜鉴"和"百花潭铜壶"上面，刻有承载多人的双层战船图案，也可以反映出战国造船业所达到的先进水平。[93]

在建筑业方面，最能代表当时建筑水平的是城市、宫廷建筑。战国时期出现了更多的城邑、宫室。战国都城主要由郭城和宫城两大部分组成。郭城只有一个，其内为封闭的官署、居民区、手工业作坊和集中的市；宫城往往不止一个，建有大量的台榭。主要宫殿皆设于制高点。郭城内和市都有围墙密封。

在其他手工业部门，如纺织、陶瓷、编织、漆器、皮革、酿酒等方面，也都有不同程度的发展。这种发展，就每个部门来说，都是世代经验积累和不断革新工艺技术的结果。每一个具体的手工业部门都是当时整个生产体系的一个组成部分，它的存在和发展同农业与手工业生产的发展相互制约和影响，而铁工具的广泛使用对手工业各部门的发展起到了巨大的推动作用。

6.7.4 商品经济

战国时期是中国历史上的一个重要发展阶段，商品经济是战国社会经济生活中的有机组成部分，诸侯国为实现富国强兵目的推行的重商政策对商品经济发展起到了重要的保护和促进作用，使商品经济发展到较高水平，商人的身份得以确认，并取得了与士、农、工同等的社会地位，其所从事的商业贸易成为社会经济生活的重要组成部分。随着社会分工和生产力的发展，商品生产活跃起来，市场商品种类和数量增多，并以前所未有的速度发展起来。

战国时期，伴随着商品经济的发展，出现了一批繁荣的商业城市。“燕之涿、蓟，赵之邯郸，魏之温轵，韩之荥阳，齐之临淄，楚之宛、陈，郑之阳翟，三川之二周，富冠海内，皆为天下名都。”其中，最为著名的当首推“陶”，被誉为“天下之中”。齐国都城临淄也因商业发达而闻名天下。史载“临淄甚富而实，其民无不吹竽、鼓瑟，击筑、弹琴，斗鸡、走犬，六博、蹹踘者；临淄之途，车毂击，人肩摩，连衽成帷，举袂成幕，挥汗成雨；家敦而富，志高而扬”，其商业发达和繁荣景象跃然纸上。[94]

商品经济发展繁荣的表现之一就是市场的发展和完善。春秋时期，为适应商品经济发展，“市”的数量明显增加。这时各诸侯国的都城都设有市。如《左传》中记载的周“王城之市”，楚国的“蒲胥之市”，甚至出现了“齐桓公宫中七市”的现象。都城以外的其他城邑和城乡之间也都普遍设有市场。但是到了战国时期，“市”的建立已经成为普遍，商品种类更为丰富，所有“被服饮食奉生送死之具”，以及东西南北的土特产品，在中原市场上都可以买到。商品交换的地域范围更广，“北海则有走马吠犬焉，然而中国得而畜使之。南海则有羽翮、齿革、曾青、丹干焉，然而中国得而财之。东海则有紫纡鱼盐焉，然而中国得而衣食之。西海则有皮革、文旄焉，然而中国得而用之”。商品经济之发达由此可见一斑。

商品经济的繁荣是社会生产力发展的结果。战国时期，社会生产力得到了很大的发展，主要标志就是铁器的普遍使用。春秋末期就出现了用于农业生产的铁农具。随着冶铁技术的提高，战国时期，铁器已经广泛应用于社会生产和生活的各个方面。铁制工具的广泛使用，有利于水利的兴修，保证了农业生产的顺利进行。哀公九年，吴王夫差开凿了运河邗沟，目的是北上争霸，运送军队与军粮，但后来却使运河两岸收获了灌溉之利。除此之外，魏国开通了鸿沟、建造引漳水溉邺的工程，齐赵魏在黄河两岸修建堤防，李冰主持修建的都江堰水利工程等，都对当地的农业生产和水运交通起到了重大的推动作用。牛耕的采用和生产方式的变革，以及一些大型水利工程的兴修与生产技术的改进，提高了生产效率，开垦了大片荒地，保证了农业生产的发展，使农业生产进入了一个新的发展阶段。农作物单位面积的产量也得到了大大地提高，从而为商品交换提供了充足的物质基础。[95]

与此同时，尽管农业生产力水平有了明显的提高，但商品的供应量是有限的，就农民来说，他们提供商品，是以男耕女织为主要内容的自然经济为基础的。农民只有在满足自身需要和向地主缴纳地租，或者向诸侯国缴纳赋税以后有多余时，才可能向市场提供一定量的劳动生产物[96]，参加交换。因为他们必须从外界获得盐、铁等自己不能生产的生活和生产用品，也必须从市场得到货币以支付国家的税收。因此，尽管农民生产的基本目的是维持自己的生存，并不是主动、积极的商品生产者，绝大部分农业生产者为了自己的生存，必须拿出一部分产品用于交换，它在当时所占的比例较小，仍然保留一部分产品投入市场。当时社会商品的主要提供者是私人手工业者。他们的生产目的主要是交换。但是，当时的私人手工业生产也主要是以家庭成员为主要劳动者的小手工业。这种私人手工业能向市场提供的商品也是很有限的。① 根据市场供需关系可知，总供给与总需求的增加使供给曲线和需求曲线均向右移动，商品市场在资源配置的作用下达到了新的平衡，但是交易次数相较过去更加频繁，从侧面反映出商品交换的发展极大地推动了商品经济的繁荣。

战国时期诸侯国实行的重商政策为商品经济发展繁荣提供了重要政治保障。重商政策，是指统治者出于政治和经济目的，采取的有利于促进商品经济发展的政策措施。战国时期诸侯国之间相互兼并，为求得生存与发展，诸侯国推行重商政策，以发展经济，巩固统治。

随着战国时期的“通商宽农”政策的实施及各国之间互通有无的社会需要，商业活动越来越成为社会经济生活中重要的有机组成部分。社会分工的扩大和细分，加之生产活动所具有的很强的区域性，客观上也要求商品交换存在，“以其所有易其所无”，使“四民”之间和地区之间互通有无，满足社会生活的需要，保证社会生产的发展和延续。在重商主义的政策下，农民不从事手工业，可“以粟易械器”，而手工业者不耕田，也能“以其械器易粟”，农民和手工业者各自可以自己的劳动产品通过市场交换获得自己所需要的商品。[97]而且，战国时期商人的身份得以确认，并取得了与士、农、工同等的社会地位，他们在商品交换中起中介作用，成为当时社会上活跃的人物，其所从事的商业贸易也就顺理成章地成为社会经济生活的重要组成部分。商业贸易和农业、工业生产一样成为社会发展不可或缺的经济活动。正如司马迁（公元前 145 年—前 90 年）所说：“待农而食之，虞而出之，工而成之，商而通之”“此四者，民所衣食之原也”。[98]

① 在当时的自然经济条件下，农民耕种的土地很少。据《孟子》说：“今也制民之产，仰不足以事父母，俯不足以畜妻子，乐岁终身苦，凶年不免于死亡。”即使这样，统治者在除了“以其常征，收其租税”，“以其常役，修其城郭”外，还要“厚作敛于百姓，暴夺民衣食之财”。农民受到地主、封建国家的剥削，无力改善生产经营，农业生产水平低下。而且，就全国来说，农业生产的发展又是很不平衡的。按史籍记载，一些地区已经使用铁制生产工具，讲究耕作方法；而在另一些地区，如“楚越之地”，则尚处于“火耕而水耨”，民“无积聚而多贫”的状况。更加上诸侯争霸，战争频繁，许多农民常常远离家乡，逃亡到山林中去，脱离农业生产。还有频繁的天灾。所有这些，就使当时农民只能向社会提供极其有限的商品。

在战国时期的各种农业经济形态中，小农的自给程度最低，市场依赖性最强，因此在小农经济占据社会经济主导地位时，就会给商品经济提供最有效、最强烈的需求，从而推动市场发展到一个较高水平。

小农的盛衰决定了市场的盛衰，市场的盛衰决定了国家农业税收形态，因此在小农兴盛的战国时期，不仅看到了商品经济的繁荣，也看到国家赋税的极大货币化。在整个战国时期，自耕农始终是农业领域主导性的生产者，而佃农除了需租种地主土地外，其经营模式与自耕农并无二致，因此，小农经济在这个时期仍然是社会主导性的经济类型，它的盛行必然推动着商品经济的繁荣。

6.7.5 货币的生产与流通

在商品生产与商品流通中，货币担当着一个重要的角色，使生产者与消费者之间架起了桥梁，使交换活动变得简而有序。西周时期，尽管货币形态已在萌芽之中，生产者之间的交换，主要是以物易物的方式。随着铸铜业的发展，担当货币职能的金属贝出现，也但其流通功能并不发达，主要是用作贵族之间或上下等级之间的转让、馈赠和支付。[99]春秋时期，“工商食官”制解体，私营手工业出现并获得极大发展，商业贸易扩大，交换逐渐重要。原来物物交换及贝币的使用远远满足不了需要，铜质铸币随之应运而生。山西侯马发现春秋战国之交的空首布工场即是明证。[100]当时的铸币工业已从铸铜手工业中分离出来，成为专门的生产部门，并且为官府所控制。私人不被允许铸铜币。

春期时期已出现了币制的多样化，金属币有圜钱、刀币、布币等。即便这样，货币的职能还没有得到充分的发挥，这可从文献记载得到证明。如《左传》中所载的各国之间、贵族之间的经济交往，不管是贿赂、赎偿、馈赠、献纳、犒聘、求货、掳掠，大都是车马衣帛器物之类，而非货币。由此说明，春秋时代货币职能虽有发展，但实物交换仍大量存在。

而春秋末期变法以后至战国时代，封建经济关系确立，手工业生产繁荣发达，尤其是矿冶业空前发展，既为经济的发展提供了物质与技艺条件，也为货币职能的充分发挥提供了广阔的舞台。各国利用自己的冶铸工业的优势，纷纷制造自己的货币。从出土的货币和发现铸币遗址等看，此一时期，货币制造工艺进一步发展。

这一时期，从周王室到各列国，都先后形成了集中的铸币中心，这可从金属币上的地名得到证明，如周王室的洛阳铸币中心，齐国以临淄、历城、莒邑等为铸币中心，燕国有燕下都、襄平等，赵国有西都、邯郸、柏人、晋阳等，楚国有寿春、陈、郢等，秦国有咸阳、皮氏、平原、济，其中除咸阳外，其他铸币中心都是秦国占领三晋等地区后，新设的铸币作坊。各国铸币作坊在考古中也有所发现。如洛阳东周王城铸钱遗存，[101]燕国燕下都遗址的铸钱作坊，齐国临淄故城小城南郊铸钱遗址等。[102]

由于商业的繁荣与货物交易的广泛，货币使用量较大，各国都有多处铸钱作坊，大规模地制造货币。作坊都控制在官府手中，从中央到地方都有大大小小的铸钱作坊。为此，各国还设立了专门的机构来管理货币铸造事宜。如楚国设铜官“铸钱洲上，遂名铜官”（《七国考·楚职官》）。又设有“三钱之府”，专门掌管金银、铜币的铸造与储藏。时各国中央铸造的钱币，其特征是币上无地名，或地名较少。如齐法化为齐中央所铸之币，即墨、安阳刀币则为这两个地方政府铸造并发行，如此等等。当时一些封君也在自己的封地上制造货币，如吕不韦被封为文信侯，他所铸造的文信钱多有发现，其性质当属地方政府所造。并且，由于货币关系的发达和冶铸业的发达，尽管当时各国严禁盗铸，但私人盗铸也是不可避免的。如《韩非子・内储说上》就记载楚国“荆南之地，丽水之中生金，人多窃采金。采金之禁，得而辄辜磔于市，甚众，壅离其水也。而人窃金不止”。黄金为当时的上币，相当贵重，在商品货币价值观的影响下，即便是被杀的盗金的人甚多，也仍然不能完全阻止此一现象，其他盗铸铜币的也当如此。[103]

当时所造的铜质货币主要有三晋所制造的铲形的布币。种类有空首布、方足布、尖足布和圆足布，都为中央或地方官府的作坊所铸造。赵国还制造有一种甘丹、白人等字样的小刀布，还有一种有郭的小圆钱，可能是受齐、燕、秦国的影响所致。齐国、燕国，主要制造并流行的货币是刀币。燕齐的刀币，从上面铸有地名字样多样化来看，也不是由国家统一铸造的。楚国主要流行的是一种铜贝，为仿照海贝所铸造的货币，上面有不可辨认的字，过去都是按其形状称为蚁鼻钱或鬼脸钱。此外还铸造流行一种“殊布当釿”“四布当釿”的布币。

西周和东周流行的货币，都是有郭的圆钱，上铸有“西周”“东周”字样，还有一种铸有“东周”字样的空首布。秦国，据记载，在战国时期才开始使用货币。其铸造的多是有郭的圆钱。

战国时主要流行以铜为原料铸造的、被称为四大铜币体系的布币、刀币、圆钱、蚁鼻钱货币。这四种货币，尽管为各国所铸造，但随着商品经济的发展，经济贸易不受此疆彼界的限制，一般情况，各国货币可以相互流通，并且随着兼并战争的频繁、扩大，战胜国往往把本国的铸币推行到占领区。因此，一个地区往往有几种货币在流通使用，这也得到了考古资料的证实。此外，黄金也从春秋时开始进入流通领域，但到战国时才作为一种普遍使用的货币。如果说四大铜币体系虽有交流但仍有各自流通范围，彼此间仍有界限阻隔，而黄金的流通则不受任何限制。由于黄金作为货币有许多优点，因而在各国得到了普遍的使用，担当着大宗支付的共同货币的角色。[104]

铜币与黄金币等的广泛流通与使用，与当时的金属冶铸业和铸币工业的发展分不开的。当时铸币工业的技艺相当成熟。在战国时期，无论是制模翻范、烘烤，还是泥范、铜材熔化和浇铸等，都已非常规范、进步。例如制模翻范，是铸币技艺中最严格、精密、技艺最复杂的工艺技艺，当时也不存在任何技术问题。洛阳东周王城遗址地区铸钱遗存的钱范制作，极富代表性，其钱范质地主要为陶范与石范。其陶范范质纯净、细密坚硬，呈灰褐色，内羼有少量细砂。做法是先制成范坯晾干，将面、背范合成一箱，修整后入窑焙烧，再刻制出芯座、浇道和钱型。陶范在约1 000℃的高温下烧成后，[105]将铜材在炼埚中熔化后，即可铸造钱币。战国早中期的陶范一次只能浇铸一枚铜币，无法进行批量生产。而到战国末期以后，出现了一次可浇铸数枚铜币的石质钱范。如文信钱石范采用质地细腻的滑石刻成，这种石料虽有透气性、收缩性较差的特点，但也有硬度低、质地细密，易于雕刻、耐高温等特点。此范中部为一直浇道，左右两侧各有一排数枚钱模。[106]这种一次可铸造多枚钱币的工艺，是与当时货币经济的发展相联系，反映了当时商业贸易、民间交往等经济活动中需要大量货币的事实。

货币是工商业发展的产物，又是工商业发展的条件。金属货币的广泛流通总是同商品经济的发展相平衡，并起着促进商业贸易等经济活动的作用。并且，随着商业贸易的发展，共同货币或作为大额支付手段的货币如黄金的流通，更能促进商业活动的扩大与深入。战国时，货币出现并被广泛使用后，更促使社会经济生活发生了深刻的变化，商品货币关系进一步加强，货币的作用已无处不在。如《尚贤中》所载，“士受资以币，大夫受邑以币，人马受食以币”。[107]即是说，俸禄、采邑的收入，人们应得到的东西或支付，都采用货币支付。商品货币关系已经发展到社会生活的各个方面，当时农业雇工、手工业雇工都采用钱币支付的手段，而且还可以用钱来赎罪，所谓的“千金之子，不死于市”[108]（《货殖列传》），正是昭示了这一事实。不仅如此，当时工商业的发展和货币的流通，还催生了高利贷的产生。这些都是手工业与商业发展所带来的结果，但反过来又促进了商业的发展。战国时期一大批工商业城市的出现和大批的私营工商业的出现便是最好的明证。

6.7.6 人口增减

中国先秦时期的人口在春秋时期徘徊在 1 200 万人左右，到战国初期以后，人口不断增长，到公元前 4 世纪前期，中国人口出现了历史上第一次飞跃增至 3 200 万人左右。其主要表现在地区开发与居民点的密布。战国时期封建制取代奴隶制，为社会的发展开辟了广阔的前景。由于铁器牛耕在农业上的广泛使用，既促进了农田的大量垦辟，又提高了耕作技术，社会经济大大发展，使春秋时期原散在于各国之间的“隙地”，陆续得到开发。大小城邑和新的居民点，有如雨后春笋般地涌现出来。“千丈之城，万家之邑相望也”[109]“三里之城，七里之廓”[110]比比皆是。齐国已是“邻邑相望”[111]，“鸡鸣狗吠之声相闻，而达乎四境”[112]，魏国则“庐田庑舍，曾无当牧牛马之地”。[113]齐国孟尝君封于薛，有户六[114]。秦吕不韦封文信侯，“食河南洛阳十万户”，有“家憧万人”，“食客三千”[115]，从封地户口之众，也反映了当时人口的稠密。

另外，战国前期人口增长的另一个主要原因是和当时先秦诸子提出了许多发展人口的主张有密切的关系。儒家学派的代表人物孟子（约公元前 372 年—前 289 年）云：“诸侯之宝三：土地、人民、政事。”[116]把繁衍后代看作是人们“奉先思孝”的首要前提，要求成年男女及时婚配，做到“内无怨女，外无旷夫”[117]，荀子（约公元前 313 年—前 238 年）也强调“土之与人也，道之与法也者，国家之本作也”[118]。各国统治者对人口增殖极为重视，秦朝商鞅公然以邻为壑，“徕三晋之民”[119]，魏国不得不颁布“奔命律”及“户律”以进行抵制。魏惠王（公元前 400 年—前 319 年，公元前 369 年—前 319 年在位）并以“邻国之民不加少，寡人之民不加多”[120]而深为忧虑。

但战国早期对人口增长的论述，已不同于春秋时期，由于人口的繁衍，商鞅在提倡增加人口时，已指出人口与土地必须保持平衡的问题，他说：“民过地，则国功寡而兵力少；地过民，则山泽财物不为用”，主张“民胜其地者，务开；地胜其民者，事徕”[121]。

他并提出保持人口与土地二者平衡的比例："地方百里者，山陵处什一，薮泽处什一，溪谷、流水处什一，都邑、蹊道处什一，恶田处什二，良田处什四，以此食作夫五万"，并称之为"制土分民之律"[122]。

到了战国后期，集法家思想之大成的韩非子，在论述当代人口时指出："人民少而财有余，故民不争"，"今人有五子不为多，子又有五子，大父未死而有二十五孙，是和以人民众而货财寡，事力劳而供养薄，故民争，虽倍赏累罚而不免于乱"。[123]韩非子所在的韩国，战国早期即已"地狭而民从"，"其土不足以生其民"，到了韩非子生活的时代，人口与土地不平衡的情况更为突出。因而他一反以前思想家因人口稀少而鼓吹人口增殖的常态，为人多而深感忧虑。从商鞅开始提出人口与土地的数量必须保持平衡，至韩非子主张人口的增长不得大于财货的增长，这些人口思想正是在战国时期人口大量增长的背景下产生的。[124]

战国中期以后，尽管农业经济有所发展，但人口却呈现了大幅度减退的趋势。连绵不断的兼并战争，成为遏制战国时期人口增长的主要因素。齐、楚、燕、韩、魏、秦等七国的人口总数大约从公元前 474 年的 3 000 万人减少到公元前 221 年的 2 000 万人，与战国时期的峰值相比，减幅至少达三成。而人口下降的主因是因战争引起的大规模的死亡现象，如周赧王（？—前 256 年，公元前 315 年—前 256 年在位）二十二年（公元前 293 年）秦将白起（？—前 257 年）在伊网一役，消灭韩、魏联军 24 万人，周赧王五十五年（公元前 260 年）的长平之战，秦、赵、韩三国动员兵力更在 100 万以上，秦将白起生俘并坑死赵军达 40 万之众。公元前 364—前 245 年，仅秦国在战争中斩首、坑俘即达 182 万人。人口的急速减退，导致劳动力人口严重不足，在一定程度上影响了经济发展。尽管如此，战国末期的人口达到了 2 000 万的规模，这在当时世界上是无与伦比的，它成为以后秦汉统一的中央集权封建国家建立的基础。

6.8　秦汉时期的经济

6.8.1　农业

秦汉时期（公元前 221 年—公元 220 年）重视农业生产。牛耕在春秋战国时代已获得了初步的推广，但从春秋到西汉初期，在出土的铁农具中，铁犁的数量既少，形制也比较原始，反映出当时牛耕的推广还很有限。到了西汉中期，情况发生了很大的变化。铁制农具得到了广泛的使用并取代了铜制农具和木制农具。在汉武帝时期，据《汉书·食货志上》记载：搜粟都尉赵过在长安附近及三辅地区，教民"用耦犁，二牛三人"。平帝元始二年（公元 2 年），据《汉书·平帝纪》记载："罢安定呼池苑以为安民县，起官寺市里，募徙贫民，县次给食，至徙所赐田宅什器，假与犁牛种食。"据《后汉书·王景传》记载：东汉明帝永平以前庐江一带"百姓不知牛耕"。永平十三年（公元前 70 年），王景赴任庐江太守，"教民犁耕。由是垦辟倍多，境内丰给"。据《后汉书·任延传》记载：东汉以前，九真地区还是"俗烧草种田"。光武帝建武初期，任命任延为九真太守。"九真俗以射猎为业，不知牛耕。……延乃令铸作田器，教之垦辟田畴。岁岁开广，百姓充给。”这是长江流域和岭南地区用牛犁耕田。据《后汉书·鲁恭传》记载：和帝初，鲁恭上疏说：“三辅、并、凉少雨，麦根枯焦，牛死日甚”，这是西北关陇等地区用牛耕。[125]

在出土的西汉中期以后的铁农具中，犁铧的比例明显增加；目前已出土的汉代犁铧，绝大部分属于汉代中期以后。陕西关中是汉代犁铧出土集中的地区，多为全铁铧。一种是长40厘米左右、重9～15公斤的巨型大铧，即汉代文献称为“铧”（《说文》）者。有人进行过复制和试耕，认为是“数牛挽行”用以开大沟的，即古农书所载用于修水利的“浚犁”；一种是小型犁铧，是从开沟播种用的古犁演变而来的，《齐民要术》称“耩”，是一种小型无壁犁铧，用以中耕除草壅苗开浅沟的；再一种是长约30厘米、重约7.5公斤的舌型大铧，这是西汉中期以后最主要的耕犁。这种舌型大铧又往往和铁犁壁同时出土，说明这种汉犁已经装上了犁壁。犁壁的作用是使犁铧翻起的土垡断碎，并向一定方向翻转。汉代既有向一边翻土的菱形、瓦形和方形缺角壁，也有向两侧翻土的马鞍形壁。在汉代的壁画和画像砖石刻中有不少“牛耕图”，从中可以看到汉犁的整体结构和牵引方式。完整的汉犁，除了铁铧外，还有木质的犁底、犁梢、犁辕、犁箭、犁衡等部件。犁底较长，前端尖削以安铁铧，后部拖行于犁沟中以稳定犁架。犁梢倾斜安装于犁底后端，供耕者扶犁推进之用。犁辕是从犁梢中部伸出的直长木杆。犁箭联结犁底和犁辕的中部，起固定和支撑作用。犁衡是中点与犁辕前端联结的横杆。以上各部件构成一个完整的框架，故中国传统犁又称“框形犁”。这种犁用两头牛牵引，犁衡的两端分别压在两头牛的肩上，即所谓“肩轭”。这种牛耕方式俗称“二牛抬杠”，也即文献中所说的“耦犁”。

《汉书·食货志》载，汉武帝（公元前156年—前87年）末年赵过为搜粟都尉，推行代田法。与代田法相配合，“其耕耘下种田器皆有便巧……用耦犁，二牛三人”。所谓“耦犁”，当指以二牛牵引为动力，以舌形大铧和犁壁为主要部件的框形犁。正如先秦时代称二人并耕为“耦耕”一样，汉代也把二牛拉犁称为“耦犁”。至于为什么要“二牛三人”，根据民族志的材料分析，是因为耦犁发明之初，犁箭是固定的，从而犁辕与犁底之间的夹角也是固定的，不能起调节耕地深浅的作用，所以耕作时除了牵牛人和掌犁人外，还要有站在犁辕旁或坐在犁衡上以掌握调节耕深的压辕人。后来发明了活动犁箭或功能相似的装置，耕牛也调教得更为驯熟，压辕人和牵牛人就可以省掉，因此，在东汉的牛耕图中看到，一般只要两牛两人或两牛一人就可以了。由此可见，耦犁是包括改进了的犁铧、与之相配合的犁壁、结构比较完整的犁架以及双牲牵引等内容的一个完整的牛耕体系。耦犁既区别于人工操作的耒耜，也区别于亦耒亦犁、亦锸亦铧的古犁；它的出现，使中国的耕犁最终告别了耒耜，发展到了真犁即正式犁的阶段。采取耦犁等便巧农器大大提高了农业劳动生产率，据《汉书·食货志》记载，二牛三人可耕田五顷，相当于“一夫百亩”的12倍。正因为使用耦犁的劳动生产率大大超越了耒耜，牛耕才在黄河流域获得真正的普及，铁犁牛耕在农业生产中向主导地位才真正确立起来。耦犁之外，赵过在推广代田法时所用的田器中，还有耧车。耧车是一种畜力播种工具。据东汉崔寔（约103—约170年）《政论》的记载，耧车由三只耧脚组成，即三脚耧。三脚耧，下有三个开沟器，播种时，用一头牛拉着耧车，耧脚在平整好的土地上开沟播种，同时进行覆盖和镇压，一举数得，省时省力，故其效率可以达到“日种一顷”。耧车经过后人的改进，还用于中耕、施肥等多种作业。

耦犁、耧车等新农具由此得到了推广，使中国封建社会农业生产力的发展上了一个新的台阶。农业的发展，产量的增加，又促进了谷物加工工具的进步。人力操作的、畜力牵引的、水力推动的石磨、石碓相继出现。利用风力清洁谷物的机械——“飏扇”，即风车亦已发明。这一切使汉代的农具种类趋于完备，对提高劳动生产率具有重要的意义。

秦汉时期主要粮食作物种类与战国以前大体一致。《氾胜之书》① 以禾、秫、稻、黍、小麦、大麦、大豆、小豆、麻为九谷。粟仍然保持最重要粮食作物的地位。汉代人称“稷”为“五谷之长”，考古发现的有关遗物也多。大豆与粟并列为最主要粮食的现象从春秋战国之际延续至西汉初年。《氾胜之书》宣传大豆的重要性，要求每人种五亩大豆。汉代大豆的利用方式也更加多样化，豆豉、豆腐、豆芽、豆酱相继出现，其中豆腐发明的意义尤大。但西汉以后大豆种植面积似乎有所减少，原因可能在于小麦种植的发展。

秦汉时期的农作物在前代的基础上更加丰富多样，主要表现在：粮食作物更加丰富。据许慎（约58—约147年）编纂的《说文解字》记载，到东汉时期已有八个麦的品种，七个禾的品种，六个稻的品种，四个豆的品种，麻的四个品种，黍有三个品种，竿有两个品种；麦和水稻的种植更加普遍成为主要的农作物，麦在北方得到大力推广，南方的粮食种植主要是水稻并且已经推广到北方的部分地区，麦和稻成为人们的主要粮食来源；蔬菜和经济作物的品种进一步增加。据《四民月令》记载，当时的蔬菜有瓜、瓠、葵、冬葵、苜蓿、芥、芜菁、芋、荷、生姜、葱、青葱、大蒜、韭葱、蓼、苏等。经济作物主要有桑、麻、芝麻、蓼蓝和胡瓜。雄麻主要用其纤维制造亚麻布及其他织物，雌麻则和芝麻和白苏等作为油料作物，蓼蓝作为蓝色染料作物，麻籽已不再作为谷物食用；秦汉时期与西域联系沟通频繁并进行了物资交流，从西域引入了西瓜、黄瓜、蚕豆、青葱、大蒜、胡椒、芝麻、葡萄和苜蓿等作物。[126]

战国以来，麦类种植尤其是冬麦种植也有很大发展。这种发展开始主要是在黄河下游地区；《淮南子·地形训》等提到“东方”“其地宜麦”。西汉中期，汉武帝接受董仲舒（公元前179年—前104年）的建议，在关中地区大力推广冬麦种植（《汉书·食货志上》）。西汉末氾胜之“教田三辅”，在推广种麦方面做出了很大成绩（《晋书·食货志》）。目前，在黄河流域已发现不少汉代麦作遗存。南方的“楚越之地”，向以“饭稻羹鱼”著称。随着南方人口的增加和农田水利的开发，水稻生产也不断增长。巴蜀、江南、淮南、南阳、汉中等都是当时重要的稻产区。在北方，农田水利的发展也导致了水稻的扩展，利用河水淤灌盐碱地往往是和改种水稻相结合的。大麻逐渐退出粮作行列以后，作为纤维作物的重要性增加了。《齐民要术》把“种麻”和“种麻子”分列，而且“种麻”列于“种麻子”之前，并说明种麻子是为了“捣治作烛”。从《四民月令》和《齐民要术》看，一般大田作物不施粪肥，唯独麻田施粪作基肥，足见对纤维用麻生产的重视。农家种麻

① 《氾胜之书》是西汉晚期的一部重要农学著作，也是中国现存最早的一部农学专著。书中记载黄河中游地区耕作原则、作物栽培技术和种子选育等农业生产知识，反映了当时汉族劳动人民的伟大创造。氾胜之书总结了当时黄河流域汉族劳动人民的农业生产经验，记述了耕作原则和作物栽培技术，对促进中国农业生产的发展，产生了深远影响，由此而闻名于世。

很普遍，从曹魏开始，历朝租调中有麻布的征收。秦汉时期还出现了上千亩的大面积的麻田（《史记·货殖列传》）。南方也有种大麻的，但大麻主要产区在北方。

秦汉时期，农业生产多种经营方式并存，主要有个体小生产经营、地主田庄经营和国家经营的屯田，各种经营形式互相补充。

在个体自耕农的小生产经营方式方面，秦汉时期，国家控制大量的个体经营农业的自耕农，一家一户为基本生产单位，既从事农业生产，又从事家庭手工业生产，一般以男耕女织为特征。家庭手工业主要是纺织业。两汉政府通过劝课农桑政策，鼓励家庭手工业，缯帛是家庭手工业的主要产品。农民也把农副产品投向市场，换取货币，交纳税收，购买铁制农具等。故“一夫不耕或受之饥，一女不织或受其寒”。这种男耕女织的一家一户为单位的个体农业经营方式，是商鞅变法以后确立的，它成为中国两千多年封建社会农业生产方式的主要特征。农民多劳动就成果多，也就得到更多的利益，充分调动了他们的积极性。[127]

在大地主庄园经营农业方式上，田庄内的农民与地主有极强的人身依附关系，田庄有自己的武装，庄园主督促农民生产，组织兴办水利事业，推广新的农业技术，提高了劳动生产力，这是个体自耕农难以达到的。据《后汉书·樊宏阴识列传》载，刘秀（公元前 5 年—公元 57 年）的母舅樊宏（？—公元 51 年）在湖阳所经营的田庄，不仅拥有 300 余顷的耕地，而且还经营农林牧渔各业，也从事某些手工业生产，还有一定的商业活动，田庄内自给、自足、自卫。到了东汉中后期，庄园在全国比比皆是。如河南开封人郑太，家内财物丰富，有 400 顷土地。从全国汉墓出土众多的陶城堡、楼阁、院落建筑、陶俑等可以看出田庄的形式。如河南淮阳于庄汉墓出土的庄园模型，田园部分有旱田有水田，安排得井然有序。正院为庭院，周围有墙，院内有楼房、仓房、廊房、猪圈、厕所、厨房、佣人住房等建筑。庄园反映了汉代农业先进的经营方式。李锦山认为，汉代地主庄园经济是汉代农业生产方式的激进变革，“在农业上，由于足够的资金和条件装备先进工具，推广先进的耕作技术，在劳动组织上严格管理，合理分工，保证了农业生产顺利进行，而这一切又引起了连锁反应，使农业带动了牧业、林业、手工业的持续发展。而这些方面的发展，又反过来促进了农业”[128]。也就是说，汉代田庄这种农业经营方式，提高了农业经济的管理水平，提高和解放了劳动生产力，调动了庄园主经营农业的生产积极性。它比个体自耕农的小生产农业经营方式要优越得多。英国的弗·布雷女士曾对汉代地主庄园经济和小农经济作过对比：在种植方面，收入微薄的农民无力试种新作物品种，而庄园则有能力做到并大规模生产。地主不必为生计和纳税而把土地全部用来种植农作物，可以因地制宜，而土地少的自耕农却无法做到。自耕农在经济上没有能力承担商品生产的风险，而地主则有条件这样[129]。可见，庄园农业经营方式比自耕农个体经营方式先进，它促进了汉代农业和农村经济的发展。

从国家屯田农业经营方式上看，官营屯田是由国家组织经营农业生产，可分为内郡屯田和边郡屯田，主要由农都尉、农令、部农长、农亭这个系统管理，国家对屯田卒从生活到生产，实行供给制，屯田收获全部归公，不存在什么田卒缴租的制度[130]。其主要作用是以国家的力量开发边郡农业生产，发展农业经济，减省从内地向边郡长途转输的巨大消耗，节约了财政开支，相应地减轻了内地农民的负担。

秦汉时期，北方防旱保墒耕作技术得到发展。这在《氾胜之书》得到了集中的反映。从《氾胜之书》来看，当时北方旱地耕作注意到了以下几个方面：其一是适时耕作。当时有春耕、夏耕和秋耕之分。春耕的适期在春初解冻之后，夏耕的适期在夏至时，而秋耕则是在秋分的时候。选择这些时候耕作，可能起到事半功倍的效果，“一而当五，名曰膏泽，皆得时功”。春耕、夏耕和秋耕之中，春耕最为重要，且适耕期比较短促，因此，掌握春耕的适期也就显得十分重要而困难，于是当时发明一种埋桩的方法，即将一根一尺二寸长的木桩，埋一尺在地里，留二寸在地面，等到立春之后，土块散碎，向上坟起，把地面上的木桩盖没了，同时去年留在地里的陈根，也可以用手拔出来了，这就是春耕的适宜时期。

其二是因时耕作和因土耕作。土壤性质有强弱之分，耕作的目的在于使强土变弱，弱土变强，以改善土壤结构状况。为此要分别土壤性质的不同，确定适宜的耕作时期和耕作方法。如“春地气通，可耕坚硬强地黑垆土，辄平摩其块以生草，草生复耕之，天有小雨，复耕和之，勿令有块，以待时。所谓强土而弱之也”。“杏花华荣，辄耕轻土、弱土，望杏花落，复耕，耕辄蔺之，草生，有雨泽，耕重蔺之，土甚轻者，以牛羊践之，如此则土强，此谓弱土而强之也。”尽管强土和弱土的耕法有别，但有一点是共同的，即耕作时都必须选择草生和有雨的时候。这样才能达到除草、肥田和保墒抗旱的目的。

其三是及时摩压。坚硬强地黑垆土，容易耕起大土块，如不及时摩碎摩平，就会造成大量跑墒，引起干旱，因此，氾胜之在谈到春耕“坚硬强地黑垆土”时，就强调“平摩其块”“勿令有块”；在谈到夏耕时，又强调“谨摩平以待种麦时”；在谈到大麻地的耕作时，再强调“平摩之”。对于轻土、弱土，由于土性松散，缺乏良好的水分传导，所以供水能力较差。因此，氾胜之在谈到轻土弱土的耕作时，就一再强调“耕辄蔺之”“耕重蔺之”，或以“以牛羊践之”。其目的就在于提墒保苗。

其四是积雪保墒。雪水是北方土壤墒情的主要来源。秦汉时期，积雪保墒已得到了人们的重视。当时，不论是冬闲田，还是冬麦田，都已实行积雪保墒。氾胜之在谈到冬闲田的积雪保墒时说：“冬雨雪止，辄以蔺之，掩地雪，勿使从风飞去，后雪，复蔺之，则立春保泽，虫冻死，来年宜稼。”在说到冬麦田积雪保墒时，又说：“冬雨雪止，以物辄蔺麦上，掩其雪，勿令从风飞去。后雪复如此，则麦耐旱，多实。”可见，中国在汉代不仅重视积雪保墒，而且已经认识到它不仅有抗旱作用，还有防虫、保护越冬作物的效果。

为了适应保墒抗旱耕作的需要，汉代还出现了代田法和区种法。代田法在农学上有以下几个方面的特点，首先是耕地上的沟和垄是相间的，将作物的种子播种在沟里，这样可以达到防风抗倒伏的效果；其次是沟和垄定年互换，这样可以达到“种休更换”的目的；最后是新的配套农具的使用，比如耦犁、耧车。代田法的出现大大提高了土地的利用率和劳动生产率，达到了“用力少而得谷多”的效果。大约在汉武帝征和四年（公元前89年），赵过被任命为搜粟都尉，主管农业生产。他对于农业的贡献主要在于代田法的发明与推广，以及与之配套的农具和动力。前面提到的耦犁和耧车都是他发明的，或是经他推广的。而耦犁和耧车又都是为实施代田法服务的。据《汉书·食货志》记载：

“过能为代田，一亩三甽，岁代处，故曰代田。古法也。后稷始甽田，以二耜为耦，广尺深尺曰甽，长终亩，一亩三甽，一夫三百甽，而播种于甽中。苗生叶以上，稍耨陇草，因隤其土以附苗根。……比盛暑，陇尽而根深，能风与旱，故儗儗而盛也。其耕耘下种田器，皆有便巧。率十二夫为田一井一屋，故亩五顷，用耦犁，二牛三人，一岁之收，常过缦田亩一斛以上，善者倍之。”代田法是由畎亩法发展而来的，它的基本结构也是由亩和畎组成的。据上所述，代田法在技术上有以下的特点：一是沟垄相间。种子播种在沟中，待出苗后，结合中耕除草将垄土壅苗。其作用是防风抗倒伏和保墒抗旱，实际上体现了畎亩法中“上田弃亩”的原则。二是沟垄互换。垄和沟的位置逐年轮换，今年的垄，明年变为沟；今年的沟，明年变为垄，这也就是代田法得名之由来。由于代田总是在沟里播种，垄沟互换就达到了土地轮番利用与休闲，体现了“劳者欲息，息者欲劳”的原则。三是耕耨结合。代田法每年都要整地开沟起垄，等到出苗以后，又要通过中耕除草来平垄，将垄上之土填回到垄沟，起到抗旱保墒抗倒伏的作用。

为了推广代田法，赵过进行了严密的计划与部署。首先，进行小规模试验，在“离宫”内的空地上试验，证实代田的效果确实比“旁田”多收一斛以上；其次，对县令长、乡村中的“三老”“力田”和有经验的老农进行技术训练，“受田器，学耕种养苗状”，再通过他们把新技术推广出去；再次，进行小范围的推广，以公田和“命家田”作为推广对象；最后，大规模地推广，使“边城、河东、弘农、三辅、太常民皆便代田”。由于代田法的这些特点，加之一系列与之相配套的农器，和有计划、有步骤的推广措施，使得代田法确实取得了好的效果，单位面积总产量得以提高，“一岁之收，常过缦田一斛以上，善者倍之”。缦田也就是没有实行代田的平作田。史称“用力少而得谷多”。赵过虽然在农学上的贡献多，但他并没有为后人留下一部农学著作，有人认为《汉书·艺文志》中记录的农书“赵氏五篇”即为赵过所作。

区田法的记载始见于《氾胜之书》。区田法主要包括两种形式：“沟状区田法”和“窝状区田法”。在技术上的特点主要包括：一是深翻耕作区或者沟中的土壤，据《氾胜之书》记载“区田不耕旁地，庶尽地力”，这样可以避免水分和营养物质的侧漏，实现精耕细作、少种多收。二是严格规定每亩地的立苗数和每株苗之间的行距，这样可以充分利用阳光。三是集中施肥灌水，据《氾胜之书》记载“区田以粪气为美，非必良田也”，同时还要进行精细的栽培管理。区田法的这些特点实现了高额丰产的效果。

无论是沟状区田法，还是沟状区田法，它们都具有以下的一些特点：①作区深耕。《氾胜之书》说：“区田不耕旁地，庶尽地力。”就是说，区田在土壤耕作上的特点是深耕作区，区内深耕，不耕区外的土地，以充分挖掘区内土地的增产潜力。②等距点播。宽幅区田所种作物的行距、株距都有一定的规格，呈等距点播形式；方形区田，区的大小、区间距离、每区的株数也都有一定有规格，因而也呈等距穴播状态。可以保证作物有良好的通风透光条件。③集中管理。因为区田不耕旁地，故施肥、灌溉，以及中耕除草都在区内进行，便于充分发挥人力和物力的作用，同时等距点播也便于区内操作。《氾胜之书》说：“区田以粪气为美，非必良田也。”指出区田不一定要有好地，但必须要施肥。总之，区田法的特点是把庄稼种在沟状或窝状的小区中，在区内综合运用深耕细作、合理密植、等距点播、施肥灌水、加强管理等措施，夺取高额丰产。这和后来明代出现的亲田法有相似之处。

另外，蚕桑业在秦汉时期也获得了巨大的突破。在这一时期种桑养蚕也被当时的统治阶级看作农耕业的重要组成部分，政府积极鼓励农户从事桑蚕业。从《四民月令》的记载中我们可以看出当时的农户在农忙之余就会种桑养蚕，一方面是用来自足，另一方面是为了纳赋。两汉时期的地主不但使用“蚕妾”从事蚕桑生产，而且在蚕事大忙季节要动员家中妇女儿童参加劳作，并独自完成养蚕、缫丝、纺织、印染等全部生产过程。另外，在这一时期甚至出现了专业性的以出售赢利为目的桑蚕业，在秦汉时期山东地区就有经营上千亩桑田的，其营业目的是赢利。在这一时期，蚕桑织品不但是人们主要的衣被原料之一，更重要的是它是中央王朝向北方游牧民族交换和对外贸易的最重要的物资，特别是张骞通西域之后，丝绸更成为中国与西方贸易的大宗商品，联系东西方的纽带也因此而称为“丝绸之路”。由于政府的鼓励等方面的因素使得这一时期的桑蚕业得到很大发展，同时桑蚕业在本时期技术上也有了重大突破，首先在种植桑树上开始出现温室栽培技术并得到了大力推广；其次在栽培方法上出现了“地桑”的技术，这种技术就是把桑树种苗撒播在地上，跟种植“黍”等庄稼一样对其进行管理，等桑苗长到一定高度之后就用镰刀从桑苗靠近地面的地方割除，但是不要伤及桑苗的根部，这样在第二年春天的时候，桑苗的根就会发新芽，比起树桑，地桑的桑叶有叶形较大、叶质鲜嫩的特点，同时采摘起来也比较省时省工；最后这一时期在饲养桑蚕上已经开始使用人工加温技术，据《四民月令》记载：“凡养蚕者，欲其温而早成，故为密室，蓄火以置之。”[131]

秦汉时期，重视施肥技术。当时，黄河中下游地区连种制已经定型，轮作复种已有明确记载，间作混作亦已出现。这就对土壤肥料提出了更高的要求。当时人们对于土壤肥力高低和作物产量的关系已有明确的认识。同时也认识到土壤的肥力是可以通过人工加以改变的，于是《氾胜之书》中有“务粪泽”措施的提出。当时人们使用的肥料主要是人和动物的粪便，诸如“溷中熟粪”“蚕矢”“羊矢”“麋鹿矢”，以及马牛羊猪麋鹿等骨汁和缲蛹汁等，还有就是掩杀杂草充当绿肥。

汉代继续施用种肥，施用方法在《氾胜之书》中已有明确记载，基肥也已使用，追肥也有记载，但并不普遍。最值得注意的是溲种法的出现。所谓“溲种法”就是以雪汁或骨汁、蚕矢、羊矢等，以及附子等三类材料，经过一定的加工，用以进行种子处理的一种方法。根据《氾胜之书》的记载，溲种法有两种配方和做法：其一：“马骨锉一石，以水三石，煮之三沸，漉去滓，以汁渍附子五枚。三四日去附子，以汁和蚕矢、羊矢各等分，挠令洞洞如稠粥。先种二十日时，以溲种如麦饭状。常天旱燥时溲之，立干，薄布数挠令易干。明日复溲。天阴雨则勿溲。六七溲而止。辄曝谨藏，勿令复湿。至可种时，以余汁溲而种之，则禾不蝗虫。无马骨，亦可用雪汁，雪汁者，五谷之精也，使稼耐旱。”其二：“骨汁、粪汁溲种，锉马骨、牛、羊、猪、麋、鹿骨一斗，以雪汁三斗，煮之三沸，以汁渍附子，率汁一斗，附子五枚，渍之五日，去附子。捣麋鹿、羊矢等分，汁中熟挠和之。候晏温，又溲曝，状如后稷法，皆溲汁干乃止。若无骨，煮缲蛹汁和溲。

如此则以区种，大旱浇之，其收至亩百石以上，十倍于后稷。”两种方法，虽然所用的原料和处理方法稍有不同，但原理都是一样的，这就是在种子外面包上一层以蚕矢、羊矢为主要材料的一层粪壳，类似于现代的“种子肥料衣”的方法。书中认为使用溲种法可以起到防虫、防旱、增产的效果。今人模拟试验表明，溲种法具有早苗、全苗、壮苗的效应，包衣体有较强的保水力，加以早苗、壮苗的作用，间接产生了抗旱效应，同时也具有一定的增产作用。

秦汉时期对于作物的栽培管理也积累了丰富的经验。在播种方面，人们对于适期播种的重要性有了进一步的认识，指出“种麦得时，无不善”，“早种则虫而有节，晚种则穗小而少实”，并依据物候和历法，并参考地力等因素，来确定播种期。如《四民月令》中就提到“桑葚赤，可种大豆”；“凡种大、小麦，得白露节，可种薄田，秋分种中田，后十日种美田”。对于播种密度则主要参考作物的种类和地力高下。“禾，美田欲稠，薄田欲稀”，大、小麦和稻则“美田欲稀，薄田欲稠”。在田间管理方面，中耕已得到相当的重视，并具有早锄、多锄的特点，其作用在除草之外，更有间苗和保墒的功效。秦汉时期，人们对霜害和露害的防治也积累了宝贵经验。《氾胜之书》载：“植禾，夏至后八十、九十日，常夜半候之，天有霜若白露下，以平明时，令两人持长索相对，种持一端，以概禾中，云霜露，日出乃止。”防止露害的方法与防霜法相同。

秦汉时期农业科学技术的主攻方向虽然是抗旱保墒，但在水稻栽培方面，也积累了不少的经验。其中值得注意的是水稻移栽技术和稻田水温调节技术。《四民月令》五月条载：“是月也，可别稻及蓝。”别稻即水稻移栽，这是中国文献中最早的水稻移栽记载。稻田水温调节技术是针对水稻不同的生长时期，对于田中水温的不同要求提出来的。书中说：“始种稻欲温，温者缺其塍，令水道相直；夏至后大热，令水道错。”这是说，水稻刚播种的时候，需要较高的水温，稻田水层浅，受日光照射水温较高，用水温较低的外水灌溉时，办法是使田埂上所开的进水口和出水口，安排在田边的同一侧，使得过水道在田的一边，灌溉的水从田地的一边流过，即所谓“水道相直”，对田里原来有的水牵动较少，原有水的水温就能保持，这样就能保证水稻刚刚播种的时候，对较高水温度的需要；而到了盛夏时，水温过高不利于水稻的生长，为了降低稻田的水温，就要使田塍上所开的进水口和出水口错开，即“令水道错”，使灌溉水流斜穿过田面，这样稻田里原有的水就会较多地为新引进的灌溉水所代替，从而能相对地降低稻田水温，以适应水稻生长发育的需要。

秦汉时期农业的快速发展对后世产生了深远的影响。秦汉时期农业的快速发展初步形成了中国农业“精耕细作”的特色。秦汉时期人丁兴旺，已经出现了人多地少的局面，人们利用铁制农具等先进的生产工具，利用牛耕等畜力还有灌溉技术等进行精耕细作以在有限的土地上生产出更多的粮食，奠定了中国农业“精耕细作”的特色。同时，因地制宜，宜农则农，宜牧则牧，全面发展。产业结构以种植业为主，畜牧业为辅。在地理区域上，北方黄河流域主要种植麦子等旱作植物，南方则以水稻等种植为主。这样的产业结构和地域分布特征是完全符合中国自然条件的差异性，这一时期奠定了中国传统农业的架构模式，促进了当时经济的繁荣。农业的快速发展，养活了众多的人口，同时促进了相关产业的发展。由于铁农具的广泛使用以及政府的大力提倡，促使专门制作铁农具的手工业者从农业中分离出来，成为一个独立的产业体系。同时由于南北地区的地域差异，农牧产品的不一样，也促进了商业的繁荣。

6.8.2　土地所有制形式

秦汉时代是中国封建社会确立和发展的初期，在这一时期，土地所有制主要并存着三种基本形式，即封建国家土地所有制形式、封建地主土地所有制形式和自耕农小土地所有制形式。这三种土地所有制形式交错发生、发展，并且互相影响，形成了一整套完整的经济结构。

就土地占有形态而言，秦汉时期已经存在大量的国有制形式的土地。据《文献通考·田赋考》记载："曰公田之赋，官庄、屯田、营田，赋民耕而收其租者是也；曰民田之赋，百姓各得专之者是也。"这里所谓的"公田""官田"，就是封建国有制形式的土地，"民田"则是私有土地。《日知录》指出："官田，官之田也，国家之所有，而耕者犹人家之佃户也；民田，民自有之田也。各为一册而征之。"由此可见，在中国封建社会中，国有制形式的土地始终是存在的。

在封建国有制形式的土地形式中，主要是"公田"，属于封建国家所有。这时的"公田"来源不一，有的是山林薮泽等无主荒地，有的是由前代继承下来的公有土地，也有的是没收罪犯的"没官田"和"户绝田"，还有的是屯田。但无论哪一种，都是秦汉政府凭借行政权或司法权获得的，在名义上都属于封建国家所有。例如，西汉武帝时期，《史记·平准书》载："杨可告络遍天下，中产以上，大氏皆遇告，杜周治之，狱少反者。……得民财以亿计，奴婢以千数，田大县数百顷，小县百余顷，宅亦如之。"这是用罪没的办法来扩大"公田"的证明。又如，在灾荒、疾疫、饥馑、兵乱以后，由于人民的大量死亡和流离失所，大量的耕地都变成了无主荒地，这些所谓"土无业主"《三国志·魏志·司马朗传》的荒地，也皆为"公田"，成为封建国家所有的土地。

秦汉时期，封建国家用"公田"赏赐臣下，或是用"受田"或"假田"的办法租给农民耕种，收取地租，或者是实行屯田。而所有这些，封建国家都取得了要求地租的"权利名义"。汉武帝时，就将"公田"赐给齐相卜式十顷（《汉书·卜式传》）；赐给其姊百顷（《汉书·外戚世家》）；赐迁茂陵者二顷（《汉书·武帝纪》）；苏武（？—前60年）出使匈奴归来后，汉武帝又"赐钱二百万，公田二顷，宅一区"（《汉书·苏武传》）。秦汉史书中常见的"假郡国贫民田"，"假公田、贷种食"，"以郡国公田，振业贫民"，《云梦秦简·田律》中所见的"受田"，《居延汉简》中所见的"受奴田"，就是秦汉政府把归封建国家所有的"公田"授予农民耕种，对他们进行地租剥削。西汉宣武帝地节三年（公元前67年）政府下令："流民还归者，假公田"（《汉书·宣帝纪》）；东汉章帝元和元年（84）二月，东汉政府诏曰：郡国欲迁徙之人，"到所在，赐给公田"（《后汉书·肃宗孝章帝纪》）。当然，无论是赐予臣下的"公田"，还是授予农民的"公田"，都不是无代价的。[132]

秦汉时期，封建国家还掌管了"山海川泽"或"山川园池"等大量土地。这类土地从表面上看是由中央政府中的少府掌管的官田，但在实质上它不是国有土地，而是以皇帝为首的皇室私有土地。《汉书》载："少府，秦官，掌山海池泽之税，以给共养，有六承。"师古注说："大司农供军国之用，少府以养天子也。"《史记》记载更明确："而山川园池市井租税之入，自天子以室于封君汤沐邑，皆各为私奉养焉，不领于天下之经费。"汉武帝时，由于连年对匈奴战争，财政发生困难，曾把山海池泽之税拨归大司农以佐军赋，于是孔仪、东郭咸阳就阿谀逢迎说："山海，天地之藏也，皆宜属少府，陛下不私，以属大农佐赋"（《史记·平准书》）。可见山海川泽是少府掌管的皇室私有土地，它的税收只供皇室私用，不列入国家财政收入。因此，这类土地不能看作国有土地。

地主土地所有制，也称地主土地私有制。秦汉时期属于这种所有制形式的土地，包括归皇室私有的土地和王公、贵族、官僚、豪绅等各色地主以及商贾私人所占有的土地。这类土地的占有者可以自由地、不受外力干涉地将自己的土地租给农民耕种，或出售、赠送他人，或作为遗产传给子孙，表明他们拥有比较完全的土地所有权。这些行为是土地所有者个人意志的体现，一般来说，封建王朝对这样的行为还是尊重的。如东汉时，樊重"外孙何氏兄弟争财，重耻之，以田二顷解其忿讼"（《后汉书·樊宏传》）。袁宏也曾"以良田百余顷属故吏毛仲"（《后汉书·孝明皇帝纪》）。土地可以遗留给子孙的记载也不少，如秦大将王翦曾向秦始皇"请田宅为子孙业"（《史记·白起王翦传》）。东汉时，吕蒙（179—220 年）死后，据《三国志·吴志·吕蒙传》载："蒙子霸袭爵，与守家三百家，复田五十顷。"

秦汉时期地主所有制形式的土地数量是相当多的。地主阶级的总代表皇帝都占有大量的私有土地。汉武帝"举籍阿城以南，盩厔以东，宜春以西，提封百亩，及其贾直，欲除以为上林苑，属南山。又诏中尉、左右内史表属县草田，欲以偿鄠杜之民"（《汉书·东方朔传》）。汉成帝刘骜（公元前 51 年—前 7 年）也大量地"置私田于民间"，他为了广事收购，常常带着"私奴客"，"自衣袒幢"，"或乘小车"，微行郊野，亲自选购（《汉书·五行志》）。东汉第一个皇帝刘秀（公元前 5 年—公元 57 年）原来就是南阳的大地主，做了皇帝后，仍然保留他那一份旧的产业，并派人去经管。东汉后期的汉灵帝刘宏（157—189 年）更是不加掩饰地"买田宅""聚私藏"，一个宦官出力为他买田宅，竟使他感激涕零，致呼"张常侍是我公，张常侍是我母"（《后汉书·宦官传·张让传》）。皇帝是这样，其他各色地主和商贾也是如此。西汉初年的相国萧何（约公元前 257 年—前 193 年）就"强买民田宅数千万"（《史记·萧相国世家》）；当时，诸侯王除享有封邑内租税外，也都利用权势强占民田，扩大剥削范围。陈汤"多规良田，役使贫民"（《汉书·陈汤传》），张禹"为相六岁""多买田至四百顷"（《汉书·张禹传》）。东汉时期刘秀的儿子济南王刘康，有"私田八百顷"（《后汉书·光武十王传·济南安王康》）；郑太"家富于财，有田四百顷"（《后汉书·郑太传》）。据《史记·淮南衡山王列传》记载，淮南王"后荼、太子迁及女陵得爱幸王，擅国权，侵夺民田宅，妄致系人"。衡山王"又数侵夺人田，坏人家以为田"。

西汉末，豪强地主大量兼并土地后，就开始经营大庄园，发展政治经济势力，割据一方。刘秀的舅舅樊宏的父亲樊重就是西汉末年的一个大庄园主。"其管理产业，物无所弃，课役童隶，各得其宜，故能上下戮力，财利岁倍，至乃开广田土三百余顷。其所起庐舍，皆有重堂高阁，破渠灌注。又池鱼牧畜，有求必给。尝欲作器物，先种梓漆，时人嗤之，然积以岁月，皆得其用，向之笑者咸求假焉。”樊重这个大庄园主役使大批农民和奴隶从事农业、手工业和畜牧业生产，庄园里所生产的物品是极其丰富的，“有求必给”，完全是一个独立的经济单位。西汉末年，农民大起义时，樊宏还“与宗家亲属作营堑自守，老弱归者千余家”。说明大庄园主还有自己的武装。他们可以把所役使的童隶及宗家亲属组织起来，“作营堑自守”，对抗农民起义军。西汉末年出现的大庄园经济，东汉时期继续发展，成为东汉、魏晋南北朝长期分裂的社会经济基础。这正是大地主土地私有制占支配地位的历史见证。[133]

秦汉时期还存在着自耕农小土地所有制形式的土地。早在战国时代中国就已经出现了大量的自耕农，李悝所谓“一夫挟五口，治田百亩者”（《汉书·食货志》），晁错所谓“五口之家，其服役者不下二人，能耕者不过百亩”（《汉书·食货志》）的农夫，指的都是当时的自耕农。这一部分人所占有的土地就属于自耕农小土地所有制的形式。

自耕农小块土地所有制的形成有四个途径：一是奴隶制向封建制过渡时期，随着国有土地向私有土地转化，很多原来的井田农民就转化成了自耕农，他们拥有了对所占有土地的权力；二是在秦代，秦国统治者招徕三晋之民，给以田宅，复之三世，培植了部分拥有小块土地的自耕农；三是西汉以后，大规模的农民起义和农民战争有力地打击了地主阶级的大土地所有制，使之部分地分化为自耕农小土地所有制；四是农民自行垦荒，使佃农、雇农转化为自耕农小土地所有者。自耕农小土地所有制在秦汉时期所占的比重很小，其土地数量更是微不足道，但在文献中也有记载。例如，刘邦为泗上“亭长时，常告归之田。吕后与两子居田中耨”（《史记·高祖本纪》），陈平“少时家贫，好读书，有田三十亩，独与兄伯居。伯常耕田，纵平使游学”（《史记·陈丞相世家》）；东汉时期的徐稚少“家贫，常自耕稼，非其力不食”（《后汉书·徐稚传》）。这都说明秦汉时期确实还存在着自耕农小土地所有制形式的土地。[134]

在上述三种土地所有制形式中，封建土地国有制和地主土地所有制虽然表现形式不同，但都属于地主阶级占有，都是地主阶级对农民进行剥削的生产手段，而地主土地所有制和自耕农小土地所有制在性质上截然相反：地主所有制形式的土地是土地所有者对佃农剥削的物质基础；而自耕农小土地所有制形式的土地则是土地所有者赖以生存和被封建政权榨取的客观条件。与地主土地所有制相比，自耕农小土地所有制的一个重要特点是它的不稳固性，个别自耕农虽然也可能通过贱买、强买土地的兼并手段上升为地主，但绝大多数自耕农由于受到封建政权的残酷压榨，往往不得不出卖土地，走向破产。由此可见秦汉时期，地主土地私有制一直占支配地位；封建国有土地制和自耕农小土地所有制也是一直存在的，但它们在封建经济中不占重要地位，国有土地制虽然不断遭到破坏，但具有征收剩余产品兼具地租和赋税两种性质，它没有在西汉后期彻底崩溃，而是长期与地主土地私有制并存。

6.8.3　手工业发展

秦汉时期的手工业，是上承战国而加速发展的时期。秦汉手工业大致可分为纺织业、制盐业、酿造业、矿冶业、日用器物制造业等生产部门。矿冶业包括铜和铁的采矿、冶炼和铸造，主要是农具、钱币和兵器的生产。日用器物制造业包括金银器、铜器、漆器、陶器和舟车的制造。考古出土的丝织品、漆器、金银器和铜器表明，当时手工业的生产技术已经达到了很高的水平。就手工业的所有制性质和经营方式而言，则可分为官府手工业、私营手工业两大类。

所谓官府手工业，即封建国家直接经营、管理的而所有权属于国家的手工业。秦汉的官府手工业，有一套完整的管理系统。例如，主建筑宗庙、宫室、陵园等土木工程的官吏，叫将作少府，又名将作大匠。据《汉书·百官公卿表》所载："将作少府，秦官，掌治宫室，有两丞、左右中侯。"西汉"景帝中元六年（公元前144年），更名将作大匠，属官有石库、东园主章、左右前后中校七令丞，又主章长丞。武帝太初元年（公元前104年），更名东园主章为木工。成帝阳朔三年（公元前22年），省中侯及左右前后中校五丞"。东汉因之，且复左、右二校令，分掌左、右工徒（《续汉书·百官志》）。主管官府丝织业的官吏，叫东织令丞、西织令丞，均属少府。西汉成帝河平元年（公元前28年），"省东织，更名西织为织室"（《汉书·百官公卿表》）。

东汉时，少府设织室令，有丞。又《后汉书·和熹邓皇后传》谓"御府尚方织室"，是尚方令下也有织室主管丝织手工业。至于管纺织品染色的官吏，叫平准令。《汉书·百官公卿表》中无平准令，《续汉书·百官志》始有之，属大司农，"掌知物价，主练染，作采色"。《宋书·百官志》亦载平准令掌染，而且说是"秦官"，《通典·职官》同《宋志》，因知《汉表》漏载掌染色之平准令。主管高级手工业工匠及制作御刀剑等兵器的官吏，叫尚方令。《汉书·百官公卿表》虽无此官，但《续汉书·百官志》载少府有尚方令，"主上手工，作御刀剑诸器物"。又《通典·职官》亦谓尚方令为"秦官"，可见秦已有此官，《汉表》漏载而已。主管奴婢制作衣服及缝补之业的官吏，叫"御府令"。《汉书·百官公卿表》亦无此官，但《续汉书·百官志》少府属官有之，谓"御府令，宦者，典奴婢，作中衣服及补浣之属"，《通典·职官》同，且谓为"秦官"；又《史记·秦始皇本纪》中有"御府令丞"官名，可见秦时确有此官，《汉表》实漏。主管制作兵器、弓弩、刀铠之类武器的官吏，叫"考工令"。《汉书·百官公卿表》载少府属官有"考工室令丞"，臣瓒曰："考工，主作器械。"《续汉书·百官志》亦有之，属太仆，"主作兵器、弓弩、刀铠之属，成则传执金吾入武库。及主织绶诸杂工，左、右丞各一人"。东汉之制，显系继承秦和西汉而来，故考工令的职掌可视为通制。主管瓦当制作的官吏，叫作"都司空令丞"，属宗正。据《金石萃编》所收"宗正官当"瓦当、"都司空瓦"等，知宗正属官有"都司空令丞"，为主管宫殿建筑的瓦当制作手工业的机构与官吏，叫"东园匠令"，《汉书·百官公卿表》以"东园匠令丞"为少府所属十六令丞之一，颜师古注曰："东园匠，主作陵内器物者也。"还有主管钱币制造手工业的"锺官"，属水衡都尉，东汉亦如之。于上可见，秦汉时期的官府手工业，即使在中央机构中，也分工细致，各有主官，其重要程度可知。[135]

郡国县等地方机构中，也有分工主管各种不同手工业的官吏。据《汉书·地理志》所载，河内郡怀县、泰山郡及其所属丰高县、河南郡、济南郡东平陵、颍川郡阳翟、广汉郡及所属雒县、南阳郡宛县、蜀郡成都等十郡县均设有工官。京兆郑县、沛郡沛县、左冯翊夏阳县、魏郡武安县、右扶风雍县与漆县、常山郡都乡县、弘农郡渑池县、蜀郡临邛县、颍川郡阳城县、犍为郡南安县、汝南郡西平县、南阳郡宛县、辽东郡平郭县等凡四十八郡国均设铁官。河东郡安邑县、太原郡昔阳县等三十五郡县均设有盐官。此外，丹阳郡有铜官，桂阳郡有金官，陈留郡与齐郡有服官，蜀郡严道有木官，巴郡朐忍与鱼腹均有桔官，庐江郡有楼船官，千乘郡有均输官，南郡有发弩官等。其中盐官主煮盐，铁官主铁的冶铸，服官主衣服制作，铜官主铜的冶炼，楼船官与发弩官分别主造船和制弩，工官则主金、银器的制作。总之，从中央到地方，形成了一个专门为官府及宫廷所需制作各种器物、军械、衣服、金银器物及煮盐、冶铁、采矿、铸造、铸币等的手工业网，构成了官府手工业的庞大体系。[136]

秦汉官府手工业的类别较多，大体上有采矿业和冶炼业、器物制作手工业、漆器手工业以及衣服制作手工业等。

在采矿业和冶炼业方面，《睡虎地秦墓竹简》的《秦律杂抄》简文，有“采山重殿”者，“赀啬夫一甲，佐一盾”及“太官、右府、左府、右采铁、左采铁课殿”者，“赀啬夫一盾”等规定。这里的“采山”，就是指官府的采矿手工业；“左采铁”与“右采铁”，则是指主管采矿手工业的官吏。至于主管专卖铁器的官吏，则有铁官长丞，《华阳国志·蜀志》载秦惠王使张若治成都，“营广府舍，置盐铁市官及长丞”；《史记·自序》谓司马昌“为秦主铁官”；《通典·职官》谓秦郡县有铁官。汉代铁官设置之多，已于前述，足证官府的采矿、冶矿手工业已遍及全国，其中采矿、冶铁业为最多，但也不乏采铜、采金手工业，故汉代郡国中有设置金官、铜官者。汉代除置铁官经营铁的开采、冶炼与铁器制作、出卖外，还专设有名目繁多的官，如《续封泥考略》有“临菑采铁”封泥，北大历史系藏有“齐铁官印”“齐铁官长”“齐铁官丞”及“临菑铁丞”等封泥，益见官府采矿与冶炼手工业，以铁的开采与冶炼和铁器的制作与销售为大宗。秦代时期，铁器制造已经成为手工业中一个独立的新兴部门，铁器的数量和质量不断提高，已出土的铁制兵器有铁剑、铁矛、铁戟、铁镞等，铁制生产和生活用具有铁锤、铁斧、铁铲、铁钩、铁栓版等。铁削、铁斧等生产用具为白口铸铁，硬度高。铁铲、铁锸等农具为灰色铸铁，韧性较好，耐磨，不易折断。[137]西汉时期（公元前202年—公元8年），冶铁业非常发达，不仅能生产铁制长剑、长矛、环首大刀，而且生活器皿和杂用工具也广泛使用铁制，如灯、釜、炉、剪等都已在西汉中期的遗址中发现。这说明汉代铁器的使用已相当广泛。西汉后期，中国发明了炒钢法。所谓“炒钢”，是以生铁为原料，将其加热成半液体状态，加以不断地搅拌，利用空气中的氧气使之脱碳，以获得不同含碳量的钢。用生产效率很高的生铁作为制钢的原料，这是炼钢史上一项重大的突破。[138]它使冶铁业能向社会提供大量廉价优质的钢料，满足生产的需要。到了东汉初期，冶铁业更加发达，出现了百炼钢，它是对炒钢进一步加工锻打的工艺。这种工艺有排除杂质，均匀成分，致密组织，细化晶粒的功效。主要用于名贵的器物，如宝剑、宝刀之类。这项工艺后来东传到日本。

在器物制作手工业方面，器物制作手工业门类很多，主要有铁器制作业、铜器制作业与金银器制作业等。汉代的金、银器制作业，主要集中于蜀郡与广汉郡，故《汉书·贡禹传》云："蜀、广汉主金银器，岁各用五百万。"主管器物制作者为"工官"，故蜀郡与广汉郡均设有"工官"。汉代官府经营的铜器制作业，有属于少府的尚方令的，有属于少府的考工令的，东汉属太仆；还有属于郡国工官的。制作铜器的类别有鼎、锺、弩机、铜壶、铜镜、铜扁、铜铫、雁足镫、熨斗、熏炉、镜等及其他用具[139]，花纹精细优美。至于铁器制作手工业，尤为发达。铁器之中，除兵器外，"田器"实为大宗。为了生产大量的铁制农具，汉武帝时曾在"大农置工巧奴与从事为作田器"（《汉书·食货志》）。主作兵器、弓弩、刀铠的考工令，自然也是制作铁器的部门。此外，各郡国的铁官，除主管采矿、冶炼之外，还有权制作铁器，即使是边陲地区也不例外。如"肩水都尉彭祖归宁"，言及肩水侯官"铸作铁器"，"令品甚明"（《盐铁论·复古篇》）。

在漆器制作方面，也比较发达。漆器的制作，首先要做成木器，然后再涂漆。由于需要漆，故又有漆园的种植与漆的生产。《睡虎地秦墓竹简》的《秦律杂抄》，有"漆园殿，赀啬夫一甲，令、丞及佐各一盾"及"漆园三岁比殿，赀啬夫二甲而废，令、丞各一甲"等规定，可见秦国早有漆园的种植，而且有专职官啬夫及令、丞、佐等官吏主管漆树的种植与漆的生产。汉代漆的生产地区甚广，《史记·货殖列传》有"陈、夏千亩漆"的记载：《太平御览》卷七六六引何晏《九州论》，谓"共汲好漆"；同书同卷引《续述征记》云："古之漆园在中牟，今犹生漆树也"；《金石索》卷五有"常山漆园司马"印，可见常山亦有漆树的种植。汉代主管漆器制作者，大抵为各郡国之工官。具体制作漆器的工匠，据乐浪出土漆器题名，有素工、髹工、上工、画工、雕工、清工、造工、供工等，足见分工之细；具体监造漆器的低级官吏，有长、丞、掾、令史、佐、啬夫等，足见其管理系统之完备。至于漆器的主要制作地区，大都集中于工官设置之地，故蜀郡、成郡、广汉、怀、河南、阳翟、宛、东平陵、泰山郡、奉高、雒县等有工官的地方，都应是产漆器的地方。据乐浪出土漆器铭文，知梓潼郡、武都尉也有工官。《太平御览·器物部》引《盐铁论·散不足》，有"作野王紵器"语，野王即河内，可见汉之河内也产漆器。

衣服制作业也比较发达。《汉书·地理志》载陈留郡襄邑有服官；齐郡有"三服官"。特别是齐郡的三服官，尤为衣服制作手工业的中心。这里的"三服官"，主管制作"天子之服"，所属"作工""各数千人"。所谓"三服官"，即少府属官考工室、右工室、东园匠。此"三工官"，每年"官费五千万"（《汉书·贡禹传》），其生产规模之大，可想而知。

在官府经营的手工业外，秦汉时期的民间手工业也得到发展，其表现形式通常有三种：一为独立的民营手工业者所经营的手工业；二为大手工业主经营的手工业；三为同农业相结合并作为它的副业的个体小农经营的家庭手工业。三者各占多大比重，虽然很难准确回答，但三者同时存在却是可以肯定的。如当王莽时，"博征天下工匠"以建九庙。这些工匠被征发之前，显然属于独立的民营手工业者。《史记·平准书》所说的"诸贾人、末作"中的"末作"，就是城市中的独立手工业者。由于他们大都拥有自己的手工作坊，故《史记》又称他们为"诸作"，《集解》引如淳释"诸作"曰："以手力所作而卖之”，即以手工方式为市场而生产的独立手工业者。拥有大量奴隶或手工业劳动者，并用以采矿、冶炼和铸造器物的大手工业主，在《史记》《汉书》的货殖列传中有集中的反映。至于耕织结合的小农家庭手工业，几乎比比皆是。因此，秦汉民营手工业一般存在这三种形式。

民营手工业的类别，也同官府手工业一样颇为复杂，但主要的要算采矿业、煮盐业、冶铸业、纺织业、造纸业及其他杂手工业。

煮盐、冶铁、铸钱三大手工业，自汉武帝实行严格的从采矿、冶炼、铸造到销售的官营制度以后，私营的比重虽下降了，却并未绝迹。故西安城门外，发现刻有“汝南富坡苑里田戎卖”给官府字样的铜块[140]。汉元帝（公元前74年—前33年）时，贡禹（前127—前44）也说：“民坐盗铸，陷刑者多。”即使在新太祖王莽（公元前45年—公元23年，公元8—23年在位）严禁私铸钱币的情况下，私铸仍不能断绝，迫使王莽改变“私铸钱者死”的立法，“更轻其法”为“私铸作泉布者与妻子没入为官奴婢”。到了东汉，郡国虽仍设盐、铁官，但只征税而已，实际上恢复了西汉初“纵民煮铸”的制度。因此，民营采矿、冶炼等民间手工业便迅速发展起来。以远在江南的桂阳郡来说，这里“县出矿石，佗郡民庶常依因聚会，私为冶铸”。东汉光武帝刘秀年间迁桂阳太守的卫飒，为了不使“招来亡命，多致奸盗”，就在这里“起铁官，斥罢私铸，岁所增入五百余万”（《后汉书·循吏传·卫飒传》）。可见在卫氏“起铁官”之前，这里的私营采铁与冶铁手工业是十分发达的。又河内郡的林虑县，西汉在这里设有铁官，东汉这里仍然产铁。据《后汉书·党锢·夏馥传》载，汉桓帝（132—167年）时，馥为人所陷，“乃自剪须变形，入林虑山中，隐匿姓名，为冶家庸”。这个“冶家”既用钱雇人冶铁，其为民营手工业主无疑。其实，不单是一般平民，即使是皇亲国戚，也有私营冶炼之业的。《太平御览》卷八三三引壬子年《拾遗记》云：“汉郭况，光武皇后之弟也，累金数亿，家僮四百人，黄金为器，功冶之声，震于都鄙。时人谓郭氏之室，不雨而雷，言铸锻之声盛也。”显然，郭况实为一个大冶炼手工业主，不过像郭况所经营的手工业，就不能说是民营了，而是官宦人家的。[141]

由于纺织手工业的材料来源容易获得，又不需要有雄厚的资金，一般小农家庭往往又是纺织手工业的兼营者，以至于当时的统治者言及社会生产时，总是以男耕女织为标志。这表明家庭的纺织手工业是私营手工业的主要形式。由于家庭手工业的原料来源，主要依赖于农业的种植范围和水土所宜，于是随着各个地区气候条件的不同，带来了农作物产品的差别和产量的多少与优劣，从而使得不同地区的家庭纺织手工业也发生了差别。如河内的丝纺织业就比较发达。《后汉纪》卷20质帝本初元年（146）九月，载朱穆奏记曰：“河南一郡，尝调缣、素、绮、縠才八万余匹，今乃十五万匹，官无见钱，皆出于民。”这里的“调”，是调发、调运之意，意即在质帝本初元年之前，朝廷每年要向河内郡调发缣、素、绮、縠等丝织品八万多匹，而这些丝织品，都是河内郡的农民以纳税形式交给郡里的。如果农民没有普遍从事家庭丝纺织业的情况，是不会有这么多丝织品上交官府的。再从“今乃十五万匹，官无见钱，皆出于民”的话来看，表明有官府以钱购买丝织品的迹象，但实际上都是取之于民，可见缴纳丝织品者都是农户。

据《后汉书·郡国志》载，河内郡有户十五万。以十五万户之民，一次调丝织品十五万匹，合每户一匹，则可知河内地区丝纺织手工业是发达的。至于蜀、汉之地，则盛产蜀布；齐、陶之地，盛产缣；兖、豫之地，多产丝、絺、紵。故“齐、陶之缣”与“蜀、汉之布”并称。还有陈留郡的襄邑，由于盛产优质丝织品，故官府在这里设有服官，而《论衡·程材》则有“襄邑俗织锦，钝妇无不巧”的话。此外，房县出御绵，朝歌产罗绮，清河产缣总，也同襄邑的缣绣齐名，故左思《魏都赋》有“锦绣襄邑，罗绮朝歌，绵纩房子，缣总清河”的概括。所有这一切，不仅说明丝织品与麻织品各有不同的产地，而丝织品中，又有锦、缣、绮、纨、縠、缟、绫、罗、白素、帛、绢等之分，又各有其集中产地。如此众多的纺织业产品，其中固然有的出于官府手工业，但小农经营的家庭纺织业和手工业主经营的纺织业，也不可忽视，而且在纺织技术上锐意改进者和具有专门纺织技术者，多在民营纺织手工业作坊中。东汉崔寔做五原太守时，为了发展本地的民间手工业，“乃卖诸峙，得二十余万”，诣雁门、广武“迎织师，使巧工作机及纺以教民织”，可见雁门、广武一带，早已有技术高超的民间“织师”，而且五原一带民户也普遍学会了纺织技术。边远地区的情况尚且如此，中原地区自然更不用说了。

显然汉代的纺织业技术已经相当高超，以丝织和麻织为最多。山东临淄和京师长安是当时的纺织中心。汉代的丝织品，已经使用提花机，而且染色技术也很高，能织出精美的花纹，呈现万紫千红的颜色。汉代纺织品以湖南长沙马王堆汉墓和湖北江陵秦汉墓出土的丝麻纺织品数量最多，花色品种最为齐全，有耳杯形菱纹花罗、对鸟花卉纹绮、隐花孔雀纹锦、凸花丝织品。毛织品有龟甲四瓣纹罽、毛罗和地毯等名贵品种。在这里并首次发现蜡染印花棉布及平纹棉织品。

如果以纺织品来说，无疑更以民营手工业为主。因为麻的生产者都是小农，而且其绩麻、纺织，技术性较低，麻布的生产也形成了不同地区的不同特产；而且麻布的类别也很多。以著名的麻布产地来说，除前述之蜀汉地区的“蜀汉布”及“广汉八稯布”外，还有产于越地的“越布”，曾使“光武帝见而好之”，令会稽以此为贡；还有东莱惤县所产之“惤布”。

早在战国时期，制陶手工业就很发达，产地遍及齐、鲁、燕、秦、楚诸国。秦汉时期，更有进一步发展。秦的制陶手工业，多集中于凤翔，凤翔彪脚镇画砖最为出色。秦汉官府手工业中，也有专门主管制陶业机构和官吏。《汉书·地理志》载汝南郡安城设“陶官”，《齐鲁封泥集存》有“安城陶尉”封泥，便是例证。根据西安汉城出土的各种瓦当文中有“宗百官瓦”“都司空瓦”及“右空”等文字来看，表明宗正属官都司空令及少府属官左、右司空令，实为其主管机构。汉武帝时期，官府制陶手工业达到了鼎盛时期。据《三国志·魏志·董卓传》注引华峤《后汉书》云：“卓曰：武帝时，居杜陵南山下，有成瓦窑数千处，引凉州材木东下以作宫室，为功不难。”裴注引《续汉书》云：“杜南山下，有孝武故陶处，作砖瓦一朝可办。”由此可见，在终南山有官窑区，专门烧制官瓦。除官府制陶业外，民营制陶业也同样存在。特别是今之咸阳县窑村，汉人称“咸里”“咸亭”或“咸阳亭”，就是西汉民营制陶手工业的集中地。因为在这里出土的陶器中，有“咸里高昌陶鼎”“咸里直章陶壶”及“咸里亭久陶瓮”等字样的若干陶片或陶器，而这些陶器上的文字，大都写上了私人的姓名，这同官府手工业题名的做法大不相同，故知为私人制陶者所题，亦得知汉之咸里为民营制陶业的集中所在。[142]

秦汉时期的制陶手工业中，值得注意的是釉陶的正式出现和彩陶的盛行。早在商代和西周，就已有在陶器表面上釉的开端。在郑州二里岗商城遗址中，发现了一种豆青釉布纹陶尊，质地坚硬，有不吸水性。这说明商周时就已多少知道上釉的技术。不过，这时的上釉技术还仅仅是开端，陶器表面还没有光泽，色泽也不纯正。但是汉代北方的釉陶，不仅数量多，而且色泽或作浓黄，或作深绿；南方的釉陶，多是淡绿色或淡黄色，这说明上釉的技术已有发展。因为釉是一种矽酸盐，施于素底上，经过火烧，就成了有釉的光泽面，可以洗涤而不剥蚀，更不会被玷污。釉的色彩，取决于在矽酸盐里加入某些氧化物。如加入氧化铁即成黄色，经过火，又呈青色，即成青釉，也即青瓷的前身。[143]汉代的釉陶色彩纯正，这说明已经懂得加入氧化铁和掌握火候等技术。这就为瓷器的生产奠定了基础。

以造船手工业来说，属于官府者，《汉书·百官公卿表》中缺载其主管机构及官名，但京兆尹有“船司空县”，颜师古注曰：“本主船之官，遂以为县。”以此言之，秦或汉初本有船司空一官。《汉书·地理志》载庐江郡有楼船官，显然是郡国主管造船的官吏。从当时用船从事水战的需要量以及江南民间水上交通的需要来看，官府和民间的造船业应当都是存在的。从吴王刘濞能造“一船之载，当中间数十辆车”的大船和公孙述能“造十层赤楼帛兰船”等情况看，造船业的分工应当是很细致的。特别是长沙汉墓中出土的木船模型，前后有三舱，有桨十六支，后有舵；广州出土的木船一件，船上建重楼，桨十橹一。如无发达的民间造船业为基础，官府也无法造出这种大船来。《史记·货殖列传》载：当时有的人拥有“船长千丈”。《史记·平准书》载：“船五丈以上一算。”船作为征税的对象，说明当时私人拥有船的数量之多。可惜史料缺载，无以知当时民间造船业之详情。

秦汉时代的造船基地，有长安、洛阳、黎阳、东来等地。但无论生产规模还是制造规模，史书上的有关记载都十分简略。广州秦汉造船手工业遗址的发现[144]，弥补了这一缺憾。这处工场遗址位于广州市内。此地在秦汉时期恰好处于珠江之滨。工场遗址分作船区和造船木料加工工场地两部分。在船台区有3个呈东西走向平行排列的造船台。据船台宽度推算，两船台可分别建造身宽5～8米，载重25～30吨的木船。[145]覆盖1号船台的文化层中出有四铢半两，证明船台废弃的时间在汉武帝元狩五年（公元前118年）铸造五铢钱之前。它应是南粤割据政权属下的造船手工业遗址。[146]该遗址具体反映了秦汉时期造船工场的生产规模、器材设备和技术程度，足以代表那时的造船手工业水平。

造纸手工业的出现，是汉代历史上的大事。西汉初期发明了原始的纸，纸的发明对人类文化传播与推动所起的作用是不可计量的，是中国对世界文化的重大贡献之一。西汉史籍缺载关于造纸的主管部门和官吏，但西汉时确已有纸的生产。《汉书·游侠·原涉传》，谓他在汉武帝时曾“削牍为疏”，可见这时尚无纸的使用。但《汉书·外戚·孝成赵皇后传》云：“时儿生八九日。后三日，客复持诏记，封如前予武，中有封小绿箧，记曰：‘告武以箧中物书予狱中妇人，武自临饮之。’武发箧中有裹药二枚，赫蹏书曰：‘告伟能，努力饮此药，不可复入，女自知之。’伟能即宫。”颜师古注引孟康曰：“蹏，犹地也，梁纸素令赤书而书之，若今黄纸也。”又引应劭曰：“赫蹏，薄小纸也。”由此可见，西汉后期，确已有纸使用。

东汉前期，已有纸写经传者。《后汉书·贾逵传》云：章帝时，“逵自选公羊严、颜诸生高才者二十人，教以左氏与简纸经传各一通”。李贤注曰：“竹简及纸也。”所谓“简纸经传各一通”，即简写经传与纸写经传各一通。可见汉和帝（79—105 年）之前，已有用纸写经传者。又《后汉书·和熹邓皇后传》云：永元十四年（102 年），“至冬，立为皇后。……是时，方国贡献，初阴后时，诸家四时贡献，竞求珍丽之物，自后即位，悉令禁绝，岁时但供纸墨而已。”此事发生在蔡伦于和帝元兴元年（105 年）奏上其新的造纸术以前三年，更见蔡伦之前早已有以纸充贡献之物者。在内蒙古居延汉代遗址中，也发现了麻质纤维纸。可见，蔡伦之前确已有植物纤维纸，蔡伦只是改进了造纸术而已。[147]

到了东汉，官府造纸手工业正式规范化了，由少府属官尚方令主其事。《北堂书钞》卷一〇四引《东观汉记》曰：“蔡伦典作尚方作纸。”又《太平御览》云：“黄门蔡伦，典作尚方作纸，所谓蔡伦纸也。”《后汉书·宦者·蔡伦传》云：“永元九年（97 年）监作秘剑及诸器械，莫不精工坚密，为后世法。自古书契多编以竹简，其用缣帛者谓之为纸。缣贵而简重，并不便于人，伦乃造诣，用树肤麻头及敝布、鱼网以为纸。元兴元年（105 年）奏上之。帝善其能，自是莫不从用焉，故天下咸称蔡侯纸。”《后汉书补注续》云：“汉人能为纸者蔡伦之外，又有左伯。伯字子邕，东莱人。汉兴，用纸代简。”由上可见，早在西汉后期和东汉前期，确已有纸的使用。不过这时的纸，多丝、絮参用造成。大抵这一时期，各地都在改进造纸的技术。故东汉和帝时前后，蔡伦、左伯同工造纸之术。他们的做法，总结大量民间造纸之法而成，并实现了从丝、絮参用造纸别用树皮、麻头、破布、渔网等植物纤维造纸的飞跃，不仅促成了纸在生产上的多样化，而且原料易得，成本低廉，使纸的产量得以增加，价格降低，使用普遍。

如上所叙，东汉时期的民间手工业似有发展的趋势，至少采矿、冶炼与铸造手工业是这样。造纸手工业，则是新兴的手工业，官府未立专官经营，应以民营为主。造船手工业曾有官营者，但是主管机构并不很多，可能也以民营造船手工业为主。正因为如此，东汉的王符（85—163 年）曾以洛阳为例，描述当时手工业与商业等末业的兴盛情况时说：“今举俗舍本农，趋商贾，千马车舆，填塞道路；游手为巧，充盈都邑。”“今察洛阳，资末业者，什于农夫；虚伪游手，什于末业。”毫无疑问，这些为末业者，都是属于民营手工业。

6.8.4 商业与都市

秦朝时代是中国古代商品生产和商业大发展的时期。当时，秦王朝采取一系列措施发展农业和手工业生产，扩大产品交流。西北地区的牛马，巴蜀地区的木材和矿产品，为秦统一中国提供了物资上的保证。大商贾已在统治集团中得势，商人出身的相国吕不韦（公元前 292 年—前 235 年），权倾朝野。他拥有从事商业活动的奴隶数千人，几乎垄断了洛阳的商业。统一的秦国，又为秦朝商业的发展提供了一个安定的环境。

秦始皇对大商业者，在政治上给予一定的地位，在礼遇上给予尊崇。统一中国后，秦始皇采取了一系列有利于商业发展的政策。其主要是对盐铁实行国家经营；发展水路运输；统一车轨，便利产品流通和物资交换；统一币制，用圆形方孔钱替代了其他各国货币；统一度量衡，使计算方便，有利于进行经济和物资交流。秦王朝对市场的管理和对产品的质量管理的特点，就是通过制定一系列相关法律来进行规范和管理。秦朝制定的《工律》是专门规范产品规格和质量的。《工律》规定，凡制作同一类的器物，其大小、长短和宽窄必须相同。改变了战国时期各国同类产品规格不一的状况，使产品逐步走向规范化。为保证产品质量，朝廷每年要进行产品质量检查评比，被评为下等者，给予惩罚。《金布律》和《关市律》是对市场贸易管理方面的法令。《金布律》规定，在市场上出售的商品必须明确标价。《工律》还规定，市场上用的度量衡器，必须每年校验一次。度量衡器超过误差的，主管的官吏也要受到处罚。[148]

由于秦朝耗费大量人力、财力修皇陵、修筑长城，使国力日衰。加之秦末的战争所造成的损失，汉朝建立时已是农田荒芜，财政穷困。为了巩固封建社会的经济基础，汉高祖（公元前256年—前195年）采取了重农抑商的政策，采用了“算缗”“告缗”“算商车”的办法，强行向商家和车船主大肆征收财产税。这些几乎是对全国商人抄家性的措施，使朝廷的财政收入迅速增加，同时也给了大工商业主以极其深重的打击。随着农业及手工业生产的恢复和发展，国家经济基础的巩固，吕雉（公元前241年—前180年）掌权时（公元前187年），开始放松对商人和商业活动的限制，汉代的商业又得以发展，大工商业主相继出现。汉文帝时期（公元前202年—前157年，公元前180年—前157年在位），在贵粟政策下，商人竞买爵位，扩大贸易领域，促进了国家经济的迅速发展，其地位才得以提高。到汉武帝（公元前140年）时，已经有了大批腰缠万贯的工商业主。这一时期，由于农业和手工业的发展，商品经济是比较发达的。当时许多商品都是通过商业和市场进行交流。如山西的木材、玉石，山东的盐、漆、丝，江南的金、锡、姜，北方的马、牛、羊以及铜铁矿石品等。还有经济作物和果品等行销全国各地。在对工商业和市场的管理上，汉武帝采用了大商人出身的大司农桑弘羊的建议，对盐、铁、酒实行专营。并在市场上设置了平准令。他可以在商品物价下跌时购进，在价格上升时卖出。这种办法既防止了富商大贾的囤积居奇，也平抑了市场上的物价。平准令的设置，标志着国家已开始对物价实行了宏观上的调控，改变了汉代以前国家只在商品价格上进行监督的做法。[149]

西汉时期对外贸易也十分发达，有名的“丝绸之路”就是这时形成的，丝绸之路是当时世界最重要的商路。当时汉王朝的对外贸易有陆路贸易和海上贸易两种，而以陆路贸易为主。特别是汉武帝时，派遣张骞出使西域，更开辟了通往中亚的道路。从中国输往西域的货物以丝织品和金属品为主。中国的丝织品还通过中亚的商人运转到欧洲的罗马帝国，这条丝绸之路全程长达7 000多公里，是古代最长的商路。

伴随统一局面的形成、巩固和农业、畜牧业、手工业的发展，秦汉时期的商业经济也出现了繁荣的局面。秦汉时期的商业，有官营和民营之分。在中原地区，在少数民族居住的地区和在边界及辽远的域外，也都有各具特色的商业活动。

关于官营商业，新近出土的云梦秦简提供了证据。《关市律》云：“为作务及官府市，受钱必辄入其钱缿中，令市者见其入，不从令者赀一甲。”所谓“作务”，《汉书·尹赏传》王先谦《补注》释“无市籍商贩、作务”语时引周寿昌曰：“作务，作业工技之流。”由此可见，这条简文应释为“从事手工业和为官府出卖产品”，表明有官府直接经营的商业存在。又《金布律》规定：“县、都官以七月粪公器不可缮者，有久识者靡蚩之。其金及铁器入以为铜。都官输大内，内受买之，尽七月而毕。都官远大内者输县，县受卖之。”这表明县、都官等官府的机构，都有出卖其破旧器物及原料的权力。

官府的商业经营，可以盐、铁说起。汉武帝元狩三年（公元前120年），以东郭咸阳与孔仅为大农丞，领盐铁事，采取“募民自给费，因官器作煮盐，官与牢盆”的办法煮盐，有“敢私铸铁器、煮盐者，钛左趾，没入其器物”。凡“郡不出铁者，置小铁官，使属所在县。使孔仅、东郭咸阳乘传举行天下盐铁，作官府，除故盐铁家富者为吏。吏道益杂不选，而多贾人矣”。[150]这就是说，盐、铁的生产与销售都由官府进行，主持其事的机构，按颜师古所说为“主鬻、铸及出纳之外”的“作官府”（《东汉盐铁官制度辨疑》），主持的官吏，为各地的小铁官及“吏”。到了汉武帝元封元年（公元前110年），桑弘羊领大农，取代孔仅之后，鉴于过去“诸官各自相争”的情况，“乃请罢大农部官数十人，分部主郡国，各往往置输盐铁官”（《汉书·食货志》）以经营盐铁。又以酒的经营来说，武帝天汉三年（公元前98年），“初榷酒酤”，其法系“县官自酤榷卖酒，小民不复得酤”。其所以谓之“榷”，是取“以木渡水”之意，意即“禁民酤、酿，独官开置，如道路设木为榷，独取利也”《汉书·武帝纪》。也就是从酒的生产到销售，都由官府直接经营。再以其他产品的经营来说，则以均输之法①处理。

民营商业在秦汉时代以前有所发展。战国时期，秦国已有了民营商业。秦献公七年（前387年），“初行为市”。[151]秦孝公时，都城咸阳已有市，故商鞅得以“立三丈木于国都市南门”以募能徙者（《史记·商君列传》）。《商君书·垦令》有“重关市之赋”的规定；《三辅黄图》载富平津西南二十五里处有“直市”；《华阳国志·蜀志》谓成“市张列肆”；《汉书·王莽传》言及秦“置奴婢之市”。所有这些情况，都说明秦国存在专门从事商业贸易的固定市场。虽然这中间也包括官府经营的商业，但民营商业也是其组成部分。云梦秦简中，有专门的《关市律》，显然是关于管理关卡及市场交易等的法律，其中讲到“官府之吏”之从事商业者同“贾市居列者”同时并存，显然表明民营商业的存在。《司空律》也有“作务及贾而负债者”当其输作官府时“不得代”的规定，更是清楚地表明民营手工业者与民营商贾的存在。《法律问答》中称东方诸国入秦国贸易的商人为“客”“邦客”或“旅人”，且明文规定珠玉等贵重商品不得“卖于客”；“客”必“请簿传于吏”

---

① 所谓均输之法，始于汉武帝元鼎二年（前115年），据《史记·平准书》，其法是“置大农部丞数十人，分部主郡国，各往往县置均输、盐、铁官，令远方各以其物贵时商贾所转贩者为赋，而相灌输。置平准于京师，都受天下委输，名工官治车，诸器皆仰给大农。大农之诸官尽笼天下之货物。贵即卖之，贱则买之。如此，富商大贾无所牟大利，则反本，而万物不得腾涌。故抑天下物，名曰平准”。同书又曰：“桑弘羊为大农丞，筦诸会计事，稍稍置均输以通货。”

才能进行贸易。这些“客”和“邦客”，无疑都是民营商贾。因此，秦国及秦皇朝时期，在官营手工业与商业之外，千真万确地存在着民营手工业与商业。尽管这时抑制民营商贾，甚至发展到给贾人另立户籍，和以贾人、有市籍者、父母及大父母有市籍戍边，仍没有从根本上取缔民营商业。

到了西汉，民营商业获得了很大的发展。究其原因，一方面同上承战国以来商业发达的余绪有关；另一方面是“汉兴，海内为一，开关梁，弛山泽之禁”（《史记·商君列传》）的统一局面与奖励政策的结果。加上汉初农业与手工业的恢复与发展，在各地区经济发展不平衡和土特产各异的情况下，“开本末之途，通有无之用”（《盐铁论·本议》）就显得格外重要。于是，“天下熙熙，皆为利来；天下攘攘，皆为利往”（《史记·货殖列传》）的商贾贸易之风大兴。大批农民，或出卖剩余产品，或脱离农业走向手工业与商业；战国和秦皇朝以来就存在的大商人，更是乘秦末战乱之机牟取暴利，以致顿时出现了“富商大贾，周流天下，交易之物，莫不逼得其所欲”（《史记·货殖列传》）的局面。在商业发达的情况下，不仅“吴越之竹”“隋、唐之材”“江湖之鱼”“莱、黄之鲐”（《盐铁论·通有》）“陇蜀之丹漆旄羽，荆、扬之皮革骨象，江南之枏梓竹箭，燕齐之鱼盐旃裘，兖豫之漆丝絺紵”（《史记·货殖列传》）等成了可以出卖的商品；即便是产于不同地区的甚至穷乡僻壤的金、银、锡、铜、铁、丹砂、姜、桂、玳瑁、珠玑、马、牛、羊、骡、驴等，也进入了商品的领域。

东汉时期，由于取消了西汉武帝以来的盐铁官营制度，各郡国产盐铁者虽仍设有盐官、铁官，但仅征收租税而已，其生产与销售均由民间经营，故民间煮、铸之业又盛。其他商贾贸易，也相当昌盛。王符在其《潜夫论·浮侈》中说：“今举俗舍本农，趋商贾，牛马车舆，堵塞道路，游手发巧，充盈都市。务本者少，游食者众，商邑翼翼，四方是极。今察洛阳，资末业者什于农夫，虚伪游手什于末业……天下百郡千县，市邑万数，类皆如此。”这说明东汉时期洛阳商业发达之状况，而且表明当时全国各地的情况大都如此。

伴随着秦朝的商业发展，秦代的咸阳已经成为具有国际影响的大都市。西汉时期，全国已有数个商业中心，如长安、洛阳、邯郸、江陵、吴、寿春、番禺、成都等。其中有五个极具规模的大商业城市，分别为洛阳、邯郸、临淄、南阳、成都。当时，大大小小的商业城市遍布全国各地，在已开发的和尚未开发的四大经济区——关中、中原、龙门碣石以北和江南各地，皆有大小不等、繁华不一的商业城市。

长安位于关中平原上，在渭河流域，一向以发达的经济而著称，是西汉最大、最繁荣的城市。秦朝时，关中农业生产发达，“号称陆海，为九州膏腴……沃野千里，民意富饶”。汉朝时，这里仍是全国农业生产力最先进的地区。秦朝和西汉皆以关中为根本，故建国之后，徙豪富以实关中。以西汉而言，多次迁徙或招募关东富户到关中。“汉兴，立都长安，徙齐诸田，楚昭、屈、景及诸功臣家于长陵。”汉宣帝即位的本始元年（公元前73年），招募各郡国财产值一百万钱以上的吏民迁居昭帝墓地。汉成帝于永始四年（公元前13年），徙郡国财产值五百万钱以上的富民五千户到正在建造的自己的墓地，这批富民的资产，以每户五百万计，即达250亿之多。除迁徙富户，一次性地把其他地区的财富迁移到关中外，政府还通过赋税和贡献等途径，经常把全国的财富集中到长安。因长安是首都，汉朝的许多行政费用都在此地开支。长安是奢侈浪费的集中地，也就成为全国奢侈品贩运贸易的中心。《汉书·地理志》记："又郡国辐辏，浮食者多，民去本就末。列侯贵人，车服僭上，众庶仿效，羞不相及。"故富有者"则商贾为利"。[152]

秦汉修筑的全国性驰道、直道，以咸阳或长安为出发点，为中心。长安交通方便，"四方辐辏，并至而会"。附近的"雍，隙陇蜀之货而多贾"。栎邑，"北卻戎狄，东通三晋，亦多大贾"。因此，"秦地天下三分之一，而人众不过什三，然量其富居什六"。关中是全国最富裕的地方。长安就此繁荣了起来。秦汉时期，长安城周长大约50华里，规模大约25平方公里，人口为24.5万余人，是当时的一个商业中心，异常繁荣。市区内人很多。

洛阳也是秦汉时期的一个非常重要的商业城市，它在西汉之时是陪都，而在东汉之时则成为国都，是关中与山东两个地区的要塞，在当时是非常重要的城市，所以很繁华，与长安相比毫不逊色。洛阳，"东贾齐鲁，南贾梁楚"。洛阳出现一批大商人，如师史，"周人既纤，而师史尤甚，转毂以百数，贾郡国，无所不至。洛阳街居在齐秦楚赵之中，贫人学事富家，相矜以久贾，数过邑不入门，设任此等，故师史能致七千万"。到了东汉，洛阳成为全国的政治中心和丝绸之路的新起点。财富、贵族及中外商人也随之集中于此。富贵者的生活奢侈浪费，他们的这种生活方式也是洛阳商业繁荣的重要原因之一。

邯郸是赵国的都城，国土面积较广，并且又处于交通要塞之处。所以，在战国时期，邯郸已经非常出名，其经济繁荣，文化盛行，又是政治中心，直到西汉之时，发展顺利，仍然繁荣昌盛。邯郸是河东区最大的商业城市。它主要是和西方上党区进行交易，中间需经河内区的温和轵两个城市；通过河东区的杨与平阳两个商业城市，"西贾秦、翟，北贾种、代"，与边塞外的匈奴人贸易。邯郸向南，与郑、卫、齐、鲁地区贸易。邯郸是一个转运商业的中心。

临淄是商业发展较早的城市之一。战国时期，它是齐国的都城。齐地工商业发达，"通鱼盐之利"，"织作冰纨绮绣纯丽之物，号为冠带衣履天下"。农业、手工业生产条件优越："齐带山海，膏壤千里，宜桑麻，人民多文采布帛鱼盐。临淄，亦海岱之间一都会也……其中具五民。""具五民"，即住着从各地来的人。可见，战国时临淄已很繁荣。到了汉代，政府在此设有三服官。富贵阶层对丝织品需要的扩大及丝织品输出的增多，刺激着丝织品的普遍化，以至于"齐郡世刺绣，恒女吾不能"。临淄成为全国丝织业的中心之一。临淄的铁工业很发达，政府在此设有铁官。临淄的大商人很多，刁间用"奴虏"和"桀黠奴"来经营鱼盐项目，以此获取财富。汉初，"临淄十万户，市租千金"。到西汉末，长安才八万余户。至于市租达千金，更是工商业繁盛的证明。临淄是一个盐业、铁业与丝织业的生产中心和贩运中心。临淄从西周以来已是东方最大的商业城市之一。

南阳是一个交通要道，当地生产铁，冶铁业极为盛行，并且具有很繁荣的经济。"南阳西通武关、郧关，东南受汉、江、淮。宛亦一都会也。俗杂好事，业多贾。"南阳的兴起晚于长安、洛阳、邯郸与临淄。它的兴起是由于生产的基础好，发展快。其地灌溉便利，农业生产发达。同时，又有发达的工商业。孔氏是南阳的大冶铁商人，"宛孔氏之先，梁人也用铁冶为业。秦伐魏，迁孔氏南阳。大鼓铸，规陂池，连车骑，游诸侯，因通商贾之利”。南阳是秦汉时期重要的商业城市。

成都是随着巴蜀地区的开发而崛起的。蜀地是开发很早的一个独立的经济区，在战国时期就已经成为关中经济区的一个重要组成部分，对当时的经济和政治都产生了深刻的影响。成都又是一个重要的丝织业中心，所产锦缯，驰名中外，不仅畅销国内，而且远销西域各国，中外商人通过著名的丝绸之路贩运出去的大量丝织品，其中大部分就是成都的织锦和杂缯，故商贾云集，生意兴隆。当时，成都已经与中原地区洛阳、邯郸、临淄等历史悠久的商业都会并驾齐驱了。据《汉书·地理志》所载，西汉末年成都的户口数达到 76 256，仅次于京师长安。这种发展速度是惊人的。对成都当时的富庶景象，《华阳国志·蜀志》作了形象的描述：“工商致结驷连骑，豪族服王侯美衣，娶嫁设太牢之厨膳，归女有百辆之从车”；《后汉书·第五伦列传》载：富实之家，“皆鲜车怒马”。

秦汉时代是商业城市大量兴起的时代。早在战国时期，商业城市就已经随着水陆交通的开发和商业的发展而纷纷出现。到了秦汉时期，这一发展趋势又在进一步增强和扩大。除了原有的大城市仍保持其固有的兴旺和繁荣外，又增加了许多新的商业城市，所有这些新旧大小商业城市，都比过去更加兴旺和繁荣。造成商业城市大量兴起的原因，主要是商业性质决定了商业必须向城市集中。这是由需要和供给两个方面的条件所形成的。从需要方面看，古代商业所贩运的商品主要是奢侈品。所谓奢侈品，实际上就是单位价值很高的精美昂贵物品，这些物品不是广大贫穷农民或其他一般人所需要的，由于他们没有购买力，即使有需要也是无效的，所以能够消费这些昂贵物品的，只限于少数统治阶级，他们于满足了生活基本需要之后，仍有充分的购买力来获得“雕文刻镂，锦绣纂组”，以满足高一级需要，所谓“奇怪时来，珍异物聚”，主要都是为少数富有者服务的。城市是各级统治阶级等财富所有者的聚居地点，城也是由他们根据其统治的和军事的需要而建立的。正由于定居城内的是财富所有者，是奢侈品的主要消费者，是渴望能获得“奇怪”和“珍异”的人，故于建立城的时候，还特别在城内划出一个固定地点作为市场区域，专供商贾交易之用，并且限定一切交换行为必须在市内进行，尽管在建城时商业并不发达，甚至商业还根本不存在。[153]

从供给方面看，商业所贩运的物品既然主要是奢侈品，而奢侈品的供应对象又主要是居住在城内，则商业荟萃的地点必然是购买者集中所在的城市。所谓的商品从一个市场转到另一个市场，实际上就是从一个商业城市转到另一个商业城市。这样，所谓商业经营，实际上就是商人从各地把商货运到一个商业城市，或者在那里“废居居邑”，待价而沽；或者从那里再转运到另一个商业城市去出售，出售地点就是商业城市中所划定的那个固定市场。因此，各个大城市的市中，既有众多的行商，又有不少的坐贾，所以大都是人烟稠密，车马填塞，摩肩接踵，熙熙攘攘。[154]

造成商业城市大量兴起的另一个主要原因是交通的开发和经济的发展，为商业城市的出现奠定了基础。全国各个地区和各个生产部门都交织在一个总的国民经济体系之中，打破了过去的政治疆界和各种人为的限制，汉初政府又采取了完全放任政策，“开关梁，弛山泽之禁”，使富商大贾可任意周流天下，自由从事于商业贩运活动。当商品需要从一个市场转到另一市场时，自然就必须有一些位置适中的城市来作为商货的聚散地点，尽管这些城市都是早已存在的古城，其自身仍然保持着古城的特色，不言而喻，它的最初建立也不是为了适应商业的需要，并且大都是远在商业发达以前，就已经适应着当时的统治和防御的需要而兴建起来。

6.8.5 货币制度

货币的产生，有它古老的历史。它开始表现为具有使用价值的实物，后来才逐步确定为一种等价物的形态，进而有金属货币的出现。秦汉时期，是金属货币的重要发展期，它把黄金与铜钱固定为金属货币的复本位制，并称黄金为“上币”，“铜钱”为“下币”，把珠玉、古代的龟币、贝壳及银、锡等金属，都排除在法定货币之外，只能作为珍宝与器饰看待，几乎从此确立了整个封建社会的货币制度的基础。

据云梦秦简所载，秦国时的货币还是黄金、铜钱与布三本位制。《金布律》规定：“贾市居列者及官府之吏，毋敢择行钱、布。”这说明铜钱和布，都是秦国的法定货币本位。又出土《秦律》讲到对犯人罚款时，有“赍钱如律”的话；当时计算各种实物的价值时，也往往以若干钱计算；这说明铜钱确是法定的货币。《金布律》又规定：“钱十当一布”，又规定每“一布”，是“袤八尺，幅广二尺五寸”的标准星，这表明法令对每“一布”的规格和它同铜钱的兑换率或比价，都做了明确的规定。此外，《法律答问》简文中，还几次提到给追捕逃犯有功者以奖励黄金“二两”的规定，如“当购二两”“人购二两”“购人二两”等。这里的二两，显然是指黄金而言。因此，黄金也是法定货币的本位之一。故秦国实行的是黄金、铜、布的三位制货币体系，即尚未完全摆脱以实物作为等价物的状况。

由三本位制货币完全过渡到金属货币的二本位制，是在秦始皇统一六国之后实现的。《史记·秦始皇本纪》载始皇二十六年（公元前221年）统一全国后，下诏“一法度衡石丈尺，车同轨，书同文字”，其中就包括统一货币制度。所谓统一货币，其内容应包括三个方面：一是统一货币的形制。据太史公云：“虞夏之币，金为三品，或黄，或白，或赤，或钱，或布，或龟贝。”[155]据考古发掘，还有刀币、铲形币。总之，形制不一，不利于商品流通。故秦始皇废除各国不同形制的货币，统一于圆形的铜钱。二是统一货币的二本位制和取消以实物“布”及银等为货币的本位。《汉书·食货志》云：“秦兼天下，币为二等”，即黄金与铜钱，从而确立了黄金与铜钱的二本位制，取消了秦国时以“布”为货币的制度，明确规定这些只能作为“器饰宝藏，不为币”[156]，从而完全确立了金属货币制度。三是统一重量：“黄金以溢为名，为上币；铜钱曰半两，重如其文。”[157]每一溢黄金，重二十两。但黄金与铜钱的兑换率不明。

汉承秦制，在货币方面也基本如此。汉代也以黄金与铜钱为主币。但改黄金的计量单位为斤，不再称镒。凡云“一金”，即黄金一斤，故《史记·平准书》云：汉以“黄金为一斤”。至于铜钱，汉初，以“秦钱重难用，更令民铸钱”[158]，名曰榆荚钱，重三铢，较秦半两钱重十二铢者，四钱当秦一钱而已（《古今注》）。黄金与铜钱的兑换率，为每斤黄金当钱一万。汉武帝曾铸黄金为麟趾马蹄形金，故颜师古说：“今人往往平地中得马蹄金，金甚精好，而刊制巧妙。”直到今日，仍有地中得马蹄金者，由此可见汉武帝时已正式铸造了金币。又由于每个金币的重量一定，都为一斤，故每一斤黄金，又称为“一金”，百斤黄金则称“百金”，千斤黄金则称“千金”，余以类推。是以西汉史籍中屡见“百金”“千金”等词，既省“斤”字，又去“黄”字，其实皆黄金，往往用于赏赐、交易、罚款，也用于计算财产和贮藏，表明汉代的黄金确已具备了作为货币的流通手段、贮藏手段与支付手段等职能。然而，在西汉时普遍使用的黄金货币，到东汉时已极少见，而且日益退出了货币领域，变成了稀罕之物。

汉代变化较多的，是铜钱问题。如前所云，汉初以秦半两钱难用，改铸每钱重三铢的榆荚钱。由于钱太轻，加上“不轨逐利之民”的囤积居奇活动使物价上涨，“米至石万钱”[159]。于是，汉高后二年（公元前186年），“行八铢钱”（《史记·汉兴以来将相名臣年表》）。但到了汉高后六年（公元前182年），又“行五分钱”。到“孝文五年（公元前175年），为钱益多而轻，乃更铸四铢钱，其文为半两”[160]。汉武帝元狩五年（公元前118年），“罢半两钱，行五铢钱”。[161]自此以后，无改易五铢钱者。观上述铸钱的轻重，变化不已，最后才定于五铢。直到平帝元始中，先后铸造五铢钱共二百八十亿万余。下及东汉，仍如旧铸五铢钱行于世。至东汉末期灵帝中平三年（186年），“铸四出文钱”[162]，而其重“犹五铢两”，只是在形制上作“四道，连于边轮”而已（《后汉书补注》）。“四出文钱”之名即由此而来。汉献帝初平元年（190年），“董卓坏五铢钱，更铸小钱”，[163]五铢钱之通制才被破坏。

汉代货币制度变化最大而且种类繁多的时期，莫过于西汉武帝时期与汉末王莽时期。以武帝时期而言，不仅如上述在铜钱重量方面变化不已，而且在元狩四年（公元前119年）实行了一次币制大改革，增加了以银、锡造的“白币”和以皮革造的皮币两大类货币，并提高其与铜币的兑换率，其目的既在于解决财政困难，也在于经济上打击大量贮藏缗钱的富商大贾以及诸侯王的势力。

在汉武帝实行新币制的过程中，“郡国铸钱，民多奸铸，钱多轻”，于是，“公卿请令京师铸官赤仄，一当五，赋官用，非赤仄不得行”。所谓“赤仄”，即“子绀钱”，系“以赤铜为其郭也，令钱郭见有赤者”[164]。由此可见，所谓“赤仄”，即以赤铜加于黄铜之上，以别于民间伪铸官钱。然而，不久“赤仄钱贱，民巧法用之，不便，又废”。最后，只得以取消各郡国的铸钱权而全统之于“上林三官”的办法以防盗铸[165]。

另一次币制的大变革在王莽统治时期。西汉之末，王莽改制，其中也包括对钱币制度的改变。其主要做法是：“以周钱有子母相权，于是更造大钱，径寸二分，重十二铢，文曰‘大钱五十’。又造契刀、错刀：契刀，其环如大钱，身形如刀，长二寸，文曰‘契刀五百’。错刀，以黄金钱其文，曰‘一刀直五千’，与五铢钱凡四品，并行。”王莽正式建立新朝后，又一次改变币制，一方面“罢错刀、契刀及五铢钱”，另一方面又大造新币。分为“金货”“银货”“钱货”“龟宝”“贝货”“布货”六个种类，每类又有不同名目，一共达二十八品，总称为“宝货”。

但是，并不绝对排斥布帛谷物为货币者。如孝文帝时，贾山为《至言》以言治乱之道，其中讲到汉文帝曾“出帛十万余匹以振贫民”[166]，此官府以帛充赏赐，则帛也起着货币的作用。又武帝“北至朔方，东到泰山，巡海上，并北边以归，所过赏赐，用帛百余万匹，钱、金以巨万计，皆取足大农”。[167]这显然也是以帛充赏赐，其作用与钱、金相同。又董偃为馆陶公主散财以交士，“并令中府曰：‘董君所发，一日金满百斤，钱满百万，帛满千匹，乃白之’”。[168]这里的“帛”，同钱、金并列，同起货币的作用。由此可见，布帛等实物并未绝对排除于货币之外。到了东汉，情况就有了较大的变化，主要表现为实物的货币化倾向又有明显增加。如东汉光武帝初年，因“王莽乱后，货币杂用布、帛、金、粟”[169]，冯衍于建武末年上疏，道及其“家无布帛之积”[170]，显然布帛有贮藏手段的货币职能。郑均曾“为佣，岁余，得钱帛，归以与兄”[171]，这是帛有支付手段的职能。所有这些事实，都说明布帛的货币作用。正因为如此，汉章帝时，张林主张封钱不用，“一取布帛为租”[172]；而且国家税收中，以实物缴纳的部分日益增多。

6.8.6 人口分布与迁移

先秦时代，人口以黄河中下游为聚集中心，向外辐射。到了秦建国前后，这种情况仍未改变。促成人口分布状况改变的方式是人口迁移。人口迁移原因较多，有自然原因、经济原因和政治原因。对安土重迁的汉民族来说，政治原因是造成人口迁移的主要原因。由于秦国人口密度比关东低，因此秦通过招募邻国移民办法来改变既成的人口分布状况。秦王朝统一后维持的时间不长，它所进行的人口迁移并未改变既存的人口分布情形，到了西汉，人口分布仍以黄河中下游为集聚中心。

根据《汉书·地理志》提供的各郡国人口数字，可以看出，西汉末年人口分布仍极不平衡。人口最多的郡国是汝南、颍川，其数量均超过 200 万人。人口超过 100 万人的郡国，按名次排列分别是南阳、河南、东郡、东海、陈留、济阴、蜀郡、临淮、琅琊、河内。[173]这些郡国除蜀郡外，皆位于关东黄河中下游地区和黄淮之间。蜀郡虽然人口较多，但其土地面积较大，每平方公里人口密度不超过 20 人。人口密度最高的是济阳郡，每平方公里达 260 人，其次是甾川国，接近 250 人。每平方公里人口密度超过 100 人的有颍川、真定、高密、鲁国、东平、北海、齐郡、河南、陈留、东郡、千乘。这些郡国亦多位于关东，生活着 2 500 万余人口，超过全国总人口 40%。其次人口较密集的是今河北、山西、陕西、江苏、安徽等地，人口达 2 000 余万人，占全国总人口 33%。其余人口生活在今甘肃、四川、湖北、广东、云南各省。这些地区每平方公里人口密度较低，其中位于今广西东部的郁林郡，人口仅 7 万余人，每平方公里只合 0.5 人。[174]

据《后汉书·郡国志》所载，东汉时，黄河中下游地区仍是全国人口最密集地区，总人口占全国人口的 35%左右，较西汉有所下降。今河北、山西地区人口占全国人口 15.1%左右。其中河北人口下降不大，而山西人口则下降五成以上。今天安徽、江苏人口占全国人口 10%左右。今浙江、江西一带的人口比西汉有较大增长，约占全国总人口 5%。其中江西人口增长近 5 倍。今湖北、湖南人口占全国人口 8.8%左右，比西汉增长较大。长江流域及以南包括今四川地区人口占全国人口 40%余，而在西汉则不到 25%。与西汉相比，东汉关中地区人口下降较大，西北地区也有下降，东北地区人口基本稳定。

与西汉相比，东汉人口分布已有改变，南方人口有较大增长。但是人口密度较高的地区仍集中在关东。该区内每平方公里人口密度达百人以上的州县比比皆是，而南方的许多地区虽然人口有所增加，但由于地域面积大，每平方公里仍不足一人。东汉南方人口增长原因很多。东汉的政治经济发展不平衡，社会政治、经济秩序常处于混乱状态，对北方影响尤为严重。同时，北方受与少数民族战争的影响，特别是与羌族的长期战争，使社会生产生活秩序被破坏。这是北方人口逐渐南移，人口增长率下降的一个重要原因。[175]

造成秦汉人口变化的重要原因是人口迁徙。在当时，人口迁徙可分为自然性人口迁徙和强制性人口迁徙。自然性人口迁徙的主要原因是迁移者原生活地区发生水灾、旱灾、虫灾、战乱等，使百姓的生存环境遭到破坏。秦朝维持时间不长，自然性人口迁徙在史籍上反映较少。在两汉，人口自然迁徙则很普遍。《汉书·食货志》记载，汉初大灾，"民就食巴蜀"。汉代视自然迁徙人口为流民。汉代虽有严格的户籍制度，防止人口脱籍流动，但在某些天灾人祸年份，却无法执行。为了把这些流动人口重新纳入户籍便于控制，汉官府往往采取让流民重新予以登记。西汉成帝鸿嘉四年（公元前17年），关东地区水旱为灾，汉成帝下诏曰："流民欲入关，辄籍内。所亡郡国，谨遇以理，务有以全活之。"[176]东汉时期，社会动荡，移民渐多。人口自然流动同样是造成社会秩序不安定的主要因素，对其控制方法是否得当，几乎直接影响到一个朝代的盛衰。

秦始皇二十六年（公元前221年），"徙天下豪富于咸阳十二万户"[177]；这次人口迁徙是为了加强京师，并借以控制割据分裂势力。这十二万户，按每户5～6口计，近70万人。可见此次迁移应是一次大规模的人口迁徙。秦始皇三十五年（公元前212年），"徙三万家丽邑，五万家云阳"。[178]丽邑是始皇陵墓所在地。以上两次人口迁移目的是实关中。

除了迁移人口实关中外，秦朝也向边疆新开发地区迁移人口。如秦始皇三十六年（公元前211年），"迁北河三万家"。[179]秦发七科谪籍者徙边是最常用的办法。秦始皇三十三年（公元前214年），"发诸尝逋亡人、赘婿、贾人，略取陆梁地，为桂林、象郡、南海，以适遣戍"。[180]

西汉时期，史籍明载的强制性人口迁徙则更多。汉高祖七年（公元前200年），刘邦之父"思土欲归丰，高祖乃更筑城寺市里，如丰县，号曰新丰，徙丰民以充实之"[181]，汉高祖九年（公元前198年），"徙齐楚大族昭氏、屈氏、一景氏、怀氏、田氏五姓关中"[182]。按《汉书》记载，上述五姓迁关中者计10万余口。《汉书·武帝纪》记载：元朔二年（公元前127年），募民徙朔方10万口。这是西汉第一次大规模徙民实边。元狩四年（前119年），关中连年水灾，乃徙贫民于关以西，及充朔方以南新秦中，七十馀万口。[183]《汉书·成帝纪》载：鸿嘉三年（公元前18年），"徙郡国豪杰昔五百以上五千户于昌陵"。汉平帝时，王莽增法五十条，"犯者徙之西海，徙者以千万数"。[184]

东汉建立后，汉光武帝建武十五年（39年），"徙雁门、代郡、上谷吏人六万余口，置常关、居庸关以东"。[185]汉明帝（28—75年，57—75年在位）永平九年（66年），"诏郡国死罪囚减罪，与妻子诣五原、朔方古著"。[186]《后汉书·桓帝纪》亦载：桓帝永兴二年（154年），"减天下死罪一等，徙边戍"。

根据《汉书》和《后汉书》各帝纪记载，两汉时人口迁徙近40次，可分为实关中、实陵、实边三大类型。其中以实关中为目的的人口迁徙共3次，均在西汉初年，以实陵为目的的人口迁徙计10次，多在西汉；其他多为实边。在近40次人口迁徙中，有人数记载的共8次，人数多至70万、少至数千口不等。[187]

西汉初年，关中地区人口较少，豪强旧族多集关东，对地方政治形成威胁。汉高祖采取刘敬“强干弱枝”的建议，从关东移民实关中。这项政策完全符合新建王朝的现实与长远利益，正如刘敬所言：这些移民“无事可以备胡，诸侯有变，亦足率以东伐，此强本弱末之实也”。[188]上面列举的西汉初年几次人口迁移，在当时人口基数较小的背景下，应是比较大的。至汉文帝时，情况发生变化：由于大批移民迁入关中，加上刘氏政权机构的庞大，造成关中地区人口，尤其是非生产性人口膨胀，使粮食供给发生困难。汉文帝不得不下诏疏散关中非生产性人口，“其令列侯国”，[189]并免除丞相周勃之职，让其带头就国。汉文帝十二年（公元前168年），政府又废除关禁，允许百姓出关入关。但到汉景帝时，出现吴楚七国之乱。为了防止这类反叛再次发生，汉景帝继续采取“实关中”政策，并恢复了关禁。这项措施遂为西汉各朝所继承。在西汉初年，“实关中”和“实陵”的目的是一致的，以实陵来达到实关中的目的，加强专制主义中央集权，削弱关东地诸侯势力，中央政府提供大量可以迅速利用的兵役资源。移民关中，从另一方面来说，也是为了减轻关东地区人口压力，合理调整全国人口分布，有利于关中、关东两地经济发展。西汉后期，由于地方诸侯势力已被严重削弱，关东地区人口向南方有大批自然性迁移，所以后来实陵已脱离“实关中”目的，成为纯粹的实陵了。而实陵给汉政府造成巨大财政压力，以致后来有罢陵之议。[190]

东汉建都关东，关东人口本来就十分稠密，并不像西汉那样迁徙人口。因此，东汉时期大规模强制性人口迁徙较少。募民徙边是两汉强制性人口迁徙的另一种类型，其真正目的是防止边疆地区少数民族对内地侵扰。西汉时，匈奴是汉王朝北部最重要的防御对象，故徙边之民多安置在北部和西北部。汉武帝元朔二年（公元前127年），“收河南地，置朔方，五原郡”。[191]后又在西部置武威、张掖、酒泉、敦煌四郡，这都是为了安置从内地来的移民。除募民徙边外，汉还在边疆地区建立屯田。西汉中期，曾在“上郡、朔方、西河、河西开田官，斥塞卒六十万戍田之”。[192]屯田分军屯、民屯两种形式，其中军屯是由戍卒定期轮换，戍卒不是完整意义的移民。东汉时，匈奴内侵的威胁大大减小。东汉向北部、西北的移民也不如西汉规模大。东汉王朝常用罪犯实边，尽管这类实边次数很多，但人数毕竟有限。

少数民族内迁在两汉时也颇多。元狩二年（公元前121年），匈奴昆邪王率四万余人降汉，汉武帝“乃分处降者于五边郡故塞外”，“因其故俗为属国”。[193]汉政府把降汉的匈奴人安置在边郡地区，直接促进了匈奴和汉民族的文化交流。对西北地区的羌人，汉政权也采取同样办法。汉宣帝时，羌人反叛被平息后，汉政府置金城属国以安置投降的羌人。[194]南方地区越人内迁在先秦时已开始。西汉武帝建元三年（公元前138年），“东粤请举国徙中国，乃悉与众处江淮之间”。[195]迁移江淮之间的越人，很快与人数占优势的汉族居民融合。越人擅长水田作业，移民在与当地居民先进的农业生产技术融合后，推动了南方农业经济的发展。

6.9 三国魏晋南北朝时期的经济与人口流动

6.9.1 农业

三国两晋南北朝时期，在农业的发展上，南北有显著的差别。北方由于战乱频仍，农业生产几经由破坏到复苏的迂回曲折的发展道路，使其原来居于农业生产中心的地位有所下降。南方由于处于相对安定的局面，并因为北方的动乱而为农业发展提供了有利条件，又加人口的大量南迁和先进生产技术的输入等，这一时期农业生产取得了长足的进展，其地位的重要性日益上升，为日后经济重心的南移创造了条件。

这一时期，北方农具的种类增多，《齐民要术》[①] 记载的农具就有 20 多种，其中除犁、锹、锄、耩、镰等原有农具之外，新增的有铁齿漏榛、耮、挞、陆轴、木斫、耧、窍瓠、锋、铁齿耙、鲁斫、手拌斫、批契等。

窍瓠是一种新的播种农具。窍瓠就是点葫芦。据《齐民要术·种葱》所说："两耧重耩，窍瓠下之，以批契继腰曳之。"就是指用耧开沟后，用窍瓠播种。

锋是一种畜力牵引的中耕农具，在禾苗稍高时使用，如种谷子，"苗高一尺，锋之"，种大豆，要"锋、耩各一"。锋有浅耕保墒的作用，还可以用于浅耕灭茬。

挞是播后覆种镇压工具。据《齐民要术》所载，挞系"用科木缚如扫帚，复加扁阔，上以土物压之，亦要轻重随宜，曳以打地"。用于耧种之后，覆种平沟，使表层土壤塌实，以利提墒全苗。

新增农具中最值得注意的是畜力拉耙的出现。汉代虽有竹木耙和铁齿耙，但均属人力耙的范畴。畜力拉耙的明确记载，始见于《齐民要术》，即所谓"铁齿漏榛"，而比《齐民要术》更早两个世纪以上的嘉峪关魏晋壁画中，即有畜力拉耙的形象。嘉峪关壁画中的畜力拉耙是长条形的钉齿耙，有两牛牵引的，也有一牛牵引的。《齐民要术》中所提到的"铁就齿漏榛"，据《王祯农书》说，则是人字耙。耙用于耕之后，可以使翻起的土垡变得细碎疏松，并可以去掉草木根茬。[196]

耱是畜力牵引用以摩碎土块、平整地面的工具，是安有牵引装置的长条形木板或用藤条荆条之类编扎而成。从现有画像来看，有两牛单辕耱，也有一牛双辕耱。《齐民要术》中称之为"耮"。用于耕耙之后，可进一步使地平土细，同时也和耰一样，具有覆土的作用。耮和耙一样，有时为了加大效果，使用时，人立其上，用以提高碎土和覆土等的功效。但是否站人，要视情况而定。如湿地种麻或胡麻，就无须站人，因为"劳上加人，则土厚不生"。

在新增农具的同时，原有的一些农具，如犁和其他畜力牵引工具也有了较大改进。

---

① 《齐民要术》大约成书于北魏末年（533—544 年），是北朝北魏时期，南朝宋至梁时期，中国杰出农学家贾思勰所著的一部综合性农学著作，也是世界农学史上最早的专著之一，是中国现存最早的一部完整的农书。全书 10 卷 92 篇，系统地总结了 6 世纪以前黄河中下游地区农牧业生产经验、食品的加工与贮藏、野生植物的利用，以及治荒的方法，详细介绍了季节、气候和不同土壤与不同农作物的关系，被誉为"中国古代农业百科全书"。

犁是当时的主要耕具。从河南渑池出土的铁犁情况来看，当时有三种类型的犁：第一种是全铁铧；第二种是“V”字铁铧；第三种是双柄犁，犁头作“V”字形，可安装铁犁铧。又从嘉峪关等地发现的魏晋壁画中，可以看出，当时有二牛抬杠式，也有单牛拉犁式。其中单牛拉犁式渐趋普及。《齐民要术》中提到一种“蔚犁”，这种犁既能翻土作垄、调节深浅，又能灵活掌握犁条的宽窄粗细，并可在山涧、河旁、高阜、谷地使用。[197]这些农具主要是适应北方旱作的需要而出现的。中国黄河中下游地区历来苦旱，尤以春季少雨多风，因此，防旱成为这一地区农业生产的突出问题。

兴修水利是解决干旱问题的首选。但兴修水利需要大量的人力物力，非个体农户所能承担，因此，农民更多的是采用土壤耕作措施防旱保墒。春秋、战国时期采用的方法是“深耕”“疾耰”和“易耨”。汉代出现畜力摩田器，土地播种前反复耕摩，配以旱锄，使保墒能力有所加强。但摩只能使表层的土块细碎，表层以下坷垃不易完全消除，垡片之间可能架空，不但影响禾苗生长，而且保墒能力也有限，尤其时间一长就会跑墒，使土块变得坚硬。魏晋时期，由于有了畜力拉耙的出现，土壤耕翻后反复耙耢，消灭了土层中的大小坷垃，形成上虚下实的上层，再加上播种后的挞、辗、锄等一些耕作措施，使得土壤保墒蓄墒的能力和持久性大大加强了。据《齐民要术·耕田》说：“再劳地熟，旱亦保泽也。”这就标志着北方旱地传统的保墒防旱耕作技术体系的形成。

三国两晋南北朝时期，人们认识到选种和良种繁育是作物增产和提高品质的重要因素。具体采取的措施是：“粟、黍、粱、秫，常岁岁别收，选好穗纯色者，劁刈，高悬之。至春，治取别种，以拟明年种子”；“其别种种子，常须加锄。先治而别埋，还以所治蓑草蔽窖”。[198]上述做法已近似近代的“种子田”和良种繁育，是品种选育的有效途径之一。它把选种、留种、建立“种子田”、进行良种繁育、精细管理、单种单收、防杂保纯结合在一起，形成一整套措施，奠定了中国传统的选种和良种繁育技术基础。这一时期涌现大量农作物新品种，特别是谷类作物的品种大大增加。如西晋郭义恭《广志》中记载粟的品种 11 个，水稻品种 13 个；而《齐民要术》记载的粟品种就已有 86 个，水稻品种 24 个。南方栽培稻除有杭稻和秫稻之别外，还有两熟稻、再生稻等品种。[199]

又据《广志》的记载，当时南方有“盖下白稻”的再生稻品种，“正月种，五月获；获讫，其茎根复生，九月熟”。而据《水经注·耒水》的记载，湖南永兴县有数千亩的稻田，利用当地的温泉灌溉，常以十二月下种，明年三月谷熟，一年可以实现三熟。由此看来，当时部分南方地区已出现多熟制。但这种多熟制在当时整个农业生产中并不占有很重要的地位。

魏晋南北时期，大田作物种类基本是汉代的延续，但大田作物的搭配却发生了很大的变化。其特点主要是广泛采用禾谷类和豆科轮作，并往往在轮作中加入绿肥作物，形成用地养地结合、灵活多样的轮作体系。此外，是绿肥作物的栽培和加入轮作序列之中。中国利用绿肥相当早，但汉代以前只是耕翻自然生长的杂草作肥。栽培绿肥的记载，始见于《广志》：“苕草，色青黄，紫华。十二月稻下种之，蔓延殷盛，可以美田。”这是中国南方冬种绿肥的开始。后魏时期，中国北方也已广泛利用绿肥栽培以培养地力。《齐民要术》中记述了谷、瓜、葵、葱等作物生产中都使用绿肥。当时的绿肥作物有绿豆、小豆、芝麻之类。绿豆为上，小豆、胡麻次之。方法都是在五六月中密种，七月八月犁翻，以作为春谷田的肥料，肥效与蚕矢和熟粪相同，使用起来还非常方便。利用和种植绿肥，是中国优良农业技术传统之一，对增加土壤有机质，培育地力和改良土壤以及提高产量，都有重要的作用。[200]

这一时期，园艺作物的种类有所增加，据《齐民要术》记载，有葵、菘、葱、韭、蒜、蔓菁、芦菔、芸苔、各种瓜类等30余种，比起汉代有明显的增加。栽培技术提高的主要表现是土地利用率提高，一年之内可多次收获。新增加的品种有的原来是野生植物，有的原产于少数民族地区，有的是原已驯化，经过长期培育演变出的新的栽培品种。果树方面，黄河流域的果树基本与汉代相同，但南方果树的种类有了很大的发展，当时的果树种类多达数十种。

园艺作物栽培方面也有了很大的进步。蔬菜栽培方面，瓜类蔬菜的栽培比较引人注目。据《齐民要术·种瓜》的记载，这一时期出现了留“本母子瓜”、助苗出土和甜瓜引蔓等技术。本母子瓜是与瓜类蔬菜选种有关的技术。此前虽有禾谷类作物的选种技术，但蔬菜作物的选种尚未提及。除瓜类蔬菜的栽培技术之外，这个时期还出现了大蒜条中子繁殖法、细粒种子匀播法和促使莲子早发芽法。

果树种类和品种增多，北方除枣、桃、李、梅、杏等“五果”外，还有柿、梨、栗等。南方果树，《齐民要术》卷十辑录的有几十种。果树品种培育也很早就受到重视，《广志》中记载有“长二寸”的东郡谷城紫枣，“小核多肌”的大白枣等23种。果树栽培采用了嫁接、嫁树、疏花等技术。嫁接技术在汉代即有采用，但在魏晋时期，嫁接技术有了长足的发展，由靠接到劈接，由近缘嫁接到远缘嫁接，由单纯为了结果到选择接穗和砧木使其兼能提早结实和改良品质。嫁树法最早见于《齐民要术》，一种是用斧背敲打枣和林檎的树干；另一种是用瓠石放在李的树杈中。嫁树是现代“环剥”技术的起源。目的在于控制营养物质的分配，用斧背敲击树干，使韧皮部局部受伤，阻止一部分光合作用所产生的有机物质向下输送，使较多的有机物质分配给上部枝条的结实，以提高产量和质量。

魏晋以来，不断有以畜牧业为主要的少数民族进入中原地区，促进了畜牧兽医技术的发展。魏晋南北时期，中国的主要家畜家禽仍然是马、牛、羊、猪、鸡、鹅、鸭等。值得注意的是由马和驴杂交产生的骡。骡在战国时期传入中原，但直至汉朝初期，它仍然是珍贵难得之物，被中原人视为“奇畜”。西汉时代，北方的牲畜大量引入中原，尤其是魏晋南北朝，由于北方游牧民族纷纷进入中原，也带来了他们的生产习惯和生产技术，并加速与中原文化的融合。

魏晋南北朝时期，江南地区的蚕桑业生产已有显著的发展，但蚕桑业的中心仍然是在黄河流域。蚕桑技术提高的表现是桑树繁殖较普遍地采用压条法，并且认识压条繁殖具有生长迅速的特点。在桑品种方面，除了女桑之外，还有地桑、荆桑、鲁桑等，而鲁桑又有黑鲁桑、黄鲁桑等名称。在养蚕方面，提到蚕有一化、二化、三眼、四眼之分，并引述了南方有八化的多化性种，此系利用低温控制产生不滞卵，从而达到一年中分批多次养蚕的目的。提到良种选留以茧为主，且以蚕蔟中层的茧为上。这是中国古代养蚕技术取得的一大进展。

6.9.2 农业劳动力与田制

黄巾起义后，继之以军阀混战，人口的减少更多，劳动力更感缺乏。当曹操掌握北方统治权后，他实行了屯田。《通典·食货》：说“魏武既破黄巾，欲经略四方，而苦军食不足，羽林颍川监枣祗建置屯田，于是以任君峻为典农中郎将，募百姓屯田子许下，得谷百万斛。郡国例置田官，数年之中，所在积粟，仓廪皆满”。实行屯田，当时是件大事。曹操在和群雄角逐之中，讲究“足食足兵”。实行了屯田，不久就足食足兵了。屯田的土地，是封建国家所有的，在屯田土地上劳动的人，既要种地，也要当兵；有家室，有自己的生产工具，但身份是低的。[201]

曹操所以能统一了北方，和在许下实行屯田以及相继在各州郡实行屯田是分不开的。在政治上，曹操裁抑东汉以来的世家大族，用人则唯才是举，故地主大土地所有制，无什么发展，是可以肯定的。当时，人力比土地可贵得多。地主阶级对于土地的争夺，远不如对劳动人手争夺的剧烈。没有劳动力，土地是没有用的。因此，地主阶级的国家，对屯田户、屯田兵、士家控制得很严，剥削也很重。他们的劳动果实，或官得六分，或中分。

曹丕在政治上和东汉的世家大族携起手来，大地主土地所有制有了发展。《三国志·曹爽传》说何晏专政时，有一些人侵占洛阳和野王典农部的桑田数百顷。西晋皇帝是世家大族出身的，也是这个阶层的代表。曹魏的屯田制，被大族土地所有制代替了，接替而来的是西晋的占田与课田制。西晋在太康元年（280 年）灭吴以后，即颁布占田制，它的内容包括农民的占田与课田、户调式。

据《晋书·食货志》所载的占田制：“男子一人占田七十亩，女子三十亩。其外丁男课田五十亩，丁女二十亩，次丁男半之，女则不课。”所谓占田，是国家规定每个平民在法律上可以占有土地的最高限额，男子一人有权占土地 70 亩，女子 30 亩，至于占够占不够，国家并不管。所谓课田，即课税之田，是说在占田之中，丁男有 50 亩、丁女有 20 亩，次丁男有 25 亩是要课税的。但实际上不管每个人占有土地多少，都要依此定额纳租。此外，还作了按户调绢、绵的规定，称为户调之式。[202]

制度规定占田最多不得超过五十顷，至少十顷，佃客最多不得超过五户，最少一户。荫户也作了规定。因为贵族地主无限制地占有土地和劳动力，才有封建国家对占田及占有佃客多少的规定。因为劳动力缺乏，才有封建国家对课田的规定。为国家直接所掌握的劳动力，一夫一妇，要种田百亩。这种户，大概就是过去的屯田户。这种田，即封建国家所掌握的田，东晋时称为公田或沃田。课田户交给国家的实物，大约也是十分之六，或稍多，少则是一半。少数民族不课田，但要输义米；义米也就是义租。这一时期，也有大地主求媚当权人物奉上义租的。[203]

五胡十六国时期，君主几乎没有例外，把人户往首都所在的地方迁徙。这时，对劳动力的占有，也胜过对土地的占有。石勒一次即徙降人二万余户于襄国，当他打败靳准的时候，“巴帅及诸羌羯降者十余万落”就被迁至司州（《晋书·石勒载记》）。徙户的记载，《晋书》中是很多的。

北魏统一之后，有了三四十年的安定，人口增加了，出现了无地少地的农民。另外，也存在“良畴委而不开，柔桑枯而不采”（《魏书·李安世传》）的情况。司马光作《通鉴》，论述北魏行均田一事，极其恰当地以为：“魏初，民多荫附。荫附者皆无官役，而豪强征敛倍于公赋。”然后引李安世的话：“岁饥民流，田业多为豪右所占夺；虽桑井难复，宜更均量，使力业相称。”在得到魏主的赞许后，便开始讨论实行均田制了。

一方面要限制原有的大地主广占田园和奴婢，另一方面要使无地少地的有耕农在国家直接控制下成为编户齐民；于是，这个已经成为中央集权的专制主义国家，便在坞壁星罗棋布的地区之内，实行了均田。《魏书·食货志》说：“九年，下诏均给天下民田。诸男夫十五以上，受露田四十亩，妇人二十亩，奴婢依良。丁牛一头受田三十亩，限四牛。所授之田率倍之，三易之田再倍之，以供耕作及还受之盈缩。”诸民年及课则受田，老免及身没则还田。奴脾、牛随有无以还受。均田令的对象为坞壁主、中小地主、自耕农和被清查出来的荫户是很显明的。[204]

均田制实行的地区，是畿内以外从4世纪以来坞壁主力量雄厚的地区，均田制的实行，解决了拓跋部统治者和汉族坞壁主之间的矛盾，缓和了农民和坞壁主之间的矛盾。

东吴至南朝，土地制度基本相同，主要是大地主土地所有制，但州郡县都有公田，是封建国家所有的。大地主土地所有制，在江南是不断发展的，国有制的土地，也还是存在的。《宋书·隐逸传》说陶渊明为彭泽令，“公田悉令吏种稻”。孝武帝和明帝本纪都有复郡县公田的记载。芍破的良田，入齐之后也曾命令加以修理。屯田之利，东晋南朝都是重视的。屯田是国有的土地，这是尽人皆知的。

东晋南朝，大地主广占土地山泽，以致地方势力进一步得到发展。那时，还有许多自耕农。《隋书·食货志》说建康西面有石头津，东面有方山津，有津主和一些办事人员，专门征收过津的荻炭鱼薪之税，十分税一。这些携带水产和荻炭到京城做小买卖的，亦必在乡间有一块小土地，春种秋收。这就是所谓小农。但自耕农在沉重的负担下，不断地逃亡。《梁书·范述曾传》说永嘉郡的横阳县“为逋逃所聚”，任郡守的人企图用武力胁迫他们出来，都失败了。范述曾到郡之后，“开示恩信”。这些逃亡的人便被编户属籍的200多家，从事生产劳动。这件事被载入良吏传，可以想见，在当时已成美谈。这都说明东晋南朝对农业劳动力争夺的重视。[205]

6.9.3 手工业

三国两晋南北朝时期的手工业，比起秦汉时期是有发展的。尽管这时期手工业内部分工的部门大致依旧，但品种增多了，产量有所增加，生产技术也有很大进步。

这一时期的建筑，主要是继承和运用汉朝的成就。但由于佛教的传入，其间出现了一种新型的建筑，即佛教建筑，特别是建造了佛教寺院和高层的佛塔。随之而来的印度、中亚一带的雕刻和绘画艺术，也使中国在石窟、佛像、壁画等方面有了巨大发展。这种情况对中国的建筑艺术产生了相当大的影响，使汉代比较质朴的建筑风格变得更为成熟和圆淳。

佛教在东汉就已传入中国，经三国两晋到南北朝，由于统治阶级的大力提倡，以至于兴建了大量寺院、佛塔和石窟，并使其成为这个时期最突出的建筑类型。梁武帝时，建康佛寺达五百多所，僧尼十万多人。地方各郡县也都建有佛寺。现存的栖霞山千佛岩就是南朝齐、梁时的王公贵族施舍所造。十六国时期后赵石勒崇信佛教，兴立寺塔。北魏统治者更是不遗余力地崇佛，建都平城时，就大兴佛寺，开凿云冈石窟。迁都洛阳后，又在洛阳伊阙开凿龙门石窟。到北魏末年，北方佛寺达三万余所，其中洛阳有一千余所，可见佛教建筑之盛。[206]

北魏佛寺以洛阳的永宁寺为最大，按《洛阳伽蓝记》所记，中间置塔，四面有门，塔后为佛殿。经近年发掘证实，其平面布局与文献记载是一致的。初期的佛寺布局与印度相仿佛，仍以塔为主要建筑物，置于佛寺中央，而以佛殿为辅，置于塔后。南北朝时，一些新建的大寺院，如北魏洛阳永宁寺，仍采取塔为中心，四周由堂、阁围成方形庭院的布局。北魏洛阳有许多佛寺是由贵族官僚的邸宅改建的。所谓“舍宅为寺”，就是把前厅改为大殿，后堂改为讲堂。于是，佛寺进一步中国化，不仅把中国传统的庭院式木架建筑应用于佛寺，而且使私家园林也成为佛寺的一部分。这些佛寺也往往是市民游览活动的场所。这在《洛阳伽蓝记》中有较详细的记载。

佛塔本是埋藏舍利供佛徒礼拜而作，传到中国后，把它缩小变成了塔刹，并与东汉已有的多层木结构楼阁相结合，形成了中国式的木塔。永宁寺塔是该时期一座著名的木塔，方形、九层，高一千尺，百里以外便能望见。可惜这座塔建成不久便被焚毁了。由于木塔易遭火焚，不易保存，又发展出仿木结构砖塔，并在楼阁式基础上发展出密檐式，还有小型单层的亭阁式。自此以后，砖塔逐渐增加，木塔逐渐减少。北魏时建造的河南登封嵩岳寺砖塔是中国现存最早的佛塔。这是一种十二角十五层密檐式砖塔。此塔造型特殊，砖建密檐式，平面正十二角形，佛塔中仅见此一座，塔身有用莲瓣作柱头和柱基的八角柱，有用狮子作主题的佛龛，有火焰形的券间，形式十分优美。它的艺术处理虽十分成功，但却不是南北朝时期的代表塔形。其来源是公元 3 世纪时印度出现的高塔形佛殿，即后来玄奘《大唐西域记》中所记的“精舍”。除上述两种塔以外，从壁画和石刻中得知，当时还存在第三种塔，即单层塔。[207]

石窟寺是在山崖上开凿出来的洞窟型佛寺。汉代已掌握了开凿岩洞的施工技术，佛教传入后，开凿石窟寺的风气在全国迅速传播开来。最早是在新疆，如 3 世纪起开凿的库车附近的克孜尔石窟，其次是甘肃敦煌莫高窟，创于秦苻坚建元二年，其后甘肃、陕西、山西、河南、河北、山东、辽宁、江苏、四川、云南等地的石窟相继出现，著名的有山西大同云冈石窟、河南洛阳龙门石窟、山西太原天龙山石窟等。这些石窟中规模最大的佛像都由皇室或贵族、官僚出资修建。窟外还往往建有木建筑加以保护。石窟保存下来的历代雕刻与绘画，是宝贵的古代艺术珍品。从建筑功能布局来看，石窟可分为三种：一是塔院型，与初期佛寺以塔为中心相同，这种窟在云冈石窟中较多；二是佛殿型，窟中以佛像为主体，相当于一般寺庙中的佛殿，这类石窟较为普遍；三是僧院型，在印度称毘诃罗，主要供僧众打坐修行之用，窟中置佛像，周围凿小窟若干，每窟供一僧打坐，敦煌第285窟即属此类。此外还有一种小窟，分布在一、二类窟的周围，也属打坐用的禅窟。石窟的壁画、雕刻、前廊和窟檐等方面所表现的建筑形象，是研究南北朝时期建筑的重要资料。[208]

中国自然风景式园林在这一时期也有若干新发展。北魏末期贵族们的住宅后都往往建有园林。园中有土山、钓台、曲沼、飞梁、重阁等。同时，叠石造山的技术也有所提高，如北魏洛阳华林园、张伦宅及梁江陵湘东苑，或重岩复岭，石路崎岖，或深溪洞壑，有若自然，即其例证。魏晋以来，一些士大夫标榜旷达风流，爱好自然野致，在造园方面，聚石引泉，植林开涧，企图创造一种比较朴素自然的意境。这种风尚无疑对当时园林和苑囿的建筑产生一定的影响。

纺织业也比汉朝时期有所发展。三国时的马钧将汉代工艺复杂、劳动强度大、生产效率较低的高档丝织机的结构和织作工艺进行了简化，使之生产效率提高了5倍，也增加了花纹式样和宽幅，促进了丝织业的生产。[209]

汉末，蜀地丝织业已很发达，所产蜀锦以精丽著称，享有盛名。左思在《蜀都赋》中赞美蜀锦“贝锦斐成，濯色江波”。三国时，诸葛亮也说过：“今民贫国虚，决敌之资唯仰锦耳”，“蜀中军需唯依赖锦”，可知蜀锦生产仍为军需的主要来源，并在蜀地经济中占有重要位置。当时蜀锦畅销各地，魏、吴都到蜀去买锦。山谦之《丹阳记》记载：“江东历代尚未有锦，而成都独称妙。故三国时魏则市于蜀，而吴亦资西道。”蜀也用锦来做馈赠，环氏《吴志》称“蜀遣使献重锦千端”。

吴国割据江东，提倡桑蚕业，因而纺织生产有所发展，官营纺织手工业规模迅速扩大，陆凯疏谏孙皓提到：“先帝时，后宫列女以诸织络，数不满百”，先帝崩后，“更改奢侈，伏闻织络及诸徒，乃有数千”。同时，官府三令五申要民间增产蚕丝，群臣关于在养蚕缫丝时“暂免他役”以及禁止蚕织时“以役事扰民”等建议，屡见不鲜。缫丝产品质量也很好，如诸暨、永安（武康）等地能生产高级的“御丝”。丝织物的花纹繁多，如吴王赵夫人能织作龙凤锦和五岳列国地形锦。

曹魏虽据有纺织业的中心襄邑、洛阳等地，但由于长年战乱等原因，这些地区的产品“皆下恶”，无法与蜀吴相比拟。

自两晋以降，北人南徙者甚多，由于他们习于罗纨绮縠等丝织服物，桑蚕业也随之南移，并促进了南朝丝织业的发展。南朝各朝都置有少府，下设平准掌织染，大力生产各种丝织品。丹阳有斗场锦署，无疑是官设纺织手工业。此种机织技工是刘裕灭姚秦后由“平关右迁其百工”而来。其后，锦署成为南朝官府手工业常设纺织机构，制作王室服物。

南朝纺织手工业发展迅速，宋时“丝绵布帛之饶，衣复天下”。当时使用三国时发展起来的一蹑鼓动数综的较先进的机织技术，织造水平和生产能力提高很快。宋武帝时“广州尝献入筒细布一端八丈，帝恶其精丽劳人，即付有司弹太守，以布还之，并禁岭南作此布”。梁时镶嵌金箔的罗，已织得十分精美。《吴越钱币志》提到织文图案，有“天、人、鬼、神、龙、象、宫殿之属，穷极巧妙，不可言状”。锦的产量很大，梁侯景据寿将反，“启求锦万匹，为军人袍”。南方织造技术驰名塞外，《南齐书·芮芮虏传》载：“芮芮王求医工等物，世祖诏报曰：‘知须医及织成锦工、指南车、漏刻，并非所爱。南方治疾，与北土不同。织成锦工，并女人，不堪涉远。指南车、漏刻，此虽有其器，工匠久不复存，不副为误。’”但南方本为麻葛产区，桑蚕和丝织虽渐兴起，产量尚不丰富，服物仍以麻葛织品为主。

南北朝时，棉布已广泛流行。高昌为产棉区，其都城在今新疆吐鲁番东南的哈喇和卓。在吐鲁番阿斯塔那 309 号高昌时期的古墓葬中，出土了一种以大红、粉红、黄、白四色构成几何图案的织锦，为丝、棉混合物，残长 37 厘米，宽 25 厘米。这个时期的墓葬中，也出土有纯棉纤维织成的白布，还发现了和平元年（西魏大统十七年，551 年）借贷棉布和锦的契约。一次借贷叠布达六十匹之多，这种棉布显然是当地生产的。棉布和锦同被用作流通手段，可见棉布产量不会很少。

冶金业也比较发达。三国到南北朝时期的长期战乱，严重破坏了北方地区的社会经济。但由于军事和农业生产的需要，冶铁业仍具有一定规模，后赵、南燕在丰国、渑池、商山设有铁冶。北魏时经济逐渐恢复，《魏书·食货志》记载：“其铸铁为农具兵刃，在所有之”，西至长安，东尽即墨，营造器中，必尽坚精，相州牵口冶尤以锻炼军刀著称。北周在夏阳设铁冶，“每月役八千人，营造军器”。渑池北魏铁器窖藏共出土各类铁器 60 多种，4 000 余件，总重 3 500 公斤。《梁书·康绚传》记述修筑浮山堰时，曾用东西二冶铁器数千万斤沉于堰所，可见北方和南方冶铁业都有相当的规模和生产能力。

铁范、生铁范铸术和铸铁柔化术等在汉代的基础上又有新的发展，百炼钢已相当成熟，魏、蜀、吴三国都用之锻制刀剑。曹操曾令工师制作“百辟利器”，曹丕《典论·剑铭》说：“选兹良金，命彼国工，精而炼之，至于百辟”，制成的刀剑有美丽的纹理，文似灵龟，“采似丹露”，“理似坚冰”，“曜似朝日”。《太平御览》卷 346 引《刀剑录》称：“蜀主刘备令蒲元造刀五千口，皆连环，及刃口刻七十二湅。”陈琳《武军赋》称：“铠则东胡阙巩，百炼精刚。”《晋书》记述赫连勃勃命将作大匠比干阿利造五兵之器，“射甲不入，即斩弓人，如其入也，便斩铠匠，又造百炼刚刃为龙雀大环，号曰大夏龙雀”。由此可见，一些少数民族也已掌握这项技术，并用于铠甲和兵器制作。

此外，在制钢技术方面出现了新的突破。《重修政和经史证类备用本草》卷四十五“石部”引陶弘景语：“钢铁是杂炼生鍒作刀镰者”，这是最早明确记载用生铁和熟铁合炼成钢的文献资料。北齐的綦母怀文用灌钢法造宿铁刀，“其法，烧生铁精以重柔铤，数宿则成钢。以柔铁为刀脊，浴以五牲之溺，淬以五牲之脂，斩甲过三十札”。“生”指的是生铁，“柔”指的是熟铁。先把含碳高的生铁熔化，浇灌到熟铁上，使碳渗入熟铁，增加熟铁的含碳量，然后分别用牲尿和牲脂淬火成钢。牲畜尿中含有盐分，用它作淬火冷却介质，冷却速度比水快，淬火后的钢较用水淬火的钢硬；用牲畜的脂肪冷却淬火，冷却速度比水慢，淬火后的钢比用水淬火的钢韧。由此可知，当时不但炼钢技术有较大的发展，淬火工艺也有了提高。灌钢法在坩埚炼钢法发明之前是一种先进的炼钢技术，对后世有重大的影响。[210]

这一时期的铜产地主要在河南、山东、四川、江苏、湖北等省，除青铜外，黄铜和白铜在此期间已有冶炼和使用。金、银、铅、锡也有一定开采量。据《魏书·食货志》

记载，恒农郡铜青谷矿每斗可得铜五两四铢，河内郡王屋山矿每斗得铜八两，长安骊山银矿每二石得银七两，白登山银矿每八石得银七两。总的来说，有色金属的生产仍处于恢复和缓慢发展的阶段。

造船技术在这一时期也有很大的发展。孙吴政权建立不久，就拥有船舰五千余艘，并不断派出较大规模的船队，北航辽东，南通南海。其中大船上下五层，可载三千人。晋在做灭吴准备时发明将许多小船拼装成一艘大船的造船方法。这种大船称为“连舫”，“方百二十步，受二千人。以木为城，起楼橹，开四出门，其上皆得驰马来往”（《晋书·王濬传》）。这一时期的造船数量很大，东晋安帝元兴三年（404年），建康一次风灾，所毁官商船只达1万多艘；北魏神䴥三年（430年），在冀、定、相三州造船即达三千艘。由此可见造船业之发达。如何提高船行速度，是船舶设计建造中的重要问题。祖冲之造“千里船”，可“日行百余里”，这是利用轮桨的车船。南朝时除了大量战船外，民间造船业也很发达。

三国两晋南北朝时期的造纸技术比汉代已有明显进步。通过对出土汉纸和三国两晋南北朝纸进行检验，即证明了这一点。汉纸白度差，表面不甚平滑，结构不紧，纸面上纤维束较多，纤维帚化度低，帘纹不显，纸质粗厚。而三国两晋南北朝时的纸则白度增加，表面较平滑，结构较紧凑，纤维束较少，有明显的帘纹，纸质较细薄。有的晋纸纤维帚化度达到70%，已接近机制纸。魏晋南北朝时对纸的加工技术也有发展，较重要一项成就是表面涂布技术。这种技术是将白色矿物细粉用胶粘剂均匀涂刷在纸面，再以石研光。这样既可增加纸表的白度、平滑度，又可减少透光度，使纸表紧密，吸墨性好。

魏晋南北朝时造纸术的进步及纸的质量的提高，还可从当时文人咏纸的诗赋中看出。例如晋人傅咸《纸赋》写道：“夫其为物，厥美可珍。廉方有则，体洁性真。含章蕴藻，实好斯文。取彼之弊，以为己新。揽之则舒，舍之则卷。可屈可伸，能幽能显。”这是说，麻纸由破布做成，但洁白受墨，物美价廉，写成书后可以舒卷。南朝梁人萧绎《咏纸》诗云：“皎白犹霜雪，方正若布棋。宣情且记事，宁同鱼网时。”如果说书写材料在汉代还是帛简并用，纸作为新型材料尚不足以完全取代帛简，则这种情况在晋代已发生根本变化。由于能造出大量洁白平滑而方正的纸，人们就无须再用昂贵的缣帛和笨重的简牍，逐步习惯于用纸书写，最后彻底淘汰了简牍。

随着造纸术的进步和推广，这一时期的南北各地都建立了官私纸坊。北方以洛阳、长安及山西、河北、山东等地为中心；浙江会稽、安徽南部和建业、扬州、广州等地则为南方的造纸中心。当时主要生产麻纸、桑皮纸和楮皮纸。浙江嵊县剡溪沿岸是藤纸中心。由于藤纸质地优良，曾名噪一时。但在南方仍以麻纸为大宗。

这一时期的造纸原料，以麻料为主，此外还采用其他韧皮纤维原料如楮皮、桑皮、藤皮等，有时还将树皮纤维和麻料混合起来造纸。造纸原料的扩大，与造纸技术的革新是密切相关的。这一时期的造纸，已在沤制脱胶、碱液蒸煮、舂捣、漂洗、打浆、抄纸等工序上更加精细，如舂捣已不止进行一次，并一般以碓代替杵臼，打浆度有显著增加。为改善纸的性能，晋代已有施胶技术，早期的施胶剂是植物淀粉糊剂，或将其掺入纸浆中，或刷在纸面上，再予以砑光。这样处理的纸在书写时就不会发生走墨、晕染等现象。在设备方面，出现了活动的帘床纸模，即用一个活动的竹帘放在框架上，因而可反复捞取成千上万张湿纸，并且这种先进的抄纸工具，能抄出紧薄而匀细的纸面。这是造纸技术中一项具有重大意义的革新。

三国两晋南北朝时期，中国烧制瓷器的生产技术已进入更成熟的阶段。当时南方以青瓷为主，北方以白瓷为主，间有黑瓷等。三国时，各地的瓷窑都用当地的瓷土作为制坯原料，而西晋的越窑则可能有意识地选用了铁、钛含量较高的瓷土作为坯料，使胎烧成灰色，对釉起衬托作用，并使釉青中带灰，色调比较沉静。这一时期，南方各青瓷窑场都使用石灰釉。由石灰石和瓷土配成的石灰釉，其特点是光泽好，透明度高。而黑釉则是用含铁量很高的紫金土配制。北魏时期，青瓷烧造技术传到中原，以后又发展了黑瓷和白瓷。而白瓷的产生，为我国制瓷工业开辟了广阔的前程。早期的白瓷，胎料经过淘练，比较细白，釉层薄而滋润，呈乳白色，但仍普遍泛青，有些釉层厚的地方呈现青色，说明它脱胎于青瓷。北方青瓷、黑瓷、白瓷的烧制成功，为以后唐、宋时期北方名窑的普遍出现准备了技术条件和打下了基础。

三国两晋时期的陶器，在南方作为日用器皿的数量并不多，大量流行的是明器。北方的铅釉器在三国至东晋时期已日趋衰落，北魏以后才开始复兴，并在汉代传统基础上有了改进，其用途日益扩大，花色品种增加，施釉方式也增多了，或黄地加绿彩，或白地加绿彩，或黄、绿、褐三色并用；从汉代的单色釉向多色釉迈进了一步，并为过渡到唐代三彩陶器奠定了基础。南北朝时，除了青瓷在南方继续扩展外，北方制瓷业也有了长足的进步，从而形成北瓷粗犷厚重、南瓷灵秀体薄的南、北两大瓷系。这一时期的陶塑艺术不甚发达，制作简陋，形态呆板，数量不多。但北朝的陶塑艺术则突破了生硬的作风，注意了神态的刻画，因而造型优美。

这一时期的建筑用陶，继续得到发展，砖瓦的生产规模较大，产量质量都有所提高。砖瓦的大小、形制均不同于汉代，花纹瓦少见，大多数是素面瓦。瓦当上的卷云纹渐被莲花纹所代替。吉祥文字仍旧流行，并出现印有纪年的瓦当。北魏已使用了琉璃瓦，施浅绿色的釉。砖除了有长方形素面砖和绳纹砖外，还有供装饰用的大小雕塑砖两种。其中一面塑有神态凶猛、巨口虬须、怒目獠牙的兽面，造型生动，气魄宏伟，有很高的艺术水平。

6.9.4 商业

中国商业在魏晋南北朝时期进入一个新的阶段，长期分裂的局面不仅没有阻止商业的发展，各政治区域中的市场之间互补性反而不断增强；同时由于周边民族进入中原地区，商人阶层补充了新鲜血液，成为这一时期商业发展的一个重要促进因素。

魏晋南北朝时期的市场体系比较发达，市场类型呈现出多样化。各分裂方在商品经济发展的基础上均已形成比较完善的区域性市场，并以此为依托向全国统一的大市场方向发展。当然，这种分裂时期的大市场与承平时期的大市场有一定的区别，各区域市场之间的联系不再依靠行政权力，而是一种类似外贸的市场运作体系。同时，由于商品细分也造成了市场类型的多样化、分区化。[211]

市场管理的完善主要表现在有专人负责，有正常的市场交易时间，有健全的市场秩序。当时专门管理市场的官员称“市长”“市令”“市王”，下属有“市吏录事”等。《晋书·石苞传》记载，西晋大臣石苞未发达时“被使到邺，事久不决，乃贩铁于邺市。市长沛国赵元儒名知人，见苞，异之，因与结交”。《南史》卷五记载齐废帝萧宝卷“于苑中立店肆，模大市，日游市中，杂所货物，与宫人阉竖共为裨贩。以潘妃为市令，自为市吏录事，将斗者就潘妃罚之”。可见市令的主要职责是保证市场的运营秩序。

在市场秩序上，一些官府也抓得很紧。《晋书·陆云传》：陆云“出补浚仪令。县居都会之要，名为难理。云到官肃然，下不能欺，市无二价”。为了保证公平交易，市场还设立公平量器。市场均有一定的开罢市时间。如洛阳“阳渠北有建阳里，里有土台，高三丈，上作二精舍。赵逸云：‘此是中朝旗亭也。’上有二层楼，悬鼓击之以罢市。有钟一口撞之声闻五十里”。[212]按照中国古代晨钟暮鼓的作息规律，鼓为罢市，钟当为开市之用。

由于各分裂政权在其都城均需要商品流通，因此建设商品市场就成为他们的一项重要政务。从当时左思写的《三都赋》中，可以看到魏、蜀、吴三国的市场规模。如魏都邺的市场：“廓三市而开廛，籍平逵而九达。班列肆以兼罗，设环阓以襟带。济有无之常偏，距日中而毕会。”“质剂平而交易，刀布贸而无算。财以工化，贿以商通。”邺的市场有列肆，有环阓，车马拥挤，人员混杂，规模是很大的。吴的市场：“开市朝而并纳，横环阓而流溢。混品物而同廛，并都鄙而为一。士女伫眙，商贾骈坒。纻衣絺服，杂沓丛萃。”“金镒磊砢，珠琲阑干。桃笙象簟，韬于筒中；蕉葛升越，弱于罗纨。富中之甿，货殖之选。乘时射利，财丰巨万。竞其区宇，则并疆兼巷；矜其宴居则珠服玉馔。”吴国的市场很拥挤且夹水而设，轻小的车子经过像隧道一样排列的商肆很难行，船舶在市场中心通过。蜀国的市场规模也很大：“亚以少城，接乎其西。市廛所会，万商之渊。列隧百重，罗肆巨千。贿货山积，纤丽星繁。都人士女，袨服靓妆。贾贸㙛鬻，舛错纵横。异物崛诡，奇于八方。布有橦华，面有桄榔。邛杖传节于大夏之邑，蒟酱流味于番禺之乡。”蜀国的市场以奇货居多。从上述三个区域性市场来看，市场布局均很整齐，以廛肆为主。廛应比肆大，为某种货物集中批发销售之区；肆则相对较小，侧重于零售。这种大型集市在这一时期一直延续下来，如北魏洛阳“出西阳门外四里，御道南有洛阳大市，周回八里”。[213]

除了这种集中的大型市场外，还有一些中小型的专业性市场。如洛阳“东石桥南北而行，晋太康元年造。桥南有魏朝时马市”。“羊市在大城南，马市在大城东。”在洛阳城南永桥市，“伊、洛之鱼，多于此卖，士庶须脍，皆诣取之。鱼味甚美，京师语曰‘洛鲤伊鲂，贵于牛羊’”。[214]洛阳“金市在大城西”。又云：“金市在临商观西，兑为金故曰金市。”[215]

由于这一时期陆路和海路交通的发达，使得对外贸易活跃起来。南方的外贸口岸以广州为主。如《梁书》卷三十三记王僧孺：“出为南海（即今广州）太守。郡常有高凉生口及海舶每岁数至，外国贾人以通货易，旧时州郡以半价就市，又买而即卖，其利数倍，历政以为常。”广州外贸的产值和利润非常巨大，王琨“出为平越中郎将，广州刺史加都督。南土沃宝，在任者常致巨富”。

三国两晋南北朝时期，中国基本处于分裂状态，各分裂地区出于发展经济、获取战略物资和便利生活的需要，经常在各自的边界开展互市。如《晋书·周浚传》记载魏初“南北为互市，而诸将多相袭夺以为功”。而《北史·苏琼传》记北齐，“旧制，以淮禁不听商贩辄度。淮南岁俭，启听淮北取粜。后淮北人饥，复请通粜淮南，遂得商贾往还，彼此兼济，水陆之利，通于河北”。可见，当时的南北互市具有很强的互补性。

这一时期的商人组成十分复杂，具有多样性，既有外商又有内商，既有官商又有民商，形成一个结构松散、各阶层参与的商人群体。

民商是当时人数最多的商人。构成民商的商人有世代从商者，也有临时从商者：其构成的资本有大有小，势力视其与官府的联系程度有强有弱。通过经商，一些普通民众成为富比王侯的巨贾，洛阳“有准财、金肆二里，富人在焉，凡此十里，多诸工商货殖之民，千金比屋，层楼对出，重门启扇，阁道交通，迭相临望。金银锦绣，奴婢缇衣，五味八珍，仆隶毕口”。[216]有些人经商是为了兴趣和爱好。如《南史》卷七十四记载宋刘凝之“夫妻共乘蒲笨车，出市买易，周用之外，辄以施人”。上述诸人都是当时的隐士，他们也投入到经商的行列，其经商目的或者尽孝或者济友，也可称之为商隐。

江淮是当时的南北征战区，边贸兴旺，因此民商也多集中在江淮一带。江淮估客已成为当时比较大的商人群体。

当时随着陆路和海上交通的发展，前来中国贸易的外商日渐增多，形成了一个很大的商人帮派。外商有时也称胡商，多集中居住。这些外商在中国长期贸易后，出现世代居住中国进行商业活动的情况，有的甚至参与政治活动中。如《北史·恩倖传》记北齐权臣“和士开字彦通，清都临漳人也。其先西域胡商，本姓素和氏”。又《北史·儒林下》：“何妥字栖凤，西域人也。父细脚胡，通商入蜀，遂家郫县。事梁武陵王纪，主知金帛，因致巨富，号为西州大贾。”

皇商包括皇帝本人经营商业，皇室亲族经营商业。他们虽然不是专业商人，但是凭着皇家的势力，能将商业规模做得很大。皇帝和太子经商是当时商业经营中的一大奇观。如《南齐书·魏虏传》记北魏皇帝重视商业，北魏皇宫“婢使千余人，织绫锦贩卖，酤酒，养猪羊，牧牛马，种菜逐利”。在皇帝和太子的带领下，当时的皇族普遍经商逐利。如《南史·沈怀文传》记载宋大明朝刘子尚“等皇子皆置邸舍，逐什一之利，为患遍天下”。《南齐书》卷四记载南齐郁林王也喜欢经商，史称“丹屏之北，为酤鬻之所；青蒲之上，开桑中之肆”。

官商应是商业资本最为庞大，经商手段最为贪婪，情况最为复杂的一个商人群体。对于商业利润的极度追逐是形成官商群体的一个重要动力。如《晋书·王戎传》记西晋王戎“性好兴利，广收八方园田水碓，周遍天下。积实聚钱，不知纪极，每自执牙筹，昼夜算计，恒若不足。而又俭啬，不自奉养，天下人谓之膏肓之疾”。《晋书·刘胤传》记东晋刘胤“为平南将军、都督江州诸军事、领江州刺史、假节。胤位任转高，矜豪日甚，纵酒耽乐，不恤政事，大殖财货，商贩百万”。除上层官僚致力于商业外，中下层官僚也追求商业利润。《魏书·袁翻传》记北魏边官“或用其左右姻亲，或受人财货请属，皆无防寇御贼之心，唯有通商聚敛之意”。[217]

这一时期的商业政策因为统治者的变化和对商业的态度而呈现出很大的不同。长期分裂动乱的战争环境使正统儒学失去唯我独尊的地位，传统的重视农业、抑制商业的政策和思想虽然存在，但是由于不少统治者本身也在经营商业，所以这一时期的商业政策虽然不利于商业经营者，但相比前代则要宽松得多。

魏晋南北朝时期的商业经营包括商业伦理精神的弘扬和经商技巧的锻炼。这一时期的商业诚信在长期战争的环境中并没有失去自己的本来面目，虽然战争助长了人们急功近利的经济思想，但是在商业经营中注重商业道德，成为诚信典范，仍是当时不少商人的自觉行动，特别是他们对所售商品的质量毫不隐瞒。

当时的诚信经营还表现在价格诚信和公平交易上。如《南史》卷七十三记刘宋郭世通“尝与人共于山阴市货物，误得一千钱，当时不觉，分背方悟，追还本主。钱主惊叹，以半直与之，世通委之而去”。其子郭原平“每出卖物，裁求半价，邑人皆共识悉，辄加本价与之，彼此相让，要使微贱然后取直”。又如《北史》卷三十三记后魏赵琰“遣人买耜刃，得剩六耜，即命送还刃主。刃主高之，义而不受，琰命委之而去”。买主讲究诚信，卖主也风格高尚。

与商业诚信并存的是商业经营技巧的高超。当时的名人很懂得自身行为对商业市场的导向作用。如《晋书·王导传》：“善于因事，虽无日用之益，而岁计有余。时帑藏空竭，库中唯有练数千端，鬻之不售，而国用不给。导患之，乃与朝贤俱制练布单衣，于是士人翕然竞服之练遂踊贵。”解决了当时国库空虚的问题。

一些中下层商人也使用各种手段来增加销售。有的以美女做酒店招待，以增加酒的销量，如“阮公邻家妇有美色，当炉沽酒。阮与王安丰常从妇饮酒。阮醉，便眠其妇侧”。[218]有的重视商业信息，通过掌握商业信息来获取商业财富。如北魏洛阳大商人“刘宝者最为富室。州郡都会之处，皆立一宅，各养马十匹，至于盐粟贵贱，市价高下，所在一例。舟车所能，足迹所履，莫不商贩焉。是以海内之货咸萃其庭，产匹铜山，家藏金穴。宅宇逾制，楼观出云，车马服饰，拟于王者”。[219]上述商业技巧有的以商业诚信进行指导，有的则违背了商业诚信。

总之，魏晋南北朝时期的商业是处于特殊时期的特殊商业，它充满了矛盾。它的环境是矛盾的分裂各方时常攻战征伐，人为阻断全国性大市场的形成。行业本身组成复杂，各种身份的商人竞相逐利。它的发展后果也是矛盾的，分裂反而使各区域市场之间的联系更加紧密，使对商人的控制更加软弱，因此这一时期的商业不但没有萎缩，反而在一定程度上有了更大的发展。[220]

6.9.5　人口流动

在三国两晋南北朝时期，出现了中国历史上规模空前的人口大流动，主要表现在“五胡”内迁、“北人”南下和“流人”增多三个方面。

早在东汉时期，长期居住在中国西部、北部的少数民族因受汉族封建经济文化的影响，逐渐由游牧生活向定居的农业生活过渡，并陆续迁居到黄河流域。到三国、两晋时期，魏晋统治者为了扩充军队，增补劳动力，同时也为了有效地控制他们，又通过强制和招引，迫使他们向南迁徙。南迁的民众主要有匈奴、羯、氐、羌、鲜卑 5 个少数民族，史称“五胡内迁”。①

最先迁移塞内的是匈奴人。匈奴原活动在北方大草原，“随草畜牧而转移”，“无城郭常居、耕田之业”，一切全靠畜群。后来，他们逐渐开始迁居到山西中部和南部。曹操在“携天子以令诸侯”时，他曾把并州匈奴 3 万多人分为左、右、南、北、中 5 部，置五部帅，派汉人为司马加以监督。到西晋时，又在塞外匈奴 20 多万人先后迁移到晋、陕、甘三省境内。羯是西晋时入塞的“匈奴别部”，先是聚居在上党武乡，后散布于太行山一带。鲜卑人最初活动于辽东，后来游牧于匈奴故地。自三国后期起，数万鲜卑人迁到雍、凉二州，另一支迁居陇西一带，随后均向塞内迁徙。而氐、羌二族，也都分别于陕、甘和甘、青一带大批地迁居关中、益州和陕北一带。据统计，西晋时期内迁的少数民族近达 100 万人，约占关中总人口的一半。

“五胡”内迁加速了各族社会的文明开化，不但各“胡”族大量吸收了汉族的农业文明，而且以自己的草原文明影响着汉人，从而给中华文明注入了新的活力。然而，民族差异的存在也是社会动乱的因素。后来，由于西晋统战者采取了错误的民族政策，对各少数民族进行残酷的压迫和剥削，激起了他们的强烈反抗。匈奴人刘渊首先称汉反晋，羯人石勒继而自称赵王，氐人苻坚接着建立了前秦，鲜卑人慕容皝随之创建了前燕，从而相继出现了 16 个由少数民族建立的国家，史称“五胡十六国”。[221]

自西晋末年至南北朝时期，又出现了罕见的“北人”南下。究其原因，一是晋惠帝在位时出现了“八王之乱”，前后长达 16 年，给人民带来了巨大的灾难，致使数十万百姓死于非命；二是灾荒连年，不少地方颗粒无收，连树皮草根都全被灾民吃光。《魏书·食货志》就此写道：“晋末，天下大乱，生民道尽。或死于干戈，或毙于饥馑，其幸而存者盖十五焉。”基于此，北方流民激增；相反，南方却相对稳定一些。

有关史料显示，在晋惠帝元康八年（298 年）以后的 10 年中，仅见于记载的流民就达 30 万户。若以每户 5 口人计算，有 150 多万人。这些人为求生计，纷纷背井离乡，向南逃生。其中，由陕甘逃至四川、河南的有 10 万多户，由山西逃到河南的有 30 多万户，由河北逃到山东、河南的有 5 万～6 万人，而由四川逃到湖北、湖南的将近 60 万人。

自晋怀帝永嘉三年（309 年）起，北方多次爆发流民起义，同时疫病流行，致使黄河中下游的居民迫于天灾人祸，再次开始大迁徙。这次人口流向以东南方向为主。《宋书》中说：当时“幽、冀、青、并、兖州及徐州之淮北流民相率过淮；亦有过江在晋陵

---

① 从东汉末年以来，中国西部和北部周边的各少数民族开始不断地向内地迁徙。造成这一状况的原因，主要是由于汉王朝的军事征服以及他们为弥补中原兵力和劳力不足而对各少数民族的招诱。与此同时，周边各少数民族势力的消长变化也引起一些民族迁徙。魏晋之际，在北方汉族人口锐减的情况下，胡族内迁形成高潮。在这一过程中，内迁的民族主要包括匈奴、羯、鲜卑、氐、羌等，历史上泛称为“五胡”。西晋统治时期，中国北部、东部和西部，尤其是并州和关中一带，居住着许多处于不同社会发展阶段的少数民族，“西北诸郡皆为戎居”，关中百万余口，“戎狄居半”。在汉族的影响下，这些内迁的外族逐渐由游牧转向农业定居，胡汉文化相互影响渗透。

郡界者”。到南北朝时期，南渡人口共约 90 万人，占当时南朝总人口 540 万人的 1/6，占北朝 700 万人的 1/8 还要多。也就是说，自永嘉以来北方平均 8 个人中便有 1 人迁至南方，而南方境内每 6 人之中则有 1 人系北方移民。这种统计仅指隶属于政府户籍的编户民数，大户人家的“部曲”“佃客”等依附人口还不包括在内。所以，实际南下的人数比这还要多。[222]

北方移民的大批南下，不但给江南增添了大批劳动力，而且带去了较为先进的生产技术，为其农业、手工业的发展创造了有利条件。如《家书 · 文帝纪》载：京口地区因多年“军民徙散，廛里庐宇，不逮往日”，政府便“募诸州乐移者数千家，给以田宅”，并以种种优惠政策，鼓励他们就地发展生产，从而使这一地区经济得以振兴。在三吴和浙东一带，也增设郡县，利用南下北人的人力、物力和财力，广泛开辟湖田，兴修水利设施，发展手工业，大大促进了经济发展。

三国两晋南北朝时期，“流人”增多是当时人口流动的另一个主要原因。所谓“流人”，按陆德明《音义》解释，即“有罪见流徙者也”，也就是被流放贬逐之人。在三国两晋南北朝，一度存在多个敌对政权，每个政权的内部又存在多个敌对势力，“胜者为王败者寇”，流人也便随之多起来。

在三国时期，魏、蜀、吴均有一大批流人。如魏国司马师担任大将军而专权擅政时，夏侯玄曾暗中联络中书令李丰和光禄大夫张缉、黄门监苏烁等人，企图杀掉司马师，不料事泄，参与者全被司马师杀害，其家属亲友，全都流放；又如李严、杨仪，原为蜀国重臣，皆因居功自傲，严重影响了诸葛亮的战略部署，被诸葛亮分别流放到梓潼、汉嘉二郡；再如淮阳兴、张布、王蕃和楼玄等，均系吴国栋梁，见末帝孙皓倒行逆施，先后力谏，无不为孙皓斩首，其家属分别流放到广州、交趾一带。此外，由于蜀、吴的灭亡和魏被晋代，包括皇室在内的蜀、吴大批战俘分别从西南和东南迁徙到了北方的洛阳一带，而魏国上层人士及其家属，又有不少被流放到乐浪郡等地。

在西晋至刘宋初，与东晋对峙的北方 16 国之间也混战不止，战败者总有一大批人被掳掠。如晋汉之战，汉国大将刘耀攻陷洛阳，曾掠晋怀帝及其朝中大臣，将他们流放在平阳，同时又从长安一带“驱掠士女 8 万余口退还平阳”[223]；前燕与后赵之战，后赵攻至高阳，“掠徙幽、冀 3 万余户”；前秦与前燕之战，前秦“徙玮及其王公以下并鲜卑 4 万户于长安”。若以每户 5 口人计算，被掠徙的 7 万户为 35 万人，加上晋之 8 万人，已达 43 万人之多。

南北朝时期的人口大流动，还表现在战争中的掠徙上。在北魏前期，道武帝拓跋珪、明元帝拓跋嗣和太武帝拓跋焘在对各小国用兵中，已掠夺人口近 160 万人，并将其中的大多数迁徙平城附近和漠南地区。自拓跋蠢末年起，又进行了大规模的人口掠夺，公元 451 年，北魏攻宋，掠宋民 5 万余户，约 25 万人，将他们分居于平城一带；公元 481 年，北魏攻南宋，掠万余人为奴，颁赐群臣；公元 554 年，西魏攻梁，掠百姓男女“十余万人”为奴，驱入长安；公元 577 年，北周灭北齐，俘获其君臣、宗室、后妃及军民等大量人口。这 4 次掠徙的人口，至少也有 40 万人。加上北魏前期掠徙者，共计 200 多万人。

“流人”的种类众多，产生的原因也各式各样。大批流人被迫迁往偏远地区，在当时自然会带来一系列负面影响。但从另一角度来看，对流放地区的发展倒是起了一定作用的。如三国时期的虞翻，曾被流放到交州。史书上说，他在那儿“讲学不倦，门徒常数百人”。他还著有《老子训注》《国语训注》以及《论语训注》，促进了当地文化教育事业的发展。

6.10 先秦以来的人口波动

中国是最早有人口记录的国家，最早的人口数量可溯及公元前2140年的夏禹时代，史料丰富。但多是历代王朝征课赋役的户、口或丁数。这些数字有的比较接近实际存在的人口，有的则需估算才能形成可比数字。而边疆民族人口多不列国家编户，不易估算，但在总人口中所占比重不大。

先秦时期，晋代皇甫谧在《帝王世纪》中提供了夏朝初年（公元前2140年）的人口见表6—2，为1 355万人，这是中国提供的最早人口统计数字，也是人类最早的人口统计数据。到了西周初期（公元前1060年），中国人口增至1 371万人，这些数据当然不一定可靠，仅是古人的估计，但可以看出中国的人口增长是相当缓慢的。

表6—2　　中国古代人口统计

朝代	纪年	公元年份	户数	人口数
夏朝	—	约前2140	—	13 553 923
西周	—	约前1060	—	13 714 923
春秋	周庄王十三年	前684	—	11 847 000
战国	周安王二年	前400	—	30 000 000
西汉	高祖三年	前200	—	22 000 000
西汉	平帝元始二年	公元2	12 233 062	59 594 978
东汉	光武帝中元二年	公元57	4 279 634	21 007 820
东汉	明帝永平十八年	公元75	5 860 573	34 125 021
东汉	章帝章和二年	公元88	7 456 784	43 356 367
东汉	和帝永兴元年	公元105	9 237 112	53 256 229
东汉	安帝延光四年	公元125	9 647 828	48 690 789
东汉	顺帝永和五年	公元140	9 946 919	49 730 550
东汉	冲帝永嘉元年	公元145	9 937 680	49 524 183
东汉	恒帝永寿三年	公元157	10 677 960	56 486 856
三国西晋	汉帝建安五年	公元200	—	53 000 000
西晋	武帝太康元年	公元280	2 459 840	16 163 863
西晋南北朝	—	公元400	—	35 000 000

资料来源：班固. 汉书·地理志［M］. 北京：中华书局，1962；钱林书. 续汉书郡国志汇释［M］. 合肥：安徽教育出版社，2007；孔祥军. 晋书地理志校注［M］. 北京：新世界出版社，2012；百度快照：世界各国历年人口排名——各国历年人口数量统计，2015—01—07.

从战国时期开始，随着社会制度的变革和生产力的发展，人口不断增长，到公元前4世纪前期，中国人口增至3 200万人以上。[224]此后，秦汉时期封建制经济发展的过程中，人口增长出现了巨大的波动。秦始皇（公元前259年—前210年，公元前246年—前210年在位）灭六国后，人口总数估计约2 000多万人。经过秦始皇暴政、秦末农民起义以及和楚汉战争中，人口损失较大，至汉朝初期时已减至1 500万人左右。

西汉时期，封建统治者采取了恢复生产的“休养生息”政策，经济发展较快，人口开始恢复性增长，据《汉书》记载，到西汉平帝（公元前9年—公元6年，公元前1年—公元6年在位）元始二年（2年），全国户数超过1 200万，人口已达到5 959万以上，可视为中国人口发展的第一个高峰。若以秦岭、淮河一带为界，当时北方约占人口总数的77.5%，南方占22.5%；黄河中下游的豫、冀、兖、徐、青五州土地面积只占全国的12.6%，人口则占全国的一半以上。王莽统治初期，社会尚未开始动乱，人口依然在缓慢地增长，到公元13年中国人口增至6 000万人。

东汉桓帝（132—167年，146—167年在位）时期，据《后汉书》资料，尽管人口有所下降，但桓帝永寿三年（157年）东汉人口极盛时期达到5 700万人左右。东汉末期，经过镇压黄巾起义后又遇群雄割据的混战，中国人口从5 700万人锐减到1 660万人，下降了71%。人口锐减在一定程度上抑制了东汉的经济发展。

中国古代人口的发展总体上不是直线上升的，而是呈现缓慢的增长与停滞、迅速上升，然后迅速下降，然后进入另一循环的周期性波动，形成了人口发展的波浪式曲线。这种人口数量的周期性波动主要是社会、经济等各种因素综合影响的结果。社会经济发展状况影响了人口数量的变化，封建社会基本矛盾导致的周期性经济危机是封建社会人口周期性波动的根本原因。封建地主土地所有制与个体的小农生产之间存在尖锐的矛盾。小农生产的特性要求不断增加耕地，增加人口，发展生产，而一定时期耕地的扩大和生产力的提高是有限的。同时封建地主阶级剥削农民、兼并土地的欲望却是无限的。随着封建地主阶级对农民剥削的加重，小农经济的物质再生产过程受到破坏，脆弱的小农经济不断破产，从而导致周期性的土地危机和粮食危机。而危机只能通过周期性的农民起义和内乱造成的周期性的人口下降获得暂时的缓解。另外，周期性的改朝换代争斗影响着人口数量变化。中国历史上改朝换代的斗争延绵不绝。几乎所有政权的更迭都是以战争的形式出现，每一个王朝的兴盛都是以付出大量人口的损失为代价的，[225]这也在一定程度上刺激了人口增减的周期性波动。

注释

［1］［3］白寿彝，总主编. 苏秉琦主编. 中国通史（第2卷）［M］. 上海：上海人民出版社，1994.

［2］［4］［6］［35］［36］［38］［39］［56］［59］［61］［72］［73］［79］［81］周自强主编. 中国经济通史·先秦（上）［M］. 北京：经济日报出版社，2007.

［5］［德］马克思，恩格斯. 马克思恩格斯全集（第25卷）［M］. 北京：人民出版社，1965.

［7］［10］宋兆麟，黎家芳，杜耀西. 中国原始社会史［M］. 北京：文物出版社，1983.

[8] 中国硅酸盐学会主编. 中国陶器史 [M]. 北京：文物出版社，1987.

[9] 蔡锋. 新石器时代手工业生产的特征 [J]. 河南科技大学学报（社会科学版），2003 (1).

[11] 李根蟠，等. 中国原始社会经济研究 [M]. 北京：中国社会科学出版社，1987.

[12] 季如迅. 中国手工业简史 [M]. 北京：当代中国出版社，1998.

[13] 中国科学院考古研究所洛阳发掘队. 河南偃师二里头遗址发掘简报 [J]. 考古，1965 (5).

[14] [15] [16] [17] [18] [19] 北方教育网. 夏代经济的发展，2013—06—26.

[20] [21] [26] [29] [31] [45] [46] 高德步. 中国经济简史 [M]. 北京：首都经济贸易大学出版社，2013.

[22] 杨钟健，等. 安阳殷墟之哺乳动物群补遗 [J]. 中国考古学报，1949 (12).

[23] [37] 孙健. 中国经济通史（上卷）[M]. 北京：中国人民大学出版社，2000.

[24] [25] [27] [28] 新法家. 商代的经济 [J]. 新法家网站，2007—03—20.

[30] 傅筑夫. 中国经济史论丛 [M]. 北京：生活・读书・新知三联书店出版社，1980.

[32] [55] 齐涛主编. 中国古代经济史 [M]. 济南：山东大学出版社，2011.

[33] 陈振中. 青铜生产工具与中国奴隶制社会经济 [M]. 北京：中国社会科学院出版社，1992.

[34] 中国科学院考古研究所. 新中国的考古收获 [M]. 北京：文物出版社，1961.

[40] [44] 张永山. 西周时期的纺织和毛皮手工业生产 [J]. 中国史研究，1994 (4).

[41] 高汉玉. 中国桑蚕丝帛起源的研讨 [M]. 五洲文明，成都：四川人民出版社，1986.

[42] 高汉玉. 台西村商代遗址出土的纺织品 [J]. 文物，1997 (6).

[43] 葛全. 泾阳高家堡早周墓葬发掘记 [J]. 文物，1972 (7).

[47] 刘方. 论西周的商业发展 [J]. 宝鸡师院学报（哲学社会科学版），1989 (2).

[48] [49] [50] 李杰. 略论西周的商业发展 [J]. 社会科学动态，1996 (2—3).

[51] 冯孝堂，梁星彭. 1986—1978 年长安沣西发掘简报 [J]. 考古，1981 (1).

[52] 郭宝钧. 浚县辛村古残墓之清理 [J]. 田野考古报告，1936.

[53] [54] 赵振波. 西周财政及其持点 [J]. 陕西财经学院学报，1986 (1).

[57] [58] [60] [62] 王炳万. 简论春秋时期的农业结构及农业工具 [J]. 农业考古，2006 (4).

[63] 夏鼎，殷玮璋. 湖北铜绿山古铜矿 [J]. 考古学报，1982 (1).

[64] 朱洪林. 春秋时期的商业发展的几个特点 [J]. 吉林师范大学学报（人文社会科学版），2004 (6).

[65] [66] 张守军. 通货积财富国强兵——春秋五霸的商业思想和政策 [J]. 商业研究，1991 (5).

[67] [68] 张南，周伊. 春秋战国城市发展论 [M]. 安徽史学，1988 (3).

[69] 史念海. 春秋时代的交通道路 [M]. 人文杂志，1960 (3).

[70] [71] [75] 于常青. 浅析春秋时期的人口状况 [J]. 河北青年管理干部学院学报，2003 (3).

[74] 童书业. 春秋左传研究 [M]. 上海：上海人民出版社，1980.

[76] [77] [78] [82] 齐振翚. 试论战国封建土地所有制的主要形式 [J]. 辽宁大学学报，1982 (4).

[80] [德] 恩格斯. 德国古代的历史和语言 [M]. 刘潇然，译，北京：人民出版社，1957.

[83] 雷从云. 三十年来发现的春秋战国铁器述略 [J]. 中国历史博物馆馆刊，1980 (2).

[84] [85] [86] 雷从云. 战国时期农业发展的标志、原因与作用浅析 [J]. 农业考古，1986 (2).

[87] [88] 钟立飞. 战国农业发展评估 [J]. 农业考古，1990 (2).

[89] [93] 黄中业. 战国时期农业和手工业的飞跃发展 [J]. 社会科学战线，1981 (3).

[90] 铜绿山考古发掘队. 湖北铜绿山春秋战国古矿井遗址发掘简报 [J]. 文物，1975 (2).

[91] 史树青. 我国古代的金银错工艺 [J]. 文物，1973 (6).

[92] 河南省博物馆. 河南考古工作三十年. 见：文物考古三十年，郑州：文物出版社，1979.

[94] [95] [97] 范煜晗. 战国时期商品经济飞速发展的原因初探 [J]. 当代经济，2014 (7).

[96] 郭庠林，张立英. 战国时期商品经济的考察 [J]. 财经研究，1983 (5).

[98] [108] 司马迁. 史记 [M]. 北京：中华书局，1982.

[99] 田昌五，等. 中国封建社会经济史（第一卷）[M]. 济南：齐鲁书社，北京：文津出版社，1996.

[100] 山西省文管会侯马工作站. 侯马西北庄东周遗址清理 [J]. 文物，1959 (6).

[101] 霍宏纬. 洛阳东周王城遗址区铸钱遗存及其相关问题. 洛阳市文物局. 耕耘论丛：一 [M]. 北京：科学出版社，1999.

[102] 杨宽. 中国古代都城制度史研究 [M]. 上海：上海古籍出版社，1993.

[103] [104] 蔡锋. 略论春秋战国时期手工业发展对商业的影响 [J]. 北京科技大学学报（社会科学版），2013 (6).

[105] [106] 霍宏纬. 洛阳东周王城遗址区铸钱遗存及其相关问题. 洛阳市文物局：耕耘论丛：一 [M]. 北京：科学出版社，1999.

[107] 郝本性，郝万章. 河南扶沟古城村出土的楚金银币 [J]. 文物，1980 (10).

[109] 刘向. 战国策·赵策 [M]. 北京：中华书局，2006.

[110] [112] [116] [117] [120] 孟轲. 孟子 [M]. 万丽华，蓝旭译注，北京：中

华书局，2006.

[111] 曹础基. 庄子浅注 [M]. 北京：中华书局，1985.

[113] 刘向. 战国策·魏策 [M]. 北京：中华书局，2006.

[114] 司马迁. 史记·孟尝君传 [M]. 北京：中华书局，1982.

[115] 司马迁. 史记·吕不韦传 [M]. 北京：中华书局，1982.

[118] 荀况. 荀子 [M]. 上海：上海古籍出版社，2001.

[119] [121] [122] 石磊，董昕译. 商君书译注 [M]. 哈尔滨：黑龙江人民出版社，2003.

[123] 韩非子. 韩非子 [M]. 北京：北京燕山出版社，1997.

[124] 王育民. 先秦时期人口刍议 [J]. 上海师范大学学报，1990 (2).

[125] [126] [131] 刘宗铭. 浅论秦汉时期农业发展的主要表现、原因及影响 [J]. 学理论，2012 (31).

[127] 刘太祥. 秦汉时期的农业和农村经济管理措施 [J]. 史学月刊，2000 (5).

[128] 李锦山. 略论汉代地主庄园经济 [J]. 农业考古，1991 (3).

[129] 弗·布雷. 中国汉代农业技术和农业变革 [J]. 郑端弋，译. 农业考古，1982 (2).

[130] 刘光华. 汉代西北屯田研究 [M]. 兰州：兰州大学出版社，1988.

[132] 于琨奇. 战国秦汉小农经济研究 [M]. 北京：商务印书馆，2012.

[133] 徐志祥. 秦汉时期土地所有制形式的再探讨 [J]. 齐鲁学刊，1990 (6).

[134] 姚澄宇. 论秦汉土地所有制形式 [J]. 南京师大学报（社会科学版），1980 (4).

[135] [136] [141] [147] 高敏. 秦汉时期的官私手工业 [J]. 南都学坛（社会科学版），1991 (2).

[137] 王学理. 秦物质文化史 [M]. 西安：三秦出版社，1994.

[138] 杜石然，等. 中国科学技术史稿（上册）[M]. 北京：科学出版社，1982.

[139] [140] [142] 陈直. 两汉经济史料论丛 [M]. 北京：中华书局，2008.

[143] 中国硅酸盐学会编. 中国陶瓷史 [M]. 北京：文物出版社，1979.

[144] 广州市文管局，等. 广州秦汉造船工场遗址试掘 [J]. 文物，1977 (4).

[145] 上海交通大学造船史话组. 秦汉时期的船舶 [J]. 文物，1977 (4).

[146] 一说该造船工场始建于秦代统一岭南时期，到西汉文景之际，南粤赵佗割据称帝后废弃。见中国社会科学院考古研究所. 新中国的考古发现和研究 [M]. 北京：文物出版社，1984.

[148] [149] 初德维. 秦汉时期的商业活动与市场管理 [J]. 价格与市场，1999 (8).

[150] 王利器. 盐铁论校注 [M]. 北京：中华书局，1992.

[151] 司马迁. 史记卷六·秦始皇本纪 [M]. 韩兆琦，译，注，北京：中华书局，2007.

[152] [153] [154] 曹祥凤. 试论秦汉时期的商业城市 [J]. 合作经济与科技，2013

(15).

[155] [156] [157] [158] [167] [183] 司马迁. 史记·平准书 [M]. 北京：中华书局，1983.

[159] [160] [164] [165] 班固. 汉书·食货志 [M]. 北京：中华书局，2000.

[161] 班固. 汉书·武帝纪 [M]. 北京：中华书局，2000.

[162] 范晔. 后汉书·灵帝纪 [M]. 北京：中华书局，1965.

[163] 范晔. 后汉书·献帝纪 [M]. 北京：中华书局，1965.

[166] 班固. 汉书·贾山传 [M]. 北京：中华书局，2000.

[168] 班固. 汉书·东方朔传 [M]. 北京：中华书局，2000.

[169] [185] 范晔. 后汉书·光武帝纪 [M]. 北京：中华书局，1965.

[170] 范晔. 后汉书·冯衍传 [M]. 北京：中华书局，1965.

[171] 范晔. 后汉书·郑均传 [M]. 北京：中华书局，1965.

[172] 范晔. 后汉书·朱晖传 [M]. 北京：中华书局，1965.

[173] 谭其骧. 中国历史地图集（第 2 册）[M]. 北京：地图出版社，1982.

[174] 葛剑雄. 西汉人口地理 [M]. 北京：人民出版社，1986.

[175] [187] 孙筱. 秦汉时期人口分布与人口迁移 [J]. 中国人口科学，1992 (4).

[176] 班固. 汉书·成帝纪 [M]. 北京：中华书局，2000.

[177] [178] [179] [180] 司马迁. 史记·秦始皇本纪 [M]. 北京：中华书局，1983.

[181] 班固. 汉书·高帝纪 [M]. 北京：中华书局，2000.

[182] 班固. 汉书·地理志 [M]. 北京：中华书局，2000.

[184] 班固. 汉书·王莽传 [M]. 北京：中华书局，2000.

[186] 范晔. 后汉书·明帝纪 [M]. 北京：中华书局，1965.

[188] 班固. 汉书·刘敬传 [M]. 北京：中华书局，2000.

[189] 班固. 汉书·文帝纪 [M]. 北京：中华书局，2000.

[190] 班固. 汉书·韦玄成传 [M]. 北京：中华书局，2000.

[191] [192] 班固. 汉书·武帝纪 [M]. 北京：中华书局，2000.

[193] 班固. 汉书·卫青传 [M]. 北京：中华书局，2000.

[194] 班固. 汉书·赵充国传 [M]. 北京：中华书局，2000.

[195] 班固. 汉书·闽粤王传 [M]. 北京：中华书局，2000.

[196] [197] [200] 百度快照. 魏晋南北朝时期的农业，2012－07－05.

[198] 贾思勰. 齐民要术 [M]. 北京：中国国际广播出版社，2011.

[199] 百度快照. 三国两晋南北朝时期的农业，2011－04－03.

[201] [203] [204] [205] 程应镠. 农业劳动力与三国两晋南北朝田制的变化关系 [J]. 河北学刊，1987 (1).

[202] [209] [225] 齐涛主编. 中国古代经济史 [M]. 济南：山东大学出版社，2011.

[206] [208] [210] 百度快照. 魏晋南北朝时期的手工业，2011－06－23.

[207] 百度快照. 魏晋南北朝建筑，2012－05－22.

[211] [217] [220] 王波. 魏晋南北朝商业发展述论 [J]. 南京晓庄学院学报，2012 (1).

[212] [214] 杨衒之撰，范祥雍校注. 洛阳伽蓝记校注（卷二）[M]. 上海：上海古籍出版社，1978.

[213] [216] [219] 杨衒之撰，范祥雍校注. 洛阳伽蓝记校注（卷四）[M]. 上海：上海古籍出版社，1978.

[215] 李昉. 太平御览（卷一九一）[M]. 上海：上海古籍出版社，1990.

[218] 刘义庆撰. 世说新语 [M]. 上海：上海古籍出版社，1982.

[221] [222] 李春光. 中国历史上的人口流动（三国两晋南北朝时期）[J]. 中国就业，2005 (10).

[223] 房玄龄，等. 晋书 [M]. 北京：中华书局，2000.

[224] 赵文林，谢淑君. 中国人口史 [M]. 北京：人民出版社，1988.

第 7 章　印度的经济发展与人口增长

7.1　畜牧经济和农业的兴起

在公元前 10000 年左右，地球上的最后一次冰川期结束了。随着气候的逐渐变暖，提高了新环境供养狩猎和野果采集者人口的能力。与其他地方的人类一样，印度的早期人类通过改变他们的生活习性来适应这样的环境变化。人类通过其独特的适应新环境的能力以及通过遗传决定的消化系统改变，使自己能够以多种食物来适应环境的变化。

生态学家所强调的人类历史大分流，就是通过放牧，而不是狩猎，以及种植第一种粮食作物，而适应了新环境。正像冰川期的狩猎和野果采集者一样，人类必须与其他的食肉动物争夺食物。通过驯养猎物，人类就能为自己保存这些猎物，并且将这种形式发展成游牧畜牧业。[1]

比放牧更加重要的是种植农作物的新习惯。对于动物种群而言，这是一种革命性的变化，因为这允许人类这种动物沿着食物链而移向农业领域。通过转向食用植物，人类大大地扩充了其可获得的潜在食物卡路里的供给，并因此而“打破了原始的食物数量对人口数量的约束，并使食物链扩充到有能量的地方”。[2]

从考古记录来看，至少在印度西北部，赖以建立新的游牧畜牧业生活方式的动物驯养可追溯到 7 000—10 000 年以前。[3]而要确定植物的家庭种植以及定居农业在印度次大陆上出现的时间更加困难。在近期的考古研究中，比较确定的研究结果表明，在公元前 8000 年至公元前 5000 年期间，印度河流域以西的地区就种植大麦和小麦[4]，并首次发现驯养的印度母牛也就是瘤牛的居住地。

公元前 4000 年印度俾路支斯坦地区的社会生产力发展较快，进入铜石并用时代，出现了农业村落。约公元前 4000 年后期，这一地区的农民开始向印度河流域的平原地区迁徙。他们带来了先进的农业技术，促进了印度河平原地区向农业村落经济过渡。这一时期，印度河流域存在多种铜石并用的农业文化。如阿姆利文化、科特底基文化和前哈巴文化。这三类文化都源于俾路支斯坦的农业文化，但各具特征。例如，作为文化特征重要代表物的陶器，科特底基的陶器用陶轮制作，器壁为红色或浅红色，口缘描绘了黑色或红色的宽带纹。陶器造型简练，器壁较薄。前哈拉巴式的陶器稍为粗糙一些，外形厚重，可能烧制的火候较低。

到了公元前 3500 年左右，在整个印度河流域便出现了村落的扩张以及相伴随的人口增长。这些村落在印度河的洪泛平原上从事农业活动，[5]该河流常常大涨大落，不断变换河道，因此在每年的泛滥洪水时期，大量的淤泥会在广阔的洪泛平原两岸淤积起来。在每年的6月到9月间，洪水退潮，这时，冲积平原便是最为肥沃的时候。“在那时播种的小麦和大麦会在下一个春天来临之前收获，既用不着耕地，也用不着给土地施肥。”[6]河岸上的森林进行着疯狂的生长竞赛，而冲击平原之外的平原上则生长着茂密而品种繁多的草地植物，而它们又成为野生和家养动物的放牧地。[7]就在这一洪泛平原上，公元前3000年开始，一个全新的人类生存环境便在印度牢固地建立起来了。[8]

7.2 哈拉巴文明时代的经济

公元前3000年下半叶，是哈拉巴文明①的形成和发展时期。这一时期，哈拉巴文明的居民曾向外进行较大规模的移民。印度河流域出现许多新的居民点。一些原属科特底基、阿姆利等文化的地方，开始流行哈拉巴文化②。如印度河中下游东岸科特底基文化的村落就出现这种情况。哈拉巴文明居民向外扩展的原因是多方面的，其中最重要的是社会生产力发展，人口增加，原住地范围过于狭小，迫使一些居民不得不向外迁移。例如，摩亨佐·达罗位于印度河中下游西岸。它的西面是丘陵地带，向东越过印度河则是广阔的平原地区。摩佐亨·达罗的居民向西发展有困难，所以他们选择了往东面科特底基人活动的地区进行扩张。[9]

印度在哈拉巴文明时代（约公元前3000年—前1750年）已进入奴隶制发展阶段，与同期的埃及和两河流域水平相当。哈拉巴文明的主要经济是农业，在已发现的遗址中，村社占绝大多数。村社是国家的基层组织。村社的分布，有的位于城市附近，有的则离城市较远。村社的规模一般都不大。如加格尔河地区的村社遗址，60%占地不到5公顷，25%占地5～10公顷。农民的农牧业活动范围大致在5～10公里之内。村社的耕地，大多为河边肥沃的洪泛地。在这类土地上种植农作物，农民不用费大的力气就能获得较好的收成，栽种的农作物有大麦、小麦、豆类，在水源好的地方也种稻。经济作物有棉花、芝麻、胡麻。另外还有蔬菜、豆类、瓜果、椰枣等园艺作物。从农作物品种来看，当时已实行两收作物制。[10]据估算，哈拉巴和摩亨佐·达罗两座城市的人口数量均为3.5万人左右。供养这样多的人口，主要依靠农业。在畜牧业方面，已驯养的牲畜有水牛、黄牛、山羊、绵羊、象、鸡、骆驼等，这些驯养的动物，既是耕耘、运输的工具，又是人们肉食的来源，羊毛还可作纺织原料。人们还在和洪水进行的斗争中，学会了筑

---

① 印度的远古文明直到1922年才被发现。由于它的遗址首先在印度哈拉巴地区发掘出来，所以通常称古印度文明为“哈拉巴文化”；又由于它主要集中在印度河流域，所以也称为“印度河文明”。哈拉巴文化以南部的摩亨佐·达罗和北部的哈拉巴为中心，它是古代印度青铜时代的文化，代表了一种城市文明。从已经发掘的遗址来看，城市的规划和建筑具有相当高的水平。考古学断定，哈拉巴文化大致出现在公元前3000年到公元前1750年，鼎盛时期约为公元前2300年到公元前2000年。哈拉巴城的遗址，规模相当大。街道布局整齐，纵横相交。房屋一般用砖建造。哈拉巴文化创造了自己的文字，它们主要留存于各种石器、陶器和象牙制的印章上，这些文字符号有象形的，亦有几何图案，至今尚未成功译读。哈拉巴延续了几百年之后逐渐衰落，公元前18世纪消亡。哈拉巴文化衰落之谜，有待后人去破解。

② 不过，印度河流域还有不少村落当地文化与哈拉巴文化并存，有的甚至仍流行原来的文化。这说明，哈拉巴文明向外扩展经历了一段较长的时间。哈拉巴文明的移民活动是以和平或暴力的方式进行的。在印度河下游的阿姆利遗址被发现厚厚的烟灰，表明这里曾发生过大规模的屠杀。

坝和引水灌溉。

哈拉巴文化遗址中虽然仍有许多石器，例如石刀、石臼、石罐、石秤锤等，但是也有了大量的红铜器和青铜器，如镰刀、锯子、斧、凿、鱼钩等工具以及匕首、箭镞、矛头等武器。除红铜和青铜外，人们也掌握了对金、银、铅、锡等金属加工的技术，且热加工和冷加工已有较高水平，尤其是还会用焊接法制造金属器。从出土的各种美妙绝伦的手工艺品和奢侈品中，已发现的金、银、铜首饰有项链、戒指、手镯、臂镯、足镯、耳环等，显示出当时工匠的精巧技艺。

纺织和制陶是哈拉巴文化的两个重要手工业部门。纺锤和纺轮在许多遗址中都有发现，它们是当时纺毛和纺棉的重要工具。在遗址中发现了染缸，可见当时已经掌握了纺织品染色的技术。陶器的坯基本都是在陶轮上制成的，也有手工制造的。陶坯是在窑中烧制成陶器的。陶窑已被发现。它们都是圆形的，分为上下两层：上层放置陶坯，下层烧火，中间的隔层是有孔隙的，以便火焰可以烧到上层。已经发现大量的陶制容器，其中有无装饰的各种日常用具，也有一些饰以图画的精品。

这一时期，印度的建筑业比较发达。从哈拉巴文明的城市遗址来看，最大的是哈拉巴城和摩亨佐·达罗[①]城，而保存较完整的是摩亨佐·达罗城。摩亨佐·达罗城占地266公顷，城的西部是建在砖台砌高台上的卫城[②]，东部是居民住宅区和商业中心所在地，两部分有一道宽厚砖墙围护，使其形成一体。卫城有高厚的城墙和塔楼，卫城内有一系列建筑物。这些可能是管理者工作和大众集会的地方。下城显然是按规划建成的，大街笔直，有东西向，南北向，垂直相交。下城也分区，每区又有若干小巷，也是垂直相交。大街和小巷构成了一整套井井有条的交通网络[③]。哈拉巴文明的建筑物与同时期埃及和苏美尔的建筑物相比，有其明显的独特风格。从建筑材料来看，埃及是巨石建筑，苏美尔是用太阳晒干的砖，印度河文明的则是窑内烧的砖，且尺寸标准；从建筑风格来看，印度比埃及和苏美尔似乎更注重实用和实惠。在艺术方面，基本上无壁画和浮雕之类的东西，但有单独性的青铜和石制雕刻品，如牛、独角兽等可谓栩栩如生。石雕的人像虽庄严呆板，但发须整洁，一副贵族气派。

当时的城市、农村和边远地区有广泛的经济联系。城市作为文明的中心，在经济生

---

① 摩亨佐·达罗（公元前2600年—前1800年），又称“死丘”或“死亡之丘”（Mound of the Dead），是印度河流域文明的重要城市，大约于公元前2600年建成，位于今天巴基斯坦信德省拉尔卡纳县南部，摩亨佐·达罗是世界上一个早期古代城市，有“古代印度河流域文明的大都会”之称，该段时期的其他古文明包括古埃及、美索不达米亚、中国及克里特文明。摩亨佐·达罗的城市总体规划非常先进且又极为科学，在当时可谓土木工程中的一项伟大成就，无怪乎很多人将其称为“青铜时代的曼哈顿”。这座印度河古文明鼎盛期的最具代表性的城市遗址，在地下埋没几千年后，终于20世纪开始被揭示。

② 卫城的中心是一个大的公用浴池，长12米，宽7米，深2.4米，用砖建成，涂以沥青，以防漏水。浴池附近开有水井，为供水之源；浴池也建有排水沟道。这里大概是当时人们举行重大礼仪前的沐浴处所。浴池西面有27排带有通风孔道的砖建筑物，它们显然是谷仓。在浴池的北、东、南三面，还有许多建筑物。

③ 主要的大街宽度可达10米。街道交叉处的建筑物的墙角砌成圆形，以免有碍交通。街道还有不少灯柱，大概晚上已有路灯照明。在街道网络的下面，又有一整套下水道的网络。地下的沟道是用砖砌成的，沟上用砖或石板作顶盖。街道的两边都是建筑物的墙壁。建筑物不开临街窗户，窗户都开在自家的院子里；有门通向街道，不过门一般都开在小巷里。

活中发挥了重要的作用。城市经济主要为商业和手工业。最大的城市和镇位于主要河流系统和海岸地区的战略要地，这里控制着贸易路线上商品和原材料的运输。这些城市建在高于水位很多的大量泥砖台上，从制高点上俯视着周围的平原，指示着河中小船怎样把商品运进城市。除了文明中心城市以外，为获取充足的物资资源，城市国家还在偏远的地区建立城镇或居民点。巴达赫是当时的天青石重要产地。这种矿石是古代印度人制造装饰品的重要原料之一。此地有不少采矿点和作坊。居民把矿石和加工了的装饰品运往各地出售。哈拉巴文明区域东南角的洛塔尔，离红玛瑙产地纳尔巴达河谷不远，是生产和加工红玛瑙的重要城市。此城周围没有农业村落，几乎是一座孤城。显然，这里的居民要靠当地非哈拉巴文明的部落的人去采集矿石，并通过贸易交换的方式来获取。这类远离文明中心区域的城镇和居民点，在沟通边远地区与文明中心城市的联系上起了重要的作用。

城市经济中手工业水平也达到较高的程度。城市内有各类手工业作坊，如青铜器作坊、装饰品作坊、棉花纺织作坊、砖窑、陶窑等。在城区之外，还分布了一些手工业区。例如，加格尔河地区的遗址，有45%是手工业生产地。摩亨佐·达罗城东北的苏卡尔有较大规模的石刀制作作坊。这里生产的石刀在许多地方都有发现。这些作坊的出现，反映手工业生产具有专业化的特点。青铜冶炼技术达到相当高的水平。工匠掌握了熔解矿石、锻冶、铸造、焊接金属器具的技术。用青铜制作的生产和生活用具有斧头、鱼钩、盘子、镜片等。陶器生产也大为发展。陶器分彩陶和素陶两大类。彩陶是在红色滑泥上描绘黑色彩饰，并绘上人物、动植物或几何图形，甚至还有色彩鲜明的彩釉。工艺品则更能反映手工业生产的水平。工匠用金银或宝石、矿石制成项链、头饰、鼻饰、耳环等装饰品。有些宝石装饰品上有很光滑的小钻孔，以及用硝酸铜或苏打液蚀出的图案。一些遗址还出土了制作精巧的铜牛车和马车模型。石雕艺术也很有特色。摩亨佐·达罗出土了一座祭司石雕像。他的眼睛细长，鼻子高耸，嘴唇宽厚，额头向后倾斜，面部神态庄严，身穿缀满三叶纹图案的长袍，表现出祭司高贵的地位和道貌岸然的形象。哈拉巴的一座裸体男雕像，胸部和背部的肌肉隆起，外形线条清晰，显得十分强壮有力。摩亨佐·达罗的青铜裸体舞女雕像，更是艺术品的佳作。雕像高约11.4厘米。舞女的身段苗条，肢体修长，左腿微抬，左手伸向膝盖，右手叉腰，舞姿轻盈飘逸，身上的一条项链仿佛随舞步而轻轻地晃动，形象栩栩如生。这类雕塑品不仅反映创作者的艺术思维能力，而且也表现了相当高的工艺制作水平。[11]

城市的繁荣使哈拉帕的商业盛极一时，国内贸易活跃，商人组织商品的出售，运送手工业生产所需的原料。在巴纳瓦利城的商人住宅遗址，发现印章①、砝码和形状不一的储藏罐。罐内装有各种货物，包括粮食、珠宝等。城乡居民之间则通过商人或自行进行贸易往来。在农村遗址中发现的青铜器器皿和工艺品，大多数是城市专业手工业者制造的。在哈拉巴文明的边远地区，还有众多土著的村社和畜牧业部落。它们与城市国家也

---

① 从当时的城市遗址中也出土了为数众多的刻有各种图案的印章。此外，据考古学发现，印度河印章也在底格里斯下游和美索不达米亚被发现。因此合理的解释可能是：印章是用来把个人或官方的签字印到商品或公文上的。在哈拉巴文明中，印章反映了大城市与地区镇之间强烈的经济关系。

有经济方面的往来。例如，俾路支斯坦和喜马拉雅山区有一些畜牧业部落。牧民们夏季时在山区牧场放牧，冬季时把牧群赶下山来。他们在山下的营地，有的就在哈拉巴文明的城镇附近。他们向城镇提供牧产品，而城镇则供给他们农产品和手工业产品。拉贾斯坦铜矿产地的一些土著部落，有冶铜和制造铜器的技术。他们通过水道向城镇输送铜矿石和铜器。在长期的经济往来中，一些土著居民逐渐受到文明的影响，在苏特累季河畔的村落遗址，发现当地巴拉文化与哈拉巴文化的器物，表明两种文化是并存的。[12]度量衡制度①的统一，说明各地之间有广泛的经济往来。

对外贸易也很发达。考古发掘出的许多金属，都是本地并不出产，要从遥远的外国运来的。贸易的对象包括两河流域、波斯、阿富汗、古吉拉特、南印等。根据考古资料，印度河流域还与埃及、波斯湾的巴林群岛以及马达加斯加岛有贸易联系。在这些贸易联系中，与两河流域国家的贸易联系尤为活跃。在两河流域的阿卡德、埃什努那、乌鲁克城和波斯湾的巴林乌等城都发现过哈拉巴文明的印章。而在哈拉巴遗址还发现了若干源于两河流域地区的滚筒印章和金属制品等，乌尔、尼普尔等遗址中出土了红玛瑙珠等装饰品和工艺品。盖有印度河商人印章的货物储藏泥罐，在许多地区都有发现。马里城一位名叫埃毕克·伊尔的官员的雕像旁边出土了印度河流域陶器的碎片。此外，在印度河流域遗址中发现产自伊朗、伊拉克的玉、绿松石、天青石等宝石，还有异地装饰风格的绿松石花瓶等。阿富汗、中亚的一些宝石和生活用品在印度河流域遗址中也有发现，这说明了当时双方的陆路交易。当时印度与两河流域的贸易，主要采用贸易港方式，即商人在两地之间的一些地方进行交易。[13]两河流域形的楔形文字文献经常提到的第尔蒙、马干和抹露哈等，就是重要的交易地。大宗的商业贸易，大概是由国家组织商人进行的。这从摩亨佐达罗、哈拉巴和甘瓦里瓦拉的位置及其在社会经济生活中的作用可以看出。此外，这一时期，印度与伊朗、中亚、两河流域、阿富汗以及和中国都有贸易往来。

这一时期，运输业也比较发达。从发掘出来的陶制牛车模型、青铜玩具车、印章上的图案、遗址中的大船台、城市中宽阔的街道、街上的车痕等方面证据来看，当时的陆路的交通运输方面，主要用到牛车。而海路交通方面，距阿拉伯海坎贝湾不远的罗塔发掘出船坞遗迹，船坞就建在城东，南北走向，长216米，宽37米。在船坞南面有一条宽约7米的隧道，与波加沃河相连，于是内陆水运与海运接成一体。而在摩亨佐·达罗及其他地方也发现了码头，在当时制造的陶器上有帆船图案，在哈拉巴文化印章中，有的刻有船的图形，这种船大概就是当时海路交通运输的工具。所有这些说明，哈拉巴文明时期已有发达的航海业。

① 形成了度量衡制度。人们用介壳尺和青铜杆尺计量长度。用砝码来衡量重量，用小砝码进行珍宝珠玉的买卖，用二进位制；用大砝码衡量非贵重物品，用十进位制。这里的砝码一般用燧石、石灰石、片麻岩等做成，多是立方体的，也有圆形或圆锥形的，大小不等，大的必须穿上绳子或金属环才能提起，小的只有首饰匠才用得上。也发现过金属和陶制的秤盘，但没有秤。

7.3 吠陀时代的经济与种姓制度

印度在早期吠陀时代[①]（公元前1500年—前1000年），雅利安人的氏族部落开始解体，并向阶级社会迈进。公元前15世纪，印度雅利安人进入南亚次大陆后，由于他们和土著居民之间以及后来在他们的各部落之间不断进行战争，产生了被称为“达萨”的战俘奴隶，随着奴隶数量增多，这时奴隶制作为一种生产关系发展起来。印度使用铁器较早，在公元前1000年左右就已利用铁制工具进行生产。铁器的使用，促进了农业、手工业和商业的发展。

最初的雅利安人是游牧部落以畜牧业为主，其中游牧经济有相当大的比重。雅利安人的经济来源主要是饲养家畜，畜牧业在他们的经济生活中仍有相当重要地位。他们畜养公牛和乳牛。牛粪被做成饼状，以充燃料。他们驯养的其他牲畜有水牛、山羊、绵羊、马、骆驼、象等。这一时期，狩猎也提供了很实际的经济利益，猎物通常有狮子、野猪、野牛等凶猛动物和大量羚羊、鸟类。不过，转入定居生活后，又开始种植大麦等农作物，农业逐渐变成他们的主要生产部门。他们已知用两头牛牵引一张犁来耕地，用镰刀来收割庄稼，同时使用畜力耕作和沟渠灌溉以及施肥技术，也使用轮耕休耕法来保养土壤肥力。他们主要种植小麦和大麦，种稻可能还未开始。通常他们一年种两次庄稼，同时也把一部分田地或草地留下来作为牧养牲畜的地方。

手工业也有了一定的发展，出现了大批专业的工作部门和职业。木匠制作战车、运物车、船、犁及种种家庭用具；金属匠制作各种红铜或青铜的工具和器物；金银匠制作各种装饰品等。据考古发掘的资料，铁在早期吠陀时代的后期开始出现，但是仍很稀少。依希腊史籍记载，大流士一世（Darius I the Great，公元前558年—前486年）曾向被征服的印度河西部地区居民要求年贡金360塔兰特的金沙，可见当时采矿业和冶炼业的兴盛。

随着手工业和农业的发展，商业也开始兴盛起来，牛车、马车和象驮开始成为运输的主要承担者。黄金成为主要的支付货币，另外高利贷也开始出现。根据考古资料，商品交换也在此时出现，人们大概以牛、金属或装饰品作为交换媒介，但是仍然是以物易物的阶段。

在早期吠陀时代，私有制逐渐发生。牲畜等动产已经归各个家族所有，耕地也分配给各个家族来耕种。但是还有一种名叫“基里亚”的长条形的土地，它们夹在各个家族的份地之间。这大概是各个家族共同使用的公地。随着私有制的出现，不同家族之间的贫富区别也出现了。穷人在生活无着时只好向富人借债。如果欠债不能偿还，那就必须

① 早期吠陀时代亦称梨俱吠陀时代，雅利安民族正处于军事民主制时期。公元前2000年上半叶，居住在里海以及中亚草原的一些游牧民族开始移民，一支向西南进入伊朗高原，旋即又闯入两河流域和意大利地区及埃及。东南的一支则穿过伊朗、阿富汗、兴都库什山抵达印度河河谷地区。这些人自称为“雅利安人”，意即“高贵之人”，当地居民与雅利安人进行战争后被征服，雅利安人称其为“达休”，意即“贱民”。雅利安人对当地土著居民发动大规模战争，摧毁了先前居民的定居点。随着战争不断的增多，“罗阇”的权力增大，僧侣贵族的权力也增大，社会开始发生分裂，氏族部落正式解体，私有制开始产生，大量穷人开始变为债务奴隶，瓦尔那制度开始出现，雅利安人开始步入晚期吠陀时代。

为债主服一段时间的劳役。富人不仅剥削欠债的穷人，而且也剥削奴隶。达萨原来是雅利安人的敌人。当他们把战争中俘虏来的达萨变成奴隶的时候，达萨或达西就成了男女奴隶的称呼了。当然奴隶的来源并不限于战俘，赌博输了的人和欠债无法偿还的人也会沦为奴隶。奴隶必须为主人从事农业、手工业、畜牧业等劳动，不过当时的奴隶在社会的生产劳动中只占一种辅助性的次要的地位，主要的劳动生产者还是自由的氏族部落成员。

到了后期吠陀时代①（约公元前 900 年—前 600 年），铁器有了一定的推广。这一时期的文献《阿闼婆吠陀》中常常提到黑色的金属即铁。在恒河上游密拉特附近发现了这一时期的冶铁遗迹，有较大量的铁矿石和熔渣，也说明铁器是在当地生产制造的。恒河中下游的开发看来与铁器的较广使用有关，因为铁斧为砍伐那里的茂密森林提供了较为有利的条件，这使开发恒河中下游成为可能。

这一时期，印度农业也有了一定的发展，农业逐渐取代了畜牧业。农业上已用重犁耕地，并大规模地进行垦荒，兴修水利。据文献记载，当时用犁耕地，竟用 6 头、8 头、12 头乃至 24 头牛来牵引。这种犁很重，是卧式的，有光滑的把手和尖锐的犁头，可以深耕。田地里做出畦沟。动物粪肥的施用已受到重视。开始有了一些灌溉系统。耕耘、播种、收割、打场是主要的农活。对不同的庄稼已按其特点在不同时节种植。如大麦冬种夏收，稻子夏种秋收，豆类、芝麻则夏种冬收等。畜牧业在生活中仍占一定地位。牛是最重要的牲畜。耕地用阉割过的公牛，有时也用母牛。乳牛则为日常生活提供重要的奶品。当时人们不仅让牲畜在牧场上食草、活动，而且为它们搭了棚子，以防寒暑。在逐渐适应印度河文明的农业生产方式之后，特别是当雅利安人进入恒河流域之后，印度北部平原的农业生产开始占据首要地位，不过畜牧业长期仍是雅利安人世代相传的基本生产方式，牛、马一直是他们拥有财富的标志。由于恒河流域的自然条件比日益恶化的印度河流域要好，雅利安人在实践中掌握了水利灌溉知识与技术，开始以水利发展促进农业生产的进步，使吠陀时代的农业经济水平逐步有所提高。

手工业在此时也有了较大的发展，出现了大批专业的工作部门和职业。并且依希腊史籍记载，大流士一世曾向被征服的印度河西部地区居民要求年贡金 360 塔兰特的金沙，可见当时采矿业和冶炼业的兴盛。随着手工业和农业的发展，商业也开始兴盛起来，牛车、马车和象驮开始成为运输的主要承担者。黄金成为主要的支付货币，另外高利贷也开始出现。

劳动分工也有了发展。手工业分工渐细，木工、铁匠、金匠、珠宝匠、弓弦匠、织席匠、织工、陶匠等成为重要的手工业行业。在一种《梵书》中曾经提到一个不同职业者的清单，其中有：守门人、驾车人、侍者、鼓手、织席人、铁匠、农夫、占星者、屠夫、牧人、造弓弦人、木匠、樵夫、守火人、在田间吓鸟的人、刺绣工或编篮工、珠宝

① 公元前 1000 年前期，雅利安人势力扩张到恒河流域，与当地的土著居民不断融合。同时，在这一时期，铁器在南亚次大陆广泛使用。大面积的森林和沼泽被开垦，农业开始成为主要的经济来源，雅利安人此时已经开始使用重犁，并按节令来种植作物。除了麦、豆外，水稻、棉花也开始被种植。手工业在此时也有了较大的发展，出现了大批专业的工作部门和职业。并且依希腊史籍记载，大流士一世曾向被征服的印度河西部地区居民要求年贡金 360 塔兰特的金沙，可见当时采矿业和冶炼业的兴盛。随着手工业和农业的发展，商业也开始兴盛起来，牛车、马车和象驮开始成为运输的主要承担者。黄金成为主要的支付货币，另外高利贷也开始出现。

匠、管马人、饮料制造人、看象人和金匠。此外在其他文献中提到的还有：摆渡人、洗衣人、奴仆、陶工、高利贷者、吹火人、剃头工、撑船人、厨工、送信人、车边随从等。文献所说的以上各种人中，有不少是从事服务性劳动的人，特别是纺织业，在帝国时代，不仅能生产精良的棉织品，而且能生产高级的丝织物。这表明，劳动分工尤其是手工业内部分工朝着多样化方向发展。

分工的发展促进了交换的发展，商业开始兴起。商人们往来于各地之间，从事以其所有易其所无的贸易。他们行经陆路时主要以牛车运货，象和马也开始用于货物运输。他们行经水路时则用船运货。在商品交换中，人们兼用以物易物和付偿购物两种方法。黄金常被用作购物的支付手段，但是黄金铸币的存在与否还是一个未能得出结论的问题。高利贷已经出现，但是尚未发现关于当时利率的材料。当时人们已知有孟加拉湾和阿拉伯海。但是他们是否从事海外贸易，仍然是一个未能证实的问题。

印度古代的奴隶制是与种姓制度联系在一起的。在吠陀时代，随着奴隶制经济的发展和社会的分化，印度形成了日后成为其民族特色的体制，即种姓制度。印度的种姓制度源于一首神圣的颂诗，诗中把社会分为四个等级，或称瓦尔纳，这是由出身而定的。最高等级为婆罗门、僧侣、教师和学者；其次为武士，也称为刹帝利；然后是包括农民和商人的吠舍；最底层为首陀罗，他们是为以上三个种姓服务的。在四个种姓之外还有贱民，凡对于其他人来说甚为肮脏的工作都交给他们去干。这项制度影响了许多印度教徒的生活。举例来说，宗教规定禁止不同种姓间通婚，低种姓的人做的食品被人视为不干净的，作为一项原则，不同等级的人不能从事提供给其他种姓的各种职业，若有违反此禁忌者将受到最严厉的惩罚，那就是被开除出自己所在的种姓。

吠陀时代的瓦尔那，原指不同人种和社会集团，后来逐渐用来表示社会等级。印度瓦尔那分为四个等级，即婆罗门、刹帝利、吠舍、首陀罗。国家形成后，划分更趋严格。婆罗门作为第一等级，在社会上有首脑至尊；其他等级包括国王在内的刹帝利，对婆罗门都应敬重礼让。婆罗门由主管宗教祭祖的十足贵族组成，日后成为婆罗门教的祭司，也可以经管其他行业，即作为业主和管理领导人员。他们不仅垄断宗教文化大权，也参与执政，常作为国王的顾问，以占卜念咒等方术影响国王的行动，享有很大政治权力，甚至随军出征。婆罗门拥有大量土地和奴隶，除这些剥削收入以外，婆罗门正式的补充收入是接受布施，来自国王贵族的布施实际上是统治阶级对战争俘获和国家税收的分配，往往表现为大量的馈赠。婆罗门也是最富有的阶层。

刹帝利作为第二等级是由王族和军事行政贵族集团组成，他们被视为社会之臂膀，即统治阶级执掌军事和政治大权的人员。刹帝利的基本职业是充当武士。国王一般仍属于刹帝利瓦尔那，但是刹帝利瓦尔那并不限于王和王族。在理论上，婆罗门优于刹帝利，但作为最高统治者的国王属刹帝利等级，这就不可避免地出现了两个种姓之间的争雄，因此有些文献也出现过刹帝利优于婆罗门的说法，只是较少数而已。这种争夺有时也在思想文化上表现出来。刹帝利同婆罗门一样，是拥有大量土地和奴隶的统治阶级，甚至更富于婆罗门，因为战争掠夺物和国家收入是由他们直接占有的。

第三等级吠舍主要是从事农业、牧业和商业的平民。吠舍原由雅利安人的一般公社成员组成，日后用以包括从事农牧工商各行各业的平民。由于小生产者分化也产生贫富的两极，吠舍中有些少数发家致富之人，甚至从事高利贷活动。在婆罗门和刹帝利统治之下，吠舍已无政治权利可言，只有交税服役，供养统治者的义务。不过吠舍还是雅利安人氏族部落公社的成员，比起第四等级，他们仍具有较高的社会地位。按婆罗门教的理论，吠舍与刹帝利、婆罗门都属高级种姓，死后投胎可再度为人，因而和婆罗门、刹帝利同样属于“再生族”。因此吠舍可参加婆罗门主持的宗教祭祀和听讲教义。

首陀罗为第四等级，是指压在社会最底层的劳苦大众。他们最初是由被征服的非雅利安各族组成，后来也包括由于种种原因而被降到这个最卑贱等级的雅利安人。首陀罗从事农牧渔猎，以及种种当时被人视为低贱的职业，其中有少数自食其力的工匠，但多数人失去生产资料，沦为佣工和奴仆。作为最低贱的等级，首陀罗的地位和奴隶相差无几，其中也有一些人就是奴隶。种姓制度一旦固定下来，各个等级所从事的职业就不能任意改变。各个种姓之间原则上禁止通婚。

各种姓之间界限森严，其政治、经济、法律和宗教地位均极不平等。前两个等级掌握国家政治大权和社会的绝大多数财富。在所有权上，婆罗是“万物之主”，有资格享有一切，有权没收首陀罗的持有物，而首陀罗则因出身低下，没有权利拥有财产。在宗教地位上，前三个等级可以过宗教生活，参加在宗教上所谓重生的再生礼，属于“再生族”。而首陀罗不能参加宗教生活，属于“一生族”，即不能得到第二次生命（宗教生命）。各种姓的法律地位也极不平等。按古印度法，高级种姓犯罪一般只处罚金，低级种姓犯罪则处各种酷刑，即同罪而不同罚。《摩奴法典》规定，刹帝利辱骂了婆罗门，要罚款100帕那（银钱单位）；相反，如果婆罗门侮辱刹帝利，只罚款50帕那。杀害婆罗门者与伪造国王布告等罪，处以死刑；但高级种姓的人如果杀死了一个首陀罗，仅用牲畜抵偿，或者简单地净一次身就行了。在社会生活方面，不同种姓的人不能待在同一个房间里，不能同一张桌吃饭，不能同饮一口井里的水。各种姓的职业世袭不变，父子世代相承。各种姓实行严格的内婚制，不同等级的人不能通婚，以保持高等种姓血统的纯正。婆罗门法典规定，高级种姓的男子可娶低级种姓的女子为妻，但绝不允许低级种姓的男子娶高级种姓的女子为妻；如果违法结婚，称为“逆婚”，所生后代被划为“杂种种姓”，排除在种姓之外，列为“贱民”，贱民的地位最低。贱民只能居住村外，不可与婆罗门接触，只能从事被认为是最低贱的职业。[14]

在早期吠陀时代，一家人还可以从事不同的职业，人的身份也还没有严格地固定下来。后期吠陀时代瓦尔那制度形成以后，每一个人的社会地位都由其家庭出身来决定，各个瓦尔那的人都世代地从事规定的职业，不能任意改变。各个瓦尔那之间原则上禁止通婚。在实际生活中，瓦尔那地位较高的男子娶地位较低的女子为妻是被允许的，但严格禁止瓦尔那地位较低的男子娶地位较高的女子为妻。不同瓦尔那的人在法律上是不平等的。高等瓦尔那的人伤害了低等瓦尔那的人，处罚甚轻；在相反的情况下，处罚就会非常严重。瓦尔那制度显然是保护新产生的贵族剥削阶级的工具。

奴隶制也伴随着种姓出现而发展起来。奴隶占有制关系的萌芽形式与原始公社制度的浓厚残余交织在一起，是古印度社会制度的重要特点。一般来讲，奴隶主主要由高级种姓的人组成，而奴隶则主要由首陀罗和贫困吠舍中间的一部分人员组成，特别是首陀罗这个种姓中有相当数量的奴隶。《摩奴法典》① 规定，奴隶“被认为没有财产，他们所获得的财富属于他们的所有者”,[15]但奴隶被允许有少量维持生计的动产或生活资料，其子女可以继承。不过，这种奴隶是指家庭奴隶，而不是指首陀罗。首陀罗即使不是奴隶，他们对于公社财产也是没有权利的。有的奴隶可以有自己的住所、家庭和个人财物，而首陀罗即使有积蓄能力，也不能积蓄财产。也就是说，作为高级种姓的婆罗门有权随时没收首陀罗的持有物。[16]

7.4 列国时代的经济发展

从公元前 6 世纪起，印度开始进入列国时代②（约公元前 600 年—前 400 年），当时有 16 个邦国③，主要的有摩羯陀、迦尸、拘萨罗、俱卢和般遮罗等。这一时期，农业方面生产水平和产量有较大的提高，水稻的种植相当普及。畜牧业仍然比较重视，各村有公用的牧场。手工业分工更加专门化。

在列国时期，大量的人口还是聚集在农村，畜牧业和种植业同时进行，村民为一夫一妻制，每户占有小块的份地。农民种植水稻和其他谷物，还种甘蔗、水果、蔬菜、花卉等。每个农村通常就是一个自给自足的单位，农民们共同修建蓄水池、灌溉渠、道路以及保护全村共同利益的围墙。每村都有公用的牧场，供各户所养的牲畜食草。各户的牲畜一般并不自己放牧，而是委托一位懂得牲畜习性与病情的牧人统一牧养。农业主要是吠舍的职业，在共和国中也有刹帝利耕种土地者。各村的内部事务由村议事会管理，村议事会选举村长，村长就是村议事会的头领。村长负责代国王征收土地税，税率在收成的 1/12 至 1/6 之间。村长还负责村内的某些司法事务，维持村内法律秩序。村内的水池、水渠、道路、会堂等公共建筑也是由村长组织村民共同修建的。村议事会决定村内大事，村民的土地如果不经村议事会允许，不得私自转让或买卖。[17]

---

① 《摩奴法典》是古代印度婆罗门教的经典，系以摩奴法经为基础所修补之法典。实际上，是婆罗门教的祭司根据吠陀经与传统习惯而编成的。法典内容驳杂，大约编成于公元前 2 世纪—2 世纪。传至今日之《摩奴法典》共 12 章，2 684 条。第 1 章讲述创世纪的神话；第 2～6 章论述婆罗门教徒的四住期的行为规范；第 7～9 章主要包括民法、刑法、婚姻制度、继承法；第 10 章是关于种姓的法律；第 11 章是赎罪法；第 12 章包括因果报应、轮回转世之说。其中，纯粹法律的篇幅约占全书的 1/4。表现了婆罗门教维护高级种姓制度的利益和特权的愿望。

② 公元前 6 世纪—前 4 世纪是南亚次大陆的列国时代。根据佛教文献记载，当公元前 6 世纪初，南亚次大陆北部有十六大国。到公元前 4 世纪后期，列国为摩揭陀所统一。又因为佛教产生于此时，故在史学上亦称为“早期佛教时代”。据记载，公元前 6 世纪，在印度河流域和恒河流域存在 16 个国家，在佛教经典中被称为“十六大国”。这些国家基本上是君主国，各国之间为兼并土地和争夺霸权经常发生战争。在“十六大国”内部，只有拔祇和末罗两国是共和国，此外还有一些比较小的共和国，这些国家有的实施“王政制度”即拥有国王，但是国王的权力收到长老会议的限制；也有的国家是寡头政体，当然，这些国家内部的议事会议不允许低级种姓的成员、雇佣工人、奴隶参加会议。虽然恒河流域以及印度河流域有着君主制度和共和制并存的局面，但长远来看，最后君主制取代了共和制度。

③ 印度十六大国分别是：最东边且最大的摩揭陀，在它西北和西南的跋祇和鸯伽，在波罗奈北面和南面的末罗和迦尸，在乔赏弥的乔萨罗，其西边的苏罗婆和跋沙，跋沙西边的车底，车底南面靠近马西斯马提的阿般提，阿般提东南的阿湿波，苏罗婆西边的摩差，摩差北面的俱卢，俱卢东面的般遮罗，靠近坎大哈的健驮罗和甘蒲阇。其实十六国以外还有很多国家，十六国中的一些国家也是时分时合，并不是一成不变的。

列国时代是铁器在古印度开始普遍使用的时代，每一个手工业都有自己的行会，而且行会都会有一个负责人，负责人经常会向国王负责，监督产品的质量和生产。各行业在专门化的道路上已有相当的发展。当时的行业有：缝皮匠、铁匠、油漆匠、木匠、猎人、渔夫、屠夫、制革匠、耍蛇人、演戏人、舞蹈者、奏乐者、象牙工、纺织工、茶点工、珠宝工、金属工、陶工、理发匠、制弓箭者、编花环者等。各重要手工行业都组成了自己的行会，每个行会都有一个头人。头人通常都是能接近国王的有势力的人物，他们的职责大概是监督和检查产品的生产。

列国时代最大的变化是商业特别活跃。当时有八大城市：摩揭陀的王舍城、拔祇的吠舍离城、居萨罗的舍卫城和阿逾陀城、迦尸的波罗祇斯城、鸯伽的瞻波城、拔沙的祇赏弥城和犍陀罗的呾叉始罗城。商业在各城市的市场进行，城市之间有商路连接。陆路运货用马或牛车运载，商人往往结成商队，雇保镖护送。水路则用船运，恒河是重要的水道。商人已知合伙经营，少则几人合伙，多则有100人乃至500人合伙。商人还组成商会，目的是控制价格，谋求厚利。过去的物物交换已被淘汰，以银和铜铸成的货币成了新的交换媒介。有的文献中还说到了用金铸成的货币。随着铸币的出现，出现了货币借贷现象。高利贷的盘剥使得许多小生产者破产，以致沦为奴隶。但是除了受人谴责的高利贷以外，还有利率比较正常的借贷，这种利率约为月利1.25%或年利15%。有些商人也利用借来的钱经商，其中的成功者不仅能够还本付息，而且能够养家活口，获得盈余。最通常的贸易商品是贵重的纺织品、宝石和香料等。商人们往来于各地，在商品交换中，人们兼用以物易物和付偿付购物两种方法，高利贷已经出现。商品货币经济和生产的发展的活跃，为奴隶制的发展创造了条件。当时奴隶的来源很多，根据印度《摩奴法典》的记载，除战俘奴隶外，还有债奴、罪奴、家生的、继承的、赠予的、买来的以及由于饥荒为食物而服役的。古代印度文献中记载的奴隶数量十分庞大。奴隶有国有的，有属于私人的。国有奴隶大都从事建筑、采矿和兴修水利等行业的劳动。在王室的农庄和手工作坊中也有很多奴隶。

随着商品货币经济的发展，列国时代的社会发生了明显的分化。四个种姓的人都有贫富分化现象，因而原来的种姓地位并不一定就能反映一个人的实际阶级地位。在四种姓中居于第一位的婆罗门，原是神权贵族。可是这一时期却有一些婆罗门从事农业。佛经中说道，有的婆罗门用男奴隶耕田，用女奴隶舂米磨面；有的婆罗门迫使奴隶做艰苦的平整土地的劳动，几乎逼得奴隶投水自杀；有的婆罗门父子二人下田耕作，却使女奴隶负责送饭；有的穷婆罗门只有两头耕牛，按当时耕作方法恰好牵一具犁，后来一头牛死了，他的耕作就成了问题。可见有的婆罗门变成了从事农业的奴隶主，有的却变成了贫困的小农。佛经中还说道，许多婆罗门当了医生、信差、税吏、樵夫、商人、牧人、屠夫、侍卫、猎人、木匠；还有不少婆罗门以赌博、讨好他人、斗鸡斗狗、演口技、算命相面、施魔术、念咒语等手段谋生。以国王为首领的刹帝利，在列国时期既经过战事而获取了很多的财富，又随王权的加强而提高了社会政治地位。不过刹帝利中也有地位下降的人。据佛教文献，刹帝利中有人从事农业，有人做商人，有人做手工业者，甚至有一个刹帝利王子曾先后做过陶工、编篮匠、花匠、厨师等在当时被认为低等的职业。

吠舍本是一般平民，可是在列国时期已有很多人经商致富，而且放债取利已成了富有的吠舍的合法职业。佛经里说到许多吠舍财主，他们有大量的财产和奴隶。有了钱也就有了社会地位，这时候"纯洁而忠实"的吠舍已经有权担任村镇的地方官了。当然吠舍中发了财的只是那些大商人，普通从事农业的吠舍依旧处境艰苦，其中有人失去自己小块土地，不得不从事裁缝、陶工等低等职业，与首陀罗等级的人为伍。至于四种姓中地位最低的首陀罗，其中也有少数人发了财，还成了佛教的富有的施主；但是他们中的大多数人的生活十分困苦。这时候，首陀罗中的一些人沦为不可接触的"贱民"。他们在社会上受尽歧视和凌辱，生活极度艰难。从以上情况来看，简单的四个种姓已经与社会的实际分化情况不能相符合了。势力日益强大的刹帝利和吠舍上层，对于婆罗门种姓的特权地位越来越感到难以容忍了。至于吠舍下层和广大的首陀罗，他们受尽压榨和欺凌之苦，对于当时的社会秩序自然也抱着十分不满的心情，时刻希望自己的处境有所改善。[18]

在列国时代，古印度的奴隶制有了比较明显的发展。国王宫廷里用奴隶，贵族家庭里用奴隶。不过，奴隶不仅用于家内劳动方面，也被用于农业生产上。佛教文献中曾经说到不少个"奴隶村"，这些奴隶当然是要从事生产劳动的。佛经里常见的奴隶数字有100、500、1 000、16 000、100 000 等。这些数字的确是夸大性的，不能作为根据。但是这至少可以说明，奴隶在社会上已经是一个可以引起人们注意的存在了。奴隶制是一种很野蛮的人剥削人的制度，不过它与种姓制度仍然有所不同。在奴隶制度下，自由人可以由于种种原因而沦为奴隶，奴隶也可以在某种情况下被释放为自由人，一个人的阶级地位是随着他的实际社会经济地位变化的。而按照种姓制度，贫穷流浪的婆罗门仍然属于最高等级，即使变成了奴隶主或富翁的吠舍也仍须处于低下的社会地位，一个人的社会地位并不随其实际阶级地位的变化而改变。因此，在列国时代奴隶制有所发展的情况下，种姓制度已经成为一种限制奴隶制度发展的障碍物。[19]

7.5 孔雀王朝的奴隶制与经济发展

7.5.1 奴隶制

孔雀王朝（公元前 324 年—前 187 年）是古代印度版图最大的奴隶制中央集权君主专制的统一帝国。它的社会形态表现了古代印度奴隶制的许多特点，这些特点使孔雀王朝的社会形态成为"古代亚细亚生产方式"类型的奴隶制社会。公元前 4 世纪初，印度在月护王（Chaodrauta）统治下，结束了十六国列国时代的分裂局面，建立了统一的奴隶制中央集权的专制帝国。古代印度的奴隶制到了孔雀王朝时代有较大的发展。

在《摩奴法典》和月护王的宰臣考底利耶（Kautilya）所著的《政事论》① 中，就有

① 《政事论》是古代印度的一部论述治国安邦策略的著作。一般认为它是孔雀王朝的开国君主旃陀罗笈多的宰相考庇利耶所作，实际具体成书时间和作者尚有很大争议。书中包含有丰富的政治、经济、法律、军事、外交思想。全书系统论述君主如何统治国家的种种问题，主张实行中央集权统治，国王掌握国家的最高权力。《政事论》中包含大量的民法与刑法内容，对研究古代印度的土地所有制、财产关系、奴隶制度和种姓制度等内容有重要价值。

关于孔雀王朝时代印度奴隶制的详细史料。《政事论》将奴隶大体上分为：战争中掠得的、继承下来的、买来的、法庭判决的、典押的、家生的等9类。后人根据《政事论》的资料加以综合统计，细分为14种。《摩奴法典》提到的奴隶有7类。成文较晚的《那罗陀法典》① 记载法定的奴隶有15种。《佛本生经》② 中有12篇提到奴隶，其中记述了农村居民中的奴隶。《政事论》把奴隶与牲畜同等看待，例如规定“税务官的职责应该登记每个村庄中的奴隶、雇工以及两足和四足的牲畜数目”。《政事论》规定了买卖奴隶的规章。例如规定，在分家产时应把奴隶与耕牛、车辆一起赠给婆罗门妻所生之儿子。考底利耶认为：“农业主管人应该使用奴隶、雇工、囚徒在国王农庄土地上耕种。”可见帝王的农庄中也部分使用了奴隶劳动。王家手工业作坊、政府军队以及佛教寺院中间或也使用奴隶。古代文献中记载着使用奴隶劳动修建公共水利工程和进行农田灌溉的情况，菜园的种植经营中也有奴隶参加劳动的反映。这些情况表明，奴隶制已经构成孔雀王朝的主要社会经济制度，它充分体现了古代印度奴隶制度鲜明的特色。

这种奴隶制形态的特点是宗法性的父家长制奴隶制，使用奴隶劳动的主要目的是为满足家族自身的产品需要。因此，古代印度的奴隶制经济不是直接地，而是以大家族为中心环节，间接地构成整个社会生产的基础。根据麦加斯梯尼（Megasthenes，公元前350年—前290年）观察到的孔雀王朝居民的阶级构成是：7个种姓中以自由农民人数最多[20]。而且，古代印度的村社是整个社会经济结构的基础。因此，社会生产劳动的主力必然是广大的农村公社成员：吠舍、首陀罗以及贱民，而不是奴隶。这些公社成员主要是下层吠舍和首陀罗等低级种姓。与古代希腊、罗马的奴隶制不同，广泛流行的主要是“家内奴隶制”。这类奴隶分散在奴隶主的家庭经济和小农庄中，从事家务劳动和生产性的辅助劳动。特别是有一大批充当宫廷和富豪的侍应奴隶，供奴隶主生活和享乐。孔雀王朝的内宫和显贵们的府邸中有各色各样的奴隶，如侍从、女侍卫、宫女、舞女、歌手、乐师、按摩者、看门人等。女奴比男奴多。《佛本生经》等古代文献中，没有记载农业和手工业作坊中大量使用奴隶劳动的情况，更没有把大批奴隶使用于矿山、大手工业工场、大农庄及海上运输业的记载。在手工业中虽然也有奴隶工匠，但具有专长技术的奴隶很少。在较大规模的生产劳动中，奴隶们往往是与自由劳动者混合编组在一起进行劳动。奴隶主对奴隶的剥削的主要领域是包括生产性和消费性劳动在内的家庭经济。在整个社会生产中奴隶劳动虽然是重要的组成部分，但并不占支配地位。

由于古代印度的奴隶制具有宗法制的父家长制性质，所以，奴隶主与奴隶的关系较为宽缓柔和，奴隶有某些人权。在奴隶主家庭生产劳动中，奴隶与宗法制大家庭中的晚辈成员及普通仆役一样，都从事相同的劳动，地位与他们相差不大。奴隶主与奴隶的关系往往表现为宗法制关系，奴隶主带有父家长式的纯朴色彩。《摩奴法典》规定，奴隶主

---

① 《那罗陀法典》又称《人与子》，古代印度著名法典之一。编纂于100—400年间，被认为出自那罗陀之手。该法典主张对《摩奴法典》中论述过的一系列问题进行系统化，并提出了许多与《摩奴法典》不同的重要观点。

② 佛本生经是佛经中最具文学性的作品之一。佛经的文学研究意义表现在许多方面，作为构成东方文学传统的一种古代文学现象，母题研究具有独特的价值和情趣。本文宗旨是通过佛本生经与故事文学母题的互相阐发，既充分挖掘佛本生经的文学意义，又进一步拓展和深化故事母题的理论研究。《佛本生经》具有流传的广泛性。本生故事不仅在印度本土和南亚地区源远流长，而且随着佛教的传播，在世界各地广泛流传。

应把奴隶与自己家内的妻妾儿女同等对待。在没有其他证人的情况下，奴隶也可出庭作证。奴隶主甚至不能把他私有的奴隶对他的侮辱和损害上诉于法庭，因为根据《摩奴法典》的说法，奴隶是自己主人的“影子”[21]。奴隶也享有某些人权待遇，奴隶主不能无限制地支配奴隶和占有其人身。主人无权侵犯女奴的贞操；不得让女奴替男主人洗澡。根据《佛本生经》记载，奴隶有读书、写字和学习手艺的机会。自由人沦为奴隶后，不与自己的家族和种姓割断联系，奴隶往往能够继续保持自己的家属和照常过家庭生活。《摩奴法典》规定主人不应于涉自己奴隶的家庭成员之间的纠纷。通常，奴隶还能保持最低限的财产，并能从事某些不影响主人利益的经济活动。

种姓制是宗法制等级关系在印度的特殊表现形式，它与奴隶制同时产生并平行存在。古代印度的奴隶制是以种姓划分为基础的，带有明显的种姓制烙印，奴隶制受到种姓制的制约，两者有着盘根错节的联系。总的看来是种姓制强化了奴隶制。因此，可以把古代印度的种姓制看作是奴隶制的补充形式。按种姓规定，婆罗门有权利占有出身其他各瓦尔那——刹帝利、吠舍、首陀罗等的奴隶。违誓的苦行僧如果是属于刹帝利和吠舍，则要迅速被剥夺自由，沦为奴隶。然而在某些方面，种姓制又约束了奴隶制的发展。例如，种姓制对奴隶的地位有着严重的影响，迫使奴隶主必须考虑到他的奴隶原来的种姓地位，不能肆无忌惮地剥削和压迫他们。《那罗陀法典》指出，奴隶主占有奴隶时要严格符合瓦尔那的秩序。它明文规定“奴隶制不得违反四种姓的秩序而成立，除非一个人沾污了他的种姓职责”。种姓制规定：刹帝利只能有权占有种姓是吠舍和首陀罗的奴隶；无论是吠舍或首陀罗都不能有种姓是婆罗门和刹帝利的奴隶；首陀罗也不能有吠舍出身的奴隶。婆罗门连在自己的瓦尔那代表家里也不能做奴隶。一般说来，奴隶主阶级主要是由婆罗门、刹帝利和上层吠舍组成的，奴隶阶级主要是首陀罗和下层吠舍以及贱民种姓。但由于在社会经济发展过程中的阶级分化，某些种姓出身的人的经济地位必然会发生升降变化，因此也有极少数高级种姓沦为奴隶和低级种姓上升为奴隶主的情况。同时，也有极少首陀罗占有奴隶的现象。由于种姓制度规定的限制，奴隶主必须敬重种姓出身比他本人高一级的奴隶，因此在一定程度上限制了奴隶主对高级种姓出身的奴隶的剥削。而且，种姓制也限制了高级种姓沦为奴隶的可能性，因为只有在特殊情况下，高级种姓的人才会沦为奴隶。[22]

在孔雀王朝时代，奴隶普遍都有赎身权，释放的条件较为宽大，《政事论》规定：“奴隶赎纳了他的身价之后就可获得自由”。凡是被迫为奴或被劫持为奴的人，帝王有责任释放他；凡是遭受主人横暴欺压的奴隶，如果他出身于高级种姓，就应该给予出走的权利；女奴从主人生子，则母子必须俱得解放。《那罗陀法典》规定了释放奴隶的宽大条件。在古代印度，奴隶大部分是“定期的奴隶”，所有的奴隶被释放重获自由的机会颇多。《政事论》反映了国家保护奴隶权益的某些倾向。它规定奴隶只要具备较宽的条件就可以获得人身自由，不再对原主人有任何依附关系。而且他一旦被释放，就立即受到社会的完全的“接纳”，并立即与社会完全“结合”，和自由人一样地进行正常的社会交往活动。

在孔雀王朝时代，奴隶主对奴隶占有的支配权逐渐受到限制和削弱，奴隶的权利受到国家法律的某些保障，这反映了古代印度的奴隶制已经达到了它发展的顶点，并开始出现了危机和解体的现象。

在孔雀王朝时代，奴隶的买卖受到国家严厉的监视。《政事论》规定，将自由人贩卖为奴隶的罪犯应受到国家法律的严厉制裁，法经对此也有严格的限制。例如，禁止婆罗门从事奴隶买卖事业，最多只能进行以奴隶易奴隶的交换。《摩奴法典》规定，诱拐高级种姓出身的自由人为奴隶的罪犯应判处死刑。《那罗陀法典》规定，诱拐一个自由人为奴隶的罪犯应判处砍去一足的惩罚。种姓制的传统习惯认为经营奴隶贸易，对于高级种姓来说是最不体面的事业。这与古代希腊、罗马广泛流行奴隶贸易，有大量的进出口奴隶市场形成鲜明的对照。国家法律严禁抢夺自由人贩卖为奴隶的活动，如有违犯者，一经查明，必须无条件释放。古代印度的奴隶价格与同时期希腊、罗马相比较昂贵得多。在希腊一个手工业奴隶的价格等于四分之一到二分之一匹马；而在印度则高达一又四分之一匹马或八头牛。由于奴隶价格昂贵，在生产中大量使用奴隶劳动力对奴隶主在经济上是不利的。[23]

由于古代印度的奴隶制与村社制度交织在一起，所以孔雀王朝的奴隶制还带有马克思所说的古代东方“普遍奴隶制”的特点。普遍奴隶制也可以看是作古代印度奴隶制的补充形式。孔雀王朝时期的印度社会是上有专制国家，下有农村公社的奴隶制社会，具有亚细亚生产方式的特征。卡尔·亨利希·马克思（Karl Heinrich Marx，1818—1883）根据古代东方土地国有制和村社占有制下的阶级关系的实质，把这种社会形态称作“普遍奴隶制”。这一概念泛指古代东方专制国家的君主对他所统治的农村公社成员的普遍奴役关系。因此古代印度社会也可以说是建立在普遍奴隶制础基之上的。普遍奴隶制的阶级成分包括村社内部的广大农民、手工业工匠、差役以及各种贱民。他们中的绝大部分通过农村公社取得“份地”。由于古代印度的土地关系表现着双重所有制的形式，普遍奴隶的身份是通过公社隶属于专制君主的，他对专制国家和农村公社处于双重的隶属半依附关系。他虽然尚未丧失生产手段，能独立从事生产活动，但他不是土地财产的所有者，而只是占有者，只掌握土地的占有权。由于古代印度的奴隶制是奠基于农村公社结构之上的，所以奴隶制在这里既不破坏农村公社的劳动条件和从根本上改变人与劳动的关系，也不改变农村公社内部生产关系的本质。[24]因此，也就不能促使奴隶制生产关系在农村公社内部深入扩展，从而限制和延缓了整个孔雀王朝奴隶制的发展。

造成孔雀王朝奴隶的以上特点的原因是多方面的，孔雀王朝时期的印度奴隶制是建立在社会生产力尚处于低级发展阶段的基础之上的，由于社会生产力发展缓慢，不足以对旧的生产关系作有力的冲击，因此不能改变旧的经济结构。在最主要的经济部门农业中，使用的是较为落后的生产方法，生产工具简陋，技术不先进，经营制度粗放。在社会经济结构中顽强而又有强大力量的农村公社，是孤立分散、封闭式的自给自足单位，它加深了自然经济在奴隶制经济发展中的消极阻滞作用。村社内的各种手工业工匠，既受到村社经济结构的限制，又受到种姓制的束缚，因循保守，在生产技术上无法革新创造以提高劳动生产率。在劳动分工方面，尚未出现与商品交换紧密联系的、较高级的城乡劳动分工，种姓制的原始性的劳动分工对商品经济的发展起着不利的消极作用。由于古代印度商品经济不发达的结果，使奴隶主阶级把大量的奴隶劳动投放到大农庄的农业经济、手工业作坊、矿山、内河及海上运输业等主要生产部门中去。奴隶主阶级利用村社经济结构及种姓制迫使普遍奴隶专职从事农业、手工业。由于他们在总人口结构中数量上占压倒多数，在生产劳动中起着主力军作用，因而取代奴隶劳动在生产领域中应该占有的主要地位。于是，在客观上排斥了大量奴隶劳动力使用于农业生产和农村手工业生产部门的可能条件。由于奴隶劳动不能代替自由劳动，古代印度的“家内奴隶制”也就不可能发展和转化为“劳动奴隶制”。[25]古代印度的普遍奴隶与希腊、罗马古典奴隶制下的奴隶不同。在普遍奴隶制下，只存在着人格上的变相的和半依附的隶属关系，并不存在人身的占有关系。这种普遍奴隶制在阶级关系上能缓冲某些阶级矛盾和冲突，因此也延缓了奴隶制生产关系的进一步发展。

7.5.2 经济发展

孔雀帝国时代，奴隶制度进一步发展，印度进入奴隶制经济的兴盛阶段。当时阶级社会已经充分形成，水田农业需要大量劳动力，而王朝在兴建的过程中，又经历了多次战争，获得了许多战俘，提供了大量奴隶来源。这一时期奴隶应用的范围较广。在王庄中，奴隶主要从事工农业生产，他们的口粮由国家发给，工具损坏后有专门的工匠负责修理。在纺织作坊里，国王的女奴们夜以继日地纺织，如完不成规定数量，就要受到体罚。王室和显贵之家，还有大量的供享乐的宫女、歌妓、舞女等奴隶。一些中小奴隶主也使用奴隶劳动，这些奴隶除从事生产劳动外，更多的是从事家务劳动或生产辅助劳动，如酿酒、做饭、打水、推磨、看守仓库和果园、清除垃圾等。此外，奴隶还随主人从事商业贸易活动。

这一时期，印度经济较为繁荣。在农业方面，水利灌溉事业较前有了进一步的扩展，尤其是工商业有显著的发展。当时的首都华氏城是帝国工商业的中心，城内设有专门管理工商业具体业务的职能部门。国内外贸易都很活跃，通常的贸易商品是王公贵族所需要的贵重纺织品、宝石、装饰品和香料等，矿产品、盐和酒之类的民需品由国王专营。此时，内陆贸易有一条从西北边境通过首都华氏城直达东方的皇路，构成内陆贸易大干线。海外贸易与斯里兰卡、缅甸、西亚、埃及以及中国都有贸易往来。此时，中国的丝织品已输往印度。不过，当时的商业贸易主要为印度上层服务的，这就使印度的城市经济与农村很少发生联系，从而使农村长期处在带有农村公社残余的自然经济状态。

古代印度各地区的奴隶制经济发展极不平衡，北印度的两河平原发展较快，特别是孔雀帝国的中心摩揭陀地区，奴隶制经济已达到很高水平。在其他地区，特别是周边地区则较为落后，有的部落还停留在原始社会的状态。值得注意的是，古代印度的奴隶在生产上的使用，从未达到排挤自由劳动者的程度。村社自耕农民、小手工业者、雇工和佃农，在社会生产中比奴隶仍然处于优势地位。奴隶往往被视同牛马，在印度的佛教文献中，经常把“仆从奴婢”与“金银珠宝”“象马牛羊”并列。《政事论》则把奴隶列为“两足动物”，他们丧失了人的权利，可以被任意出卖，受到残酷的折磨。奴隶的经常反抗形式是逃亡，历史上有像“五百奴叛”这样公开起义的记载。孔雀王朝时期，奴隶制度发展到最高点。

7.6　贵霜帝国的经济

西迁的大月氏人在阿姆河南岸立足后，就以分布在这里的绿洲为中心，逐步统一并征服了另外四个月氏翕侯国，形成了贵霜帝国的核心。贵霜帝国统治时期①（公元1—3世纪），在中亚的大河流域出现了集中开垦的农田，灌溉网络普遍得到发展，泽拉夫尚河流域、卡希克河流域及塔什干绿洲地带都在发展大规模的灌溉系统。有些灌溉渠长达100公里以上。在费尔干纳盆地，形成了扇形灌溉系统。修建水渠的技术此时也有改进，原来宽而浅的水渠被窄而深的水渠代替，甚至陡峭的山坡上也能开凿水渠。[26]

贵霜时期中亚的灌溉系统可分成两种类型：地表水渠式和地下潜流式。地表水渠式主要存在于大河流域的冲积区。这种灌溉方法实际上就是用水渠引大河之水进行灌溉。其方法是先将水引进灌溉系统的端部，在每个灌溉系统的端部通常设有一个城堡，居高临下，严格地控制水流的分配。为了适应供水系统的不断变化，以前阔而浅的水渠被后来窄而深的水渠所取代②。筑于公元3世纪的瓦赫胥河北部扇区的祖伊巴尔水渠，尚存宽18米高2.5米的堤岸遗迹，遗址位于乌尔特巴兹地区，延绵12公里。据统计，贵霜时期，阿姆河与锡尔河下游地区的灌溉面积总量高达35 000～38 000平方公里。[27]

地下潜流式亦即引地下水灌溉的方法，在地表水源有限的地区被广泛使用。其方法是先建蓄水池，“建这些微型蓄水池的技术相当简单，其形状或者呈正方形，或者呈椭圆形”，“水池的边用大圆石砌筑，缝中填以泥炭。它们坐落在冲积平原上方的台地坡麓上。最大的水池为50米×40米；池壁高两米，宽至一两米。通常在蓄水池的相对壁上开设小口，位置高者为进水口，低者为出水口，将水排入灌溉网络”[28]。

贵霜时期水利工程的发展，归功于数百年来大规模修建灌溉系统所积累的实践经验，归功于大量劳动力的投入以及古代灌溉工程所使用的特殊的水利工程技术。如古代的花剌子模曾出现了一个由灌溉工程师和高级科学祭司组成的学派，一直存在到公元7世纪初屈底波征服花剌子模时，这一学派包括精通数学、水利工程、地图制作、天文、历法等的专家，它对于广泛的水利经济发挥了重要作用。[29]

贵霜时期，随着农业的发展和大面积田地的耕种，在中亚的诸河流域与农业绿洲产生了全面的灌溉经济，对当地居民的经济和日常生活发挥了重要作用。

由于灌溉设施的发展和灌溉技术的提高，贵霜农业获得了高水平的发展。在绿洲中，农作物栽种于人工浇灌的田地里；在山麓地带和山区，旱田农业得到了广泛发展；在河

① 贵霜帝国（公元1世纪至公元3世纪）是曾存在于中亚的古代盛国，在其鼎盛时期（105—250年）疆域从今日的塔吉克绵延至里海、阿富汗及恒河流域。贵霜帝国在迦腻色伽一世和其承继者统治之下达至鼎盛，曾拥有人口百万士兵二十多万，被认为是当时欧亚四大强国之一，与汉朝、罗马、安息并列。贵霜帝国是希腊血裔民族所建立，最初在中国青海地带，后来向西佔领了中亚西亚地区与波斯，贵霜帝国虽是希腊人，却笃信佛教，对于早期传播佛教来华有巨大的贡献。

② 考古发掘证实，公元前4世纪至公元1世纪一条水渠残存部分的宽度就达20米，而贵霜时期（公元2世纪至公元3世纪）的宽度一般为10～11米，但都深得多。

岸两边的天然湿地上，尤其是在阿姆河下游地区，有些农作物则栽种在半灌溉的农田中。农业的扩张导致了农业装备的发展及耕作技术的改善。在此期间，铁器首次得到了广泛引用。引进了新型农具，锄日益被犁所取代。农具发展中最重要的一步，乃是装有铁犁头的木架犁的使用，这种十分有用的农具促进了当时的农业生产。包括可耕地、果园、葡萄园在内的农耕面积的广大，表明当时犁的使用广泛。种植的农作物多种多样，主要粮食作物有粟、大麦、小麦；经济作物是芝麻、棉花等。此外，还大量种植杏、桃、李子、葡萄、甜瓜等水果。在一些缺乏灌溉条件的地区，人们修建小型蓄水池。在种植大麦、葡萄之外，甚至可以种植水稻。在不适宜种植农作物的地区，人们饲养牛、绵羊、山羊、马和骆驼。

贵霜时期，中亚各地的农业绿洲并非处于同一发展水平。古代农业绿洲，尤其是具有充分供水的灌溉系统的中心地区，在农业方面是最为先进的。这些地区种植数种作物。而在不可能进行正规灌溉的那些地区，即在古花剌子模绿洲的外围地区和锡尔河、阿姆河下游地区，尤其是布哈拉绿洲的西北地区、卡尔希绿洲、塔什干绿洲及费尔干纳盆地，在拥有大片山麓地带和森林——草原牧地的这些地区，人们从事混合型的农业，除种植作物外，还饲养牲畜。

贵霜时期，牲畜饲养业在中亚古代居民的经济生活中发挥着显著的作用。它为农业和运输提供了拖曳家畜，为居民生活提供了肉、奶和乳制品，为手工业提供了毛料和皮革。根据书面文献和考古资料，贵霜帝国出产牛、绵羊、山羊、马和骆驼等，绿洲地区的居民在其居屋附近的畜棚中饲养牲畜，草原和山麓地带的居民在广阔的牧场放牧，山区居民则在山间草地放牧。说明中亚古代居民的生活方式是半农半游牧的。养马业在费尔干纳的经济生活中发挥了重要的作用。在花剌子模，人们主要饲养牛和马；在布哈拉绿洲，绵羊、山羊和骆驼的饲养都十分普遍；在塔什干绿洲，饲养的牲畜品种较多。康居的公羊被视为高贵的动物；费尔干纳的马特别受人喜爱，大量出口到境外地区；巴克特利亚的双峰骆驼以善于驮运货物而著称于东方各地，适宜在跨越干旱沙漠的艰难商道上运输商品。[30]

贵霜时期的手工业和商业因其中转站的地理位置而尤其发达。手工业主要有制陶、金属加工、纺织和珠宝加工。金属加工中以武器为大宗。货币铸造相当发达，其铸造方法和风格，既有希腊人的遗风，也有印度和中亚的特色，其铸币一般正面为国王半身像，反面为神像，且有一段铭文。贵霜时代中亚经济的特色之一，乃是手工艺品生产的较大增长，在该地区的经济生活中占据了相当重要的位置。历史文化遗迹清楚地展示了当时高质量的手工业的各个分支，诸如制陶、金属加工、锻铁、纺织、珠宝加工等都获得了高水平的发展。大城镇与小地方的居民，都同样从事各种各样的手工艺品生产，几乎每个地方都有制作金属器皿和妇女饰品的艺匠。诸如青铜器、烛台、镜子、手镯、耳环、戒指等，制作都十分精美。其中，陶器尤其得到了良好的发展。考古发掘表明，当时存在大量的陶器制品，还有包括好几个陶窑的陶器加工场，品种繁多和形制各异的礼器与家常器皿均在这些炉窑里烧制。贵霜时期许多陶器均为制陶艺术佳品。

贵霜时期，随着手工业的发展和贸易的扩大，冶炼业也有了很大的发展。金属矿石、半宝石、宝石以及其他各种矿石都被正规地冶炼，采矿业迅速发展，特别是在中亚的东部地区。从文字资料获知，铁、金、银和软玉在费尔干纳与索格底亚纳的山区中开采，银在艾莱克、铜在卡拉马扎尔、红宝石在巴达赫尚、青金石则在巴达克山地区生产[31]。其中有些矿产品和金属通过不同路径出口至境外。

农业和定居是紧密相连的，而房屋建筑则是定居的必要条件。在贵霜时期，房屋建筑达到了很高的技术水准。许多城镇都围以厚实的城墙，城墙上设有矩形塔楼，城镇和设防居地均按设计好的规划建造，具有非常清晰和系统的布局。许多城镇是中亚各个地区的行政和政治中心，建有王宫、神庙、工场和住宅，公共建筑物的规模通常都很大，王宫与城堡则建在高凸的平台上，周围绕以防御设施，宽大的厅室有高敞的天花板和厚重的墙壁，墙壁上饰有壁画和雕塑。坚固的要塞城墙建造突出的塔楼加固，错综复杂的迷宫有多层小窗孔，乃是当时筑城艺术的主要成就。

贵霜帝国的交通也比较发达。在邈远的古代，贵霜帝国境内便存在着横贯欧亚大陆的交通要道。这条通道以中亚为中心，向东到达黄河流域，向南到达印度，向西到达两河流域甚至埃及，向西北则经里海北岸，经南俄而达欧洲。同时，中亚的各个农业区则与游牧草原地区进行活跃的贸易，沿着锡尔河的贸易道将费尔干纳的北方地区及古代赭时与锡尔河的中、下游及咸海地区联系起来，成为这些地区的双向运输线。谷物、水果、手工艺品及武器沿着这条运输道运抵北方的游牧人那里；作为交换，南方的定居民则获得毛、皮、肉、乳品、牲畜及其他纺织原料。因此，锡尔河流域在此期间涌现了不少的大城镇。

贵霜时期的贸易相当发达。贵霜国内各个农耕文明区以及游牧地区之间存在着活跃的贸易，谷物、水果、手工艺品和武器等被运往游牧地区，毛皮、牲畜、纺织原料、肉类和乳品等销往农耕文明区。

贵霜时代在经济上突出的特点是国际贸易的广泛发展。贵霜的统治阶级因贸易而得到巨大的经济利益，因而千方百计保护商业。贵霜帝国地处东西方商道要冲，由西而东的传统陆上交通线是通过安息到赫拉特。在这里分成两条岔道：一条转弯直向南方，到达德兰吉安纳——萨迦斯坦；另一条穿过山隘和峡谷，到卡皮萨——贝格拉姆，再由此通向奥尔托斯帕纳，直达甘德哈的繁荣城市[32]。在这条商路上，坐落着古代许多著名的商业城镇，如贵霜王迦腻色伽的夏都——迦毕试，发现了大量属于贵霜时期的遗物：在城内发现许多来自中亚其他地区以及印度、罗马、埃及等地的青铜和金质首饰，还有大量精致的手工艺珍品，如中国汉代的漆器，印度的象牙雕刻，希腊、罗马的玻璃器皿及青铜和石膏雕像，腓尼基的玻璃容器等。这说明贵霜王国与东西方各地有广泛的文化交流和贸易联系[33]。南部海上交通路线在公元1世纪显得尤为重要，它从埃及的亚历山大利亚出发，穿红海，绕阿拉伯半岛向东，到印度码头，从巴里加兹的陆上大道通向北方，直达巴克特拉。汇集在巴克特利亚的中国商品亦从这里运往印度，联系当时东西方文明世界的“海上丝绸之路”正是由印度港口北上转往“陆上丝绸之路”，通过巴克特利亚通向中国的。恒河河口、印度西海岸、索格狄亚那、巴克特里亚、喀布尔等地的贸易市场十分繁荣。贵霜成为中国丝绸、漆器，东南亚香料，罗马玻璃制品、麻织品等贸易物资的中转站①；贵霜则输出胡椒、棉织品和宝石等。控制商路所获厚利为贵霜迅速勃兴提供了经济保障。

当时，西方实质性的陆上贸易乃是与印度的交往。最方便的通道起自印度，经过塔克西拉、白沙瓦等城市，再沿着喀布尔河流域，进入巴克特利亚。在此，商人们改用船舶，沿阿姆河顺流而下，越过里海之后，再经过外高加索地区抵达黑海。从中国至地中海各地的丝绸之路有一条联结巴克特利亚与印度港口婆卢羯车的支道，它建立了与西亚各地的海上正常联系。当巴克特利亚与西方的接触由于国际政治的原因而中断时，这一支道变得极为重要。公元前 127 年前后，张骞发现巴克特利亚有一些竹制品和纺织品是经由四川运抵印度的。此外，从印度进口而来的物品还有象牙制品、宝石、珠宝以及其他饰品。中国则出口丝绸、软玉、漆器、兽皮、铁、镍等。另有证据表明，巴克特利亚的商人曾将货物运至罗马帝国境内，再经中亚和中国进行贸易。罗马帝国和中亚之间存在着广泛的贸易联系。“罗马的商货常由贵霜王朝统治下的印度经过巴克特里亚运到中国。在这个意义上，五河流域的贵霜王朝在中国和埃及之间起到了商业桥梁的作用”。[34]

贵霜帝国时代，帝国的建立为各地区之间的经济发展提供了条件。帝国又处在横贯中亚的“丝绸之路”的必经之地，这显然有助于帝国海内外贸易的发展。印度的珠宝、香料、象牙，埃及和西亚的玻璃，以及中国的丝绸、漆器等，在东西方贸易中都得经过帝国领地，这使贵霜统治阶级和商人大获其益。贵霜帝国时期制造的金、银、铜币②在各地的发现，表明当时帝国的商业贸易还是很活跃的。但在贵霜帝国时代前期，奴隶制度受到抑制。从公元 1—2 世纪始，随着封建制经济因素日益成长，印度奴隶制经济逐渐走向衰落。

7.7 笈多王朝的经济发展

公元 3 世纪以后，贵霜帝国逐渐衰落，南亚次大陆的西北部和北部地区分裂成许多小国。这些小国一部分被笈多王朝（320—540 年）统一，另一部分则被北方的嚈哒人所灭。笈多王朝在公元 4 世纪初，以恒河流域中下游为基地，迅速统一北印度，形成一个政治稳定、经济繁荣和文化昌盛的大帝国。笈多王朝处于印度由奴隶制社会向封建社会过渡的阶段，在历史上占有重要地位。

笈多王朝时期以经济富庶、人口稠密的恒河流域为中心，经济获得了空前的发展。旃陀罗·笈多二世（candragupta Ⅱ，380—413 年在位），重视水利灌溉工程的建设，修复了许多被破坏了的大型灌溉设施，加强水利工程的建设，促进了北印度农业的迅速发

① 在国际上，因“丝绸之路”穿越贵霜，贵霜商人扮演了一个中间商的角色。他们南下南亚，东进中原，西经安息入罗马帝国，把东方的丝绸、香料和各种奢侈品运到印度和罗马，把罗马人的武器运到东方，中国则从中亚获得了葡萄、蚕豆、石榴、番红花、核桃等。

② 从贵霜帝国的铜币来看，出土的钱材质为铜，圆形无孔，一面是文字，一面有牛等图案。这是宁夏第一次发现该币种，中国国内只有新疆曾有发现。贵霜钱币采用希腊打压法制造，质地有金、银、铜等材质。钱币正面往往以文字、人物与图案设计并重，形制千姿百态，形状近似圆形或椭圆形等；钱币背面常常是“贵霜化”了的希腊、伊朗和印度诸神。由于采用打压法制造，造型多欠规整。

展。铁制农具已普遍推广使用，有铁铧犁、铁锄、铁铲、铁镰等；施肥、轮作等农业技术也开始在生产中应用。据文献记载，此时印度种植的谷物有小麦、大麦、水稻、黍类、豆类、芝麻等；种植的经济作物有棉花、大麻、甘蔗、亚麻、生姜等；此外还有园艺作物（蔬菜）和果树与香料培植。特别是印度的棉花远近驰名；并且把棉花的培植技术传入邻近的许多国家。此外，印度人还饲养各种家畜，其中包括黄牛、水牛、骆驼、驴、绵羊和山羊。在西北地区的一些地方，也有养马的习惯。

笈多王朝的手工业也很发达。棉织业、丝织业、毛织业、武器制造、金属加工、珠宝首饰、采矿冶金等行业都很发达。印度的造船业成就非凡，他们建造的大型多桨帆船适于海上远航。印度的纺织业技艺精湛，织成的薄棉布，轻软透明，适作面纱；织成的绫罗绸缎，行销于国内外。

在建筑业方面，建筑艺术达到很高的水平（如图 7—1）。笈多王朝艺术的代表作是阿旃陀石窟[①]。阿旃陀石窟位于今马哈拉施特拉邦奥兰加巴德县境内阿旃陀村附近。开凿于瓦古尔纳河谷的花岗岩陡壁上，共 29 个洞窟。它们是在公元前 1 世纪至公元 650 年之间先后建成的，其中有 4 座佛殿和 25 座僧房。在建筑方面充分表现了印度风格，窟门依地势而造，上有飞檐雕楣，下有石柱林立，壁龛上有各种雕像，形态各异，栩栩如生。石窟内有各种壁画，取材多样，形象生动。阿旃陀的绘画和雕刻虽然多来自佛教传说，但以当时的现实生活为基础，因而洋溢着浓郁生活气息。

图 7—1　印度泰姬陵

笈多王朝时期，积极推动对外经济活动，控制着孟加拉和西印度沿海港口，同当时的拜占庭帝国、希腊、埃及和阿拉伯世界进行广泛的贸易。对东南亚及中国的贸易主要是通过恒河三角洲以及羯陵伽港口，即沿“海上丝绸之路”进行的。印度商人经马六甲海峡到达过中国的广州进行贸易。西方以古吉拉特港口出阿拉伯与东非及波斯湾诸国贸易。陆路以西北部印度河流域为起点，北上中亚地区与丝绸之路连接，西通欧洲东至中国。输出棉花、谷物、细布、挂毡、首饰、香料、靛蓝、象牙等。输入各国珍奇、丝绸、茶叶、白铜、瓷土、肉桂及黄连等。当时帝国使用统一的货币地那拉。由于工商业的发达，城市里出现了一个富裕的工商阶层，这些人成为高雅文化的消费者。

---

① 阿旃陀石窟是古印度佛教艺术遗址。位于马哈拉斯特拉邦境内，背负文底耶山，面临果瓦拉河。始凿于公元前 2 世纪，直延续到公元 7 世纪中叶。阿旃陀以其壁画艺术著称于世。由于洞窟开凿年代分属三个不同时期，所存 16 窟壁画亦呈现出三种不同风格。第 9、10 窟壁画涉及佛教的小乘形式。绘制于公元前后，以本生故事为主，多以象征性手法来表现，如法轮、莲花、小白象等。第 16、17 窟为第二期壁画，约绘制于 6 世纪左右。以人像和建筑图案的配合为特色，构图富于变化，线条流畅，笔法洗练，色彩绚丽，内容多为佛教宣传。第 1、2 窟为第三期壁画，约绘制于 7 世纪左右。世俗性题材增多，与外来的中国、波斯风格融合混杂，社会生活的各方面都有所表现，如帝王宫廷欢宴、狩猎、朝觐的场面，飞禽走兽、奇花异卉，等等，构图活泼，栩栩如生。

印度的各大城市之间及其周围地区有一定的交换关系；交换的商品多系贵族所需要的奢侈品。对外贸易比较活跃，它与亚、非、欧诸国自古以来就有贸易往来。在印度发现了大量的罗马、大夏和萨珊朝波斯的货币，说明印度和欧亚这些国家早就存在贸易关系。到笈多王朝时，这种贸易关系又有新的发展。旃陀罗·笈多二世时期集中主要力量征服西部和西北部地区，与争夺西方出海口和控制西北商路有直接关系。

7.8 列国时代以后的人口增长

印度作为世界四大文明古国之一，其人口规模在世界上一直处于世界前二位的水平。早在列国时代末期（公元前400年），印度的人口就达到了2 700万人（见表7—1），成为仅次于中国的世界第二人口大国。随后伴随着奴隶制经济的发展，在孔雀王朝时期人口开始缓慢增长，到公元前200年，印度人口上升到3 000万人，超过中国成为世界上人口最多的国家。这一时期，由于高出生高死亡的人口效果，人口增长率平均一世纪不超过5.5%，但在古代世界人口史上已经显示较高的增长速度。

孔雀王朝后期以后，印度人口继续呈现不断增长的趋势，到公元初年印度人口增长到3 400万人，虽然人口规模低于中国，但人口增长率有加快的趋势，平均一世纪达到6.7%。

贵霜帝国统治时期，印度人口继续呈现上升的趋势，人口增长率平均一世纪达到7.4%，到公元200年，印度人口又增至3 900万人，继续保持世界第二人口大国的位置。

表7—1　　古印度与世界主要人口大国的变动

公元前400年		公元前200年		公元1年		公元200年		公元400年	
国名	人口	国名	人口	国名	人口	国名	人口	国名	人口
中国	3 000（1）	印度	3 000（1）	中国	6 300（1）	中国	5 300（1）	印度	4 500（1）
印度	2 700（2）	中国	2 200（2）	印度	3 400（2）	印度	3 900（2）	中国	3 500（2）
意大利	400（3）	意大利	500（3）	意大利	700（3）	意大利	700（3）	土耳其	600（3）
土耳其	400（3）	土耳其	500（3）	土耳其	600（4）	土耳其	700（3）	法国	500（4）
伊朗	400（3）	法国	400（5）	法国	500（5）	法国	650（5）	意大利	500（5）
法国	300（6）	西班牙	400（5）	西班牙	450（6）	西班牙	500（6）	西班牙	450（6）
西班牙	300（6）	伊朗	400（5）	伊朗	400（7）	埃及	475（7）	伊朗	450（7）
希腊	300（6）	埃及	400（5）	埃及	400（7）	伊朗	380（8）	埃及	475（8）
埃及	275（9）	希腊	250（9）	德国	300（9）	德国	350（9）	德国	350（9）
印尼	180（10）	德国	200（10）	希腊	250（10）	俄国	260（10）	俄国	310（10）

资料来源：世界人口网. 世界各国历年人口排名——各国历年人口数量统计. 2015—01—07.

笈多王朝初期以人口稠密的恒河流域为中心，经济获得了空前的发展，在一定程度上刺激了人口增长，印度人口在公元400年又增加到4 500万人，超过中国成为世界上人口规模最大的国家。这一时期人口增长率也开始加速化，平均每世纪增至7.7%，超过了中国、土耳其、法国、意大利、西班牙、埃及以及德国等世界人口大国的增长速度。

尽管这一增长率仍然很低，但对于印度人口增长的意义却十分重大，它使人口开始有了比较快的缓慢增长。

注释

［1］［8］［印］迪帕克·拉尔. 印度均衡——公元前1500—公元2000年的印度［M］. 赵红军，主译. 北京：北京大学出版社，2008.

［2］Colinvaux，P. *The Fates of Nations*，London，1983.

［3］［4］［5］［6］［7］Allchin，B.，and Allchin，R. The Rise of Civilisation inIndia and Pakistan，Cambridge，1982.

［9］［11］［12］易宁，徐耀耀. 论古代印度哈拉巴文明的特点［J］. 南昌职业技术师范学院学报，2001（2）.

［10］［印度］伊尔凡·哈比布. 印度史上的农民［J］. 姜述贤，译. 南亚研究，1987（2）.

［13］刘欣如. 印度河文明的对外贸易［J］. 南亚研究，1987（2）.

［14］张永秀. 论古印度文明的特性［J］. 潍坊学院学报，2011（2）.

［15］周一良，吴于廑. 世界通史资料选辑（上古部分）［M］. 北京：商务印书馆，1963.

［16］高德步. 世界经济通史（上卷）［M］. 北京：高等教育出版社，2005.

［17］吴于廑，齐世荣. 世界史·古代史卷（上卷）［M］. 北京：高等教育出版社，2008.

［18］［19］新浪网. 印度列国时代，2012－10－13.

［20］［21］［印］R. C. 马宗达，H. C. 赖乔杜里，K. K. 达塔. 高级印度史［M］. 北京：商务印书馆，1986.

［22］［23］［25］高兴. 孔雀帝国奴隶制的若干特点［J］. 史学集刊复刊号，1981－10.

［24］［德］马克思. 资本主义生产以前各形态［M］. 北京：人民出版社，1963.

［26］晏绍祥. 世界上古史［M］. 北京：中国人民大学出版社，2014.

［27］［28］雅诺什·哈尔马塔. 中亚文明史（2卷）［M］. 徐文堪，芮传明，译. 北京：中国对外翻译出版公司，2002.

［29］［30］王宏谋. 从流离到安居——略论贵霜帝国时期的社会经济［J］. 天中学刊，第27卷，2012（1）.

［31］赵汝清. 丝绸之路西段历史研究［M］. 兰州：甘肃文化出版社，1999.

［32］彭树智. 阿富汗与古代东方文化交往［J］. 历史研究，1994（2）.

［33］夏鼐. 中国大百科全书（考古学卷）［M］. 北京：中国大百科全书出版社，1986.

［34］沈福伟. 中西文化交流史［M］. 上海：上海人民出版社，1985.

第 8 章　希腊的经济发展与人口规模

8.1　古希腊经济的起源

古代希腊地处地中海东部（如图 8—1）。它的地理范围以希腊半岛为中心，包括巴尔干半岛南部、爱琴海上诸岛及小亚细亚西岸地区。爱琴文明①是希腊最早的文明，它是爱琴海及周边地区青铜文明的统称，其中心先后在克里特岛和迈锡尼。

希腊爱琴海地区很早就有人类活动，大约在 2 万年以前，他们住在希腊东南部山地的洞穴内。公元前 10000 年到公元前 8000 年前，他们经历了从旧石器时代到新石器时代的过渡，这时开始出现农业和持久性居住地[1]。旧石器时代文化遗存散见于希腊半岛。新石器时代各处居民的生活方式大致相同，种大麦、小麦和豆类等作物，驯养绵羊、山羊等家畜，崇拜象征丰产的泥塑女神像。农业技术大概从西亚通过小亚半岛由海陆两方面传来，可能伴以农业移民。值得注意的是，希腊缺乏坚硬的燧石，新石器文化各处居民多以黑曜石制造具有较锋利边缘的石器，而黑曜石只产于基克拉迪斯群岛的米洛沟。这说明至少在公元前 7000—前 6000 年间，爱琴海上就开始了互通有无的贸易往来。大约在公元前 6000 年—前 5000 年间，希腊本土已开始出现村落。到公元前 3000 年以后，克里特同埃及之间已开始有了间歇性的商业往来。

图 8—1　古希腊

到了早期米诺斯文化（约公元前 3000 年—前 2300 年）末期，大约在公元前 2600 年以后，希腊正处于新石器时代向青铜器时期的过渡阶段，或称为石器和青铜器并用的时代，当时的居民主要从事农业和饲养业，这是他们赖以生活的行业。在埃及、叙利亚、巴勒斯坦、爱琴海各岛和希腊本土，都发现了米诺斯的陶器，可见米诺斯人当时在地中海东

① 爱琴文明是希腊及爱琴地区史前文明的总称。它曾被称为“迈锡尼文明”，因为这一文明的存在被海因里希·施里曼对迈锡尼始于 1876 年的发掘而进入人们的视野。然而，后续的发现证明迈锡尼在爱琴文明的早期并不占中心的地位，因而后来更多地使用更为一般的地理名称来命名这个文明。

部地区的贸易中居于重要的地位，他们输出葡萄酒、橄榄油、金属器皿和陶器。米诺斯人也向爱琴海一些岛屿移民、经商。[2]

公元前 2000 年左右，克里特岛出现了最早的国家。公元前 1450 年后，克里特文明①衰落，希腊进入迈锡尼文明②阶段。在迈锡尼时代，土地大体上分为“公有地”和“私有地”两部分。社会成员，无论是王国的官僚还是普通的农民，对土地的占有都同一定的义务联系在一起，即“有条件占有”。公元前 1200 年，多利亚人南下，迈锡尼文明毁灭，希腊进入荷马时代。

公元前 11—前 9 世纪的荷马时代，希腊人正处于氏族制度急剧解体的阶段。当时，青铜器工具已普遍使用；犁耕农业和畜牧业是主要的经济部门，手工业逐渐从农业中分离出来；商业已发生，主要是以物易物，或以金属块和牲畜充当等价物。从《荷马史诗》中可以看到，这一时期已出现私有财产和阶级分化。各地部落的首领相当富有，他们开始剥削穷困的家族以及从战争中掠夺来的奴隶。女奴主要用于家务，男奴多用作放牧，直接用于农业和手工业生产的奴隶还不多。另外，随着原始氏族组织的日趋解体，原始农村公社的土地划分为小块土地，分配给各个家庭使用。而地方贵族则控制了大部分土地。这时土地还没有私有化，是由集体分给个人占有和使用的。到了古风时代，希腊的土地私有制逐渐确立起来。贵族阶层与社会下层争取经济权利的矛盾引发了社会经济大变革。这次社会经济变革，一方面导致了古典城邦制度的形成，另一方面导致了土地私有制的确立。

8.2　荷马时代的经济

古代希腊地处地中海东部。它的地理范围以希腊半岛为中心，包括巴尔干半岛南部、爱琴海上诸岛及小亚细亚西岸地区。希腊的自然环境是多山环海，地势崎岖不平，只有一些小块的平原。土地大多不适合种植粮食作物。但希腊海岸曲折，岛屿密布，气候温和，多良港，自然资源比较丰富，尤有海上航行之便，这些为其经济的发展提供了良好条件。

---

① 克里特文明，也译作米诺斯文明或迈诺安文明，是爱琴海地区的古代文明，出现于古希腊，迈锡尼文明之前的青铜时代，约公元前 3000 年—前 1450 年。该文明的发展主要集中在克里特岛。“米诺斯”这个名字源于古希腊神话中的克里特国王米诺斯。克里特文明开始很早，公元前 3000 年，那里已进入铜器时代，出现象形文字，并有相当规模的建筑物；约公元前 17—前 16 世纪被毁（或因地震）。公元前 2000 年中叶，克里特达到青铜时代全盛期，在诺萨斯及法埃斯托斯出现相当宏伟的宫殿式建筑、各种精制的工艺品及线形文字“A”；表明当时已经进入阶级社会，其居民据认为多半来自西亚。约公元前 1400 年可能毁于火山爆发。

② 迈锡尼文明是希腊青铜时代晚期的文明，它由伯罗奔尼撒半岛的迈锡尼城而得名。迈锡尼文明是爱琴文明的一个重要组成部分，继承和发展了克里特文明。约公元前 2000 年，迈锡尼人开始在巴尔干半岛南端定居；到公元前 1600 年才成立王国。迈锡尼文明从公元前 1200 年开始呈现衰败之势，后多利亚人南侵，宣告了迈锡尼文明的灭亡。这是古希腊青铜时代的最后一个阶段，包括《荷马史诗》在内，大多数的古希腊文学和神话历史设定皆为此时期。

一般认为公元前11—前9世纪的“荷马时代①”(Homeric Age)，希腊人正处于氏族制度急剧解体的阶段。当时，青铜器工具已普遍使用，并正在向使用铁器工具过渡，到了公元前10—前9世纪时，希腊各地用铁已较普遍，雅典且成为一大冶铁中心。铁器不仅意味着生产力的更高水平，在希腊的具体条件下，它给予农业和手工业生产影响之大更是难以估量。像希腊那种山多地薄的情况，只有铁器才能使农业生产出现一大突破。当时农业生产面临的主要问题是耕地的开垦，不仅迈锡尼文明原有的平川耕地多半荒芜，需重新开垦；更多的是随着大规模的移民浪潮而遍布希腊各地的新村新居需要伐树开荒，辟丘陵山坡为田亩。无论生熟荒地，盘根错节的灌木丛和土石相杂的坚硬坡地，非有铁斧铁锄不能见效，这也正是青铜时代希腊耕地开发还受较大限制的一个原因。而铁斧、铁锄的使用，使荒地得以开垦，希腊农业生产取得了超过青铜时代的进展。因此，在农业工具中，当时最常用也最受重视的是铁斧和铁锄，铁犁尚在其次。雅典等地考古发掘所见最普遍的农具也是斧锄两类。

从荷马(Ὅμηρος/Homer，公元前873年—前8世纪)所著的《荷马史诗》中可以看到，农业是当时主要的经济部门。农户使用的农具有犁、鹤嘴锄、镰刀、铲等。由于大地产的发展，谷物的生产有了一些进步。荒地被垦殖，但是方法没变。土地隔年休耕一次仍是惯例，农民懂得深耕，铁犁用牛牵引，甚至用双牛牵引，仍然使用原始的平衡犁。[3]他们也知道使用天然肥料，并会引水灌田。

畜牧业是仅次于农业的产业部门。畜牧业比较发达，农民饲养的牲畜有猪、马、牛、山羊和绵羊等。氏族有公共牧场，特别是山上的牧场，通常是集体财产，所以任何人都可以完全自由地在那里放牧。贵族拥有自己圈起来的牧场。后来，公共牧场的土地分配给了农户。荷马时代的希腊人把狩猎和捕鱼也算作畜牧业资源。在被森林覆盖且受野兽侵扰的土地上，狩猎也是必要的。人们狩猎是为了获利，比如获得鹿肉、野山羊角、狼皮。在分配猎物时，首领优先，剩下的被猎人均分。

荷马时代的手工业还不太发达，从行业来看，主要有采矿业和金属制造业。铜、铁、锡和金银是靠外地输入的。铁是稀少的，主要用作工具。这一时期，用青铜做武器，用铁做工具是很普遍的。这可能是由于当时铁的冶炼技术还刚刚起步，铁制刀剑不如青铜刀剑锋利。尽管如此，制造铁制品需要一种特殊技术，这种技术唯有经过一段时间的培训才能学会。因此，即使在最原始的劳动分工中，铁匠也占有一席之地。

《荷马史诗》中提到了金属匠、木匠、家具匠和陶匠等职业，还提到了手工业者的作坊。但人们需要的手工业品除了到作坊购买以外，还有主人自己制造的。贵族也自己做家具、皮靴和马鞍等，向别人炫耀手艺，妇女则忙于纺织和刺绣，并且也乐于向别人炫

① 荷马时代(Homeric Age)也叫英雄时代(Heroic Age)，是希腊氏族制度解体的时代，约公元前12世纪到公元前9世纪，形成于此时的“荷马史诗”取材于公元前13世纪末期亚细亚人远征小亚细亚的特洛伊城的故事及希腊英雄奥德修斯在特洛伊战争历经十年胜利后历尽坎坷最终重归故里的故事，史诗所歌咏的虽然是属于迈锡尼文明时代的遗闻，但却反映了公元前11世纪到公元前9世纪的社会和经济制度。铁器开始使用，土地仍为公有，畜牧业、农业和手工业初步发展，已出现氏族贵族和为数不多的奴隶，失地的农民常沦为雇工，由氏族或大氏族结成部落，进而结成部落联盟，管理公共事务的机构是军事首长、议事会和成年男子组成的人民大会，公元前8世纪进入阶级社会，相继建立了希腊诸城市国家，荷马时代告终，这是一个相对落后的黑暗时代。

耀自己手艺之精巧。[4]

随着手工业逐渐从农业中分离出来，商业已发生，主要是以物易物，或以金属块和牲畜充当等价物。从《荷马史诗》中可以看到，这一时期已出现私有财产和阶级分化。各地部落的首领相当富有，他们开始剥削穷困的家族以及从战争中掠夺来的奴隶。女奴主要用于家务，男奴多用作放牧，直接用于农业和手工业生产的奴隶还不多。

虽然荷马时代初期曾有生产衰退、人烟稀少的情况，那主要是就迈锡尼文明的城市而言。从希腊全局来看，这些城市仍只是一些孤立的点，而铁器在农业生产上的作用却是由点及面，使希腊全境较普遍地出现农耕经济。到荷马时代后期，经济发展与人口增长均呈上升趋势，而且速度加快。到荷马时代结束时，希腊便能够在各地普遍建立古典城邦。铁器不仅对古希腊农业生产功效卓著，对手工业生产也有同样作用。例如造船业，由于有了铁斧铁锯铁锤之类的工具，荷马时代就有了超过迈锡尼的进展，龙骨技术这时益见完善，把龙骨前端做成冲角，为日后希腊战船结构奠定基础。由此可见，荷马时代作为铁器时代的开始，较之迈锡尼的青铜文明仍有其进步意义，尽管社会暂时倒退，但经济上有所发展，铁矿在一些地方被开采了，冶炼技术也发展起来。人们开始使用铁器，逐渐代替了青铜器，从而使农业和手工业的劳动生产率得到较明显的提高。

8.3　希腊城邦制度的形成

在荷马时代晚期，随着铁器的普遍使用，生产力发展速度加快，社会内部阶级分化明显，奴隶逐渐增多，终于达到建立奴隶制城邦国家的程度。最早建筑的城堡是巴西留斯王宫所在地，但这个城堡在多利亚人南下过程中被毁灭。所以，希腊城堡主要是指在希腊人对外移民过程中所建立的城邦。① 首先是在临近东方文明的小亚细亚沿岸和爱琴海诸岛，以及希腊本土的雅典、优卑亚岛等文化最发达的地区建立城邦，随后，中希腊和北希腊以及伯罗奔尼撒半岛等地也纷纷建立城邦。

公元前8世纪到公元前6世纪是古代希腊城邦制度的形成时期。最初，希腊人的海外移民，多数是夺取当地人原有的居住地居住，原有居民成为移民团体的“依附民”，常常是农奴。在氏族社会组织逐渐解体的基础上，希腊各地相继形成了200多个城邦。这些城邦一般是以一座城市为中心、连带周边乡村地区而形成的独立国家，以小国寡民为基本特征。自由民中又分为地主和小生产者。大多数地主多半是氏族的代表，他们以剥

---

①　希腊城邦制度的形成是一个涉及诸多侧面的复杂问题，也是希腊史研究中最被关注的问题之一，多年来学者们从不同角度对此进行了深入而系统的研究，提出了许多新的见解。英国剑桥大学著名的希腊考古学家斯诺德格拉斯教授独辟新径，运用丰富的考古学资料来研究城邦的形成。他认为，城市中如神庙和议政厅等公共建筑的出现是城邦形成的重要标志，而由考古材料所反映的、古风时代早期人口的急剧增长则推动了城邦的形成。法国学者波里尼阿从宗教崇拜的演变来探讨城邦制度的形成，提出古风时代早期希腊各邦保护神及其宗教崇拜的确立象征着古典城邦的形成。英国学者古迪和瓦特则从文字的使用与推广这一侧面进行探讨，提出在迈锡尼的希腊文消失约4个世纪之后，以腓尼基字母为基础的希腊文字的出现，及其在社会中的广泛应用是促使希腊城邦形成的一个至关重要的因素。他们认为，和其他传统社会不同，在古代希腊，文字一经出现，即得到十分普遍的推广与广泛的使用，从而在很大程度上把城邦的出现归结于文字的出现及其应用的后果。

削奴隶为主；而小生产者也分化出比较富裕但不显贵的农民，特别是手工业者，他们也剥削奴隶。

古代希腊城邦在形成之初，政权一般都由原来的氏族贵族把持，他们的代表者被推举为军事首领或国王。氏族贵族们围绕在军事首领或国王的周围，分享权力。原由氏族贵族成员组成的长老议事会转化为城邦的贵族会议，掌握着决定城邦事务的大权。部落军事首领演变为城邦的执政官，负责处理城邦的行政事务。部落民众大会则转变为城邦的公民大会，在形式上保留了对贵族会议的提议进行表决的权力。这样的城邦政权组成形式被称为贵族政治。由于社会历史条件和各自力量对比的差异，后来各个城邦的政权形式发生了不同的变化。有的城邦从贵族政治演化为民主政治，有的城邦则长期维持着贵族政治。

希腊几乎每一个地区都出现过著名的城邦：小亚细亚西部沿海地带的米利都和以弗所；中希腊的雅典、底比斯、德尔菲和优卑亚岛上的卡尔息斯；南希腊的科林斯、麦加拉、阿哥斯和斯巴达。到公元前750年左右，希腊的城邦数以百计了。其中，斯巴达和雅典是两个最著名的城邦。

斯巴达城邦位于伯罗奔尼撒半岛南部的拉格尼亚，是领土面积最大的希腊城邦之一，它的国家制度很有特色。早在荷马时代之初，南侵的多利亚人便把伯罗奔尼撒南部的斯巴达作为他们盘踞的重要地区，他们经过很长时期才完全征服了原有居民，到公元前9世纪末开始建立国家。建国之初斯巴达由于有一位名叫来库古①（Λυκοῦργοs，公元前700年—前630年）的政治家主持国政、定立法制，才逐渐形成了其特有的国家制度。

斯巴达有着与雅典等其他希腊城邦显著不同的文化传统与社会风尚，它以军事化的社会组织闻名于世。斯巴达城邦有着独特的社会结构，全体居民可以分为三个基本集团：即斯巴达公民，是享有全权的公社社员，他们是职业战士，主要任务就是训练和作战；伯里俄科，是没有政治权力的自由人，从事手工业和商业，向斯巴达国家缴纳赋税；希洛特是处于依附地位的贱农，是斯巴达人公社的奴隶。斯巴达公民享有份地以及份地上的希洛特，全部土地和土地上的希洛特都是公社的财产，希洛特被迫把大部分收成交给主人。[5]

通过来库古改革②，斯巴达建立了一系列军事化平等制度。为了让斯巴达公民完全脱

---

① 对于来库古是否确有其人，古代作家和现代学者都争论颇多。目前较流行的看法是：斯巴达制度完整严密，似应在其立国之初确有像来库古这样的立法者为之规划；但又要看到，所谓来库古改革中包含的各种制度是植根于多利亚族固有的传统，因此它们也或多或少见于其他多利亚人的城邦；而且它们在来库古之后数百年间不断得到加强和补充，后人托古改制，把不少较晚时期才有的东西也归于来库古名下，增加了问题的复杂性。

② 来库古宣称他是从德尔菲的阿波罗神谕中获得有关改革的基本思想的，从而为改革披上了神圣的光彩。来库古在改革中就国家的政治制度做出了各项规定。这是具有立宪意义的斯巴达国家的根本法，是很有特点的。例如，把两位国王（双王制是斯巴达特有的传统）“包括”在议事会内，实际上等于剥夺了王权，因为包括之意是把国王也看成议事会的成员而非领袖，他们也同其他成员一样每人只有一票之权，而议事会本身则变成了氏族贵族的会议。除两位国王职位世袭以外，其余28名议事会成员分别由各个胞族推举，由民众会（也称公民大会）以欢呼方式通过，只有60岁以上的公民才能当选，任期终身。只有议事会才能向民众会提出议案及解散大会。参加民众会的公民表面上说有“决定之权”，其实只能对议事会提出的候选人和各项议案以欢呼表示赞同，不能发表异议和讨论，更不能自己提出议案，民众会形同虚设。斯巴达的议事会叫吉罗西亚，还有另一官方名称叫“国王和长老”，因为它的成员除国王外都是长老。它实际上是掌握城邦实权的贵族会议。

离生产专搞军事操练，国家遂在经济方面提供一些保证，把全国土地按户分给公民，世袭占有，但不得买卖；土地上的劳动者由被征服居民变成的国家奴隶担任。据说斯巴达最初是在征服拉哥尼亚地区、攻陷希洛斯城后使所有被征服者沦为农业奴隶的，这些国有奴隶就以希洛特为名。这样一来，斯巴达人就可以全力从事军事活动了。斯巴达禁止公民积聚金钱，取消所有金银货币，规定只使用不便收藏的铁币，并实行公共会食制度。由此可见，这套制度的目的是保持斯巴达奴隶制国家的武力，以便对内镇压对外作战，而斯巴达人却美其名曰“平等人公社”，每个剥削希洛特的斯巴达公民都自居为平等人。应该说，这套制度在来库古立法中只具雏形，它日后由于镇压希洛特的需要而进一步强化甚至僵化起来，遂使斯巴达在希腊各邦中独具一格。

在古代希腊人建立的众多城邦中，影响最大又最具典型意义的是雅典。雅典城邦以其民主政治、经济发达和文化繁荣而著称。雅典城邦位于希腊中部的阿提卡半岛，主要居民是爱奥尼亚人和阿卡亚人。境内多山，矿产丰富，海岸线曲折，多良港，却缺乏良田，适于发展航海业和工商业，而不利于农业发展。公元前8世纪，阿提卡全境开始形成以雅典城为中心的统一的城邦。

雅典城邦的公民由贵族和平民两部分组成。建邦之初，实行贵族政治，原来的氏族贵族掌握着政治和经济特权。随着新兴工商业者阶层经济实力的日益壮大，要求打破氏族贵族独揽政权的愿望也越来越强烈。他们联合其他平民，一起展开了向氏族贵族的夺权斗争，而斗争的结果则使雅典城邦走上了古代民主政治的道路。

雅典是唯一可和斯巴达相比的领土面积最大的一个希腊城邦。它在荷马时代已是铁器文化和几何形风格陶器生产的大中心，但对海外殖民运动雅典却以其国大地广而始终未积极参与，因此早期雅典的历史比较沉寂，有关资料也较贫乏。一般认为雅典国家大约是与斯巴达同时建立的。

雅典是典型的工商业城邦。雅典地区不适合农业，但盛产白银和建筑用的黏土、大理石等，所以，雅典很早就成为工商业中心。公元前8世纪，雅典的政权掌握在土地贵族手中。土地贵族，主要是大地主和奴隶主，通过高利贷剥削小土地所有者，小土地所用者偿还不了债务，往往沦为债务奴隶。占有奴隶的工商业者虽然有经济实力，但实际上被剥夺了政治权利，与土地贵族的矛盾日趋尖锐。到公元前6世纪，自由民之间的矛盾达到极其尖锐的程度，这就导致了公元前594年梭伦（Solon，约公元前638年—前559年）的改革。①

梭伦改革的第一个内容是解负令，即废除雅典公民以人身作抵押的一切债务，禁止再以人身作抵押借债，禁止把欠债的平民变为奴隶。由国家出钱把因无力还债而被卖到

---

① 梭伦改革是雅典城邦乃至整个古希腊历史上最重要的社会政治改革之一，它为雅典城邦的振兴与富强开辟了道路，奠定了城邦民主政治的基础。梭伦改革一方面为雅典民主政治奠定了社会基础，另一方面完善了国家制度，促进了雅典社会生活多元化格局的形成，创立了适合民主制发展的社会管理机制，为普通公民参与国家政治活动提供了制度保证。梭伦的经济改革稳定了雅典公民团体，促进了工商奴隶主阶层的崛起，使雅典阶级结构发展为贵族奴隶主、工商奴隶主、平民三足鼎立的多元社会格局，为雅典民主政治提供了制度保证，同时也开启了西方权力划分的先河；渗透在改革中的“中庸”精神与东方“你死我活”的政治斗争形成了鲜明的对照，为雅典民主政治和西方民主政治提供了价值基础。

异邦为奴的人赎回，并废除了“六一汉”制度（平民无力还债，不得不为债主耕种土地，把收成的六分之五作为地租交给债主，自己只能保留六分之一，所以被叫作“六一汉”），结束了梭伦以前所盛行的与土地相关的高利贷活动，以及土地过度集中的状况。梭伦改革的第二个内容是实行遗产自由，容许分割氏族财产。在梭伦改革前，家长死后留下来的土地只归死者的氏族继承。改革以后，立遗嘱人可以把财产留给氏族成员，也可以不留给氏族成员。这项改革破坏了氏族所有制，削弱了贵族权威的基础，所以对平民的上层阶级有利，而使土地贵族遭受损失。土地的转让和分割权无疑鼓励了经营者的积极性，使经济活动旺盛。与此同时，梭伦改革还实行一系列有利于工商业发展的政策措施，包括限制粮食出口，扩大橄榄油输出；实行货币改革，以利于商业贸易；奖励外地工匠移民雅典，提倡公民学习手工业技术；改革度量衡，铸造雅典新币等法令。通过这些改革，使雅典贫苦公民摆脱了遭受债务奴役的威胁，打击了贵族统治，使城邦体制更加巩固。同时，梭伦通过规定公民个人占有土地的最高限额，防止了土地的过分集中，使城邦体制得到健康发展。保护和促进工商业的措施又使工商奴隶主地位迅速上升，奴隶制经济开始走向繁荣。这就促进了雅典经济的发展。

阿哥斯位于伯罗奔尼撒半岛东北部，靠近阿尔戈利斯湾上方。多利亚人建立阿哥斯城邦的时间大约是公元前 8 世纪，而阿哥斯作为一个古希腊强盛的城邦大约是在公元前 7 世纪初。

阿哥斯城邦辖区的土地肥沃，但城区人口稠密，街道都显得狭窄。阿哥斯实施的是国王体制，上层社会分两派，其中一派是氏族贵族，他们占有较多的土地；另一派是工商业者，他们以财力雄厚的富商为领导。城邦建立初期，氏族贵族占优势，但工商业者后来居上，他们有平民的支持，进而成为国王的依靠。据说阿哥斯国王费顿的政权就是以大商人为依靠并得到平民支持的。费顿制定了一套新的规章制度，以促进工商业发展，例如，度量衡的统一、本城邦钱币的铸造、文化事业的发展等。

阿哥斯在势力鼎盛时期曾北上与雅典城邦对抗，并把受雅典控制的一些小城邦拉到自己这方面来。斯巴达本来就与阿哥斯有矛盾，阿哥斯强盛后更引起斯巴达的不安。阿哥斯国王费顿逝世后，其继承人腐败无能，大商人利用权势谋取私利，从而失去了民心。斯巴达与阿哥斯陷入长期战争的困境，阿哥斯虽然有胜有败，但国力耗损过大，最终不得不臣服于斯巴达。[6]

科林斯位于伯罗奔尼撒半岛的东北，临科林斯湾，是希腊本土和伯罗奔尼撒半岛的连接点。同时又是穿过萨罗尼科斯和科林西亚湾通向伊奥尼亚海的航海要道。不仅是贸易和交通要地，同时又是战略重地。

公元前 8 世纪到公元前 6 世纪，科林斯不仅有发达的农业，而且过境贸易很兴旺。科林斯的陶器享有盛名，造船和航海业都有很大发展。当时，科林斯几乎独占了与西方的贸易，陶器、橄榄油、葡萄酒、金属器皿的输出全部要经过科林斯。科林斯先后建立了许多殖民地。公元前 8 世纪至公元前 7 世纪中期，巴希阿德斯家族把持城邦政权，实行贵族寡头统治。希普塞卢斯（Kypselos，约公元前 657 年—前 627 年在位）推翻巴希阿德斯家族，建立了僭主统治，也就是新王朝的国王，他使科林斯经济更加繁荣。其子佩里安德尔当政时（约公元前627年—前586年），科林斯国势昌盛，手工业发展很快。约公元前581年，僭主政体被推翻，代之而起的是少数富人掌握政权的贵族政体。贵族执政后，科林斯在军事上受到斯巴达的控制，同时也受到雅典的威胁。公元前6世纪后期，科林斯加入了伯罗奔尼撒同盟。①

科林斯很早就铸造了自己的钱币。它的钱币信誉良好，虽然不是希腊本土最早铸造的城邦钱币。科林斯对外贸易和国内商业兴旺，手工业发达，需要有可靠的钱币作为中介。更重要的原因是由于铸币有固定的成色和重量，适合于纳税、缴费以及罚款等，既使得使用者感到方便，又便于管理。

在希腊本以东，在大移民的过程中出现了若干著名的移民城邦，其中最典型的是米利都。它位于小亚细亚西海岸，是来自伯罗奔尼撒半岛的希腊人建立的移民城邦。据说，这些移民在小亚细亚一共建立了12座城市[7]，米利都就是其中的一个。

公元前8世纪后，米利都成为希腊工商业和文化中心之一。米利都最初是贵族掌权，以后逐渐改为由商人掌权，经济也发展起来了。公元前6世纪，米利都成为希腊世界中的富庶城邦之一。米利都以手工业著称，最兴盛的就是手工毛纺织业和染色业，因为米利都周围有大片牧场，羊毛源源不断地被运到这里来，加工为毛纺织品后再通过海上运输销往各地。而米利都人还学会了从海螺中提取液汁，用作染料，这样染色业也逐渐发展起来。米利都的商人十分活跃，来往于意大利半岛、西西里岛、埃及和希腊本土各城邦之间。意大利半岛南部移民城邦塔兰托的毛纺织业和染色业，就是从米利都引进的。[8]米利都商人也从事借贷业，放债取息，生意兴隆。

米利都的经济实力和军事实力都比较强，它主要靠自己来保卫国家。公元前6世纪中叶，波斯帝国大军压境，有的希腊城邦被征服了，大批希腊人渡海逃回希腊本土。米利都也不得不归顺了波斯帝国。

距离米利都不远，在米利都以北的小亚细亚西海岸，有另一个著名的希腊移民城邦，这就是以弗所。② 在小亚细亚的希腊城邦中，以弗所最具有东方文化色彩，因为这里同东方各国的贸易往来很多，东方商人常来这里或定居在这里，它是东方各国和希腊城邦的

---

① 公元前6世纪中叶起，斯巴达陆续与埃利斯、西居昂、科林斯、迈加拉等城邦订立双边军事同盟条约，约公元前530年伯罗奔尼撒的大多数城邦参加了同盟。在同盟内部，斯巴达享有召集全体成员国会议的特权，并在战时任盟军统帅。结盟各邦内政独立。全同盟的和战大计在盟国代表会议上由多数票决定，每国一票。只有得到盟国代表会议的同意，斯巴达才有权要求盟国出兵。在没有全同盟一致军事行动时，各邦在和战问题上自主，甚至有与盟邦作战的情况。

在公元前5世纪上半叶的希波战争中，同盟各邦曾与雅典联合抗击波斯入侵（公元前480年、前479年）。公元前5世纪70年代以后，伯罗奔尼撒同盟和提洛同盟对抗，对整个希腊历史的发展产生了重大影响。公元前431—前404年，伯罗奔尼撒同盟与雅典及其同盟者之间爆发伯罗奔尼撒战争。失败的雅典一度被迫入盟。公元前4世纪上半叶，随着斯巴达国力的增强，它与盟邦的关系变得错综复杂，同盟内部纠纷迭起，退盟甚至战争屡有发生。公元前394年，忒拜联合雅典、科林斯等城邦共同反对斯巴达。公元前371年，斯巴达在留克特拉战役中大败于忒拜，同盟于公元前366年解散。斯巴达霸权亦告终止。

② 早在公元前6000多年的新石器时代，以弗所已有人类居住的痕迹。以弗所于公元前10世纪建城，早期是古希腊城市。在古罗马时期很长一段时间内，它都是罗马帝国中仅次于罗马的第二大城市。公元1世纪的时候这里的人口已达25万人，而此时，庞贝已泯灭在维苏威火山的灰烬中。该城几经沉浮，最终在15世纪衰落，再也回不到昔日的辉煌了。

贸易中心。正是在小亚细亚西海岸，出现了最早的希腊城邦联盟，时间大约在公元前600年，甚至更早一些，参加这一城邦联盟的有米利都、以弗所和萨摩斯等。

古代希腊城邦制度的形成和发展，是当时希腊经济发展和社会进步的结果，反过来又促进了经济和文化的进一步繁荣。城邦制度与希腊当时的社会发展相辅相成。

8.4 古风时代的经济发展

从公元前8世纪到公元前6世纪，是希腊历史上的"古风时代"。[①] 这一时期希腊地区随着希腊城邦的兴起，经济发展比较顺利，但主要是建立在农业发达的基础之上的，而希腊城邦经济发展极不平衡，除了少数发达的工商业城邦外，大部分地区还是以农业为主的。不过，希腊的农业是市场农业，即与市场和贸易紧密联系在一起，并不是自给自足的农业。希腊人从土地上获得三种植物性食物：谷物、果实和蔬菜。谷物主要是大麦和小麦。尽管耕作的土地扩展了，但谷物的产量并没有极大增长。耕作方法和工具没有改变：隔年休耕一次；一年用平衡犁耕三次，用锄松草皮；用短柄镰刀收割；用牲畜踩麦穗。事实上开垦荒地也取得一定的效果；有坡度的梯田被铲平，巨大的排水系统排干了湿地的底部。为了灌溉打了许多井，也采取了具体措施来控制用水。希腊各地生产力有新的增长。铁制工具普遍使用，农业中有装铁铧的重犁及铁锄、铁斧、铁锹施展威力，希腊多山而贫瘠的土地因之成片地得到开垦与深耕。但所有这些农业技术进步并没有改善谷物的播种。尽管种植谷物的产量不足，但对于希腊人来说，最重要的还是葡萄树、橄榄树和无花果树。由于希腊幅员较广，地理条件差异较大，并不是每个地区都适合种植同样的植物。所以，在希腊农业中存在着比较合理的区域分工。一般来说，希腊本土主要生产葡萄和橄榄，并做成葡萄酒和橄榄油出口，而谷物不能自给自足需要依赖输入。所以，希腊农业的商品化比较发达。

希腊各城邦的地产形式是多种多样的，有的是大地产，有的是中小地产。但从土地经营方式来看，主要是直接经营和间接经营两种类型。直接经营主要有三种方式：亲自耕种、由奴隶和自由劳动者耕种、由束缚在土地上的依附农来耕种。许多在农村有地产的人是居住在城邦的，他们根本不从事农业耕作和畜牧，他们的地产是依靠自己的奴隶和雇佣农工来耕作的。这些奴隶和农工通常由一个工头来监督，而这个工头往往由奴隶担任。此外，在被征服的土地上，征服者成了土地的新主人，而他们并不是将原有的土地所有者变为奴隶，而是让他们继续耕种原来的土地，而在年终将部分

① 古风时代（公元前8—前6世纪）公元前8世纪是希腊地区在荷马时代结束之后普遍出现城邦国家的时期，此时的国家皆以一个城市或市镇为中心，结合周围农村而成，一城一邦，独立自主，故称希腊城邦。这时，希腊各地生产力有新的增长。铁制工具普遍使用，农业中有装铁铧的重犁及铁锄铁斧铁锹施展威力，希腊多山而贫瘠的土地因之成片地得到开垦与深耕。各地除种植葡萄、橄榄两大经济作物外，粮食生产也有较大增长，而手工业中制陶、造船、冶金业的发展尤为明显。对希腊城邦的形成具有特殊意义的因素则是和东方的联系。这时希腊和东方的商业联系已恢复甚至超过爱琴文明时的水平，小亚各邦和优卑亚岛最为活跃。希腊本土和东方交往并不限于商业，希腊对东方文明先进遗产的吸收也硕果累累，希腊这个后起的文明很快就利用了东方文明历经数千年才取得的丰硕成果。这些发展表明希腊城邦形成之际已站在较高的历史起点上，和数千年前古代东方文明最早建立国家时不可同日而语。

农产品交给征服者。间接经营方式则主要是将土地出租，收取一定数量的收获物或者一定数额的租金。这种经营方式主要存在于公有地产和寺院地产上，但私人地产中也有通过契约将土地出租的。租赁的形式和条件是多种多样的，租期长短不同，有时是佃契约。[9]

这一时期，手工业也有所发展，其中最卓越的成就要数纺织业。但是，当纺织业从家庭职业中脱离出来的时候，家庭纺织业仍然继续存在。它生产出了奢侈品以外几乎任何东西，并且还没有显示出任何工业劳动的强度。一般来说，普通用品仍然是家庭编织的，而作坊的手工业者则显示了较高的编织水平，他们向贵族提供精美的轻薄织物，以及有艺术性的装饰。布料美观的重要性使侵染业成为基本工业。此后，漂洗业即便在小城镇中也形成了繁荣的贸易。

包括开采、切削甚至雕刻在内的大理石行业迅速发展。它提供了大量的石块、石竹、石板以及建筑用的砖瓦，还有石碑、石槽、雕像和雕像基座。当彭提利孔山和波奥提亚的矿场难以满足除了当地以外的需求时，纳克索斯和帕罗斯的生产者和艺术家则供给别的岛屿和重要的庇护所。从公元前 7 世纪末期，雕刻家开始强调自己与石匠之间的差别。[10]

金属加工业也有所发展。克里特、伊奥尼亚和卡尔基斯的古老的金属加工工人对古风时代的工艺影响很大。在很长时间里，他们只知道荷马时代的工艺流程，即在木质的模型上捶打金属薄片，并用钻子切割修饰细微之处，或者使用中空的模子浇铸。用这种方法只能生产小的产品。而要组装一个大物件，这些工艺就不得不与夹具和铆钉配合起来使用。在公元前 7 世纪末期，开俄斯的格劳卡斯（Glaucos）发明了铁的焊接法。稍后，萨米安人罗厄考斯和西奥多斯采用了空心浇铸技术。萨摩斯和艾吉那以及科林的铜匠就能以很薄的金属生产大件的物品。当时，伊奥尼亚人的铸造作坊就已经生产了以东方的样式进行装饰的各种产品，如家具和战车的配件，水槽以及三脚架等。在科林斯生产的最昂贵的武器商品是奥提亚的盾、卡尔基斯的刀以及克里特的名产——胸甲。科林斯的金属制造工也生产床，还包括在西方销售的大部分镜子。[11]正是在这种产业性的环境中，制造出一些令人惊叹的青铜器产品，例如来自斯巴达吉谢达斯的浅浮雕以及来自柯莱欧司在萨摩斯进献的合金碗等。

这一时期，在手工业中制陶业的发展尤为明显。它必须满足十分巨大的需求。它们中的绝大多数是家用器皿和酒、油以及油膏的容器。当时，一般的陶器几乎遍布各个地区，甚至精美陶器的生产者在很长时间内都是分散各地的，而且几乎每个地区都有自己的陶工和小作坊。在公元前 8 世纪，希腊陶工模仿勾画于海外地毯、帷幕、青铜器和珠宝首饰之上的风格式样。几何风格被东方风格所取代。这一变革使那些从那里开始的城市受益。风格变得多样化，而生产被集中。在各种陶器中，来自米利都的外带黄色绘层的红色陶土陶器生产量很大，这种陶器大量从黑海销往意大利。克拉左美尼则发现了它的灰陶和黑陶的出路。在纳乌克拉提斯，伊奥尼亚生产者在通用装饰物上加入埃及基调，并将他们的陶土瓶或彩陶传入每一个希腊人所到访的国家。最终，一种被称为“原科林斯”的，却通过它们美丽的外形和高雅的装饰显示出东方起源的精美香水瓶，在那个时代占有了比其他陶器更广泛的市场。直到公元前 7 世纪中期，科林斯的制陶业才位居前列，那个时候具有高度组织化是行业的一个迹象。在陶土矿井和作坊之间，制陶业为城邦的大部分人提供生计。

希腊人的贸易也比较兴旺。早在公元前 650 年到公元前 550 年，希腊人使纳乌克拉提斯成为他们的一个主要的贸易集散地。他们向纳乌克拉提斯输入盛满酒和橄榄油的陶器。从纳乌克拉提斯，他们向外输出谷物、陶器、亚麻制品、雪花膏、明矾、香精和装在彩陶瓶中的油膏，还有非洲和阿拉伯的产品，如黄金、象牙以及乳香。当这些贸易联系扩展到整个地中海地区时，纳乌克拉提斯城是希腊世界最繁华的城市之一。

在西部的希腊世界，贸易并不是从一开始就具有如此普遍的重要性。在意大利和西西里，农业和畜牧业长期具有支配性的影响。在叙拉古、洛克里和蒙塔蓬等地区，由于土地的规模和肥力，这些农耕区的城市很快就达到了一个舒适的生活标准，并形成了一个很好的市场。他们以谷物和兽皮交换所需的工业制成品。科林斯人占有着叙拉古贸易的最好份额。阿克累加斯向迦太基输出油和酒，他们中的大多数向内陆提供制成品。起初，他们从海外购进制成品，再以高额利润转卖，而后，他们开始自己生产。

主要依靠农业、畜牧业和捕鱼的塔拉斯，在希腊诸城市处置自己的酒、油以及羊毛，随后它向意大利腹地转运昔兰尼和斯巴达的陶瓶，最后，它加工自己的羊毛，从事纺织和浸染的工作。在塔拉斯发现的许多铸币可以看出它的贸易往来是频繁的。这笔存款包含 600 个铸币，不仅来自意大利和西西尼的每个城市，而且还有来自科林斯、基克拉迪群岛、昔兰尼、雅典、色雷斯和马其顿、开俄斯以及福西亚。[12]

马萨里亚的商业往来以另一种方式发展并持续到最后。东希腊在那里建造了一个有价值的市场，证据是在连续的地层里，许多遗址都包含罗德斯人、依奥尼亚人、科林斯人和阿提卡人的陶器。但是，马萨里亚人不满足于一个被动的角色。他们在商业支线上建立了殖民地。

通过昔兰尼，希腊人能直接与非洲交往。他们从事畜牧业、种植串叶松香草——一种全希腊都需要的香料。昔兰尼生产的陶瓶被认为是最美丽的一种。它的港口位于两条商路的终点，一条是来自埃及和阿蒙的欧阿西司，另一条则始于苏丹。在伊特鲁利亚发现的产于昔兰尼的陶瓶，给人们一个关于殖民的完整概念。由此可以推断，早在古风时代伊特鲁利亚与昔兰尼已经有了贸易往来。

从亚洲金矿到锡岛，从乳香海岸到琥珀海岸，希腊贸易为自己的扩张获得了一片极好的区域，这样的贸易建立在坚实的基础上，出口与进口相平衡。但在这之前，希腊城市需要谷物，在西西里和意大利，或许在纳乌克拉提斯，他们自己能够提供。也正是为了食物，希腊人需要来自黑海和伯斯普鲁斯的腊鱼，以及来自利比亚的做调味品的香料。对于建筑业，需要从色雷斯来的木头；对于金属冶炼，需要来自塞浦路斯的铜、来自西方的锡以及卡律倍司的铁；而工艺业，则需要来自吕底亚、黑海、色雷斯、埃及和伊比利亚半岛的贵金属、琥珀以及非洲的象牙。需求量最大的奢侈品是地毯、呢绒、东方的刺绣以及埃及的亚麻和香水。

而米利都人的羊毛远销意大利，科尔基斯和科林斯向每一个市场提供武器、装饰品和铜瓶；伊奥尼亚、纳乌克拉提斯、昔兰尼、科林斯的陶器以及雅典的陶器通过陆地和海岸，沿着世界上每一条商路，向前挺进。[13]

到公元前 6 世纪，商业繁荣已经改变了希腊的总体面貌，也极大地贡献了自己的力量。商业制度在大多数亚洲港口、许多附近的岛屿、科林斯地峡诸城市以及大量的殖民地普遍流行。它对于人口的分布和各地域的经济发展都产生了巨大的影响。而广泛密切的贸易联系还进一步扩大了海外市场，使希腊世界向东连接埃及、叙利亚、巴比伦等东方文明地区，更南通非洲，北出黑海，西及中欧西欧内陆，构成了一个海洋与大陆交错、东方与西方联结的前所未有的地中海最大贸易圈和经济圈，远远超过爱琴文明的规模。

8.5　海外移民活动与殖民经济

希腊城邦建立以后，便积极开展海外殖民运动。最早是在叙利亚建商站的优卑亚岛，在公元前 750 年左右又向西远航，来到意大利那不勒斯附近的皮提库萨岛建立了殖民点，组成一个最早的殖民城邦，其后不久又在此岛对面的意大利土地上建丘米城。这些殖民活动已为考古的发掘所证实。从此，这种殖民活动一直延续了 200 多年，史称“大殖民运动”。大殖民运动的原因是多方面的，总的来说主要是希腊社会的经济原因造成的。

当时，希腊城邦的特点是小国寡民，耕地有限，人口增长超过了土地的承受压力，由此引起了产生扩大土地的需求，由于希腊人实行多子继承制，地产被不断分割而变小，而人口的迅速增长则加速了这一进程。“解决这个共同问题的标准办法是移民：到海外发现新的土地来扩张希腊人活动的面积，征服和占领当地‘蛮族’的土地。”[14]在这种情况下，一部分人被迫向海外谋求发展。特别是在发生自然灾害的时候，有限土地就更加难以维持城邦的生计，唯一的出路就是移民。在很多情况下，移民是自发的，这是因为，移民开始时同样没有预先制订的明确计划。“通常，移民都是成群结队出走，一队百余人。他们由一位远征队首领率领，此人也将是新城的创建者；他们选择一块地方，迫使当地民众接受他们的存在。”[15]促使对外移民的最直接原因就是占有土地，开发土地。“当希腊人开始开发一个国家的天然资源时，土地的价值即显著增高。耕地、草原、牧场的范围与收获都大为增加，各种原料的多种多样与丰富给繁荣带来一个新的因素。”[16]土地成为当时最重要的因素。因为有了土地可以生产大量的农产品以及各种手工业品，这才引起以后贸易的发展。

经过海外大迁移活动，希腊人除了在东面因有东方各国存在仅于埃及、叙利亚建立少许商站外，他们在南面达到非洲利比亚至突尼斯沿岸，在西面进入意大利、伊利里亚、西班牙和法国南部沿岸，在北面进入色雷斯，并通过赫勒斯滂海峡而入普罗朋提斯海，又通过博斯普鲁斯海峡而入黑海广大地区，在这些地带建立了众多的殖民城邦。据统计，在此期间参加殖民的希腊城邦共有 44 个，在各地共建立殖民城邦至少在 139 座以上。这种海外大迁移活动，其范围之广泛与影响之深远在古代是没有先例的。①

古风时代的希腊移民从流向来看，大体上有 4 个流向，即东北方向、东南方向、南部方向和西部方向。东北方向是指希腊移民从希腊本土向色雷斯、小亚细亚西海岸和黑海沿岸等地的迁移。其中，黑海沿岸的 90 个移民点，是希腊人先移民到小亚细亚的米利都，再由米利都向黑海沿岸移民而建立的。[17]

东南方向是指移民从希腊本土向爱琴海上的基克拉泽斯群岛、南斯波拉泽斯群岛、塞浦路斯岛、小亚细亚西南海岸等地的迁移。这些岛上原有一些希腊人分散居住。由于已移居的希腊人发现这里适宜于垦驻，所以招引自己本部落成员前来，移民人数不断增加。[18]

南部方向是指移民向地中海南岸的迁移。例如，希腊人较早就在利比亚海岸建立了西兰尼。当地的原住民是利比亚人。希腊移民占领了利比亚人的大片领土后，利比亚人向埃及求援。但希腊人击败了埃及援军，从此在西兰尼站稳了。希腊移民在西兰尼附近沙漠边缘的沿海平原地带开辟牧场，生产羊毛，向希腊输出。他们还在这里建立手工作坊，向非洲其他地区输出纺织品。[19]

西北方向是指移民向意大利半岛南部、西西里岛、高卢南海岸、西班牙东海岸等地的迁移，也包括向伊奥尼亚海上的伊奥尼亚群岛的迁移。最初登陆意大利半岛的希腊人有两支，一支是多利亚人，另一支是阿卡亚人。多利亚人大约在公元前 706 年来到。[20]他们以布林迪西为基地，然后绕过半岛进入塔兰托湾，在塔兰托湾北岸建立了塔兰托城邦。多利亚人中的一支，即斯巴达人是塔兰托城邦的建设者。据说，这是斯巴达仅有的一个殖民地。已经来到塔兰托的斯巴达人在这里建城，开垦，种植橄榄树，造船，捕鱼，制作陶器，毛纺织业和染色业是他们的特长。

阿卡亚人也在意大利半岛南部登陆。阿卡亚人之所以致力于移民海外，主要是因为阿卡亚人居住的地区崎岖难行，他们为饥饿所迫，只能到海外求生。[21]移民的阿卡亚人越过了塔兰托湾，在塔兰托湾西岸建立了一些城邦，并且成立了阿卡亚城市联盟，制定共同的法律、制度和市政组织，如市长、参议员、审判官等。[22]其中有两个重要的城市，分别是绪巴里和克罗托内。这两个城市都很繁荣。

在意大利半岛西海岸，在那不勒斯以南和以北，也有一些希腊移民建立的城邦。例如，位于那不勒斯南面的波塞冬尼亚城，是意大利半岛南端绪巴里城的人来这里开拓而逐渐建成的，它是希腊人运输货物进出和仓储的地方，又如，位于那不勒斯以北的库梅，是意大利半岛西海岸另一个港口城市，大约于公元前 750 年，希腊人把它当作向意大利中部推销商品的据点。[23]

---

① 海外大迁移活动原因是多方面的，最常见的是由于人口增加、耕地有限而到海外寻找土地；经济上的另一重要原因是商业发展谋求原料和开辟市场，它在早期不太明显，越到后期便越为重要。也有在政治斗争中失败而被遣送出国或安插于外者；在遇到严重灾荒时，也有殖民海外以求渡过难关者。因此，总的来说，海外殖民是为了解决城邦内部的困难，但它是城邦有组织的活动，移民往往由母邦提供领袖、船只和所需各项生产资料，这样到殖民点后可较顺利地进行农工商业活动。于是子邦和母邦、殖民地区和希腊本土之间展开频繁的经济往来，希腊的商业贸易受惠良多。希腊本土可从殖民地区获得粮食及铜铁锡等原料，同时以本土所产工业品和油酒之类相互交换，双方皆获利而使希腊世界的奴隶制商品经济获得较充分的发展，这可说是海外大大迁移活动为希腊文明做出的最大贡献。

在这里还应提到希腊人在意大利以西、地中海北岸的开拓。大约在公元前 600 年，希腊人就在萨里亚港附近登陆，建立了马赛城。希腊人将商品通过罗纳河销往内地。希腊人也在科西嘉岛上建立了移民区。大体上在同一时期，希腊人还进入了如今西班牙境内，设立了一些商站，并开采当地富饶的银矿。[24]

希腊的海外迁移不仅与古代一般的民族迁移不同，更与近代的资本主义殖民侵略有别。古希腊殖民地的开拓者是希腊城邦，可以称之为母城邦。而这次海外移民开始时是自发的，但母城邦政府在移民过程中的作用是不能忽视的。正是在母城邦政府的作用下，原来自发的、分散的移民行动逐渐变成政府策划、组织和协助下的一种行动。

母城邦政府的作用首先反映了它对移民城邦的帮助。移民新建立的城邦，是一个独立的城邦，可以称之为子城邦，但毕竟是从母城邦分出去的，并同母城邦保持密切的联系。新城邦的样式有时同母城邦是一样的，即"每座城邦都再现了母城邦的模式，有同样的公共场所、同样的规章制度、同样的生活方式"。[25]各个移民城邦的政治体制也同母城邦有相似之处。一个城邦就是一个小国。但是，新城邦也不完全是简单复制母城邦体制，一部分新城邦结合自己的实际情况，对母城邦有选择地吸收，有的甚至还有所创新。这样，就大大推广了希腊城邦制度，丰富了希腊城邦制度的内涵。

移民新建立的城邦和母城邦一般在政治经济关系上都是平等的。新城邦一经建立，便完全自主，对母城邦也没有缴纳贡赋的责任。但也有例外，例如，西诺普城邦对移民在黑海南岸的殖民地建立了支配权，西诺普的殖民地必须向母城邦缴纳贡赋。子城邦和母城邦以共同的宗教崇拜为基础。殖民地处理同其他殖民地关系时，新城邦也仿效母城邦的政策，即实行贵族政治的殖民地常支持政治体制相似的城邦。而实行民主政治的殖民地则倾向于支持实行民主政治的城邦。在战争期间，子城邦和母城邦有互相支援的责任。

海外大迁移活动的后果和影响是深远的。首先，海外迁移活动不仅缓解了希腊城邦发展过程中的内在矛盾，还大大促进了整个希腊世界的经济发展，尤其是商品经济的发展。希腊殖民的一个重要原因，是由于人口增加、耕地有限而到海外寻找土地，也有因土地兼并破产失地而到海外另谋生路的。殖民者一般愿意选择与他们本土气候相似的地区，以便种植他们从家乡带来的各种农作物。不过，希腊移民者并不限于农业。一群移民来到一个地方，先依靠农业和畜牧业维持生活，随着经济的发展，不久就与当地的居民发生贸易关系。有的殖民地位于通往地中海的一条要道或几条道路的末端，会变成远方各国在地中海方面的出口地，而另一些殖民地靠近纺织、冶金、制陶原料产地，便发展了工业和贸易。

其次，海外大迁移活动使希腊人的活动范围扩大了。过去，希腊人的活动仅限于希腊本部和附近的岛屿，而到公元前 5 世纪已穿过爱琴海，环绕着黑海，到达利比亚、西西里岛和意大利南部，甚至远至塞浦路斯、西部高卢等地都有了希腊人的开发，这些地区的土地和自然资源价值都显著提高了，耕地、草原、牧场的范围与收获都大大增加。原料的多样化给希腊经济繁荣带来了新的因素。希腊还在许多殖民地建立了商站和贸易中心，并进行贸易。这时希腊人从事麻、金属、陶器、皮革等物品的制造已经不是为了满足自己家庭的需求，而是为了供应国外市场的需要。

通过殖民和贸易活动，大规模的海外迁移活动使希腊同地中海周边的西亚、北非及中欧和西欧地区联结起来，构成了一个海洋与大陆交错、东方和西方连接的，前所未有的地中海经济贸易圈。沿着海岸建立的殖民地主要是贸易站和交易中心，长期供给希腊本土以食品，它是一个真正的货物集散中心。在高卢和西班牙海岸，他们也都建立了贸易站。尽管殖民地城邦在政治上是独立的，但在经济上却与母城邦保持密切的联系。[26]

殖民地的拓展和贸易的扩大，促进了希腊世界的劳动分工。一些新建的城邦，地处土地肥沃的农业区，可以为希腊本土的城市提供粮食和副食品，还可以作为加工厂、市场或贸易中心。这以后，希腊本土的城市成了专业化更强的工商业城市。希腊成为地中海的手工工场和贸易中心。即使是农业，也在希腊世界里实现了有效的分工。由于希腊的土壤气候更适宜种植葡萄和橄榄，所以就取代了粮食，而改种葡萄树和橄榄树，这两种农作物的产值要比粮食高得多。在希腊世纪分工体系中，希腊本土处在分工等级的最高级上，享有分工的最大经济收益。这是希腊经济高度繁荣的重要原因之一。[27]

8.6 城邦奴隶制经济

公元前 6 世纪到公元前 4 世纪，希腊的奴隶制经济达到了典型的发展阶段。虽然在广大的乡村地区自然经济仍占支配地位，但在近海的许多城市中经济发生了深刻的变化。使用奴隶从限于家内和有限的经济部门被广泛应用于各行各业，从生产直接生活资料转变为以从事商品生产为主要目的。这样，奴隶制经济进入繁荣发达时期，成为希腊社会的经济基础。这时，由于耕地面积的扩大，耕作技术的改进，农业生产有所提高。希腊人在山坡上广造梯田，中小土地所有者往往亲自参加耕种或使用若干名奴隶，农忙时也兼用雇工。大土地所有者使用更多的奴隶，且多由奴隶管家代为经营，有的索性将土地出租而收取实物或货币租金。这样的大地产在公元前 5 世纪到公元前 4 世纪间有所发展，但为数不多。

希腊城邦是典型的奴隶制邦。公元前 5 世纪中叶，希腊各城邦都有大量奴隶。由于历史客观条件的差异，各城邦的奴隶制也存在一定差异。在雅典，奴隶数目已经超过自有民人口的总数。据估计，公元前 431 年雅典全部人口为 40 万人，其中，雅典自由市民为 18.8 万人，外邦人 3.2 万人，而奴隶多达 20 万人。[28]这时的奴隶，除了少数是由于自由民负债而沦为奴隶的外，主要是城邦国家在对外战争中俘获来的。这些俘虏或在奴隶市场上被出售，或被赐给有功人员为奴隶，或被编入苦役营。奴隶也有从海上劫掠来的，或者被拐卖来的。其中，在奴隶市场上被拍卖的形式是奴隶出路的主要模式。例如，雅典统帅客蒙（Κμων，*Kimōn*，公元前 510 年—前 450 年）在攸里梅敦河战役之后，在市场上出卖了 2 万名奴隶。

公元前 5 世纪，雅典已经成为奴隶贸易的主要中心。雅典的奴隶市场每月安排一次奴隶拍卖，卖不掉的奴隶再转运到其他市场。开奥斯岛曾是爱琴海地区最大的奴隶市场之一，萨莫斯岛和提洛岛等地也是较大的奴隶市场。奴隶贩子在出卖奴隶时，把奴隶展览于特设的高台上，并向顾客介绍奴隶的生理特点以及脾气、性格等。奴隶的价格因供求和“商品”的质量不同而有所不同。公元前5世纪初，一个男奴隶的平均价格为167达拉克姆，女奴隶的价格为135～220达拉克姆，会手艺的奴隶价格要高一些，性格温顺的奴隶价格也要高一些。[29]

在早期，奴隶的普遍使用主要在家庭中，各个等级的公民家庭中都使用奴隶，甚至最贫穷的等级也有使用奴隶的，当然，富有的等级使用的奴隶数量最多。大量奴隶被用作家庭仆役，在监工的监视下劳动。监工也是奴隶。通常，富裕的奴隶主上街时必须有奴隶和女奴跟随。在远征、商业旅行等场合也要有奴隶跟随。女奴一般在女主人或她的女儿的监督下从事纺织，也担任弹琴、歌舞和吹笛等工作。奴隶中分化出一个有特权的集团，即主人的近侍、教师、医生、商人等，但这些人毕竟是少数。[30]

公元前5世纪，希腊奴隶被广泛地使用在各个劳动领域，包括在生产部门、公共服务部门和私人服务部门。但使用在直接生产部门的奴隶数量最多。因此，从使用面的广泛性来看，希腊被公认为是最典型的奴隶制社会。农业是使用奴隶劳动比较广泛的部门，大致可分为三种情况：斯巴达式的国有奴隶制，农业劳动全由黑奴隶承担，这种形式不仅见于斯巴达，其他地区也可见到；贵族田产使用的奴隶，这种奴隶在管家的带领下劳动，是农业中使用私人奴隶的集中形式，但规模不大，一般在20人左右；自耕农或小农使用的奴隶，是希腊农业中使用奴隶最常见的形式。[31]

工业也是使用奴隶劳动的主要部门，使用奴隶较多的是采矿场，奴隶的工具极其简陋，只有锄头、铁锹和铁锤。采矿场使用的奴隶大多数是从蛮族那里买来的。据说，色雷斯和小亚细亚稍后成为采矿场使用的奴隶的主要供应地。[32]采矿场地处偏僻，便于对奴隶监督管理。建筑工地是使用奴隶较多的又一场所。但在城邦制度早期，希腊一些城邦还不像后来那样大兴土木，到处建筑公共设施。这时所建设的主要是城墙、防御工事、港口设施、引水沟渠等。[33]

手工业中使用奴隶比农业更普遍。一般小作坊使用5～10人，大作坊使用奴隶20～30人，有的甚至多达100人。这反映了当时手工业劳动力供给是不足的，所以手工业需购买奴隶。[34]规模较大的，如采石场、造船工场、陶器工场等使用奴隶较多。采石场的采石料工大部分是青壮年奴隶，运送石料的大多为未成年的奴隶，选石料的则是女奴和老年奴隶。采石场往往需要一些会雕刻的工匠，而被俘获的外邦俘虏中就有一些手艺较好的石匠、雕刻匠，他们作为奴隶被送到这里来劳动。

这一时期手工业的发展显得特别突出，虽然与农业相结合的家庭手工业仍然存在，但城市中独立的手工作坊却起着越来越重要的作用。各类作坊有比较细密的分工，例如，纺织作坊有洗毛、梳毛、纺线、织布、染色；制陶作坊有拌料、成型、上釉、绘画、焙烧；制靴作坊有打样、作底、作帮、缝鞋等。冶金、木工、皮革、面包坊等行业也各有分工协作的程序。匠人趋向于掌握一门手艺，力求专精和熟练。某些城邦常有其闻名的产品，如雅典的金属和陶器，科林斯的陶器和纺织品，米利都的纺织品和家具等。考古学家发现的古希腊大批独特的双耳陶瓶，充分表明匠人所具有的高超技艺。

由于希腊商品经济比较发达，因此，奴隶不仅仅为奴隶住生产直接消费品，而且生产市场需要的商品。希腊的手工业与农业分工出现较早，而专业分工十分发达。在这种情况下，手工业者无法兼营农业，只有多生产手工业品，以便同农民交换农产品。对于农民来说也是如此。随着奴隶制的发展，奴隶制的生产也被纳入古代地中海商品生产的轨道之中。手工作坊中的奴隶为奴隶主创造了大量的利润，利润率通常高达66%～100%，比海上贸易借款高出很多。有的奴隶主专门出租奴隶，有的甚至出租奴隶千人以上。希腊还有相当数量的交纳役租的奴隶，奴隶主让奴隶出去工作或当雇工，或从事手工业生产，奴隶按期交纳一定数额的利润。[35]

另外，还有一类国家奴隶，他们比私人奴隶有较大的独立性，可以成家立业。雅典的警察通常是从斯泰基人出身的国家奴隶中补充的，他们仍保留着斯泰基人的习惯，用短剑和鞭子做武器。在大型建筑工地做工的奴隶也是国家奴隶。[36]使用奴隶数量最多的国有矿山，例如在雅典的劳里昂银矿，所使用的奴隶超过10 000人。[37]

8.7　希腊的经济发展

希腊是古代西方经济的中心之一，而其中又以位于阿提卡半岛的雅典城邦尤为引人注目。雅典借助工商业的发展，逐步扩大了希腊在世界经济的影响力。希腊的经济发展主要体现在发达的工商业，但这种工商业的发达，仍然是建立在农业发达的基础之上的，特别是希腊经济发展极不均衡，除少数工商业城邦外，大部分地区还是以农业为主的。不过，希腊的农业并不是自给自足的，而是市场农业，即与市场和贸易密切联系的。

在希腊的经济中，由于希腊贫瘠的土地，农业①极其重要。自古以来，希腊农业以谷类、橄榄和葡萄三大作物为主。谷物以大麦、硬粒小麦为主，并生产较少见的稷。90%的谷物产量是大麦。即使古人知道小麦的营养价值更高，他们仍然以种大麦为主。因为种大麦更加有成效。但对于希腊人来说，最重要的还是橄榄树和葡萄树。由于土地贫瘠，农产品的收成不能够满足需求，因此，希腊人也种植药草、蔬菜和产油植物。希腊幅员辽阔，地理差异条件较大，需要种植不同种类的植物。所以，在希腊农业中存在着比较合理的区域分布。希腊非常适合种植橄榄树，橄榄可以提炼橄榄油。早期的希腊已种植橄榄树。橄榄种植园是一项长期投资，橄榄树需要生长20多年才可提供橄榄，而且每隔一年才有收成。希腊的土壤也适合种植葡萄，但它需要很多的照顾。一般来说，希腊本土主要生产葡萄和橄榄，并做成葡萄酒和橄榄油出口，而谷物不能自给自足而需要从国外输入。因而，希腊农业的商品化比较发达。

---

①　希腊农业受气候的影响有比较固定的经营模式。春天是雨季，农民把握时机，令休耕的土地投入生产。希腊实行两年轮耕制，一年休耕，一年耕种。希腊曾经尝试引入三年轮耕制，第三年种豆科植物。不过，由于土地贫瘠，人力不足，以及缺乏机械而不成功。希腊人在种植农作物时不使用动物粪肥，可能是因为牛太少。唯一加进土壤的东西，是休耕时长出来的野草，农民翻土时将其推进土里。在夏季，灌溉是必不可少的。在收获农作物时农民会用镰刀收割。希腊人用动物打谷，即是由牛、驴或骡子践踏谷物，然后储存起来。秋季是最重要的季节。秋季初，希腊人收集木柴。沿岸地区的冬季气候温和，但在高地，气候可以很严峻。这个时间也是葡萄的收获季节。赫西俄德和色诺芬之间，近4世纪的岁月，农业方面没有改善。工具依然平庸，也没有新发明以减轻人或动物的工作。直至罗马人发明了水磨坊，水力才可以帮助人畜。灌溉、土壤、畜牧都没有进步。

希腊畜牧业由于地理的局限，并没有得到好的发展。虽然迈锡尼饲养牛，但由于希腊的版图扩展到不适合牧牛的地形，牛的数目迅速减少。山羊和绵羊迅速成为最常见的牲畜，因为较容易饲养，并且可以提供肉类、羊毛和奶。此外，希腊农民还饲养猪及鸡、鹅等家禽，牛较少见，通常用来工作，驴和骡用作役畜。大多农场都会饲养少量牲畜，有一些农场同时从事耕种和畜牧，有一些则专事畜牧。

在希腊各城邦中，雅典是典型的工商业城邦。在公元前6世纪，雅典工商业发展还比较有限。手工业发展也比较低下，大多数的工艺品都是家庭作业式的制造，即使相对发达的制陶业中，专业匠师也不过百人，而且一半以上是外邦人。商业主要由小手工业者兼营，专职商人还不多见。

到公元前5世纪中叶，雅典工商业经济进入了极盛时期。雅典工商业的发展，主要是公共工程建设的刺激。雅典通过征收贸易税，开发矿山，特别是通过奴役同盟城邦，积累了大量财富，并建立一系列公共工程建设。事实上，宏大的建筑工程显示了雅典城邦经济的高度繁荣。大规模建筑业的发展带动了建筑材料业和其他相关产业的发展，也带动了各种手工业的发展。因为这项工作需要投入很多工艺，要用到的材料有石头、黄金、象牙、黄铜、紫檀、柏木等，而制造和加工这些材料的行业又有木工、铸工、石匠、画匠、浮雕工[38]，这样手工业迅速发展起来。雅典在这时已经成为希腊的手工业生产中心。

从公元前6世纪到公元前4世纪，希腊的手工业的发展较为迅速，虽然与农业相结合的家庭手工业仍然存在，但城市中独立的手工作坊却起着越来越重要的作用。各类作坊有比较细密的分工，例如，纺织作坊有洗毛、梳毛、纺线、织布、染色；制陶作坊有拌料、成型、上釉、绘画、焙烧；制靴作坊有打样、作底、作帮、缝鞋等。冶金、木工、皮革、面包坊等行业也各有分工协作的程序。匠人趋向于掌握一门手艺，力求专精和熟练。某些城邦常有其闻名的产品，如雅典的金属和陶器，科林斯的陶器和纺织品，米利都的纺织品和家具等，充分表明匠人所具有的高超技艺。这时的工业组织主要是作坊和营造场。作坊和营造场一般都是中小型的。当然也有使用数千奴隶劳动的采矿场，但数量极少。

金属采掘和加工在希腊经济中占有重要的地位。金属矿在希腊很常见。其中，最有名的是劳里厄姆的银矿。这些矿的开采为公元前5世纪的希腊的发展做出了贡献。铁的产地主要是拉科尼克、爱琴海各岛和黑海南岸。采矿工具极其简陋，如锤子、鹤嘴锄、锹等。当时希腊人学会勘探、处理和提炼矿。希腊矿井中的通道和阶梯，跟希腊寺庙一样讲究比例与和谐。由于隧道很深，在里面工作是艰难的。矿工带铜凿和铁锤，两人肩并肩开采矿石。劳里厄姆的矿场利用大量奴隶①，这些奴隶大部分来自黑海地区，如色雷

---

① 希腊经济的发展和繁荣，以奴隶制的存在为其前提。奴隶的来源有战俘、债奴、海盗劫持的人口、奴婢所生子女及罪犯等。奴隶在法律上不被当人看待，而等同于财物和工具。奴隶以用于各种物质生产部门为主。奴隶数量无可靠数字，大体说来，经济发达的地区奴隶数量可能不少于自由人。雅典仅用于洛里恩银矿上的国有奴隶就有1万～2万人，大奴隶主尼西亚斯占有奴隶逾千人。奴隶价格因具体条件而有别。但总的来看是低廉的。奴隶主对奴隶有生杀之权。但事实上并不轻杀，因主人不愿由此损失一份财产。有些代主人经营而获利丰厚的奴隶，还可得到赎身的机会。但众多从事体力劳动的奴隶常被打上烙印或戴上颈圈，忍辱负重，过着非人的生活。他们经常起来与奴隶主做斗争，由怠工、破坏工具和财物直到逃亡。

斯和帕夫拉戈尼亚。银矿的开采使银产量大幅度上升，银币的出口量也十分可观，有力地促进了希腊经济的发展。

手工业是商业发展的条件，商业又促进手工业的发展。希腊各城市多有商业区或指定的市场，大小店铺陈列各类商品。所出售的商品包括农产品和手工业品。在市场上也买卖奴隶，男女奴隶被枷锁着，标明年龄、用途、价格等项以供顾主挑选，贩卖奴隶是非常有利可图的。这时期，各城市的商业区或指定的市场是最普遍的国内贸易形式。小生产者把他们的农产品或手工业品在市场上直接出售，而零售商人则充当生产者和消费者的中间人。而以节日和竞技会为背景的非经常性市集，许多城市的卖主和顾客都集中到这里。最著名的在奥林匹亚、德尔斐、尼密河和科林斯地峡等，都是商人推销商品的好机会。公元前 7 世纪希腊已有铸币，当时货币的质地是多种多样的，有金、琥珀金、镀金、银、青铜、铁、锡等，普遍流行银币。铸币的广泛流通，给贸易带来便利，并出现了专门从事经营货币的行业。在货币经济发展的基础上，借贷业也产生了。有的奴隶主亲自或假手其奴隶开设“钱庄”，经营存款放款、抵押信贷、地区转账，从中牟取厚利。到公元前 5 世纪末，信贷业已在希腊各城邦获得巨大发展。

城邦间的贸易比市集贸易重要得多。雅典是希腊商业贸易中心，商业贸易是为雅典带来利益的行业。雅典自身需要大量进口。它的最大宗进口是粮食，以及铁、铜、造船的木材等一些必需品，还要进口象牙、珠宝、皮革和亚麻等。为了维持进出口平衡，希腊城邦必须有出口商品。不过希腊的手工业产品因为交易总额较少在平衡贸易中作用有限，真正维持平衡的主要靠采矿业和旅游业。雅典繁荣的商业贸易环境吸引了大量的顾客纷纷而来，从而刺激了国内手工业、采矿业[39]。希腊的贸易基本上是自由的，国家没有什么限制，但小麦、面粉等个别商品除外。

希腊的海上贸易也比较发达。由于所处的地理位置，希腊很早以前已经必须进口小麦；因此迫使希腊从事海上贸易。兰尼加、埃及、意大利以及黑海的周边地区，为希腊提供小麦。其他进口产品，包括纸莎草纸、香料、纺织品、金属、木材、亚麻以及沥青等，此外还有谷物。希腊城市则出口葡萄酒、陶器和橄榄油。因为优雅的手艺和高比例的银，银币也十分著名。这些银币不单用来交易，也是金属银的来源。随着工商业的发展，希腊一些手工业发达的城市，如米利都、卡尔乞斯、埃介那岛最先成为海上贸易中心。米利都不仅是一个工业中心，每年都要输出大量的本地产品，而且还是亚洲西部与希腊本土之间的媒介。雅典和科林斯担任希腊和爱琴海各岛屿之间的贸易中途站。一般常用的金属与贵金属、木材、羊毛、琥珀以及象牙等都集中到这里，进行加工制造，然后把各种织物、金属工具、珠宝、雕刻品等由船运往各处。

在公元前 5 世纪，雅典海港比雷埃文斯是爱琴海最大的商港，它成为几乎来自整个地中海商品的集散地。运到这里的商品有埃及、西西里的谷物，黑海的皮革、鱼、牲畜、波斯和迦太基的毛毯，阿拉伯的香水，马其顿和色雷斯的亚麻衣料和帆布、大麻，以及来自高加索和伊利里亚的建筑木材等。到公元前 5 世纪中期，比雷埃文斯成为整个地中海的贸易中心，出口的商品主要是橄榄油、葡萄酒、银、大理石、金属制品以及陶器等。这时希腊人的商业活动已遍及北欧、西欧、英吉利海峡、北海和波罗的海，甚至到非洲的西海岸和欧亚交界处的未知地区。当时的希腊市场上不仅有传统出口商品，还有数以千计的世界各地的特产，如印度的棉花、中国的丝绸、波罗的海的琥珀等，光数量就能证明当时的商业组织的规模和程度，希腊的贸易活动已进入古代世界的顶峰时期。

工商业的发展对希腊经济产生了重要的影响，使希腊获得了巨大的贸易利益。尤其是雅典作为区域工商业中心，拉动了周围地区的经济繁荣，使地中海、黑海、小亚细亚和北非形成了一个以雅典为代表的贸易中心，雅典则通过工商业和海外贸易赚取了巨额财富。在国际贸易中，希腊处于出超的有利地位，外国的大量财富源源不断地流向希腊本土，从而增强了希腊的经济实力。

公元前413年—前404年，希腊卷入德凯利战争使经济严重衰退，人口数量锐减。战争后期，雅典城邦的工商业经济萧条，大量从事手工业的工匠逃亡，出口产品明显减少，战争使雅典逐渐失去了海上霸主的地位，以对外贸易为基础的经济迅速衰落。战争以希腊失败告终，给希腊经济带来前所未有的破坏，促使小农经济与手工业者破产，不少城邦丧失了大批劳动力，土地荒芜，工商业停滞倒闭。大奴隶主、大土地所有者、投机商人和高利贷者乘虚而入，大肆兼并土地、聚敛财富和奴隶，中小奴隶制经济逐渐被吞没，代之而起的是在大地产、大手工业作坊主为代表的大奴隶主经济。

8.8　货币和银行的产生

古希腊诗人荷马在《荷马史诗》中就有关于商业交换的记载，当时人们用牡牛作为货币单位，青铜、铁片、斧头和三角鼎等也被用作等价物。希腊的海外大移民活动大大促进了商业贸易活动的开展，导致公元前7世纪货币的产生。

最早出现希腊古币的是小亚细亚吕底亚王国，具体时间很难确定，一般认为出现在公元前671年—前546年。之所以最早的货币出现在这里，是因为吕底亚当地富含金银矿。“狮币”[①] 就是由金银合金铸成的。具体来说，“狮币”大概含54%的金、46%的银，重量约4.74克，直径约11毫米。古希腊钱币最初的形态为合金钱币，青铜钱币的出现较晚，且多为代用币。公元前6世纪时，吕底亚国王，富甲天下的克洛伊索斯（Kroesos）首先铸造了金、银币。克洛伊索斯的钱币也成为世界上最早的金、银币。这时，西西里、意大利南部殖民地、北希腊以及里海沿岸的殖民城邦也定期发行自己的货币。当时货币的质地是多种多样的，有金、琥珀金、镀金、银、铜、锡等。铁币在斯巴达和居述可使用过，而锡币则主要是西那库斯城邦使用的货币。雅典最早使用的银质等价物形如烤肉用的叉子或签子，而吕底亚最早的铸币则是椭圆形的，以后才逐渐过渡到较规整的圆形。

公元前6世纪中期以后，希腊人学会了铸造双面图案的货币，最先出现的是所谓“厄基那制”，为伯罗奔尼撒半岛、波奥提亚、帖撒利、克里特以及希腊大部分城邦所采用，其基本货币单位是“斯塔特尔”，重约12克；此外，“达拉克姆”重约6.3克、“奥

---

① 从现存的“狮币”可以看出，吕底亚王国当时是在有意保证这些货币的成分、重量、大小的稳定，这就是国家保证其信用的体现。而打上狮头的印记，既表明王室的支持，也体现了吕底亚的当地特色。所以这种在货币上打印记的做法，被后来所有铸币继承了下来。

波尔”重约1克。除“厄基那币制”，当时希腊还存在一种“优庇亚币制”，这种币制得名于波奥提亚之东的优庇亚岛，当时也是商业中心之一。这种币制在爱琴海上的诸岛屿，特别是小亚细亚沿岸各希腊殖民地比较流行。除这两种之外，由于当时海上力量最强大的腓尼基人也是从事贸易的好手，所以还有一套“腓尼基币制”存在。

随着雅典国家的复兴，在中希腊的阿提卡、北希腊、里海及黑海沿岸、西西里等地流行“阿提卡币制”。这种希腊币制最终稳定了下来，并几乎成为希腊世界的“通货”。这种货币里最主要的货币单位是德拉克马（drachma），① 相当于人民币的“元”。按重量，1德拉克马约为4.31克，所以1德拉克马的货币就是4.31克白银。由于该重量的银子的体积实在太小，所以在铸币时，铸造最多的是4德拉克马，即17.24克的银币。4德拉克马银币，约含98%的银，直径约24毫米。另外，从僭主庇西特拉图的时代（公元前6世纪中叶）起，所有雅典银币的形制都大同小异：正面是雅典的保护神雅典娜女神的侧面像，背面是雅典娜的圣鸟猫头鹰，以及雅典的城名“AΘE”。所以，各种雅典银币得到了一个“猫头鹰币”的俗称。除最流行的4德拉克马银币之外，还有10德拉克马、6德拉克马、2德拉克马、1德拉克马等银币。

当时，一般较大的城邦在自己的势力范围内均实行自己的币值，包括阿布德拉制、开俄林制、科林斯制以及罗德斯制等，可见，城邦时代希腊币制十分混乱。随着交换经济的发展，雅典的货币以其98.5%的高纯度而赢得了各城邦的信任，因而得以广泛流通。来到雅典的外商，在卖出了自己的货物之后，即使不载回新货，也将带回雅典的货币。[40]

钱币兑换业早在希腊世界商务往来日趋频繁的时代就开始了。一方面，货币是交易的媒介物；另一方面，货币本身也是交易的对象。在希腊流通的货币形形色色，据统计，古希腊世界共有16种币制②，货币的价值波动不定。这样，就需要一些货币兑换另一些货币。货币兑换商们了解各国货币的成色、图案和价值，并通过兑换中的价格差、时间差以及地区差和兑换手续盈利。兑换商在兑换货币时收取酬金有时相当高。由于他们在柜台上从事业务，因而又被称为金融商。

在货币经济发展的基础上，银行业也诞生了。最早的私人银行便是由金融商们开设的，从公元前5世纪早期，金融商们便在自己的店中接受钱币置存。他们一方面付给存款者低息，另一方面又将这些存款借给各种商人，利息依据风险而定，在12%到30%之间。到公元前5世纪末，信贷业已在希腊各商业城邦中获得巨大发展。富有的金融商变

---

① “德拉克马”这个名称来源于希腊语动词 δράττω，意思是“抓”“握”，“德拉克马”的意思就是“一把”“一捧”。可能是当古希腊的“交换媒介”还是小铁叉的时候，人们总是手上握着几根小铁叉，进行交易，于是“一把”“一捧”这个量词，先是变成了一种重量单位，后来变成了一种货币单位。

② 古希腊世界使用着多种度量衡单位，这也影响到其钱币的币制单位。据统计，古希腊世界共有16种币制。其中出现最早的是米利都币制，而使用最广的是优卑亚—阿提卡币制。在古希腊钱币里，钱币的基本面值是以德拉克马和奥波尔计算的。奥波尔本意为铁棒（oβoλoS，Obelos），而德拉克马则为铁柄（δραχμη，Drachme）。这反映了在早期希腊社会，铁质物品曾作为货币流通。六奥波尔等于一德拉克马，以上则用德拉克马计算。在部分币制里，也有所谓的标准重量，为斯塔德（Stater，即 Stander）。古希腊金币的重量多为斯塔德，而银币的重量多为斯塔德与四德拉克马。

成了真正的银行家，“他们接收存款，并为自己的雇主开立活期存款账户，给商人、船主或作坊主发放贷款，有时甚至给自己的城市放款，按照自己雇主的要求支付各种款项，通过自己的代表和代理人把钱汇到其他城市等”。[41]

银行的种种业务都是用契约抵押不动产或贵重物品或由第三者作保等加以保证的。其中常见的有土地信贷（以土地为抵押）、城市信贷（以城市房屋为抵押）和海洋信贷（以船舶及其所载货物为抵押）等方式。土地买卖在战前的许多城邦里都是立法禁止的，但在公元前5世纪末和公元前4世纪却变得流行起来，土地典押、买卖文献不断被发现，而由此带来的债务问题则困扰着公元前4世纪的希腊各阶层。[42]那些来自外邦的银行家们常常因为对城邦有着卓著的贡献（如捐献钱财、造船、建神庙等）而获得了“购置地宅权”或公民权，这就使他们所获得的不动产具有了实质性意义。而作为动产抵押的贵重物品（珍贵物品、金银高脚杯等）和海洋信贷的抵押品，相对而言处置方式就简单多了。没有公民权的富人们广泛地参加了进来，同时只要船只能够安全返航，船主的收益也是可观的。该时期，自由民中的非公民在城邦经济和社会生活中的作用加强，尤其明显地表现在货币借贷关系上。[43]

此外，在希腊从事金融业的还有神庙，其金融活动是不容忽视的，因为“在古希腊的整个历史中，希腊的庙宇，尤其是提洛岛的阿波罗大庙，在希腊许多的银行家、企业家、高利贷者中间占居首要地位”。[44]在希腊的宗教节日里，神庙周围便出现了商业集市，这些神庙都积极参加集市活动，由于它们神圣不可侵犯的特殊地位，使不少个人乃至国家存款于此。同时神庙还时常接受国家和个人的捐赠或上供。这样，神庙便得以利用庙里的大笔款项向商人、集团乃至整个城邦发放贷款，并收取贷款利息，据载，“由神庙经营的大规模金融业务，贷款利率通常为12%～18%”。[45]这就使神庙得到巨额收入。

公元前5世纪至公元前4世纪的政治、经济背景，除产生了不少投机商人外，还造就了一批专事金融业务的银行家。他们中有城邦的公民，但更多的是来自外邦的自由民，而在后者中被认为是全希腊最著名的银行家是帕西翁。帕西翁是以高利贷起家的外邦人，在公元前370年他去世时，其财产近40塔兰特。在当时他一个人的年收入已高达1 000德拉克马以上。这个居于雅典的银行家，掌握着好几家汇兑银行，他灵活地支配客户在其银行中的存款，并将其中一部分作为贷款借出，而另一部分则用来投资商业。他还因为被认为有功于雅典而获得了该城邦公民的资格。为此，他曾送给了国家1 000个盾牌，并自己出资装备五艘三层桨战船。[46]这个时代较有名气的银行家还有安替斯提尼、阿撒斯特拉图等人。

古希腊人的造币业对邻近各民族产生过深刻影响。早在公元前6世纪，波斯国家、色雷斯南部等部落便仿效希腊人，造出了自己的金币和银币；继后，迦太基、腓尼基、马其顿、意大利、犹太等地也竞相效法。[47]同时，希腊人的货币与金融业又伴随其商业贸易和亚历山大的东侵向地中海周边地区广为传播，其影响是可想而知的。

8.9　劳动力的划分

雅典在公元前5世纪和公元前4世纪展现了政府部门的专业化，这一模式适用于劳动力的划分。亚里士多德（Αριστοτοτὲλης，Aristotélēs，公元前 384 年—前 322 年）指出："在大的城邦里，每个行政官职有特殊的职责。公众的数量众多使有很多官员成为可能。不可否认的是，当行政官员的职责相应有限时，能更好地担当职位。另外，在小城邦，各种各样的职责一定是集中在少数人手里。既然那样，我们可以把政府部门比作某些行使若干个功能的工具。"[48]

但是，引起政府部门增多的社会分工的发展，与社会需要的复杂性相适应，以同样的力度作用于经济领域的劳动力划分。例如以家庭分工已显示出在一些大的商业中心又分出许多分支。这在雅典和比埃雷夫斯尤其明显。[49]柏拉图（Plato，Πλάτων，约公元前 427 年—前 347 年）天才地第一次为经济学提供了一种劳动力划分的理论。他在《智者篇》和《政治家篇》中已经概述了手工业的划分。这两部著作一个区分了创造性技艺和可学得型技艺的不同，另一个区分了制作消费品的首要工艺和提供生产必需的工具的辅助技艺。粗原料的获得包括矿石的采掘，树的砍伐以及剥兽皮等。首要技艺供给人们住房、衣服还有武器，为了维持他们的身体做储备。工具是多种多样的，包括器械、不同的用具，还有交通工具。

色诺芬（Xenophon，约公元前 430 年—前 354 年）在《经济论》中不仅提到手艺的专门化，还向人们展现了一个手艺人的劳动力的真实划分。他指出："要是发现无论什么物品，大城邦造的总比小城邦好，我们一定不必吃惊。在小城邦同一个工人做床、门、犁，并且也经常建造房子，靠这些手艺得到足够的工作可以养活自己，但他要在所有手艺上同样获得成功是不可能的。另外，在大的城邦，那么多人口有同样的需求，一个人靠一种手艺就能生存。甚至有时他仅做手艺的一个工序。一个人做男鞋，另一个做女鞋，一个完全地靠缝鞋子为生，另一个则靠切皮革。制造长袍时，一个人剪，另一个人仅仅缝合。一个人如果其工作被限制在有限的工艺，他必定很精通这道工序。"[50]

从古希腊著名的政治家伯利克里（Περικλῆs，Pericles，约公元前 495 年—前 429 年）所做的讲演中，我们知道了各种劳动力在雅典城邦所做的工作，可以证实帕拉图和色诺芬关于劳动力手艺专门化的言论。他说："各种各样的粗原料、大理石、黄铜、象牙、黄金、乌木、柏树枝，已经由各类手艺人、木匠、铸工、铜器工人、大理石工人、金匠、车工、画家、搪瓷上釉技师以及金属浮雕师，着手处理了。为了运输，我们需要商人，各海上的水手、舵手和在陆地上的车匠、租牛者、马车夫、制绳者、制帆者、皮革装饰者、修路工和矿工。并且每一项手艺，都有几个有组织有分工的工人。"[51]

为了获得更生动的一个劳动力划分模式，让我们把目光放在皮革装饰业、采掘业以及制陶业等工业的不同分支上。

皮革制造业早在荷马时代就形成了一个单独的行业。皮革工作以相当不均等的方式被划分。有人同时是马具商、挽具商和制鞋商；也有制鞋商既制鞋又修鞋。但这些职业的每一个也可能单独存在。某些马具商仅制作一种物品，例如马笼头。男式鞋和女式鞋在不同的工场制作，需要不同的人切皮革和缝制。

与皮革制造业相比，在矿场里的工作已经是高度有组织的。就采掘业而言，主管矿工的工头共同组织三队人从事采掘业工作：最强壮的男人抡大铣和十字镐，小伙子把矿石运出去，女子和老人被用来筛矿石。在工场里，主管精炼工管理着敲碎工、洗涤工以及精炼工的工作。

在陶器场里，塑形、烘制以及装饰在公元前6世纪之前就分离了。尼克斯底尼仍旧卖各种形状的瓶子，但是很快在饭锅的制作者、罐子的制作者、长身细颈瓶的制作者以及高脚杯的制作者等之间有了区分。在瓶画家之间，工人和画师之间的差别变得越来越显著，工人仅仅做些装饰性的小图画，而画师则描绘一个主题并且制作一个形象。[52]

获得建筑业劳动力划分的清晰概念是不容易的，因为有时大的承包商获得不同工程的订单并让工头、自由工人或是有专业技能的努力来做。公元前5世纪末，伊瑞克提翁神庙的账目展现了治木和治石不是同一人来做，以及干粗活的木匠与锯木工和装饰工之间的不同。这没有阻止技艺一词仍被用于指削石工和石匠，以及置梁工、锯木工以及做天花板镶板的装饰者。在公元前329年，在尼琉息斯，技艺仍旧包含修路工作和做屋顶的工作。石匠的工作仍是与木匠的工作区分的，而一些小工匠专做石匠、铺砖匠或泥墙匠。

所以，总的来看，公元前5世纪和公元前4世纪的希腊展现了行业显著的专业化。在古代希腊，正是最富有的制造商同时展开着不同的工业并在同一工厂里制造若干种物品。而各种专业化的人往往是一些地位卑微的人，独立工作或是在小群体里。希腊世界国家间的劳动力划分是司空见惯的。很多城邦把它们的产品卖到国外，科林斯的是帘子和地毯，派勒尼的是长毛绒披风，米利都的是短斗篷，卡尔基斯的是刀剑，而雅典的是塞拉麦考斯的瓶子和劳力昂的银矿。尽管劳动力在出口多的城邦非常密集，但他们并不集中在有器械装备的企业；劳动阶层则集中在港口和城邦的区里，但并不依赖于一些有实力的企业。

8.10　城邦经济的危机

在希腊，伯罗奔尼撒战争（公元前431年—前404年）① 的爆发，对整个古代希腊世界历史上发生过极其重大而深远的影响，是希腊城邦由极盛走向全面危机的转折点。危机的表现为邦际之间的战争频繁，霸权旋起旋仆，各城邦丧失充分自卫能力，公民兵越来越明显地被雇佣兵所代替。在此起彼伏的战争中，各城邦的人力和物力都加快消耗，小农经济无法经受战争和富人的挤压，大批破产，少部分人靠战争和牺牲小农的利益成为巨富。战争结束后，各城邦普遍发生了危机。随着奴隶制经济的增长，奴隶劳动日益排挤自由民劳动，土地逐步集中在少数人手中，大批公民失去地产，公民兵制瓦解，雇佣兵制取而代之，阶级斗争不断加剧。导致城邦经济危机的主要因素是奴隶制经济的发展。城邦间的战争成为补充奴隶的重要来源。据统计，公元前308年雅典的奴隶人数达

---

① 伯罗奔尼撒战争是以雅典为首的提洛同盟与以斯巴达为首的伯罗奔尼撒联盟之间的一场战争。这场战争从公元前431年一直持续到公元前404年，其间双方曾几度停战，最终斯巴达获得胜利。这场战争结束了雅典的经典时代，也结束了希腊的民主时代，强烈地改变了希腊的国家。几乎所有希腊的城邦参加了这场战争，其战场几乎涉及了整个当时希腊语世界。在现代研究中也有人称这场战争为“古代世界大战”。

到 40 万人。[53]大奴隶主占有大量奴隶，用于各方面的生产，特别是采矿业。手工业作坊也大量使用奴隶。大奴隶主兼并小手工作坊，出现了使用 120 名奴隶的大手工作坊。由于使用廉价奴隶劳动，公民往往脱离劳动，轻视劳动，成为寄生阶级。

在农业中也大量使用奴隶。在廉价奴隶劳动竞争下，大批小农破产，大大加速了土地集中过程。公元前 403 年，雅典没有土地的公民只有 5 000 人左右，而这一时期，据估计，无产公民人数超过雅典居民的总数的一半以上。[54]公民的大批破产，导致公民兵制度的瓦解。公元前 4 世纪中叶，雅典军队中公民仅占 1/4，其余则是雇佣兵。雅典名义上仍实行公民兵制，但公民的战斗力和从军的积极性日益为金钱和私利所驱使。这实际上是公民制的雇佣军化。

历时 27 年的伯罗奔尼撒战争使希腊的经济遭到了严重破坏。战争造成了田园荒芜，城市残破，大量的自由民破产，奴隶的数量激增，而奴隶制的发展排斥小农与小手工业者，作为城邦经济基础的小农与小手工业者的破坏导致了城邦经济的破产。希腊城邦的阶级矛盾激化，从而引发了城邦之间的混战。与小农、小手工业者大量破产形成鲜明对照的是大奴隶制农庄和手工作坊的出现。这种贫者愈贫、富者愈富的现实破坏了城邦经济的基础。从实质上来说，城邦危机本身就是奴隶制发展的结果。奴隶制经济要求建立大国甚至帝国，原来小国寡民的希腊城邦却和这一要求背道而驰。持续不断的大小争霸战争提供了源源不断的奴隶充斥着奴隶市场，一次又一次地使奴隶价格降低，于是奴仆成群的大奴隶主日见增多。和大奴隶制经济的流行相伴，公民中的小农和独立的手工业者则处境困难，破产日多。原本在国民经济中占重要地位的第三等级在此时却受创最剧，人数大减，很多人沦为了无地公民。

这次战争也给雅典经济带来巨大损失。战争使它积累多年的巨额财富消耗一空。农牧业生产遭到毁灭性打击，银矿荒废，奴隶人数骤减，工商业急剧萧条，尤其是雅典帝国的瓦解，雅典人所控制的领土、领海的范围大大缩小，人口迅速减少。另外，少数富人的财产明显增多，在最富有的 1 200 人中间，财产大多在 5 塔兰特左右，多的高达数百塔兰特，少的也有 2 塔兰特。他们的收入来源已不再局限于地产。一些人经营起过去由外邦人经营的手工作坊、银钱兑换业务，有的通过为外邦统治者服务赚取报酬，有的还经营澡堂、妓院、酒馆、房地产。每人均拥有大量奴隶，奴隶与公民人数的比例显然加大。外邦人在雅典经济活动的主要领域仍然是手工业、商业，雅典两家最大的奴隶作坊主均是外邦人。私有经济的进步使雅典在丧失了附属国的巨额贡款之后仍然能得到大量收入，公民的福利不仅没有减少，而且还有所增加。这有利于小农经济的相对稳定，所以雅典贫富的差距虽然拉大，但失地的公民人数远比斯巴达要少。战后雅典经济举步维艰。战争的破坏和居民的拓荒，使阿提卡地区的生态环境有所恶化。与此同时，因战争和瘟疫造成的大量人力损失，以及大批精壮劳动力外流，使其人口出生率比前一世纪有所降低。这都不利于经济的回升。德摩斯梯尼（Demosthenes，公元前 384 年—前 322 年）指出，公元前 4 世纪前期，雅典金钱岁入仅 130 塔兰特，约相当于公元前 427 年—前 426 年的 1/15；直到公元前 345 年前后才达到 400 塔兰特，相当于公元前 427 年—前 426 年的 1/5。公元前 4 世纪雅典的经济潜力远不如其极盛时期。

雅典政府在公元前428年—前427年首次向公民征收战争税，一次即征得200塔兰特。这意味着应纳税公民的财产总值不下2万塔兰特。然而在公元前378年—前377年所进行的财产表明，雅典应纳税的财产总值仅约有6 000塔兰特，不足50年前的1/3。因此，尽管雅典政府把这种税收逐步制度化，但在公元前377年—前357年间的征税总额仅约300塔兰特。伯里克利时代雅典国库储存最多时达到9 700塔兰特，到公元4世纪前期至多不超过1 000塔兰特。这足以说明公元前4世纪雅典城邦的经济财富已大大少于其极盛时期。[55]

古代城邦形式多样，城邦危机的具体表现也是很不相同的。公元前4世纪雅典城邦危机与同期的斯巴达城邦危机是有区别的。首先，雅典城邦在公元前4世纪没有任何领土扩张，奴隶制经济在低谷中徘徊发展，总体水平明显下降。其次，雅典私有土地的规模无明显扩大，但土地私有化程度加深，奴隶制的发展同小土地所有制的瓦解密切相关。奴隶制的发展有助于大土地所有制的形成，两者互相起促进作用。对于小土地所有制则不然，奴隶制的发展使小农破产，造成小农经济衰退，这样，奴隶制反倒成了城邦的离心力。因此，古典奴隶所有制走向瓦解是无法挽回的历史趋势。最后，公民的数量尽管相对稳定，但他们的财产状况恶化，而城邦的财政状况又不允许它长期养活大批外籍雇佣兵。因此，雅典城邦产生危机也是不可避免的。雅典城邦危机是有其深刻的社会经济等方面的原因的，它的出现不仅仅是由于阶级矛盾激化、与斯巴达冲突加剧以及伯罗奔尼撒战争失败的结果，更重要的是由于奴隶制经济发展的必然结果。

8.11　人口政策与人口规模

古希腊古风时代以城邦制度闻名于世，许多独立小国并存的形态贯穿了希腊文明的始终。城邦的理想是独立与自足。因此，城邦的人口数量是政治家和思想家关心的问题。亚里士多德在《政治学》中指出，那些治理有方的著名城邦无一不对其人口进行控制，过于稠密的人口不可能保持一定的秩序。一个城邦规模过小就不能自足，城邦规模过大就难于建立一个政体，因此，“一个城邦的最佳人口界限，就是人们在其中能有自给自足的舒适生活并且易于监视的最大人口数量”。[56]但是，最根本的办法是制定相应的人口政策。

公元前6世纪，希腊城邦进入了迅速发展的成熟期。各城邦为了增强实力和兵源，大都鼓励生育，尤其是在战争、瘟疫或饥荒造成大量人口丧失的情况下。伯利克里在雅典阵亡将士的墓前演说中指出：“阵亡者父母中那些适当年龄的人仍然要坚持下去，希望多生一些儿女”，“这些新生的儿女会使你们忘记那些死者，他们会帮助城邦填补死者的空位和保证它的安全”。[57]斯巴达城邦曾经颁布鼓励生育的法令，规定凡有三个孩子的父亲可以免除兵役，四个孩子的父亲可以免除城邦的一切义务。[58]无子不仅被认为是个人的不幸，同时，也损害了城邦的公益。柏拉图则在《法律篇》中首先制定的是婚姻法。他认为男子过了婚龄仍不结婚生子是违反神意的，这样的人从35岁开始每年须交纳罚款，并且“把他排除在年轻人的各种荣誉之外”。[59]

亚里士多德则从维护城邦制度的角度出发，认为一个城邦人口过多就会破坏良好的秩序，一个成年男性公民人口超过 10 万人的城邦就已经不是一个城邦了。家庭中人口的过于膨胀与财富的过分增长一样不利于城邦的稳定，他提出“在限制财富增加的同时也应该限制孩子的数目”。[60]婴儿的高出生率和高死亡率使人口的增长率维持在一个很低的水平上，而战争和瘟疫又会在突然间夺走大量人口；因此，在古代，这些因素都成为控制人口增长的调节剂。但可以肯定的是雅典在两次战争之间的和平时期出现了一次人口较大幅度的增长，解决的办法之一就是向外殖民，这一时期出现了一次殖民高潮。通过殖民来减少人口过度增长带来的生存压力是城邦一贯采取的政策。[61]

古风时期没有留下任何人口数字，但近年来的考古发掘提供了一些线索。有人根据公元前 8 世纪到公元前 7 世纪雅典墓葬和水井的增多推断雅典在这一时期有过一次幅度较大的人口增长，对此，斯诺德格拉斯对古风时期的人口激增说提出了疑问。他认为这并不能表明公元前 780 年—前 720 年雅典在没有外来人口进入的情况下有一次巨大的人口增长，这是因为：与黑暗时代不同，社会下层在这一时期可能有了正式墓葬的权利；这可能是城市出现，人口大量移居城市的结果。况且，直到公元前 5 世纪后半期雅典才开始大量进口粮食。[62]黄洋从土地占有的角度提出了自己的看法。他认为，近年来有关这一地区的地形学和考古学研究表明，在古风时期没有出现人口大量增长和土地绝对缺乏的现象。土地缺乏是相对的，结论似乎是大部分土地被少数大土地所有者占有，对下层农民而言，有着土地缺乏和粮食不足的问题，他进一步论证，这种情况的发生从根本上来说是土地私有制逐步确立的结果。[63]新近的研究表明，公元前 8 世纪到公元前 7 世纪，可能由于干旱或瘟疫，雅典倒是出现过一次人口的大规模减少，到了公元前 6 世纪才又恢复了活力。[64]

公元前 5 世纪到公元前 4 世纪晚期的古典时期，是古典城邦的极盛期。这一时期的历史著作中有一些人口数字，大多是战争中的军队人数。芬利认为，在古代留下的各种数字中，一般来说，军队和税收的数字是可信的。[65]雅典实行公民兵制度，根据财产划分的四个等级分别担任：负责装备战船；骑兵；重装兵；轻装兵和水手。其中后两个等级在人数上占据绝对优势，而两次战争中都留下了重装兵的人数，这样就知道重装兵与最后一个等级在人数上的大致比例，[66]正是沿着这一思路，便能够推知雅典公民的大概人数。

雅典被认为是希腊人口最多的城邦，拥有最大规模的城市。由于古希腊的绝大部分史料都出自雅典，因此它也就成为希腊众多城邦中几乎唯一能够推算出比较准确的人口数字的城邦。根据片断的史料，雅典全盛时期，总人口包括三个部分，即公民及其家属，奴隶和外邦人，自由民的总数约 9 万人，奴隶人数多达 36.5 万人，外国侨民和已被释放的奴隶为 4.5 万人。“这样，每个成年的男性公民至少有 18 个奴隶和 2 个以上的被保护民。”[67]

人类社会发展的每一阶段都有其独特的人口规律。意大利人口史家奇波拉认为，在任何农业社会，在人口的出生率和死亡率的结构及其变动方面，都倾向于保持一套固定的模式。在整个过程中其出生率和死亡率都很高，但在正常情况下，后者略低于前者，人口呈缓慢的上升趋势。但是，当人口上升到某一临界点时，会突然出现明显的死亡高峰，少数情况下与战争一致，通常是传染病和饥荒的结果，因此人口又降低到从前的水平，开始新一轮的循环过程。[68]古代雅典人口发展史基本上符合了这一规律。

公元前 8—前 6 世纪，希腊社会经济迅速发展。与此同时，古代希腊城市也普遍兴起。这一时期的殖民运动使希腊城市扩展到小亚细亚和黑海沿岸，西至意大利和西西里。据统计，由希腊母邦城市所建的殖民地达 139 个。除了雅典城邦之外，希腊另一个大城邦就是斯巴达，但斯巴达的城邦规模比雅典要小，当时包括奴隶在内总人口大约为 37.6 万人，30 岁以上男性公民仅 8 000 人。[69]而希腊其他的小城邦则多数属于几千人的规模。

综上所述，对于人口问题，古代希腊的政治家和思想家已经有了很多思考。他们认为，作为一个以农业为主的城邦社会，人口的增长是有限度的，所以，在城邦的人口政策上又表现出鼓励和控制两种相反的倾向。实际上，这些观念和政策正反映了希腊城邦人口的现实状况。以雅典为例，从古风时期到古典时代，由于瘟疫和战争等原因，人口数量经历了一定的起伏，但基本上保持了原有的水平。

8.12 希腊化世界的经济发展

8.12.1 希腊化世界的形成

雅典与斯巴达的争霸导致希腊经济的衰退，也加剧了希腊城邦的矛盾，使希腊城邦制度陷入危机之中。公元前 338 年，马其顿征服了全希腊，加剧了希腊经济的萧条。随后马其顿王亚历山大大帝（Alexander，公元前 356 年—前 323 年），经过将近 10 年的远征，建立了一个包括大片东方领土在内的帝国。亚历山大死后，他的部将之间发生了争权夺利的激烈斗争，使希腊城邦内部土地兼并的现象日趋严重，贫富分化导致的社会危机更加剧了各城邦的经济衰落。公元前 3 世纪上半叶陆续形成一系列各具特色的希腊化国家，即以埃及为中心的托勒密王国（Πτολεμαϊκη βασιλεία，公元前 305 年—前 30 年）、以叙利亚为中心的塞琉西王国①（Seleucid Dynasty，公元前 312 年—前 64 年）、以马其顿为中心的安提柯王国②（公元前 276 年—前 168 年）以及原有的希腊和其他国家，这些

---

① 塞琉西王朝（Seleucid Dynasty，公元前 312 年—前 64 年），又译塞琉古王朝、希律西底王朝，是亚历山大帝国分裂后亚历山大大帝的部将塞琉古一世创建的以叙利亚为中心，包括今伊朗和亚美尼亚在内（初期还包括印度的一部分）的王朝。塞琉西王朝是希腊化时期最主要的国家之一，有时也被叫作塞琉西王国或塞琉西帝国。塞琉古王国在公元前 3 世纪前期曾一度强盛，公元前 280 年前后，版图面积达到约 350 万平方公里，人口达到约 1 030 万人。但随后其版图不断缩小，很快就掉出了强国的行列。

② 公元前 276 年，安提柯二世·贡纳特被马其顿军队拥立为王，建立安提柯王朝（公元前 276 年—前 168 年）。该王朝积极参与希腊化诸国之间争权扩地的角逐，力图控制希腊。由于阿哈伊亚同盟势力的增长，公元前 229 年和公元前 228 年雅典和整个伯罗奔尼撒半岛相继摆脱了马其顿的羁绊。腓力五世（公元前 220 年—前 179 年在位）企图重新君临整个希腊，并且在伊利里亚和小亚细亚扩张，与逐渐向地中海东部渗透的罗马发生冲突。公元前 215 年—前 205 年的第一次马其顿战争，罗马与马其顿均未取得决定性胜利，以大体维持现状的和约告终。第二次马其顿战争（公元前 200 年—前 197 年）期间，腓力五世在库诺斯克法莱战役中败北，被迫放弃马其顿境外的所有领地。第三次马其顿战争（公元前 171 年—前 168 年）则以马其顿王佩尔修斯（公元前 179 年—前 168 年在位）在皮德纳战役中的惨败告终。安提柯王朝一共 7 个国王，统治 108 年。

国家统称为希腊化国家。

亚历山大作为世界著名的军事家和政治家，他不仅开创了一个属于他的帝国，而且还开辟了一个崭新时代，即“希腊化时代”。① 亚历山大东侵及其帝国的建立，特别是希腊人对横跨欧洲、亚洲和非洲之地长达3个世纪的统治，对希腊化世界的政治制度和经济发展都呈现了相互融合渗透的特征。

希腊化时期的经济制度呈现出两种文明传统交错的现象。亚历山大所征服的地区，包括自古就很发达的小亚细亚、两河流域、叙利亚等，希腊不可能在这些地区完全推行它的制度。希腊一方面以空前的规模把城市生活推广到东方去，另一方面在东方所建立的希腊国家则从古老文明中采取君主政治的政府形态。在尼罗河流域，托勒斯诸王无论在哪一方面都是古代埃及国王法老的继承者；在叙利亚和底格里斯河及幼发拉底河两岸，塞琉卡斯王朝的权利与前波斯制度的结合。例如，希腊化诸王继承了东方原有的土地制度。土地在法理上归国家也即国王所有，国王的所有权通过税收、贡赋等形式确认。而广大农村的经济结构、生活方式没有明显的变化。[70]

希腊殖民地中还有一部分属于商业和贸易殖民地。在古风时期，希腊人就注意到了赫勒斯滂海峡和博斯普鲁斯海峡的重要性，为了确保航行，他们在亚欧两岸建立了停靠港和守护站，如塞斯托斯、拜占庭以及阿尔拜斯等。在黑海上，他们在天然道路末端建立了根据地，这些道路有的通往多瑙河，有的通南萨尔马提亚大平原，有的通往高加索和亚美尼亚。沿着海岸建立的殖民地主要是贸易站或交易中心，长期供给希腊本土以食物和原料，并供给土著民族以工业品，特别是陶器和精美的工艺品。在尼罗河三角洲，奥克提拉斯是一个真正的货物集散中心。在大希腊以西的高卢和西班牙海岸，也都建立了贸易站。尽管殖民地城邦在政治上是完全独立的，但在经济上却与母邦保持着亲密的联系。[71]

殖民地的拓展和贸易的扩大，促进了希腊化世界的分工，一些新建的城邦，地处土地肥沃的农业区，可以为希腊本土的城市提供粮食及各种经济农作物，还可以作为加工厂、市场或贸易中心。公元前3世纪以后，希腊本土的城市成为专业化更强的工商业城市。希腊成为地中海的手工工场和贸易中心。即使是农业，也在希腊化世界实现了有效的分工。由于希腊的土壤气候更适于种植葡萄和橄榄，所以大多数地区就取代了耕种粮食，而改为种植葡萄树和橄榄树，这两种经济作物的产值要比粮食高得多。在希腊化世界的劳动分工体系中，希腊本土处在分工等级中的最高级上，享有分工的最大利益。这是希腊经济繁荣的重要原因之一。[72]

8.12.2 货币制度与银行

由于亚历山大征服的结果，大量珍贵的金属投放到希腊市场，除此之外，这一市场

① 从公元前323年马其顿国王亚历山大去世到公元前30年罗马征服托勒密王朝，这一时期的地中海东部的历史在19世纪30年代以后逐渐被西方史学界称为“希腊化时代”。希腊化时代地中海东部地区，社会生产力有所提高，农业、手工业和商业都有一定程度的发展。所有希腊化国家的主要经济部门都是农业。包括埃及的亚历山大里亚等工商业中心在内的一系列城市的出现，许多地区之间商路的建立，流通货币的大量增加，都说明商品经济有所发展。频繁的战争和大量奴役战俘，使奴隶数量有所增加。

还被延伸到很多国家，特别是还没有感觉需要货币的国家。在突然打乱了商品价格平衡之后，大量的硬币由于投入市场上的大量产品而得以校正，最后一种新的平衡就被建立了。

公元前4世纪，雅典带给希腊的货币制度得到了传播。有段时间黄金的过量使用使得黄色金属对白色金属的比例下降至1∶10。“腓力”金币成为遵守这个比例并能和劳里昂的猫头鹰相竞争的银币的辅助货币。大流士一世（Darius I the Great，公元前558年—前486年）的双金属思想已被现代化了。亚历山大同意按照阿提卡的标准制定制度。他阻止破坏雅典的4德拉克马猫头鹰银币，使这种货币在市场上继续被接受，甚至在公元前1世纪初通过一个阿姆菲科提翁里克法令使它具有广泛希腊的价值。但是金币“亚历山大里斯”仍然获得普遍的成功，超过了腓力币。这些金币在运至高卢的地方被模仿，黑海在亚历山大死亡150年后铸造带有亚历山大头像的银币。另外，由罗德斯颁布的和阿提卡标准相抗衡的艾吉那银币标准传播到埃及、西西里甚至迦太基。[73]

在希腊化世界中，用硬币来结账或通过银行来结账的办法已经通行了。各地区的货币尽管不统一，但从一种货币过渡到另一种货币是不困难的。在亚历山大征服东方的时候，大多数希腊城市所采用的本位货币是阿提卡的本位货币，而流行最广的货币是值4个达拉克姆的阿提卡银币。亚历山大就将它的货币制度与阿提卡银币的货币制度相适应。直到罗马征服欧亚两洲的时候，大多数希腊城市都铸造4个阿提卡达拉克姆的银币。塞流古王国也采用这种制度。罗德斯根据不同的本位创造了另一种货币制度，即所谓的亚细亚达拉克姆货币制度。罗德斯的货币制度中有单达拉克姆、双达拉克姆和四达拉克姆，从东方到西方通行了约两个世纪。[74]

大约在公元前220年，阿开雅人在伯罗奔尼撒半岛上建立过一种统一的度量衡和货币制度。在希腊化世界中，由于洲际贸易的发展，简单的货币制度不能解决货币的汇兑问题了。所以，信用的组织、银行的活动，以及纸币流通都发展和普及了起来。

此后，银行资本的高度集中，为国家提供了巨大的利益。在此之前，公众信贷是根本不存在的。私人银行能够冒各种各样的风险，但是，对国库的管理却必须是小心谨慎的，所以也就需要更多的实质性的抵押和担保。因此，这些银行不会直接和公众打交道，在伊利翁，寺庙把它的资金的相当大的一部分委托给国家，国家承诺利用它们并缴纳10%的利息。至于国家贷款，作为一种集体的责任要求城邦的签字认可。这就是说，首先要通过议事会、部长大臣和财务主管，然后还要通过担保人，在担保人的担保之下，由债务人亲自认可。这就需要进一步地把这种担保机制转变为国家银行，而这一步已经迈出了。

公立银行是分布于希腊化世界相当大的一部分地区特别是拜占庭周围的一种制度。它的建立意味着它允许享有某些出于国家利益考虑的特权。一般来说，它享有货币兑换的单独特权，有时还有铸币的权力。在伊犁翁和得洛斯，公立银行有权处置城邦从寺庙借来的资金，它通过官员由政府操控。通常，这些银行会承租给那些提供最高租金的人。

在许多希腊化城市中，特别是爱琴海的各岛上，在小亚细亚，在埃及，都有了公共银行和私人银行，它们接受现金存款，有时也接受实物存款，为顾客开办真正的活期存款账、大型信用证书，并实行转账。支票的使用也越来越普遍了。每家银行在别的城市和别的国家都有它的往来商号。银行所完成的一切信用活动，给商业活动提供了很大的便利。由于商业贸易的发展，商业组织也发生了重大的变化。出现了需要大量资本的商业企业或金融企业。[75]

8.12.3 农业发展与土地制度

在希腊化过程中，希腊半岛的农业发展有所减弱，但东方的农业，经由希腊人和当地人的共同开发而发展起来。公元前 4 世纪的末期，希腊化地区的土地开发是非常重要的。在旧波斯帝国境内的许多区域，建立了很多城市和希腊殖民地，这对于天然资源的开发或动植物的培养，都产生了重要的作用。据说，亚历山大在巴比伦，曾下令修复河道和沟渠，周围的地区得以灌溉。托勒密二世（Ptolemy II，公元前 282 年—前 246 年）在洼地创建了一个新省，使希腊本土或希腊化的移民前往居住，其中大部分居民是希腊老兵。由于灌溉使用开垦的土地非常肥沃，新来的居民带来了葡萄和橄榄。托勒密王朝（Πτολεμαϊκη βασιλεια，公元前 305 年—前 30 年）动员了大规模的劳动力，修筑和维护灌溉系统，并从希腊聘请一些水利工程建设和维修的技术人员，改造了老式的灌溉器械，水渠的灌溉效率和排水效率大大提高了。它在水利方面的投入为农业经济提供了便利的条件，使这里的农业发展很快。埃及的大麦、小麦、亚麻、葡萄、油料、蔬菜、水果等农作物都有了明显的提高。各种农作物有的直接供给居民，有的提供各种工业原料，有的输出到国外。畜牧业也有了很大的提高，牛、马、驴很多，鹅已经开始出口，骆驼也已经被引进。有精心管理的饲养场，还有大量的蜜蜂。

塞琉古王朝（seleucid，Σὲλευκοsό Νικάτωρ，公元前 312 年—前 64 年）也十分注意灌溉系统的修复和兴建，使这里肥沃土地得以进一步开发利用，产量很高。原来的农作物，包括大麦、小麦以及枣椰树的种植都大量增加，另外还引进了葡萄、橄榄等，所以，园艺业也发展起来。

希腊城邦的土地制度特点是私人所有和个人所有。但是，在希腊化的东方，却没有建立类似希腊的土地制度，而是保持着类似原有的土地制度基础。在埃及，国王是国家的人格化，同时也是土地上神祇的代表，所以，国王对土地拥有最高的所有权。除了少数外，人们所保有的土地，都假定是由国家得来的，而这就是他们必须负担某些义务。

希腊化诸国大体上存在王室的土地、寺院领地、移民的土地以及私有土地四种土地制度。其一是王室的土地。在东方，君主领有其臣民的财产及其人身。这种土地制度并没有因为亚历山大的征服所改变，相反，希腊人接受了东方的君主土地所有权制度。埃及全国的土地都是国王托勒密的，对王室土地的规定就是明显的例证。同埃及古代传统一致，托勒密王朝，境内的土地归国家所有，也就是归国王所有。国家土地就是王室的土地。王室土地由财政大臣掌管，土地由国王颁授给农民耕种。占有和使用各种土地的农民被称为“玉田农夫”，从身份上来说，他们不是奴隶，而是自由人，是佃户。他们被束缚在所颁授的份地上，未经政府许可不得离开自己的份地和所耕种的王室土地。[76]既然凭各种原因从国王那里得到土地，就必须向国王缴纳各种赋税。这些土地大部分始终是王室领地，国王仍是直接的土地所有者，并且行使由土地所产生的一切权力。

其二是神庙领地。东方的神庙领有大量的房产，希腊化以后这些地产仍然保留着。这些土地是国王拨给神庙的，但名义上仍属于国王，也就是归国家所有。换言之，“神田都被认为是从王室领地部分分离出来的”。[77]例如，托勒密王朝曾在蜜里斯湖进行排水工程，排水后所得到的土地中，一部分拨归神庙了。这些新增加的土地，在理论上“当然属于国王，而拨给神庙的地产权只是让与”。[78]土地划拨给神庙后，归神庙世代所有。这些土地由当地农民耕种，向神庙交租，他们是神庙的佃户。而神庙一般存在着不纳税的惯例，而且是国王同意的，目的是出于敬神和为获得祭司的好感。[79]国王也是时常对神庙有恩赐，包括恩赐土地、各种物品等。

其三是移民的土地。亚历山大及其后继者在建立城市的过程中，产生了一种新的土地制度。这种土地制度与希腊的土地制度相类似，然而却保留了东方的痕迹。赐予这些城市的土地，被认为是从王室领地中分出来的，再把土地分配给各个市民，而这些土地就变成受领者的私有财产了，可以出租、继承甚至卖掉。这些受田人被称为保有原来市民权的移民。但他们保有土地要尽几种义务，包括服兵役和缴纳租税。公元前265年托勒密二世实行一种分益税制，对某些农作物，如葡萄园和果树园征收1/6租税。

其四是私有土地。例如在托勒密王朝境内，也有一些地方是归私人所有的。拥有这些土地的主要是官员、军官和国王的宠幸。为了笼络这些官员和宠幸，让他们听话、顺从，对国王更加忠诚和可靠，或者作为对朝中有功之人的奖赏，国王有时把大块土地，甚至连同土地上的村庄送给这些人作为“礼物”。“朝臣们这样得到的土地是免租的、免税的。”[80]这些得到国王赏赐土地的主人，“依靠埃及佃户缴纳的租金，住在首都奢华的房屋中”。[81]

王室领地是通过不同的方法来经营的。作为君主个人财产的那部分领地，是按照个人领地的方式经营的。例如塞琉古王朝的国王，将大片土地用作养马场或种植自己的枣椰树。但这种例子是少见的，更多的是将土地交给称为王室农民的人们。这些人既不依附于土地，身份也不世袭，但他们必须耕种王室的土地，他们的生产活动受王室的管理，例如，2/3的土地必须耕种粮食，每三年必须让土地休耕一次，全年工作的每一个阶段必须服从政府的指令。至于神庙的土地，主要有两种经营方式，一种是使用奴隶耕种，埃及和亚洲的神庙，都有大量的奴隶，有的可以多达数千人。另一种是将土地出租给神庙所在的城镇和村庄的居民，向他们收取地租。移民的自由土地包括大部分小地产和少部分大地产。小地产就土地规模而言也是较大的，一般需要雇佣几个农民，也可能使用奴隶。大地产一般是使用佃户耕种，而各个佃户也要使用奴隶和雇工。大地产经营往往有比较严密的分工和管理，农作物品种也很多，既有农产品也有畜产品，商品化程度较高。[82]

8.12.4　奴隶的使用

在波斯帝国阿黑门尼德王朝建立以前，西亚地区就已经普遍使用奴隶了。波斯帝国统治西亚后，继续普遍使用奴隶，而且奴隶的来源更多了；有的被俘虏的敌军士兵沦为奴隶，有的对波斯帝国统治的原其他国家的贵族、官员和不愿归顺的人本人及其家属变为奴隶的，也有因犯罪而又无法赎身的人被卖为奴隶的。亚历山大征服波斯帝国后，成为西亚土地的主人。他释放了沦为奴隶的希腊人和因反抗波斯帝国统治而被变卖为奴隶的人，同时又把一些反抗马其顿军队而成为战俘的人变为奴隶。至于那些归顺亚历山大的原波斯帝国的王公贵族、达官贵人，仍然使用自己的奴隶。亚历山大从未颁布过废除奴隶的法令。[83]

塞琉古一世（Σὲλευκος Νικάτωρ，公元前358年—前281年）① 是亚历山大大帝的军官，也是亚历山大的继承者。他建立塞琉古王朝后，在境内仍然使用奴隶，其使用情况如同古代巴比伦、原波斯帝国和雅典一模一样。[84]但在塞琉古王朝前期，奴隶的供给是不足的。这是因为，当时各个希腊化王朝刚建立，为了保护自己的臣民，也就是为了稳定自己的统治，从而禁止或限制奴隶贩子到自己管辖的地区内收购奴隶。[85]这种情况到后来才有所改变。

塞琉古王朝境内的奴隶以外国人为主，并且大部分奴隶从事采矿业、建筑业和大型工场中的艰苦劳动。一般手工作坊中，奴隶和自由民雇工兼用，因为这些手工作坊中的劳动很多带有手工技艺的性质，一般的奴隶往往不能胜任，而自由雇工可能更适合这一类工作。

农业中使用的奴隶不多。在塞琉古王朝境内，无论是王室土地还是神庙土地，所使用的往往都是束缚在土地上、世代耕种、不得自由离开土地的农民。他们不是奴隶。但王室土地上有较多的奴隶，这种奴隶是隶属于王室的，听从主人的使唤，充当管理人员的帮手，或从事杂役、搬运工等。神庙也大量使用奴隶。这些人被称为“神庙奴隶”[86]，在小亚细亚、巴比伦以及巴勒斯坦等地区都存在。

比较特殊的是巴比伦和腓尼基等地。由于这些地方早在塞琉古王朝建立以前地主们就已习惯于在农业中使用奴隶作为劳动力，所以这种现象继续存在。只是使用奴隶作为农业劳动力要缴纳一种特别税。[87]

塞琉古王朝时期奴隶价格的变动可以反映当时经济的一些状况。在这一时期，食物价格显然是波动的，即丰收年份粮食价格下跌，歉收年份粮食价格上升，这种价格波动属于正常现象。但奴隶价格则呈现下降的趋势，并且大幅度低于原波斯帝国统治时期的奴隶价格。而女奴隶的价格则高于男奴隶的价格。[88]

从奴隶的供求关系上来看，其一是由于奴隶的供给一直超过对奴隶的需求，这与奴隶供给来源的多样化有关。至于女奴隶价格高于男奴隶的原因，则可能是因为所出售的奴隶中，女奴隶相对稀少。其二是同希腊本土使用奴隶劳动的状况变化有关。进入马其顿王国统治阶段，希腊本土经济中减少奴隶使用人数已经是普遍现象。原因在于：奴隶使用的效率低，成本又高，所以释放奴隶是常见的。移居西亚的希腊人根据希腊本土的

---

① 塞琉古一世或译为塞流卡斯一世，他起初是亚历山大大帝的军官，亚历山大逝世后成为继业者之一，在继业者战争中塞琉古占领亚历山大帝国东部的领土，并自立为国王，建立塞琉古帝国，领土包含美索不达米亚、波斯、小亚细亚一带。他所开创的国家从亚历山大帝国崩溃直到罗马并吞为止，共249年之久。塞琉古一世的称号为*Νικάτωρ*，即“胜利者”。

经验，懂得了使用自由民雇工高于奴隶的道理，所以在经营农业、手工业和商业时，大多雇用自由民工人而不愿意使用奴隶。有时，希腊移民把农场、作坊、商店承包给其他自由民经营，而本地居民经营工商业企业仍同过去一样使用奴隶，他们对奴隶仍有一定的需求。

但亚历山大并未改变埃及境内历来使用外族奴隶的传统。托勒密王朝建立后，沿袭亚历山大的做法，把使用外国人作为奴隶的惯例延续下来。外国人作为奴隶，有三个基本来源，一是战俘，二是被征服地区的居民，三是海盗掠夺的人口在奴隶市场上出售而被买进的。而来自外国的奴隶，大多数是从叙利亚和巴勒斯坦输入的。[89]

输入的奴隶除了在家庭中从事家务劳动外，不少人用于工商业中，尽管没有准确的数字，但从托勒密王朝文献记载中可以了解到，在亚历山大里亚的工商业中普遍使用奴隶。[90]有的企业经营者还专门从西亚购入奴隶，并运往自己在孟菲斯的纺织工场做工。[91]

神庙也使用奴隶。这些奴隶都是埃及本地人。他们成为神庙的奴隶，大体上是因为欠债未还的，犯了过失和罪行的，或者是为了赎罪而投入神庙为奴隶的。在埃及的希腊人使用的奴隶主要是进口的，希腊人的企业和家庭一般很少使用埃及本地人为奴隶的。

在托勒密王朝的矿场和采石场中，大量使用奴隶，这里的奴隶属于王室，也就是国家奴隶。他们在极其恶劣的条件下从事艰苦的劳动，死亡率很高。私人经营的手工作坊中，除了雇用人身自由的工人外，也使用购买来的奴隶。奴隶在私人手工作坊的工作条件和生活条件要比在矿山等地方劳动的国有奴隶好一些，这是因为，私人手工作坊中的奴隶是私人用钱买来的，如果奴隶生病无法工作，这被买方看成是一种经济损失。因此，主人往往提供相对较好的物质条件，以利于更好地工作，实现其经济效益。奴隶老了以后，主人往往释放他们，让其自谋生路，以减轻自己的负担。

家庭中使用的奴隶，无论在劳动强度、工作条件还是在生活待遇方面，都比在私人手工作坊中的奴隶要好一些。但是普通的家庭一般是雇不起奴隶的。只有比较富裕的家庭才普遍使用奴隶。这里所说的比较富裕的家庭，是指官员、军人、希腊工商业者，以及希腊化了的埃及本地中产者。[92]

此外，在托勒密王朝时期的一些重大工程建设中，如修建大型水渠和灌溉工程，挖掘尼罗河通往红海的运河，修建国王陵墓等，除了征调而来的民工而外，也使用了奴隶，但某些专业性较强的工作则是由工匠来完成的。

8.12.5　工商业与贸易的繁荣

对东方的征服扩展了希腊工业更多的原料来源，一方面，从前所使用过的旧原料，有了更加丰富的供应，并且无须到更遥远的国外去寻求。另一方面，通过东西方的交流，使双方都得到了一些新的作物品种和新的原料。小亚细亚、叙利亚和巴勒斯坦等地的羊毛，供给了毛纺织业以优质原料。而更重要的是矿业原料的开发。如在亚洲发现了大盐湖与石盐矿，为皮革工业发展提供了重要原料。此外，在亚洲还有铁矿和铜矿，以及建筑用的大理石等。[93]

食品工业是早期经济最重要的工业。黑海南岸以制造橄榄油出名；巴比伦则出产胡麻油；埃及的大麦主要用来制造啤酒。纺织工业也比较发达。羊毛、亚麻、棉花都可以用来纺织，其中以羊毛制品为主。而埃及的纺织业包括三大部门，即毛纺织业、亚麻纺织业和大麻纺织业。[94]青铜和铁的冶炼始终很发达。亚洲的几个港口以及埃及的造船业也比较发达，而希腊本土的造船业则大幅度衰落。由于东方的竞争，希腊本土的纺织业也大多萧条了。此外，陶器、玻璃、香水以及膏药都进入了希腊化世界。金属工业、造船业、陶器业和玻璃、羊皮纸、草纸的制造业，在小亚细亚、叙利亚和埃及都获得重要的地位。

希腊化东方工业的发达，带来劳动分工的显著进步。在埃及，法老令每种职业都变得世袭的义务，结果工人越来越束缚在自己的职业中。工人不再仅仅在家中训练，学徒制度已经形成。随着这种专门化的进展，技术方法得到改良。在工业中使用奴隶成为一种司空见惯的现象。不过，自由的手艺人还是很多的。他们结成了同业工会，成立了各行各业的行会组织。这种行会是依照职业类型而专业化的手艺工人的一种组织。它是通过对内实行劳动章程，对外实行垄断这两项任务而发挥作用的。[95]非自由组织的行会见于古希腊的雅典时代和亚历山大时代，也见于埃及。据说，在埃及的底比斯城，有涂油工会和守尸体工会；在亚历山大城，码头搬运工也组成了自治团体。造船工人的类似组织也存在于腓尼基沿海的贝鲁特城和叙利亚沿海的雷俄提西亚城。这种同业工会在托勒密和塞流古两个王国都很发达。

由于希腊化世界的统一，开展对外贸易就显得格外重要。塞流古王朝的国王们都采取鼓励对外贸易发展的政策，疏通河流通往海上的航道，扩大港口建设，完善港口设施。塞流西亚、安条克和其他一些城市都是经营出口贸易的大港，商品从这里装船运往希腊本土，不仅有来自希腊的商人，还有来自印度、阿拉伯、埃及、迦太基和罗马的商人。除了海上航道进行的对外贸易外，陆上也有一些著名的商道。主要是四条商道：一是由两河流域向东，经过伊朗，到达中西亚细亚，再进入中国的商路，或经过伊朗，越过印度河，进入印度的商道；二是由两河流域、叙利亚、巴勒斯坦，向南进入阿拉伯半岛或向西进入埃及的商道；三是由伊朗或小亚细亚，经过里海沿岸或黑海沿岸，进入俄罗斯草原，甚至到达波罗的海沿岸的商道；四是由小亚细亚，越过博斯布鲁斯海峡，进入色蕾斯、马其顿，再进入巴尔干半岛，由此向西向北通往西欧、中欧的商道。[96]尽管这些陆上的商道在战争期间遭受到干扰，但和平的期间较长，所以陆上贸易大体上还是比较顺利的。

托勒密王朝的国王们也都重视对外贸易发展的政策，来加强商业竞争力，鼓励人们从事贸易和改良生产品质。政府通过修建港口、道路来改善商业环境，疏通商道，经过几代人的努力，开凿了连接尼罗河与红海的运河。通过打击海盗，海上运输比较安全，所以地中海沿岸各地开辟了定期航线。托勒密王朝在公元前 2 世纪末开通了经红海直达印度的海上商路。当时东西方商路主要有三条。北路从巴克特拉沿阿姆河一线，跨里海，抵黑海。中路从印度由海上到波斯湾，迎底格里斯河而上，抵塞流西亚。中路还有一陆路，即从印度经兴都库什、伊朗达塞琉西亚，水陆两路汇合后再到安条克、以弗所。南路从印度沿海到南阿拉伯、经陆路到培特拉，再由北转向安条克、大马士革、亚历山大里亚等地。在亚历山大里亚的市场上，可以看到阿拉伯的香料，塞浦路斯的铜，印度的金、胡椒，不列颠的锡，努比亚的大象，北爱琴海上西班牙的银、西亚的地毯甚至中国的丝绸。[97]

希腊化世界的贸易中心显著特点是向东方推移。雅典及外港拜里厄斯的繁荣时代已经过去了，它们已经接近衰退期。只有科林斯靠着有利位置才能保持其商业中心和货物集散地的地位。罗得斯城是希腊化时期爱琴海上最大的商业中心，独特的地理位置和巨大的商业利益使罗得斯岛成了兵家必争之地。该城是公元前408年建立的，亚历山大时期就已经比较繁荣了。欧洲和亚洲的大部分贸易都集中在该岛。这里的商业十分发达，穿梭往来的商船每天都挤满了航道，一派热闹兴隆的景象，使罗得斯岛成为地中海上一切贸易城市的模范。另外，罗得斯人能够战胜当时十分猖獗的海盗，给海上的商旅提供安全，这也是该岛经济繁荣的原因之一。罗得斯主要与埃及贸易，它从埃及得到粮食，还得到阿拉伯和印度的货物，再把这些货物运到希腊和西方去。罗得斯通过这种转运贸易获得了巨大的利益。公元前225年该岛发生地震，破坏很大，各君主和城市都主动对其进行援助，足见其商业地位的重要性。公元前166年，雅典人受到罗马人的煽动，将提洛斯开辟为自由港后，罗得斯竞争不力而逐渐衰落。[98]在科林斯商业暂时消沉时期，主要得利的是提洛斯岛，埃及、马其顿和西方的航线都集中到提洛斯岛，其重要原因是该岛是自由港，无须缴税。它有十分有利的港口条件，有坚固的防波堤，又有一道堤坝将深港与商港分开，商港的周围都是货栈、商店、交易市场以及工场。所以，提洛斯岛成了希腊人的共同市场，从埃及到黑海，东希腊的一切物品都集中到这里，然后运往意大利。

在小亚细亚的西岸，以弗所[99]的地位取代了原来的米利都，成为最大的商港。以弗所是从印度和伊朗来的商旅经过西亚全部大陆的终点，另外也是通往罗得斯的必经之地。另外，拜占庭由于占有有利位置，也成为重要的商港。拜占庭利用自己的位置，控制出入黑海的船只，公元前220年，拜占庭开始向所有经过船只征税。这项政策与罗得斯发生矛盾，最后通过战争，拜占庭被迫让步，取消了过境税。亚历山大城是埃及在地中海沿岸唯一的商埠。亚历山大城的位置，使它能够在北边开辟了一个海港，又能在南边开辟一个海港。为了保证入港的船舶安全，在腓得斯岛上建有灯塔。海港与河港之间有一条运河连接。河港靠着尼罗河三角洲的许多运河，所以，河港比海港要发达。亚历山大港贸易主要是转口贸易，它既集中了尼罗河流域的粮食和工业品，也集中了从埃塞俄比亚、非洲东部、阿拉伯和印度来的粮食和原料，再把这些物品分配到整个希腊世界和西方去。亚历山大城是连接地中海和印度洋、欧洲与亚洲、西方与东方的城市。①

希腊化世界的贸易并不是自由的。在亚历山大以前，希腊就存在着关税制度。而在希腊化时代，埃及的关税制度发展得十分完备。埃及的各个港口都设有税关，一切物品

① 以弗所又译艾菲斯，(Εφεσσοs) 是吕底亚古城和小亚细亚西岸希腊的重要城邦，它位于爱琴海岸附近巴因德尔河口处。以弗所是基督教早期最重要的城市之一，以弗所在古代安纳托利亚（Anatolia）是一座爱奥尼亚（Ionian）希腊城市，在公元前10世纪由雅典殖民者建立。该城坐落于爱奥尼亚，基士特河口从这里流向爱琴海（AegeanSea），也是帕尼欧尼亚同盟的一部分。

的入口税都是25%。此外，商人要取得在道路上和河流上的通行权，还要缴纳费用，旅客也要缴纳类似的费用。在城镇甚至乡村的门口，货物也要缴纳入口税和出口税。罗得斯向所有入港的船只征收入港费。托勒密诸王对某些产品实行专卖和出入口专营制度，例如食盐、硝石、香水、象牙以及酒等。[100]

古代东方各国的君主，利用权力通过对人民的横征暴敛，集中了大量财富特别是贵金属。这些财富作为统治者财富的积累，也用于他们所谓奢侈消费。而亚历山大将这些财富主要用于城市建设和其他公共工程，将另一部分财富分配给军队的老兵。另外，大量贵金属作为货币投入流通，从而大大增加了希腊经济的活力。东方君主有储藏金银的习惯，而希腊人却将掠夺的金银投放流通。例如，亚历山大将波斯王宫以十万塔兰特的金银投放市场，其他将领也将掠夺来的金银投入流通。以后，各国统治者也加以仿效，加强国家铸币和金融管理。这样，就大大促进了工商业的发展。[101]

8.12.6 希腊本土的衰落

亚历山大帝国的建立，既是希腊化世界的高峰，也是希腊化世界的开始。亚历山大死后，亚历山大帝国随即解体，分裂成三个独立的帝国，即以马其顿和希腊本土为基地的安提柯王国，以西亚、伊朗高原和两河流域为基地的塞流古王国，以及以北非为基地的托勒密王国。希腊化的东方帝国在希腊文明的影响下，迅速地繁荣起来，相反，希腊本土却衰落了。

由于希腊化世界的形成，地中海沿岸地区都参与了希腊的经济生活。在希腊化的过程中，富足的东方，由希腊人加以开发，空前地繁荣起来。那里的城市迅速兴起，广大的商路被开辟，进出口和转运的中心出现了，远方的有些尚未接触的国家和物产都被吸引，并与中亚细亚、印度、阿拉伯、非洲东岸及西欧的市场有了往来。[102]而更远的幼发拉底与底格里斯两河盆地及红海的非洲海岸在这种经济生活中所占的地位则日益重要，而希腊半岛及周围各地反而降到了次要地位。曾经盛极一时的希腊本部各城市，如斯巴达、底比斯甚至雅典与科林斯，不得不让位给亚洲和埃及的各城市，如亚历山大、罗德斯以及安提俄克等。

杜丹指出："希腊旧地仍然是希腊活动与权力的中心，但在征服东方以后，情形就完全改变了。在小亚细亚全境建立了许多城市，并且强大起来了。表现希腊人的社会组织特色的城市生活，在这些城市中迅速地发达起来。半东方式的塞疏古王国和托勒密王国的君主政治是建立在国王的神圣本质、高度有组织的管理和严密的阶级品职制度上面的。当希腊本部各邦相互争雄、彼此嫉妒、弄得四分五裂的时候，它们至少屹立了一百年；它们是来自两个很坚固、很团结的有机体，就是马其顿王国也不能和它们相比。"[103]但是总的来看，希腊化世界还是无情地衰落了。导致希腊化世界衰落的原因可以概括为以下几个方面。

第一，城邦创造性的枯竭。城邦的根本精神是自治自给，是完全的主权和完全的独立，这是希腊文明创造性的根本来源。各城邦之间的激烈竞争和经常发生决斗性质的战争，是其致命的弱点，然而这是随着它的特殊优点即创造性而来的。但雅典在提洛同盟内对盟和采取的政策，即可能把盟国将为出钱买得和平的“上邦政策”，削弱城邦的主权，从而成为附庸国家，使它的公民不再有尚武精神。与此同时，又通过各种途径，把它自己的公民培养成为“上马杀敌，下马议事与审判”的群众政治家。[104]这种自治体制的破坏，导致城邦创造性的枯竭。另外，希腊人在殖民的过程中养成的冒险精神也是解释希腊繁荣的重要因素。然而，亚历山大帝国建立后，希腊海外移民运动达到高潮，将希腊精神带到东方，导致东方经济的繁荣，而希腊本土经济却处于低迷的状态。

第二，奴隶制与希腊的兴衰。希腊经济是建立在剥削奴隶劳动基础上的，所以希腊的兴衰也只有通过奴隶制的兴衰来说明。奴隶劳动的扩大，使奴隶制经济加强了对自由民经济的竞争，不少公民失去土地，变成无业游民。恩格斯指出：大量奴隶的存在，是由于奴隶在监工的监督下在手工工场，在大房间内一起工作。但是，随着商业和工业的发展，发生了财富积累和集中于少数人手中以及大批自由公民贫困化的现象；摆在自由公民面前的只有两条道路：或者从事手工业去跟奴隶劳动竞争，而这被认为是可耻的、卑鄙的职业，而且也不会有什么成效；或者就变成穷光蛋。他们在当时条件下不可避免地走上了后一条道路；由于他们数量很大，于是就把整个雅典国家引向了灭亡。所以，使雅典灭亡的并不是民主制，而是排斥自由公民劳动的奴隶制。[105]

第三，亚历山大远征促进经济中心的东移。亚历山大东征时提出的口号是“把财富带回希腊”。但是，他们没有想到，虽然希腊夺得了东方的财富，但希腊本土却没有繁荣起来。恰恰相反，经济中心逐渐转移到了东方。就像亚历山大把国都定在巴比伦一样，东方始终是希腊化世界的中心，经济也是如此。这就造成这样一个后果，即富裕的东方国和贫乏的西方。历史事实证明，经济的繁荣是不可能建立在依靠战争掠夺财富的基础之上的。希腊化国家的历史，特别是希腊化国家东方繁荣与西方衰落的历史，是发人深思的历史。希腊化地区由于丰富的天然资源，把主要的经济中心吸引到东方来。而希腊本土及其周围，却找不到肥沃的土壤，农业在那里再也不活跃了。劳立温和班吉斯矿山失去了成为货币流通主要来源的特权。各大市场舍弃希腊欧洲的海岸，或建立在希腊化诸王国的东部边境，或建立在地中海的东南海岸，即建立在亚洲西部和尼罗河流域各商路的终点。[106]“虽然希腊本土经济衰微，但许多希腊人却因移居如今向他们开放的中东而致富。”[107]因此，希腊向东方移民也是希腊衰落的原因，同时也是这种贫穷的结果。

注释

［1］Martin，T. R.. *Ancient Greece：From Prehistoric to Hellenistic Times*，Yale University Press，1996.

［2］Jones，T. B.. “Minoans and Mycenaeans”，in Strain，J.，ed.. *The Contribution of Ancient Greece*，Holt，Rinehart and Winston，INC.，New York，1971.

［3］［10］［11］［12］［13］［法］G. 格洛兹. 古希腊的劳作［M］. 解光云，译. 上海：格致出版社，上海人民出版社，2010.

［4］［6］［18］厉以宁. 希腊古代经济史（上编）［M］. 北京：商务印书馆，2013.

[5] [27] [29] [30] [36] [71] [72] [102] 高德步，王珏. 世界经济史（第三版）[M]. 北京：中国人民大学出版社，2001.

[7] [19] [20] [古希腊] 希罗多德. 历史（上册）[M]. 王以铸，译. 北京：商务印书馆，2007.

[8] [22] [德] 特奥多尔·蒙森. 罗马史（第1卷）[M]. 李稼年，译. 北京：商务印书馆，2004.

[9] 高德步，王珏. 世界经济通史（上卷）[M]. 北京：高等教育出版社，2005.

[14] [英] 汤因比. 历史研究（第1卷）[M]. 上海：上海人民出版社，1989.

[15] [17] [25] [法] 克琳娜·库蕾. 古希腊的交流 [M]. 邓丽丹，译. 桂林：广西师范大学出版社，2005.

[16] [77] [78] [79] [96] [99] [100] [103] [106] [法] 杜丹. 古代世界经济生活 [M]. 志扬，译. 北京：商务印书馆，1963.

[21] [英] 保罗·卡特利奇. 斯巴达人：一部英雄的史诗 [M]. 梁建东，章颜，译. 上海：上海三联书店，2010.

[23] [69] [美] 威尔·杜兰. 世界文明史（第2卷）[M]. 台湾幼狮文化公司，译. 北京：东方出版社，1998.

[24] Bury，J. B.，and Meiggs. R.. *A History of Greece*：*to the Death of Alexander the Great*，Fourth edition with revisions，St Martin's Press，New York，1925.

[26] [31] [35] [70] [74] [76] [82] [93] [98] [101] 高德布. 世界经济通史（上卷）[M]. 北京：高等教育出版社，2005.

[28] [53] [54] [55] 崔连仲. 世界史·古代史 [M]. 北京：人民出版社，1983.

[32] [34] Starr，C. G.. *The Economic and Social Growth*，800—500 *B. C.*，Oxford University Press，1977.

[33] [37] [83] 厉以宁. 希腊古代经济史（上编）[M]. 北京：商务印书馆，2013.

[38] [希] 普鲁塔克. 希腊罗马名人传（上）[M]. 北京：商务印书馆，1990.

[39] 裴雯. 古典时期雅典的经济特征 [J]. 复旦学报（社科版），1998 (5).

[40] [43] 邓晓. 古希腊货币经济与金融活动初探 [J]. 重庆师范学院学报（哲社版），1997 (3).

[41] [42] [47] 中国世界古代史研究会编. 世界古代史译文集·古希腊的经济、城邦危机问题 [J]. 呼和浩特：内蒙古大学学报编辑部，1987.

[44] [46] [苏] 塞尔格叶夫. 古希腊史 [M]. 北京：商务印书馆，1978.

[45] [苏] 社会科学院. 世界通史（第二卷）[M]. 北京：三联书店，1959.

[48] [古希腊] 亚里士多德. 雅典政制 [M]. 日知、力野，译. 北京：商务印书馆，2009.

[49] [51] [52] [73] [75] [法] G. 格洛兹. 古希腊的劳作 [M]. 解光云，译. 上海：格致出版社，上海人民出版社，2010.

[50] [古希腊] 色诺芬. 经济论 [M]. 张伯健，陆大年，译. 北京：商务印书馆，

2009.

[56] [58] [60] [古希腊] 亚里士多德. 政治学 [M]. 北京：中国人民大学出版社，1994.

[57] [古希腊] 修昔底德. 伯罗奔尼撒战争史 [M]. 北京：商务印书馆，1978.

[59] Plato，The Laws，Chicago University Press，1980.

[61] 王大庆. 古希腊的人口和人口思想浅论 [J]. 求实学刊，2002 (6).

[62] [63] 黄洋. 古代希腊土地制度研究 [M]. 上海：复旦大学出版社，1995.

[64] Camp，J. M.，The Athenian Agora，Thame And Hudson，1986.

[65] Finley，M. I.，The Ancient Economy，University of California Press，1973.

[66] Jones，A. H. M.，Athenian Democracy，Oxford，1978.

[67] [德] 马克思，恩格斯. 马克思恩格斯全集（第21卷）[M]. 北京：人民出版社，1965.

[68] [意] 卡洛·M. 奇波拉. 世界人口经济史 [M]. 北京：商务印书馆，1993.

[80] [81] [86] [美] 威廉·弗格森. 希腊帝国主义 [M]. 晏绍祥，译. 上海：上海三联书店，2005.

[84] 韦伯. 经济与社会（下卷）[M]. 林荣远，译，北京：商务印书馆，2006.

[85] Wwlles，C. B.，*Alexander and the Hellenistic World*，A. M. Hakkert Ltd，Toronto，1970.

[87] [88] [90] Rostovtozeff，M.，The *Social and Economic History of the Hellenistic World*，Vol. 2，The Clarendon Press，Oxford，1941.

[89] [91] Cook，S. A.，Adcock，F. E.，Charlesworth，M. P.，ed. *The Cambridge Ancient History*，*Vol. 7*，*The Hellenistic Monarchies and the Rise of Rome*，Cambridge University Press，1928.

[92] [94] Rostovtozeff，M.. The *Social and Economic History of the Hellenistic World*，Vol. 1，The Clarendon Press，Oxford，1941.

[95] [德] 马克思·韦伯. 经济通史 [M]. 上海：上海三联书店，2006.

[97] 厉以宁. 希腊古代经济史（下编）[M]. 北京：商务印书馆，2013.

[104] 顾准. 希腊城邦制度 [M]. 北京：中国社会科学出版社，1986.

[105] [德] 马克思，恩格斯. 马克思恩格斯选集（第4卷）[M]. 北京：人民出版社，1995.

[107] [美] 斯塔夫里阿诺斯. 全球通史——1500年以前的世界 [M]. 上海：上海社会科学出版社，1999.

第9章　罗马的经济发展与人口增减

9.1　早期拉丁姆的农业

建立罗马共和国的祖先据说是来自阿尔卑斯山的拉丁人①。公元前2000年之前，一些零星的拉丁人群从多瑙河流域越过阿尔卑斯山中部和东部，进入波河流域，最初居于湖上房屋，随后遍布波河流域中部，生活于以护城河和人工水渠为保护的村庄之中。这些拉丁人与那时零星分布于意大利的新石器时代的蛮族相比更为开化。这片土壤的开垦者，古代意大利人，驯养家畜，使用精良的铜制农具，并将所获得的土地作为私产进行分配。这些早期的入侵者在此生活良久，但一切一如既往。古代意大利的村庄和公墓显示了一致的文化，鲜有吸收外来因素的迹象。公元前2000年以后，这些部落开垦波河流域的肥沃土地，之后到早期铁器时代（公元前1600年—前800年），托斯坎尼人和拉丁姆②人也定居如此。当时，铁制农具镰刀、大镰刀、锹、弯刀以及不带轮子的犁、耙子、手锄、草耙等工具的使用，促进了荒地的开垦、农业的经营和水利设施的修筑。牦牛被用在农业上，解决了牵引力的问题。分散的个体农业经济，已经成为拉丁人的基本生活方式。就其经济结构来说，基本上是单一的，即以农业为主体并延续了相当长时间的自给自足的自然经济。

图9—1　古罗马露天竞技场

那时的拉丁平原形成不久，随着优质地层土上木材的生长，肥沃土壤

① 原指古意大利中部拉丁姆（Latium）地区的古代民族。其对历史最大的贡献就是拉丁语。现在泛指受拉丁语和罗马文化影响较深的操印欧语系语言的民族，如意大利人、法兰西人、西班牙人、葡萄牙人、罗马尼亚人等。在拉丁姆湖畔，生活着一个民族，建在湖畔高地上的大古墓证明了他们的存在。他们靠放牧为生，死去的族人尸体被火化，是从亚平宁山脉迁徙到台伯河以南沿海地带的众多民族中的一个。这些民族内部已经形成了村落，每个村落都有自己的国王，所有村落都供奉同一个神朱庇特，神庙建在最高的地方。就是在这个"古老的拉丁人"的民族里，宗教传统、社会传统和印欧移民的语言保留并一代代流传了下来。

② 拉丁姆（意大利语：Lazio，英语：Latium）是意大利的一个大区，其政府所在地为罗马，古地区名，在今意大利中西部拉齐奥区，以居住拉丁人得名。公元前2000年初拉丁人从东北移居于此，为古罗马国家的发源地。初包括台伯河下游东南部的平原和阿尔巴山一带，随罗马的对外扩张，向南延伸至坎巴尼亚北境。

形成，适于耕作。因此早期居民涌入平原，之后焚烧出空地，以用于耕种时，发现极其肥沃的土壤，尽管面积不大，但因气候温暖潮湿，产量丰富。可以想象，人口与日俱增。在普林尼保存的50个村庄的传统中，一切都有可能。公元前6世纪的遗迹阿狄亚、萨特里特、拉努维阿姆、维利特雷、普赖尼斯特、内米以及西格尼亚中的财富，现存于朱丽亚庄园博物馆，展现了一个数千年以前出人意料的繁荣时代。[1]

拉丁姆仍有这一显著农业时期的诸多遗迹，但鲜有排水沟、水道和水坝的遗存。显然，当时的拉丁人在农业耕作中付出了巨大的劳动付出。得拉·布朗克尔在论述该时代的排水系统时指出，灌溉系统是在一个人口过盛的时期开凿的，以至于每块可耕地都必须物尽其用。通过将风化山脉上的雨水引入地下的水道，农民不但抑制了大部分山边农场的风化，而且省出通常献给奔流河床的空间。人们很难再找到此类土地，那里人们曾经耗费如此多的劳动来保护耕地不受侵蚀。这块土地一定极为珍贵，而且需求旺盛的人口将这种不畏艰难之举看作是每年收成的保证。维伊北部的流域里也发现同样的系统，大概也见于同样的条件之下。确实，这条引人注目的通道长75码，位于弗美罗河曾流经的维伊城堡附近的索多桥，是为了省出几亩环状河床来耕种开凿的。同样从坚硬的岩石中开凿出来的阿尔班湖的地下水道，长1 300码，高7到10英尺，也是用于保存火山口倾斜边缘上的几百亩耕地。即便利用现代工程师的装备，工程也并非一项有利可图的投资。古代农民建造了极为平衡的多边形石造水坝，以阻挡急流。这个石造建筑主要是用每块一吨的重石建造而成，较之塞尼城墙气势磅礴雄伟的多边形建筑有过之无不及。可是，一个水坝节省不到一亩耕地。[2]

通过这项复杂的灌溉工程可以看出，公元前6世纪的拉丁姆进行密集耕作是比较发达的，其他任何地区均相形见绌。鉴于这一时期的工具是铁锹、镰刀、鹤嘴锄以及不带轮子的犁，农业生产的效益较高，足以供养古代的拉丁家族，而拉丁姆地区确实养育了比较稠密的农业定居人口。

9.2 拉丁姆和埃特鲁斯坎的早期贸易

在罗马建城（公元前753年）的一千多年之前，人们在地中海从事贸易。后来阿玛尔纳德碑石显示吕西亚海盗劫掠埃及和塞浦路斯商人；而在海勒姆时代以前，腓尼基商人到西班牙购买不列颠的锡。公元前8世纪，第尔塞尼亚的移民——与孕育了埃特鲁斯坎民族的翁布里亚人①融合从小亚海岸越海而来。在台伯河以北，这些冒险者夺取了从塞雷到瓦尔奇的几个城镇。在公元前8世纪和公元前7世纪，这些新居民迅速扩展，大量与意大利的居民融合，首先越过北托斯坎尼操铁器和青铜器的地区，随后挺进波河流域，同时经由特雷鲁斯流域，南进坎佩尼亚。[3]

---

① 古前埃特鲁斯坎人，因受伊特拉斯坎人和高卢人压迫而逐渐集中居住于翁布里亚（意大利中部）的民族。约公元前400年，这一地区居民操一种印欧方言，即翁布里亚语。翁布里亚人对罗马人并未进行过重大战争，如在同盟者战争时期，他们参与叛军甚晚，却是在与罗马媾和最早者之列。据古代作家记述，翁布里亚人在习俗上与其埃特鲁斯坎诸敌对民族非常相近，而翁布里亚字母无疑出自埃特鲁斯坎文字。

此时，罗马依然是一个农业村庄。拉丁姆的土壤确实富饶，因此繁衍了大量人口，这个部落如此强大，以致埃特鲁斯坎人①无法穿过台伯河南进，而只能取道一条紧靠萨宾山脉的岩石层峦叠嶂的斜坡。尽管腓尼基商人经常与邻近的埃特鲁里亚城市②进行贸易活动，但该地区平原忙碌的农民似乎一直未与之发生联系。

大约在公元前 7 世纪末，埃特鲁斯坎军队最后成功地征服了拉丁姆，因而决定性地将坎佩尼亚和埃特鲁里亚连接在一起。贵族到处掌管村庄，占领土地。在罗马，帕拉丁、厄斯魁林和奎里那尔山的单独村庄组成城市，周围建造了坚固的石头城墙。于是此城成为一个统治拉丁姆所有地主的埃特鲁斯坎君王的驻地。人民为国王建造宫殿。为了装点迅速发展的城市，罗马大量输入劳动力，并在台伯河口建造了一个港口，以便于埃特鲁斯坎和希腊的航海者。

那时，罗马是否已成为海上贸易的重要中心，依然不得而知。这一时代的海船主要依靠帆，难以操纵，以致难以抵抗台伯河中的激流，难以运输货物；而且，船长需要亲自将船只拖上岸，将器皿带到贸易市场进行交易。罗马早期的发展大概并非归功于其在海上贸易中的位置，而是掌控在两条要道交汇点的台伯河屏障，由此一条来自塔尔奎尼、塞雷和维伊方向的埃特鲁斯坎陆路更易同行至提布尔和普赖尼斯特，而另一条特雷鲁斯流域的坎佩尼亚的道路更易于抵达拉丁城市图斯库鲁姆、拉努维阿姆、维利特雷、诺尔巴、阿狄亚、萨特里库姆和塔拉奇那。

大约公元前 600 年，小亚的福西亚人，由于在本都贸易中相形见绌于米利都人，定居马赛，以便从与西亚的凯尔特人和伊伯利亚人的贸易中获益。此事对意大利而言至关重要，因为它确保了在福西亚商业中与小亚的爱奥尼亚人的固定联系。正是这些船长带回关于西方城市有大量的工作机遇，使小亚的艺术家和工匠群居意大利淘金。该殖民地给意大利带来新的资源。通过与腓尼基的海上贸易者的竞争，马西利亚人开辟了一条经由高卢的新道路，以获得意大利所必需的不列颠锡，他们也为工业城市购得德国和西班牙矿山中的铁和木材、皮革之类的原产品。此时埃特鲁斯坎城市越来越多地使用琥珀饰品，可见这一新殖民地大大加速了西方贸易，远达波罗的海之外。[4]

公元前 6 世纪期间，埃特鲁斯坎人掌控拉丁姆，控制着从阿尔卑斯至坎佩尼亚的西意大利，并可随心所欲支配第勒尼安人的贸易。他们的财富无疑依靠剥削当地人，后者作为农奴为其耕地。然而，埃特鲁斯坎人似乎对工业充满强烈兴趣。他们对东方的染料、装饰品和豪华时装的喜好，促成了当地工业的发展，甚至没有原材料的普赖尼斯城成为工业中心。在这里发现了精雕细作的金饰和珍贵的宝石首饰，大量雕刻的青铜镜子以及

① 公元前 9 世纪和公元前 8 世纪，意大利半岛上出现了两个新民族：埃特鲁斯坎人和希腊人。古人认为埃特鲁斯坎人来自东方的安纳托利亚，今天的一些考古发现也证实了这一点。从起源来看，他们似乎不是古意大利人，正如他们的语言也并非印欧语系一样，他们的文明混合了来自东西方的各种因素。埃特鲁斯坎人究竟从何处来？这也是一个无人能解的旷世之谜。

② 埃特鲁里亚也译作伊特拉斯坎、伊特鲁利亚、伊楚利亚，是处于现代意大利中部的古代城邦国家。伊特鲁里亚的位置在包括了现今托斯卡纳、拉齐奥、翁布里亚的区域。伊特鲁里亚被认为是伊特鲁斯坎人的国家，后来被罗马人吞并了。伊特鲁里亚在公元前罗马城之前是意大利半岛上一个重要城市，古罗马的伊特鲁里亚时期是其鼎盛时期。

精美的家用物品。

由公元前6世纪埃特鲁里亚的外贸物品判断，可以按以下方式描绘商业形式。根据类似于波利比阿引用的第一次布匿—罗马合约，迦太基船长可自由进入埃及港。这种贸易将意大利和阿非利加、西班牙、不列颠相连接，在某种程度上也扩及叙利亚和埃及。埃特鲁斯坎人积极从事海岸贸易，似乎常去马赛、库麦和西西里海峡。他们还在运输路线的西部末端，如泰梅萨和米德玛获得希腊陶器，在某种程度上也得自于西西里的港口和库麦。来自科林斯和爱奥尼亚的希腊商人，转而在南意大利和西西里港口卸货，以进行进一步的转运，尽管在去马赛的路上福西亚人无疑停经埃特鲁斯坎港口，且整个世纪叙拉古在海岸贸易中发挥重要作用。无疑在雅典成为运输国家之前，这一世纪正是叙拉古运送了日益增多的雅典产品。

当然，尽管不是一个积极参与者，但公元前6世纪期间拉丁姆参与了这些活动。罗马人口变得更为稠密，所以海岸旅行者一定尽可能常去光顾它的市场，而且始于埃特鲁里亚、坎佩尼亚、拉丁姆和撒宾腹地的陆路穿过罗马桥梁。此外，船只在距罗马南约20公里的阿狄亚进港，与卢都利和阿尔班山的城市进行商品交易。

物物交换需要相对的贸易平衡，拉丁姆用自己的物品交换外国的器皿，但难以查明为何物。罗马大概拥有金属工业，这从普赖尼斯特已得到证实。这一时代的轻型船只上似乎鲜见拉丁姆的主要产品——粮食，但拉丁人能够给内地的山地部落供应粮食，以交换那时便于出口的木材和皮革。他们的粮食或许也用来和台伯河外的工业城市换铜，铜反过来可用于支付进口物品。无论如何，拉丁姆一定出口铜，理由是拉丁语货币风靡西西里，意指金钱。同样西西里关于猪肉的词语，似乎来自拉丁语，显示了早期拉丁人饲养很多猪，以用于物物交换。[5]

9.3 罗马共和国的经济发展

9.3.1 农业经济

罗马本是意大利的一个小城邦，经过长期的对外战争，公元前509年，罗马人驱逐了王政时代的末代暴君塔克文，结束了伊达拉里亚人的统治，从此罗马进入了共和时期(公元前509年—前28年)。自罗马共和国建立开始，先后战胜拉丁同盟中的一些城市和伊特拉斯坎人等近邻，又征服了意大利半岛南部的土著和希腊人的城邦以及西班牙、马其顿等，又通过罗马与叙利亚的战争，控制了西亚的部分地区，成为一个横跨非洲、欧洲、亚洲，称霸地中海的空前强大的奴隶制国家。

从公元前753年罗马建城到公元前5世纪后半叶，早期罗马共和国脱离了氏族社会，实际上是一个由众多自由小农组成的小部族。当时罗马的领土不大，人口不超过115万人，几乎全部散居在乡间，分为17个区或农业部落。农民主要是从事农业和畜牧业，主要耕种谷物，也有的农民种葡萄和橄榄，罗马所在的拉丁平原是一个土质肥沃、易于耕作的地区，流经拉丁平原的台伯河灌溉着两岸的土地，附近维苏威火山的火山灰是一种很好的肥料。从整个半岛来看，北部的波河流域，中部、南部的坎佩尼亚、萨姆奈等地区，都宜于农业的发展。罗马就其经济结构来说，基本上是单一的，以农业为主体的自给自足的自然经济。

公元前5世纪至公元前3世纪，罗马的地域面积迅速扩大，但经济基础仍是小农经济，农民们仍然过着“日出而作，日落而息”的农耕生活。在这种生活方式中，家庭的全体成员都在田地里辛勤劳动，只有在特殊情况下才使用奴隶和豢养家中的食客。他们种植谷物、橄榄、葡萄、无花果以及各种蔬菜与水果。谷物是最重要的粮食作物。葡萄和橄榄是地中海区域特有的产品，它们的栽培也从很早就极为普遍。特异的气候和地中海土壤条件的结合，特别适于这些植物的生长。橄榄受惠于温和的冬天，无花果和葡萄的成熟则依赖夏季充足的阳光，所有这三种作物都能克服严重的干旱，深深扎根于水线之下。

罗马早期的农业技术是非常原始的，但同时又是相当合理的。耕地用的犁，最初是用一整块木头制造的，稍后又出现了由不同部件装配成的犁。在其他农具中，人们多半使用耙子、手锄、镰刀、锹、弯刀等。施肥以大粪为主。在很早的时候便出现了三轮耕作制，以充分利用田力，提高产量，牡牛和牝牛被当作主要的畜力来使用。马、驴和骡子主要是驮载用的牲畜。起初打谷用马和驴子，方法是赶它们到压得很结实的打谷场上去践踏。稍后出现了一种特别的打谷板，板下附有一些石块，人们就在打谷场上把这种打谷板拉来拉去。尽管农业的生产工具与生产技术并不先进，但早期罗马共和国的农业作为罗马人赖以生存的基础，还是获得了相当程度的发展。到公元前5世纪时，拉丁区的人口密度已经非常稠密，拉丁平原也得到了密集的开垦，其开垦耕作的精细程度是当时意大利其他任何地方都不能比拟的。由于人口稠密，当时土地的价值极珍贵，为了保护土地不遭受雨水的侵蚀，人们不惜高昂的代价去修建水利工程。当时的罗马，由于人多地少，由于农业在人们生活中的重要地位，为了保证谷物丰收，罗马人修建了无数这样的工程。

罗马很早的时候就有重农的传统，所以罗马的耕作技术进步以及田间管理是比较发达的，铁制的工具在氏族时期就已经广泛使用。并且先后有专业的农业管理方面的著述出现，分别论述了古罗马技术的进步以及当时的农田管理的情况，这一时期的发展，为罗马共和国后期过渡到罗马帝国时期农业的繁荣提供了有力的物质条件。而耕作技术中的一些主要部分一直到欧洲中世纪的时候还在研习使用。尤其是对葡萄和橄榄这两种经济作物，也成为意大利地区的重要特产。以加图（Marcus Porcius Cato，公元前234年—前149年）的《农业志》说明得比较详细。加图在《农业志》中描述了农业中生产四季的基本工作，当时的罗马对农作物从播种到收获，再到储藏保存都拥有了一整套完整的技术，周密又详细，农业在当时的发展已经达到了较高的水平。而罗马扩张战争的胜利，除了使得各地的财富和奴隶源源不断地流进罗马，为罗马的农业提供了大量的劳动力与资本之外，也同时带来了东方和希腊的先进文化和科学技术。在加图的《农业志》中曾经提到过一种应用在压榨机上的希腊滑轮[6]，这就表明了希腊技术的影响。这使得罗马的农业生产技术水平得到进一步的提高和发展。

谷类作为主食的种植在罗马是占主要地位的。所以，在主要粮食作物的种植上罗马的农作物是以种植谷物为主，通常的谷类植物是赤小麦；他们也培育和种植豆类、萝卜和蔬菜。罗马人的葡萄的培植并不是从希腊引进的，这从罗马氏族时期的节日菜单上就能看出。在西欧有一个流传很广的故事，说促使凯尔特人跨越阿尔卑斯山的原因是他们指导了意大利盛产珍贵的水果，尤其是葡萄和酒。由此可见，美味而颜色艳丽的葡萄是拉丁人自豪而其他人羡慕的。古时的拉丁祭司已经普遍教人种植葡萄。而古罗马氏族时期就有记载，为了表示对葡萄的重视，氏族中若是没有朱庇特的祭司的许可，不可以私自采摘葡萄和出卖新酒。罗马祭司还宣布努马王法的一条法规，祭祀神不可用葡萄所酿的酒。正如他们推广有益于人们的晒谷的习惯，宣称禁止用未干的谷物来祭祀。而在葡萄和橄榄加工方面，加图曾记载过压榨机，并且叙述道，在120犹格的橄榄园中，如果橄榄树种植良好，培育得法，又是加以密植，就应该有两台压榨机。当时种植的葡萄的品种有：大阿米尼亚葡萄、穆根亭葡萄、阿皮齐乌斯葡萄以及路卡努斯种葡萄。橄榄的种植输入罗马比较晚，而且是由希腊移民传入意大利的。首先是西地中海地区开始种植橄榄树，品种很多，有次种长橄榄、撒伦提尼橄榄、奥尔齐斯橄榄、波西亚橄榄、谢尔吉乌斯橄榄、考尔米尼乌母橄榄和腊白橄榄。但是在罗马祭祀中，在希腊是首要祭品的橄榄枝则没有葡萄汁的地位高。除了橄榄，罗马人种植的无花果是最有营养的，这种树可能土生土长于意大利。[7]

罗马早中期在农业上取得的成就是影响深远的，尤其是在这个时期，罗马统一并且大规模地对外扩张，在这个过程中获得的大量的土地和财富促进了经济的发展，大量的奴隶带来了大量的劳动力，这使得农业生产部门在生产和需求两个方面基本上保持了平衡，虽然在共和国末期有畜牧业加强的趋势，但是整体的格局是稳定的。而且在种植业发展的前提下，畜牧养殖业与园圃业适当的发展，使人类的食品种类增多。

到了共和晚期，由于战争频繁、环境恶化、园艺业的兴起以及外省粮食开始涌入罗马，致使罗马的粮食业受到了冲击，商品化庄园的发展导致大地产占据了大量的土地，这对于小农的粮食种植形成了排斥，促使粮食业进行调整。同时，外省的粮食也开始进入罗马市场。从公元前146年始，每年从西西里进入罗马城的粮食大约有300万摩底，大约可以供给10万左右的罗马人。[8]这300万摩底的粮食原本是由意大利本地的粮食种植业供给的，西西里粮食的涌入意味着意大利当地原来出产这些粮食的耕地转而经营其他的产业了。在这种情况下，罗马城居民所需的粮食中除了少部分可以仰赖行省供给外，大部分粮食以及意大利其他地区居民所需的粮食都要依靠意大利的供应。由于上述原因，上至罗马政府，下至平民百姓，都十分重视粮食的生产。罗马政府积极开拓殖民地，大力推进意大利山地部落的罗马化进程，来增加耕地面积和粮食的产量。例如，公元前187年，执政官马可·艾米利乌斯（Aemilius）征服亚平宁山脉的山地部落，将他们迁徙至平原，令其从事农业生产。罗马人还向沼泽、湖泊索要土地。公元前160年，执政官科尔涅里乌斯·契特古斯（Cornelius Cithegus）率领意大利居民，排干了庞普提纳沼泽，将其变成耕地。

公元前2世纪，罗马农业经济结构发生重要的变化是小农经济日趋衰落、小土地所有制消失的过程。战争是使小农经济破产的重要因素。作为罗马公民的小农是罗马军队的主力，长期在外作战使他们的农业生产怠废，田地荒芜，发生在意大利本土的战争也给小农的农业生产带来极大的破坏。一些新并入罗马的地区，如西西里等，都是粮食高产区。一些罗马移民在这里开始大量使用奴隶生产粮食，大大降低了成本。这些地区向罗马出售大量的廉价粮食，迫使许多小型农庄所有者破产。随着大地产的产生加剧了土地兼并，导致了小农经济无法挽回的衰落。与此同时，罗马的大地产经济蓬勃兴起，大庄园经济改变了罗马农业的性质，特别是种植作物发生了变化。以前在罗马共和国谷物的种植占优势。但由于从各行省运进了更加便宜的谷物，罗马的谷物价格大跌，种植谷物不再有利可图，因此谷物的种植逐渐减少。在农业中占优势地位的部门是畜牧业，园艺业①、果艺，花卉②、橄榄的种植，葡萄的种植和各种技术作物的培植。

在上述小农经济呈现衰弱的趋势下，小农的数量减少，经济和生活状况恶化。例如，据统计在战争中死亡的小农比例占到25%左右[9]，大批的小农因此葬身于沙场。从公元前2世纪的60年代到格拉古兄弟改革前，罗马公民的数量维持在30万人以上的水平[10]，呈现稳中有降的趋势。只有到了格拉古兄弟改革之后，小农数量才逐渐增长。提比略·格拉古（Tiberius Gracchus）在反映当时意大利小农的困境时指出：为意大利征战捐躯的人无家无室，携妻带子到处流浪，他们虽被称为世界的主人，但却没有一小块属于自己的土地。考古研究也证明，公元前2世纪和公元前1世纪罗马郊区陷入了普遍的衰退，“克鲁斯图麦里亚和非德奈的农村居民点衰退在持续，甚至在加速，而先前没有遭受破坏的南厄特鲁利亚地区即便居民没有减少，起码也经历着较为严重的贫困”。[11]由于大批小农陷入困境，罗马政府不得不降低了公民服兵役的资产额度。

显而易见的是，小农经济虽然受到各种不利因素的冲击而衰弱了，但事实上小农经济的衰弱是一个相当缓慢的过程，其中还有一定的反复和起伏。其主要原因是罗马政府在军事和政治上对于意大利小农有较大的依赖。马略军事改革③之前，小农是罗马军队的唯一来源，“最英勇的人和最坚定的战士，都出身于农民之中”。盖乌斯·马略（Gaius Marius，公元前157年—前86年）在军事改革之后，小农的军事地位受到削弱，但仍然是罗马军队兵源的重要来源之一。而小农数量的下降有限，长远来讲呈上升趋势。尽管

---

① 在共和早期，意大利的农业主要是粮食业，园艺业还没有发展起来。农业以自给自足为根本目的，发展水平较低。进入共和晚期，受到财富的刺激和意大利城市发展的推动，商品化经济迅速发展，园艺业由此逐渐兴盛，开始代替粮食业在农业中占据主要地位。这一时期，罗马上层经营的农业以园艺业为主，老加图在《农业志》中肯定了园艺业在农业中的重要地位：“如果你问我什么样的地产是最好的，那么我将这样回答：就拥有各种耕地且位置优越的100犹格土地而论，葡萄园应该放在最重要的位置，如果它能生产出上等葡萄酒且产量丰厚的话；灌溉菜园第二；柳林园第三；橄榄园第四；草地第五；谷田第六；可以割取树枝的森林第七；藤蔓可以沿树木缠绕的葡萄园第八；橡树的森林居第九。”

② 共和晚期，花卉、蔬菜、水果等园艺业在也意大利逐渐兴盛起来，尤其集中在城镇附近。需要指出的是，花卉等园艺业的规模一般不大，往往单一经营。花卉种植逐渐兴起和繁荣。公元前1世纪的农学家瓦罗就提到过城市附近的花园有利可图：“在靠近城市的地方，大规模地经营花园，比如紫罗兰园和玫瑰园，或是种城市欢迎的其他东西，是有利可图的。”

③ 马略改革是指盖乌斯·马略（Gaius Marius）当选公元前107年的执政官后，对罗马进行了一系列军事改革。马略的军事改革对罗马历史的发展有着深远影响。改革扩大了兵源，增强了军队战斗力，但同时也使军队性质逐渐发生变化，为日后的军阀出现以及军事独裁的建立奠定了基础，在不到一百年的时间里，罗马共和国在一系列的内战后迅速转变为罗马帝国。

战争频繁，但是就比例而言，一般应召入伍的农民毕竟只占所有公民的小部分，战死的更是少数，所以小农的数量基本上是比较稳定的，从而使农业经济保持相对稳定的水平。

9.3.2　奴隶制庄园

这一时期园艺业兴起，粮食业在调整中发展，农业类型大致按市场化的规则分布，这些都反映了农业经营观念的变化，即经营的盈利化。在这种变化的影响下，包含园艺业在内的农业经营，虽仍然具有相当程度的自给自足色彩，但是盈利化动机越来越明显，特别是奴隶制庄园的动机构成农业发展的一大特点。

奴隶制庄园主要经营园艺业，产品主要用于出售以获取利润。当时的奴隶制庄园主要有两种，一种和市场联系密切、实行精细生产，另一种和市场联系较弱、实行粗放生产。这两种农庄中，前一种占据优势。[12]这些市场化的农庄以经营葡萄、橄榄、花卉等园艺业为主，生产出来的葡萄酒、橄榄油等产品除了少部分供庄园主人和奴隶消费外，大部分是用于对外销售的。这样的建议在农书中很常见，例如，“油价好时，要卖出”。[13]正是由于这些庄园和市场联系密切，装运这些农产品的容器达到了高度的标准化。

奴隶制庄园还通过市场获得部分设施和辅助工匠。庄园上的生产工具，包括设施、器具和某些专业工匠。其中，有的是庄园自备的，凡是农庄里能生长的以及家里人做得出来的都无须购买。但是，这时候的庄园已经不可能做到自给自足了，如果庄园离开市场和城镇近，那么主人往往从外面雇用工匠：“农庄的主人宁愿雇用临近的医生、漂布匠、木工等，成年累月地跟他们打交道，而不肯在自己的农庄里添置这些人，因为这样的手艺人死一个都往往会使农庄蒙受损失。”[14]

奴隶制庄园经营园艺业往往强调多种经营：种粮食，以便给奴隶提供口粮；种树木，为了获取制作器具所需的原料和葡萄藤支持物；种植蔬菜和水果，为了获取生活副食品；庄园上还往往种植豆类：四季豆、豌豆、小扁豆、鹰嘴豆、苜蓿等，既可以食用，也可以作为绿肥，还是牲畜的优良饲料；有的庄园上还会种植麻类作物，为庄园提供制衣材料。不可否认，庄园上进行多种经营的目的多半是为了便于直接获取生产生活物资，尽量自给自足。但这些辅助农产品在满足了庄园的需求之后，多余的部分也是拿到市场上去换取利润的。多余的木材往往作为燃料在城市出售，或者卖给别的庄园用作葡萄的支撑物。尤其是庄园离开市镇或村庄很近，那么主人基于节省成本考虑，往往从其他庄园购入这些东西：“那么，对农庄来说，就比从远地购买这些物资要更为有利，有时甚至比你自己的农庄生产这些东西还要上算”。[15]水果和麻类也是这样的。

庄园的位置一般靠近交通干道和城市，以便和市场联系。为了将农产品销售出去，庄园必须靠近交通干道。加图建议，置买田产时，要记取下列事宜：要靠近海，靠可以行船的河流，有良好的水域或繁华的城市，有良好的往来人多的道路。[16]瓦罗认为，购买庄园时必须考虑其位置是否便于和市场联系。科路美拉则指出，庄园应近河、海、道路，因为便于运进或运出必需品，这增加了贮藏农产品的价格，降低了运进的成本[17]。由此可以看出，奴隶制庄园的经营动机虽然兼具营利性与自给自足性的双重目的，但前者占据主导地位，后者是辅助次要的，并且两者有机地融合在一起，其根本原因在于罗马的商品经济有所发展，但还是不成熟的。但是，罗马农业的商品化水平是西方古代世界很高的。

9.3.3 农业地产形式和经营组织

在古罗马，土地很长时间是国有的。相传罗马的缔造者罗慕路斯（Romulus，约公元前771年—约前717年）时第一次把土地分配给个人，每人1公顷。王政时代（公元前753年—前509年）①，罗马土地形式已经开始由公有制向私有制过渡。当时的土地类型主要有三种：一是大量的公有地和牧场，这是当时主要和基本的土地所有制形式；二是从公民公社所有制中逐渐分出的份地，其数量为2犹格（1犹格约等于4亩），是由公社提供给每个公民家庭使用的土地，逐渐演变成家长土地所有制；三是王和贵族占有的土地，它基本上属于私人性质的土地。不过，贵族的土地所有权并没有得到法律的承认，土地仍是国有的。共和时代早期，这些土地所有制形式依然存在，但由于社会经济的发展以及由此而引起的公社内部贫富分化，也逐渐发生了变化。共和国初期，元老贵族在政治上取得了支配地位，他们依仗权势加速了对公有地的强占和掠夺，使贵族的地产逐渐形成，同时也推动了罗马土地私有化的进程。从产生于公元前451年—前450年的《十二铜表法》② 的规定来看，国有土地只是名义上的。到公元前111年，罗马共和国公布土地法，规定国有土地不再划分，承认土地占有者已经占有的国有土地为私人所有，从而实际占有才具有合法占有的性质。[18]

土地的私有制确定下来以后，罗马开始出现大地产。大地产的产生首先是罗马对外征服战争的结果。根据古代的法律，一个被征服的城市不再属于它自己，而一切都变成征服者的所有物。不过实际上，罗马并没有没收一切被征服的土地，而是将很大一部分留给了原来的所有者，其他的土地则分为三部分：第一部分卖给个人，这部分土地完全私有化了，国家对这些土地没有任何权力；第二部分常用竟租的方法出租，以取得年租，国家在法律上仍是这部分土地的所有者，耕种土地的人只享有使用权；第三部分土地让给先占者，耕种者也必须向国家缴纳一定年租。这些土地大部分落入罗马贵族手中，因为只有他们才能获得开发荒地的劳动力。而中小地主和佃农既买不起土地，也租不起土地。同时，国家为了使新征服的土地得到开发和利用，就突破了原来规定的私人土地规模的限制，这样就使大地产迅速发展起来。[19]

罗马的大地产往往大规模使用奴隶劳动，进行大规模种植活动。由于连年的对外征

---

① 罗马王政时代是指古罗马在公元前753年到公元前509年这一时期，又称为罗马王国。伊特鲁里亚时期，是罗马从原始社会的公社制度向国家过渡时期。此时的古罗马还没有成为强大的帝国，只不过是个微不足道的小镇，尚未建立共和国，是一个传统的君主制国家。传统认为王政时代的罗马共有七王：罗慕路斯，努玛·庞皮留，图鲁·霍斯梯留，安库·马尔修，塔克文·普里斯库，塞尔维乌斯·图利乌斯，卢修斯·塔克文·苏佩布。

② 十二铜表法也叫十二表法，是古罗马国家立法的纪念碑，也是最早的罗马法文献。公元前5世纪时，罗马的法律还是习惯法，它的解释权操在贵族法官手里。法官利用这个权力为贵族谋利益。平民要求制定成文法，经过长期的斗争，于公元前449年逼使贵族成立十人委员会（十人团）制定和公布了成文法。因这个文法刻在十二块牌子（铜表）上而得名。十二铜表法基本上仍是按旧有习惯法制定，还是维护贵族奴隶主的利益，但它对奴隶主私有制、家长制、继承、债务和刑法、诉讼程序等方面都作了规定，限制了贵族法官随心所欲地解释法律的权力。十二铜表法反映了罗马奴隶制的发展和奴隶主阶级国家的形成过程。

服战争，罗马和意大利总有大量战俘流入，这是军团在东西战场上所俘获的。这些战俘都被当作奴隶出卖。当时是海盗最盛的时代，他们的最大利益就是出卖他们在各地俘获的奴隶。据说在大的奴隶市场上，有时一天就有 1 万人被出卖，价格为 20～30 英镑。另外，同一地产商的奴隶结婚所生的子女，一生下来就是奴隶。所以，奴隶人数有增无减，罗马的大地产有足够的奴隶供应。奴隶制的空前发展为大地产的发展提供了充足的劳动力资源。奴隶劳动排挤了自耕农劳动，促使无业游民涌入城市，从而有利于粮食市场的建立，为大地产出售商品粮提供了条件。而大地产的发展，加速了自由农民的土地分离过程，使小农经济面临严重的危机。杜丹指出："大地产制度是受了奴隶流入的鼓励，反之，乐于使用奴隶劳动，也是创设那些大地产的结果。"[20]

大地产发展的另一个重要原因，是大地产往往得到国家免税待遇，从而产生不公平竞争。大地产用各种方法侵吞中小地产。通过各种方式形成的大地产往往与小地产紧邻，甚至包围着小地产。在这种场合，为了扩大地产，大地产的所有者常想获得邻接的土地。而购买不能成功时，就采用各种办法巧取豪夺。在这种情况下，大批小地产被消灭了，即使存在也仅仅是零星的小块。

大地产的早期形式是维拉型地产。维拉型地产大约兴起于公元前 3 世纪末，不仅蔓延整个中部意大利，在某些行省也发展起来。一般来讲，维拉型地产是通过购买土地逐步形成的，每一维拉的面积不大，通常为 100～200 犹格，分散于不同地区。维拉型地产一般都使用奴隶，但数量不多，通常为 10～20 人。土地肥沃的地产主要经营葡萄园、菜园、苗圃、橄榄园，当然也种植谷物，经营牧场和森林；土质较差的地产，一般经营畜牧业；而在城市附近的地产，主要经营各种园艺，如种植花卉。大地产的发达形式是拉蒂芬丁型地产。相比较，从规模到结构，从生产管理到生产设备等方面，拉蒂芬丁型地产都与维拉型地产不同。这些地产全部集中在拉丁姆和坎佩尼亚，总面积为 3 000～5 000 犹格。拉蒂芬丁的特点是：土地面积大，一般为数千犹格；有一套复杂的管理机构；劳动者中的奴隶数目庞大，此外还包括相当于佃农的隶农。更重要的是，大地产是面向市场的生产。加图按照经营农业收入的多少，将土地分为九等，从大到小依次是：葡萄园、果园、柳树地、橄榄园、牧场、谷物园、材林地、小树地、橡树地。由此可见，经营农业时优先考虑的，已是直接以交换为目的的经济作物。而意大利的粮食则主要依靠从北非等地进口。[21]

罗马进入共和国晚期之后，出现了推动了意大利大地产的兴起和发展的主要因素是罗马疆土的扩大。例如，第二次布匿战争中，罗马在南部意大利获得的土地达 1 万平方公里；公元前 200 年，罗马的国有土地为 1 300 万犹格；到了公元前 150 年，增至 2 100 万犹格[22]。土地面积的增长为大地产的发展提供了必要的前提条件。罗马上层财富的增长也推动了大地产的兴起。战争是罗马上层获取财富的首要渠道，而且随着战争的深入财富也在增加。① 搜刮行省是罗马上层获取财富的另一条渠道。这一时期，西西里、萨丁

① 例如，公元前 2 世纪的西庇阿（Scipios）拥有的财产为 100 万第纳里乌斯（denarius）；艾米利乌斯·鲍卢斯（Aemilius Paulus）死时留下的财产价值为 37 万第纳里乌斯。马略在历次战争中捞取的财富更加巨大，仅在辛布里战争之后就和卡图卢斯（Catulus）贩卖了 6 万名战俘。

尼亚以及西班牙等海外行省已经建立，前往统治的罗马官员常常搜刮当地百姓，聚敛了大量财富。财富的增长和疆土的扩大共同推动了大地产在意大利的兴起和发展。罗马获得的土地除分给公民之外，剩余的出售和出租给私人，罗马上层由此占有了大量的公田。公元前 2 世纪，个人占有 500 犹格以下的地产在意大利已经很常见。这样的地产较小，叫作中型地产，主要分布在意大利中部的拉丁姆和坎佩尼亚地区。此时，占据优势地位的都是这类中型地产，500 犹格以上连成一片的地产还没有出现。超过 500 犹格、连成一片的大型地产的出现是公元前 1 世纪的现象。一般来讲，大地产较多分布在土地肥沃或者适合经营畜牧业的区域，如拉丁姆和坎佩尼亚地区，意大利南部的阿普利亚、路卡尼亚和卡拉布里亚地区。大地产的另外一种表现形式是：个人占有若干中小地产，其面积相加超过 500 犹格。

和传统的小块地产不同，大地产不再进行自给自足的粮食生产，而是使用奴隶经营葡萄和橄榄等商品化经济作物。罗马上层经营这种地产，除了为自己家庭提供所需的农产品外，主要的目的还是为了获取利润。这一时期，意大利的人口在增长，城市在发展，这些对于奴隶制庄园经济的发展起到了有力的刺激作用，贵族可以获取高额的利润。相对于中型地产的经营模式，公元前 1 世纪出现的大型地产更多地体现了粗放式经营的特点，必须依靠土地肥沃或者经营粗放式的畜牧业才能获益。由于大地产的发展，共和国晚期意大利农业地产的所有制形式开始发生巨大的变化，私有化不断深入。公元前 111 年，罗马政府通过了一项法令，即“任何个人已经以耕地为目的而利用并占有的土地，只要其数额不超过 30 犹格，都将成为私有土地”，“原先的一些公有地，因这一法律变成私有地，因此，原先占有者向国家缴纳的租金和畜牧费也将取消”，政府承认私人占有的大量公有土地为私人所有。[23]这条法令表明，私人地产规模的增长已经是大势所趋；反过来，这一法令又进一步推动了私人地产规模的扩大。随着大量公有土地的私有化，罗马上层的私有观念也在不断强化，要求保护私有财产的呼声也越来越高。

在罗马共和国时期，罗马农业遭到战争的严重破坏。一方面，自由小农是国家的兵源，在三次布匿战争和其他地区的征服过程中，几乎每年征集士兵，在战争中大量兵源受到损失，即使退役也很难从事正常的农业劳动；另一方面，在战争中，谷田常常被烧掉，使农业生产遭到破坏，从而加剧了小农经济的破产。

9.3.4 农业劳动力

共和国后期罗马的商品化农业获得了巨大的发展，这是由于各方面的因素所推动的，其中之一就是劳动者的辛勤劳作。这里的劳动者包括意大利当地自由民和奴隶，并且以后者为主，其来源主要是战俘，据统计，公元前 225 年，罗马的奴隶数量就已经达到 60 万人，约占总人口的 12%；到了公元前 28 年则增至 200～300 万人。[24]

这一时期罗马共和国劳动者分为罗马本地自由民和奴隶两类。其中，奴隶是以战俘身份来到罗马的，属于罗马奴隶主的私有财产，没有人身自由。这些奴隶来自地中海世界各地。奴隶是罗马农业劳动力的主力军，但这并不意味着无论何时何地，都是使用奴隶进行耕作；属于自由民的自耕农、佃农、雇工在劳动者中也占据重要比重。

从劳动者的构成状况来看，主要是由庄园的规模和距离以及季节的变换等因素来决定的。首先是庄园的规模。规模较大的地产上主要是奴隶占多数。加图、瓦罗以及科路美拉都将奴隶作为大型和中型农业地产的主要劳动力，这是因为大地产使用奴隶作为劳动力，可以迫使奴隶整年忙个不停，提高绝对劳动时间，增大剥削量。当时一般小农家庭5口人左右，耕种的份田不过7犹格左右；而13名奴隶可以管理和经营240犹格的橄榄园；16名奴隶可以管理100犹格的葡萄园。由此可见，大地产上的一名劳动力可以耕种的土地面积要远远大于小农的耕种面积，这样利润额就会明显增加。相反，规模较小的地产主要使用自由劳动力，这是由于地产规模越小，利润额度就越小，使用奴隶从成本上来说不合算。一般小农户则自己耕种自己的田地。

庄园距离的远近往往与劳动者的构成有密切的关系。距离近的地产上多使用奴隶，距离远的地产则多使用自由劳动力。罗马上层奴隶主的地产大多分散在意大利各地，例如西塞罗的地产分散在阿尔平、勿米埃、庞贝库米、图斯库鲁姆等地。[25]地产的分散给主人监督带来了一定程度上的困难，为了避免疲于奔命，主人往往将较远的地产租给佃农。科路美拉也提到过因距离遥远而出租地产给佃农的情况，他指出："有些农庄非常远，主人无法经常探视，这样的农庄用自由承租人耕种要比用奴隶管家更易繁荣。就粮食作物来说更是如此，因为承租人无法（像破坏葡萄园和果园那样）破坏，而奴隶管家则会出租耕牛、让牲畜挨饿，耕种马虎，等等。"[26]因此，科路美拉认为这样的农庄须租出去，除非主人自己能够照料。

当然，农业是季节性很强的产业部门，不同的季节对于劳动力的需求很不一样。在古代罗马，夏秋两季要播种和收获的作物较多，比如说葡萄和一些豆类。这时候，奴隶劳动力就显得不够用，需要雇用自由劳动力进行补充。研究表明，使用奴隶、使用自由劳动力和混合使用劳动力的庄园一般利润要高于其他两种类型的庄园。

一般来说，土地贫瘠的地产上使用自由劳动力居多。这是由于此类地产上可以获得的收益少，如果使用价格昂贵的奴隶，从经济上来讲不合算，容易给奴隶主带来损失。所以，瓦罗建议这样的地产使用佃农进行耕种："在不适于健康的地区，使用雇工比使用奴隶对我们更有利"。[27]科路美拉则指出："无论是我们不能自己直接耕种田地，或者是不方便用自己的奴隶耕种（这样的事情很少发生，除非是由于气候恶劣或者土壤贫瘠导致土地荒芜），都必须小心仔细，把乡下人留在农庄上"。[28]通过以上分析，可以看到除了小农外，大型庄园上劳动者的构成最终取决于是否方便主人监督、是否获利最大这一因素。

劳动分工可以提高劳动力劳动的熟练程度，是提高劳动效率的有效方法。共和国晚期，奴隶主对于农业奴隶劳动分工的看法还比较粗浅。在加图看来，240犹格的橄榄园上应分工如下："庄头一名，管家一名，工人五名，牧牛人三名，驴夫一名，牧猪人一名，牧羊人一名，共十三人。"而一百犹格的葡萄园奴隶分工如下："庄头一人，管家一人。工人十人，牧牛人一人，驴夫一人，修剪柳树的一人，牧猪人一人，共十六人。"[29]奴隶所担当的职责分别都是8种。

奴隶所受的待遇在很大程度上影响着劳动的效率。如果奴隶受到的管束过严、待遇太差，轻则影响劳动的积极性，重则激起暴动；如果管束过松、待遇过好，则无法进行有效的农业生产。这一时期，奴隶的待遇呈逐渐改善的趋势，奴隶主对他们的管束趋向合理化、科学化。就农业劳动者的构成而言，罗马奴隶主已经认识到何时何地使用自由劳动力和奴隶劳动力最合适，如何对劳动力进行分工才能取得最大的劳动效率。至于奴隶劳动力的待遇，既有一定的善待，也有相当的约束和控制，这样才能够为罗马上层提供最佳的效益。在这个过程中，虽然由于奴隶主对劳动者，尤其是奴隶的待遇有所提高，但这种表面上的温情不能掩盖奴隶主获取利益最大化的根本目的。

9.3.5 工业

在公元前 5 世纪时罗马的手工业还很落后，在公元前 4 世纪后半叶以后才开始逐渐发展起来。单从传统记录中建造神殿的例子就看得出来，据文献记载，某些神殿已有壁画作装饰。被高卢人的侵略所摧毁的城市的重建以及阿披乌斯、克劳狄乌斯的巨大建筑物的建造等，耗费了巨大的劳动，并且这些工作如果没有巧妙的石匠和其他手工业者的参加是不可能进行的。在普列涅斯铁地方的坟墓中发现了青铜制品，其制作技术高级，其中可作为代表的是华丽的镜子和附有装饰的化妆盒，上面非常精巧地刻着反映希腊神话的画面。这些手工制品显然是源于伊达拉里亚手工工艺的。由于罗马城市的扩大，供应城市人口的工业品生产发达起来，食品工业、纤维工业、金属工业、陶器工业、制革工业以及木材工业等在共和国经济中占有重要的地位。不过在这些工业中，大多数还带有家庭手工业的性质。尽管罗马的手工业取得了一定的发展，但总的来说，仍然是比较落后的。其手工业者只有制衣匠、鞋匠、武器匠、制车匠，以及制造犁、锄的工匠和制造锅、盆等生活用品的匠人。罗马手工业制品看起来简单粗糙。为数很少的比较精美的青铜器，显然是由在罗马的外族人制造的。由于制作规模小，产品质量差，罗马手工业品向外地输出的记录几乎是空白的。在晚期的罗马共和国，在意大利工业中占优势的是小手工业，绝大多数的手工业者是由自由人和被释奴隶组成的，奴隶并不多。罗马的手工业不发达，是由意大利的农业性质造成的，农业吞没了大量的奴隶，而罗马人用他们从行省榨来的那些金钱，在行省购买商品，供应罗马的需求。罗马本来水平就较低的手工业，便无法得到发展，只能停滞在公元前 2 世纪以前的水平，即自由小手工业的水平。

建筑业是罗马共和国末期最重要的早期手工业部门之一，罗马从行省掠夺来的很大一部分战利品都被用于公共建筑。随着资金的大量投入，罗马的公共建筑业发展迅速，大量的公共工程使罗马城的市容得到极大的改观。希腊的大理石被用来建造神殿。沿广场排列的古老店铺被具有市场和审判法庭双重功能的新法西亚会堂取代。据记载，在马库斯·图留斯·西塞罗（Marcus Tullius Cicero，公元前 106 年—前 43 年）时期（公元前 63 年—前 43 年），为了修建卡斯托神庙，国家就花了 56 万塞斯退斯。在阿芬丁山南面，建造了一个巨型走廊市场和粮仓，在台伯河上，用混凝土建造了一个新的码头。罗马特有的“凯旋门”的修建，也在公元前 2 世纪崭露头角。公元前 51 年前，盖乌斯·尤利乌斯·恺撒（Gaius Julius Caesar/Jules Césa，公元前 102 年—前 44 年）花了 1 亿塞斯退斯修建朱里亚广场。到公元前 1 世纪末叶，罗马城内已经出现了许多高大雄伟的建筑群。其中著名的有：建筑在广场周围的波尔契亚、爱米利亚、塞姆普罗尼亚、俄彼密亚四大会堂：由卢奇乌斯·科尔涅利乌斯·苏拉（Lucius. Cornelius. Sulla，公元前138年—前78年）和卡路图斯（Calutus）修建在卡皮托里山上的第二神庙；格涅乌斯·庞培（Gnaeus Pompeius Magnus，公元前106年—前48年）出资兴建的、可容纳4万观众的富丽堂皇的庞培剧场；盖乌斯·尤里乌斯·恺撒·奥古斯都（Gaius Julius Caesar Augustus，公元前63年—前14年）于公元前36年为罗马公民所建设的图书馆。与此同时，罗马还修建了许多神庙、水管和道路等。这些建筑所花费用几乎等于前4个世纪用于罗马全部建筑费用的总和。[30]

与此同时，意大利的私人建筑虽然在规模上还比不上公共建筑，但它的发展速度却不比公共建筑慢。监察官不在时，一般由执政官招标，但这种情况较少。一些富裕的公民为了显示自己的阔气，纷纷花钱在城里和乡村建造房屋。以西塞罗为例，他不但在罗马、庞培伊、浦泰俄利等城建有房子，而且在托斯坎尼、阿尔庇努姆、阿斯图莱和福尔梅等地建有许多维拉。在共和国末年，像西塞罗这样大造私房的例子比比皆是。据说，马尔库斯·埃米利乌斯·雷必达（M. Aemilivs Lepidvs，约公元前89年—前13年）在公元前78年在罗马建筑了一座规模庞大的私人豪宅，但是，不到35年，罗马就有100多座私宅超过了雷必达私宅的规模。其建筑的速度之快令人吃惊。罗马私宅一般也和公共建筑一样由建筑工人承包建筑。如西塞罗在罗马的住处就是由尼西福尔承包建筑的。[31]

这一时期意大利的其他城市建设也相当惊人。以庞培伊为例，此城虽然在公元前89年遭到了苏拉军队的洗劫，后来又蒙受了老兵的殖民之苦，但没过几年，这里又恢复了往日的繁荣，城市得到了扩建，公共工程如比赛场、剧院、公共浴池等得到了重建，个人私宅建设也有了很大的发展，新的建筑鳞次栉比，大部分旧的建筑也得到了重新修建或扩建。意大利的其他城市如奥斯提亚、布隆图辛、塞尼阿等虽然没有留下很多的建筑资料，但想必其建筑业也并不比庞培伊城落后。[32]

这一时期，随着罗马内战的不断扩大和农业的快速发展，罗马对金属武器和工具的需要量也大为增加。这种状况无形中促进了罗马采矿业和金属加工业的发展。西班牙的金、银、铜、铁、锡，高卢的金、铁，不列颠和撒丁尼亚的铅等矿藏都得到了大量的开采。它们不但为罗马提供了大量的金属原料，而且还给罗马带来了巨大的财富资源。据斯特拉波记载，在公元前2世纪末到公元前1世纪，光西班牙的银矿就能每天向国家上缴25 000德拉克马的利润。而采矿业的发展又促进了金属加工业的繁荣。到共和国末年，卡莱斯、卡普亚、普泰俄利等都成为以金属加工业闻名的城市。据记载，卡普亚是当时最有名的铜器制造业中心，这里生产的铜器不但在意大利流行，而且在意大利以外也有一定的市场。浦泰俄利和诺列克则是意大利铁器制造业的主要基地，由这里制造的铁器锋利无比，是意大利远近闻名的优质产品。而罗马本城则是著名的武器制造业中心，城内有许多武器作坊，制造刀剑、盾牌等各种武器。

在普通金属工业发展的同时，罗马的贵金属工业也有了一定的发展，到公元前1世纪，罗马出现了许多著名的金银匠和宝石匠。他们多半分布在神圣路两旁，以家为单位进行工作，其作坊既是店铺，又是住房。由于富人们流行戴刻有印章的戒指，所以金属浮雕业在当时也很发达。

罗马的制陶业也和金属工业一样，在公元前1世纪有了很大发展。埃特鲁里亚人在模仿希腊刺绣陶器的基础上，创造出了著名的“撒摩斯陶”。这种陶器在意大利和行省流行甚广，颇受人们喜爱。另外，罗马的陶工还发明了不少精美的陶制品，例如美轮美奂的菲克罗尼亚盒即为明证：“努维乌斯·普劳提乌斯（Novios Plautios）造于罗马。”[33]显然艺术家在罗马工作，且在一些情况下制造了品质精良的陶器，并远销世界各地。[34]

此外，罗马的制砖业也较为发达。到共和国末年，虽然在公共建筑和私人住宅中出现了用石头和大理石代替砖瓦的现象，但是大部分公共建筑和私人建筑都是由砖瓦建造的。奥古斯都在他的遗嘱里称自己是把泥砖的罗马城变成大理石罗马城的重要功臣。由此可见，普通的砖瓦制造必然在共和国末年的建筑中起过重要的作用。罗马城周围有许多优良的陶土层，它是阿尼俄和第伯河的冲击土和拉丁姆的火山灰、亚平宁山坡冲下来的石灰性成分混合的结果。陶土黏性强、吸水弱，是十分难得的制砖材料。考古表明，罗马使用的砖瓦大部分都是由这里的砖窑烧制而成的。罗马陶工在制造砖瓦以外，还经常制造导管和水管，以供私人住宅之用。

到共和国末年，手工业作坊中的奴隶劳动已经占有非常显著的地位，富裕的罗马人常常开设由一个奴隶或一个被释奴隶经营的作坊。其生产出来的产品，有的供给主人家庭需要，有的则拿到市场上去出售。在后一种情况下，主人在生产组织和日常生产支出方面所花的费用则要大一些。一般来说，被释奴隶在手工业生产中所占的地位更重要一些，他们或者为有钱的罗马人管理作坊，或者用自己的奖金开设手工工场。显然，罗马的手工劳动是一项非常受人轻视的工作，即使像西塞罗和波西多纽奥斯这样的哲学家，也不掩饰他们对于“最下级工人”的轻视。[35]然而，要说奴隶制在共和国末年的手工业中已经排除了自由劳动，也未免言过其实。因为最近几年发掘出来的大量铭文表明：自由劳动不但没有由于奴隶制的存在而消失，而且还在意大利的许多地区起着十分重要的作用。

9.3.6 商业与贸易

罗马共和国早期有着较浓厚的商业色彩，早期的罗马在很长的时间内，其商业的发展并不比手工业发达，也是落后于周围地区的，这当然与早期罗马的以农立国以及手工业水平不高有关。一直到罗马大规模的扩张完成以前，它的商业都发展缓慢。早期罗马的市集在广场上进行，稍后，商业市场移到了稍近台伯河的地方去，出现了专门的食品市场、蔬菜市场以及家畜市场等。不单是罗马，在意大利的一切城市都有每周贸易的市集。除去这些市集之外，还产生了更加广泛的市集贸易中心，在那里举行每年一次的市集，这种市集一般是在可以吸引许多人来的盛大节日里举行。市集贸易中心就是那些最受人们敬拜的神殿，比较重要的有阿尔巴努斯山上的优庇特神殿，罗马阿温努提姆山上的狄亚那神殿，伊达拉里亚的沃尔西尼地区的沃尔吐姆那神殿，索拉克铁山上的费洛尼亚女神的圣林等。相邻地区的商人也到这种市集中心来进行商品交易。在共和国的最初200年间，罗马的对外贸易在地中海的商品流转中占着微不足道的地位，而它本身也对海外贸易不感兴趣。

在罗马共和国的晚期，商业与对外贸易获得了高度的发展，其原因在于统治区域扩大，以及大量财富的流入，小农经济渐趋消亡，与外界联系的增加。奴隶制庄园的生产是商品性的。庄园里的一切物品，从生产工具到生活用具，都要从市场上购买，而庄园的产品则用以出售。罗马因地理位置适中[36]，逐渐变成了意大利中部的主要市场，由于离海岸很近，自然成为贸易中心。同时，罗马人口增加，消费扩大，而其自身的生产不能满足需要，越来越多的商品要由外地供应，这就导致罗马商业的发达，但在晚期罗马共和国，发展最为引人注目的还是对外贸易。随着罗马对意大利和其他广大地区的扩张，特别是对海上贸易的控制，使罗马进一步成为意大利和地中海贸易的中心。同时，罗马通过多年的努力，剿清了海盗，商船在海上航行畅通无阻，海上贸易更加发达。另外，罗马的道路遍及意大利，也促进了贸易，罗马成为贸易中心。

罗马共和国的末期，意大利从外省输入的产品极为丰富，其中主要有从西班牙和高卢输进的金属材料；从西西里、撒丁尼亚购买的粮食；从阿拉伯运来的香料、乳香；从希腊各地买进的葡萄酒以及从非洲输入的野兽和象牙等。富裕的罗马人还购买小亚细亚、叙利亚以及亚历山大所制造的精细织物、地毯和玻璃器皿。除此之外，当时的奴隶贸易也比较发达。奴隶市场在罗马的一切城市中心都有。在罗马城，奴隶市场是在卡斯托尔神殿附近。狄罗斯的奴隶市场最有名，每天出卖的奴隶有时达到1万名。运到市场上的奴隶都是裸体陈列出来，以使买主能在实物面前亲眼看到所陈列的商品的质量[37]。意大利的出口货物很少，只有埃特鲁里亚的金属产品，坎佩尼亚的青铜器、铁器，波河流域的木材和羊毛在意大利以外的行省占有一定的市场。这种经常性贸易逆差，主要靠对外征服战争所获得的大量金银来弥补。但随着大规模征服战争的结束，这种贸易逆差给罗马经济带来许多不良的影响。

9.3.7　货币与金融

罗马钱币出现很晚①。罗马人最古老的交换工具是牡牛和绵羊，1头牡牛的价值等于10头绵羊的价值。后来人们又以碎块青铜为交换工具，1头牡牛等于100斤铜，这种碎块青铜在进行商业交易时每次都须称量。直到公元前4世纪后半期，通行的仍是这种极为不便的货币制度。从公元前406年开始，国家以青铜支付士兵的薪饷，大抵也以青铜形式课取为这一开支所需要的捐税。大约在公元前338年，罗马人仿照希腊货币的样式铸造出圆形的、有一定重量而上面又有一定印记的钱币。这样便出现了1斤重的铜币，这种铜币称为“阿司”。阿司以下分成塞米斯、乌尼契亚等。与此同时，罗马在协商的原则下利用了某些坎佩尼亚城市的造币作坊，以便发行带有罗马印记的、希腊式的银币，

---

①　货币是社会发展到一定程度的产物，从罗马货币出现和缓慢发展中，我们可以看出早期共和国时期贸易不发达。和一般意大利人一样，罗马人最初使用的交换工具是牡牛和绵羊。后来，人们转而使用青铜块，有散块，也有的铸成长方块，但都是现称分量。在《十二铜表法》里，罚金就是以青铜重量来课征的。例如，《十二铜表法》第8章第3款规定：如用手或棒子打断自由人骨头，则应缴纳300阿司的罚金，如为奴隶，则为150镑铜。又如，第4款规定，如果欺侮人，则罚款25镑铜。数百年来，人们就是以这些青铜条作为交换和估价的媒介。后来，为了方便起见，人们又通过了一项法律，规定了收取财物的等价值：即一头牛等于10头绵羊，又等于100镑青铜。

银币上的铭文是 Roma，在意大利南部，罗马人便是用这些钱币来支付的。直到公元前 269 年，罗马采用了新的货币制度。这种新的货币体系包括银币和铜币。银币称第那流斯，其中后来通行的是塞斯退斯，铜币称阿司。直到公元前 3 世纪的最后 25 年，罗马才开始铸造金币。铸币的出现方便了商品流通，促进了罗马商业和经济的发展。由于货币经济的发展，在衡量财产标准时，开始计算流动财富。罗马从不同国家的各个城市吸引来大批商人，于是产生货币兑换的需要。罗马政府规定了罗马的主要铸币的重量和价值。罗马的货币推广到意大利全境，希腊人和东方人到罗马时必须先把本国铸币兑换成罗马铸币。由于兑换铸币非常复杂，由银行家来完成。这些银行家除了从事货币兑换外，还做有价证券生意，接受活期存款，放款取利。

罗马商业资本的发展是迅速的。每一次战争的胜利，都有巨量的财富流入罗马。在第一次布匿战争之后，罗马国库得到了 3 200 银塔兰特，在第二次布匿战争之后得到了 1 万银塔兰特，公元前 201 年最后战胜迦太基之后，国库得到了 13.3 万斤白银。公元前 2 世纪初时，单从西班牙 6 年中便运出了大约 20 万罗马斤的白银和 5 000 罗马斤的黄金。公元前 189 年，玛格涅希亚战役结束后，罗马人掳获了 13.7 万斤白银，22 万希腊银币，14 万马其顿金币和大量黄金与白银器具。外部资金的大量流入，使罗马原本不发达的金融资本迅速增加起来。这些巨额资金一部分流入农业，加速了土地兼并的过程，多数则被用于经营包税、高利贷和商业，导致了这些行业的繁荣。

罗马很早就出现了高利贷业，在早期，罗马人一般都把放高利贷看作是一种极不光彩和不道德的行为。但因放高利贷是获取暴利的捷径，所以对罗马贵族具有很大吸引力，他们虽然在表面上贱视并憎恶它，却在暗地里鼓励自己的奴隶和被释奴隶积极参与这项活动。迦图、西塞罗等元老都是间接的高利贷者。小农的大量存在助长了它的发展。当罗马征服各个行省的时候，高利贷业务经营的规模便迅速地扩大。在行省经营高利贷的是那些包税商人。高利贷资本在行省起了残酷无情的作用，整个地区的居民因为高利贷的剥削沦为奴隶，许多联盟的和非联盟的国家深陷于高利贷者的债务里，有时竟不得不把自己变卖而归罗马所有。借贷的利息远远超过法定标准，高达 48%～50%，有时甚至更高。罗马的“银行”随着金融高利贷资本的发达也出现了，兑换人最初从事的活动是鉴定钱币的成色和把一种通货换成另一种通货。在此基础上发展出了许多纯银行的业务，包括贷款、接受存款、进行支付、把钱汇往其他城市等。兑换所一般设立在城市的广场上，由国家出资建造，由监察官经手出租。除私人的兑换人外，还有国家的兑换人。大量金融资本的出现，促进了罗马的商业发展，许多包税商人从事大规模的商业业务，因为从行省征收的直接税有时是用实物的形式征收，而包税商人则在市场上把它们变成现金。

一般来说，公元前 1 世纪以前的高利贷业具有下面两个方面的特点：第一，高利贷的经营者大多是原来拥有土地的贵族，而借贷者则大部分来自独立的小生产者——平民。所以，从长达几个世纪的平民反对贵族的斗争来看，也与反抗高利贷盘剥有关。第二，高利贷的利息一般比较平稳。《十二铜表法》规定，私人借贷利息最高不得超过 1%。一般的借款大都在 4%～6%。在当时，高利贷因为受到社会和经济发展水平的限制，所以，发展并不迅速。

公元1世纪以后，由于商品货币经济的日益发达，高利贷资本也随之迅速发展起来。因为这一时期罗马的商品货币经济比较发达，每一笔在一定期限到期的交款，如地租、贡赋、赋税等都必须用货币支付，因此，从这时开始，大量放高利贷的人大多都是包税者、大包税人和小包税人。他们利用手头的雄厚资金，不时向贫困地区、国家出租资金，并从中获取暴利。虽然高利贷者在各地所得的利润不尽相同，但他们所采取的方法基本上还是一致的，大致可以分成两大类：第一类方法是放款取利。放款是意大利高利贷者最有利的获利手段之一，当时的放款对象主要有三种。第一种是对那些自己拥有劳动条件的生产者放的高利贷。这种小生产者包括手工业者，但主要的是农民。“因为总的来说，在资本主义以前的状态中，只要这种状态允许独立的单个小生产者存在，农民阶级必然是这种小生产者的大多数。”[38]第二种是对有野心的青年贵族如恺撒、安敦尼等所放的高利贷。这些人为了跻身政坛，也不惜向高利贷者大借债款。据记载，恺撒在出任西班牙总督以前，就向高利贷者借了大笔款项，其数目相当于2 500万塞斯退斯。[39]第三种是向东方某些城市和某些君主放的高利贷。他们因各种原因陷于贫困，必须马上获得大宗钱款，才能免予灭亡。

在上述三种放款形式中，一般第三种比较普遍，而且放款的数额也比较大。罗马高利贷者不仅把自己的大部分资本用于这种高利贷业，而且还经常把私人信托给他们的资本也用在这里。公元前54年，浦泰俄利港的克鲁维乌斯就曾把大宗的货币借贷给小亚细亚的迈拉萨、拉班达、赫拉克利特、巴尔基利亚和考诺斯五个城市，成为这五个城市的债主。[40]在同一时期，比提尼亚的尼西亚城也落入意大利高利贷者手中。据记载，光是由意大利银行家皮尼乌斯借给这一城市的款项就达800万塞斯退斯。[41]当庞培来到东方时，亚细亚的所有城市几乎都负了债，其总额大约为8亿塞斯退斯，相当于罗马两年多的什一税收入额。这类放款利率一般都很高，大都超过了这一地区法定的最高利率，即12%。例如，那个有名的共和派贵族布鲁图斯就曾以48%的利率把钱借给卡帕多西亚的国王阿里阿巴哲纳斯三世和萨拉米斯城，以解决他们当时的经济危机。[42]这种借款的风险性越大，那么它的利率就越高。

高利贷者所采取的第二类方法是订约获利。这种方法主要是针对罗马国家的。罗马自进入公元前1世纪以来，兵燹战乱连续不断。长期的战争给老百姓带来了无穷的灾难，然而却给高利贷者提供了向国家放债的机会。他们利用战时国家对战争用品的需要，纷纷与国家订立各种借款合约，并从中获取暴利。当然有关这方面的事务大多都由公司进行。罗马的公司机构庞大，人员复杂，一般以承包国家税收、工程为主。在战时或国家陷于财政困难之时，也经常向国家提供贷款。例如，财力雄厚的亚细亚公司就曾把2万他林特的资金借给国家，20年后，它又把这笔借款的数目增加到12万他林特，这样，它就可以从国家手中牟取大量的利润。[43]

其实，罗马高利贷业的发展对罗马社会并没有带来什么好处。高利贷者在获取暴利后，并不像近代资本家那样，用来创立新的、更高级的生产方式，而主要是用于个人消费和购置地产。所以，这种高利贷业发展的结果只能是：社会财富的大量浪费以及行省经济的萎缩，而这又反过来对罗马经济的发展起到了严重的阻碍作用。[44]

9.3.8 公共财政

罗马的财政与税收作为现代国家机器运作的经济基础，在早期罗马的作用并不显著，因为在早期，国家的开销是极少的。罗马共和国早期的官吏为数不多，任期一年，且无薪水，对于他们来说，能被民众挑选担任官职为大众服务，是一项荣誉，无须更多的报酬。公共工程，比如修筑城墙之类，作为一种职责由公民兵完成，而道路和街道则由担任公职的有产者负责。早期的神殿多数用出售战利品的所得修建。这些几乎就是共和国早期罗马国家所有的需要开支的项目。

在早期，罗马的国家财政制度是比较简单的。罗马的财政管理实行包税制度，对于军需物品的分配和水陆运输，以及国有领地的经营和租税的征收，政府常常使用中间人，而不是由官吏直接去办理。但随着维爱战争[①]的长期进行，罗马需要一个储藏丰富的金库。军队中的长期服役，使得罗马有必要引进常规津贴，以支付士兵的给养，在这种情况下，意味着罗马不得不开始征收财产税。在税收方面，一年一度的征税数额并不大，一般不超过1%。这种征收是一种统一的财产税，首先是对国境以内所有的地产征税，不论其主人是不是罗马人。另外是对所有罗马公民的其他财产征税，不管当时其人是在罗马还是在国境以外。这些财产包括：现金、奴隶、牲畜、工具及家具等。

公元前428年，发生了第二次维爱战争，什一税甚至无法供养战场中的军队。税收加倍，甚至是三倍。罗马增收额外的所得税，需要大量捐款，公共工程赊账，并以罗马公有地为抵押发行贷款。确实，那时罗马国库的管理采用了现代国库的形式。然而，罗马元老院并不喜欢欠款和复杂财政。战后，它将抵押土地交给债权人，尽快清偿了所有悬而未决的贷款。

公元前167年，由于国有矿山的大量获利，外族的战争赔偿与战利品的缴获，再加上西班牙的固定贡金的缴纳，以及坎佩尼亚和其他地方的公有地的租金的缴纳，使得罗马的财政情况空前良好，甚至对公民的直接税也取消了。在共和国时期，罗马的国家财政主要由元老院、监察官和财务官来管理。元老院编制预算，规定税收的性质和数额，监督租税的征收、领导钱币的铸造等。监察官是财政高级官吏，他们把国有财产收入的征收、关税、行省税收和其他租税的征收权拍卖出去，并把供应国家必需品的事情包出去。财务官主要是管理国库或掌管军队中的经济事务，行省的财库、发放薪饷，出售战利品等。这些官吏的职责随着罗马共和国的对外扩张、国家领土的增加与财产的增多逐渐出现和复杂起来。

---

① 从公元前5世纪开始，维爱便经常以费丹那为据点骚扰罗马城郊各部落的农牧区，发生过多次小规模战斗，罗马大军出动，维爱人便暂时撤走；罗马军团撤退，他们又出来打劫，令罗马不堪其扰。当时罗马的外敌还有厄魁人、伏尔西人和萨宾人，因此没有充足余力来对付维爱。传说当时战功赫赫的法比乌斯氏族主动向元老院请缨，独自承当财力人力组织军队对付维爱人。据说在初期取得了几次胜利，还夺回了费丹那城，但不久便遭到维爱人伏击，全军覆没，唯有一个留在家中未成年的男孩延续该族后嗣。这次战争罗马人失利，双方签订了40年停战协定。公元前428年，罗马执政官柯苏斯亲率大军攻打费丹那，维爱国王被杀死，罗马人将其甲胄奉献给了朱庇特神殿。公元前426年，维爱和罗马缔结了20年的停战协定。此后双方暂时平静了20多年。维爱战争在罗马历史上具有重要意义，标志着罗马军事扩张时代的来临，是罗马迈向世界顶尖强国道路上的第一个脚印。从此以后，罗马成长为地跨欧亚非、统治众多民族、囊括地中海使其成为内湖的史无前例的庞大帝国。

到了共和国晚期，随着罗马统治地区的扩大与经济情况的变化，国家的支出与收入都大幅度增加。但是国家财政机构的发展却仍然很落后，罗马并没有建立起复杂精密的财政体系。这一时期财政收入的来源有行省的税收、国家公有地出租的租金以及国有矿山的收入等。在这些税源中，最主要的是行省的税收，财政收入的大部分来自行省。罗马自占领西西里之后便开始对被征服地区一律按臣属类型设省治理。到公元前120年，罗马一共设了10个行省。对行省在征服期赤裸裸的掠夺之后，便开始了对行省有组织的掠夺。被征服地区的土地往往有1/3被罗马直接霸占，划为国家公地，其余的土地则被课以重税。罗马在征服过程中直接霸占了许多土地、矿山等，或直接经营，或转让出租，这也给国库带来了大笔的收入。比如坎佩尼亚的国家公有地和西班牙的大型银矿等。罗马共和国的财政收入总额是不断增长的。

在西塞罗任执政官时，罗马的公共收入大约为5 000万第纳留斯，其中大多数来自行省税收，小部分源自坎佩尼亚公共土地的租金，西班牙和山南高卢公共矿山的租金，江河湖海的钓鱼权，盐的垄断权，5%的释奴费，5%的继承税，加上通常为2%～5%的港口关税。这些关税不是保护性的关税，因为税额太低，起不到这样的作用，事实上是在出口和进口上常规征收的。共和国后期确实发展了一个关税体制，以便远距离船运来的商品能够不止一次支付税收。[45]

庞培征服叙利亚、本都之后，罗马的公共收入增加到8 500万第纳留斯，恺撒征服了高卢，增加的年收入约合1 000万第纳留斯，以后奥古斯都吞并埃及的王室财产，将其置于国库之下，更给罗马带来巨额收入。

因罗马经常试图入乡随俗，对行省的税收在性质和收取的方式上也是不一样的。例如，在西班牙，迦太基征收轻税，以使征服畅通无阻，此前在布匿战争期间，罗马为了促使人民忠心耿耿，已经减税，而非加税。每个城市收取明确数额，且城市税收不受罗马收税员的干预。西班牙城市的贡金约为1/20税。在西西里，除了几个免税的友好城市及罗马从前任君主那里继承或征服时夺取的公共土地外，粮田要缴什一税，水果地缴双倍什一税，牧场土地按牲畜头数缴税。这些什一税由城市和罗马官员联合进行评估，并按此订约，保护公民的利益，事实也经常如此。[46]

在盖约·格拉古（Gaius Gracchu）的契约法公布之后，亚细亚每况愈下。这里，由于干旱和来自东方的入侵，使人们难以支付税金。就实际收成征收什一税，双方同样存在不确定因素，理论上是公平的。但诸多内地城市由于没有管理经验，没有赚到他们的配额。为了确保国库获得可靠收入，格拉古决定将投机风险转嫁给资本公司，由其征收和处理什一税事宜。监察官将预期的什一税拍卖给最高的竞标者。获得契约的公司发行股票，因其中存在风险，以诱人的利率放出，以此集中所需资金。[47]

与此收入相对应的是国家公署、公共工程、祭祀、军队和行省政府的开销。由于官员任职不拿薪水，行政开销依然很低，但官员队伍和公共奴隶的团体规模日益扩大。国库支付了一些开支。监察官分配年收入的1/100或1/10用于公共工程的建造和修复，如公路、水道、城墙和公共建筑。得胜回朝的将军经常用战利品建造神庙，有时予以资助，或由其后代修复。国家有时自己建造神庙，并支付祭司所需的特别捐款。

然而，在共和国末期，军队和行省挥霍了更大部分的国家收入，一些行省的开支甚至比他们上交给国家的赋税有过之无不及。尽管元老院操全国收支分配权，但由于缺乏强有力的财政机构和常规化的收支制度，加之元老阶层本身的腐化堕落，从行省掠夺的大部分财富通过各种形式塞入贵族的私兜。共和国末期，真正进入国库的税收额不多，有时库存资金甚至应付不了开支的一半。从根本上来说，罗马共和国财政领域的问题是共和制与海外征服后经济基础矛盾的具体表现，是以城邦制度治理一个大帝国的必然结果。它显示出：在经济基础已经发生巨大变化的情况下，继续保持城邦共和制及其有关制度，会对经济发展造成破坏和阻碍；同时共和制的社会基础和物质基础也将趋于瓦解，最终导致共和制本身的崩溃。

9.3.9 格拉古改革

公元前 3 世纪，罗马在征服意大利后开始向海外扩张。大征服给罗马带来了广袤的土地、大批的奴隶和财富，大大促进了罗马奴隶制经济和商品货币经济的发展，使原先建立在小农经济基础之上的财富观念瓦解。早期罗马的经济基础是自给自足的小农经济，人们视勤俭、自食其力为美德，重视伦理道德，轻视金钱。人们追求享乐奢侈之风是从亚细亚战争开始的。为了维持这种奢侈的生活方式，人们疯狂地追求财富，贵族加重了对小农和行省的剥削。元老贵族们在前往行省之时，都带着一些盛满酒的大桶，而从行省回来时，所带回来的虽是一些同样的大桶，但其中却装满了白银。[48]

财富的骤增使罗马的社会结构和价值观发生了变化，自私自利思想膨胀，罗马人的公民集体意识和爱国主义精神开始丧失。在战争中罗马人不再是为罗马而战，而是为金钱和利益而战，“人们不再用和先前同样的眼光看待罗马，人们也不再像以前那样爱自己的祖国，对罗马的依恋之情也就不复存在了”[49]。公元前 2 世纪罗马土地最大的变化是出现了 100 犹格至 500 犹格的大中型地产。罗马人认为土地是最好的财产形式，并且以经营农业为荣。这种财富观念促使罗马元老、贵族、保税人和商人通过购买、承租、抢占等形式获取大片土地。这些变化给罗马造成了严重的后果，罗马公共土地被大量侵占，农民份地被兼并，大量的小农破产。正是在这种背景下，提必略·格拉古（Tiberius Gracchus，公元前 168 年—前 133 年）和盖约·格拉古（Gaius Gracchus，公元前 154 年—前 121 年）分别于公元前 2 世纪 30 年代和 20 年代推出了土地改革法案。

公元前 133 年，在罗马平民和贵族改革派的支持和拥护下，提必略·格拉古当选为平民保民官，他随即提出土地改革法案，这一法案部分引用了李奇尼乌斯法（Licinian law）有关限制个人土地占有量的规定。法案规定：每位罗马公民占有土地份额最高限额为 500 犹格，如果有两个儿子，则每个儿子可以再占有 250 犹格，但是每户占地总数不得超过 1 000 犹格，作为补偿，土地可以世袭并且免租。超占部分收归国有，化为 30 犹格的份地，分给无地农民，缴纳少量租金，世袭使用，不得出卖和转让。坎佩尼亚土地不在此法案范围之内。法案提出后，得到了广大平民的支持。

提必略·格拉古的土地法案本身似乎非常合理并且符合法律程序，能使更多的罗马平民获得土地，有资格参加罗马军团，促进罗马无业游民就业和社会的平衡，但是这一法案却立即遭到元老院的强烈反对，因为这一法案直接影响了他们的既得利益，甚至自由派贵族也非常不安，担心他们的土地被没收。在保守派元老贵族的指示下，另一保民官马尔库斯·奥克塔维乌斯（Marcus Octavius）行使否决权阻挠法案通过。为推动法案的通过，提必略·格拉古采取了激烈的措施，他利用保民官的否决权否决政府的所有提案，以至于政府无法运行，直到土地法案被通过为止。当奥克塔维乌斯再次行使否决权阻挠提必略·格拉古的土地法案时，提必略·格拉古发动公民大会罢免了他的职务，选出另一保民官接替他。这是罗马历史上首次罢免保民官，严重违反了共和国的体制。公民大会强行通过土地法案，无视奥克塔维乌斯的否决权，这是元老院所不能接受的，因为奥克塔维乌斯行使否决权是合法的，而提必略·格拉古对此的蔑视，在元老院看来严重违反了罗马宪政，是对共和体制的严重破坏。[50]

法案的实施遇到了许多实际困难，元老院拒不提供经费，监督法案执行的资金非常少。另外土地法只谈到把土地给予最贫苦的公民，没有规定给他们一些钱来置办农具、购买种子等。发放这样的一笔钱完全是必要的，因为不然的话，全部改革便悬在半空里了。[51]公元前 133 年，提必略·格拉古绕开元老院，提出将帕加马国王遗赠给罗马的国库资金作为贫穷农民的资助金，并把该王国的处理权交给公民大会。这就和一向把持外交大权的元老院发生了严重冲突，元老院反对提必略·格拉古这一做法，但是由于担心提必略格拉古再一次利用平民威胁元老院，最终元老院还是通过了这一提案。提必略·格拉古对元老院的直接挑战使自己更加孤立。虽然这一法案获得通过，但是却违反了罗马共和国的体制，因为按照罗马惯例，外交权和财政事务是专属元老院的。

两派之间的敌对关系一直持续着，为了确保人身安全和进一步实施土地法案，提必略·格拉古竞选下一年保民官。双方的矛盾随之激化。为保持权力的平衡和防止对权力的滥用，罗马的法律规定保民官只能任期一年，不能连选连任。因此提必略·格拉古竞选连任保民官的行为是非法的。因为受到人民的拥护，提必略·格拉古对元老院的异议视而不见，发起了竞选运动。提必略·格拉古破坏罗马法律和传统的做法彻底激怒了元老院，他们认识到这已经不仅仅是土地改革的问题，而是谁要统治罗马的问题，这关系到共和制的存亡。原先支持或持观望态度的公民也倒向了元老院。结果导致一场骚乱，提必略·格拉古遇刺身亡，事业不久也付诸东流。

提必略·格拉古殉难后，改革运动并没有停止。公元前 123 年和公元前 122 年，提必略·格拉古之弟盖约·格拉古在罗马平民的支持下连任两届保民官。关于盖约·格拉古的改革活动的记载文献非常少，除一些法律名称外，改革的具体内容完全没有记载。关于其改革，现代学者在相当程度上是靠逻辑推论和分析而得出的。[52]盖约·格拉古的社会改革内容更加广泛。也许是受到其哥哥命运的启发，他首先对司法体制进行改革。他通过一项法案，规定非经人民审理不得判处公民死刑。为了打破元老院对法庭的垄断，使骑士获得担任法庭成员的权利，盖约·格拉古制定了《审判法》（Lex iudiciaria）。《审判法》加深了元老贵族和骑士这两个等级的矛盾。为了争取骑士支持改革，盖约实行《亚细亚行省包税法》（Lex de provincial Asia），规定该省采取包税方式征收什一税、关税和牧场税，由监察官把包税权拍卖给骑士，这无疑损害了元老贵族的经济利益。

接着，盖约·格拉古转向经济和社会改革。他恢复了提必略·格拉古的土地法案，加大罗马公有地的分配。根据普鲁塔克的记载，获得土地的平民要交纳一定的租税[53]。因为公有地已近枯竭，所以他提出殖民地法作为土地法的补充，在南意大利建立了米奈维亚和奈普图尼亚等殖民地，甚至在海外他设想建立罗马殖民地，向外输出人口。为了迁移人口，他通过了《筑路法》。《筑路法》的实施改善了交通运输，在一定程度上解决了无业游民的就业问题，但是却干预了元老院和监察官的职权。

除了土地改革外，盖约·格拉古决定解决士兵招募和意大利同盟者争取罗马公民权的问题。因为只有土地所有者才能参军，在土地大都转到少部分人之手后，兵源开始枯竭。另外，意大利人是罗马一个潜在的社会问题，由于没有罗马公民资格，他们不能享受其相应的权利，但是意大利人却是罗马最主要的人口，这就形成了一个威胁。为减少他们暴动的机会，盖约·格拉古提出授予拉丁同盟者以罗马公民权，意大利同盟者以拉丁公民权，但是这一法案不仅遭到元老贵族的激烈反对，而且也引起了那些不愿把公民权分给意大利人的公民强烈不满[54]，即使改革阵营内部也不同意盖约的这一法案，最终，法案未获得通过。

盖约·格拉古还采取了两项举措，一是将陪审义务从元老转到富人——骑士手中，二是在亚细亚行省不再任用当地征税员，而由罗马包税人通过合同收税，他深知此举将导致贵族和骑士会分裂。[55]

为了继续推进改革，盖约·格拉古修改法律，保民官可以连选连任。公元前 122 年，他当选为保民官。元老院决定除掉盖约·格拉古。在这种激烈斗争的情势下，盖约·格拉古犯了战略上的错误，离开罗马前往非洲迦太基组建朱诺尼亚殖民地。在海外建立殖民地对大多数罗马人来说没有吸引力。元老院抓住盖约·格拉古这一弱点，反对改革。公元前 121 年盖约·格拉古竞选第三任保民官失败。在他卸任后，元老贵族和一部分骑士对他进行公开的攻击。在讨论废除盖约·格拉古在迦太基建立殖民地的提案时，发生了激烈的争执，导致大规模的械斗。盖约·格拉古派的 3 000 多人被杀害，盖约·格拉古也在被迫中不甘被俘自杀，他的改革也失败了。

格拉古兄弟改革在罗马历史上有着十分重要的地位，传统的观点认为，公元前 2 世纪后期，罗马正处于奴隶制经济高度发展的时期，土地兼并和小农破产是历史的趋势，所以格拉古兄弟改革的失败，与其说是由于反对派的阻挠，毋宁说是罗马奴隶制经济发展的使然；与其说是反对派，毋宁说是在于经济。格拉古兄弟改革虽然失败了，但它在政治上打击了元老贵族派，揭开了内战时代的序幕。特别是盖约·格拉古改革中，注意发展骑士利益，以及注意消除罗马人与意大利人政治差别的“同盟者”公民权问题，这是符合历史发展趋势的。

9.3.10 行省制度与经济

公元前 264 年在罗马与迦太基之间发生的第一次布匿战争是罗马国家政策转变的分水岭。在此之前，罗马人主要致力于意大利半岛的统一。作为布匿战争的结果，罗马夺得了对西西里的统治权。除了叙拉古、麦散那等几个大城保持独立外，其余地方成了罗马人的属地，由罗马派行政长官治理。这样，在公元前 241 年西西里就成了罗马的第一个行省。此后，在整个共和国时期，行省制度虽然有了很大的发展，但是仍不完善。尽管如此，行省制度的建立对共和国的政治、经济等方面都产生了巨大的影响。

共和时期，罗马行省的行政管理系统还很不完善，主要由总督和其助手财政官组成。从公元前 227 年开始，每年选举一次执政官增加到 4 人，其中的 2 人被选为总督，1 人在西西里任职，另 1 人在撒丁和科西嘉任职。后来，元老院派行政官员到海外任命他们为行省总督逐步成为一个习惯。[56]公元前 197 年增设了近西班牙和远西班牙两个行省后，又增选了两位执政官，到两西班牙行省任职。行省总督的主要任务是保护行省的安全、抵御外敌及维护行省稳定，但通常总督的主要工作是司法。另外行省总督还拥有颁布行省新法令、保障行省按时向罗马国家交税、修筑公路以及作为罗马国家在各行省的代言人等职责。财务官则是总督最主要的助手。掌管税收和财务，有时还掌管行省的司法权。此外，总督幕僚中还留用一两名有从政知识和经验的官员，经元老院批准可作为副职，必要时代理总督。

共和国后期恺撒对罗马的行省制度进行了改革。首先他改革税收制度。由国家直接征税。他采取每年支付固定税款代替农业税以保护行省居民。只有间接税仍然采用包税制，取消了西西里和亚细亚行省的包税制。其次把公民权扩大到一些行省。恺撒在高卢时就已把公民权赠给山南高卢，后来他又把拉丁公民权扩大到西西里和西班牙的许多地区。

罗马行省的建立对罗马经济特别是对农业产生了极为重要的影响。它不仅促进了罗马土地是最安全的投资，也是传统的财产形式，通过包税及在行省经商致富的人扩大地产后，可以获取社会的尊敬和进入上层社会。因此这些在行省发财的暴发户们都积极通过各种手段兼并大量的土地。罗马行省发达的农业使得大量的农产品从这些地区向意大利进口成为可能，这就使意大利的农产品大量过剩，如谷物等。行省粮食的大量输入致使粮价日趋低落，意大利的粮食生产又无法同行省竞争，就只得减少粮食的种植面积，而在大片土地上改种葡萄和橄榄或改作牧场，以获得较大利润。因此行省大量粮食的输入改变了意大利的农业经济结构，促进了意大利商品经济的发展。[57]

罗马行省制建立后，大量无地少地农民移居行省缓和了罗马内部矛盾，同时也促进了行省农业的发展。公元前 2 世纪以后罗马国内阶级矛盾异常尖锐，大贵族及骑士侵占公有土地且兼并小农土地，造成大量小农因战争破坏、兵役及债务而破产。一些农民只能通过在富裕的大地产上做一些季节性工作。

公元前 122 年，因大量良田荒芜，盖约·格拉古在此设立一个殖民地，安置了约 6 000 居民，并给每人分配了 200 犹格（约 130 亩）的广阔土地。而在意大利，通常仅分配 20 犹格或 30 犹格的土地，显然，阿非利加对意大利人来说不太有吸引力。[58]

盖约·格拉古的移民法通过后，大量的无产者移居海外在行省建立殖民地，公元前 43 年至前 36 年间，罗马在西西里沿海恢复了 6 个殖民地。[59]“在恺撒统治时期，官方统计的领受谷物的贫民数量从 32 万人减少到 15 万人。”[60]罗马大量无产者的移出缓和了罗马本土因大批小农破产而造成的矛盾，同时也大大减轻了罗马的经济负担，促进了罗马奴隶制经济的发展。与此同时，也有不少有生产经验的罗马人移居行省，这样在罗马的先进生产技术和大量劳动力的推动下，行省的经济也有了迅速发展。

9.3.11 奴隶制经济

公元前5世纪开始不断进行的侵略战争，使罗马的奴隶制经济迅速发展起来。公元前2世纪中期，新的奴隶制经济已基本成形，罗马已成为庞大的奴隶占有制国家的中心，统治着地中海的大部分地区。随着罗马的扩张，原始的奴隶制度很快变成了罗马独有类型的、高度发达的奴隶制度。扩张过程中被征服地区的大量军民俘虏被发卖为奴隶，随着奴隶数量的大幅度增加，奴隶成为经济发展的基础，这就使罗马经济成为典型的奴隶制经济。公元前3—前2世纪，罗马从家内奴隶制发展到发达的奴隶制。

随着罗马大规模的对外侵略战争的胜利，被征服地区的军民俘虏源源不断流向罗马，成为罗马奴隶的主要来源。公元前262年，罗马在第一次布匿战争期间曾在北非俘获2万人，成批地卖为奴隶。迦太基陷落时，全城的男女老少也无一不沦为奴隶。公元前209年罗马攻占他林顿，约有3万居民沦为奴隶。公元前177年罗马占领萨丁尼亚时，将8万人变卖为奴，以至于当时的奴价暴跌。公元前167年，罗马镇压伊庇鲁斯人的反抗起义，俘获奴隶达15万人[61]。公元前146年第三次布匿战争结束后，5万迦太基人被卖为奴。这些奴隶大多数落在新贵族手中。

在东方，当罗马势力侵入之后，希腊、小亚细亚和地中海东岸的居民，或遭俘虏，或被拐卖，变成奴隶的更是数不胜数。罗马一部分商人专门贩卖奴隶，或跟在军队之后购买战俘，运回罗马零售，或向东方国家直接购买，或从海外商贩、海盗手中购买奴隶。此外，当时地中海海盗猖獗，他们在海上或沿海地区掳掠人口为奴，带到奴隶市场出售。一些地方的土匪，一部分周游各地的商贩，也常伺机干一些绑架、拐骗人口的勾当。除了把战俘变为奴隶以外，奴隶来源还有奴隶生育的子女，这些孩子的身份还是奴隶，归奴隶主所有，这些所谓家生的奴隶比较顺从而受到奴隶主的重视，他们也占据相当数量。此外，罪犯被贬为奴隶也是罗马奴隶的来源之一。公元前326年《彼得留法案》禁止将负债的罗马人变卖为奴，但这个法律对行省无效，贫困者及其家属沦为债奴者甚多。西西里、伊利里库姆、西亚、埃及等，还是不断出现成批的债务奴隶。在此时期，奴隶贸易十分兴盛，许多城市都有奴隶市场，例如罗马圣道附近便有买卖奴隶的场所，雅典的爱非塞斯、亚得里亚海北岸的奎雷亚、仑河口的马萨利亚以及塞浦路斯和开俄斯岛等，都是有名的奴隶市场，进行大宗的奴隶贸易。爱琴海上的提洛岛，在罗马统治时期成为大规模的奴隶市场中心，每天有上万奴隶成交。由于奴隶来源充足，数量巨大，故价格低廉。当罗马占领撒丁尼亚时，大批廉价的撒丁俘虏投放进奴隶市场，使奴隶制经济在罗马迅速发展起来。

罗马经济出现高涨，使大规模使用奴隶劳动成为可能，社会对奴隶的需求也大大增加。奴隶的价格十分便宜，平均价格为300～500第纳里①，在公元前1世纪，更曾降到4个第纳里。[62]成千上万廉价奴隶的出现，诱使奴隶主广泛占有奴隶。当时，一般奴隶主

① 在市场上购买奴隶时，一般品质优良的奴隶都有标记：或用白色粉饰腿部，或头上戴羊皮帽子。出售的战俘则头上戴着花环。卖主必须把奴隶的一切缺点告诉买主。有时在奴隶的脖子上挂一个牌子，上面写着奴隶出身、年龄等。法律规定出售后如果在奴隶身上发现隐蔽的缺点，则交易作废。奴隶的价格非常便宜，这是由于其数量的巨大引起的。一般而言，奴隶的平均市场价格为每个奴隶300～500第纳里乌斯。

都占有几十或成百上千个奴隶。罗马首富大奴隶主马库斯·李锡尼·克拉苏（Marcus Licinius Crassus Dives，公元前 115 年—前 53 年）曾占有 2 万个奴隶。大量廉价奴隶的输入，不可避免地会改变罗马各个生产部门的发展。不论是大田庄、大果园、大牧场以及矿坑等，都广泛应用廉价的外来奴隶。奴隶制经济的急剧发展，使各种生产部门的经营规模比以前扩大。另一个重要的使用奴隶劳动的部门是家内经济，它所占有的奴隶的数量在各个部门中是最多的。在富有的甚至中等的罗马家庭中，直接服侍主人家庭的那一部分奴隶比在家庭手工业作坊或田地上的奴隶的数量要多得多。富有的罗马家庭有几百名家内奴隶，这些奴隶被用为家庭仆役，有的被用为教师、医生、管理人、委托代理人、乐人等，也有的被用为角斗士，家内奴隶的劳动是非生产性的。但对经济最有影响的是大量奴隶在农业、矿业方面的使用。

罗马经济是以农业为主的。所以，农业、畜牧业中投入的奴隶最为广泛。意大利、西西里是奴隶制最发达的地区，农业、畜牧业中投入的奴隶很多。农业奴隶大多被投放在大、中、小各类田庄中。据加图的《农业志》记载，100 犹格的葡萄园应投入男女奴隶 16 人；240 犹格的橄榄园应投入男女奴隶 13 人。在种植粮食作物的田庄里，作物从播种到收割，全部工作几乎全由奴隶承担。在农闲时节，奴隶还要植树、养蜂、喂养家畜和家禽。在雨天和冬天，奴隶还要整修土地、沟渠，编筐、维修房屋等。放牧者绝大多数是奴隶，劳动按年龄有分工。瓦罗说，上了年岁的看管大牲畜，小孩看管小牲畜。他还说一个牧人以放 80 只绵羊为宜，并推荐高卢人干这一行当。放牧人由奴隶身份的牧头管理。[63]罗马的牧畜业相当发达，在广袤的牧场上放牧着大量绵羊、山羊、牛、马等，放养目的主要是为了供应市场。所以，罗马的畜牧业也是以奴隶制简单商品经济为主。在共和国后期，罗马的手工业随着版图的扩大而得到迅速发展。在这段时间里，奴隶、释奴在罗马手工业劳动者中占 80%～85%，而自由民出身的雇工只占 15%～20%。在中小型手工作坊里，奴隶的投入量也比较大。这些在手工业作坊中劳动的奴隶有的是被主人出租的，有的是属于作坊自己的奴隶。奴隶也被作为商店里、银号里、包税商人的商号里或其他的私人企业里的职员。此外，在罗马还有许多国家奴隶，他们在国家官吏领导下执行低级的任务，如担任刽子手、狱卒、神殿里的勤务人员等，有时也使用于公共工程方面。[64]

在商业领域，奴隶的活动也十分活跃。希腊人、叙利亚人善于经商，罗马的批发和零售商大半是来自这些地区的奴隶或释奴。许多奴隶还随经商的主人到海外活动。在皮托里和台伯河出海口奥斯提亚的码头上，有成群的奴隶为主人装卸货物。有的奴隶还担任经商主人的代理人、仓库记账员、会计等，少数富有的奴隶还组建金融机构，经营货币兑换、高利贷等业务。

奴隶在家庭和社会事务各方面使用也十分广泛。在罗马，除生产、经济领域外，国家机关、皇室和奴隶主家庭里也有成群的奴隶在服务。奴隶在富豪家庭里的职务有秘书、书写员、会计、图书管理员、教师、医生、接生婆、音乐师、演员、舞蹈师和画匠等。此外，清扫工、看门人、面包师、厨师、糕点师、食品采购员、摆餐桌者、侍女、奶妈、内室侍者、理发师等，几乎无一例外都是奴隶。罗马奴隶主认为一个奴隶做多种工作不体面。故不惜重金多购奴隶，增加了家庭奴隶的数量。罗马的医师多是希腊籍奴隶，有的主人愿以高价购进医术高超的希腊籍奴隶做家庭医生。罗马富家妇女一般都把婴儿交乳母喂奶，稍大即交保姆照管。这些乳母、保姆也几乎全是奴隶。有些知识型奴隶才华出众，成为剧作家、诗人、历史学家、哲学家、农学家等。[65]

此外，在中央政府机关、各城市官署、神庙等也拥有很多担负各种卑贱职役的国家奴隶。罗马的高级官吏，如执政官、监察官、市政官等，都有公共奴隶为其服务。罗马城负责维修水渠的奴隶，奥古斯都时 240 人，皇帝克劳狄时 460 人。罗马的一些财政官吏和税吏，也常由奴隶担任。按罗马法律规定，奴隶是不许参军的，但国家在危急关头或不同政治派别斗争剧烈时，也常把奴隶武装起来参战。但战争过后，就立即解除奴隶的武装，将奴隶遣还奴隶主。在共和国后期，组织奴隶参战或参加械斗等，用一部分奴隶充作政治斗争的工具的事是比较多的。

值得注目的是从共和国末期开始，罗马逐渐形成了庞大的释奴阶层。有一段时间，罗马每年释放奴隶达 16 000 人。罗马城的 30 多万流氓无产者中，有不少是释奴及其后代。释奴内部存在很大差别，其中大多数人收入微薄，生活贫苦。但其中有一小部分人，特别是皇帝身边的那些人，由于与皇帝的特殊关系，常常有获得大权的机会。在中央和机关的内廷官职几乎全部被释奴和奴隶所垄断，国家的财政收支，直接税和间接税的征收，国家田产的管理，日常的行政事务等大权，大都掌握在他们的手中。在行省，早在恺撒时代，许多释奴就被派去当包税人的监督，有权把直接税的征收交给地方公社。

罗马帝国前期罗马版图广大，各地经济发展水平很不平衡，但这时奴隶制商品经济在各地都有发展，拜占庭、亚历山大里亚等一批城市集中了大批手工业和商业，还产生出一些新的手工业、商业集中的城镇。

罗马发达型奴隶制经济的主要特点，主要就在于它已越出了生产为了直接消费的自然经济阶段，进入了生产直接为了交换、出卖的商品经济阶段。只有具备这种商品经济较高的生产力前提，生产的私有制水平较高及其结构，以及国家对手工业、商业、市场的较合理的方针、政策和管理，奴隶制简单商品生产才能发展起来。而只有商品生产发展到较广泛和较高的水平，才为奴隶制发展到繁荣阶段创造了生产的条件，才能将大批奴隶容纳在生产活动之中。以古罗马上述特点与古希腊手工业、商业水平发达型奴隶制相比，罗马的综合水平要更高一些。

在罗马共和国长期的扩张战争中，越来越多的土地、财富与奴隶的增加使罗马经济渐渐繁荣起来。罗马在公元前 3 世纪统一意大利时，国家经济实力已比较强大。此后，罗马的经济以意大利为中心，也使它的经济的性质渐渐发生了深刻变化，这大体包括：从以农业为主向农、牧、手工业并举的转变，农业本身从以种粮为主向以橄榄、葡萄等经济作物为主的转变；从小农业自然经济向庄园简单商品经济的转变；农业劳动的主体从以小农为主向以奴隶劳动为主的转变。经过经济转型①，总体上是奴隶制简单商品经济

① 罗马这一经济转型的过程，是与对外征服和一些内部政治振荡并行的。农民长期出征对小农经济起了破坏作用，但对外征服的胜利使大批奴隶涌入意大利，从而形成了奴隶劳动代替、排挤小农的劳动和小农失去土地占有权、土地向权贵手中集中的过程。经济的这个转型的阵痛本来破坏性是很大的。但罗马在转型的过程中，有大量金钱和奴隶流入意大利，对保证生产持续进行起了重要作用。

在经济整体中占据了主导地位。罗马国家的政策基本上顺应了所有上述转型的变动，更起了决定性的作用。这些政策主要是：大力发展奴隶制，在空前广泛的领域内使用奴隶劳动；支持并保护私人手工业的发展，不仅意大利手工业得到发展，希腊、西亚、埃及、北非、高卢等地手工业和开矿业也得到恢复并发展起来；支持并保护各族商人发展国内外贸易，罗马公民本来鄙视经商，公元前3世纪到公元前2世纪罗马的商业是继承了希腊和迦太基的商业并加以扩展而发展起来的，它的商业政策是对各族人实行普遍的开放和保护，因此，罗马的商业水平达到了上古世界的最高峰，各族商人，包括罗马人、希腊人、叙利亚人、犹太人等走遍了共和国的城镇，从而也成为发达的奴隶制经济长期持续存在的一部分。[66]经过公元前2世纪的经济变革，罗马经济的性质已由近乎封闭的小农经济转变为商业性很强的奴隶制经济。

9.4 罗马帝国经济的繁荣

9.4.1 经济的繁荣

古代罗马国家的中心地区是意大利，位于意大利半岛中部。罗马经过长期的对外征服，发展成为环抱地中海、横跨欧亚非三洲的奴隶制帝国，在西方文明和世界经济史上是举足轻重的。早期罗马帝国是罗马奴隶制社会的全盛时期。伴随着政治上的安定，经济上呈现出繁荣景象。早期罗马帝国的经济发展的显著特征是各地各部门经济发展不平衡，意大利农业落后于手工业，意大利的经济落后于行省，经济的繁荣主要表现为行省经济的发展。造成早期罗马帝国经济发展的原因是多方面的，除了交通的发达、技术的交流之外，经过历次的奴隶起义和人民不断的反抗斗争，奴隶制生产关系得到一定的调整。隶农的出现，被释放奴隶的增多，在很大程度上促进了生产力的某些提高。而大规模的战争已经停止，帝国境内的广大地区出现了过去长期所没有的相对“和平”的安定局面，为经济的发展提供了有利的环境。

帝国的区域分工和贸易扩大是罗马经济繁荣的主要因素之一。帝国的统一，最重要的是经济统一。这种统一，不仅是由于帝国提供了安全与秩序，而且由于贸易障碍的消除而进一步加强了。所以，帝国经济繁荣首先是贸易的繁荣，而贸易发展又促进了地中海地区分工的发展。[67]

罗马帝国经济的支柱是农业、手工业和商业。早期罗马帝国的农业经济由于农具的改进和耕作技术的提高有了进一步的发展。这表现在各行省农业经济的发展上。农业生产关系以自由农民和半自由农民租佃占优势，奴隶劳动比重较小，生产力水平较高。各行省耕地面积增加较快。埃及和北非一带改善了灌溉系统，扩大了耕地面积。突尼斯和阿尔及利亚把一片干燥的大草原开垦成富饶的土地，麦类谷物到处丰产。西班牙、高卢、日耳曼尼亚、不列颠等地原来的草原、林地、沼泽和牧场的土地也变成了农田和果园。此时，种植的农作物品种不断增多，主要有小麦、大麦、谷子、大豆、葡萄以及橄榄等作物。

经济作物尤其是葡萄和橄榄的种植得到了极大的发展，呈现经济繁荣景象，而高卢北部盛产粮食，大量运销外地。随着经济的发展，在罗马帝国各地出现了一些农业生产中心。埃及、北非、多瑙河地区各行省特别是潘诺尼亚和麦西亚成为粮食生产的中心。高卢、西班牙、希腊群岛、巴勒斯坦等地是葡萄种植中心和葡萄酒酿制中心。而西班牙、达尔马提亚、北非、小亚细亚、叙利亚等地则是橄榄种植和橄榄油生产中心。同时，西班牙中北部高原还是养羊业中心。

手工业和商品经济的稳定和繁荣，海上和内陆交通的发达，古老商路的恢复，使这一时期的商业贸易十分发达。在帝国西部，罗马、意大利和高卢的商人，沿着莱茵河和多瑙河，将商品运往北欧和不列颠进行贸易，然后再将该地区的产品运往各地。在帝国东部，爱琴海、地中海、黑海之间的商业贸易也极其繁荣。希腊和叙利亚商人，通过阿拉伯、伊朗、中亚的商路以及红海，同印度、斯里兰卡甚至中国进行贸易。

罗马成为政治、文化和工商业的中心，而其他地区或是致力于农业，或专门供给罗马原料，或作为市场，从而大大提高了罗马和其他地区的劳动生产率。当然，在这种分工和贸易中，罗马处于绝对优势地位，通过贸易和税收、罗马集中了各行省的财富，呈现了一片经济繁荣的景象。

9.4.2 罗马法的形成与发展

在罗马经济社会高度发展的基础上产生了罗马法。一切商品经济发达的社会，商品交换和商业贸易都是最经常、最基本的活动。它要求商品所有者彼此以平等的身份进行交易，要求商品有平等的价值标准和统一的等价物，同时它要求人们享有各种交易自由，不受束缚。这些要求都在罗马法中得到反映。保民官盖尤斯（Gaius，公元 130—180 年）① 提议由平民组成委员会来起草法律。到公元前 454 年，护民官们提出建立贵族和平民共同组成的立法委员会，并得到元老院的接受，后创设了 10 人委员会，在公元前 451 年—前 450 年，罗马就制定了《十二铜表法》，经过 1 000 多年的发展，到罗马帝国晚期，罗马法已经发展到极为完善的地步。[68]

帝国前期是罗马法的鼎盛时期，法学在这一时期得到迅速发展。在帝国社会中，对庞杂的罗马法进行分类和整理，使之条理化、系统化显得尤为必要。同时，由于经济生活日趋复杂化，也要求在财产关系方面确切地规定权利与义务。这种社会需求导致法学的发展和法学家的活跃。法学家们不仅协助国家进行立法和法令汇编工作，还负责解答各种法律问题、指导诉讼、编撰契约合同等工作。从公元 1 世纪起，法学家们著书立说，解释法律，形成了不同的学派，主要有普罗库尔学派和萨比努斯学派，罗马法学的发展也进入繁荣时期。在公元 2—3 世纪之交，罗马先后出现了最著名的五大法学家：盖尤斯、帕比尼安（Aemilius Papinianus，约 140—212 年）、乌尔比安（Domitius Ulpianus，约 170—228 年）、保罗（Julius Paulus，? —约 222 年）和莫迪斯蒂努斯（Modestinus，? —

① 盖尤斯（约 130—180）是罗马帝国前期著名法学家，所谓的“罗马五大法学家”中的出生最早的一位。古罗马人的姓名由 3 个名字组成，盖尤斯是其首姓。作为一个法学教师，是现在世界上有专业论著传世的第一位职业法学家。在学术上，盖尤斯自称属于萨宾派。他是一位多产的法学家，他的著作共有 13 种，如《十二铜表法注释》《行省敕令评论》32 篇，《市政裁判官告示评论》《法律论》15《委托论》《案例论》《规则论》《嫁资论》以及《抵押论》各 1 篇等著作。

约244年）。罗马皇帝曾颁布引证法，规定凡在法律上遇到难题而成文无法明确时，则依照他们的著作来解决。从公元3世纪起，罗马统治者就开始组织法学家对以往的法律进行清理、汇编工作。公元3世纪末到公元4世纪初，法学家编纂了《格里哥里安法典》和《赫尔默格尼法典》，前者包括公元3世纪下半叶的法律，后者包括公元294年以后30年的法律。到公元438年狄奥多西二世（Θεοδόσιος Β′，Flavius Theodosius，401—450年）在位时，便诞生了帝国第一部官方的法律汇编《狄奥多西法典（CodexTheodosius）》。

罗马法是罗马社会奴隶制和简单商品经济高度发达的产物，是“商品生产者社会第一个世界性法律”，[69]“是纯粹私制占统治地位的社会的生活条件和冲突的十分经典的法律表现”。[70]它标志着罗马法学逐步走向成熟，也使得罗马法达到了世界古代法的顶峰。由于商品经济的发展，要求确定人与人之间的关系，确定人对商品的关系，只有在确定的关系下，商品生产者才能顺利进行交换。所以，罗马法首先确定了人与人之间的关系。罗马法学家乌尔比安曾经说：根据自然法，一切人生来平等。这就确定了所有交换主体的平等地位。更重要的是，罗马法明确了私有财产关系，认为私有财产神圣不可侵犯。罗马法有极为明确的所有权概念，所有权是对其所有物的最完全的支配权，其中包括占有、使用、收益、处分和返还占有权等。罗马债法也很发达。债务发生的原因有四种，即契约、准契约、私犯和准私犯，其中契约之债的表达方式分为要物、口头、书面和合意方式缔结等。这些法律规范的确立，对于罗马经济的发展特别是商品交换的发展，具有重要的作用。[71]

9.4.3　土地制度与农业发展

罗马在各地征服得来的土地，从理论上来讲都是罗马的国有土地，只有罗马才有完全的所有权。早期罗马帝国时期，皇帝是帝国中最大的地主，他手中的土地有很大一部分是通过抄没或通过继承而得来的。在帝国各地还有大片国有土地。罗马将这些土地分配给殖民者，或是卖给私人，或是留给原来的地主。这些土地的主人都是要承担对罗马的土地税义务。他们除必须纳税外，享有所有权的一切利益。土地税是国家对土地最高所有权的一种象征。但就全帝国而言，公元1世纪还是以中小农庄为主。这主要是因为大批退伍军人分领了没收的田地，造成了中等规模和小规模的田庄增加，在埃及就有大量的属于罗马退役军人的田庄。

罗马世界的土地存在着较大的区别。这种区别主要存在于罗马——意大利和意大利之外的各行省之间。罗马的土地最初只包括罗马本城的土地，只有罗马国家才有完全的所有权。在罗马共和国时期的最后一个世纪里，意大利的全部土地与原来的罗马土地混在一起了，意大利土地这个概念起而代替了罗马土地的概念；而“意大利权力”一词则表明了各行省中土地的法律地位；这种土地的占有者拥有全部所有权。[72]

在意大利之外各行省的大部分土地除非获得“意大利权力”，否则就没有完全的所有权，如果没有获得帝国予以的免税特许权，都必须缴纳土地税。[73]各行省中唯一不纳税的土地是联盟城市的土地。这些土地不向罗马国家缴纳土地税，它们的占有者具有完全的所有权。但是他们获得的所有权是根据他们本城的法律，而不是根据罗马法。另外，罗马国家或皇帝对公有土地拥有完全的所有权。在每一个区域，罗马国家都占有某些领地，以便直接经营。这些领地往往面积很大，其中有的是原来某些国王的土地而为罗马所继承，有的是城市土地，还有的是罗马皇帝任意没收的土地。这些土地无论是作为国家土地还是皇帝的私人土地，都不需纳说。[74]

早期帝国时期土地关系中一个重要的现象就是大地产的出现和发展。从公元 1 世纪起，整个帝国有一个土地集中于少数业主手中的总趋势。地产逐渐集中于少数富豪手中，无论在意大利或在外省，土地都在集中，尤以阿非利加为甚。奥古斯都（Σεβαστός、Imperator Caesar Divi F. Augustus，公元前 63 年—公元 14 年）① 时期（公元前 27 年—公元 14 年），特别是在克劳狄一世（Claudius，全名提贝里乌斯・克劳狄乌斯・德鲁苏斯・尼禄・日耳曼尼库斯，Tiberius Claudius Drusus Germanicus，公元前 10 年—公元 54 年，41 年—54 年在位）时期和尼禄・克劳狄乌斯・凯萨・奥古斯都・日耳曼尼库斯（Nero Claudius Caesar Augustus Germanicus，54—68 年在位）时期，埃及出现了许多大地产，其中大多数是皇帝的赠礼。无论在意大利还是在外省，大地产都在以很快的速度发展，数量越来越多，地产越来越大，而且逐步兼并了中等规模的农庄和自耕的小块田地。在高卢，地产为少数所有主集中占有。在尼禄时代的非洲，大地产遍布全境，据老普林尼估计，有 6 个人占有非洲省全部可耕地的半数，到了公元 2 世纪，大地产进一步发展，甚至比以前的规模更大，其所侵害的对象不仅是农民，也包括城市工商业者。他们的土地被官僚和富豪们的大地产所吞并。同时，公地也开始成为大地产掠夺的对象。早期帝国的皇帝们看到大地产的发展对其统治不利，也想阻止大地产的发展，如克劳狄、尼禄极力把私有者非法占有的公地收归国家，并分成小块卖给无土地的农民，有时是直接纳入皇帝手中。但所有这些措施均无成效，经济的力量超过政府的努力。因此，从公元 2 世纪起，大地产制成为地中海地区重要的土地所有制形式。这些大地产的经营管理可以从贺拉斯的一处田庄中得到证明。贺拉斯在萨宾有一处田庄，这个田庄的一部分是一个标准的农庄。由业主使用 8 个奴隶来经营，另一部分是 5 段地，分佃给 5 家佃户。这些佃户原来可能是业主，并可能就是这段地的业主。

不过，中小地产仍是最普遍的地产形式。这些的所有者属于城镇人口，属于城市的中产阶级或劳动阶级。中小地产也有租给佃户经营的，但大部分都是自己经营，通常情况下，一个监工、几个奴隶，再加上部分雇工，可以将一年的工作完成。在相当长的时期里，中小地产的发达是罗马经济繁荣的主要因素。不过到了罗马帝国时期，由于各种原因，中小地产的经营状况越来越差。此外，罗马帝国时期出现一种永佃权制度。永佃权是一种契约，其制订的主要目的原来是想把皇帝领地上的荒地变为耕地。后来这种制度推广到私人地产上。地主允诺耕种着占有尚未耕种的土地并将土地开垦出来，可以享

---

① 奥古斯都（拉丁文 Augustus 的中译，复数型 Augusti）的原意为“神圣的”“高贵的”，带有宗教与神学式的意味。他是古罗马帝国开国皇帝（公元前 27 年—公元 14 年），元首政制创始者。原名盖乌斯・屋大维・图里努斯。希腊文的同义字是“Σεβαστός、Sebastos”，或将拉丁语转写而成的“Augoustos”。一般奥古斯都最常用来指称第一位罗马帝国的皇帝“屋大维”；但奥古斯都也同样可以用作罗马皇帝的头衔。罗马帝国灭亡之后，欧洲许多贵族也常使用奥古斯都当男子名，特别是在神圣罗马帝国的境内。

有若干年土地上的全部收益，而在若干年以后缴纳少量地租。只要继续耕种土地，耕种者就享有对土地的占有权，但是如果连续两年不耕种，地主就可以收回土地。[75]

早期罗马帝国的农业经济获得充分发展，这表现在各行省农业经济的发展上，农业生产关系以自由农民和半自由农民租佃占优势，奴隶劳动比重较小，生产危机比意大利来得晚些。

各行省耕地面积增加了。埃及和北非一带，改善了灌溉系统，扩大了耕地面积。埃及人民筑堰开渠，利用水槽、水车，把一片片半沙漠的土地改造成生长谷物的良田。突尼斯和阿尔及利亚原来只是一片干燥的大草原，这时也被开垦成富饶的土地，葡萄园果实累累，橄榄树遍布成林，麦类谷物到处丰产。另外，西班牙、高卢、日耳曼尼亚、不列颠、伊斯特利亚、达尔马提亚、潘诺尼亚、麦西亚等地原先是草原、林地、沼泽和牧场的土地都变成了农田和果园。此时，种植的农作物品种不断增多。根据科路美拉《论农业》的记载，有二三十种之多，如小麦、大麦、谷子、糜子、大豆、菜豆、扁豆、小豆、亚麻、苎麻、芝麻、葡萄、橄榄、紫云英、苜蓿以及饲草、绿肥等作物。

帝国境内葡萄园发展之快，甚至极大地影响了谷物生产，为此，帝国政府颁布了一道敕令，规定无论在意大利或外省均不得再开辟任何新葡萄园，现有的葡萄园有半数要毁掉，并且鼓励外省种植谷物。但这项敕令并未得到全面有效的执行。与此相反，帝国政府对于达尔马提亚沿海、西班牙和阿非利加等地却予以扩大橄榄生产的自由。由此，葡萄和橄榄的生产得到了相当程度的发展。另外，科路美拉的《论农业》谈到了马、牛、羊、猪、家禽和蜜蜂等的饲养和管理，以及饲料和饲草的种植和贮藏，表明这一时期牧业生产也得到了一定程度的发展。随着经济的发展，在帝国各地出现了一些农业生产中心。埃及、北非、多瑙河地区各行省特别是潘诺尼亚和麦西亚成为粮食生产的中心，是罗马帝国的谷仓。高卢、西班牙、希腊群岛、小亚细亚、巴勒斯坦等地是葡萄种植中心和葡萄酒酿制中心。而西班牙、达尔马提亚、北非、小亚细亚、叙利亚等地则是橄榄种植和橄榄油生产中心。同时，西班牙中北部高原还是养羊业中心。

经济作物尤其是葡萄和橄榄的种植得到了极大的发展①。“以栽培利润更大的作物特别是葡萄和橄榄树来代替种植谷物”成为一种趋势。爱琴海诸岛上著名的葡萄园、橄榄林和其他经济作物都恢复起来了。北非的突尼斯、阿尔及利亚、高卢南部、西班牙的东部和南部海岸也都开始栽培葡萄和橄榄。在种植农作物方面，进步主要表现在耕作方法和栽培技术的传播。

公元1—2世纪，在希腊和意大利北部出现了带轮的犁。这种犁用双牛牵拉，生产效率高，有两副这样的犁和扶犁人，另加6名农工就可以完成200犹格的农庄的全部耕作。

---

① 葡萄和橄榄业的发展，主要体现在种植品种数量的增加与种植分布范围的拓展上。共和国时期的罗马，葡萄和橄榄的品种都不到10种；而种植区域主要集中在中部的拉丁姆和坎佩尼亚。到了帝国早期，葡萄和橄榄的种类增加不少，面积也有很大的扩展。加图的《农业志》提到的橄榄只有7种，而普林尼在大约公元50—75年记载了15种。考古发掘显示，橄榄在这一时期庞贝城的堆积物中比以前更加常见。此时，葡萄和橄榄种植的区域已经扩展到了波河流域、意大利南部的阿普利亚和卡普亚。正如科路美拉所言：“意大利是一个花园，到处都是爬满葡萄藤的树和橄榄树。”其中，优质葡萄酒和橄榄油集中在拉丁姆和坎佩尼亚地区，老普林尼和诗人马提雅尔提到的名葡萄酒就主要产自这两个地区。

高卢北区出现了割谷器，在打场时使用了打谷橇，这就减少了收割和打场时造成的损失，提高了生产效率。这一时期，农业上已经实行植物轮作制和休耕制，不少地区可以实现一年两熟。有些庄园采用种植豆类或绿肥的方法以恢复土壤的肥力。精耕细作成为农业生产的一大特色。一般来说，一块土地的耕作要经过犁地、耙地、锄地、除草、收割等工序，具体实行起来又要根据作物品种的不同和土地的状况而有所区别。此时的人们已经会沤制肥料，还掌握了牲畜、家禽等畜牧业的饲养和管理方法以及树木嫁接、剪枝、果树和蔬菜的栽培技术。

这一时期，人们注意对农业技术知识的学习和积累。他们知道作为农民要彻底通晓播种作物和耕耘土地的知识和实践，并对各式各样的十分不相同的土壤有准确的知识，因为没有农业技术知识，单只有愿望和耕种能力也是枉然。他们懂得依据地形、土质决定种植的作物品种，如山坡地种什么作物才结果实；已耕耘的熟地和有树林的土地能种什么作物或不宜种什么作物；潮湿多草或干燥多风的地带又各宜种什么。他们认识到，作为农民必须善于观察气象和季节，因为自然现象并不是千篇一律的，极可能因风雨灾难而一无所获。他们还认识到，畜牧业也并不是只有一种类型，各种动物有各种的饲养方法，而且一种动物也会因品种不同而有种种差别。

水利事业也受到了重视。古罗马作家科路美拉（Columella）在《论农业》中不止一次地提到水对农业的重要性。水渠、水车在此时得到了广泛使用，灌溉方法有了改进，灌溉系统得到了改善。埃及、北非等地因此扩大了耕地面积，把大片沙漠改造成为生产谷物的良田。

与各行省农业经济的繁荣相反，意大利本土的作物结构发生了重大变化，谷物生产由于其他行省的竞争和廉价输入，使农业走向了衰落。公元1世纪由于农业生产的不景气，土地价格也随之低落，据说原来价值50万塞斯退斯的大地产，在当时还卖不到30万。所以，有的大地产主人已不再经营大地产，而把部分土地变为牧场或者把土地分成小块租佃出去。这一时期，意大利本土的粮食消费主要由埃及和北非供应。意大利本土的葡萄种植业也受到行省葡萄种植业的有力排挤，以至于靠帝国政府采取干预措施来支撑下去。

总的来看，罗马帝国时期的农业在整个帝国范围内实现了一定程度的区域分工，但农业发展并没有什么重大的技术革新，重要的是帝国范围内耕作方法和栽培技术的推广和传播。一方面，意大利的农业作物和技术向帝国其他地区传播；另一方面，其他地区的技术和作物也向意大利传播，从而扩大了作物农作物种植和土地的产出。值得注目的是，帝国时期从森林、沼泽和沙漠中得到大量新的耕地，不少过去被认为无法利用的土地，通过新的方法经营而变成了良田。这一时期，罗马各地发明了排水技术和灌溉技术，排水技术使许多沼泽地得以利用，而灌溉技术则以水道和管道为主，将水引来，用于谷物、蔬菜和果木的生产。不过，在原来意大利和希腊的许多富庶地区，也有由于土地被放弃而变为荒地的。

9.4.4 工业

帝国前期的手工业也得到显著的发展。生产工具和技术与罗马共和国时期相比有所改进，产生于米特拉达特斯统治之下的小亚细亚地区的水磨，在公元1世纪传播到西方，并在磨粉和矿业中逐步推广，建筑业中开始应用复滑车起重技术装置，在矿山开采中则使用排水机。这一时期，西顿的工匠发明了吹制玻璃器皿的技术，代替旧的铸型制造玻璃品的做法，高卢也发明了用锡镀器皿的方法。同时，制陶技术、毛麻纺织技术、金属制造加工技术、珠宝首饰加工技术等均有了进步。手工业生产部门增加，产品种类繁多，技术分工细密。关于手工业劳动工具的改进，许多考古发掘，特别是庞培城的发掘提供了证明。而容纳5万观众的大剧场、宏伟的罗马水道和元首的凯旋拱门等都表明罗马的建筑技术取得了辉煌成就。

这个时期各行省手工业获得迅速发展。在共和国末期还很落后的高卢和莱茵河沿岸兴起了各种手工业，其中金属、纺织、制陶和玻璃行业已形成了中心，产品行销中欧、不列颠和西班牙。高卢在发展工业方面得天独厚，这一地区水道纵横，是发展商品生产的有利条件，并很快在制造雕花陶瓶和金属器皿等最富于意大利特色的生产领域上得到显现，产品行销西欧各地。西班牙、高卢、不列颠和达西亚等地的采矿业和冶金业也兴盛起来，为金属制造业提供了大量的原材料。在科隆周围兴起了玻璃制造业，北非和东部地中海沿岸一带的一些古老城市中，许多素享盛名的奢侈品和传统产品加工制造业再度繁荣。腓尼基的染料和玻璃制品，埃及的化妆品和麻纱、小亚细亚的精美纺织品和皮毛在各城市有着广泛的市场。北非还是大量生产橄榄油和精美陶器的地方。作为东部地中海地区的大都市，亚历山大里亚的工业在内战后的繁荣景象是前所未有的，它为整个地中海地区生产亚麻布、香膏、玻璃器皿、象牙制造品、首饰、银器和其他产品。各行省中大多数原来是农业中心或农业区域的行政首府城市，现在都发展起重要的地方手工业。与此同时，在某些经营农业的大庄园里发展起了手工业，它们和城市里的手工业进行着竞争。在法国南部图卢兹附近的一个庄子里发现了一个很大的羊毛织造作坊，在比利时的一个庄子里发现了陶窑。罗马帝国的工业发展还表现在手工业门类增多，多达80多种，分工更加细密，如制陶生产就有造型、烘烧、绘花等不同工序。随着手工业的发展，在罗马帝国各地无论大工厂或小作坊制造的产品都逐渐简单化和定型化。公元1世纪时流行的工业制品以美观为主要特征，例如印纹陶器在技术上精巧异常，而且美观。到公元2世纪时这一特征就逐渐消失，同样的陶器尽管在实用方面仍不失为坚固适用的器皿，却显得单调呆板，风格和主题互相承袭，变化很小。在珠宝首饰、金属雕刻艺术品、玉雕、家具和家用器皿等方面都可以看出类似的现象①。

帝国时期，意大利的手工业曾一度高涨，生产的陶器、纺织和金属制品运输到各地。在庞培城发现的手工业品中，大部分是本地生产的，有土灯、铜灯、木器、铜器、玻璃

---

① 造成这一现象的原因是多方面的。这一时期，手工业产品迅速传遍整个帝国，即使在帝国最边远的地区它也终于排斥了家庭制造品。而人数众多的乡村居民和城市下层居民的购买力是极低的，他们要求的是廉价品，越便宜越好。同时在这一时期，运输虽很便利，但毕竟尚有风险，而且运费较高，再加上手工业产品难于深入远离海洋和河流的地方，所以，每个内地城市都想就地生产居民所需要的物品，同时采用进步的技术和模仿流行的式样。另外，小城市里的工匠不生产新颖的产品，因为新颖的产品同进口货相比价格太高，在竞争中处于不利地位，所以他们简单地用他们从大作坊里学来的方法复制标准化产品。他们生意兴隆，迫使大作坊不得不降低其产品质量，以使产品价格低廉，自然也就使产品趋于标准化和平板单调。

品、铁器和外科手术器具等。庞培城的手工业品不仅供应本地市场，而且畅销到边远地区。这一时期，阿列提乌姆的制陶业相当繁荣，它的陶器曾经在一个短时期内独霸地中海地区，远及北方的不列颠和东方的黑海沿岸。北部意大利福尔斯作坊生产的陶灯是意大利主要特产之一。埃特鲁里亚大量生产的红釉陶器则几乎垄断了市场。意大利北部各城市的纺织业也很发达，生产各式粗细的羊毛织物。莫德纳的制灯业兴盛一时，产品远销外地。坎帕尼亚以金属制造闻名，它的青铜器和银器质地优良。卡土卢斯则以造船业著名，它的船只用小亚细亚伊达山的优良木材制成，因而十分畅销。另外，塔兰土姆的金属制造业、西西里的硫黄开采业也都在此时得到了发展。

在意大利还出现了一些新的手工业中心，如罗马的金属制造。在奥古斯都时代，坎帕尼亚的城市模仿亚历山大里亚并和亚历山大里亚竞逐，因而发展了许多新型的手工业，这些都是早期在坎帕尼亚几乎没有看到的。其中最主要的是玻璃器皿，特别是上色和雕花的器皿，同时它还利用本地产的质地优良的沙砾和黏土，制造玻璃和陶器，倾销给多瑙河地区的消费者。在阿魁累亚专门制造镶有琥珀的梳妆用品，它用从日耳曼尼亚输入的琥珀原料，制成小巧玲珑的镜子、匣子和瓶子等。意大利的工业发展不仅限于阿魁累亚这样的大都市，而且也出现了一些小的地方性中心城市和港口。蓬佩伊的发展就是一个例证。过去这里是一个农业发达地区，现在已发展成为地方性的工业中心，它的毛纺织业发展很快，其产品满足了本城、邻城及近郊农家的需要。

这一时期，罗马帝国的工业进步，主要是由于帝国各地的城市建设带动了需求，交通运输的建设便利了工业品流通，各地消费者及消费量迅速增加。由于贸易的发展和经济活动空间范围的扩大，工业品输出，有时达到远方的市场。在这些工业中，建筑业、金属工业、制陶工业、纤维工业和家具制造业比较发达。建筑业的兴旺，主要是由于城市的繁荣，刺激了建筑业的发展。征服战争和武器制造带动了金属工业的发展。在大规模征服战争结束后，金属工业的需求，主要来源于各种农具制造、各种手工业工具制造。纤维工业主要是棉纺织品和毛纺织品加工工业，是罗马帝国最重要的工业之一。

帝国的手工业生产以中小作坊居多，少有投资较多的大型作坊。在这些作坊主中既有自由民，也有奴隶和释奴。这一时期，无论在小作坊里或是在工厂类型的大企业组织中，所使用的劳动力以奴隶为主。除奴隶以外，在手工业者中也有自由雇工，但他们的人数少于奴隶。个别地区出现了大作坊，这些大作坊大多是在大地产上组织的，成群的奴隶或雇工从事手工业，有时是为了出口而生产工业品。这些大地产上，有制陶业、制铁业，也有织布场。这一时期，无论是作坊主还是手工业中的奴隶和自由雇工都有自己的团体。在小亚细亚所有的手工业城市中有许多有势力的团体，参加者都是从事某一项手工业的人，其中大多数属于纺织工业的若干部门，这些团体的成员是作坊主。这是一种行会或社团组织，其中的成员世代相承经营某项专门的行业。

罗马帝国的手工业行会也很发达。同业公会主要是由小雇主和自由劳动者组成。行会的分工非常细，例如，制鞋业中，有专门的行会，还有专门制拖鞋的行会；制陶业中，有专门造瓦的行会；纺织业中则有羊毛工人行会、亚麻工人行会、成衣工人行会、染业行会等；在金属工业中，有金匠、青铜匠、铅匠，各有各的行会。而在许多地方，手工业中的奴隶和自由雇工则有“贫民社”。在所有这些同行业团体中，罗马行会是一个典型。罗马行会是由社会下层分子所组成的地方社会组织，旨在联络会员间的感情，办理救济事宜。他们援助病人，安葬死者。

通常在庙宇中集会，只有一些特别大的行会才设有自己的会所。而这样的行会都掌握在一些有钱的会长手中，他们能负担一所会场的开支。所有的行会都供奉一个神或女神，作为其保护神。对于这些同行业的组织，只要它们安分守法，帝国政府一般不过多干涉其内部事务。但到了公元2世纪，情况有所变化。马尔库斯·乌尔皮乌斯·涅尔瓦·图拉真努斯（Marcus Ulpius Nerva Traianus，53—117年，98—117年在位）[①] 曾组织过面包工人行会。在皇室领地上的手工业工人也都迅速地在国家控制下组织起来。

9.4.5 商业与贸易

罗马帝国的统一使各地贸易畅通无阻，商业活动活跃起来。海上航路[②]、内陆河道、陆上通道成为内外贸易的动脉[③]，商队往来，络绎不绝。军队、殖民地和比较富有的地方居民的城市化，这一切都在西欧各省引起了一种新的商品需求，如酒、橄榄油、工艺性的金属器皿、精美陶器和玻璃器皿。因此，早期帝国的区域贸易和对外贸易空前兴旺发达。

在西部，罗马商人远出边塞，把意大利的制成品销售到北欧和不列颠。高卢、多瑙河流域以及日耳曼尼亚等地彼此之间贸易往来很活跃。罗马和高卢商人沿着莱茵河、多瑙河到达北海和波罗的海，同斯堪的纳维亚等地进行贸易。在东方，不仅黑海、爱琴海和东地中海之间的商船畅行无阻，而且红海一带的商人与印度、中国也有贸易往来。来自东方的各种货物，经由亚历山大里亚转运到地中海沿岸。日益繁荣的罗马，经常从这里得到各种名贵商品的供应。罗马帝国同它所有的邻邦都发生了贸易往来。北欧的琥珀、非洲的象牙、东方的香料、宝石和技艺高超的工艺品以及精致的纺织品都运销罗马和各行省。

在帝国初年，亚历山大里亚依旧是地中海上最大的商港。那里聚集着各国商人，人口达30万人。在街上可以看到身穿不同服装的人们，听到各种不同的语言。由陆上商队辗转贩运去的中国丝绸、经红海口运来的东方香料、宝石和各种奢侈品以及埃及出产的麻纱、刺绣、玻璃器皿和粮食等都荟萃于此。

---

① 图拉真（Trajan，Marcus Ulpius Nerva Traianus，53—117年），罗马帝国皇帝（98—117年在位），罗马帝国五贤帝之一。图拉真出生于西班牙贝提卡的伊大利卡，是第一位意大利以外出生的罗马皇帝。他在位时立下显赫的战功，使罗马帝国的版图在他的统治下达到了极盛。他曾经建立图拉真柱记载自己的功绩。元老院曾赠给他“最优秀的第一公民”（Optimus princeps）的称号。

② 从地理位置上来看，罗马不是闭塞的，台伯河的下游自古就可以通航，它的河口又是一个良好的海港。从远古的时候起，这条河道一直是内地居民到海边取盐的要道，罗马城址则恰好坐落在这条河上最便捷的渡口。

③ 罗马帝国在统一的政权下，海陆交通把帝国各地联结成一个密切相连的整体。地中海已成为帝国的内湖。自从庞培肃清海盗以后，海道上就畅通无阻。流入地中海的河流，构成由这条海道伸向各个地区的网络。除了河流以外，黑海、大西洋、红海、阿拉伯海、印度洋，也和地中海相通，因而运输可以相互衔接，地中海成为帝国海运的枢纽。在陆运方面，帝国时期的道路系统远比共和国时期完善。意大利半岛和各个行省都开拓了新的道路，罗马成为通向各地大道的辐射中心。在偏僻的行省中，罗马人也一样以善筑道路闻名。不列颠至今留有罗马大道的遗迹。

黑海沿岸的希腊城市，特别是鄂耳比亚、克尔索讷苏斯、潘提卡佩乌姆和塔奈斯，此时又繁荣起来了。鄂耳比亚和潘提卡佩乌姆同黑海南岸和西岸都有联系。博斯普鲁斯王国仍然出口大量谷物和其他原料，尤以皮革、鱼和大麻为多。这些出口货物一部分直接输往那些希腊城市，大部分则通过黑海沿岸的城市输给多瑙河上和卡帕多细亚地区的罗马军队。在非洲，贸易的主要商品是奴隶、象牙、野兽以及非洲枋木和埃及工业品。

在早期帝国的商业贸易中，最重要的是帝国的国内贸易，即意大利和外省以及外省与外省之间的贸易。国内贸易主要是食品，特别是谷物、葡萄酒和油，以及五金、木材、布匹、陶器等。谷物的贸易量是很大的，因为意大利本土、希腊、希腊诸岛所产的谷物不足以自给。麦子由撒丁尼亚、西西里、西班牙、非洲尤其是从埃及输出，埃及每年供给 2 000 万摩底麦子。当时有许多大型的运粮船队，如亚历山大船队、非洲运粮船队、西班牙运粮船队和撒丁尼亚船队，他们的船只定期开到马耳地、里吉安和西西里各码头。由于造船的需要，木材的贸易量也很大。与此相关的是蜡、大麻、松香和柏油等造船物资的贸易。葡萄酒和橄榄油的贸易仍和以前一样，在意大利、希腊和小亚细亚的生活中占主要地位。其最大的消费者之一就是罗马军队。

希腊和小亚细亚的葡萄酒和橄榄油供应罗马的东方各行省和黑海沿岸地区。意大利则供应多瑙河流域各行省、日耳曼尼亚和不列颠和阿非利加。虽然葡萄酒、橄榄油、谷物和木材等在帝国各行省之间的商业贸易中占重要地位，但日常生活用品的交易也很发达。如埃及产的亚麻布衣服、羊毛和纸草，小亚细亚、意大利、高卢产的毛织品，意大利的红釉陶器，西班牙、叙利亚、亚历山大里亚产的玻璃器皿以及许多地方的特种工艺品等。

同时，罗马同各地的贸易也有很大发展。各地汇合到罗马的贸易额是很大的，罗马城所消费的商品种类更是数不胜数。在罗马，沿台伯河畔，在阿文丁山脚下排列着一长行用扶梯伸入河中的码头，在那里有大储栈、仓库、贮藏室、武器库，来保藏所有从已知的世界各地方运来的商品。罗马本地也有很多市场。奥斯梯亚港和后来的新“港口”都充满着卸货工人、秤手、计度员、挑夫、搬运夫、船夫、小贩、封印员、公证人等，另外再加上各色各样的商人。在帝国西部，高卢的商业也很繁荣，里昂、波尔多、阿尔兹、土鲁斯、马赛、奥尔良、巴黎等都是最重要的商业区，在那里群集着各地的商人。里昂不仅是谷物、葡萄酒、油和木材等方面交易的一个大的票据兑换所，而且还是帝国中分销高卢、日耳曼尼亚、不列颠诸地大多数消费品的最大中心地之一。与里昂同等重要的是特雷米。这里的商人也和里昂的商人一样，大多是帝国政府的经纪人，他们的专业是贩运衣装和葡萄酒。这两个商业城市着重于供应莱茵河上的军队。而阿雷拉特和纳尔博则着重于把高卢的产品，尤其是葡萄酒，输往罗马城及意大利其他城市，甚至输往东方各省。西班牙、阿非利加和不列颠的商业发展水平较低。它们的贸易除了向罗马城和意大利输出部分外，主要是本地区内部的贸易，交易的都是本地区的土特产品。

罗马对北方的贸易也有很大的发展。在克劳狄和尼禄时期，罗马商人同德意志东部、挪威和瑞典维持着大规模的贸易往来。罗马商人到丹麦、斯堪的纳维亚诸国、德意志东部去的最古老的路线是从高卢北部的海港由海道往东。罗马的货物开始从多瑙河口、从黑海沿岸的希腊城市取道第聂伯河而运往波罗的海和斯堪的纳维亚诸国。这方面贸易的主要商品是青铜和玻璃。

同其他领域一样，在商业贸易上，意大利也正在逐渐丧失统治地位。意大利商人虽然仍旧掌握着多瑙河流域的市场，仍然输出意大利的产品，但是，外省商业贸易的发展及其对意大利商业贸易的冲击是他们无法阻止的。普特约利共和国时期最大的港口，也是意大利对东方进行贸易的最大港口，这时已逐渐衰落下来，这就非常显著地表明了意大利商业的凋敝，尤其是南意大利商业的凋敝。

与此同时，外省的商业却格外景气。帝国规定，由高卢的商人供应和运输军队所需的谷物、葡萄酒、油、木材、皮革、麻绳、五金、衣服、靴鞋、武器等物资，因为他们熟悉当地市场情况，并且掌握了大量船舶以及其他运输工具。士兵们所需的大部分物品，诸如木材、沥青、五金、皮革，在高卢、不列颠、西班牙和阿尔卑斯山区都是现成的东西。像高卢这样一个天然资源丰富的地方，工业和农业生产发展很快，水道纵横成网，三面沿海，均有良好的港口，因此，高卢商人很便于——比意大利商人便利得多——聚集各地物产，同时又能很方便地把这些产品散销给莱茵河上的屯戍地。这就使得高卢商人能与意大利商人竞争，并且开始在一些地区和领域排斥意大利商人。

东方也同样正在逐步摆脱意大利。这时东方的贸易不再集中于罗马及意大利商人手中。从公元1世纪起，意大利商人逐渐不在东方出现了。这是因为公元前1世纪后半期，东方各处情况恶劣造成阻碍，西方的新兴市场具有吸引力，所以意大利商人从东方转到了西方。当和平局面来临、东方商业开始复兴以后，意大利商人却难以东山再起，精明的东方商人牢牢控制住东方贸易的门户亚历山大里亚和叙利亚——腓尼基沿海诸港。其结果是，意大利人不再出现于东方，就如同他们也不再出现于西方一样，而东方商人却不仅垄断了东方的贸易，还逐渐愈来愈多地出现于意大利和西方各省的港口。

罗马帝国的对外贸易虽然不占十分重要的地位，但是贸易额却是很大的，而且贸易活动十分活跃，贸易范围广阔。在对外贸易中，输入的商品有日耳曼尼亚的琥珀、皮毛和奴隶，南俄罗斯出产的粮食、大麻、皮毛、蜡、蜂蜜，西叙利亚的谷物、兽皮和宝石，阿拉伯的石膏、乳香、宝石和骆驼，乌拉尔山脉的黄金，撒哈拉的椰枣和黑奴，中部非洲的象牙、珍贵木材、黄金、香料和调味品，以及中国的生丝和绸缎①等。

早期罗马帝国与印度和阿拉伯之间几乎专门交易奢侈品的贸易[76]，在奥古斯都时代在商业贸易中开始占有一定的地位，并且一直在稳定地向前发展。

---

① 罗马帝国与中国的贸易往来较早就有，罗马人对中国的了解是从对丝绸的兴趣开始的。他们称中国为赛里斯，意为“丝绸之国”。到普林尼时代（23—79年），中国丝绸确实运到罗马城，当时这种新奇的衣料，成为上层人物追求的奢侈品。当时中国的丝织品运往西方时，不仅丝质的光泽柔软为罗马人所赞赏，而且花色图案之美丽，也更引起他们的惊奇赞叹。中国的丝绸曾受到罗马各阶层的普遍喜爱，成为畅销商品。据G. F. 赫贞记载，公元后几个世纪，罗马城内多斯克斯地区有专销中国丝绸的市场。罗马与中国虽然远隔重洋，相距万里，但彼此之间的相互交流自汉朝以来逐渐加强。在中国的丝绸运往罗马的同时，罗马的商品也随之输入中国。考古学家认为，罗马的玻璃器皿曾输入中国市场。罗马与中国的商业往来，一直通过中亚，并经常受到安息人的干扰。罗马与中国直接往来的明确记载出现在公元2世纪。

当人们认识到季风的作用，在埃及和印度之间就开辟了直接的航线。[①] 这时贸易的主要中心是亚历山大里亚，在罗马帝国同印度和中国之间积极从事货物交流的经手人就是亚历山大里亚的商人。罗马帝国这时的贸易不仅抵达印度河流域，而且还抵达东南亚和印尼，罗马帝国同印度和中国之间的贸易也不断发展，并变成了十分正规的贸易。这时进口货中虽然还有一些是奢侈品，但大部分则是棉花和调味品之类的商品。从罗马帝国出口到东方去的商品种类也与以前不同了。其中一部分是原料和食物，如铁和谷物等，但主要的一部分则是亚历山大里亚的手工业制造品。亚历山大里亚对外贸易的发展并未扼杀阿拉伯与叙利亚的沙漠商队的贸易。此时，经帕耳米腊通过幼发拉底河谷的商道重新开放了，同时又开辟了佩特腊—外约旦—大马士革的商道。公元 2 世纪是佩特腊和帕耳米腊最繁荣的时期。最精彩的帕耳米腊的雕刻、最美丽的建筑物、最豪华的墓葬以及大多数的碑铭——包括那著名的关税表在内——都证明商业曾十分繁盛。这两地的贸易完全掌握在本地商人的手中，这些商人积累了大笔财富。

罗马帝国这时的贸易不仅抵达印度河流域，而且还抵达东南亚和印尼，罗马帝国同中国之间的贸易也不断发展，并变成了十分正规的贸易。这时进口货中虽然还有一些是奢侈品，但大部分则是棉花和调味品之类的商品。从罗马帝国出口到东方去的商品则主要是亚历山大里亚的手工业制造品，还有一部分是原料和食物。

罗马帝国形成了几个大的国际商业中心。这些主要集中在地中海的大港口，或在意大利，或在地中海沿岸。由于这些港口位于大商路的终点，每个港口输出本区特有的物品外，又从罗马世界之外输入大量货物。波斯布鲁斯的各港口、黑海东部各港口以及巴勒斯坦各港口都是这样的商业中心。这些商业中心有力地促进了罗马的商业贸易。

9.4.6 银行制度

早期罗马帝国时期商业贸易的发达，还体现在银行业的发展上。银行制度是从希腊以及东方的希腊化地区传到西方来的。银行业的兴旺，除了商业贸易发达之外，还有一个重要原因是在帝国境内存在着各式各样的通货。当时，帝国的藩属博斯普鲁斯王国自己发行货币，东方的一些城市如提尔等地也曾造过银币，亚历山大里亚和安条克这两个东方商业中心流通地方银币，而铜币则由罗马元老院和许多城市铸造，东方城市中造铜币者尤多。此外，差不多在帝国所有的大城市里，甚至在某些小城市里，零售商、酒店掌柜、旅店老板、渡口和渡船主人等都发行他们自己的钱币，或用代币形式，或用筹码形式。

另一个重要原因是缺少铸币。在佩尔、加蒙和米拉萨，都曾由于市场上见不到零钱而引起骚动。在克劳狄和尼禄时期，西方各省包括莱茵河地区和不列颠等处因为政府取缔高卢和西班牙地方造币权导致铸币缺乏，出现了许多仿罗马城所铸铜币的伪铜币。因

---

① 印度贸易和中亚贸易的主要商道是从印度起，或直接地，或通过阿拉伯到达埃及，而以亚历山大里亚为其总站。海上贸易在从埃及到阿拉伯、从阿拉伯到印度这一条线上占有重要地位。直到尼禄时止，交易多为奢侈品，阿拉伯商人成了埃及商人和印度商人之间的中介人。但是，这种贸易发展下去的使它超出了仅仅是奢侈品贸易的范围，也使它不再只是单方面的被动的贸易。当人们认识到季风的作用，在埃及和印度之间就开辟了直接的航线。这时贸易的主要中心是亚历山大里亚，在罗马帝国同印度之间积极从事货物交流的经手人就是亚历山大里亚的商人。

为缺少铸币，所以无论是兑换通货或实物都非常迫切需要建立一套信贷—划拨制度。

在罗马，有两种人从事银行业务，一种是换钱的人，他们的钱铺设在公共市场附近的区域；另一种是做钱币鉴定的人，他们以鉴定钱币为主，必要时也兑换钱币。这两种人都必须遵守法律所规定的某些条例，要接受国家的监督。经常握有现金的兑换店主，成为罗马的“银行家”，他们进行各种货币业务，如兑换钱币、鉴别钱币质量、接收存款、把钱从一个户头转到另一个户头等。他们也充当商业中介人和经纪人。罗马城是世界货币拍卖和商业交易的中心，是世界的交易所。这种货币铸造和银行业务的发展，促进了罗马帝国境内的贸易。[77]

各地的银行，无论是私人开办的，还是市政当局开办的，所从事的业务主要是积极参与发行和分配地方通货事宜、办理存款并对某些存款付以利息、从事信贷业务。由于工商业的发展，越来越需要更多的现金以应发展和改进企业之需；同时，许多作坊主和商人手中也积累了大量现金，所以不论是对于银行或是对于不专以放贷为业的富翁来说，贷款总是一件有利可图的事。因此在帝国各城市中，信贷和信贷业务十分发达。作为帝国中最大银行的国库，无疑地也像私人放贷者和私人银行一样地把钱借贷出去收息。这是一项较大的业务。还有一项较大的业务，即接受客户委托，办理支付业务，或是把款项由甲账户划拨给乙账户，或是把款子从一个城市拨到另一个城市，以及协助客户经办企业和纳税，等等。买卖外币和检验钱币的真伪或是否掺混杂质也是银行的一项重要业务。另外，这些银行都办理存款并对某些存款付以利息。

由于银行制度来自希腊本土和东方的希腊化地区，所以意大利和西方各省的银行大多数由原籍希腊的人经营。虽然有些银行是由市政当局办的，但是银行这种企业同所有其他行业一样，大多数是个人经营的事业，虽也有一些银行系合伙经营，但是没有任何大规模集股办的金融公司。

9.4.7　公共财政

罗马帝国实行包税制度，即将向各行省征税的权力包给收税人办理。一般来讲，包税人由罗马的高利贷主担任，他们负责把全部税款交给国库。但收税人从居民那里征收来的钱财，要比他们交给国库的多得多。这些包税人向人们横征暴敛，权力极大，甚至可以将交不起税的居民变为奴隶。

罗马帝国的财政收入主要有两个来源：一是赋税，二是“公役”。罗马赋税可分为两类，即直接税和间接税。主要的直接税是人头税和土地税。前者是向一切没有罗马或拉丁公民权的臣民征收的；在皇帝的行省中土地税按年产的一定比例额征收，在院辖行省中，土地税是每年向各省社会所课的一个规定的总额。主要的间接税是关税及第3世纪起所征的“金银税”；此外，还有较少普遍性的间接税，即售货税（1%）、奴隶释放税、遗产税（5%）。虽然在征税吏的收税报告中这些课税是以货币数字来说明的，但好多赋税征收的是实物。在赋税以外，罗马帝国对其臣民要求担当若干种义务性的“公役”，其中最苛重的是在各省和各城市维持帝国驿站。其他强制性的义务是：各省献给胜利将军的“赏金”，每5年向城市官吏征收一次；加在大土地所有者身上的一种相似的税，即

“献金”商业，特别是对外的和省际的海上商业，乃是罗马帝国主要的财源。来自埃及和非洲的谷物成为皇帝们的主要收入，用以发军粮和赡养罗马无产者，余下的则出售。

城市的经费主要靠正规收入——从居民中征收来的各种赋税。纳税人包括本地市民和侨居者或近郊居民。税收制度是根据几个世纪的经验而精心制定出来的，特别是取自希腊化时代的经验。凡是城市辖区内的土地、城中的不动产、货物的进出、商业的经营、契约的订立、买卖的成交、市场的使用和其他公家不动产的使用等项目都要纳税。除此而外，出租祭司职位、职位荣耀金、募债、富裕市民的捐献也构成了城市收入的重要来源。

罗马帝国的主要财政支出有以下几项。一是维持日渐庞大的官僚机构和军队，这是一个大负担。另一项大的负担是罗马城的行政管理：城市建设；居民基本生活保障，包括供水、排水、卫生设备、防火防洪、铺平街道、修筑台伯河上的桥梁、有高度效率的警察部队等。再有一项是公共事业：赡恤罗马无产者、建设罗马城、疏浚台伯河道、修筑遍于全帝国的军用驿道、满足罗马城的文娱需要、赏赐军士、为退役军人设立恩俸基金。为了赢得居民的支持，罗马皇帝常举行额外的赛会、添补钱谷的犒赏、设筵席招待成千上万的宾客、布施各种各样的物品。这也是一项很大的开支。

城市的开支主要用于：支付城市下级吏员的俸禄，他们中有的是公众的奴隶，要供给住处和衣食，有的是自由雇员，要供给俸禄；修缮和维持各种公用设施；区间道路的修建和养护费；公共教育和青年老年的体育锻炼费用，如教练员的薪俸、筹办和修缮学校和体育场、把橄榄油配给那些无力购买的人；宗教费用，包括神庙的修缮、牺牲、仪仗、宗教节典、为庆祝各种神而举行的竞赛和游戏等。早期帝国总的说来财政状况是好的，历代皇帝们一直在为解决这一问题而努力。在意大利，任何一位皇帝也不敢触犯罗马无产者的赡养和文娱权利，他们最多只敢减少和固定领公粮者的名额，以及定出一种适当的分配制度。

9.4.8 城市的兴起与繁荣

城市的繁荣是手工业、商业发展的结果，也是罗马帝国经济发展的一个标志。帝国初期，城市的发展达到前所未有的程度。罗马帝国变成了希腊城市、意大利城市和外省城市的联合组织。

帝国的首都罗马在这个时期成为地中海地区最壮观的城市，比亚历山大里亚这样的特大城市更加宏伟。据估计，当时罗马城居民人数在70万人左右。皇帝们逐渐将弯曲的街道和贫民居住的街区改造成为具有庄严神殿和巨大公共建筑的宏伟的世界首都。就意大利而言，真正的繁荣时期是奥古斯都时代。意大利所有的城市遗址，特别是意大利北部和中部的城市遗址，就能看出其中大多数城市都是在奥古斯都时代基本定型的，那些最美丽、最适用的建筑物都是在这个时代修建的。[①]

---

① 这种繁荣在奥古斯都以后的历代皇帝统治时仍旧得以维持。在奥古斯都时期，罗马已经完成许多优美的公共建筑。如新的元老院，纪念恺撒的庙宇，元老院纪念奥古斯都功勋的和平坛和广场等以及在巴拉丁山冈上修建的皇宫等。克劳狄修建的输水槽长达40英里，最后的10英里以开有无数拱门的石筑长桥架设，直通巴拉丁宫殿。经过公元64年的灾难性大火之后，尼禄又按照城市规划，用耐火材料重建罗马。

在奥古斯都时期，罗马已经完成许多优美的公共建筑。新的元老院，纪念盖乌斯·尤利乌斯·恺撒（Gaius Julius Caesar/Jules Césa，公元前 102 年—前 44 年，公元前 60 年—前 44 年在位）的庙宇，元老院纪念奥古斯都功勋的和平坛以及广场等，以及在巴拉丁山冈上修建的皇宫，美轮美奂。奥古斯都对于罗马的建设是很自负的，夸耀自己把砖头的罗马变为大理石的罗马。克劳狄修建的输水槽长达 40 英里，最后的 10 英里以开有无数拱门的石筑长桥架设，迤逦如龙，直通巴拉丁宫殿。经过公元 64 年的灾难性大火之后，尼禄又按照城市规划，用耐火材料重建罗马。他还占用大量土地为自己兴建别墅和花园，其中最为著名的是"金屋"。公元 80 年，提图斯·弗拉维乌斯·维斯帕西亚努斯（Titus Flavius Vespasianus，41—81 年，79—81 年在位）宣告巨大的圆形剧场落成。这座剧场的周围约为 1/4 英里，内有可容纳观众 5 万人的座位。剧场的外部分为 3 层，每层环以 80 根希腊式的圆柱，两柱之间砌成拱门。此外，马尔库斯·乌尔皮乌斯·涅尔瓦·图拉真努斯（Marcus Ulpius Nerva Traianus，53—117 年，98—117 年在位）兴建了宽阔的广场、大型的公共浴池，以及图拉真纪功柱。普布利乌斯·埃利乌斯·哈德良（Publius Aelius Traianus Hadrianus，76—13 年，117—138 年在位）也建筑了纪念图拉真的庙宇。哈德良时期落成的万神殿，前后修建了 150 多年，殿高 43 米，内部直径也是 43 米，正门有 8 根混凝土大圆柱，高大的青铜门至今犹存。此外还有许多凯旋门和纪念像等，把罗马装饰成一座极其繁华的城市。

繁荣景象不仅见于帝国首都，而且也见于其他城市。庞贝城[①]的各种建筑都已达到很高水平。平坦的街道纵贯着市区，街道两旁还有人行道。广场、公共建筑、公用水源、密集的居民点和店铺等，都足以说明庞贝城当年的繁荣景况。城内住房大部分是宽敞的，设备好，装饰雅致。有些房间是装农具和牲畜的，其他房间作为碾磨房或贮藏室，用来贮藏橄榄油、葡萄酒和其他产品。还有的房间用作缝制衣服和制造手工艺术品的场所。在大街的一角有餐厅。多数大房子仍为住宅。有些临街的一楼房间出租给店铺。庞培城有供水系统、供应公共泉水给私人住宅。该城拥有广场、长方形大会堂、各种神庙、市场、浴池、露天剧场。

奥斯梯亚作为罗马一个防御性殖民地建立在台伯河口。一直到公元 1 世纪中叶，克劳狄和图拉真在此地兴建港口，增设水坞设备。奥斯梯亚具有与庞培城类似的公共建筑物，多属于公元 2 世纪建造。这里有成套的大房子，是有钱人的住宅和仓库。城市繁荣还广泛见于帝国各个行省。在北非，迦太基城这个大都市又重新建立并再度繁荣起来，建造了宏伟壮观的圆形剧场等建筑。高卢的阿劳西奥（今法国的奥兰治）有石雕精美的凯旋门。尼卯塞（今法国的尼迈）有长达 900 英尺的架设公共输水槽的拱桥。小亚细亚的以弗所在整个罗马帝国时期一直都很繁荣，残存下来的遗迹有巨大的露天剧场、一个小型音乐厅、宽敞的会场、神殿、浴池和保存最好的古代图书馆。再有日耳曼地区的特

① 庞贝城是亚平宁半岛西南角坎佩尼亚地区一座历史悠久的古城，西北离罗马约 240 千米，位于意大利南部那不勒斯附近，维苏威火山东南脚下 10 千米处。西距风光绮丽的那不勒斯湾约 20 千米，是一座背山面海的避暑胜地，始建于公元前 6 世纪，公元 79 年毁于维苏威火山大爆发。但由于被火山灰掩埋，街道房屋保存比较完整，从公元 1748 年起考古发掘持续至今，为了解古罗马社会生活和文化艺术提供了重要资料。

里尔，开始时作为罗马军队在莱茵河前线的驻扎地，奥古斯都将它提高到自治市地位，不久又获得殖民地资格。考古发掘表明，在公元2世纪时，该城面积大约有700英亩，是服装和葡萄酒的贸易中心。

与罗马城比美的还有那些最富足、最繁荣的行省的首府：埃及的亚历山大里亚、叙利亚的安蒂奥克、小亚细亚的以弗所、阿非利加的迦太基、高卢的里昂。稍逊于此的有东西方数以百计的美丽的大城市，如意大利的蓬佩伊、普特约利、奥斯梯亚、维罗纳、阿魁累亚；西西里的陶罗梅纽姆、帕诺尔木斯、锡腊库塞；高卢和日耳曼尼亚的马西利亚、纳尔博、阿雷拉特、讷毛苏斯、奥古斯塔——特雷韦罗鲁姆、阿劳西约、崩纳、莫根恰库姆和阿尔展托腊特；英格兰的隆迪纽姆和埃布腊库姆；西班牙的塔腊科、科尔杜巴、伊斯帕利斯、意大利卡和阿斯土里卡、埃梅里塔；阿非利加、努米底亚和毛里塔尼亚的阿德鲁梅土姆、契尔塔、伊波——雷纠斯和恺撒雷亚；昔兰尼加的昔兰尼；伊斯特里亚的特尔杰斯特和波拉；达尔马提亚的萨洛纳；潘诺尼亚的埃莫纳和佩托雅约；马其顿的特萨洛尼卡；希腊的雅典、科林斯和罗得；亚细亚的斯米尔纳、佩尔加蒙、萨尔迪斯和米勒土斯；加拉戚亚的安契腊和安蒂奥基亚——皮西迪亚；弗里季亚的佩西努斯和埃札尼；契里契亚的塔尔苏斯；比提尼亚的尼策亚和尼科梅迪亚；马尔马拉海及其附近岸边的契齐库斯和拜占庭；黑海上的锡诺普，黑海西岸的托米和伊斯特鲁斯；腓尼基的维尔、西顿和阿腊杜斯；叙利亚的埃利约波利斯、帕耳米腊、大马士革、费拉德尔非亚和杰腊萨；美索不达米亚的底格里斯河上的塞琉契亚；阿拉伯的佩特腊和博斯特腊；巴勒斯坦的耶路撒冷。[78]

当时还出现了许多新城市①。在西方各行省中，这个变化非常明显。统治着克勒特部落的贵族们移居于法兰西和西班牙一些大河流近旁的平原上，他们在这里修盖房屋，建立公共建筑物，这些新的生活中心吸引了商人、工匠和水手们，一个真正的城市就这样形成起来了。在阿非利加，和在莱茵河地区、多瑙河地区及西班牙等其他地方一样，店铺和住宅组成了范围很大的营市，它们环绕着军营以及在通往军营的大路旁发展起来，后来以此为核心形成了城市。英格兰的伦丁尼亚（伦敦）、高卢的鲁格敦（里昂）、文都滂那（维也纳）、新吉伦（贝尔格莱德），德国的科伦、波恩、美因斯、斯特拉斯堡以及匈牙利的布达佩斯，均兴建于帝国初年。东南欧的一些重要城市，如卡尔斯堡、托伦堡、克劳曾堡、图尼、塞维力那、奥尔索瓦、戚特鲁克等，大多亦可追溯到这一时期。

罗马帝国的城市因其历史发展和地理环境的不同而有不同的类型。有的是大而富庶的工商业城市，其中大多是海港或河港；某些城市——如帕耳米腊、佩特腊和博斯特

---

① 这些城市均有较为完备的市政设施。几乎帝国全部城市，特别是东方希腊化的城市，均有一套很科学的排水系统，有建设精巧的水道，水流源源不断，即使居处高楼用水也很方便；有铺砌讲究的街道和广场，街道两旁盖有替行人遮阳挡雨的柱廊；城里到处有漂亮的公共浴池；有规模宏大、设备精良的游艺运动场所，如竞技场和角斗演习所。所有的城市都有一些高大的公用建筑，如本地议政会的会场、政府官员的衙署、供官方社团及公众选举时投票人聚会的大厅、审理案件的市政厅。此外还有许多供公众娱乐和教育用的建筑，如剧场、公共图书馆、图片陈列馆及供辩论和演讲用的讲堂等。

腊——则是沙漠地区往来频繁的商队聚会中心。上面所列举的那些帝国中最富丽的城市大多属于这一类。在这些领导文明生活的大城市下，还有许多建设得很好的大市镇——广阔肥沃的农业地区的中心，行省或行省以下的行政区域的首府。它们大多位于重要商道的交叉点或一条可通航的河流之旁，同时也是外省地方性商业的重要中心。还有一种就是由各个贫富不等的农业地区的村庄逐渐发展起来的那些较小的市集。

罗马帝国的这些城市，尽管面积大小、人口多寡、财富和政治上的重要性各有不同，但却具有一些共同特征。每一个城市都按规定辖领一块或大或小的地区，成为“市辖区”。这个市辖区或是一个古代城邦原有的领地，或是因意大利或外省的罗马人而指定分配给某个城市的土地，每一个城市都有自治权，而在这些城市之上则是罗马中央政府。一般来说，中央政府除了税收外并不干预城市的管理，城市的自主权是比较完整的，而城市的繁荣也在一定程度上促进了罗马帝国经济的发展。

9.5　罗马帝国后期的经济

9.5.1　奴隶制经济的危机

罗马帝国在安敦尼王朝时期达到繁荣的顶峰，然而，维持了 60 多年的繁荣后，罗马经济的“黄金时代”结束了。从公元 2 世纪末到公元 3 世纪末，罗马帝国城乡经济衰落、内战不断，这一时期发生的经济危机，实质上是罗马奴隶制经济的危机。

罗马从共和国时代起，就不断发动对外征服战争。征服战争除夺取大量土地外，更主要的是俘获大批奴隶。到罗马帝国时期，征服战争达到历史上的最高潮，奴隶制经济也发展到顶峰。大批奴隶源源不断地流入罗马，给罗马提供了足够的廉价劳动力。这样就使罗马帝国前期的奴隶制得到进一步发展，经济也呈现繁荣景象。美国经济史学家汤普逊指出了罗马帝国奴隶增加的主要原因：农民被迫放弃耕种和大地产占有制的增长，带来了由奴隶劳动来开垦土地的办法，奴隶劳动比自由人的劳动强度大，因为奴隶是不担负军役的，并可被迫无间断地工作；奢侈风气的增长，把大量新的需要引入罗马生活里，而其中很多需要是有由奴隶劳动来满足的；在制造业中使用奴隶日渐增多，这项惯例在东方早已存在，但在罗马却只是在罗马共和国的后期才被采用；由于需要奴隶来做的工作增加，政府通过立法改善了他们的境况，奴隶人口通过繁殖而日益增加起来。但另外，奴隶制的合理性在罗马帝国时期却逐渐丧失，罗马帝国经济不可避免地出现经济衰退和危机的征兆。[79]

事实上，奴隶制存在的合理性，早在罗马共和国晚期就已经出现。尽管奴隶占有制仍然是经济生活的基础，但补充生产中所缺少的劳动力方式和使用奴隶劳动的方法已经改变了。大规模征服的时代过去了，通过战争获取的奴隶的数量大幅度减少，而由于各行省也确立了奴隶制，导致对奴隶的需求大大增加，这就使奴隶的价格急剧上升，同时导致生产成本的上升和生产效率的下降。

道格拉斯 · 诺斯（Douglass C. North，1920—）也分析了罗马奴隶制的效率问题，他指出："奴隶制的兴衰反映了它获利能力的变化。在古希腊以及罗马共和国时期，通过征服来增加奴隶的供给。在罗马帝国的最初两个世纪内，由于处于和平时期，奴隶价格急剧上涨，奴隶供给的增加是通过奴隶繁殖这种方式来实现的。对奴隶的需求来说使用奴隶比使用自由劳动力具有更大的盈利可能性。奴隶开始被用于希腊的采矿业和家务，后来当日益发展的市场使得大规模农业有利可图时，在罗马帝国的大庄园也开始使用奴隶。甚至罗马帝国的奴隶解放也可以从经济方面加以说明，因为罗马帝国对奴隶的刺激制度足以使增加的边际成本补偿奴隶主因将来解放奴隶而遭受的劳动力损失。奴隶制的衰落反映了其盈利能力的下降。当奴隶价格十分高的时候，正如罗马帝国的头两个世纪所表现的那样，使用自由劳动力就变得有利可图了。相反，当罗马帝国后期自由劳动力的价格下跌或由于贸易混乱导致农产品需求下降时，把奴隶转变为农奴就是一种理所当然的反应。"[80]

关于罗马奴隶制的衰落，弗里德里希·冯·恩格斯（Friedrich Von Engels，1820—1895）指出，农业是整个古代世界的决定性的生产部门，现在它更是这样了。在意大利，从共和制衰亡的时候就几乎遍布全境的面积巨大的大庄园，是用两种方法加以利用的：或者当作牧场，那里居民就被牛羊所代替，因为看管牛羊只用少数奴隶就行了；或者当作田庄，那里使用大批奴隶经营大规模的园艺业——一部分为了满足主人的奢侈生活，一部分为了在城市市场上出售。大牧场保存了下来，甚至还扩大了；但田庄田产及其园艺业却随着主人的贫困和城市的衰落而衰败了。以奴隶劳动为基础的大庄园经济，已经不再有利可图；而在当时它却是大规模农业的唯一可能的形式。现在小规模经营又成了唯一有利的形式。[81]恩格斯进一步指出：古典古代的奴隶制，已经过时了。无论在乡村的大规模农业方面，还是在城市的工场手工业方面，它都已经不能提供值得费力去争得的收益，因为它的产品市场已经消失了。帝国繁荣时代的庞大的生产已经收缩为小农业和小手工业，这种小农业和小手工业都不能容纳大量奴隶了。只有富人的家庭奴隶和供他们显示豪华的奴隶，在社会上还有存在余地。但是，日趋灭亡的奴隶制仍然能够使人认为，一切生产劳动都是奴隶的事，让自由的罗马人来做有失他们的身份，而现在人人都是这种自由的罗马人了。结果，一方面，多余而成为累赘的被释放奴隶的人数日益增加；另一方面，隶农的人数，破产的自由民的人数也日益增多。奴隶制已不再有利，因此也就灭亡了。在这里罗马世界就陷入了绝境，奴隶制在经济上已经不可能了。[82]

奴隶制经济发生危机的根本原因在于生产力和生产关系之间的尖锐矛盾。帝国初期，劳动工具有了很大的改进，出现了带轮的犁、割谷器、起重装置、排水机等先进工具。这些新的劳动工具的出现，要求生产者对劳动有一定的兴趣。但是，奴隶只是主人的财产，是物品，是"会说话的工具"。奴隶没有自己的生产资料，也得不到自己的劳动报酬。因此，对劳动丝毫没有兴趣，他们往往虐待牲畜，破坏工具，并利用一切机会来欺骗主人和逃避工作，这就是说，在奴隶制生产关系下已经排除了使用新的生产工具的可能性。奴隶主对奴隶的残酷压迫和剥削，造成奴隶的大量死亡，并且激起奴隶的反抗。奴隶们不断地逃亡和暴动给奴隶制经济以沉重的打击。

9.5.2　隶农的产生与隶农经济

奴隶制的瓦解是通过向隶农制的逐渐演变而实现的。隶农①最早出现于公元前 2 世纪的意大利。詹姆斯·W. 汤姆逊（Thomson）指出：隶农“至少可以找出三个源流：被削弱了的贫困自由小农；获得部分解放的奴隶；移居在荒地或空地上的‘蛮族人’”。他还指出：“隶农是依附的农民，耕种别人的土地，以金钱、服役或实物来缴付地租的农民。按术语来说，他们是自由人，可是实际上，他们在永远还不清的债务压迫之下，是被束缚于土地的。这项债务转移给他们的子子孙孙，这样就发展了一个世袭的奴隶阶层。”[83]事实上自由的佃农构成隶农的主要来源，他们主要以租种土地为生，向土地所有者缴纳一定数量的地租。租期一般为 5 年，期满之后可以另寻出路。隶农作为土地的耕种者，与土地的所有者之间是平等的契约关系，对于土地并无固定的依附性，基本上保持着自由人的身份。由于当时社会生产力水平比较低下，奴隶劳动占主导地位，而隶农经济作为奴隶劳动的一种补充形式，处于次要地位，人数较少，流行范围也很有限。

公元前 2 世纪末 1 世纪初，奴隶制经济受到大规模奴隶起义的冲击，一些大地主鉴于集中使用奴隶劳动的危险，转而出租一部分土地给隶农，或者把一部分土地作为“特许析产”交由奴隶经营。隶农日渐增多。文献中开始出现关于隶农的直接记载。帝国初年隶农制正式形成。盖尤斯·普林尼·采西利尤斯·塞孔都梲（Gaius Plinius Caecilius Secundus，61—113 年）认为剥削隶农比较有利，因而主张把不适于应用奴隶劳动的土地交给隶农耕种，即以隶农制部分地取代奴隶制。隶农制和隶农阶层就是在这种经济条件和阶级矛盾的形势下形成和发展起来。

隶农制包括土地租佃关系和一系列有关隶农的身份、地位、权利、义务等方面的法律规定。从这一时期意大利和各行省的铭文和埃及纸草文书中可见，土地租佃的范围是相当广泛的。出租的土地中有国有地、皇室土地、城市公地、私人大地产、城市议员和老兵的中小地产等。土地种类有谷田、葡萄园、橄榄园、牧场、荒地等。承租人有大租户、小佃农、析产奴等类别。大租户又叫承租户，他们依靠手中的资金、生产资料、奴隶，承租大片土地，往往把其中一部分土地划为自营地交管庄管理并利用奴隶劳动，而把其余部分转租给佃农分散经营。地租由大租户统一收缴并上交地主。小佃农以自力耕种土地，也有兼具自耕农和佃农二重身份者。析产奴租种地主土地者在经营方式上虽与隶农相似，但不具备完全的人身自由而仍属奴隶范畴。隶农主要是以佃农为主体形成的。隶农的身份，在帝国初期仍然是自由民。他们拥有公民权、财产权，有法律上的诉讼权，

---

①　隶农，拉丁文称科洛尼，在共和国时期它最初是指以自由劳动耕种自己土地的农民或移民，即小土地所有者或自耕农，并不带有隶属性。此时隶农有两层含义：一是指罗马公民殖民地的成员；二是指佃农。后一种意义上的隶农大约出现于公元前 2 世纪。他们是些自由佃农，其中又有大、小佃农之分。小佃农大多是失地或土地不足的小农。大佃农则拥有相当数量的资金和奴隶，有能力耕种更多的土地。不论哪一种，隶农起初都是拥有公民权和法律权利的自由公民。他们通过契约从土地所有者手中租得土地，向后者缴纳地租，一般支付货币地租，租期约为 5 年，他们对地主没有人身隶属关系，对土地也没有固定的依附关系。如果土地出租者把自己的意志强加于隶农，破坏契约，隶农可以起诉。隶农身份不是终身的，也不是世代相传的。隶农的这种关系，既可由耕种者本人提出断绝，也可由土地所有者提出继续，如果到期经双方同意，可以延期。

可以拥有自己的生产资料，可以从军。

租佃关系以及隶农与地主、承租户、管庄之间的相互关系，原则上是由契约而非由强制确定的。后来颁布的曼切乌斯法，则以法律形式明确规定了隶农的义务：隶农必须如实向承租户和管庄报告每种作物产量，得到认可后，将应得之份留给自己，其余以库存粮和成品粮的形式交给承租户和管庄。地租在共和国末年和帝国初期是以货币形式支付的。后来由于隶农负担日重，债务增加，经常欠缴租税，劳动兴趣与生产率随之降低，地主便逐步以实物租取代货币租。

罗马帝国建立以后，整个地中海地区基本统一，战乱明显减少，社会局势稳定。政治上的统一和相对的和平局面密切了各地区之间的往来和交流，形成了有利于经济发展的良好环境，从而导致了罗马帝国前期长达两个世纪之久的所谓“黄金时代”的出现。罗马帝国前期，生产力有了很大的进步。狄奥多洛斯（Διόδωρος Σικελιώτης）和盖乌斯·普林尼·塞孔都斯（Gaius Plinius Secundus，23—79 年）记述了开采矿山的复杂技术和排水机械在矿山开采中的应用。另外，塞孔都斯还提到了利喜亚地区的轮犁和高卢地区的割谷器。近现代的考古发掘证实了古典文献记载的可靠性。[84]另外，罗马帝国前期，耕地面积明显增加。人们开垦了大量的森林、沼泽和荒地，在这些土地上进行耕作。[85]耕地面积的增加，也反映了当时社会生产力的进步。生产力的进步导致了劳动剩余率的提高，明显加强了生产的个体化趋势，从而为分散经营的隶农经济的发展提供了必要的前提条件。因此，罗马帝国前期，随着生产力的进步，隶农经济逐渐发展起来。

关于罗马帝国前期隶农经济的发展情况，公元 1 世纪罗马农学家科路美拉（Lucius Junius Moderatus Columella）的《论农业》有一定的反映。科路美拉在《论农业》中指出：“地产的主人应当细心地照顾地产上的所有其余事项，尤其是其中的人。这些人分为两类：隶农和奴隶。地产的主人应当以宽厚的态度对待隶农，努力协助他们解决困难，他对他们的劳作比之对他们的缴租，要求更加严格。这种关系对隶农委屈不大，而对主人则往往更有好处。因为勤勉耕耘田地，总是有利的，而从来不会有害。收成既然好，隶农就不能要求减租。可是，对于隶农负担的义务，主人不应当过分要求。例如：缴租期限的严格遵守，劈柴的运送以及其他的琐碎义务”，“条件最好的地产，是那里有久居该地的隶农，由于继承就像变成了土地的主人，并且自动与主人发生密切的关系”，“必须努力用一切方法吸引土生土长的人为隶农，使之耕种，而当主人不能亲自管理或不能依靠自己的人管理时，这是绝对必需的”。[86]科路美拉的论述体现了：隶农与奴隶相提并论说明，在当时的农业生产中，个体化趋势有所加强，分散经营的隶农已经成为地产上的一种重要生产者。

事实上，公元 1—2 世纪是隶农和隶农制的形成和发展时期。隶农与隶农制在意大利、高卢的南部和东部、阿非利加的南部特别是努米底亚、毛里塔尼亚、埃及、多瑙河诸行省、色雷斯、小亚细亚诸行省城市郊区，以及希腊各地逐步流行。在这一时期，隶农仍保持着自由佃农的身份，隶农制也保持着自由租佃关系的性质。但是，隶农人身依附的增强和世袭化的倾向，在此时期已见端倪。隶农因贫穷而不得不由地主提供生产资料或因负债而将财产抵押给地主，隶农的财物在某些情况下被包括于地主的遗嘱之中，以及强制出租和承袭父业的现象，都表明了隶农的依附倾向。

根据罗斯托夫采夫的研究，在公元2世纪的罗马帝国，隶农劳动在农业生产中已经占据了十分重要的地位，甚至是居首要的地位，而在瓦罗时代和科路美拉时代一度繁荣的奴隶劳动，则已体现出衰落的趋势，开始成为过时的农业经营方式。[87]

罗马帝国后期，随着生产力水平的不断提高和生产个体化趋势的加强，隶农经济得到了进一步的发展。罗马帝国后期隶农经济发展的一个突出的表现，是隶农来源的扩大。首先，在罗马帝国前期，战俘主要是作为奴隶流入罗马，而到罗马帝国后期，大部分战俘已经不再是作为奴隶流入罗马，而是从罗马帝国领取小块份地，分散劳动。这种战俘构成了罗马隶农的重要来源。其次，罗马帝国后期，大地产对小农经济的排挤进一步加强，庇护制广泛流行，处于庇护之下的农民年深日久之后，逐渐丧失了对原有土地的所有权，加入隶农行列。而罗马帝国后期，释放奴隶的现象日益增多，被释放的奴隶虽然获得了人身的解放，但没有土地，往往依靠租种土地为生，成为隶农。另外，罗马帝国后期，罗马帝国与周围的“蛮族”交往明显扩大，“蛮族”部落不断进入罗马帝国境内，其中许多人为罗马地产主耕种土地，缴纳地租，其地位日趋接近隶农。罗马帝国后期，随着隶农来源的扩大，隶农人数显著增加，逐渐取代了奴隶而成为主要的农业生产者，隶农经济也由奴隶制经济的补充形式上升为居主导和支配地位的经济形态。①

罗马帝国后期隶农经济发展的另一个重要方面，是隶农自身地位的深刻变化。罗马帝国后期，隶农的经济地位日益下降，逐渐被固着于土地，他们对地产主的人身依附关系也不断加深。公元332年君士坦丁一世（Constantinus I Magnus，272—337年，306—337年在位）[88]敕敕令，规定：“如果在某人处发现属于别人的隶农，这个人不仅要把隶农交还原主，而且要负担在此期间隶农的人头税。如果隶农打算逃跑，则应像奴隶那样戴上镣铐，以奴役的处分迫使他完成一个自由人所应完成的义务。”[89]公元422年罗马帝国颁布的敕敕令规定：隶农无权签订任何契约与合同。公元4世纪的罗马法律正式禁止隶农在民事案件方面对地产主起诉。公元5世纪的史料表明，隶农与自由人的同居被视为是一种不合法的结合。[90]显然，罗马帝国后期，隶农丧失了原有的许多权利，被束缚于土地之上，地产主与隶农的关系由平等的契约关系转变为奴役与被奴役的关系，转变为超经济强制和人身依附关系。这个时期的隶农不同于自耕农，后者在经济上基本独立，有充分自由，他们也不同于自由佃农，后者虽然没有土地，但在法律上却是完全自由的人，他们更不同于奴隶，后者完全没有属于自己的财产。在法律上作为“主人的物”和“有声的工具”处于绝对无权的非人地位。这个时期的隶农经济在本质上已经属于封建经济的范畴。即地产主拥有主要的生产资料，直接生产者固着于土地，独立经营，而人身依附于地产主，地产主通过超经济强制实现对直接生产者的剥削。当然，罗马帝国后期的隶农经济是在奴隶制上层建筑条件下发展起来的，这样就决定了隶农经济必然要被打

① 君士坦丁大帝，又称君士坦丁一世，是罗马自公元前27年自封元首的屋大维后的第42代罗马皇帝。君士坦丁大帝是世界历史上第一位尊崇基督教的罗马皇帝。公元330年将罗马帝国的首都从罗马迁到拜占庭，将该地改名为君士坦丁堡。他颁布的禁止佃农离开租种的土地的法令，把佃农终生依附在那块土地上。他的一系列改革措施，为欧洲从奴隶社会向封建社会的过渡起到了重要作用，他被称为西方的“千古一帝”。

上奴隶制的烙印，带有奴隶制经济的色彩。因此，罗马帝国后期的隶农经济虽然已经是封建性质的生产方式，但在许多方面体现了罗马奴隶制度的深刻影响，而与中世纪西欧封建制上层建筑条件下的农奴制经济尚有一定的差别。

9.5.3 大地产的发展

随着城市的衰落和中、小农民的破产，大地产迅速发展起来。罗马帝国最大的地主是皇帝，皇田遍布各地，意大利、非洲、高卢、西班牙都有。据公元422年的资料，在阿非利加省有皇田14 702森都利亚①，在比萨琴那省有15 075森都利亚，各占该省总面积的18.5%和15%，而且这两个省区山区很多，所占耕地面积比例是可观的。从全国来看，大约帝国1/5的耕地属于皇田。除了皇帝之外，还有一个大地主是教会。私人大地主也很多，这些人大都是元老。在战争中发了财的军官，不少成为大土地所有者。

有权势者利用各种手段，扩大自己的大地产，使他们的大地产的面积达到空前的规模。公元4世纪时元老辛玛古斯，年收入为1 500磅黄金或1 000磅黄金，按其资产还算是一个中等富有的元老，他在意大利有别庄12处，另外在萨姆奈、阿普利亚、西西里、毛里塔尼亚等处还都有地产。另一个元老阶层的贵妇梅兰尼亚，也是中等富有，她的地产遍布罗马、迦太基、坎帕尼亚、阿普利亚、西西里、阿非利加、努米底亚、毛里塔尼亚、西班牙以及不列颠，仅在罗马的一处田产，由海边至森林，包括62处农庄，住有奴隶400人。所有这些大地产多是以租佃形式经营的，在皇田上表现得更为明确。据琼斯估算，一个中等富有的元老，应有土地120平方英里（在埃及）或600平方英里（在其他省份），如一个富有的元老，则当有土地几千平方英里了。[91]

从经营方式上来看，则这种大地产很多是以租佃形式经营的，在皇田上表现的是尤为明确。皇田设有复杂的管理机构，在各行政区上或各省设有管事，管事再把田庄租给承租人，租期一般为5年，也有长期租佃的。而承租人再把土地划分为小块，交给隶农耕种。隶农为了耕种土地须向承租人纳收获的1/4或1/3，并且每年还服一定日期的劳役。元老辛玛古斯的田产，也是以租佃方式经营的，他把土地交给承租人，按年收取货币地租。这说明，晚期帝国时期土地的集中，只不过是使土地收入集中到少数人手中，而它的经营却是分散的。

根据许多资料推断，当时大地产上的劳动力主要是隶农，或者是被分与土地的奴隶。整个帝国西部这时奴隶劳动已经很少了。许多劳动者虽然名义上是奴隶，但实际地位已经不是奴隶了。这时小经营又成为唯一有利的耕作方式了。可以说当时的大地产是一种封建经济。在当时大地产并不连成一片，而是分散各处，往往采取租佃经营的方式。[92]

当时的大地产几乎是独立的，它不仅在经济上，而且在政治上也是一个独立的单位。它的主人类似一个小国王，高踞在自己的奴隶和隶农之上。它们的农庄里有华丽的大厅，镶嵌着精致的楼板，有花园、鱼池、广阔的葡萄园和大片田地，并拥有数以千计的固定在土地上的奴隶和隶农。大地产上的手工业者给他的主人和他主人领地内的奴隶和隶农

---

① 1森都利亚和200犹格，等于50公顷。

制造一切必需品。公元4世纪中期罗马作家巴拉底说，在领地内必须有手工业者，以避免农民进城去赶集。这样，一切生活必需品都在领地内部进行生产和交换，几乎不需要和外界发生关系。这些有权势者在农村建立了壮丽的田庄，环以城堡而居住其中。每个田庄主都拥有自己的堡垒、牢狱、由雇佣者和奴隶组织起来的武装队伍，根本不把皇帝的政权放在眼里，特别是对皇帝的税收政策。公元4—5世纪，大地主对帝国的离心力越来越大，为日后的封建割据做好了准备。[93]

9.5.4　农业

一年的农业经营是个重要而又较为漫长的阶段，帝国晚期的罗马人已经认识到从准备、播种、管理、收获和加工的这一系列的过程。在准备阶段首先是犁的使用，犁的主要作用是除草，其结构简单，只包括犁铧、犁辕、犁梁和手柄。它还用于做“垄”。如果种子播在垄上，就有利于冬季排水；如果播在垄沟里，就能保护新播的禾苗不受频繁而不规律的风的侵害。地中海农民为了筑垄，在翻沟的犁上根据土壤的轻重在犁辕的一侧或两侧绑上了木桩或木板，他们把犁铧和犁辕翻到两边的土推平，就形成了垄。而犁地作为农业生产的重要准备步骤一般在1月和2月进行，但如果可能的话，3月份还要再犁一次。[94]地犁得好坏取决于多个因素，其中最重要的莫过于犁和铧。犁分为轻犁和重犁两种，轻犁适于浅耕，重犁用于深耕。到了帝国晚期，犁有了进一步的发展。盖乌斯·普林尼·塞孔都斯（Gaius Plinius Secundus，23—79年）记载的犁有四种，第一种犁有“尖刀装在辕梁的前面”，用来犁地并且可以碎土；第二种犁比较简单，是根“带有鸟嘴柄的普通杆子”；第三种犁“用来耕松土”，辕梁前有小长钉；第四种犁的“长钉又宽又锋利”，可以切开较硬的土地。

在夏季，土地处于休耕状态，偶尔用耙或锄除草，或再犁一次地。直到秋天正常播种之前最后犁一次，通常在10月完成。筑垄并把必要的地方耙平，保障了春天新苗迅速增长的适当条件。在此期间，保护水分尤其重要，要避免野草争夺水分。因此可以看出，罗马的农业规则意味着当炎夏来临时，进行连续性的锄地以清除野草。与此同时，农夫收割庄稼的时间越早越有利，地中海东部5月中旬就收割了，意大利也于6月或7月初进行收割。如果耽搁下去，谷物就可能被晒干，从而失去营养价值。[95]

于是，不管是播种还是栽培庄稼，保护水分都成了耕作技术中一条重要的原则。如果尽管采取了这些技术，水分的供应还是不足，那么就要采取灌溉的方式。在拉丁姆古城附近，保存着一部带有克拉布拉泉的引水渠图案的碑文，上面记录了土地的名称，供水管的数量和可以打开管子的时间，从中可以得知用泉水来浇灌山间的田地。这种证据表明人们使用了高压水管或者某种扬水机，比较原始的栽培者利用轮子和螺旋升水泵把水抬升到田地里去。这种灌溉方式使“旱地农业”技术得到补充[96]，农作物的产量也有所提高。

罗马帝国当时的生产工具是比较先进的，尤其深耕细作的重犁对于土壤的保墒和防止病虫害发挥了重大作用；轮耕制的实施，对于充分利用土地资源，增加农作物的单产起了重大作用。在农业品种方面，谷类植物有赤小麦，另外还培育和种植萝卜、豆类和蔬菜。经济作物有葡萄和橄榄，其中葡萄又有大阿米尼亚葡萄、穆根亭葡萄、阿皮齐乌斯葡萄以及路卡努斯种葡萄等。农作物耕作工具及品种的丰富大大提高了农业经济的质和量。

罗马帝国的经济虽然在公元1世纪和公元2世纪盛极一时，但应当看到，3世纪的经济危机以后帝国作为一个以农业为主的国家，其经济的发展并没有深层次地带动农业的发展，反而对农业造成了一定程度的破坏。

从生产者的角度来看，在罗马，皇帝享有份田，地主享有庄园，佃户、佣工在租用土地的基础上生产，而奴隶则是无偿在份田、庄园里劳动，在此，应当注意的一点是，罗马农民、奴隶是国家人口的中坚力量，“最坚强的人和最骁勇的战士都出身于农民中，农业的利益来得最清廉、最稳妥、最不为人所疾视”[97]。然而这些劳动者不仅要受到国家税收的盘剥，而且要受到土地所有者的剥削。瓦罗在其著作《论农业》中也明确指出：意大利居民在农业方面最重视的两点，一是他们付出的劳动和费用能不能得到相应的回报，二是土地的地点是否有益于健康[98]，而M. 罗斯托夫采夫说道：“3世纪时的社会危机在很大程度上是由于国民群众以普遍平等为目的而进行的一次革命运动造成的。[99]”生产是一个社会机体最根本的动力，如果生产者利益既得不到满足，人身又受压迫，那么生产不仅会停滞还会遭到破坏。

晚期罗马帝国的劳动者没有人身自由，受到政府的严格管制，他们只在国家指定的头目或是国家官吏的监督下完成国家交给他们的任务。“帝国见证了佃农制的扩展和佃农物质法律地位下降的趋势，他们逐渐失去了离开土地的自由，不仅不能从农村迁入城市，还不能从一个庄园迁到另一个庄园[100]。”隶农本来是具有独立经济的小生产者，身份起初是自由的，一般以五年为期租种地主的土地，期满之后可以自由离开。“但是这种可能性在大多数的场合之下是虚幻的，实际上隶农是被未交清的款项和债务束缚着。而在付清之前，他们是不能停止租地的。他们对于土地主人或是对于租户的依赖又由于下面的一种情况而加强，即在大多数的情况之下，小佃户没有自己的工具和耕畜，而他们便不得不从主人那里取得这些东西。这样一来，实际上隶农便被固着于土地之上，成为他的不可分割的一部分了[101]。”实际上，劳动力没有自由，就限制了国家经济的发展，劳动力比较自由的话，那么他们的素质不但会提高，而且国家的劳动力市场也会相对发达一些。罗马帝国的劳动力基本上是不能享有罗马人基本权利的农民和根本没有权利的奴隶，这样劳动力市场的畸形必然会严重阻碍帝国经济的发展。[102]

从市场的角度来看，一个完整的经济过程要经历生产、分配、交换、消费四个环节，因此形成一个正规的三段论法：生产是一般，分配和交换是特殊，消费是个别，全体由此结合在一起[103]。随着罗马的对外征服，罗马贵族手中积聚了大量的财富，他们将手中的钱财用于投资，于是手工业、商业、奴隶市场、畜牧业、养殖业和高利贷业突飞猛进地发展，风头一时盖过了农业。因此帝国时期，庄园主为了获得收益，开始调整种植结构，将原来主要种植谷物改为种植面向市场的经济作物。例如农学家加图的庄园就把葡萄生产排在第一位，而将谷物生产排在第六位[104]。由此可见，农业虽然是罗马帝国的主体经济，但它所起的经济作用不多，在市场上流通最多的是葡萄、橄榄等经济作物，更多的农产品并没有参与到市场交易当中。

从消费者方面来看，帝国晚期，随着君主专制统治的加强、军事官僚机构的膨胀以及帝国军事负担的加重，帝国政府的开支日益增加。于是开征新税、扩大纳税对象的范围和提高税率就成了解决问题的最有效最常用的方法。“罗马帝国从3世纪开始逐渐衰落，并接连不断地衰落直至灭亡。这种情况是课税问题越来越被推到前台了。政府靠课新税来弥补国家的经常亏损，同时，把旧税更加推广开来……税率也在不断地提高着。”[105]因此，罗马帝国的消费者基本上是占国家人口少数的皇帝、地主，所生产的农产品基本上供剥削阶级消费，而作为帝国人口主体的农民和奴隶根本没有购买力，消费促进生产，带动生产的发展，但这种情形下的消费，只能证明帝国的经济发展缺乏活力和动力。

所以，罗马帝国农业的发展状况与它作为帝国主体经济是极不相称的，农业基础的薄弱、残缺、矛盾重重的现象为罗马帝国危机埋下了危机，在帝国内忧外患时，经济链条没能作为最强劲的一环来加强帝国各行省的团结，反而因为它所存在的矛盾而加剧了帝国内部的分裂，那么在外患的推动下，罗马帝国的瓦解就在所难免。[106]

9.5.5　经济自由原则的破坏

长期以来，罗马的繁荣是建立在经济自由原则基础上的，经济生活的进行，几乎很少受到国家政令的限制，正是这种自由原则，充分调动了各种经济主体的积极性，从而给帝国经济注入经久不息的活力。然而，到了帝国后期，这种自由原则受到限制，这种经济活力也被大大压制了。

帝国政府认为，罗马世界所遭受的经济危机只有采取强制性措施才可以克服，但这种强制引起了更坏的后果。为了避免土地荒芜，罗马统治者设法把工资耕作者束缚在土地上，因此公布了法律，限制在地产上耕作者的迁移自由，令其必须留在土地上劳动并为统治者缴纳赋税，实行地税和丁税合一的制度。① 即使耕作者不是奴隶，他在很多方面也与奴隶相像。奴隶不能离开他的主人，而这种耕作者则不能离开地产，他被束缚在土地上，如同奴隶被主人束缚一样。[107]

罗马帝国后期，帝国政府还加强了对物价的管制。罗马和意大利源源不断地输入行省的商品，金银不断输往东方。政府不断铸造不足值的钱币，进一步加深了财政危机。罗马的繁荣本来是建立在市场经济基础上的。公元3世纪中期，生活费用不断提高，为了压低物价，戴克里先在公元301年颁布了规定物价的敕令，提供了一张用银币那流第斯作单位来标明的物价表，以及各种对于违规者的处罚方法。但是严刑峻法毫无效果，物价仍旧高涨。作为一项危急的临时措施，这一可能收到一些效果，但作为长治久安的普遍政策，就会导致市场活力的消失，从而导致经济的萎缩。[108]

---

① 帝国晚期，为了保障帝国的赋税，实行地税和丁税合一的制度。于是，每个人只要耕作一块土地，就等于认定了他所耕种的土地和这块土地上的定额。这种认定的办法，使每个人对于他的地和他的丁负责：不论在什么地方，都必须缴纳分摊在这份地丁上的税。由于他本人和土地合成了一个单位，所以他就丧失了迁移的自由，他被固定在他的土地上。

在罗马帝国内完全的自由贸易是没有的，因为有着许多关税势力圈，在帝国边界上，对进口货物征收称为转口税的内地通行税。另外对食品，大多数城市还课以入市税。此外，帝国政府对经济的干预还体现在国家对谷物贸易和运输工具的控制上。政府规定，埃及出口的谷物除特殊情况外不得输往罗马城以外任何地区。皇帝们还采取措施奖励谷物生产和限制葡萄酒及橄榄油的生产。饥荒期间的投机倒把行为也被明令禁止，在安条克发现的一块公元93年的拉丁文碑文提到：在当时小亚细亚发生了饥荒，总督采取强硬措施禁止投机倒把行为，并保证该城居民得到比较价廉的谷物供应。由于铁矿的开采对于罗马军队的武器供应关系重大，所以，国家对诸如达尔马提亚等的铁矿实行了由皇家财务使监管、由专门承包商经营的制度。在公元2世纪，政府开始插手武器制造、军事供应品制造、造船、运输、食品生产和流通等行业。总之，帝国中央政府虽不负责解决调整市场等与经济发展有关的问题，但国家的需要是至高无上的。为此，国家对经济发展还是有所干预。

9.5.6 戴克里先的经济改革

针对罗马帝国的财政和经济问题，盖尤斯·奥勒留·瓦莱利乌斯·戴克里先（Gaius Aurelius Valerius Diocletianus，250—312年，284—305年在位）实行了赋税改革、币制改革、物价管制和生产管制等一系列经济改革。

早期帝国的赋税，形式多样，税制混乱，而且大部分属于间接税。征收这种间接税的基础是比较发达的商品生产和活跃的城市经济生活。在晚期帝国商品生产衰落和货币贬值的情况下，它们已经失去了作为有效税收的意义。因此，必须实行新的赋税制度，而且必须以直接税以及土地税为主要征税形式。按照戴克里先的赋税改革措施，帝国被分成若干个固定的税区，统一税制，赋税以实物为主，纳税人必须将应缴纳的实物运到政府的仓库。“事实证明，在3世纪，用实物和徭役方式直接供应军队和政府，是长期存在的管理与防止经济危机的最安全的纳税方式。”[109]

在编制地籍时，不仅标明可耕地段的面积和数量，而且还记述在这些地段上种植作物的分配比例、劳动者人数和牲畜头数。每一个征税单位征收确定的赋税，主要是谷物、油、毛、肉类等食物，不占有土地的城市居民则课以人头税。一般成年男子纳全税，妇女纳半税，但官吏、老兵、无产者、奴隶不纳税。人头税一般缴纳货币。这样，戴克里先就以直接税的形式统一了帝国的税制，以土地税和人头税为主要财政收入。同时，为了保证这些税收的稳定，他还采取了一系列措施：禁止隶农和一切农业劳动者离开土地；不允许手工业者脱离所属同业公会；城市议员也固定在出生的城市，用他们自己的资财来担保城市应缴的税款；把农村征收正规赋税的责任委托给大庄园主，从而加强大庄园主对隶农的监督和奴役。

戴克里先在赋税改革方面的另一重要措施是取消了意大利豁免纳税的特权。“这项措施除了具有经济上的公平性以外，还清楚地标志着：罗马和拉丁贵族所享受的特权和势力已一去不复返了。”[110]使意大利与其他行省在纳税方面处于平等的地位，也从另一个角度说明了罗马帝国的经济重心已经东移，帝国的经济重心不在意大利，而转移到了东部。

最令纳税人不满的是戴克里先为了加强税收征管，成立了专门机构，检查纳税人的纳税状况，如果发现逃税，就施以严厉的处罚。戴克里先的这些改革，使国家获得了必需数量的物质资源，大量的实物税保证了军队、宫廷、官吏等一切供应，暂时增加了收入。但它束缚了经济的发展，使劳动人民的生活更加贫困，加剧了社会矛盾，同时又使自然经济的倾向在晚期帝国经济中具有更大的意义。

由于货币流通的混乱，戴克里先又实行了币制改革。他于公元301年铸造新的金币，其法定重量为1/60罗马镑，仅相当于奥古斯都时期的2/3。在戴克里先看来，只要币制改革了，足值的金币在市面上流通了，物价就会稳定下来，并保持低水平。为铸造金币所需要的黄金，则是用较低的价格强制从城市收购的。此外还发行银币和铜币。

这项改革未能产生预期效果，因为政府并不拥有足够数量的黄金使全部金币的真正价值与其名义价值保持应有的联系。而且金币发行后，很快被人们收藏起来。商品的价格不仅没有平稳下来，反而继续上涨。在这种情况下，戴克里先为了同物价腾贵做斗争，又于公元301年颁布“价格敕令”，企图用行政手段限定各种商品的最高价格和最高工资限额。

当时物价飞腾，而且涨得令人难以置信。敕令附列了包括各类商品、首先是粮食和饲料的最高价格一览表，以及关于各种劳动报酬的最高工资标准的规定，从短工、石匠、细木匠到建筑师、教师和律师为止。但这些价格是立法者任意规定的，注定要失败。所以，敕令颁布以后，并没有产生任何积极效果，反而引起了更大的经济混乱。后来，君士坦丁进行了采取一系列措施以稳定税收①来取消了它。罗马社会经济沿着自然化的道路下降。

为了应付不断上涨的物价，戴克里先还实行了严格的物价管制政策。他下令规定帝国境内所有商品的最高限价，相应地也规定了付给雇工的最高工资限额，而不管货币今后是否贬值。在物价方面，规定得极其仔细，例如各种粮食、豆类、草籽都用明细价目表。[111]

对包括农村雇工、石匠、细木匠、铁匠、面包师、理发师、画匠等各类雇工的工资都有明确的规定。应当注意到，戴克里先规定的工人的货币工资是低的，但难以把工人的收入状况同过去对比，因为这时所规定的工人工资是货币工资，而发给工人的，除了货币工资之外，还有食物。

按照戴克里先的命令，凡是不按规定价格出售商品和收费的，都被列为奸商、投机者而受到处罚。他还规定，政府以规定的成本价强制收购国家最需要的产品，如粮食、铁、盐、矿产品等。粮食被低价强制收购后，政府以半价卖给城市的穷人，甚至免费送给穷人。其他产品供军队需要或供宫廷消费。

戴克里先还采用了生产管制政策。在罗马帝国早期，只有一部分矿山和采石场处于国家管制之下，加工制造业的企业大部分掌握在私人手中。到了戴克里先执政时，这些加工制造业的业主却受到了国家的控制，工匠们也都编入各个行业组织，按政府规定进

---

① 君士坦丁继位后，采取一系列措施以稳定税收。公元316年和公元325年，君士坦丁相继颁布敕令，禁止城市居民的高级阶层离开他们出生的城市，他们不能以任何理由被免除城市的义务，也不能充任民政和军事职务，他们的义务成了一种世代相承的负担。公元332年，君士坦丁又发布敕令，禁止隶农从甲庄园逃到乙庄园，收容别人隶农的人，应将他交还原来的主人，此外还应支付逃亡隶农在其庄园上居留的全部时间所应交的赋税。敕令说：“对这些逃跑的隶农，应给他们戴上镣铐，就像对待奴隶一样，为的是用惩罚奴隶的方式迫使他们对有特权的自由人履行义务。”君士坦丁也将手工业者进一步固定在他们所属的公会里，强制他们共同负担国家向公会分摊征课的赋税和徭役。由此可以看出，君士坦丁的一系列措施的社会后果是使社会各个阶层普遍被奴役。

行工作而不能离开本行业，从而失去了选择的自由和社会流动性[112]。甚至像纺织、染坊这样一些手工业生产单位也由政府经营，在里面劳动的是皇室的奴隶[113]。手工业生产受到严格的管制。

戴克里先之所以实施生产管制政策，主要的考虑是解决当时急需的军队供给问题。军队和行政机构所需要的货币，固然可以通过税收制度而得到，所以货币缴纳一直存在，但物资供应问题却需要另行解决。有些税收改用实物缴纳，这也只是解决了部分困难。不仅如此，还应该考虑到兵士的薪俸大部分是用实物发给的。税制改革中，改征实物税就与此有关[114]。在戴克里先看来，唯有从生产上进行全面管制才能征用到政府所需要的产品，包括发给兵士的实物报酬，何况当时军队人数众多。据资料记载，戴克里先的军队总数是 435 266 人。这表明军队需要的实物量很大，于是本来在某些国家只有战争时期才采用的临时性生产管制政策，被戴克里先当作经常性的政策采用了。[115]

9.6　罗马帝国经济的衰退

从公元 2 世纪中叶开始的 30 多年，政局动荡和混战的不断发生，严重地破坏了罗马帝国城市和乡村的经济。蛮族的进攻和波斯的不断入侵，切断了帝国东方各主要工商业中心之间的一切主要商路。创造和维持高级经济生活方式的城市逐渐凋零，而依然残存着的只有少数城市，特别是那些曾经成为工商业大中心的城市。由于广大居民的贫困化，消费者日益减少，市场越来越缩小，但帝国的横征暴敛却日益加重，居民需要的手工业产品，随着购买力的降低生产日益减少，一些工业只能靠国家订货来维持。但帝国政府规定的价格又极低，更使工业走向萎缩，大工业作坊逐渐绝迹。当时城市不仅是外族进攻的对象，而且也是皇帝军队的掠夺目标。农业也经历了一个可怕的危机。因为工商业的不振剥夺了农业所需要的资金，而国家的苛政又掠走了农业中的劳动力和大量农产品。战争、徭役和繁重的捐税，使农村居民日益贫困破产，大量人口流浪各地，农业经济处于萧条的状态。

从公元 2 世纪末到公元 3 世纪末，罗马帝国城乡经济衰落、国库空虚，内战不断，这种全面混乱现象，历史上称为“三世纪危机”。三世纪危机实质上是罗马奴隶制经济的危机。罗马帝国前期，征服战争达到历史的最高潮，随着大批奴隶源源不断流入罗马，提供了足够廉价劳动力的同时，促进了奴隶制经济的发展。但是，奴隶制和合理性在罗马帝国时期逐渐丧失，罗马帝国经济不可避免地出现经济衰退和危机的征兆。

到罗马帝国晚期，政府向大量贫困居民征税已经日益困难，但赋税和徭役仍在增加。繁重的捐税、徭役的压榨已使广大居民无法生活下去，人们纷纷流离失所，向各处逃亡，打乱了帝国全部税收和徭役制度。由于对劳动力的需要和维持帝国政府的收入，帝国政府强制性地把大量劳动力束缚在土地上和各种行业中。公元 4 世纪时通过法律形式，将隶农束缚在土地上，实现地税和丁税合一的制度，世世代代耕种那块土地。商业和运输业也成为一种不可逃避的世袭负担。帝国政府采取强制手段，把这些团体的成员固定在他们的职业上，并用强迫手段，增加新成员，以维持这些团体有足够的人数。工匠、手工业者也被束缚在自己的同业公会里，他们的职业也是世袭的。各种行业居民被迫组成的各种同业公会，必须为其成员担负税款，供应实物和负担徭役。农村的小农庄主和城市市议员也处于同样境遇。他们也被束缚于自己的土地和职业上。

这一时期，频繁的内外战争，使行省与行省之间的商业联系中断，而海盗的猖獗，使地中海的商业往来不可能进行。在这种形势下，罗马的商业逐渐萎缩。当时各地区的商业往来都超不出地方城市的范围。首先衰落的是基本必需品的贸易，而基本必需品的贸易是商业部门中最重要的一个，它的衰落带动了整个商业的衰落。商业的萧条除了因为海盗猖獗和战争破坏的因素外，主要是由于居民的普遍贫困，购买力不断下降，使消费水平不断下降，城乡萧条，人口减少，从而造成罗马帝国①经济的衰退。公元476年，日耳曼人入侵，最终使罗马帝国宣告灭亡。随着帝国的瓦解，大部分以其存在为基础的经济活动消失了。但来自世界各地的国际贸易仍在继续进行，这种模式成为中世纪欧洲新的经济形态的基础。

9.7　经济发展过程中的人口增减

如前所述，罗马共和国时期的经济发展尽管经历了起伏，但总的趋势还是比较平稳的。到了公元1世纪和公元2世纪，罗马帝国伴随着政治上的安定，经济上呈现出繁荣景象。从公元2世纪末到公元3世纪末，罗马帝国经济开始衰落，这种经济衰退趋势一直持续到公元5世纪初。在这种经济跌宕起伏的过程中人口也呈现了增减的趋势。

关于古代罗马历史上人口发展的资料，一直比较缺乏。不过近代以来的西方学者通过大量细致的研究，已使这种人口发展的轮廓渐趋清晰。大致来说，罗马共和时代到帝国前期人口发展呈增势。霍普金斯（Hopkins）估计，公元前225年意大利总人口约为500万人，其中自由人为450万人，奴隶为50万人，到公元前28年总人口增至600万人，其中自由人有所下降，大约为400万人，而奴隶则呈现明显上升趋势，达到200万人左右。到公元2世纪初，罗马人口可能达到了最高数量。此后，罗马帝国人口开始下降。据拉塞尔（Russell）估计，公元1世纪初，意大利人口总数在740万人，到公元500年减少为400万人，总人数减少近一半。罗马人口的增减基本上是与罗马帝国的兴衰相应的，而这两者的背后，是奴隶制经济形态发展的规律。

罗马在城邦时期是典型的小国寡民，辖地不过百里，人口不过数万，社会生产者是土生土长的意大利部落居民，过着一种朴素、勤勉、自给自足的田园般生活。小农经济和专门从事谷物生产是拉丁姆地区经济生活的主要面貌。只有“在例外的情形下”，才使用一些奴隶和一些自远古以来由于宗教束缚而依附于贵族之家的靠客来帮助他们自己。由此可见，此时奴隶制经济并未发展起来，生产力水平发展缓慢，人口数量与土地资源之间保持着基本平衡。

---

①　西罗马帝国，经济不断出现危机，人口减少，田地荒芜，统治亦日益减弱。公元284年，近卫军长官戴克里先被拥立为皇帝，开始了晚期罗马帝国的历史。晚期帝国，变化显著。经济上，特别是帝国西部奴隶制达到高度发展的地区，隶农制的发展、商业贸易的衰落、城市的荒凉和自然经济关系的增长，所有这一切都是在奴隶制社会的经济和政治制度深刻危机的基础上逐渐形成封建化进程的因素。

人口增长不仅影响经济发展，也深刻影响着城邦的政治体制。人多地少必然会影响到土地资源的占有和分配，而因此导致的公民减少甚至丧失土地，对于罗马的城邦体制是一个沉重的打击。在这种情况下，罗马调整了公民内部的关系，走上了对外扩张、奴役外族、发展奴隶制的道路，使古代奴隶制经济走向发展和繁荣。这主要表现在人口压力下，罗马通过对外征服把意大利、西西里和北非等地变成了自己的“谷仓”。外部的物质财富源源不断地流入罗马，有相当一部分被用来养活城邦内部的相对过剩人口，包括一大批公民出身的流氓无产者。据统计公元前 56 年，罗马城无费领取政府粮食救济的无产者人数达到了 32 万人。

对外战争使得大量知识少、文化低和技术落后的罗马公民战士以殖民者身份进入罗马的殖民地和行省。而大量具有较高文化、掌握了熟练技术、擅长工商业的生产者以战俘、奴隶、赠品和商品的身份被强迫迁入意大利和罗马。如公元前 209 年，南意大利的他林敦有 3 万人沦为奴隶；公元前 146 年，迦太基有 6 万人成为俘虏。他们被广泛使用在各行各业，成为罗马的主要生产者，从而促进了意大利生产技术和生产效率的提高，为帝国经济的繁荣做出了贡献。

总而言之，罗马共和至帝国时期的人口增长是与奴隶制生产关系的发展紧密相关的。奴隶的集体劳动，提高了生产能力，扩大了生产，创造了更多的物质财富。奴隶劳动逐渐取代或者排斥了自由公民的劳动，使这些公民更多地置身戎伍，以掠夺战争、军事扩张为业，形成了“对外扩张”的局面。这种对外扩张给罗马人口的发展带来了隐患。

制约罗马人口发展的因素殊多。除当时生活水平低下导致的死亡率较高外，主要是人为的节制生育。首先，罗马之兴盛，是征战四方之结果，众多的罗马公民常年在外服役打仗，使其生育能力处于闲置状态，而对于男性士兵的重视又使得丢弃女婴的行为增多，致使人口比例严重失调。而当时罗马坚守一夫一妻制的婚姻形态，这就使得许多人不得不独身而居，限制了人口的增长速度。其次，奴隶制经济的发展使大量自由小农经济破产，许多人在缺乏养家糊口的经济条件下，选择了独身。而不少不独身的人，虽然处于婚姻关系中，但对生育却实行着不同方式的控制。古罗马一般的家庭规模显示了这一点。在古罗马历史上，单子式小家庭是占主导的家庭形式，超过 3 个孩子的家庭十分少见，这也在一定程度上抑制了罗马的人口增长。

注释

［1］［2］［3］［4］［5］［21］［42］［45］［46］［47］［55］［美］腾尼·弗兰克. 罗马经济史［M］. 王桂玲，杨金龙，译. 上海：上海三联书店，2013.

［6］［德］特奥多尔·蒙森. 罗马史［M］. 李稼年，译. 北京：商务印书馆，2004.

［7］朱红. 试论古罗马早中期的农业发展［J］. 黑龙江教育学院学报，2007（2）.

［8］［10］［22］［23］［25］杨共乐. 古罗马社会经济研究［M］. 北京：北京师范大学出版社，1998.

［9］［11］［24］Neville Morley，Metropolis and Hinterland—The City of Rome and

The Economy of Italy，Cambridge：Cambridge University Press，1996.

［12］裔昭印. 罗马奴隶制繁荣时期农庄的类型［J］. 历史教学问题，1991（1）.

［13］［16］［29］［古罗马］加图. 农业志［M］. 马香雪，王阁森，译. 北京：商务印书馆，1997.

［14］［15］［27］［98］［古罗马］M. T. 瓦罗. 论农业［M］. 王家绶，译. 北京：商务印书馆，1981.

［17］［26］［28］［85］［古罗马］科路美拉. 论农业. 见林志纯. 世界通史资料选辑（上古部分）［M］. 北京：商务印书馆，1974.

［18］［34］［37］［67］［71］［74］［75］［76］［77］［108］高德步. 世界经济通史（上卷）［M］. 北京：高等教育出版社，2005.

［19］［36］［68］［109］高德步，王珏. 世界经济史（第三版）［M］. 北京：中国人民大学出版社，2001.

［20］［33］［35］［72］［73］［84］［法］杜丹. 古代世界经济生活［M］. 志扬，译. 北京：商务印书馆，1963.

［30］［31］杨共乐. 试论共和末叶罗马的经济变革［J］. 北京师范大学学报（社会科学版），1999（4）；高德步. 世界经济通史（上卷）［M］. 北京：高等教育出版社，2005.

［32］［40］［41］［43］［44］杨共乐. 试论共和末叶罗马的经济变革［J］. 北京师范大学学报（社会科学版），1999（4）.

［38］［德］马克思，恩格斯. 马克思恩格斯全集（第25卷）［M］. 北京：人民出版社，1975.

［39］［古罗马］阿庇安. 罗马史（内战史）（下卷）［M］. 谢德风，译. 北京：商务印书馆，1976.

［48］［53］［古罗马］普鲁塔克. 希腊罗马名人传（上册）［M］. 陆永庭，吴彭鹏，等，译. 北京：商务印书馆，1999.

［49］［法］孟德斯鸠. 罗马盛衰原因论［M］. 婉玲，译. 北京：商务印书馆，1962.

［50］［54］亓佩成. 格拉古兄弟改革述评［J］. 黑河学院学报，2010（4）.

［51］［俄］科瓦略夫. 古代罗马史［M］. 上海：上海书店出版社，2007.

［52］陈可风. 格拉古兄弟的改革与罗马宪政的衰微［J］. 湖南科技大学学报，2005（3）.

［56］［57］Charles Freeman：Egypt Greece andRome，Oxford University press. 1996.

［58］E. S. Bouchier，The Roman System of Provincial Administration to the Accession of ConstantineThe Great. Third Edition，M. A：“L’erma” di Bretsellneider－Rome，1968.

［59］Marcel le Glay. Jean－Louls Voisin、Yann Le Bohec：A History of Rome，Blackwell，1996.

［60］David Braund and Frank Pollock：The Social History ofRome，Groom Helm London and Sydney，1985.

[61] 于贵信. 古代罗马史 [M]. 长春：吉林大学出版社，1988.

[62] [苏] 柯瓦略夫. 古代罗马史 [M]. 生活·读书·新知三联书店，1957.

[63] [97] [古罗马] 加图. 农业志 [M]. 马香雪，王阁森，译. 北京：商务印书馆，1985.

[64] [66] 李永采，马书山. 论古罗马发达型奴隶制的特点及成因 [J]. 烟台师范学院学报（哲社版），1997 (1).

[65] 高德步. 世界经济通史（上卷）[M]. 北京：高等教育出版社，2005；李永采，马书山. 论古罗马发达型奴隶制的特点及成因 [J]. 烟台师范学院学报（哲社版），1997 (1).

[69] [德] 马克思，恩格斯. 马克思恩格斯选集（第 4 卷）[M]. 北京：人民出版社，1965.

[70] [德] 马克思，恩格斯. 马克思恩格斯全集（第 25 卷）[M]. 北京：人民出版社，1965.

[78] [86] [99] [美] M. 罗斯托夫采夫. 罗马帝国社会经济史（上册）[M]. 马雍，厉以宁，译. 北京：商务印书馆，2005.

[79] [美] 汤姆逊. 中世纪经济社会史（上）[M]. 北京：商务印书馆，1984.

[80] [美] 诺斯. 经济史中的结构与变迁 [M]. 上海：上海三联书店，1991.

[81] [82] [德] 马克思，恩格斯. 马克思恩格斯选集（第 4 卷）[M]. 北京：人民出版社，1995.

[83] [109] [110] [美] 汤普逊. 中世纪经济社会史（上）[M]. 耿淡如，译. 北京：商务印书馆，1984.

[84] [101] [俄] 科瓦略夫. 古代罗马史 [M]. 王以铸，译. 上海：上海书店出版社，2011.

[87] 哈全安. 罗马帝国后期历农经济的发展及影响 [J]. 吉林师范学院学报（哲学社会科学版），1987 (2).

[88] 林志纯. 世界通史资料选辑（上古部分）[M]. 北京：商务印书馆，1974.

[89]“历史研究”编辑部编译. 罗马奴隶占有制崩溃问题译文集 [M]. 北京：科学出版社，1958.

[90] [英] M. M. 波斯坦，H. J. 哈巴库克. 剑桥欧洲经济史（第 1 卷）[M]. 北京：经济科学出版社，2002.

[91] [92] 马克垚. 西欧封建经济形态研究 [M]. 北京：中国大百科全书出版社，2009.

[93] 百度文库. 晚期罗马帝国经济，2010—11—18.

[94] [95] [96] [英] M. M. 波斯坦，H. J. 哈巴库克主编. 剑桥欧洲经济史（第 1 卷）[M]. 北京：经济科学出版社，2002.

[100] Peter Garnsey，*Cities*，*Peasant s and Food in Classical Antiq2uity*，Cambridge University Press，1998.

［102］［107］李燕. 论农业危机与罗马帝国的衰亡［J］. 企业家天地月刊，2009（1）.

［103］［德］马克思，恩格斯. 马克思恩格斯选集（第2卷）［M］. 北京：人民出版社，1995.

［104］巫宝三. 古代希腊、罗马经济思想资料选辑［M］. 北京：商务印书馆，1990.

［105］［美］汤普逊. 中世纪经济社会史（上册）［M］. 北京：商务印书馆，1997.

［111］巫宝山主编. 古代希腊、罗马经济思想资料选辑［M］. 北京：商务印书馆，1990.

［112］［115］Southern，P.，*The Roman Empire form Severus to Constantine*，London. 2001.

［113］Jones，A. H. M.，*The Later Roman Empire*，284—602，Vol. Ⅰ，Oxford，1964.

［114］Bury，J. B.，*History of the Later Roman Empire*，London，1923.

第 10 章　世界经济发展与人口增长

10.1　古代工商业的起源

公元前 6000 年，古代中国的手工业已经初具规模，黄河流域和长江流域都是陶器起源很早的地区。随着人们在生产和生活中用火的经验日益丰富，逐渐掌握了黏土经火烧烤会变硬的性能，于是发明了陶器。最初的陶器是用一些竹、藤、树枝编织物或葫芦等为内模制成的，在这些内模上涂抹、贴塑一层又一层泥土，再用火烧。后来人们发现成型的黏土不要内部的容器为模，也可以烧制成陶器。在中国黄河流域新石器时代早期遗址中发现的陶器，虽然不是最原始的陶器，但仍保存着黏土层层贴塑技术的现象。人类发明陶器首先是为了汲水和炊煮食物的需要。中国新石器时代早期的各种文化遗存中，发现的陶器主要是罐、盆、钵、壶、盂几类，这些陶器多为泥质加工而成；炊具则多在陶土中掺有细砂或粗砂粒，称为夹砂陶。这种夹砂陶的器皿因陶胎内有细孔，炊煮时水中的空气不断从细孔中逸出，使陶器不致破裂，同时也有耐火、传热快等特点，使陶器比较耐用，能经得住温度的急剧变化。

公元前 5000 年至公元前 3000 年，中国的黄河流域和长江流域的大部分地区先后进入手工业繁荣发展的阶段。黄河两岸、大江南北的手工业发展速度比新石器时代早期更快了。新的农业生产工具逐渐增多，制陶工艺更加成熟，各地出现了不同类型的陶窑和制陶方法，薄胎陶、白陶等体现先进技术的产品有越来越多的发现，并已出现慢轮修整技术；玉石器制作工艺在东部沿海地区的辽宁、山东、江苏、浙江一带已经普及，切割、抛光、钻孔等技术得到进一步推广，竹木器、骨角器制造和加工业也比过去有较大发展，一些地区出土的工艺品成为中国古代奇珍异宝。

大约在公元前 3000 年，古代西亚两河流域的手工业已经达到较高的水平。人们制作的陶器主要是彩陶，包括酒杯、炉子、灯盏等生活用具几乎都是陶制而成的，制陶业成为当时重要的手工业部门之一。两河流域的人们很早就会制造玻璃。早期的玻璃原料不纯，透明度不高，但已能制造一些色彩夺目的玻璃器件。手工业行业很多，主要有制砖、织麻、珠宝、皮革以及木业等。进入奴隶社会后，两河流域的人们发明了青铜冶炼技术，并用青铜来制造斧、刀、剑等工具和武器。在两河流域，青铜器的大量出现是在古巴比伦王国时期。由于两河流域缺乏铜矿资源，往往通过贸易和战争手段从外地输入。

公元前 2000 年最突出的技术成就是炼铁工艺的发明。最早可能是由安那托利亚或高加索山脉的一个原始或半原始部落完成的。原始的炼铁方法是块炼法，即把成块的铁矿石放在炉内烧红，然后锤炼，经过多次反复，可炼成铁。这种铁杂质很多，质量差，但比青铜的质量要好。由于铁矿石储量远比铜矿石要多，所以冶铁业迅速发展起来，从而使铁器逐渐取代了青铜器。

古代巴比伦的手工业比较发达，已经出现了独立经营的手工业者以及受雇于私人家庭和手工业作坊的手工业者，在古巴比伦王朝时期的手工业有织布、皮革、刻石以及珠宝等 20 多个门类。贸易在巴比伦是比较发达的。巴比伦、西帕尔以及尼普尔等城是重要的商业中心，重要交易商品有粮食、羊毛和油脂等，除了农产品外，还有金属制品、纺织品和其他物品。这些商业基本上是受王室和神庙来控制的，但也出现了私人合伙经营的商业。

古代埃及的手工业水平已经达到较高的水平，许多古代遗址中的壁画、浮雕都反映了当时手工业生产的盛况。石头加工表现出埃及人很高的技术水平，也是埃及最古老的手工业技术之一。埃及人把石头加工成工具、器皿、武器以及艺术品，特别是用石块建造金字塔和神庙，石材主要采用的是大理石、石灰石、雪花石膏板岩、玄武岩等石材。金属加工业也比较发达，早王朝时代的埃及开始有一些铜器制品，但真正开始广泛使用铜器制品是从古王国时代开始，但是铜石并用的局面依然被保持。古埃及人的基本生产工具主要是铜制作刀、斧子、凿子、锛、锯等。从第五王朝和第六王朝的壁画中可以看到，古埃及人掌握了对铜器的熔炼和锻造的手工工艺。除了铜器，古埃及加工的金属还有铅、金、银和铁。到古埃及王国的晚期，金属制品排挤了石器，手工艺达到很高水平，木材加工也取得巨大的成就，他们已经发明整套木材加工工具；当时的造船业已经比较发达；陶器和亚麻织物生产也达到较高的水平。

虽然古埃及的经济基本上保持了自然经济性质，但日益发展的劳动分工导致各州之间、南北埃及之间以及与其他国家之间的贸易往来。最初的商业具有物物交换的性质，如用镰刀交换谷物、纺织品等。执行货币职能是谷物，后来是铜块。随着商品交换的发展，出现了商店，银变成主要的交换媒介。埃及同邻国之间的贸易主要是由于迫切需要进口原料为引起的。输入的商品主要是金属、象牙、黄金制品及纺织物等。公元前 2000 年以后，埃及的商业发展迅速，同克里特、巴勒斯坦和叙利亚的贸易日益兴旺。主要输出品是小麦、麻布、优质陶器，进口物品大都是金、银、象牙和木材。

中国的商朝，手工业和商业也得到很大的发展。商王朝建立以后，为了适应整个经济的发展，在城里普遍设立了手工业作坊，让大批奴隶从事各种手工业生产。当时的手工业种类很多，分工也很细，有石器、玉器和铜器等作坊，还可以生产皮革、舟车，从事酿酒等。其中青铜器最为发达，青铜容器有鼎、壶、盘、尊等，青铜工具有刀、斧、钻、铲等。随着手工业生产工具的改进，土木建筑和造船工业也呈现出新局面；丝麻纺织业继续发展，出现了养蚕业和一些纺织新技术；手工业的发展，促进了远古水陆交通的发展，以物易物的交换范围不断扩大，开始出现专门为交换而制作的商品。随着商品交换的发展，货币也出现了。当时作为货币使用主要是海贝，以后又出现了骨币和铜币。这说明商朝时商业和商品货币都有了相当的发展。

10.2 世界的区域贸易

早在公元前 3500 年人类进入文明时代以前，人类已经存在贸易活动。但是，在这之前发生的贸易活动具有小量性、短途性和偶然性。在前文明时代，人类经济活动发展水平较低，人类的贸易需求不大，贸易活动也不经常发生，同时由于缺乏长距离运输的交通工具，人类无法进行大规模、远距离的贸易活动。这些因素决定了前文明时期没有存在贸易圈的可能性。

进入古代文明时期以后，随着人类社会经济发展水平的发展，不同的文明社会之间形成了大宗、长途和经常性的贸易活动。由此，稳定的贸易圈逐渐形成了。但同时，由于人类的发展水平和对世界的认知有限，还没有形成全球的贸易圈。正是基于此，在人类的古代社会上，形成了地中海贸易、印度洋贸易等贸易圈。

在古代世界真正称得上是“国际贸易”的，应该是地中海国家之间的贸易。当航海技术有了一定发展时，地中海就把沿岸的国家联系起来，形成一个环地中海贸易圈。地中海贸易圈包括整个地中海和黑海地区。

古代的克里特岛人是最早的海上贸易者，他们往来于地中海两端，成为这一内海的主人。但由于亚细亚人和多里安人的入侵，地中海地区的贸易活动受到阻碍并逐渐停止。此后，腓尼基人又将地中海贸易恢复起来。他们向东来的商队大宗买进没药、香料和美索不达米亚的各种工艺品，从海外国家进口各种金属、兽皮、谷物、橄榄油和奴隶；而他们自己则制作精致的家具、珠宝饰物、金属器皿和纺织品运销外地。在这些出口品种中，纺织品占主要地位。这是用他们自产的羊毛织成的，并用从沿岸海生动物中提取的紫红染料加以染色，很受各族人民的喜爱。公元前 11 世纪，他们开始与塞浦路斯进行贸易，还在该地建立了殖民地，随后，又从那里向爱琴海扩展。到公元前 9 世纪末，他们已经进入地中海西部，并在非洲西北岸、西班牙南岸、西西里岛以及马耳他岛等地，建立起商业据点和殖民地。腓尼基人甚至还大胆地通过直布罗陀海峡，远航到英格兰的康沃尔。古代腓尼基人是有名的商业民族，从约公元前 11—前 8 世纪后期，差不多垄断了地中海贸易。[1]

在前古典文明时期，腓尼基人、米诺斯人、迦太基人和希腊人是活跃在地中海沿岸的主要商人群体，控制着地中海的贸易。地中海贸易圈是世界古代文明史上最为活跃的贸易圈。地中海贸易圈连接了世界上最古老的几个文明——埃及文明、美索不达米亚文明、爱琴海文明，并产生了世界上最早的商业民族——米诺斯人、腓尼基人、希腊人、迦太基人。地中海贸易圈大大促进了世界古代文明的发展，促进了人类文明的进步。另外，由于地中海沿岸各个地区的发展水平都比较高，各个地区的商贸交往极其频繁，因此地中海贸易圈的贸易量在古代极其巨大。

希腊人在建立城邦的过程中，在地中海地区进行广泛的殖民，同时也发展了贸易。他们首先设立商业据点，这些据点后来在土地资源许可的地方，都发展成农业殖民地。因而，希腊殖民扩张运动的结果，是产生了大量独立的城邦，而不是一个强迫人接受的帝国统治。在大陆上，希腊人向北推进，远达那不勒斯和来自小亚细亚的移民埃达鲁斯人建立了联系。这些埃达鲁斯人由于受当地铁资源吸引，早在公元前 9 世纪便前来定居，并发展起意大利最早的城市文明。希腊的兴起与腓尼基人的利益发生冲突，经过激烈争夺，希腊人最终取得了地中海贸易垄断权。

到了罗马时代，罗马人经过三次布匿战争和三次马其顿战争，取得地中海控制权，到了罗马帝国时期，罗马更是把地中海变成了自己的内湖，建立了一个环地中海的贸易区域。在这个区域内关税极低，商业不受海盗和国界的阻碍，并且有一个精心设计的道路网和许多受保护的港口，因而贸易获得空前发展。罗马城作为贸易中心，有近 100 万人口，消耗了大量来自西西里、非洲和埃及作为赋税征收来的食物和完全根据商业贸易而得到的物品。罗马的大规模建筑所需要的石材以及观赏用的动物也都来自遥远的地方。此外，驻扎在边境各省的军队也产生了对天然产品和人工产品的大量需要，这些物品大多是通过河流从海上输入的。帝国的殖民地城市也产生对外来的物品的需求。这一切都在西欧各省和巴尔干引起了一种新的需求，要求提供反映罗马生活方式的商品，如酒、橄榄油、武器、工艺性的金属器皿、精美的陶器和玻璃器皿。另外，还有来自东方的丝绸等。[2]这时的地中海贸易圈成了一个罗马帝国的国内贸易圈。

印度洋贸易圈的形成最早可以追溯到公元前 2000 年左右苏美尔人文明区与印度河文明区的商贸交往。从这以后，随着印度洋周边经济的发展，印度洋周边的贸易逐渐活跃起来。在古典时代，航海者已经认识到了季风的规律，后来，人们建造更大的船只，用于远洋航行，并定期往来于印度洋周边。这就逐渐形成了印度洋贸易圈。进入后古典时期以后，东非地区、东南亚地区、阿拉伯地区逐渐发展起来，连接中国、东南亚、印度、阿拉伯、东非的航线的到了巨大的发展，印度洋贸易圈进入繁荣时期。

在这一时期，在印度洋贸易圈东部的孟加拉湾和中国近海，马来人和中国人的船只往来穿梭。而印度和西方的运输贸易主导权则操纵在阿拉伯人和波斯人之手，印度商人和水手则在他们的夹缝中扬帆远航寻找利润不菲的货物，促进了中国的丝绸、瓷器和漆器，东南亚的高级香料，印度的棉织品、铁器、糖，西南亚的乳香、马匹和枣椰，东非的黄金、奴隶和象牙。由此，贸易往来促进了参与印度洋贸易网络的各国内部的生产专门化和经济发展；跨区域贸易影响了东半球大部分地区的社会经济结构。比如说印度教、佛教、伊斯兰教传入东南亚，伊斯兰教传入东非海岸，东南亚诸国成为东亚朝贡体系的一部分。

西太平洋贸易圈又可以称为东亚贸易圈，是古代世界的另一个贸易圈，它始终是以中国为中心。这个贸易圈包括中国、日本、朝鲜、南洋地区和印度支那地区。西太平洋贸易圈的贸易量比起地中海贸易圈来说要逊色得多，但是在人类历史上却起到了地中海贸易圈无法起到的作用。

欧亚内陆贸易圈也是世界重要的区域贸易。丝绸之路①通常是指欧亚北部的陆上商路，以中国为起点，往西一直延伸到罗马。在通过这条漫漫长路进行贸易的货物中，中国的丝绸最具代表性，“丝绸之路”因此得名。丝绸之路不仅是古代亚欧互通有无的商贸大道，还是促进亚欧各国和中国的友好往来、沟通东西方文化的友谊之路。自从张骞通西域以后，中国和中亚及欧洲的商业往来迅速增加。通过这条贯穿亚欧的大道，中国的

---

①　丝绸之路一词最早来自于德国地理学家费迪南·冯·李希霍芬 1877 年出版的《中国》，有时也简称为丝路。虽然丝绸之路是沿线各国共同促进经贸发展的产物，但很多人认为，中国的张骞两次通西域，开辟了中外交流的新纪元，并成功将东西方之间最后的珠帘掀开。从此，这条路线被作为“国道”踩了出来，各国使者、商人沿着张骞开通的道路，来往络绎不绝。

丝、绸、绫、缎、绢等丝制品，源源不断地运向中亚和欧洲，而西域的包括玉石、汗血宝马、石榴、苜蓿等的货物又源源不断地运往中国。

撒哈拉贸易圈也是古代世界的一个贸易圈。受埃及文明和西南亚其他文明的影响，北非地区的马格里布地区在公元前 8 世纪兴起了迦太基文明，东北非地区的努比亚在公元前 20 世纪兴起了库施王国，公元 1 世纪兴起了阿克苏姆王国。相对于这些灿烂辉煌的非洲古文明，西非地区的文明发展相对较缓慢。公元 4 世纪左右，西非地区才逐渐兴起加纳、索宁克等小国。随着西非国家的兴起，西非的经济得到了巨大的发展。早在加纳王国兴起的时候，西非地区已经是欧亚黄金的主要供应地之一了。西非地区可以为地中海世界提供黄金、奴隶、乌梅、可可和象牙；西非各国需要产自撒哈拉沙漠中的毛塔尼亚地区的食盐；而西非地区由于经济发展水平较低，需要从地中海地区进口陶器、玻璃、丝绸、油灯、珠宝、藏红花、枣椰、面粉等。而在当时，人类还没有开通从地中海到西非海岸的海上商路，人们只能穿过撒哈拉沙漠进行贸易。于是，跨撒哈拉沙漠的贸易圈形成了。撒哈拉商路主要分东西两道：东线从埃及沿尼罗河上溯到东苏丹地区，再从东苏丹地区西进到达西非；西线从马格里布地区穿越撒哈拉沙漠，到达西非，而穿越撒哈拉沙漠的商道又可以分为从利比亚费赞到乍得卡内姆—波尔努，从突尼斯到豪萨、马里，从阿尔及利亚、摩洛哥到马里、塞内加尔几条。

10.3 东西方贸易

位于欧亚大陆东西两端的中国和欧洲地中海国家，分别代表着东西方文化，它们之间隔着辽阔的欧亚内陆地区。漫长的中西交通从很早的历史时期就已开始。公元前 8 世纪希腊的“大移民”运动中，有一支向北深入整个黑海沿岸。这些古希腊人与黑海北岸的斯基泰人的贸易频繁，斯基泰人除以谷物、羊毛和奴隶为交易货物外，还转销来自遥远东方的货物。在希腊人的著作中已经知道，东方有一个产丝的赛里斯[3]，意为“丝绸之国”。这里所指的塞里斯是中国人。罗马帝国与中国的经济往来较早就有，罗马人对中国的了解是从对丝绸的兴趣开始的。

与此同时，东方的波斯在大流士一世（Darius I the Great Ⅰ，公元前 558 年—前 486 年）的领导下，建立了从尼罗河流域一直到印度河流域的庞大帝国。为了促进其东部省区和西部省区之间的交往，波斯人热衷于开辟新的航线。他们利用有航线经验的腓尼基人和小亚细亚的希腊人来实现这一目的。约在公元前 518 年，大流士一世派海军提督斯西拉克思（Scyax）率领一支舰队，由印度河口出发，向西航行，渡过印度洋到红海的苏伊士港。从此，埃及和两河流域到印度的海上大道开通了，形成了一个前景广阔的贸易区。为了发展商业贸易和加强军事力量，波斯帝国甚至开凿了苏伊士运河。这条运河将亚洲、非洲、欧洲连接起来。通过这条运河，印度与地中海区域之间的海上贸易逐渐兴盛起来。在这种情况下，东西方贸易开始繁荣昌盛起来，无论贸易额还是贸易活动的地理范围，都超过了已知的过去。希腊、腓尼基、阿拉伯和印度的水手川流不息地往返于印度、波斯湾、埃及以及地中海的许多港口之间。[4]

公元前4世纪，希腊的势力曾波及中亚和印度，控制着埃及间接地和中国贸易发生了往来。希腊将领托勒密（Πτολεμαιos ο Σωτηρ，公元前367年—前282年）在埃及建立托勒密王朝（Πτολεμαϊκη βασιλεια，公元前305年—前30年）。这个王朝的海外贸易发达，他们派出了更多的、地理知识更丰富的探险队，并在红海沿岸建立了许多港口。货物可以通过港口由陆路运送到尼罗河，装上船，再顺尼罗河运到亚历山大港。进口货物中，以中国的丝绸最为名贵，转运到希腊和其他地方。这一时期，地中海贸易与印度洋贸易结合起来。印度和阿拉伯商人从印度诸港口起航，紧靠海岸线西行到阿拉伯半岛，再往西绕半岛，抵达目的地亚丁或穆哈。在那里，他们与希腊和埃及商人相遇。后者用自己的货物交换前者的东方货物，再将东方货物经由红海沿岸运往亚历山大港。托勒密王朝把希腊的对外贸易范围首次扩大到东方。[5]

此外，东方的中国，也很早就开始探索与西方贸易的通道。根据历史资料记载，早在公元前10世纪，中国西周的周穆王（姬满，公元前1054年—前949年）就从中原出发，驱车西游到西北地区，抵达中亚的一些氏族部落，以丝绸作为国礼，赠送给这些国家。按照周穆王当时走过的路线绘制而成的线路图，差不多就是相隔800年后张骞出使西域的古道。以周穆王为先导，之后的商人接踵而至。中国的张骞两次通西域，开辟了中外交流的新纪元，并成功将东西方之间最后的珠帘掀开。从此，这条路线被作为“国道”踩了出来，各国使者、商人沿着张骞开通的道路，来往络绎不绝。上至王公贵族，下至乞犯，都在这条路上留下了自己的足迹。这条东西通路，将中原、西域与阿拉伯、波斯湾紧密联系在一起。经过几个世纪的不断努力，丝绸之路向西伸展到了地中海。广义上丝路的东段已经到达了韩国、日本，西段至法国、荷兰。通过海路还可达意大利、埃及，成为亚洲和欧洲、非洲各国经济文化交流的友谊之路。

丝绸之路是历史上横贯欧亚大陆的贸易交通线，促进了欧亚非各国和中国的友好往来（如图10—1）。在经由这条路线进行的贸易中，中国输出的商品以丝绸最具代表性。张骞通西域后，正式开通了这条从中国通往欧、非大陆的陆路通道。这条道路，由汉都城长安出发，经过河西走廊，然后分为两条路线：一条由阳关，经鄯善，沿昆仑山北麓西行，过莎车，西逾葱岭，出大月氏，至安息，西通犁靬，或由大月氏南入身毒。另一条出玉门关，经车师前国，沿天山南麓西行，出疏勒，西逾葱岭，过大宛，至康居、奄蔡。

在整个罗马帝国时期，即使在最为强盛的公元初3个世纪里，两河流域和波斯湾在大部分时间里都控制在波斯和中间城市手中。罗马帝国为打破安息对丝绸贸易的垄断，通过海上与贵霜大力发展关系。在公元前3世纪，这条道路上进行包括丝绸在内的贸易是非常繁荣的。

波斯诸港口如哈拉克斯和阿坡洛古斯都与印度保持固定关系，另外也向印度输出，同时从印度带回铜、黑檀木和造船用的木材。罗马帝国多次谋求以武力占领两河流域和波斯湾头，以便开通前往东方的较近的路，但大多数情况下均告失败。所以，罗马帝国不得不在波斯湾地区从波斯人和印度人手中购得东方包括中国丝绸的物产。据《魏书·西戎传》记载：大秦“又利用中国丝，解以为胡绫，故数与安息诸国交市于海中”；而中天竺过“西与大秦他、安息交市海中。多大秦珍物，珊瑚、琥珀、金碧、珠玑、琅玕、郁金、苏合”，并将其中一些物产转销中国。罗马帝国统治下的地中海东岸商人从波斯湾地区的安息、天竺商人手中购得中国丝后，运到地中海东岸的纺织中心如提尔、西顿、贝鲁特等地进行重织和染色，然后运往罗马帝国其他地区销售，获得丰厚的利润。[6]

图 10—1　丝绸之路

东西方贸易的繁荣，与当时中国的汉帝国与罗马帝国的强大和繁荣是分不开的。在彻底打败匈奴以后，广阔的西域纳入中国的版图，从而大大缩短了与东方的距离。中国军队在广阔的西域镇守，保卫着丝路的安全。而在西方世界，罗马帝国对其控制的广大领域加强了统治，出现了所谓的“罗马和平”。在这一时期，过去一直阻碍贸易的土匪和海盗已经绝迹，关税壁垒也几乎全部消除。而更重要的是两个帝国经济的繁荣昌盛。西汉和东汉两朝是中国历史上最繁荣的时期之一，手工业和生产得到空前的发展，而统治阶级的奢侈消费，更扩大了对西方珍奇物品的需求。而在罗马，经过数百年的发展也达到了空前的繁荣。这就大大刺激了东西方贸易的发展。罗马化的亚历山大汇集各方来的奇珍宝物，中国的丝绸也辗转到达这里，但价格昂贵。[7]

公元 2 世纪以后，随着罗马帝国和中国汉朝内乱迭起，这一繁荣昌盛的东西贸易逐渐衰落。但中国仍在生产丝织品，丝绸之路沿途的那些沙漠中的绿洲城市仍在竭尽全力维持它们曾借以致富的贸易。这条商路一直保持到公元 3 世纪初。这条丝绸之路中断后，东西方贸易主要依靠海路，这就是第二条商路。中国商人把货物运到柬埔寨南部的哥俄厄，卖给印度商人，印度商人从这里载货西行，运到印度南端，再由希腊商人运至红海港口，再由阿拉伯商队和船只运至罗马。在这条商路上，从东方输出的商品，除了中国的丝绸外，还有印度的香料。罗马输出的主要是玻璃器皿、金属制品、毛织品，而最重要的是金银铸币，这是由于罗马在东方的丝绸贸易中总是入超。[8]

公元 4 世纪，西罗马帝国受到日耳曼人的侵扰和破坏，而在东方，来自北部高原的鲜卑人和其他少数民族侵占了大半个中国，导致割据和混战，与此同时，匈奴人侵扰波斯和印度。这个时期，东西方贸易受到严重影响。但西方消费者的需求仍然比较旺盛，东罗马帝国对东方的各种奢侈品依然保持很大的需求。

10.4　城市革命与城市人口

古代城市出现于农业革命之后，这是因为，没有定居的较发达的农业，城市是不可能出现的。公元前 5000 年，在尼罗河到恒河这一广阔的地带建立了许多农耕村落，粮食基本上自给自足，人口充其量不超过数百人，其中最先进的美索不达米亚①、欧贝德、哈拉夫等地以神殿为中心形成了大部落。于是，伴随着农业的发展，开始了农田灌溉，并确立了铸铜技术，人类从石器进入金属器时代，广泛进行通商贸易，开始使用印章，开始了城市文明的前期。

最早的农业出现在东方，最早的城市也出现在东方。早在欧贝德文化[9]（Ubaidian Culture，公元前 4300 年—前 3500 年）之前的数百年，苏美尔建造了世界上最早的城市——埃利都，当时的人口约 4500 人。但根据苏美尔的传说，埃利都后来被洪水所毁坏。在欧贝德文化时期，苏美尔人就在两河流域内部平原上建立了不少世界上最早的城市，如欧贝德、乌尔、乌鲁克、捷姆迭特·那色等。城市的建立，标志着两河流域南部地区氏族制度的解体和向文明时代的过渡。在随后的乌鲁克文化②（Uruk Culture，公元前 3500 年—前 3100 年）期间，由于人口增加、社会分工以及文字的出现并运用于经济方面，两河流域由农村到城市的发展过程进一步加快了，出现了几个较大的居民中心结合而成的城市。这表明，苏美尔人已经迈进了文明的大门。到公元前 3100—前 2800 年，两河流域南部已经形成了数以十计的城邦即城市国家，主要有乌尔、乌鲁克、拉伽什、马玛、苏鲁帕克、尼普尔、基什、西帕尔等。苏美尔早期城邦规模不大，人口也不多。乌尔城邦的面积不过 90 平方公里，人口约 6 000 人。每一个城邦都统治着周围的农村地区，并以某种方式创造出商品和劳务。即使到了苏美尔早期王朝时期（公元前 2800 年—前 2371 年），苏美尔各邦也不大。据考古资料估计，拉伽什的人口约 19 000 人，乌玛 16 000 人，卡法伊 12 000 人，而埃什努那仅为 9 000 人左右。

所谓文明，其原意是城市化，正是在城市诞生后人类才从未开化阶段向文明阶段迈进。从这个意义上来说，欧贝德文化（公元前 4300 年—前 3500 年）时期的城市建立，在人类历史上是继农业革命以后的第二个重要的转折点，是值得称之为城市革命的③。

古代腓尼基人建立了最早的商业城邦，它代表着一种城市的类型，这种类型将在以后的城市发展中担负起更重要的作用。这些城邦的经济基础不是建立在周围的农业上，

---

① 美索不达米亚（Mesopotamia），来自希腊语，意指“两河之间”（是指底格里斯河和幼发拉底河之间）的土地。两河流域没有尼罗河那么富饶。这两条河都发源于今土耳其亚美尼亚群山之中，分别向东南注入波斯湾。在古代，两河流域分为南北两部分，大体以今日的希特—萨马腊为界，北部叫亚述，南部叫巴比伦尼亚。巴比伦尼亚又分为两部分：尼普尔（今努法尔）以北叫阿卡德（Akkad），阿卡德地区的居民称阿卡德人；尼普尔以南濒临波斯湾口的地区叫苏美尔（Sumer），苏美尔地区的居民称为苏美尔人。两河流域土地非常肥沃。

② 欧贝德文化出现在公元前 4300 年至前 3500 年间，以 20 世纪初在乌尔附近发现的欧贝德遗址而得名，欧贝德文化分布于美索不达米亚及今天沙特阿拉伯东部地区，属于西亚铜石时代文化，晚于埃利都文化，早于乌鲁克文化。该文化居民主要从事农业，以渔猎为辅，已能运用灌溉技术，种植小麦、大麦和亚麻。动物遗骨表明居民已养牛。盛行铜、石材、木材的交易。有人推测，此时以神庙为中心已出现小城镇。但遗址中发现的居住房屋构造简单，除苇棚外，有的也用土坯建造。

③ 乌鲁克文化出现在公元前 3500 年至前 3100 年间，主要分布在美索不达米亚地区。公元前 3500 年后兴起，至公元前 3100 年为杰姆代特奈斯尔文化所取代。居民经营农业、畜牧业，部分人专门从事烧陶和采石行业。除石器外，当时更多地用铜制造武器，并打制金银器皿。神殿建筑宏伟壮观，以其为中心形成庞大的聚落，并向城市发展。乌鲁克遗址的聚落面积达 0.81 平方千米，神庙建筑物包括石庙、红庙、镶嵌厅等。在一处遗址出土了一小块石板，上面刻画有图画符号，可辨认的有人头、手、脚等，是美索不达米亚地区迄今发现的最早象形文字。该文化至晚期，社会出现严重的贫富分化，氏族制开始瓦解，并逐步向阶级社会过渡。

而是建立在与其他地区的商业联系上，实际上是主要沿海岸随国际贸易发展而建立的沿海城市。比布鲁斯是当时最早的商业城邦，也可能是世界上最早的商业城市，并且是地中海地区的重要港口。早在公元前3000多年前，这个城邦的贸易活动就比较多，不仅与中东贸易，而且还与远在非洲的苏丹贸易。腓尼基的商业城邦还有阿卡、阿杜拉斯以及贝鲁特等，这些城市在国际贸易也是比较活跃的，在经济上发挥了重要的作用。

继美索不达米亚，至公元前3000年，城市文明之花又在埃及尼罗河畔开放。随后，公元前2500年出现了印度的哈拉巴文明。据考古发掘，公元前2000年前后，哈拉巴文明出现了不少城市。这些城市的规模不大。其中较大的城市有哈拉巴和摩亨佐·达罗，占地面积仅有1平方公里左右，人口大约各为35 000人。公元前1800年，巴比伦文化取代了苏美尔的城邦文化，巴比伦由一个城邦逐渐成为巴比伦帝国的都城，在很大程度上支配着整个地区的经济和政治生活。在汉谟拉比统治下，巴比伦发展到全盛时期。公元前1500年在黄河流域兴起了殷商文明。另外，在开发较晚的新大陆，公元前200年左右在中美地区，公元前后在安第斯地区，也都分别发展了独自的城市文明。

在古代城市发展初期，城市的人口规模不大，人口也只有2 000～20 000人，这一点可从前述的苏美尔早期王朝时期的主要城市中得到佐证。当时的人口规模偏小，是因为农业技术和交通工具不发达，难以保证城市所需粮食全部依靠农村供应。反过来说，在农业生产率很低的古代社会，城市的规模越大，其周围就越需要广阔的农耕村落，而城邦周围农村的广阔程度也就决定了城市的规模。

古代城市中，在公元前1300年以前最大的是埃及的底比斯①（见表10—1），人口有

表10—1　古代世界的大城市人口（公元前1360年—公元622年）　（单位：千人）

年份	第一位		第二位		第三位	
	城市（国家）	人口	城市（国家）	人口	城市（国家）	人口
公元前1360	底比斯（埃及）	100	孟菲斯（埃及）	—	巴比伦（加喜特）	—
公元前1200	孟菲斯（埃及）	—	底比斯（埃及）	—	巴比伦（加喜特）	—
公元前650	尼尼微（亚述）	120	洛阳（中国）	117	燕下都（中国）	—
公元前430	巴比伦（波斯）	250	尼克巴达纳（波斯）	200	雅典（阿提卡）	155
公元前200	巴特那（印度）	350	亚历山大（埃及）	300	赛琉西亚（叙利亚）	300
公元100	罗马（罗马）	650	洛阳（中国）	—	亚历山大（罗马）	400
公元361	君士坦丁堡（罗马）	350	洛阳（中国）	—	罗马（罗马）	250
公元622	君士坦丁堡（拜占庭）	500	长安（中国）	—	洛阳（中国）	400

资料来源：Chandler and Fox，“3000 Years of Urban Growth”，1974.

① 底比斯又译作忒拜，是一座位于中希腊维奥蒂亚州的城市。因为这座城市是关于卡德摩斯、俄狄浦斯、狄奥尼索斯、七将攻忒拜、特伊西亚斯等故事的发生地，所以它在希腊神话中占有重要地位。在底比斯境内以及周边的考古发掘发现了一处迈锡尼定居点与写有“线性文字B”字符的泥板，显示了该城在青铜时期具有的重要地位。位于爱琴海西北希腊中东部的波提亚，起初被称作马克西尼城，坐落在横亘于周围平原的小山脊上，于公元前4世纪达到极盛。与雅典、斯巴达并称为希腊三大主要城邦。关于古埃及的首都底比斯的名称来源，有学者认为是以希腊的底比斯命名，也有人认为是用希腊语化的古埃及语“最精选的地方”。

10万人。底比斯横跨尼罗河两岸，是当时古埃及的宗教、政治和经济中心。据史载，当时的底比斯有城门百座，人口稠密，广厦连亘，极为繁荣，是世界上最大的城市，有“百门之都”的美称，阿拉伯人曾赞誉这里为“宫殿般的城市”。到了公元100年，罗马一度曾是世界上最大的城市，人口达到65万人，而且作为罗马帝国的都城，当时还是政治和经济中心。从公元2世纪起，罗马帝国开始了城市化进程。随着规模广泛的海陆贸易的发展，罗马帝国各地的城市日益繁荣。罗马、加普亚、那不勒斯成为帝国境内的商业和手工业中心，埃及的亚历山大成为内外贸易的枢纽和商品集散地。另一方面，这一时期还兴起了许多新兴的城市，如伦丁尼姆（伦敦）、卢格顿（里昂）以及文都滂那（维也纳）等。但是，当罗马帝国衰落后，当时世界最大的城市——罗马市就荒废了。值得注意的是，古代的城市在公元500年以前从未出现过百万人以上的大城市。无论这些城市多么强大，但当时的农业经济发展和技术落后限制了城市人口的集中，人口规模超过10万人以上的大城市在世界上也寥寥无几。通过表10—1还可以看出，从古代到中世纪初期，世界大城市位于中国和东方，而在欧洲10万人以上的大城市只有罗马帝国时期的罗马和君士坦丁堡。

10.5　奴隶制经济下的人口增长

古埃及在公元前4000年成为人类史上最早的奴隶制经济的国家，公元前3000年，在幼发拉底河和底格里斯河流域形成的苏美尔文化，巴比伦成为继埃及之后的历史最悠久的古代东方奴隶占有制国家，到公元前2000年形成的印度和中国都成为古老的奴隶制国家，其中最为发达的奴隶制国家是古希腊和古罗马。这时经济形态已发生较大的变化，与史前时期的采集狩猎经济和农耕经济是大不相同的。

从经济形态上来看，与奴隶制社会相适应的是奴隶制经济。原始社会后期，农业经济和畜牧经济已初步发展起来，并出现了游牧部落和农业部落。从原始社会逐步过渡到奴隶社会时，由于生产的发展，提高了小集体乃至个体家庭的生产能力，于是，小家庭作为生产单位从作为社会生产组织的父系家庭公社中分化出来，促进了私人占有制的产生和发展，随着公社成员间产生了贫富分化，新的经济利益和社会利益造成公社成员间的流动，同时有了由不同血缘关系的人们所组成的杂居村落，于是出现了基于地域联系的“农村公社”。到奴隶制经济社会，农业经济和畜牧经济进一步发展，形成了“大庄园”的农场制度。

奴隶制经济的发展是同金属材料特别是和铁作为制造生产工具的推广紧密相关的。在奴隶制经济的发展中，生产工具的变革起了极其重要的推动作用。红铜、青铜和铁器相继问世的金属时代，比石器时代，生产力有了质的飞跃。在红铜时代[①]，红铜即天然

---

① 红铜时代（Copper Age），又称铜石并用时代、金石并用时代，是指介于新石器时代和青铜时代之间的过渡时期，以红铜的使用为标志。红铜即天然铜，质地软，不适合制造工具，所以红铜时代的人类仍以使用石器为主。很快的，人们开始发现当红铜与锡或其他金属混合之后，金属会变得更好用，从而进展到青铜时代。这个过程很快，所以很难具体地界定红铜时代与其他时代的分野。美索不达米亚、高加索地区、伊朗以及印度河谷等地最先在公元前5000年后期到公元前4000年左右进入红铜时代，历时1 000年左右，到公元前3000年前后才进入青铜时代初期。

铜，质地软，不适合制造生产工具，所以红铜时代的人类仍以使用石器为主。青铜时代[1]中后期，青铜器制造的生产工具逐步增加，促进了农业和手工业的生产力水平提高，物质生活条件也渐渐丰富。到了铁器时代[2]，出现了犁、镢、锸、锄、耙、镰、铚等农业生产工具，以及削刀、锥、钳、砧等手工工具，铁器铸造术的发明，使社会生产力迅速提高的同时，促进了农业和手工业的发展。

在奴隶制经济发展的过程中，随着生产力的提高，出现了初具规模的城市。随着城市规模的扩大和兴起促进了人口增长，在一定程度上刺激了世界人口增长的速度，但仍然比较缓慢。从全世界来看，如图 10—2 所示，据估计，世界人口从公元前 3000 年以前

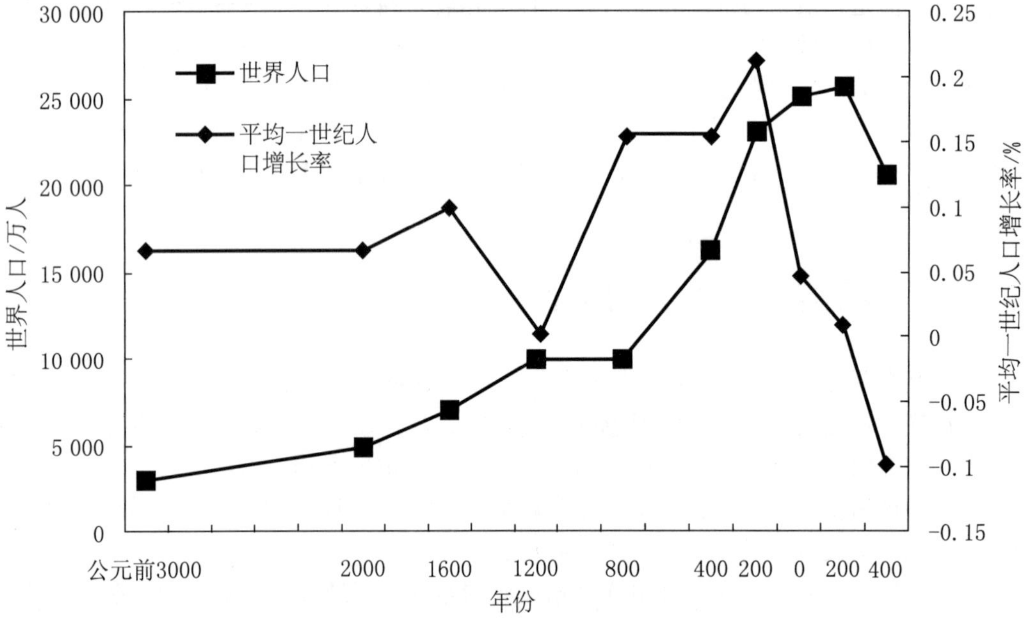

图 10—2 古代时期世界人口的增长

注：公元前 3000 年的世界人口为麦克伊夫迪、琼斯所著《世界人口历史图集》的数字，公元前 2000 年为德·伊·瓦连捷夫著《马克思列宁主义人口理论》的数字，公元元年出自鲍利斯·采扎列维奇·乌尔拉尼斯主编的《世界各国人口手册》的数字，其他的数据则出自刘洪康所编《人口手册》的资料。

资料来源：[英] C. 麦克伊夫迪、R. 琼斯. 世界人口历史图集 [M]. 北京：东方出版社，1992；[苏] 德·伊·瓦连捷夫. 马克思列宁主义人口理论 [M]. 北京：商务印书馆，1978；刘洪康. 人口手册 [M]. 成都：成都计划生育宣传教育出版社，1988；[苏] 鲍利斯·采扎列维奇·乌尔拉尼斯主编. 世界各国人口手册 [M]. 成都：四川人民出版社，1982.

---

① 青铜时代（Bronze Age），又称青铜器时代、青铜文明，在考古学上是以使用青铜器为标志的人类文化发展的一个阶段。青铜是红铜和锡的合金，因为其氧化物颜色青灰，故名青铜。由于青铜的熔点比较低，硬度高，所以容易熔化和铸造成型。青铜时代初期，青铜器具比重较小，甚或以石器为主，进入中后期，比重逐步增加。青铜时代的特色是青铜的广泛使用，即利用铜与锡、铅、锑或砷的合金制作工具和武器。世界上最早进入青铜时代的是两河流域和埃及等地，始于公元前 3000 年。希腊和中国于公元前约 2500 年进入青铜时代，欧洲较晚，约在公元前 1400 年。

② 铁器时代是人类发展史中一个极为重要的时代。人们最早知道的铁是陨石中的铁，在很久以前，人们就曾用这种天然铁制作过刀刃和饰物，这是人类使用铁的最早情况。地球上的天然铁是少见的，所以铁的冶炼和铁器的制造经历了一个很长的时期。当人们在冶炼青铜的基础上逐渐掌握了冶炼铁的技术之后，铁器时代就到来了。它是继青铜时代之后的又一个时代。

的3 000万人增至公元前2000年的5 000万人，其人口增长率平均一世纪为6.7%，世界人口规模增长的曲线呈缓坡式上升型。到公元前2000年以后世界人口增长速度加快，到公元元年，世界人口增至2.31亿人，人口增长率继续呈现上升的趋势。但随后世界人口呈现负增长的趋势，主要原因是古希腊以及罗马帝国等战争的频发，导致大量人口死亡，到公元500年，世界人口仅为2.06亿人。但总的来说，这一时期的人口比史前时期人口的增长要快得多，但仍然是缓慢的，尽管人口增长率很低，但对于世界人口增长的意义却十分重大，它使人口开始有了比较快的缓慢增长。其主要原因是奴隶制经济的发展，使人们的生活条件和居住环境比史前时期有了较大程度的提高，而天灾和饥荒造成的死亡率也由于城市的出现、定居的生活方式和农业、商业和手工业的发展而有所降低，平均预期寿命延长，从而促进了世界人口的规模增长。

注释

[1] [2] [4] [7] 高德步. 世界经济通史（上卷）[M]. 北京：高等教育出版社，2005.

[3] [5] [8] 高德步，王珏. 世界经济史（第二版）[M]. 北京：中国人民大学出版社，2005.

[6] 张绪山. 罗马帝国沿海路向东方的探索 [J]. 史学月刊，2001 (1).

[9] [日] 大渊宽，森冈仁. 经济人口学 [M]. 东京：新评论，1981.

参考文献

中文文献

[1]［古罗马］阿庇安. 罗马史（上卷）[M]. 谢德风，译. 北京：商务印书馆，1978.

[2]［古罗马］阿庇安. 罗马史（下卷）[M]. 谢德风，译. 北京：商务印书馆，1978.

[3]［英］阿克罗伊德. 古代希腊 [M]. 冷杉，冷枞，译. 北京：三联书店，2007.

[4]［古希腊］阿里安. 亚历山大远征记 [M]. 李活，译. 北京：商务印书馆，2007.

[5] 阿哈穆特·费克里. 埃及古代史 [M]. 高望之，等，译. 北京：科学出版社，1956.

[6]［英］爱德华·吉本. 罗马帝国衰亡史（上册）[M]. 黄宜思，黄雨石，译. 北京：商务印书馆，2002.

[7]［英］爱德华·吉本. 罗马帝国衰亡史（下册）[M]. 黄宜思，黄雨石，译. 北京：商务印书馆，2002.

[8]［伊朗］奥姆斯特德. 波斯帝国史 [M]. 李铁匠，顾国梅，译. 上海：上海三联书店，2010.

[9]［澳］A. L. 巴沙姆主编. 印度文化史 [M]. 闵光沛，陶笑虹，庄万友，周柏青，等，译. 涂厚善，校. 北京：商务印书馆，1999.

[10] 班固. 汉书 [M]. 北京：中华书局，2000.

[11]［美］伯恩斯，拉尔夫. 世界文明史（第1卷）[M]. 北京：中国社会科学出版社，1988.

[12]［美］布坎南. 自由、市场与国家 [M]. 吴良健，桑伍，译. 上海：上海三联书店，1989.

[13]［英］布赖斯. 神圣罗马帝国 [M]. 孙秉莹，谢德风，赵世瑜，译. 北京：商务印书馆，2000.

[14]［英］保罗·卡特利奇. 斯巴达人：一部英雄的史诗 [M]. 梁建东，章颜，译. 上海：上海三联书店，2010.

[15] 白寿彝总主编，苏秉琦主编. 中国通史（第2卷）[M]. 上海：上海人民出版社，1994.

[16] 北京大陆桥文化传媒编译. 世界商贸之路探寻——黄金之路 [M]. 北京：中国青年出版社，2009.

[17]［苏］波梁斯基. 外国经济史 [M]. 北京：生活·读书·新知三联书店，1963.

[18] 蔡锋. 新石器时代手工业生产的特征 [J]. 河南科技大学学报（社会科学版），2003 (1).

[19] 崔连仲. 世界史·古代史 [M]. 北京：人民出版社，1983.

[20] 曹祥凤. 试论秦汉时期的商业城市 [J]. 合作经济与科技，2013 (15).

[21] 池元吉主编. 世界经济概论 [M]. 北京：高等教育出版社，2003.

[22] 陈恒. 希腊化研究 [M]. 北京：商务印书馆，2006.

[23] 陈寿. 三国志 [M]. 北京：中华书局，1969.

[24] 陈振中. 青铜生产工具与中国奴隶制社会经济 [M]. 北京：中国社会科学院出版社，1992.

[25] 陈可风. 格拉古兄弟的改革与罗马宪政的衰微 [J]. 湖南科技大学学报，2005 (3).

[26] 陈直. 两汉经济史料论丛 [M]. 北京：中华书局，2008.

[27] 程应镠. 农业劳动力与三国两晋南北朝田制的变化关系 [J]. 河北学刊，1987 (1).

[28] 初德维. 秦汉时期的商业活动与市场管理 [J]. 价格与市场，1999 (8).

[29] [美] 道格拉斯·C. 诺斯. 经济史中的结构与变迁 [M]. 上海：上海三联书店，1991.

[30] [美] 道格拉斯·诺斯，罗伯特·托马斯. 西方世界的兴起 [M]. 北京：华夏出版社，1999.

[31] [苏] 德·伊·瓦连捷夫. 马克思列宁主义人口理论 [M]. 北京：商务印书馆，1978.

[32] [法] 德尼兹·加亚尔，贝尔纳代特·德尚. 欧洲史 [M]. 海口：海南出版社，2000.

[33] [印] 迪帕克·拉尔. 印度均衡——公元前 1500 年—公元 2000 年的印度 [M]. 赵红军主译. 北京：北京大学出版社，2008.

[34] 邓晓. 古希腊货币经济与金融活动初探 [J]. 重庆师范学院学报（哲社版），1997 (3).

[35] 杜德斌主编. 世界经济地理 [M]. 北京：高等教育出版社，2009.

[36] [法] 杜丹. 古代世界经济生活 [M]. 志扬，译. 北京：商务印书馆，1963.

[37] [德] 恩格斯. 德国古代的历史和语言 [M]. 刘潇然，译. 北京：人民出版社，1957.

[38] 樊亢，宋则行. 外国经济史 [M]. 北京：人民出版社，1965.

[39] 范煜晗. 战国时期商品经济飞速发展的原因初探 [J]. 当代经济，2014 (7).

[40] [美] 房龙. 人类的故事 [M]. 海口：海南国际新闻出版中心，1998.

[41] 房玄龄，等. 晋书 [M]. 北京：中华书局，2000.

[42] 范晔. 后汉书 [M]. 北京：中华书局，1965.

[43] [法] 费尔南·布罗代尔. 菲利普二世时代的地中海和地中海世界（第一卷）

[M]. 北京：商务印书馆，2004.

[44] 弗·布雷. 中国汉代农业技术和农业变革 [M]. 郑端弋，译. 农业考古，1982 (2).

[45] 傅筑夫. 中国经济史论丛 [M]. 北京：生活·读书·新知三联书店出版社，1980.

[46] [美] 格里高利·克拉克. 应该读点经济史——一部世界经济简史 [M]. 北京：中信出版社，2009.

[47] [英] 戈登·柴尔德. 欧洲文明的曙光 [M]. 陈淳，陈洪波，译. 上海：上海三联书店，2008.

[48] [英] G. 格罗特.《希腊史》选 [M]. 郭圣铭，译. 北京：商务印书馆，1964.

[49] 高德步. 世界经济通史（上卷）[M]. 北京：高等教育出版社，2005.

[50] 高汉玉. 中国桑蚕丝帛起源的研讨 [M]. 成都：四川人民出版社，1986.

[51] 高汉玉. 台西村商代遗址出土的纺织品 [J]. 文物，1997 (6).

[52] 高敏. 秦汉时期的官私手工业 [J]. 南都学坛（社会科学版），1991 (2).

[53] [法] G. 格洛兹. 古希腊的劳作 [M]. 解光云，译. 上海：格致出版社，上海人民出版社，2010.

[54] 郭庠林，张立英. 战国时期商品经济的考察 [J]. 财经研究，1983 (5).

[55] 葛剑雄. 纸的起源与传播 [N]. 文汇报，2011—08—15.

[56] 葛剑雄. 西汉人口地理 [M]. 北京：人民出版社，1986.

[57] 葛全. 泾阳高家堡早周墓葬发掘记 [J]. 文物，1972 (7).

[58] [法] 古朗士. 希腊罗马古代社会研究 [M]. 李玄伯，译. 北京：中国政法大学出版社，2005.

[59] [法] 古朗士. 古代城市：希腊罗马宗教、法律和制度研究 [M]. 吴晓群，译. 上海：上海人民出版社，2006.

[60] 顾准. 希腊城邦制度 [M]. 北京：中国社会科学出版社，1986.

[61] 哈全安. 罗马帝国后期历农经济的发展及影响 [J]. 吉林师范学院学报（哲学社会科学版），1987 (2).

[62] [英] H. J. 哈巴库克，M. M. 波斯坦. 剑桥欧洲经济史（第一卷）[M]. 北京：经济科学出版社，2002.

[63] 黑格尔. 历史哲学 [M]. 上海：上海人民出版社，1999.

[64] 霍宏纬. 洛阳东周王城遗址区铸钱遗存及其相关问题. 洛阳市文物局. 耕耘论丛：一 [M]. 北京：科学出版社，1999.

[65] 黄中业. 战国时期农业和手工业的飞跃发展 [J]. 社会科学战线，1981 (3).

[66] 黄洋. 古代希腊土地制度研究 [M]. 上海：复旦大学出版社，1995.

[67] [古罗马] 加图. 农业志 [M]. 马香雪，王阁森，译. 北京：商务印书馆，1997.

[68] [美] J. M. 布劳特. 殖民者的世界模式：地理传播主义和欧洲中心主义史观 [M]. 北京：社会科学文献出版社，2002.

[69] [英] 杰弗里·帕克. 城邦——从古希腊到当代 [M]. 石衡谭，译. 济南：山东画报出版社，2007.

[70] 基托. 希腊人 [M]. 徐卫祥，黄韬，译. 上海：上海人民出版社，2006.

[71] [英] 卡尔·桑德斯. 人口问题——人类进化研究 [M]. 北京：商务印书馆，1888.

[72] [意] 卡洛·M. 奇波拉. 欧洲经济史（第1卷）[M]. 北京：商务印书馆，1988.

[73] [意] 卡洛·M. 奇波拉. 世界人口经济史 [M]. 北京：商务印书馆，1993.

[74] [古罗马] 科路美拉. 论农业. 林志纯. 世界通史资料选辑（上古部分）[M]. 北京：商务印书馆，1974.

[75] [俄] 科瓦略夫. 古代罗马史 [M]. 上海：上海书店出版社，2007.

[76] [法] 克琳娜·库蕾. 古希腊的交流 [M]. 邓丽丹，译. 桂林：广西师范大学出版社，2005.

[77] [意] 克罗齐. 美学原理 [M]. 上海：上海人民出版社，2007.

[78] 季如迅. 中国手工业简史 [M]. 北京：当代中国出版社，1998.

[79] 李春光. 中国历史上的人口流动（三国两晋南北朝时期）[J]. 中国就业，2005 (10).

[80] 李永采，马书山. 论古罗马发达型奴隶制的特点及成因 [J]. 烟台师范学院学报（哲社版），1997 (1).

[81] 李根蟠，等. 中国原始社会经济研究 [M]. 北京：中国社会科学出版社，1987.

[82] 李锦山. 略论汉代地主庄园经济 [J]. 农业考古，1991 (3).

[83] 李杰. 略论西周的商业发展 [J]. 社会科学动态，1996 (2—3).

[84] 李燕. 论农业危机与罗马帝国的衰亡 [J]. 企业家天地月刊，2009 (1).

[85] 李新田. 洛克论私有财产的起源 [J]. 全国商情（理论研究），2010 (17).

[86] 厉以宁. 希腊古代经济史（上编）[M]. 北京：商务印书馆，2013.

[87] 厉以宁. 希腊古代经济史（下编）[M]. 北京：商务印书馆，2013.

[88] 厉以宁. 罗马—拜占庭经济史（上卷）[M]. 北京：商务印书馆，2006.

[89] 刘光华. 汉代西北屯田研究 [M]. 兰州：兰州大学出版社，1988.

[90] 刘方. 论西周的商业发展 [J]. 宝鸡师院学报（哲学社会科学版），1989 (2).

[91] 刘宗铭. 浅论秦汉时期农业发展的主要表现、原因及影响 [J]. 学理论，2012 (31).

[92] 刘宗绪. 世界经济史 [M]. 北京：高等教育出版社，1997.

[93] 刘太祥. 秦汉时期的农业和农村经济管理措施 [J]. 史学月刊，2000 (5).

[94] 刘欣如. 印度河文明的对外贸易 [J]. 南亚研究，1987 (2).

[95] 林志纯. 世界通史资料选辑（上古部分）[M]. 北京：商务印书馆，1974.

[96] 雷从云. 三十年来发现的春秋战国铁器述略 [J]. 中国历史博物馆馆刊，1980

(2).

[97] [英] M. M. 波斯坦，H. J. 哈巴库克. 剑桥欧洲经济史（第一卷）[M]. 王春法主译. 北京：经济科学出版社，2002.

[98] [英] M. M. 波斯坦，D. C. 科尔曼，彼得·马赛尔斯. 剑桥欧洲经济史（第二卷）[M]. 王春法主译. 北京：经济科学出版社，2002.

[99] [英] M. M. 波斯坦，H. J. 哈巴库克. 剑桥欧洲经济史（第三卷）[M]. 王春法主译. 北京：经济科学出版社，2002.

[100] 吕昭义. 印度古代土地所有制的演变 [J]. 思想战线，1996 (6).

[101] [古希腊] 柏拉图. 理想国 [M]. 郭斌和，张竹明，译. 北京：商务印书馆，2009.

[102] 潘纪一，朱国宏. 世界人口通论 [M]. 北京：中国人口出版社，1991.

[103] [印] 罗梅什·杜特. 英属印度经济史 [M]. 北京：三联书店，1965.

[104] [美] 龙多·卡梅伦，拉里·尼尔. 世界经济简史——从旧石器时代到 20 世纪末 [M]. 上海：上海译文出版社，2009.

[105] [印] 鲁达尔·达特等. 印度经济 [M]. 成都：四川大学出版社，1994.

[106] [德] 马克思，恩格斯. 马克思恩格斯选集（第 2 卷、第 3 卷、第 4 卷、第 9 卷）[M]. 北京：人民出版社，1995.

[107] [德] 马克思，恩格斯. 马克思恩格斯全集（第 21 卷、第 23 卷）[M]. 北京：人民出版社，1965.

[108] [德] 马克思，恩格斯. 马克思恩格斯全集（第 25 卷）[M]. 北京：人民出版社，1974.

[109] [德] 马克思，恩格斯. 马克思恩格斯全集（第 28 卷）[M]. 北京：人民出版社，1973.

[110] [德] 马克思，恩格斯. 马克思恩格斯全集（第 46 卷）（上）[M]. 北京：人民出版社，1979.

[111] [德] 马克思·维贝尔. 世界经济通史 [M]. 上海：上海译文出版社，1981.

[112] [德] 马克思. 资本主义生产以前各形态 [M]. 北京：人民出版社，1963.

[113] [德] 马克思·韦伯. 经济通史 [M]. 上海：上海三联书店，2006.

[114] [德] 马克思·韦伯. 经济与社会（上卷）（下卷）[M]. 林荣远，译. 北京：商务印书馆，2006.

[115] 马克垚. 西欧封建经济形态研究 [M]. 北京：中国大百科全书出版社，2009.

[116] [意] 马西姆·利维巴茨. 世界人口简史（第 3 版）[M]. 北京：北京大学出版社，2005.

[117] 马月禾. 世界古代史选编 [M]. 哈尔滨：黑龙江人民出版社，1980.

[118] [美] 摩尔根. 古代社会（上册、下册）[M]. 杨东莼，马雍，马巨，译. 北京：商务印书馆，1997.

[119] [古罗马] M. T. 瓦罗. 论农业 [M]. 王家绶，译. 北京：商务印书馆，1981.

[120] [美] M. 罗斯托夫采夫. 罗马帝国社会经济史（上册）[M]. 马雍，厉以宁，译. 北京：商务印书馆，2005.

[121] [美] M. 罗斯托夫采夫. 罗马帝国社会经济史（下册）[M]. 马雍，厉以宁，译. 北京：商务印书馆，2005.

[122] [法] 孟德斯鸠. 罗马盛衰原因论 [M]. 婉玲，译. 北京：商务印书馆，1962.

[123] 潘纪一，朱国宏. 世界人口通论 [M]. 北京：中国人口出版社，1991.

[124] 裴雯. 古典时期雅典的经济特征 [J]. 复旦学报（社科版），1998 (5).

[125] 彭树智. 阿富汗与古代东方文化交往 [J]. 历史研究，1994 (2).

[126] [法] 皮埃尔・布里昂. 亚历山大大帝 [M]. 陆亚冬，译. 北京：商务印书馆，1995.

[127] [古罗马] 普鲁塔克. 希腊罗马名人传（上册）[M]. 陆永庭，吴彭鹏，等，译. 北京：商务印书馆，1999.

[128] [古罗马] 普鲁塔克. 希腊罗马名人传（第 1 卷、第 2 卷、第 3 卷）[M]. 习代岳，译. 吉林：吉林出版集团有限责任公司，2009.

[129] [英] 佩里・安德森. 从古代到封建主义的过渡 [M]. 上海：上海人民出版社，2001.

[130] 齐涛主编. 中国古代经济史 [M]. 济南：山东大学出版社，2011.

[131] 齐振翚. 试论战国封建土地所有制的主要形式 [J]. 辽宁大学学报，1982 (4).

[132] 亓佩成. 格拉古兄弟改革述评 [J]. 黑河学院学报，2010 (4).

[133] [苏] 塞尔格叶夫. 古希腊史 [M]. 北京：商务印书馆，1978.

[134]《世界上古史纲》编写组. 世界上古史纲（上册）[M]. 北京：人民出版社，北京，1979.

[135] [古希腊] 色诺芬. 经济论・雅典的收入 [M]. 张伯健，陆大年，译. 北京：商务印书馆，2009.

[136] [印] R. C. 马宗达，H. C. 赖乔杜里，K. K. 达塔. 高级印度史 [M]. 北京：商务印书馆，1986.

[137] [苏] 然明主编. 外国经济 [M]. 北京：生活・读书・新知三联书店，1965.

[138] 孙筱. 秦汉时期人口分布与人口迁移 [J]. 中国人口科学，1992 (4).

[139] 孙士海，葛维钧. 印度 [M]. 北京：社会科学文献出版社，2003.

[140] [美] 斯塔夫里阿诺斯. 全球通史——1500 年以前的世界 [M]. 上海：上海社会科学出版社，1999.

[141] 宋则行，樊亢. 世界经济史（上卷）[M]. 北京：经济科学出版社，1998.

[142] 宋娇，李海峰. 从年名看古巴比伦时期的灌溉农业与水渠开建 [J]. 农业考古，2014 (6).

[143] 宋兆麟，黎家芳，杜耀西. 中国原始社会史 [M]. 北京：文物出版社，1983.

[144] 孙道天. 古希腊历史遗产 [M]. 上海：上海辞书出版社，2004.

[145] 孙健. 中国经济通史（上卷）[M]. 北京：中国人民大学出版社，2000.
[146] 史继忠. 地中海——世界文化的漩涡 [M]. 北京：当代中国出版社，2004.
[147] 史念海. 春秋时代的交通道路 [J]. 人文杂志，1960 (3).
[148] 石磊，董昕注. 商君书译注 [M]. 哈尔滨：黑龙江人民出版社，2003.
[149] 司马迁. 史记·夏本纪 [M]. 北京：中华书局，1983.
[150] [德] 特奥多尔·蒙森. 罗马史（第 1 卷、第 2 卷）[M]. 李稼年，译. 北京：商务印书馆，2004.
[151] [美] 腾尼·弗兰克. 罗马经济史 [M]. 王桂玲，杨金龙，译. 上海：上海三联书店，2013.
[152] 田昌五，等. 中国封建社会经济史（第 1 卷）[M]. 济南：齐鲁书社，北京：文津出版社，1996.
[153] [古罗马] 塔西佗. 阿西利克拉传·日耳曼尼亚志 [M]. 北京：商务印书馆，1985.
[154] 陶继侃，王继祖，姜春明，张士元. 世界经济概论 [M]. 天津：天津人民出版社，1995.
[155] [德] 特奥多尔·蒙森. 罗马史（第 1 卷）[M]. 李稼年，译. 北京：商务印书馆，2004.
[156] 童书业. 春秋左传研究 [M]. 上海：上海人民出版社，1980.
[157] [英] 汤因比. 历史研究（第 1 卷）[M]. 上海：上海人民出版社，1989.
[158] [美] 威廉·弗格森. 希腊帝国主义 [M]. 晏绍祥，译. 上海：上海三联书店，2005.
[159] 邬沧萍主编. 世界人口 [M]. 北京：中国人民大学出版社，1983.
[160] [苏] 乌尔拉尼斯主编. 世界各国人口手册 [M]. 成都：四川人民出版社，1982.
[161] 萧国亮，隋福民. 世界经济史 [M]. 北京：北京大学出版社，2007.
[162] 王炳万. 简论春秋时期的农业结构及农业工具 [J]. 农业考古，2006 (4).
[163] 王波. 魏晋南北朝商业发展述论 [J]. 南京晓庄学院学报，2012 (1).
[164] 王大庆. 古希腊的人口和人口思想浅论 [J]. 求实学刊，2002 (6).
[165] 王学理. 秦物质文化史 [M]. 西安：三秦出版社，1994.
[166] 王育民. 先秦时期人口刍议 [J]. 上海师大学学报，1990 (2).
[167] 王宏谋. 从流离到安居——略论贵霜帝国时期的社会经济 [J]. 天中学刊，2012 (1).
[168] 王晓刚. 罗马帝国文化转型论 [M]. 北京：社会科学出版社，2002.
[169] [美] 威尔·杜兰. 世界文明史 [M]. 台湾幼狮文化公司，译. 北京：东方出版社，1998.
[170] [美] 威尔·杜兰. 世界文明史 [M]. 台湾幼狮文化公司，译. 北京：东方出版社，1998.

[171] 巫宝三主编. 古代希腊、罗马经济思想资料选辑 [M]. 北京：商务印书馆，1990.

[172] 吴宇虹. 古代两河流域文明史年代学研究的历史与现状 [J]. 历史研究，2002 (4).

[173] 吴高君. 奴隶制工商经济比较研究 [J]. 北方论丛，2004 (3).

[174] 吴晓群. 希腊思想与文化 [M]. 上海：上海社会科学出版社，2009.

[175] 吴于廑. 古代的希腊和罗马 [M]. 北京：三联书店，2008.

[176] 魏琼. 巴比伦商事规范论考 [J]. 华东政法大学学报，2007 (1).

[177] 夏鼎，殷玮璋. 湖北铜绿山古铜矿 [J]. 考古学报，1982 (1).

[178] 夏遇南. 罗马帝国 [M]. 西安：三秦出版社，2000.

[179] 徐志祥. 秦汉时期土地所有制形式的再探讨 [J]. 齐鲁学刊，1990 (6).

[180] 徐旭生. 中国古代的传说时代 [M]. 北京：文物出版社，1985.

[181] 谢振玲. 论尼罗河对古代埃及经济的影响 [J]. 农业考古，2010 (1).

[182] 谢玉珊，徐虎. 大流士一世改革与波斯帝国的全盛 [J]. 天中学刊，1996 (2).

[183] [英] 亚・莫・卡尔・桑德斯. 人口问题 [M]. 北京：商务印书馆，1983.

[184] [英] 亚当・斯密. 国民财富的性质和原因的研究（上卷）[M]. 北京：商务印书馆，1974.

[185] [古希腊] 亚里士多德. 雅典政制 [M]. 日知，力野，译. 北京：商务印书馆，2009.

[186] [古希腊] 亚里士多德. 政治学 [M]. 北京：中国人民大学出版社，1994.

[187] [瑞士] 雅各布・布克哈特. 意大利文艺复兴时期的文化 [M]. 何新，译. 北京：商务印书馆，1997.

[188] [古希腊] 希罗多德. 历史（上册、下册）[M]. 王以铸，译. 北京：商务印书馆，2007.

[189] 杨海军. 论跨文化传播背景下世界商业文化传播 [J]. 河南大学学报（社会科学版），2007，(6).

[190] 杨钟健，等. 安阳殷墟之哺乳动物群补遗 [J]. 中国考古学报，1949 (12).

[191] 杨共乐. 古罗马社会经济研究 [M]. 北京：北京师范大学出版社，1998.

[192] 姚澄宇. 论秦汉土地所有制形式 [J]. 南京师大学报（社会科学版），1980 (4).

[193] [美] 依迪丝・汉密尔顿. 希腊的回声 [M]. 曹博，译. 北京：华夏出版社，2008.

[194] 于常青. 浅析春秋时期的人口状况 [J]. 河北青年管理干部学院学报，2003 (3).

[195] 于琨奇. 战国秦汉小农经济研究 [M]. 北京：商务印书馆，2012.

[196] 于贵信. 古代罗马史 [M]. 长春：吉林大学出版社，1988.

[197] 易宁，徐耀耀. 论古代印度哈拉巴文明的特点 [J]. 南昌职业技术师范学院学报，2001 (2).

[198] [印度] 伊尔凡·哈比布. 印度史上的农民 [J]. 姜述贤，译. 南亚研究，1987 (2).

[199] 晏绍祥. 世界上古史 [M]. 北京：中国人民大学出版社，2014.

[200] 晏绍祥. 波斯帝国的“专制”与“集权” [J]. 古代文明，2014 (3).

[201] [美] 约瑟夫·熊彼特. 经济史分析史（第 1 卷） [M]. 北京：商务印书馆，2001.

[202] 袁德忠. 古代埃及商业发展述略 [J]. 赤峰教育学院学报，2001 (2).

[203] 赵晓雷主编. 外国经济史 [M]. 大连：东北财经大学出版社，2013.

[204] 张善余主编. 世界人口地理 [M]. 上海：华东师范大学出版社，2002.

[205] 张曙霄，吴丹编著. 世界经济概论 [M]. 北京：经济科学出版社，2005.

[206] 张友伦. 农业革命 [M]. 天津：天津人民出版社，1983.

[207] 张伟坚. 古巴比伦王国对商务活动的法律调整 [J]. 中山大学研究生学刊（社会科学版），1994 (2).

[208] 张永山. 西周时期的纺织和毛皮手工业生产 [J]. 中国史研究，1994 (4).

[209] 张永秀. 论古印度文明的特性 [J]. 潍坊学院学报，2011 (2).

[210] 张守军. 通货积财富国强兵——春秋五霸的商业思想和政策 [J]. 商业研究，1991 (5).

[211] 张南，周伊. 春秋战国城市发展论 [J]. 安徽史学，1988 (3).

[212] 张绪山. 罗马帝国沿海路向东方的探索 [J]. 史学月刊，2001 (1).

[213] 中国硅酸盐学会主编. 中国陶器史 [M]. 北京：文物出版社，1987.

[214] 中国科学院考古研究所. 新中国的考古收获 [M]. 北京：文物出版社，1961.

[215] 中国世界古代史研究会编. 世界古代史译文集·古希腊的经济、城邦危机问题 [J]. 内蒙古大学学报编辑部，1987.

[216] 周一良，吴于廑. 世界通史（上古部分） [M]. 北京：人民出版社，1962.

[217] 周自强主编. 中国经济通史·先秦（上） [M]. 北京：经济日报出版社，2007.

[218] 赵振波. 西周财政及其持点 [J]. 陕西财经学院学报，1986 (1).

[219] 赵文林，谢淑君. 中国人口史 [M]. 北京：人民出版社，1988.

[220] 赵汝清. 丝绸之路西段历史研究 [M]. 兰州：甘肃文化出版社，1999.

[221] 臧世俊. 马克思、恩格斯论亚细亚的、古典的所有制形式与东西方古代社会发展问题 [J]. 淮北师范大学学报（哲学社会科学版），1995 (2).

[222] 朱龙华. 世界历史·上古部分 [M]. 北京：北京大学出版社，1991.

[223] 朱寰主编. 世界上古中古史（上） [M]. 北京：高等教育出版社，1986.

[224] 朱洪林. 春秋时期的商业发展的几个特点 [J]. 吉林师范大学学报（人文社会科学版），2004 (6).

[225] 朱红. 试论古罗马早中期的农业发展 [J]. 黑龙江教育学院学报，2007 (2).

日文文献

［226］［日］大淵寛，森岡仁. 経済人口学. 東京：新評論，1981.

［227］Smith，A. *An Inquiry into the Nature and Causes of Wealth of Nations*，London，1776/［日］大内兵衛，松川七郎合訳：国富論. 東京：岩波書店，1969.

［228］［日］河野稠果. 世界の人口. 東京：東京大学出版社，1986.

［229］［日］南亮三郎. 人口思想史. 東京：千倉書房，1963.

［230］［日］小林和正，大淵寛編. 生存と死亡の人口学. 東京：大明堂，1994.

英文文献

［231］Adam smith. *An Inquiry into the Nature and Causes of Wealth of Nations*. 1776.

［232］Alstom，Richard，The City in Roman and Richard，Lodon andNew York，2002.

［233］Ando，C.，*Imperial Ideology and Provincial Loyalty in the Roman Empire*，University of California Press，2000.

［234］Austin，M. M.，and Vidal－Naquet，P.，*Econmic and Social History of Ancient Greece*：*An Introduction*，English language edition，Translated by Austin，M. M.，University of California Press，1977.

［235］Bagnall，R. s.，Cameron，A.，Schwartz，S. R.，Worp，K. A.，ed.，*Consuls of the Later Roman Empire*，Atlanta，Georgia，1987.

［236］Brown，P.，*Poverty and Leadership in the Later Roman Empir*，Hanover and London，2002.

［237］Bury，J. B.，*History of the Later Roman Empire*，Vol1 London，1923.

［238］Bury，J. B.，*History of the Later Roman Empire*，Vol2 London，1923.

［239］Bury，J. B.，and Meiggs. R.，*A History of Greece*：*to the Death of Alexander the Great*，Fourth edition with revisions，St Martin's Press，New York，1925.

［240］Charles Freeman：*Egypt Greece and Rome*，Oxford University press. 1996.

［241］Cook，S. A.，Adcock，F. E.，Charlesworth，M. P.，ed. *The Cambridge Ancient History*，*Vol. 7*，*The Hellenistic Monarchies and the Rise of Rome*，Cambridge University Press，1928.

［242］David Braund and Frank Pollock：*The Social History of Rome*，Groom Helm London and Sydney，1985.

［243］Daries，J.，*Democracy and Classical Greece*，Stanford University Press，1978.

［244］Dionysius，*Roman Antiquities*，Vol. 2，Loeb Classical Library，London，1971.

［245］Dionysius，*Roman Antiquities*，Vol. 3，Loeb Classical Library，London，1971.

[246] Duncan－Jones，R.，*The Economy of the Roman Empire*：*Quantitative Studies*，*sec*. edition，Cambridge University Press，1982.

[247] E. S. Bouchier，*The Roman System of Provincial Administration to the Accession of Constantine The Great*. Third Edition，M. A：“L'erma” di Bretsellneider—Rome，1968.

[248] Errington，R. M.，*A History of the hellenistic World*：323－30*B. C.*，Blackwell Publishing Ltd.，2008.

[249] Forsythe，Gary，Early Rome and Latium，by Christopher John Smith，in *The American Historical Review*，June 1997.

[250] Ferrill，A.，*The Fall of the Roman Emoire*：*the Military Explantion*，London，1986.

[251] Frank，Tenney，*An Economic History of Rome*，Second edition，Revised，London，1927.

[252] Grant，M.，*The Fall of the Qoman Empire*，London，1990.

[253] Garnsey，P.，Hopkins，K. and Whittaker，C. R.，ed.，*Trade in the Ancient Economy*，London，1983.

[254] Garnsey，P. and Saller，R.，*The Roman Empire*：*Economy*，*Society and Culture*，Duckworth，1987.

[255] Goudineau，C.，Marselles，Rome and Gaul from the Third to the First Century B. C. R.，ed.，Trade in the Ancient Economy，London.

[256] Gouldner，A. w.，*The Hellenic World*：*A Sociological Analysis*，Harper & Row，Pubiishers，New York，1965.

[257] Gwynne－Thomas，E. H.，*A Political History of the Roman Empire*，New York，1984.

[258] Hall J. M.，“International Relations”，in Sabin，P. Wees，H. V.，and Whitby，M.，ed.，*The Cambridge History of Greek and Roman Warfare*，Vol. 1，Greece，*The Hellenistic World and the Rise of Rome*，Cambridge University Press，2007.

[259] Heitland，W. E.，An Economic History of Rome，*Economic Journal*，Dec. 1926.

[260] Hopkins，K.，Conquerors and Slaves，Cambridge University Press，1978.

[261] Huskinson，J.，ed.，*Experiencing Rome*：*Culture*，*Identity and Power in the Roman Empire*，London，2000.

[262] Jones，A. H. M.，*The Later Roman Empire*，284—602，Vol. 1，Oxford，1964.

[263] Jones，A. H. M.，*The Later Roman Empire*，284—602，Vol. 2，Oxford，1964.

[264] Jones，A. H. M.，*The Later Roman Empire*，284—602，Vol. 3，Oxford，1964.

[265] Jones，A. H. M.，*The Decline of the Ancient World*，London，1980.

[266] Jones，T. B.，“Minoans and Mycenaeans”，in Strain，J.，ed.，*The Contribution of Ancient Greece*，Holt，Rinehart and Winston，INC.，New York，1971.

[267] kagan，D.，*The Fall of the Athenian Empire*，Cornell University Press，1987.

[268] Livy, T., *History of Rome*, Everyman's Library, London, 1926.

[269] Marcel le Glay. Jean—Louls Voisin、Yann Le Bohec: *A History of Rome*, Blackwell, 1996.

[270] Martin, T. R., *Ancient Greece: From Prehistoric to Hellenistic Times*, Yale University Press, 1996.

[271] Mahaffy, J. P., *The Progress of Hellenism in Alexander's Empire*, University of Chicago Press, 1905.

[272] Mommsen, T., The Provinces of the Roman Empire, Vol. 1, London, 1909.

[273] Neville Morley, *Metropolis and Hinterland—The City of Rome and The Economy of Italy*, Cambridge: Cambridge University Press, 1996.

[274] Perkins, P., Power, culture and identity in the Roman economy, in Huskinson, J., ed., *Experiencing Rome: Culture, Identity and Power in the Roman Empire*, Loddon, 2000.

[275] Pleket, H. W., Urban Elites and Business in the Greek Part of the Roman Empire, in Garnsey, P., Hopkins, K. And Whittaker, C. R., ed., *Trade in the Ancient Economy*, London, 1983.

[276] Rostovtozeff, M., The *Social and Economic History of the Hellenistic World*, Vol. 2, The Clarendon Press, Oxford, 1941.

[277] Salmon, J. B., *Wealthy Corinth: A History of the City to* 338*B. C.*, Clarendon Press, Oxford, 1984.

[278] Severy, B., *Augustus and the Family at the Birth of the Roman Empire*, New York, 2003.

[279] Sherk, R. K., edited and translated, *The Roman Empire: Augustus to Hadrian*, Cambridge University Press, 1988.

[280] Southern, P., *The Roman Empire form Severus to Constantine*, London, 2001.

[281] Starr, C. G., *The Economic and Social Growth*, 800—500 *B. C.*, Oxford University Press, 1977.

[282] Starr, C. G., *The Roman Empir*, *27B. C. —A. D.* 476, Oxford University Press, 1982.

[283] Strain, J., ed., *The Contribution of Ancient Gress*, Holt, Rinehart and Winston, Inc., New York, 1971.

[284] Stathakopoulos, D. ch., *Famine and Pestilence in the Late Roman and Early Byzantine Empire*, Ashgate Publishing Ltd., 2004.

[285] Stobart, J. C., *The Glory That Was Greece*, 4th edition, Praeger Publishers, New York, 1964.

[286] Sullivan, R. E., *Heirs of the Roman Empire*, Cornell University Press, 1968.

［287］ Vagi，D. L.，*Coinage and History of the Roman Empire.*，Vol. 1，Chicago and London，1999.

［288］ Veyne，P.，*The Roman Empire*，Cambridge，Massachusetts and London，1997.

［289］ Williarms，M.，Jews and Jewish Communities in the Roman Emprie，in Huskinson，J.，ed.，*Experiencing Rome：Chlture，Identity and Power in the Roman Empire，London*，2000.

［290］ Wwlles，C. B.，*Alexander and the Hellenistic World*，A. M. Hakkert Ltd.，Toronto，1970.